Thomas Künneth

Android 8

Das Praxisbuch für Java-Entwickler

Liebe Leserin, lieber Leser,

Sie haben sich für Android entschieden, den Marktführer unter den Plattformen für mobile Endgeräte. Viele Hersteller, Konsumenten und Entwickler setzen auf dieses offene Betriebssystem, das mit einer leistungsfähigen Entwicklungsplattform daherkommt. Wenn Sie Android-Apps entwickeln, bedienen Sie einen großen und heterogenen Markt mit Geräten verschiedener Typen und Hersteller, auf denen nicht wenige Android-Versionen zugleich im Einsatz sind.

Dieses Buch hilft Ihnen beim Einstieg in den lukrativen Markt der Android-App-Entwicklung, solide Java-Kenntnisse werden vorausgesetzt. Es führt Sie zunächst in die Arbeit mit der Entwicklungsumgebung Android Studio ein und macht Sie mit den grundlegenden Konzepten der Android-Entwicklung vertraut. Und dann nehmen Sie Fahrt auf: Projekt für Projekt zeigt Ihnen unser Autor Thomas Künneth, wie Sie die vielfältigen Möglichkeiten der App-Entwicklung beherrschen. Sie loten Hardware-Features, Software-Gimmicks und Programmierschnittstellen anhand von praktischen Beispielen aus. Danach ist Ihnen der Zugriff auf Datenbanken ebenso geläufig wie der Umgang mit dem Bewegungssensor.

Alles ist in überschaubaren App-Projekten organisiert, die Sie auch unabhängig voneinander bearbeiten können – einige allgemeine Konzepte vorausgesetzt, die zu Beginn des Buches behandelt werden. Das macht es Ihnen leicht, sich auf diejenigen Techniken zu konzentrieren, die Sie gerade benötigen. Den Sourcecode zu den über 70 Beispiel-Apps finden Sie unter *http://www.rheinwerk-verlag.de/4564* bei den Materialien zum Buch.

Dieses Buch wurde mit großer Sorgfalt geschrieben, geprüft und produziert. Sollte dennoch einmal etwas nicht so funktionieren, wie Sie es erwarten, freue ich mich, wenn Sie sich mit mir in Verbindung setzen. Ihre Kritik und konstruktiven Anregungen sind uns jederzeit herzlich willkommen!

Viel Spaß beim Entwickeln Ihrer Android-Apps wünscht Ihnen

Ihre Anne Scheibe
Lektorat Rheinwerk Computing

anne.scheibe@rheinwerk-verlag.de
www.rheinwerk-verlag.de
Rheinwerk Verlag · Rheinwerkallee 4 · 53227 Bonn

Auf einen Blick

Wir hoffen, dass Sie Freude an diesem Buch haben und sich Ihre Erwartungen erfüllen. Ihre Anregungen und Kommentare sind uns jederzeit willkommen. Bitte bewerten Sie doch das Buch auf unserer Website unter **www.rheinwerk-verlag.de/feedback**.

An diesem Buch haben viele mitgewirkt, insbesondere:

Lektorat Anne Scheibe
Fachgutachten Uwe Post
Korrektorat Annette Lennartz, Bonn
Herstellung Melanie Zinsler
Typografie und Layout Vera Brauner
Einbandgestaltung Julia Schuster
Coverbilder Shutterstock: 242174266 © A Aleksii
Satz SatzPro, Krefeld
Druck Beltz, Bad Langensalza

Dieses Buch wurde gesetzt aus der TheAntiquaB (9,35/13,7 pt) in FrameMaker.
Gedruckt wurde es auf chlorfrei gebleichtem Offsetpapier (90 g/m²).
Hergestellt in Deutschland.

Bibliografische Information der Deutschen Nationalbibliothek:
Die Deutsche Nationalbibliothek verzeichnet diese Publikation in der Deutschen Nationalbibliografie; detaillierte bibliografische Daten sind im Internet über *http://dnb.d-nb.de* abrufbar.

ISBN 978-3-8362-6058-9

5., aktualisierte Auflage 2018
© Rheinwerk Verlag, Bonn 2018

Informationen zu unserem Verlag und Kontaktmöglichkeiten finden Sie auf unserer Verlagswebsite **www.rheinwerk-verlag.de**. Dort können Sie sich auch umfassend über unser aktuelles Programm informieren und unsere Bücher und E-Books bestellen.

Inhalt

3   Von der Idee zur Veröffentlichung

TEIL II   Elementare Anwendungsbausteine

4   Activities und Broadcast Receiver

5 Benutzeroberflächen

6 Multitasking

TEIL III   Telefonfunktionen nutzen

TEIL IV   Dateien und Datenbanken

9   Dateien lesen, schreiben und drucken 383

10   Datenbanken 419

TEIL V   Organizer und Multimedia

11   Audio 455

12   Fotos und Video

13   Kontakte und Organizer

14 Android Wear 569

Anhang 609

Für Moni

Vorwort

Als die Deutsche Telekom Anfang 2009 das Google G1 vorstellte, war die Neugier groß. Ein Handy des Suchmaschinenprimus ließ auf eine enge Integration seiner Dienste und damit auf viele spannende, neue Möglichkeiten hoffen. Dass das erste Android-Smartphone die vielleicht zu hoch gesteckten Erwartungen nicht erfüllen konnte, darf angesichts seines Hauptkonkurrenten nicht verwundern. Apple hatte seit der Einführung des iPhone akribisch und zielstrebig an seiner Plattform und den sie umgebenden Produkten gearbeitet. Das Ergebnis war ein Ökosystem, gegen das der Neuling aus Mountain View zum damaligen Zeitpunkt keine Chance hatte.

Seitdem ist viel passiert. Android und iOS teilen den Markt für Smartphones und Tablets faktisch unter sich auf. Microsoft hatte zwar noch versucht, mit dem gelungenen System *Windows Phone* eine attraktive Alternative zu bieten, musste sich letztlich aber der übermächtigen Konkurrenz geschlagen geben. Einstige Branchengrößen haben sogar noch früher die Segel gestrichen. Die Flut an neuen Android-Geräten nimmt indes kein Ende. Apple und Google liefern sich ein Wettrennen um die besten Innovationen – zur Freude der Anwender.

Die Frage, warum Android so populär ist, lässt sich schnell beantworten: Google hat von Anfang an auf Offenheit gesetzt. Jeder war und ist eingeladen, an der Entwicklung mitzuwirken. Hardwarehersteller können Produkte auf Basis der quelloffenen Software entwickeln. Und interessierten Programmierern steht mit dem *Android Software Development Kit* und mit *Android Studio* ein leistungsfähiges Gespann zur Entwicklung von Apps zur Verfügung. Dank Java, einer der meistverwendeten Programmiersprachen, fällt der Einstieg leicht.

Dennoch gibt es für Einsteiger in diese faszinierende Welt vieles zu beachten, denn Android bietet schier unendliche Möglichkeiten. Und mit jeder Plattformversion kommen neue Funktionen hinzu. Um diese sicher nutzen zu können, müssen Sie als Entwickler mit einer Reihe von Mechanismen und Konzepten vertraut sein. Dieses Wissen möchte ich Ihnen mit dem vorliegenden Buch gerne vermitteln – aber nicht in Form einer theoretischen Abhandlung. In vielen kleinen, in sich geschlossenen, praxisnahen Beispielen lernen Sie die souveräne Nutzung der Android-Programmierschnittstellen kennen. Natürlich finden Sie alle Programme als Android-Studio-Projekte in den Begleitmaterialien zum Buch (*www.rheinwerk-verlag.de/4564*).

Aufbau des Buches

Das Buch ist in fünf Teile gegliedert. In Teil I, »Grundlagen«, stelle ich Ihnen Android und seine Entwicklerwerkzeuge vor und begleite Sie Schritt für Schritt auf dem Weg zu Ihrer ersten App. Außerdem lernen Sie Google Play als moderne digitale Vertriebsplattform kennen.

Teil II, »Elementare Anwendungsbausteine«, beschäftigt sich mit Komponenten, die in nahezu jeder App vorhanden sind. Hierzu gehört natürlich die Benutzeroberfläche. Auch das Multitasking und wie dieses in Android umgesetzt wird, beschreibe ich in diesem Teil ausführlich.

In Teil III, »Telefonfunktionen nutzen«, greifen Sie auf telefoniebezogene Funktionen zu und lernen die Sensoren eines Android-Geräts kennen.

Teil IV, »Dateien und Datenbanken«, befasst sich nicht nur mit Speicherung und Abfrage von Daten, sondern zeigt Ihnen außerdem, wie Sie Drucker ansteuern.

Schließlich nutzen Sie im fünften Teil, »Organizer und Multimedia«, das Mikrofon eines Android-Geräts, um Geräusche aufzunehmen. Ferner erstellen Sie mit der eingebauten Kamera Fotos und Videos, und Sie legen Kontakte und Termine an. Möchten Sie sich mit der Entwicklung von Apps für Android-Wear-Smartwatches vertraut machen, finden Sie im abschließenden 14. Kapitel einen kompakten Einstieg.

Jedes Kapitel ist in sich abgeschlossen und beschäftigt sich mit genau einem Themenkomplex. Wenn Sie schon etwas Erfahrung mit Android haben, müssen Sie das Buch also nicht von Deckel zu Deckel durcharbeiten, sondern können sich gezielt einen Aspekt herausgreifen, der Sie besonders interessiert. Neulingen möchte ich die ersten drei Kapitel als Einstieg ans Herz legen, denn dort lernen Sie die Bestandteile von Googles offener Plattform für mobile Geräte kennen, installieren alle benötigten Komponenten und schreiben dann Ihre erste App.

Programmierkenntnisse

Um die Beispiele nachvollziehen zu können, müssen Sie kein Java-Profi sein, allerdings sollten Sie diese Programmiersprache und ihre Klassenbibliothek zumindest in Grundzügen beherrschen. In Anhang A finden Sie eine Literaturliste mit empfehlenswerten Büchern für den Einstieg in Java.

Unterstützte Android-Versionen

Dieses Buch beleuchtet die Anwendungsentwicklung unter Android 8 (API-Level 26 und 27). Meine Beispiele sind für diese Zielplattform optimiert. Die Nutzung unter Android 7 wird in vielen Fällen ohne größere Codeänderungen möglich sein, aber die sogenannte minSdkVersion in der modulspezifischen Datei *build.gradle* (keine Angst – Sie lernen sehr bald, was das bedeutet) müssen Sie auf jeden Fall anpassen. Funktionen, die es unter Android 7 noch nicht gab, sind natürlich tabu. Aufgrund der (schon mit *Marshmallow* eingeführten) *Runtime Permissions* sind die Beispiele unter älteren Android-Versionen erst nach größeren Umbauten lauffähig, denn Runtime Permissions haben Einfluss auf den Aufbau einer Activity.

Danksagung

Dieses Buch wäre ohne die freundliche Unterstützung vieler Menschen nicht möglich gewesen. Ihnen allen gebührt mein tief empfundener Dank. Dazu gehören die Mitarbeiterinnen und Mitarbeiter des Rheinwerk Verlags, insbesondere meine Lektorin Anne Scheibe. Für stets offene Ohren und freundliche wie professionelle Unterstützung bedanke ich mich herzlich.

Ein besonderer Dank gebührt den Leserinnen und Lesern der früheren Auflagen dieses Buches für interessante Fragen und Diskussionen, Anregungen, Hinweise, Verbesserungsvorschläge sowie konstruktive Kritik.

Vielen Dank sage ich auch Frank Prechtel, Daniel Tremmel und Sandra Wagner. Sie haben das Manuskript gelesen und somit geholfen, die eine oder andere Kante zu glätten und auch den einen oder anderen Fehler auszumerzen.

Meinen Eltern Rudolf und Gertraud Künneth und meinem Bruder Andreas Künneth danke ich für alles, was sie mir mit auf den Weg gegeben haben. Ohne sie wäre vieles nicht möglich. Der allergrößte Dank aber gebührt meiner Ehefrau Moni für das unermessliche Glück, das sie mir seit vielen Jahren jeden Tag aufs Neue schenkt, für ihre Liebe, ihre Unterstützung und ihre Geduld. Ihr widme ich dieses Buch.

Thomas Künneth

TEIL I
Grundlagen

Kapitel 1
Android – eine offene, mobile Plattform

Was genau ist Android eigentlich? Wie ist die Plattform entstanden? Und aus welchen Bausteinen und Schichten besteht sie? Dieses Kapitel macht Sie mit wichtigen Grundlagen vertraut.

Die Anwendungsentwicklung für Android macht – Sie werden mir nach der Lektüre dieses Buches sicherlich zustimmen – großen Spaß. Zum einen, weil diese Plattform unglaublich viele Möglichkeiten bietet: Unzählige Programmierschnittstellen und Funktionen warten darauf, erkundet und genutzt zu werden. Zum anderen ist die Entwicklungsumgebung, also der Werkzeugkasten des Programmierers, äußerst komfortabel. Routinetätigkeiten gehen deshalb reibungslos und glatt von der Hand.

Allerdings müssen Sie als Entwickler die angebotenen Möglichkeiten auch zu nutzen wissen. Dies betrifft nicht nur die Bedienung der Werkzeuge, sondern auch das Wissen um die Zusammenhänge zwischen den einzelnen Bausteinen und Schichten der Plattform. In diesem Kapitel zeige ich Ihnen deshalb unter anderem, wie Android aufgebaut ist und aus welchen Funktionsgruppen und Schichten das System besteht. Zunächst möchte ich Ihnen kurz die Entstehung der Plattform erläutern.

1.1 Entstehung

Am 12. November 2007 kündigte Google die Verfügbarkeit einer Vorschauversion des *Android Software Development Kits (SDK)* an.[1] Entwickler konnten damit zum ersten Mal Programme für eine bis dahin völlig unbekannte Plattform schreiben und in einem Emulator ausprobieren. Das erste Gerät, das durch T-Mobile vertriebene G1, stand Kunden in Deutschland allerdings erst über ein Jahr später zur Verfügung. In der Zwischenzeit hatte Google das System zur ersten halbwegs endanwendertauglichen Version 1.1 weiterentwickelt.

---

1 *http://android-developers.blogspot.com/2007/11/posted-by-jason-chen-android-advocate.html*

1.1.1 Open Handset Alliance

Eine Woche vor der Veröffentlichung der Android-SDK-Vorschau war die *Open Handset Alliance (OHA)* erstmals an die Öffentlichkeit getreten. Dieses von Google angeführte Konsortium bestand damals aus 34 Firmen, unter anderem Halbleiter- und Mobiltelefonherstellern, Netzbetreibern und Softwarefirmen. Die Allianz hatte ihre Absicht verkündet, mit Android die erste wirklich offene Plattform für mobile Geräte zu schaffen. Die in der Pressemitteilung vom 5. November 2007[2] formulierten Ziele waren unter anderem:

▶ eine deutliche Verbesserung der Benutzerfreundlichkeit und des Benutzererlebnisses von mobilen Geräten und Diensten

▶ die kostengünstigere Entwicklung und Verteilung innovativer Produkte

▶ eine schnellere Markteinführung

Nach Ansicht der OHA ließ sich dies am besten durch eine auf Offenheit und Flexibilität gründende Zusammenarbeit von Entwicklern, Herstellern und Betreibern erreichen, deshalb wurden praktisch alle Teile des Android-Softwarestapels als Open Source veröffentlicht. Zudem hatten Gerätebauer und Netzanbieter von Anfang an die Möglichkeit, die Plattform anzupassen und zu erweitern. Auch Entwickler profitieren von diesem Ansatz, weil sie Alternativen zu Kernkomponenten, beispielsweise zum mitgelieferten Webbrowser, anbieten können. Letzteres war übrigens auf dem iPhone lange Zeit nicht möglich.

Während die Anzahl der Android-basierten Geräte 2009 noch recht überschaubar war, kündigten ein Jahr später zahlreiche Hersteller entsprechende Produkte an und lieferten diese auch aus. Die kontinuierlich wachsende Bedeutung der Plattform spiegelt sich auch in der Mitgliederzahl der OHA wider: Inzwischen sind es weit über 80. In den Folgejahren stieg die Anzahl der auf den Markt gebrachten Smartphones und Tablets sprunghaft an, und mittlerweile dominiert Android den Markt.

1.1.2 Android, Inc.

Die Pressemitteilung der OHA beendete zunächst Spekulationen der Medien, Google könne die Einführung eines eigenen Mobiltelefons planen. Dass Google am Markt für mobile Kommunikation stark interessiert war, war zuvor schon häufiger thematisiert worden.

Im Juli 2005 hatte Google ein kleines Start-up-Unternehmen namens *Android, Inc.* mit Sitz im kalifornischen Palo Alto übernommen. Außer den Namen einiger Mitarbeiter war zu diesem Zeitpunkt sehr wenig über die Firma bekannt; sie hatte stets

---

2 *www.openhandsetalliance.com/press_110507.html*

im Verborgenen gearbeitet. Die Vermutung, man entwickle ein Betriebssystem für mobile Geräte, wurde auch nach dem Kauf nicht kommentiert. Die offizielle Sprachregelung war, dass Android, Inc. der talentierten Ingenieure und der entwickelten Technologie wegen übernommen worden sei.

In der Tat brachten die Silicon-Valley-Veteranen Andy Rubin, Richard Miner, Nick Sears, Chris White und ihre Kollegen sehr viel Erfahrung mit. Rubin beispielsweise hatte schon in den 1990ern an *Magic Cap*, einem Betriebssystem für mobile Geräte mit grafischer Benutzeroberfläche, gearbeitet. Auch seine Firma *Danger, Inc.* produzierte mobile Geräte. Das erstmals 2002 erschienene *Hiptop* war ein Telefon mit Organizer-Fähigkeiten.

Nach dem Kauf von Android, Inc. arbeitete man bei Google in aller Stille weiter – woran, ist seit der Pressemitteilung der OHA bekannt.

1.1.3 Evolution einer Plattform

Zwischen der Ende 2007 veröffentlichten Vorschau des Android SDK und der im G1 eingesetzten Version lagen noch einmal viele Monate Entwicklungsarbeit. Google war bewusst frühzeitig auf interessierte Programmierer zugegangen, um deren Rückmeldungen in die Plattform einarbeiten zu können (und natürlich um Appetit auf Android zu machen). Zudem hatte man 2008 zum ersten Mal einen Entwicklerwettbewerb gestartet und ein hohes Preisgeld ausgelobt. Google nutzte den Kontakt zu den Finalisten des Wettbewerbs, um weitere Fehler im Android SDK zu beheben und um die Programmierschnittstellen zu verfeinern. Ein direkter Vergleich der ersten Android-Version mit dem damals verfügbaren iPhone-Betriebssystem fiel zugunsten des Apple-Produkts aus. Dies ist nicht verwunderlich, hatte der kalifornische Computerbauer sein edles Smartphone doch schon viele Monate vorher veröffentlicht und daher ausreichend Zeit für die Detailpflege gehabt.

Seitdem ist viel Zeit vergangen. Praktisch alle einstigen Branchengrößen haben die Segel gestrichen, wurden aufgekauft oder in immer kleiner werdende Nischen gedrängt. Google arbeitet nach wie vor mit beachtlichem Tempo an der Plattform. Dabei werden regelmäßig Fehler beseitigt, die mitgelieferten Anwendungen verbessert und unzählige neue Funktionen eingeführt. Darüber hinaus wurden mit *Android Wear*, *Android Auto* und *Android TV* völlig neue Einsatzbereiche für das Betriebssystem erschlossen.

In der Vergangenheit lagen zwischen zwei Releases, die traditionell den Namen einer Süßspeise tragen, oft nur wenige Monate Entwicklungszeit. Mittlerweile erscheint im Durchschnitt einmal pro Jahr eine neue Version.

Frühe Versionen

Das erste große Update *Cupcake* (Android 1.5) führte unter anderem das sogenannte *Input Method Framework* ein und ermöglichte damit erstmals Geräte ohne Hardwaretastatur. Ferner fand schon zu diesem Zeitpunkt eine Spracherkennungsfunktion ihren Weg auf die Plattform.

Donut (Android 1.6) unterstützte Geräte mit unterschiedlichen Anzeigegrößen und Auflösungen. Auch erweiterte Google die Plattform um eine Sprachsynthesesoftware für Deutsch, Italienisch, Englisch, Französisch und Spanisch. Obendrein hatten Entwickler erstmals Zugriff auf eine Gestenerkennung und konnten die systemweite Schnellsuche um Inhalte ihrer Anwendungen erweitern.

Unter dem Namen *Eclair* wurden die Versionen 2.0, 2.0.1 und 2.1 zusammengefasst. Mit Android 2.0 hielt eine vollständig neue Programmierschnittstelle für den Zugriff auf Kontakt- und Kontendaten Einzug. Gleichzeitig wurden die bisherigen Klassen für veraltet erklärt. Für den Anwender entstand der große Vorteil, sein Mobiltelefon auch mit anderen Diensten, beispielsweise Facebook, synchronisieren zu können. Allerdings machen die nach wie vor unzureichend dokumentierten Klassen vielen Programmierern das Leben unnötig schwer. Kapitel 13, »Kontakte und Organizer«, zeigt Ihnen den gekonnten Umgang mit Kontakten. Android 2.1 führte die bei Endanwendern eine Zeit lang sehr beliebten *Live Wallpaper* ein. Mittlerweile hat die Begeisterung darüber deutlich nachgelassen, vermutlich weil solche animierten Hintergründe bei unachtsamer Programmierung zu regelrechten Stromfressern werden konnten.

Mit *Froyo* (Version 2.2) bekam Android eine zentrale Schnittstelle für das Sichern und Wiederherstellen von Anwendungsdaten. Die Schnittstelle war zu Beginn recht aufwendig zu benutzen, doch mittlerweile müssen Sie als Entwickler kaum noch etwas dafür tun (und was, das beschreibe ich in Kapitel 9, »Dateien lesen, schreiben und drucken«).

Gingerbread (Android 2.3) enthält einen vollständigen SIP-Stapel (Session Initiation Protocol) und bindet VoIP-gestützte Internettelefonie in die Plattform ein. Dazu kam ein Download-Manager, den alle Apps nutzen können. Außerdem wurde die Kamera-Unterstützung erweitert und die Geschwindigkeit des Systems verbessert.

Einmal Tablet und wieder zurück

Honeycomb (Android 3.0, 3.1 und 3.2) wurde speziell für Tablets entwickelt. Google hat die Plattform hierzu um zahlreiche Konzepte erweitert, beispielsweise ermöglichen *Fragmente* die Wiederverwendung von Teilfunktionen einer *Activity* (Activities gehören zu den zentralen Bausteinen von Apps). Die *Action Bar* löste nicht nur die bislang bekannten klassischen Menüs ab, sondern führte auch eine einheitliche

Navigation innerhalb von Anwendungen ein. Außerdem entfiel mit Honeycomb die Notwendigkeit der klassischen Hardware-Schaltflächen: Die *System Bar* kombinierte virtuelle Knöpfe mit Benachrichtigungen.

Ice Cream Sandwich (Version 4.0) führte die zwei seit Android 3 existierenden Entwicklungslinien für Smartphones und Tablets wieder zusammen. Dadurch profitierten ab jetzt alle Geräteklassen von den weiter oben angesprochenen neuen Funktionen. Die Plattform sowie die mitgelieferten Anwendungen wurden weiter poliert und noch bedienungsfreundlicher gestaltet. Außerdem wurde endlich der Zugriff auf Kalendereinträge möglich.

Auf seiner Entwicklerkonferenz *I/O 2012* stellte Google die Android-Version 4.1 vor. Das Hauptaugenmerk dieses *Jelly Bean* getauften Releases galt der Steigerung der Geschwindigkeit. Durch eine neue Sprachsuche machte Google *Siri*, dem Speech Interpretation and Recognition Interface von Apple, Konkurrenz: *Google Now* sollte dem Nutzer situationsbezogene Information bieten. Die Technologie wurde in den darauffolgenden Jahren zu dem *Google Assistant* weiterentwickelt.

Auch die Systemversionen 4.2 und 4.3 heißen Jelly Bean. Version 4.2 bot einen Mehrbenutzermodus für Tablets, eine Art Bildschirmschoner namens *Daydream* (wurde mittlerweile in »Bildschirmschoner« umbenannt) und einen Panoramamodus, bei Version 4.3 ging es um Optimierungen »unter der Haube« und um die Aktualisierung verwendeter Technologien und Protokolle.

Android 4.4 (*KitKat*) konnte den Ressourcenverbrauch des Systems drastisch reduzieren. Googles Ziel war die Verbesserung der Lauffähigkeit auf Geräten im unteren Leistungsspektrum, vor allem bei wenig Arbeitsspeicher. Darüber hinaus hielten ein neuer Vollbildmodus, eine Schnittstelle für den Zugriff auf Cloud-Speicherdienste sowie eine systemweite Druckfunktion Einzug.

Neuere Entwicklungen

Android 5 (*Lollipop*, API-Level 21) war ein äußerst ambitioniertes Release. Die nach wie vor gültige Designsprache *Material Design* setzt auf eine Papier-und-Tinte-Metapher, kräftige Farben und schöne Typografie. Das System wurde 64-Bit-fähig und funktionierte auch für Geräte mit mehr als 4 GB Arbeitsspeicher. Die neue *Android Runtime (ART)* übersetzte Java-Anwendungen schon während der Installation in Maschinensprache, was in vielen Situationen zu besserer Performance führte und zudem die Nutzung vieler moderner Konzepte des Linux-Kerns ermöglichte.

Die im März 2015 veröffentlichte Version 5.1 (API-Level 22) unterstützte endlich einen zweiten Slot für SIM-Karten. Bis dahin hatten die Gerätehersteller selbst für die Integration einer zweiten SIM-Karte sorgen müssen. Ebenfalls neu war die Sprachübertragung in verbesserter Qualität (*HD Voice*), sofern ein Mobiltelefon diese vorsah. Ein verbesserter Geräteschutz, Stabilitätsverbesserungen sowie die Verwaltung von Bluetooth- und WLAN-Geräten über die *Quick Settings* rundeten dieses Service-Release ab.

Android 6 (*Marshmallow*) brachte ein neues Berechtigungssystem und erlaubte Benutzern, Apps gezielt den Zugriff auf bestimmte Ressourcen zu entziehen. Ausführliche Hinweise hierzu finden Sie in Kapitel 4, »Activities und Broadcast Receiver«. Neben der nativen Unterstützung von Fingerabdruckscannern kamen unter anderem der Standby-Modus *Doze* und *Google Now on Tap* sowie die Nutzbarkeit von SD-Karten als interner Speicher hinzu.

Android 7 (*Nougat*) führte unter anderem die gleichzeitige Benutzung von zwei Apps auf dem Bildschirm ein, ferner ein überarbeitetes Benachrichtigungscenter, zahlreiche *Java-8*-Features, eine zusätzliche 3D-Grafik-Bibliothek sowie die Unterstützung von Virtual-Reality-Anwendungen. Android 7.1 brachte Unterstützung für runde Icons sowie *App Shortcuts*.

Android 8

Mit *Oreo* (API-Level 26) ändert Google den Umgang mit Hintergrund-Apps. Ziel ist, dass sich die Plattform flüssiger anfühlt und weniger Strom verbraucht. Was Sie als Entwickler beachten müssen, damit sich Ihre App vorbildlich verhält, erkläre ich in Kapitel 6, »Multitasking«. Außerdem gibt es nun *Benachrichtigungskanäle*, die dem Benutzer helfen sollen, sich besser in der Flut an *Benachrichtigungen* zurechtzufinden. Android 8.1 (API-Level 27) enthält zusätzlich Programmierschnittstellen für neuronale Netze und unterstützt *Shared Memory*.

Googles teilweise beängstigend hohes Entwicklungstempo hat aus Android eine stabile und anwenderfreundliche Plattform gemacht. Ein Kernproblem konnte bis Oreo allerdings nicht zufriedenstellend gelöst werden: Es dauerte immer mehrere Monate, bis Gerätehersteller ihren Kunden aktuelle Android-Versionen zur Verfügung stellten. Nicht wenige Modelle wurden nie aktualisiert. Das ab Android 8 enthaltene *Project Treble*[3] soll dieses Problem lösen. Es trennt die sogenannte *Vendor Implementation* (hardwarespezifische Software, die direkt von den SoC-Herstellern geliefert wird) von Betriebssystem und Framework durch eine neue, standardisierte Herstellerschnittstelle ab. Früher mussten Hersteller bei einem Android-Update auch diese unterste Schicht mitliefern, da sie fest mit Android verwoben war. Dies ist nun nicht mehr nötig. Selbst wenn es von den SoC-Produzenten keine neue Software gibt, kann auf solchen Geräten dennoch eine neue Android-Version aufgespielt werden. Sie setzt einfach auf dem vorhandenen *Vendor Interface* auf. Damit das klappt, muss ein Gerät freilich einmal Android 8 mit Project Treble erhalten haben. Bei Updates auf Oreo ist dies derzeit leider optional. Nur neue Geräte müssen Treble beinhalten.

---

3 *https://source.android.com/devices/architecture/treble*

Auch wenn damit in Zukunft mehr Geräte in den Genuss neuer Android-Versionen kommen werden, lohnt es sich, regelmäßig auf der Seite *http://developer.android. com/about/dashboards/index.html* den aktuellen Verbreitungsgrad der verschiedenen Android-Versionen zu prüfen, denn erst ab einer bestimmten Anzahl von potenziellen Nutzern lohnt sich die Verwendung neuer Programmierschnittstellen oder Funktionen.

1.2   Systemarchitektur

Vielleicht fragen Sie sich, was das Wort *Plattform* im Zusammenhang mit Android bedeutet. Handelt es sich nicht einfach um ein Betriebssystem für mobile Geräte, für das Sie in Java Programme schreiben?

1.2.1   Überblick

Aus der Sicht des Endanwenders bildet Android eine mittlerweile sehr große Gruppe von mobilen und stationären Geräten, beispielsweise Smartphones, Tablets, Medienabspielgeräten, TV-Settop-Boxen und Armbanduhren. Zahlreiche Hersteller bieten Modelle in unterschiedlichsten Ausstattungsvarianten an. Neben preisgünstigen Einsteigerprodukten finden sich im Hochpreissegment Geräte mit viel Arbeitsspeicher, großen, auflösungsstarken Bildschirmen und hoher Prozessorleistung. Auf all solchen Produkten können Versionen von Android laufen. Dennoch ist Android nicht nur ein Betriebssystem, weil zu Android standardmäßig noch mehr gehört, beispielsweise ein Anwendungsstarter mit Unterstützung für Widgets, eine Kontaktdatenbank, eine Uhr mit Weckfunktion, ein Browser und ein E-Mail-Client. Sehr oft ist auch der *Play Store* enthalten, eine Anwendung zum Kaufen und Herunterladen von Apps und Medien, beispielsweise Musik, Filmen, Büchern, Zeitungen und Magazinen.

Android und Java

Ebenfalls ein Bestandteil von Android, allerdings für den Endanwender nicht sichtbar, ist die Laufzeitumgebung ART (*Android Runtime*). Sie bildet den Rahmen für die Ausführung aller Programme, die der Benutzer auf einem Android-System startet. Dies betrifft die weiter oben genannten Standardanwendungen, aber auch selbst geschriebene Programme, von denen die meisten in Java entwickelt werden. Wenn Sie mit dieser Technologie bereits Erfahrung haben, fragen Sie sich vielleicht, ob Android für die Ausführung der Programme dann nicht eine virtuelle Maschine enthalten müsste, denn schließlich wird Java-Code üblicherweise in Bytecode umgewandelt.

Android hatte von der ersten Version an eine virtuelle Maschine an Bord. Allerdings hat diese *Dalvik* genannte Komponente nie den Bytecode verstanden, der vom Standard-Java-Compiler erzeugt wird, weil Dalvik seinen eigenen Befehlssatz hat. Auch die *registerbasierte* Architektur weicht von einer klassischen Java Virtual Machine ab, die einen *Kellerautomaten* realisiert. Dennoch war `javac` lange Zeit der erste Schritt vom Quelltext hin zur ausführbaren App. Der erzeugte Bytecode wurde von dem Tool `dx` in ein *Dalvik Executable* (*.dex*) genanntes Format umgewandelt, das von Dalvik verstanden wird. Hierin liegt der Hauptgrund, warum Android-Entwickler immer recht lange auf die Nutzung neuer Java-Sprachfeatures in ihren Apps warten mussten. Beispielsweise führen die beliebten *Lambda*-Ausdrücke zu neuen Konstrukten im Bytecode, die `dx` kennen und zu sinnvollen Dalvik-Anweisungen umformen muss.

Dalvik wurde erst mit Android 5 vollständig abgelöst. Schon in Android 4.4 war der Nachfolger ART enthalten und konnte auf Wunsch aktiviert werden. Seit Android 5, *Lollipop*, werden Apps schon während der Installation in Maschinensprache übersetzt. Android Nougat allerdings stellte ART wieder einen Just-in-time-Compiler zur Seite (Dalvik besaß zeitweise auch einen). Dieser nutzt *Code Profiling*, um das Laufzeitverhalten einer App kontinuierlich zu verbessern. Hierzu wird mithilfe von Profilen entschieden, wann welche Teile des Codes übersetzt werden: Schlüsselfunktionen einer App werden so schnell wie möglich abgearbeitet.

Eine Zeit lang hat Google eine andere Strategie bei der Umwandlung von Java-Quellcode in *.dex*-Dateien verfolgt. An die Stelle von `javac` und `dx` trat der neue Compiler *Jack*. Mit ihm kam der sehnlichst erwartete Support für eine ganze Reihe von Java-8-Sprachfeatures, unter anderem für Lambda-Ausdrücke, Methodenreferenzen und Typannotationen. Diese waren sogar unter älteren Android-Versionen nutzbar, Default- und statische Interface-Methoden sowie wiederholbare Annotationen hingegen nur ab API-Level 24. Jack musste in der Datei *build.gradle* aktiviert werden. Unglücklicherweise ließen sich Tools von Drittanbietern nicht gut in die neue Toolkette integrieren. Mit Android Studio 3 wurde Jack deshalb abgelöst. Natürlich gibt es nach wie vor Unterstützung für Java-8-Features. Wie Sie hierzu vorgehen, erkläre ich Ihnen etwas später.

Erfreuliche Erweiterungen der Syntax sind aber nur ein Teil der Neuerungen von Java 8. Auch die Standardklassenbibliothek hat eine Vielzahl neuer Pakete und Klassen erhalten, unter anderem `java.util.stream` und `java.util.function`. Dass diese auch unter Android verwendet werden können, hat mit einem fundamentalen Wechsel zu tun: Bis einschließlich Android 6 basierte die Klassenbibliothek der Plattform in weiten Teilen auf Code des Open-Source-Projekts *Apache Harmony* der *Apache Software Foundation*.

Ziel dieses im Mai 2005 angekündigten und im November 2011 beendeten Projekts war die Schaffung einer frei verfügbaren, quelloffenen Java-Implementierung einschließlich Compiler und virtueller Maschine. Die Notwendigkeit hierfür ist schon frühzeitig, nämlich mit der Veröffentlichung von Java als Open Source Ende 2006, entfallen. Daher hat Harmony für Android nie große Bedeutung erlangt – außer eben durch die Nutzung seiner Klassenbibliothek durch Android.

Harmony war als Implementierung von Java 5 und 6 gedacht. Konsequenterweise fehlen alle Klassen und Pakete, die Sun und Oracle erst mit späteren Java-Versionen hinzugefügt haben. Google hatte zwar an einigen Stellen »nachgebessert«. Für die Nutzung des Java-7-Features *try-with-resources* ist beispielsweise das Interface `java.lang.AutoCloseable` nötig, das seit API-Level 19 enthalten ist. Andere Neuigkeiten hingegen wurden nie übernommen. Android 7 und 8 nutzen die Bibliothek des *OpenJDK*. Damit stehen Entwicklern endlich viele wichtige neue Bibliotheksfunktionen zur Verfügung.

Kotlin

Seit Android Studio 3.0 müssen Sie Ihre Apps nicht mehr zwingend in Java schreiben. Die Entwicklungsumgebung bietet ab dieser Version offiziell Unterstützung für die Programmiersprache *Kotlin*. Diese wurde nicht speziell für Android entwickelt. Vielmehr hat sie den Anspruch, eine moderne, schlanke Alternative zu Java zu sein. Üblicherweise wird Kotlin-Quelltext in Java-Bytecode übersetzt. Es steht aber auch ein Transpiler nach JavaScript zur Verfügung. Erfinder der Sprache ist die in Sankt Petersburg ansässige Firma *JetBrains*. Von ihr stammt auch die Basis von Android Studio, *IntelliJ IDEA*. Übrigens ist Kotlin eine russische Insel im Finnischen Meerbusen, 30 km westlich von Sankt Petersburg in der Ostsee gelegen.

Kotlin ist wie Java statisch typisiert, klassenbasiert und objektorientiert. Die Syntax ist nicht kompatibel zu Java, wenngleich viele Konstrukte vertraut wirken. Die Interoperabilität mit Java-Code spielt eine wichtige Rolle. Vorhandene Bibliotheken können deshalb ohne Aufwand angesprochen werden. Lassen Sie uns einen kurzen Blick darauf werfen, wie sich Kotlin anfühlt.

```kotlin
fun main(args: Array<String>) {
    println("Hallo Kotlin")
}
```

Listing 1.1 Ein vollständiges Kotlin-Programm

Listing 1.1 zeigt ein vollständiges, ausführbares Kotlin-Programm. Wie in Java bildet `main()` den Einstiegspunkt. Allerdings kennt die Sprache nicht nur Methoden, sondern auch *Funktionen* außerhalb einer Klasse. Der Rückgabewert von `main()` ist (das können Sie dem Programm aber nicht entnehmen) der Typ `Unit`. Das entspricht dem `void` in Java. Ist Ihnen aufgefallen, dass kein Strichpunkt hinter `print(...)` steht? Diese sind optional. Im Gegensatz zu Java unterscheidet Kotlin nicht zwischen primitiven und Referenztypen. Alles ist ein Objekt. Deshalb ist die folgende Anweisung völlig korrekt:

```
println(9.div(3))
```

Stattdessen können Sie auch schreiben:

```
val i: Int = 9
val j: Int = i / 3
println(j)
```

Listing 1.2 Variablen mit nur lesendem Zugriff

Das Schlüsselwort val leitet die Deklaration einer Variablen ein, der nur einmal ein Wert zugewiesen werden darf. Sie kennen das in Java als final. var kennzeichnet mehrfach zuweisbare Variablen. Schön an Kotlin ist, dass Sie einen Typ nicht ausdrücklich angeben müssen, wenn er sich aus dem Kontext ergibt (*Typinferenz*). Sehen Sie sich hierzu das folgende Codefragment an, das nebenbei die Verwendung einer Schleife zeigt.

```
val versions = listOf("Cupcake", "Donat", "Eclair")
for (version in versions) {
    println(version)
}
```

Listing 1.3 Eine Schleife in Kotlin

Die Funktion listOf() liefert eine nicht änderbare Liste, deren Elemente den Typ der übergebenen Elemente haben. In meinem Beispiel ist dies kotlin.String. Sie können das mit println(version::class) überprüfen. Lassen Sie uns noch kurz einen Blick auf Klassen werfen.

```
class Person constructor(name: String) {
  val name = name
}

fun main(args: Array<String>) {
  val o = Person("Thomas")
  println("Hallo, ${o.name}")
}
```

Listing 1.4 Eine einfache Kotlin-Klasse deklarieren und instanziieren

Die Klassendeklaration besteht aus einem Namen, einem Header sowie dem Rumpf. Im Header werden bei Bedarf Typparameter sowie primäre Konstruktoren angegeben. Der Konstruktor in meinem Beispiel erwartet einen Parameter. Dieser wird der

Eigenschaft name zugewiesen. Anders als in Java wird für das Erzeugen eines Objekts kein new verwendet. Damit möchte ich meine kurze Kotlin-Stippvisite beenden. Übrigens können Sie in Ihren App-Projekten Java- und Kotlin-Code nach Belieben mischen. Besonders praktisch ist dabei, dass Android Studio Java-Quelltexte in Kotlin-Syntax umwandeln kann. Auf diese Weise lernen Sie die Unterschiede und Gemeinsamkeiten der beiden Sprachen besonders bequem kennen. Sie erreichen die Funktion in der Menüleiste über CODE • CONVERT JAVA FILE TO KOTLIN FILE. Wenn Sie beim Anlegen des Projekts die Kotlin-Unterstützung nicht aktiviert haben (mehr dazu etwas später), macht Sie Android Studio im Editorfenster mit der Meldung KOTLIN NOT CONFIGURED (siehe Abbildung 1.1) darauf aufmerksam. Klicken Sie in diesem Fall einfach auf CONFIGURE.

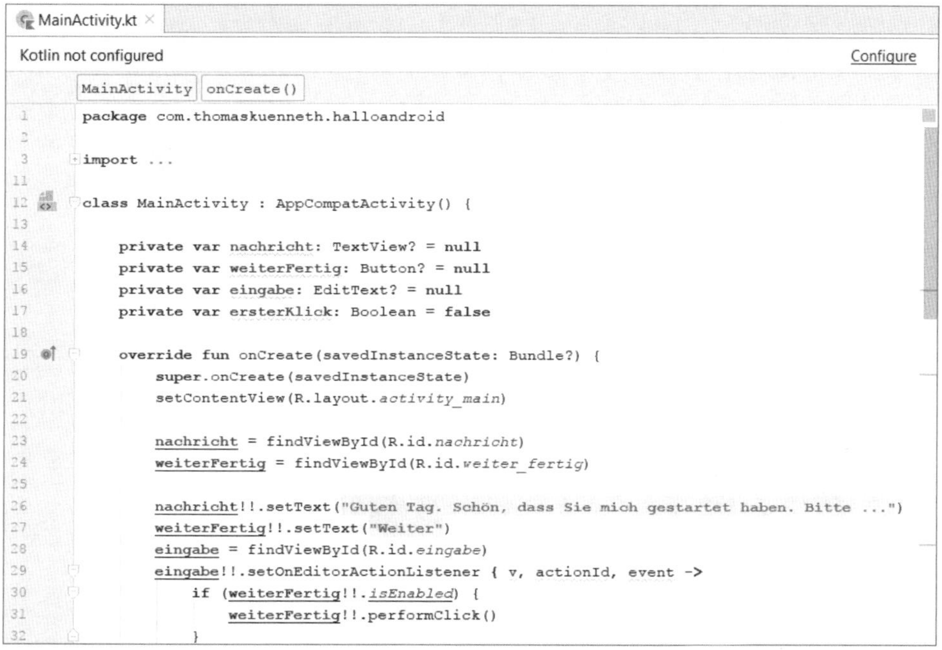

```
    MainActivity.kt ×

Kotlin not configured                                                    Configure

    MainActivity  onCreate()

1       package com.thomaskuenneth.halloandroid
2
3     import ...
11
12   class MainActivity : AppCompatActivity() {
13
14           private var nachricht: TextView? = null
15           private var weiterFertig: Button? = null
16           private var eingabe: EditText? = null
17           private var ersterKlick: Boolean = false
18
19       override fun onCreate(savedInstanceState: Bundle?) {
20           super.onCreate(savedInstanceState)
21           setContentView(R.layout.activity_main)
22
23           nachricht = findViewById(R.id.nachricht)
24           weiterFertig = findViewById(R.id.weiter_fertig)
25
26           nachricht!!.setText("Guten Tag. Schön, dass Sie mich gestartet haben. Bitte ...")
27           weiterFertig!!.setText("Weiter")
28           eingabe = findViewById(R.id.eingabe)
29           eingabe!!.setOnEditorActionListener { v, actionId, event ->
30               if (weiterFertig!!.isEnabled) {
31                   weiterFertig!!.performClick()
32               }
```

Abbildung 1.1 Hinweis, dass Kotlin aktiviert werden muss

Damit beende ich meine kurze Kotlin-Stippvisite. Falls Sie sich ausführlicher mit der Sprache befassen möchten, empfehle ich Ihnen das Buch *Kotlin in Action* von Dmitry Jemerov und Svetlana Isakova. Details finden Sie in der Literaturliste in Anhang A.

Schichten

Das Fundament der in Abbildung 1.2 dargestellten Low-Level-Systemarchitektur von Android bildet ein Linux-Kern. Er kümmert sich um die Prozesssteuerung, die Speicherverwaltung, die Netzwerkkommunikation sowie um das Thema Sicherheit. Die Peripherie (Audio, Kamera, Kommunikation etc.) ist über entsprechende Kerneltreiber angebunden. Über diesem Fundament liegt eine *Hardwareabstraktionsschicht* (engl. *Hardware Abstraction Layer*, HAL). Sie wird von Android-Systemdiensten beim Zugriff auf die Gerätetreiberschicht aufgerufen und kapselt gerätespezifische Implementierungen.

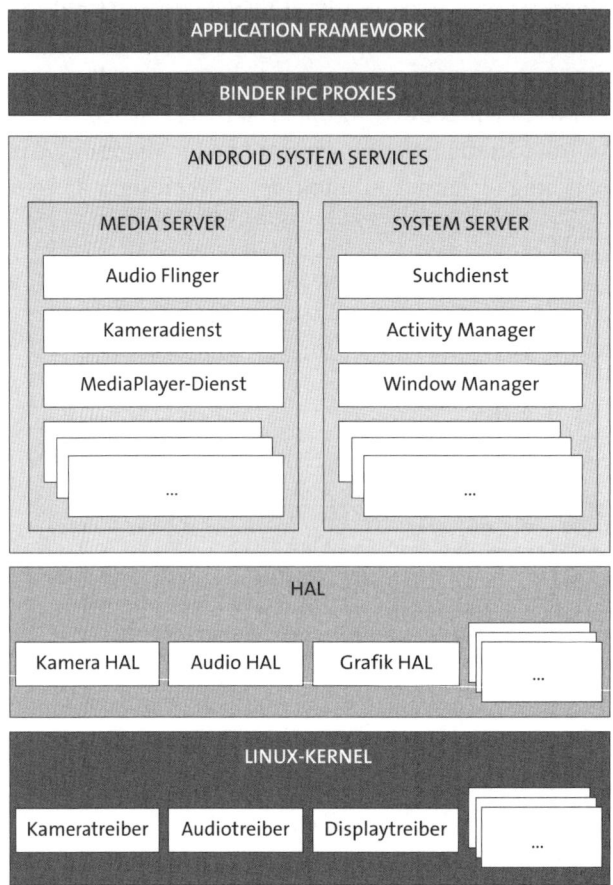

Abbildung 1.2 Schematische Darstellung der Systemarchitektur

Systemdienste fungieren als Bindeglieder zwischen der Framework-Schicht und der Hardware. Android kennt zwei Gruppen von Systemdiensten, *System* und *Media*. Beispielsweise kümmert sich der *Activity Manager* um die Verwaltung von Activities, einem der zentralen Anwendungsbausteine. Der *Camera Service* koordiniert Zugriffe auf die Kamerahardware.

Binder IPC ist ein leichtgewichtiges Kommunikationsmittel über Prozessgrenzen hinweg. Die Framework-Schicht verwendet es, um mit Systemdiensten zu kommunizieren, und auch die Nutzung durch Anwendungen ist möglich und sinnvoll. Anwendungen kommunizieren mit dem System ausschließlich über die im folgenden Abschnitt vorgestellte Framework-Schicht.

1.2.2 Application Framework

Mithilfe des *Application Frameworks* lassen sich äußerst komfortable, ästhetische und leicht bedienbare mobile Anwendungen mit großem Funktionsumfang erstellen. Sie haben Zugriff auf die Gerätehardware, zum Beispiel Kamera, Netzwerk und Sensoren, und auch das Lesen und Schreiben von Kontaktdaten oder Terminen ist bequem möglich. Ein ausgefeiltes, einfach zu handhabendes Rechtesystem steuert hierbei, was ein Programm tun darf.

> **Tipp**
>
> Viele Apps fordern zu viele Berechtigungen an. Dies erzeugt Unmut bei den Benutzern, weil sie sich ausspioniert und beobachtet fühlen. Versuchen Sie, Ihre Apps zu fokussieren. Es ist nachvollziehbar, dass eine Kameraanwendung Zugriff auf die passende Hardware haben muss, aber braucht ein Taschenrechner eine Standortbestimmung oder Zugriff auf das Telefonbuch?

Eines der Kernkonzepte des Application Frameworks ist, dass Anwendungen ihre Funktionen veröffentlichen, also anderen Programmen verfügbar machen können. Da Anwendungen von Drittanbietern den Android-Standardanwendungen gleichgestellt sind, kann der Benutzer sehr leicht den Webbrowser, den E-Mail-Client oder den Mediaplayer austauschen.

Auch das Ersetzen von einzelnen Programmfunktionen (beispielsweise das Verfassen einer SMS) ist möglich. Selbstverständlich können Programme umgekehrt auch Funktionen anderer Anwendungen anfordern. Auch dies wird über das bereits erwähnte Rechtesystem gesteuert.

Kernbestandteile des Application Frameworks sind unter anderem:

▶ Die *Views*: Sie bilden die Basis für alle Benutzeroberflächen. Android bietet zahlreiche Standardbedienelemente, wie etwa Textfelder, Schaltflächen, Ankreuzfelder und Listen. Bestehende Views können durch sogenannte *Themes* und *Styles* nahezu beliebig angepasst werden. Auch vollständig eigenentwickelte Views sind realisierbar.

▶ Die *Content Provider*: Siegestatten Anwendungen den Zugriff auf Daten anderer Programme. Auch das Bereitstellen der eigenen Anwendungsdaten ist auf diese Weise leicht möglich.

▶ Der *Resource Manager*: Er gewährt Zugriff auf lokalisierte Zeichenketten, auf Grafiken und auf Layoutdateien.

▶ Der *Notification Manager*: Er bietet Anwendungen den Zugriff auf die Android-Statuszeile. Mit ihm können auch kleine Pop-up-Nachrichten erzeugt werden.

▶ Der *Activity Manager*: Er steuert den Lebenszyklus einer Anwendung.

Alle hier aufgeführten Bestandteile werden in den folgenden Kapiteln ausführlich vorgestellt. Im nächsten Abschnitt möchte ich Sie aber erst noch mit den Entwicklungswerkzeugen bekannt machen. Wie Sie bald sehen werden, sorgen diese für eine komfortable und effiziente Programmierarbeit.

1.3   Entwicklungswerkzeuge

Das *Android Software Development Kit* (*Android SDK*) bildet die Grundlage für die Anwendungsentwicklung. Es ist in Versionen für Windows, Linux und macOS erhältlich. Um die Software nutzen zu können, muss auf Ihrem Rechner eine Ausgabe des *Java Development Kits* (*JDK*) 8 oder 9 vorhanden sein. Eine Java-Laufzeitumgebung reicht nicht aus, da der *JRE* mehrere notwendige Tools fehlen.

Google pflegt mit *Android Studio* eine eigene Entwicklungsumgebung, die auf der *IntelliJ IDEA Community Edition* der Firma JetBrains basiert. Seit Version 2.2 ist *OpenJDK* im Android-Studio-Installationsarchiv enthalten. Sofern Sie ausschließlich Android-Apps mit Android Studio entwickeln möchten, müssen Sie das Java Development Kit also nicht separat herunterladen und installieren. Das Android SDK kommt mit Android Studio auf Ihren Rechner. Dazu gleich mehr.

1.3.1   Android Studio und Android SDK installieren

Um Android Studio sowie das Android SDK auf Ihrem Rechner zu installieren, laden Sie bitte die Software unter *https://developer.android.com* herunter. Sie liegt dort in Versionen für Windows, Linux und macOS bereit. Die Website erkennt das Betriebssystem Ihres Entwicklungsrechners und schlägt die passende Datei zum Download vor. Wie es nach der Installation weitergeht, erfahren Sie in Abschnitt 1.3.2, »Die ersten Schritte mit Android Studio«.

Installation unter Windows

Die Version für Windows enthält die IDE und das Android SDK. Der Name des Archivs beginnt mit *android-studio-ide*. Starten Sie das Setup mit einem Doppelklick auf die *.exe*-Datei, und folgen Sie den Anweisungen am Bildschirm. Das Android SDK wird standardmäßig im Verzeichnis *AppData\Local\Android\sdk* im Heimatverzeichnis des angemeldeten Benutzers installiert.

Möglicherweise werden Sie während der Installation darüber informiert, dass Systemabbilder im Android-Emulator mit dem *Intel Hardware Accelerated Execution Manager* (HAXM) hardwarebeschleunigt ausgeführt werden können. Mehr dazu finden Sie in Abschnitt 1.3.2, »Die ersten Schritte mit Android Studio«.

Installation unter macOS

Öffnen Sie die heruntergeladene *.dmg*-Datei mit einem Doppelklick, und ziehen Sie Android Studio innerhalb dieses Fensters auf das APPLICATIONS-Symbol. Schließen Sie nach dem Kopiervorgang das Finder-Fenster, werfen Sie die *.dmg*-Datei aus, und starten Sie danach die Anwendung aus dem *Programme*-Ordner. Bitte folgen Sie den Anweisungen des Setup-Assistenten. Dabei werden die noch fehlenden SDK-Tools sowie gegebenenfalls weitere Komponenten nachgeladen. Je nach Geschwindigkeit Ihrer Internetverbindung kann dies eine geraume Zeit dauern. Das Android SDK wird standardmäßig im Verzeichnis *Library/Android/sdk* im Heimatverzeichnis des angemeldeten Benutzers abgelegt. Findet die Setup-Routine in einem anderen Verzeichnis SDK-Tools aus einer früheren Installation, können diese aktualisiert werden.

Möglicherweise werden Sie während der Installation darüber informiert, dass Systemabbilder im Android-Emulator mit dem *Intel Hardware Accelerated Execution Manager* (HAXM) hardwarebeschleunigt ausgeführt werden können. Weitere Information hierzu finden Sie in Abschnitt 1.3.2, »Die ersten Schritte mit Android Studio«.

Installation unter Linux

Entpacken Sie die heruntergeladene *.zip*-Datei mit `unzip`. Es bietet es sich an, das entstandene Verzeichnis *android-studio* nach */opt* zu verschieben. Hierfür sind Admin-Rechte nötig (`sudo mv ./android-studio /opt`). Starten Sie nun die Anwendung mit dem Skript `android-studio/bin/studio.sh`, und folgen Sie den Anweisungen des Setup-Assistenten. Dabei werden die noch fehlenden SDK-Tools sowie gegebenenfalls weitere Komponenten nachgeladen. Je nach Geschwindigkeit Ihrer Internetverbindung kann dies leider eine geraume Zeit dauern. Das Android SDK wird standardmäßig im Verzeichnis *Android/Sdk* im Heimatverzeichnis des angemeldeten Benutzers abgelegt. Falls Sie ein Ubuntu-Linux mit 64 Bit verwenden, müssen Sie einige fehlende 32-Bit-Bibliotheken nachinstallieren:

```
sudo apt-get install libc6:i386 libncurses5:i386 libstdc++6:i386 lib32z1
libbz2-1.0:i386
```

Falls Sie ein 64 Bit Fedora betreiben, lautet das Kommando:

```
sudo yum install zlib.i686 ncurses-libs.i686 bzip2-libs.i686
```

Tipp

Um Android Studio aus jedem Verzeichnis heraus starten zu können, bietet es sich an, die Umgebungsvariable PATH um */opt/android-studio/bin* (bzw. den absoluten Zugriffspfad auf das Verzeichnis *android-studio*) zu erweitern. Sofern Sie eine Desktop-Umgebung wie *Gnome* oder *KDE* verwenden, können Sie stattdessen ein Icon auf dem Desktop ablegen.

Möglicherweise werden Sie während der Installation darüber informiert, dass Systemabbilder im Android-Emulator mit der Virtualisierungssoftware *Kernel Based Virtual Machine* (KVM) hardwarebeschleunigt ausgeführt werden können. Weitere Informationen hierzu finden Sie im folgenden Abschnitt.

1.3.2   Die ersten Schritte mit Android Studio

Nach Abschluss der Installation sehen Sie den Willkommensbildschirm aus Abbildung 1.3, der immer dann erscheint, wenn in der IDE kein Projekt geöffnet ist. In ihm können Sie ein neues Projekt anlegen, ein vorhandenes öffnen, Code aus einem Versionsverwaltungssystem auschecken, Projekte aus anderen IDEs importieren sowie zahlreiche Einstellungen vornehmen. Im linken Bereich erscheint später eine Liste der kürzlich geöffneten Projekte. Sie ist noch leer und deshalb nicht zu sehen. Unten rechts befinden sich zwei Klapplisten, CONFIGURE und GET HELP.

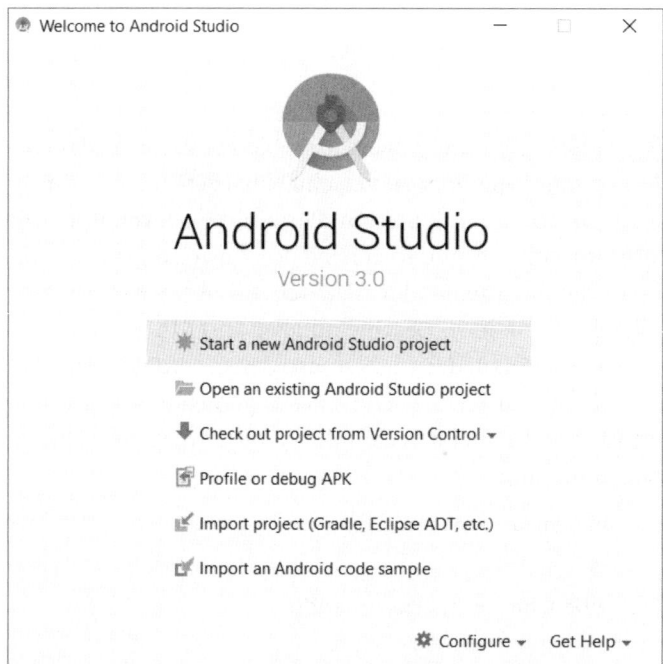

Abbildung 1.3 Der Android-Studio-Willkommensbildschirm

Klicken Sie bitte zuerst auf CONFIGURE, dann auf PROJECT DEFAULTS und anschließend auf PROJECT STRUCTURE. Es öffnet sich der Dialog PROJECT STRUCTURE, der in Abbildung 1.4 zu sehen ist. Mit ihm legen Sie fest, welche JDK- und welche Android-SDK-Versionen für ein Projekt verwendet werden. Zum jetzigen Zeitpunkt möchten Sie keine Änderungen vornehmen. Schließen Sie den Dialog deshalb mit CANCEL. Bitte merken Sie sich aber die ANDROID SDK LOCATION, wir werden sie gleich noch brauchen.

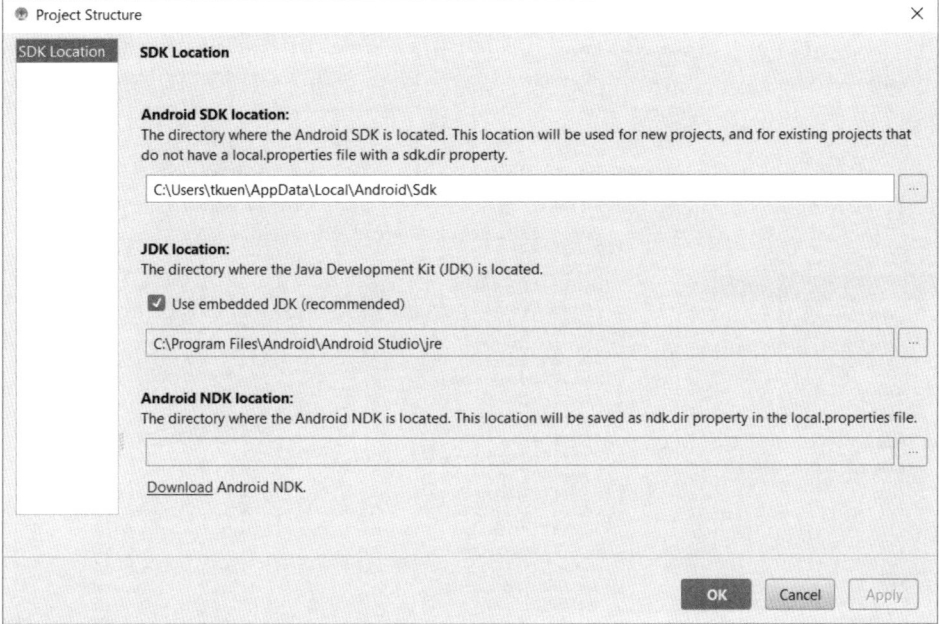

Abbildung 1.4 Der Dialog »Project Structure«

Klicken Sie nun auf CONFIGURE • SDK MANAGER.

Android SDK Manager

Der *Android SDK Manager*, siehe Abbildung 1.5, verwaltet alle Komponenten, die Sie für die Entwicklung von Apps benötigen. Mit ihm laden Sie Plattformversionen, Systemabbilder für den Emulator, Dokumentationen, Beispielprogramme und Treiber herunter.

Auf den beiden Registerkarten SDK PLATFORMS und SDK TOOLS bietet der SDK Manager alle zum Download bereitstehenden Pakete an. Setzen Sie ein Häkchen vor dem betreffenden Eintrag, um es herunterzuladen. Bereits vorhandene Pakete können durch Entfernen ihres Häkchens gelöscht werden. Weitere Informationen bietet die Tabellenspalte STATUS. Neben INSTALLED und NOT INSTALLED kann dort PARTIALLY INSTALLED zu lesen sein. In diesem Fall sollten Sie durch Setzen des Häkchens vor SHOW PACKAGE DETAILS alle abhängigen Pakete einblenden.

Ist für ein Paket ein Update verfügbar (UPDATE AVAILABLE), kennt das zugehörige Ankreuzfeld einen dritten Zustand, der durch einen Strich symbolisiert wird. Klicken Sie einmal, um das Häkchen zu setzen, ein zweites Mal, um das Paket zu entfernen, und ein drittes Mal, um die aktuelle Version beizubehalten. OK führt die von Ihnen gemachten Änderungen durch. CANCEL schließt den SDK Manager, ohne eine Aktion auszuführen.

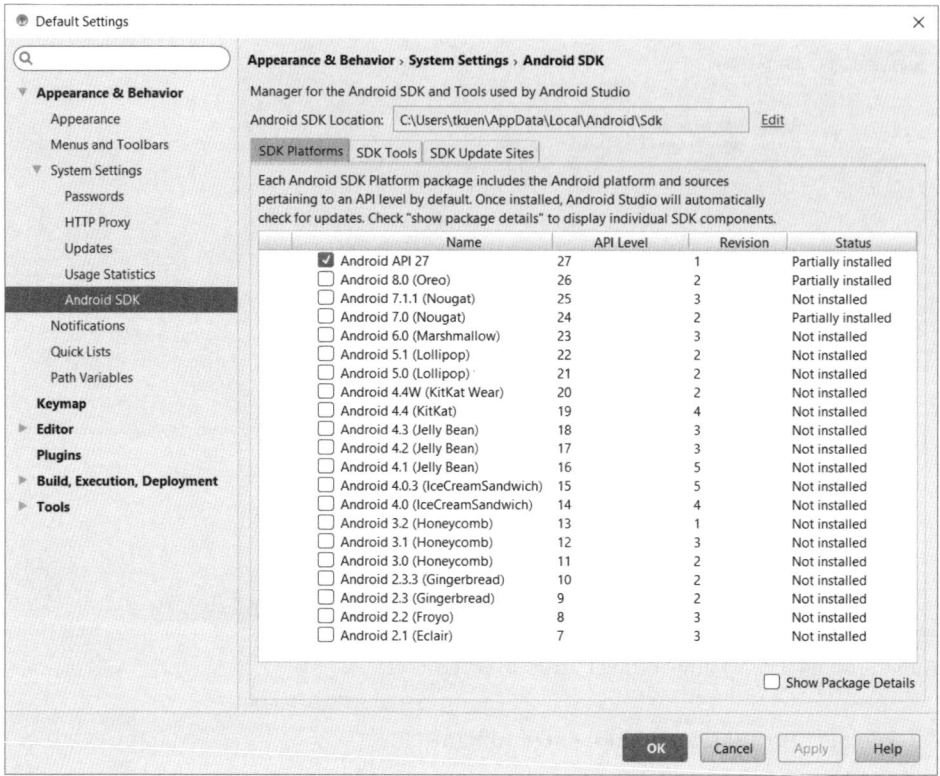

Abbildung 1.5 Der Android SDK Manager

Vielleicht fragen Sie sich, welche der vielen Pakete Sie überhaupt benötigen. Dieses Buch beschreibt die Anwendungsentwicklung für Android 8.1. Alle Beispiele verwenden deshalb, sofern nicht ausdrücklich anders angegeben, den sogenannten *API-Level* 27. Was es damit auf sich hat, erkläre ich Ihnen etwas später im Detail.

Zu jeder Plattformversion gehört eine ganze Reihe von Paketen. Welche dies sein können, ist beispielhaft in Abbildung 1.6 dargestellt. Auf jeden Fall installieren sollten Sie die SDK-Plattform sowie ein oder mehrere Systemabbilder für den Android-Emulator. Praktischerweise können fehlende Images übrigens auch innerhalb von Android Studio nachgeladen werden. Äußerst nützlich für das Debuggen kann der Download der Plattform-Sources sein. Während der Fehlersuche sehen Sie dann auf Quelltextebene, was in den Tiefen von Android vor sich geht. Allerdings sind die Quelltexte für eine Plattform nicht immer sofort verfügbar. In so einem Fall lohnt es, einfach einige Zeit später noch einmal nachzusehen.

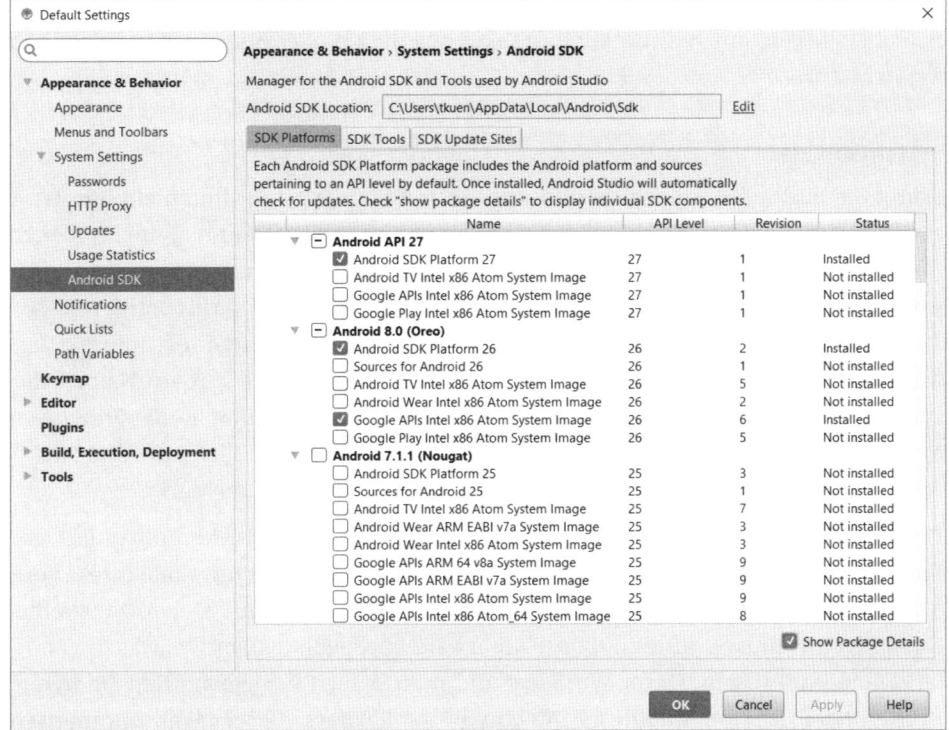

Abbildung 1.6 Bestandteile einer Plattformversion

Neben mindestens einer Android-Plattform (um meine Beispiele ausprobieren zu können, muss dies eben API-Level 27 sein) benötigen Sie auf jeden Fall die ANDROID SDK TOOLS, ANDROID SDK PLATFORM-TOOLS sowie die ANDROID SDK BUILD TOOLS. Diese wurden automatisch heruntergeladen und sollten stets einen aktuellen Stand haben. Um dies zu überprüfen, wechseln Sie auf die Registerkarte SDK TOOLS.

> **Tipp**
>
> Damit Sie auch per Kommandozeile (also in der Eingabeaufforderung, einer Shell und im Android-Studio-Werkzeugfenster TERMINAL) auf die Tools zugreifen können, fügen Sie die Unterordner *tools* und *platform-tools* des Android-SDK-Verzeichnisses dem Standardsuchpfad hinzu. Hierzu erweitern Sie die Umgebungsvariable PATH entsprechend. Auf meinem System sind dies *C:\Users\tkuen\AppData\Local\Android\sdk\tools* und *C:\Users\tkuen\AppData\Local\Android\sdk\platform-tools*.

Die Registerkarte SDK TOOLS bietet einige betriebssystemspezifische Pakete zum Download an. Beispielsweise gibt es für Windows einen USB-Treiber, der bei der Nutzung von bestimmten Smartphones und Tablets installiert werden muss. Ob Ihr Gerät den Treiber benötigt, entnehmen Sie bitte der Dokumentation. Ferner steht eine ganze Reihe von Zusatzbibliotheken zur Verfügung. Hier müssen Sie zunächst nichts nachinstallieren, einige Zusatzbibliotheken werde ich allerdings in den folgenden Kapiteln nutzen.

Systemabbilder

Damit Sie Ihre selbst geschriebenen Apps testen können, steht Ihnen ein Emulator zur Verfügung, der unterschiedliche Gerätetypen nachbilden kann. Beim Start wird ihm ein Systemabbild übergeben, das eine Android-Plattform mit Betriebssystem und mit vorinstallierten Programmen wie Browser, Kalender und Uhr enthält. Solche Abbilder stehen üblicherweise in Versionen für zwei Hardwarearchitekturen zur Verfügung, für Intel und für ARM. Sie erkennen den Systemtyp leicht am Namen des Images, beispielsweise *Intel x86 Atom System Image* oder *ARM EABI v7a System Image*. Lange Zeit basierte echte Android-Hardware ausschließlich auf ARM-Architekturen. Erst nach und nach kamen Intel-basierte Geräte auf den Markt.

Der Vorteil von Intel-Systemabbildern während der App-Entwicklung ist, dass der Emulator auf Virtualisierungstechnologie zurückgreifen kann, um Code direkt vom Mikroprozessor des Entwicklungsrechners ausführen zu lassen. Der ARM-Befehlssatz hingegen muss vollständig durch Software nachgebildet werden, was die Emulation langsam macht. Unter Windows und macOS setzt Google auf den *Hardware Accelerated Execution Manager* (HAXM) von Intel. Sofern dieser nicht automatisch während der Installation heruntergeladen wurde, sollten Sie das nun nachholen.

Nach dem Download finden Sie die Setup-Dateien unter *extras\intel\Hardware_ Accelerated_Execution_Manager* im Android-SDK-Verzeichnis. Ob der Hypervisor installiert und einsatzbereit ist, können Sie überprüfen, indem Sie in der Eingabeaufforderung bzw. in einer Shell das Skript `silent_install` mit der Option `-v` aufrufen.

Unter Linux kommt die *Kernel Based Virtual Machine* (KVM) zum Einsatz. Google bietet kein Paket zum Download an. Welche Komponenten Sie mit dem Paketmanager Ihres Systems herunterladen und installieren müssen, hängt von der von Ihnen eingesetzten Linux-Distribution ab und kann an dieser Stelle nicht weiter vertieft werden.

Beim Einsatz eines Hypervisors müssen Sie einige Punkte beachten, beispielsweise muss die Hardware Ihres Entwicklungsrechners grundsätzlich Virtualisierung unterstützen. Unter Windows und macOS ist dies Intels Virtualisierungstechnologie VT-x, unter Linux steht auch AMD-v zur Verfügung. Ferner muss die Technologie im BIOS aktiviert sein. Der gleichzeitige Betrieb von HAXM und anderen Produkten ist möglicherweise eingeschränkt oder überhaupt nicht möglich. Prüfen Sie deshalb vor dem Start einer anderen Virtualisierungslösung, ob diese mit HAXM kompatibel ist, um Abstürze zu vermeiden.

Nachdem Sie alle gewünschten Pakete heruntergeladen und installiert haben, beenden Sie den SDK Manager.

1.3.3   Das erste Projekt

Klicken Sie im Willkommensbildschirm von Android Studio auf IMPORT AN ANDROID CODE SAMPLE. Es öffnet sich der Assistent IMPORT SAMPLE. Wählen Sie, wie in Abbildung 1.7 zu sehen, im Zweig GETTING STARTED den Eintrag ACTION BAR COMPAT – BASIC aus, und klicken Sie anschließend auf NEXT. Auf der nun angezeigten Seite CONFIGURE SAMPLE kann der Name der Anwendung sowie der Ablageort des Projekts eingegeben werden. Schließen Sie den Dialog mit FINISH. Android Studio wird nun eine Reihe von Vorarbeiten durchführen und danach sein Hauptfenster öffnen, das Sie in Abbildung 1.8 dargestellt sehen. Erscheint stattdessen der Hinweis, dass dringend empfohlen wird, *Gradle* oder *Android Gradle Plugin* auf eine aktuellere Version zu aktualisieren, kommen Sie diesem Vorschlag nach, und klicken Sie auf UPDATE.

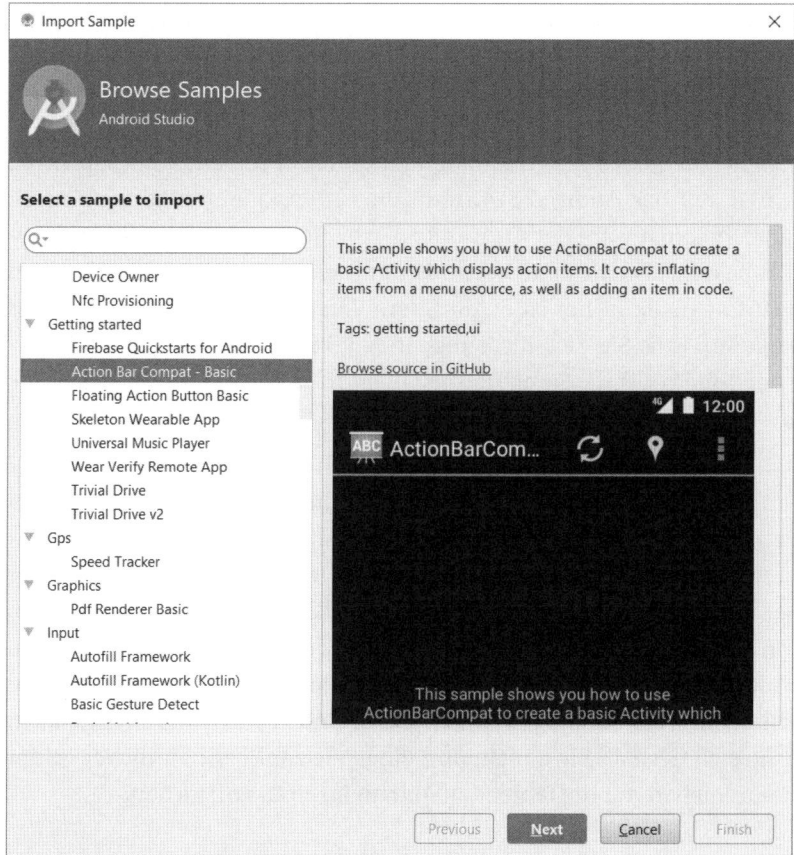

Abbildung 1.7 Der Assistent »Import Sample«

Android Studio nutzt für den Bau von Projekten, also für das Übersetzen und Paketieren von Apps, das Automatisierungssystem *Gradle*. Damit dieses Tool weiß, welche Aktionen auszuführen sind, wird an zentraler Stelle – in Dateien mit dem Namen *build.gradle* – eine ganze Reihe von Abhängigkeiten definiert. Beispielsweise ist hier hinterlegt, ob zusätzliche Bibliotheken einzubinden sind und – falls erforderlich – welche Versionen benötigt werden. Auch die Version der *Android SDK Build Tools* ist hier eingetragen.

Findet Gradle die gewünschte Version der Build Tools nicht, wird, wie in Abbildung 1.8 zu sehen, eine entsprechende Fehlermeldung ausgegeben. Ist dies bei Ihnen der Fall, könnten Sie das fehlende Paket von Hand im SDK Manager herunterladen. Es geht aber auch noch bequemer: Klicken Sie im Fehlerfall einfach den Link INSTALL BUILD TOOLS ... AND SYNC PROJECT an.

[»]   **Hinweis**

Projekte bestehen aus einem oder mehreren Modulen. Die Datei *build.gradle* ist in jedem Modulverzeichnis sowie einmal auf Projektebene vorhanden. Die angesprochene Versionsinformation wird pro Modul abgelegt. Im Fall des Beispielprojekts befindet sie sich im Verzeichnis APPLICATION. Warum Google vom ansonsten gebräuchlichen Modulnamen *app* abweicht, ist leider unbekannt.

Vielleicht fragen Sie sich, warum es überhaupt zu diesem Problem kommen kann. Nun, Google entwickelt das Android SDK und seine Komponenten kontinuierlich weiter, und wahrscheinlich wäre der Aufwand zu groß, jedes Mal auch die Beispielprogramme anzupassen, also die neue Versionsnummer der Build Tools in der Datei *build.gradle* einzutragen. Einfacher ist es, die ältere Version der Tools zusätzlich zur neuen zu installieren. Falls Sie dies nicht möchten, können Sie aber auch die Versionsnummer der Build Tools, die Sie aktuell installiert haben, in die Datei *build.gradle* unter `buildToolsVersion` übernehmen.

Fehlende Abhängigkeiten können sich übrigens auch auf andere Elemente der *build.gradle*-Datei beziehen, zum Beispiel eingebundene Bibliotheken oder Plattformversionen. Fehlt einem Projekt eine oder mehrere Abhängigkeiten, scheint es von Fehlern nur so zu wimmeln, dabei ist die Behebung immer ganz einfach. Sie folgt stets demselben Muster: Laden Sie der Reihe nach alle fehlenden Komponenten durch Anklicken des entsprechenden Links im *Werkzeugfenster* MESSAGES herunter. Ich betone das deshalb so deutlich, weil meine Beispiele sehr wahrscheinlich ebenfalls Komponenten in Versionen verwenden, die Sie noch nicht heruntergeladen haben. Lassen Sie sich deshalb bitte nicht von einer Vielzahl vermeintlicher Fehler abschrecken: Sie brauchen nur die fehlenden Abhängigkeiten aufzulösen.

Tipp

Kann Googles Beispielprojekt nicht gebaut werden und im Messages-Fenster steht unter anderem der Text »uses-sdk:minSdkVersion 7 cannot be smaller than version 14«, ändern Sie bitte in der Datei *build.gradle* den Wert minSdkVersion von 7 auf 14. Das Projekt möchte gerne die *Support Library* verwenden. Diese setzt den API-Level 14 voraus. Für das Projekt ist aber (aus welchen Gründen auch immer) noch der API-Level 7 als minimal notwenige Plattformversion gesetzt. Es ist zu vermuten, dass Google dies in Zukunft beheben wird.

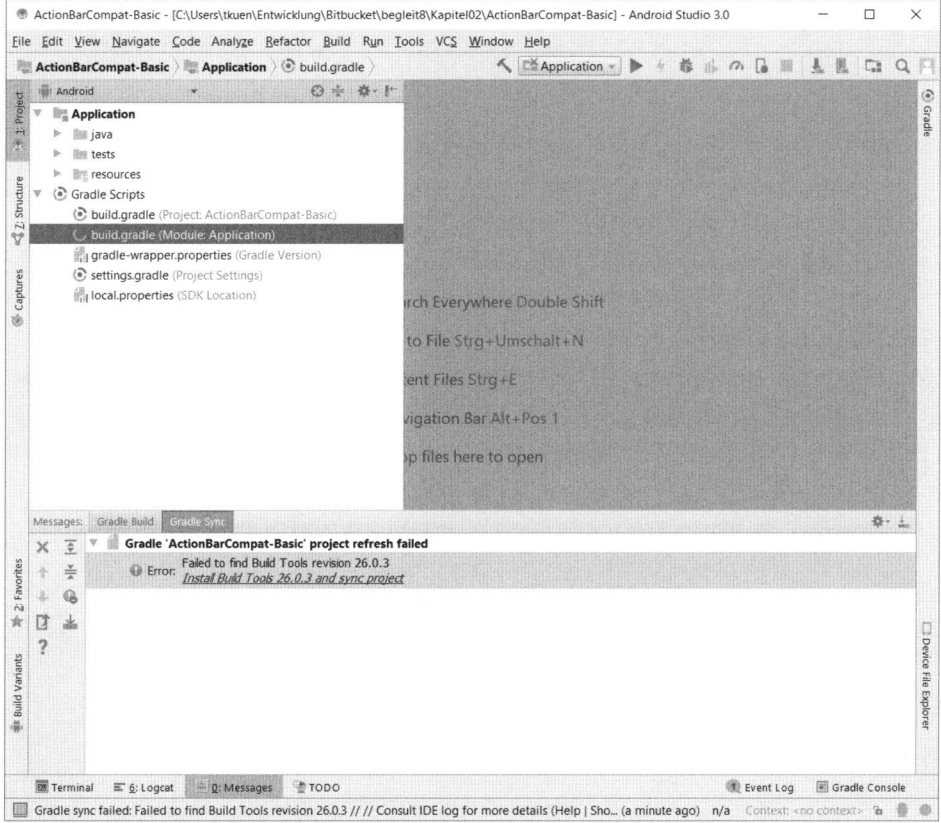

Abbildung 1.8 Das Hauptfenster von Android Studio

Um Googles Demo-Anwendung zu starten, klicken Sie in der Menüleiste bitte auf Run • Run Application. Sie sehen daraufhin den in Abbildung 1.9 dargestellten Dialog Select Deployment Target.

In ihm wählen Sie aus, *wo* eine App ausgeführt werden soll. Dies kann ein über USB an Ihren Rechner angeschlossenes Smartphone oder Tablet sein, oder es ist eine laufende Emulatorinstanz. Wenn beides nicht der Fall ist, bleibt die Liste unter Connec-

TED DEVICES leer. Der obere Bereich des Dialogs enthält gegebenenfalls Hinweise oder Warnmeldungen. Um das Anschließen eines Smartphones oder Tablets kümmern wir uns später. Klicken Sie auf CREATE NEW VIRTUAL DEVICE, um ein neues virtuelles Android-Gerät anzulegen. Es öffnet sich der Assistent VIRTUAL DEVICE CONFIGURATION, wie in Abbildung 1.10 zu sehen.

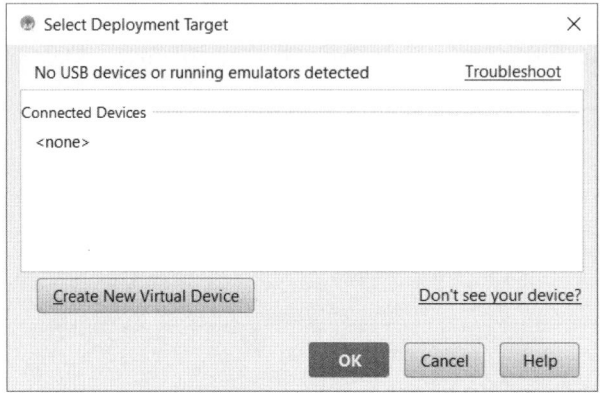

Abbildung 1.9 Der Dialog »Select Deployment Target«

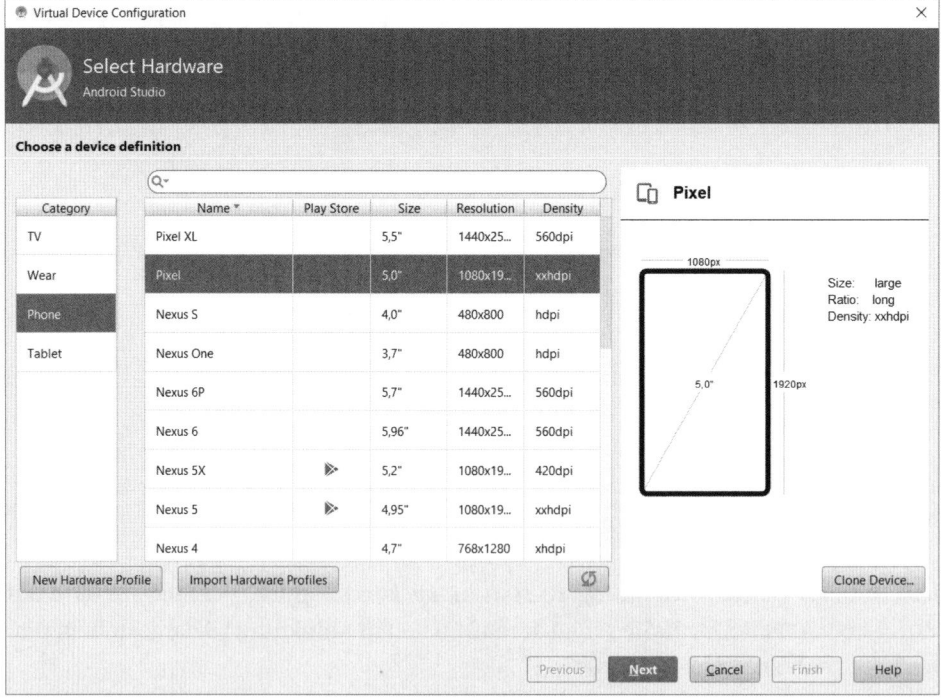

Abbildung 1.10 Der Dialog »Virtual Device Configuration«

Klicken Sie in der Spalte CATEGORY auf PHONE, und wählen Sie dann ein beliebiges Modell aus. NEXT bringt Sie auf die Seite SYSTEM IMAGE, die in Abbildung 1.11 dargestellt ist.

Auf der Seite SYSTEM IMAGE wählen Sie das Systemabbild aus, das vom Emulator ausgeführt werden soll. Entscheiden Sie sich für das Release API 27 und für eine Architektur (Intel oder ARM). Denken Sie bitte daran, dass Intel-Systemabbilder eine installierte Virtualisierungskomponente (*Intel Hardware Accelerated Execution Manager* oder *Kernel Based Virtual Machine*) benötigen. Klicken Sie auf den gewünschten Link DOWNLOAD, um ein oder mehrere Images herunterzuladen.

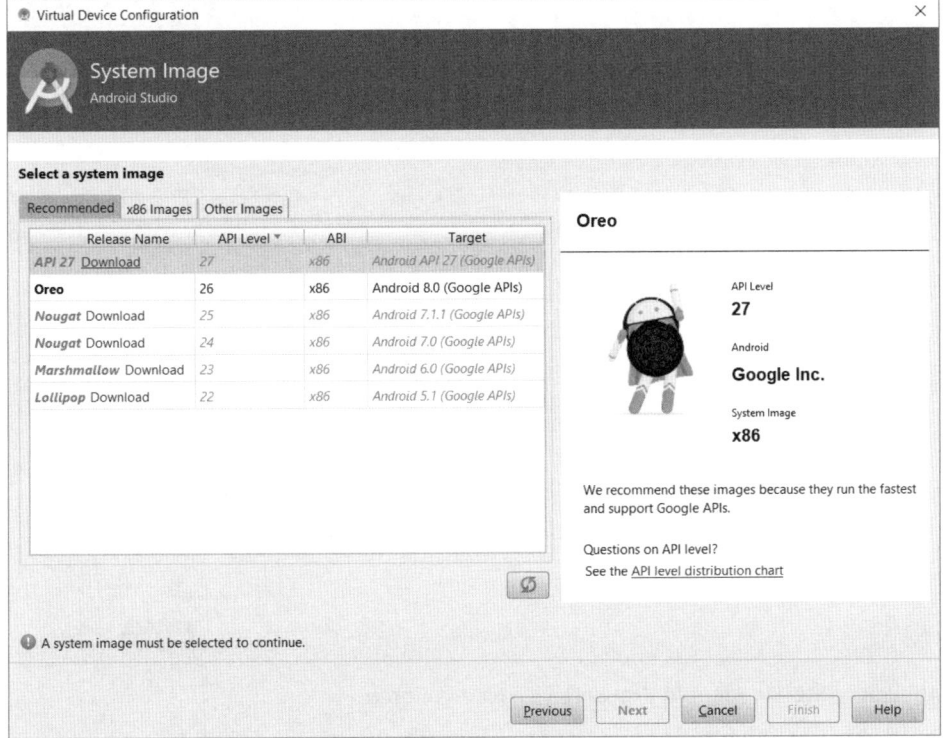

Abbildung 1.11 Auswahl eines Systemabbildes

Hinweis

Insbesondere für ältere Plattformen bot Google zwei Ausprägungen an, mit und ohne Google APIs. Achten Sie bitte darauf, stets Images mit Google APIs zu verwenden.

Nachdem der Vorgang abgeschlossen wurde, markieren Sie das zu verwendende Abbild und klicken auf NEXT. Sie befinden sich nun auf der Seite ANDROID VIRTUAL DEVICE (AVD), die Sie in Abbildung 1.12 sehen. Auf ihr können Sie das virtuelle

Android-Gerät konfigurieren. STARTUP ORIENTATION schaltet zwischen Hochkant- und Quermodus um. EMULATED PERFORMANCE legt die Grafikfähigkeiten des simulierten Geräts fest. Und mit DEVICE FRAME können Sie um das Emulatorfenster die Grafik eines Geräts erscheinen lassen. Klicken Sie auf SHOW ADVANCED SETTINGS, um beispielsweise die simulierten Kameras zu konfigurieren. FINISH schließt den Konfigurationsassistenten.

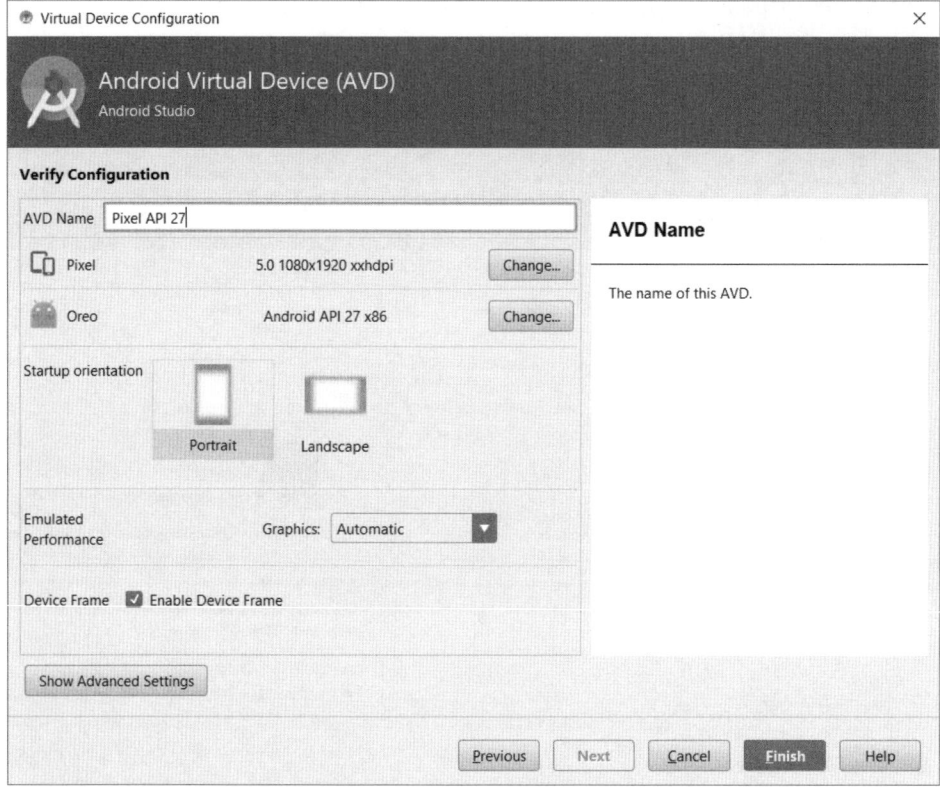

Abbildung 1.12 Ein Android Virtual Device konfigurieren

Der Dialog SELECT DEPLOYMENT TARGET zeigt das neu erstellte virtuelle Gerät an. Wählen Sie es aus, und klicken Sie dann auf OK. Der Android-Emulator wird gestartet und führt Ihr erstes Projekt aus. Die App ist in Abbildung 1.13 zu sehen.

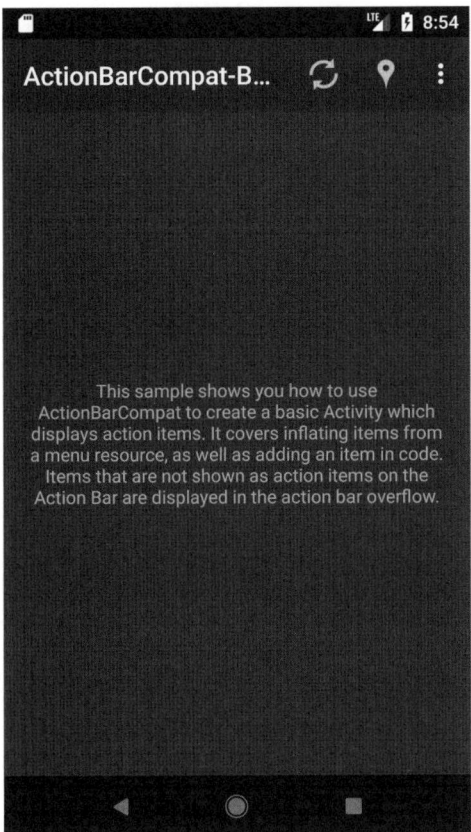

Abbildung 1.13 Der Android-Emulator

1.4 Zusammenfassung

Sie haben in diesem Kapitel sehr viel über die Entstehung von Android und seinen Weg hin zu einer der bedeutendsten mobilen Plattformen erfahren. Ihre neuen Werkzeuge, die Entwicklungsumgebung Android Studio sowie die Komponenten des Android SDK, stehen einsatzbereit zur Verfügung. Im zweiten Kapitel setzen wir auf diesem Fundament auf: Sie werden Ihre erste eigene App entwickeln und dabei einige der wichtigsten Werkzeuge näher kennenlernen.

Kapitel 2
Hallo Android!

Die erste eigene App ist schneller fertig, als Sie vielleicht glauben.
Dieses Kapitel führt Sie in leicht nachvollziehbaren Schritten zum Ziel.

Seit vielen Jahrzehnten ist es schöne Tradition, anhand des Beispiels »Hello World!«
in eine neue Programmiersprache oder Technologie einzuführen. Dahinter steht die
Idee, erste Konzepte und Vorgehensweisen in einem kleinen, überschaubaren Rahmen zu demonstrieren. Google bleibt dieser Tradition treu: Wenn Sie in Android Studio ein neues Projekt anlegen, entsteht eine minimale, aber lauffähige Anwendung,
die den Text »Hello World« ausgibt. Im Verlauf dieses Kapitels erweitern Sie diese Anwendung um die Möglichkeit, einen Nutzer namentlich zu begrüßen. Ein Klick auf
FERTIG schließt die App.

> **Hinweis**
>
> Sie finden die vollständige Version des Projekts *Hallo Android* in den Begleitmateria-
> lien zum Buch, die Sie unter *www.rheinwerk-verlag.de/4564* herunterladen können.
> Um mit den Entwicklungswerkzeugen vertraut zu werden, rate ich Ihnen aber, sich
> diese Fassung erst nach der Lektüre dieses Kapitels und nur bei Bedarf zu kopieren.

2.1 Android-Projekte

Alle Projekte fassen Artefakte einer Android-Anwendung zusammen. Dazu gehören
unter anderem Quelltexte, Konfigurationsdateien, Testfälle, aber auch Grafiken,
Sounds und Animationen. Natürlich sind Projekte keine Erfindung von Android Studio, sondern bilden eines der Kernkonzepte praktisch aller Entwicklungsumgebungen. Grundsätzlich können Sie mit beliebig vielen Projekten gleichzeitig arbeiten.
Projekte werden über die Menüleiste angelegt, (erneut) geöffnet und geschlossen.
Anders als beispielsweise in Eclipse bezieht sich ein Android-Studio-Hauptfenster
stets auf ein Projekt. Wenn Sie ein vorhandenes Projekt öffnen, fragt die IDE normalerweise nach, ob Sie es in einem neuen oder im aktuellen Fenster bearbeiten möchten. Im letzteren Fall wird das aktuelle Projekt geschlossen. Sie können dieses Verhal-

ten übrigens im Settings-Dialog auf der Seite Appearance & Behavior • System Settings unter Project Opening ändern.

Projekte können aus einem oder mehreren *Modulen* bestehen. Wie Sie in Kapitel 14, »Android Wear«, sehen werden, nutzt Google dieses Konzept beispielsweise, um Projekte für *Android Wear* zu strukturieren. Diese bestehen oft aus einem Teil für das Smartphone oder Tablet sowie einem Teil für die Smartwatch. »Klassische« Android-Apps kommen üblicherweise mit einem Modul aus. In diesem Fall nennt der Assistent das Modul *app*. Beispiel-Apps von Google verwenden als Modulnamen oft *Application*.

2.1.1   Projekte anlegen

Um ein neues Projekt anzulegen, wählen Sie in der Menüleiste des Hauptfensters File • New • New Project. Alternativ können Sie im Willkommensbildschirm auf Start a new Android Studio project klicken. In beiden Fällen öffnet sich der Assistent Create New Project, der Sie in wenigen Schritten zu einem neuen Android-Projekt führt. Auf der ersten Seite, Create Android Project, legen Sie einige grundlegende Eigenschaften Ihres Projekts fest.

Der Application name – mit ihm identifiziert der Benutzer Ihre App – wird später auf dem Gerät bzw. im Emulator angezeigt. Bitte geben Sie dort »Hallo Android« ein. Company domain sollte den Namen einer Domain enthalten, die Ihnen gehört (zum Beispiel »thomaskuenneth.com«). Unter Project location legen Sie den Speicherort Ihres Projekts fest. Es bietet sich an, Projekte an zentraler Stelle zu sammeln. Auf meinem Rechner ist dies *C:\Users\tkuen\Entwicklung\AndroidStudio*. Jedes Projekt entspricht dann einem Unterordner dieses Verzeichnisses, beispielsweise *Hallo-Android*. Der Package name wird automatisch aus Application name und Company domain zusammengesetzt.

Gefällt Ihnen diese Vorbelegung nicht, können Sie Company domain auch leer lassen, müssen aber in diesem Fall den Package name direkt eingeben. Klicken Sie hierzu auf das unscheinbare Wort Edit am rechten Rand des Dialogs. In Java – und damit auch unter Android – werden Klassen und Dateien in Paketen abgelegt. Bei der Vergabe des Paketnamens müssen Sie sorgfältig vorgehen, vor allem, wenn Sie eine Anwendung in *Google Play* veröffentlichen möchten. Denn der Paketname, den Sie hier eintragen, referenziert *genau eine* App, muss also eindeutig sein. Gelegentlich wird der Package Name deshalb auch *Application ID* genannt. Idealerweise folgen Sie den Namenskonventionen für Java-Pakete und tragen in umgekehrter Reihenfolge den Namen einer Ihnen gehörenden Internetdomain ein, gefolgt von einem Punkt und dem Namen der App. Verwenden Sie nur Kleinbuchstaben, und vermeiden Sie

Sonderzeichen, insbesondere das Leerzeichen. Geben Sie für dieses Beispiel als PACK-
AGE NAME den Text »com.thomaskuenneth.halloandroid« ein, und beenden Sie Ihre
Eingabe mit DONE.

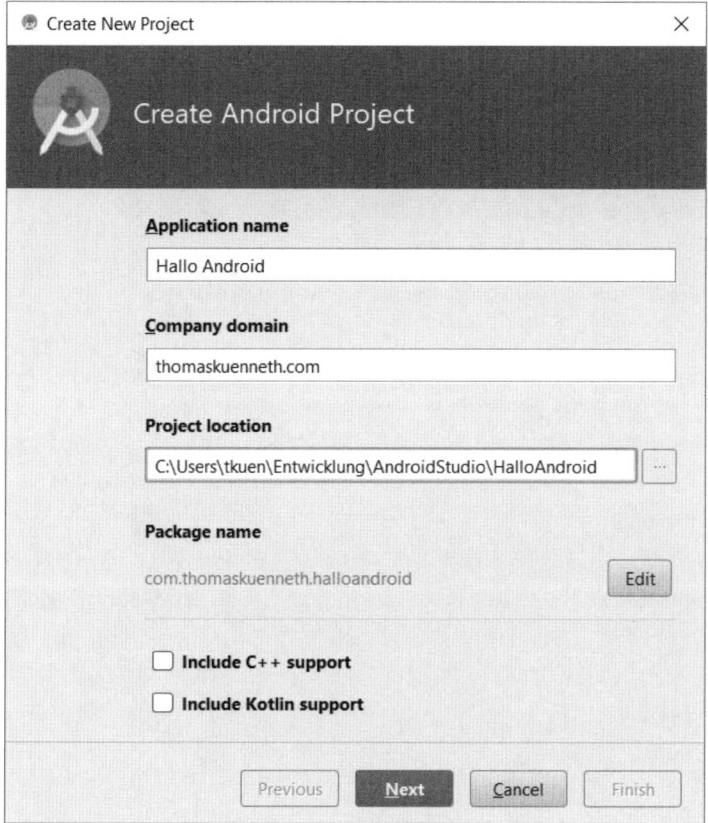

Abbildung 2.1 Der Dialog »Create New Project«

INCLUDE C++ SUPPORT müssen Sie nur dann mit einem Häkchen versehen, wenn Sie
in Ihrer App nativen Code verwenden möchten. Meine Beispiele tun dies nicht. IN-
CLUDE KOTLIN SUPPORT legt fest, dass Sie in einem Projekt mit der Programmiersprache *Kotlin* arbeiten möchten. Sie können Java- und Kotlin-Klassen beliebig mischen. Wenn Sie an dieser Stelle ein Häkchen setzen, wird die Klasse, die die
Hauptaktivität repräsentiert, in Kotlin erstellt. Lassen Sie für dieses Beispiel die Kotlin-Unterstützung bitte ausgeschaltet. Der Dialog sollte nun in etwa Abbildung 2.1
entsprechen. NEXT bringt Sie auf die Seite TARGET ANDROID DEVICES des Projektassistenten, die Sie in Abbildung 2.2 sehen.

Auf dieser Seite legen Sie die Gerätekategorien fest, für die Ihre App zur Verfügung
stehen soll. Möchten Sie beispielsweise ein eigenes Zifferblatt für *Android-Wear-*
Smartwatches programmieren, setzen Sie ein Häkchen vor WEAR. Die App *Hallo*

Android soll ausschließlich auf Telefonen und Tablets laufen. Deshalb sollte nur PHONE AND TABLET angekreuzt sein. Wählen Sie als Zielplattform den Wert API 27. Lassen Sie bitte alle anderen Optionen ausgeschaltet. Ein Klick auf NEXT zeigt die Seite ADD AN ACTIVITY TO MOBILE an. Sie ist in Abbildung 2.3 dargestellt.

Abbildung 2.2 Geräteklassen auswählen

Hinweis

Stellt Android Studio fest, dass für das erfolgreiche Anlegen eines Projekts noch Komponenten heruntergeladen werden müssen, wird eine »Zwischenseite« eingeschoben. Sollte dies bei Ihnen passieren, können Sie diesen Schritt einfach »durchwinken«.

Activities gehören zu den Grundbausteinen einer Android-Anwendung. Deshalb möchten wir gleich zu Beginn eine anlegen. Markieren Sie EMPTY ACTIVITY, und klicken Sie danach auf NEXT.

Abbildung 2.3 Die Seite »Add an Activity to Mobile«

Sie haben es fast geschafft: Um den Assistenten abschließen zu können, müssen Sie nur noch auf der Seite CONFIGURE ACTIVITY die soeben ausgewählte leere Activity konfigurieren. Hierbei vergeben Sie einen Klassennamen und den Namen einer Layoutdatei. Was es mit diesen Werten auf sich hat, zeige ich Ihnen im weiteren Verlauf dieses Kapitels. Fürs Erste sollten Sie nur sicherstellen, dass die vorgeschlagenen Werte mit denen in Abbildung 2.4 übereinstimmen. Bitte überprüfen Sie dies, und übernehmen Sie bei Abweichungen die Daten aus dem Screenshot.

Die Checkbox BACKWARDS COMPATIBILITY (APPCOMPAT) steuert, ob der Projektassistent die Bibliothek *AppCompat* einbindet. Damit hat es folgende Bewandtnis: Wann immer Android neue Funktionen erhält, bleiben diese Funktionen Geräten mit entsprechend aktuellen Plattformversionen vorbehalten. Einige davon, zum Beispiel *Fragmente* sowie die *App Bar*, sind aber so essenziell für die Bedienungsphilosophie, dass Google sie auch auf älteren Modellen verwendet sehen möchte. Deshalb werden sie durch AppCompat zur Verfügung gestellt. Allerdings, und das ist der große Haken, nicht aufrufkompatibel zu den »echten« Klassen. Meine eigenen Beispiele setzen, wenn möglich, *nicht* auf AppCompat, sondern nutzen die Originale.

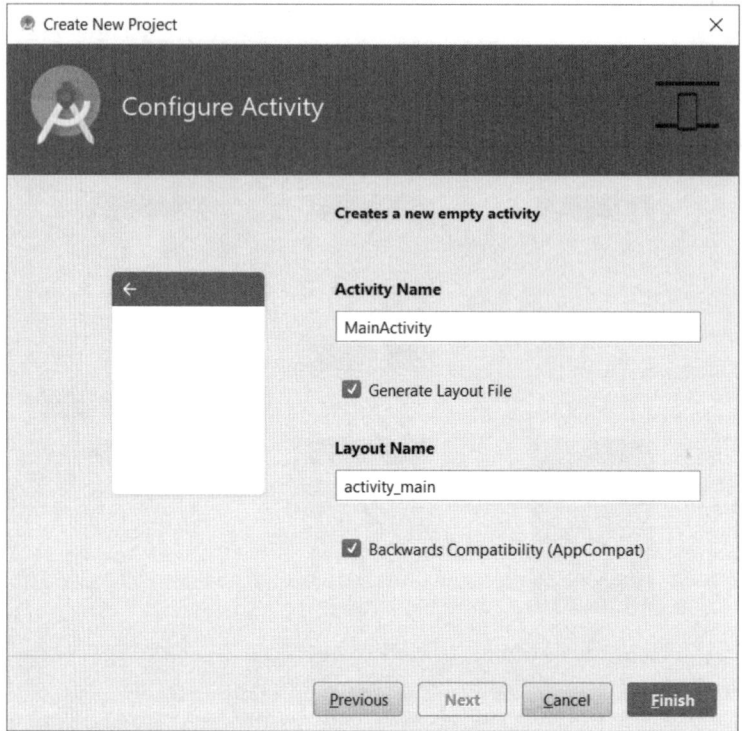

Abbildung 2.4 Eine leere Activity konfigurieren

Mit FINISH schließen Sie den Assistenten. Android Studio wird nun eine Reihe von Dateien anlegen und das neue Projekt einrichten.

Kurzer Rundgang durch Android Studio

Danach sollte das Hauptfenster der IDE in etwa Abbildung 2.5 entsprechen. Es enthält unter anderem eine Menüleiste, eine Toolbar, mehrere Editorfenster für die Eingabe von Java- bzw. Kotlin-Quelltexten und anderen Dateiformaten, einen Designer für die Gestaltung der Benutzeroberfläche, eine Statuszeile sowie mehrere Werkzeugfenster. Beginnt der Name eines solchen Fensters mit einer Ziffer, können Sie es über die Tastatur anzeigen und verbergen. Drücken Sie hierzu die angegebene Zahl zusammen mit der Alt-Taste. Auf dem Mac verwenden Sie cmd.

Werkzeugfenster erscheinen im unteren linken oder rechten Bereich des Hauptfensters. Ihre Position lässt sich über ein Kontextmenü steuern, das Sie durch Anklicken des Fenstertitels mit der rechten Maustaste aufrufen können. Ein Beispiel ist in Abbildung 2.6 zu sehen. Situationsabhängig kann eine ganze Reihe von zusätzlichen Menüpunkten enthalten sein. Die Aufteilung des Android-Studio-Hauptfensters lässt sich praktisch nach Belieben den eigenen Bedürfnissen anpassen. Beispielsweise können Sie Werkzeugfenster als schwebende Panels anzeigen lassen oder bei

Nichtgebrauch automatisch ausblenden. Über das Window-Menü übernehmen Sie Ihre Anpassungen als Standard. Restore Default Layout kehrt zu den zuletzt gespeicherten Standardeinstellungen zurück.

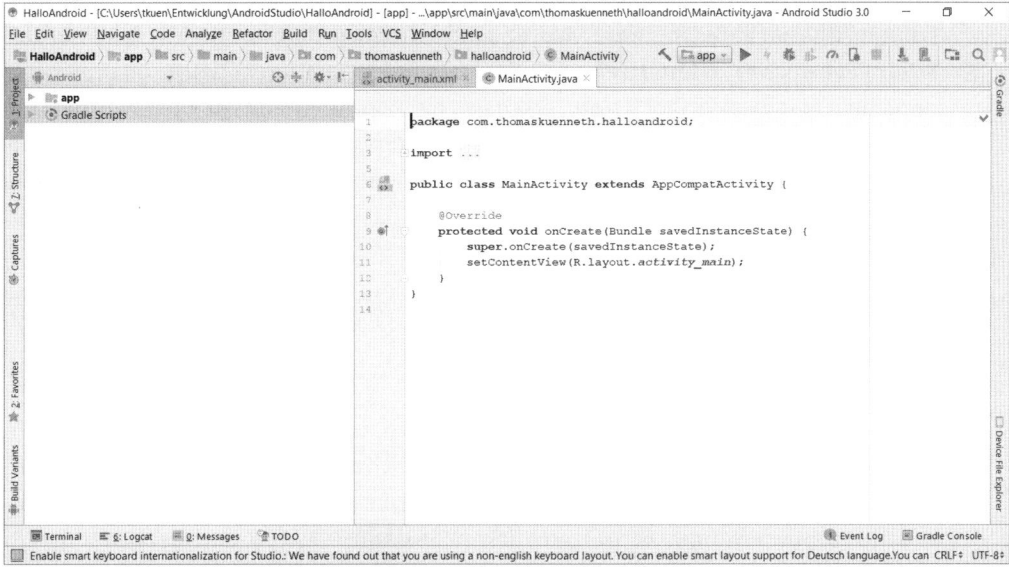

Abbildung 2.5 Das Hauptfenster nach dem Anlegen eines Projekts

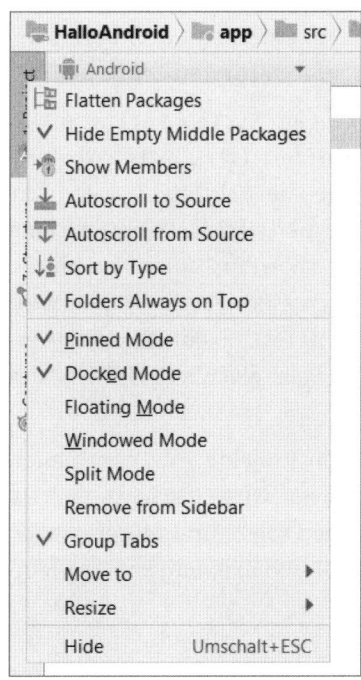

Abbildung 2.6 Kontextmenü eines Werkzeugfensters

Eine Statuszeile am unteren Rand des IDE-Hauptfensters zeigt situationsabhängige Informationen an, beispielsweise die aktuelle Cursorposition oder den Fortschritt eines Build-Vorgangs. Die Statuszeile ist in Abbildung 2.7 zu sehen. Ganz links befindet sich ein Symbol, mit dem Sie drei *Werkzeugfensterbereiche* ein- und ausblenden können. Klicken Sie es mehrere Male an, und achten Sie darauf, wie sich das Android-Studio-Fenster verändert. Lassen Sie sich dabei nicht irritieren, denn sobald Sie mit der Maus über das Symbol fahren, erscheint ein Pop-up-Menü mit allen verfügbaren Werkzeugfenstern. Das ist praktisch, wenn die Werkzeugfensterbereiche nicht sichtbar sind. Innerhalb eines Bereichs können Sie die Reihenfolge der Fenster übrigens per Drag & Drop nach Belieben ändern. Auch das Verschieben in einen anderen Werkzeugfensterbereich ist möglich.

Abbildung 2.7 Die Statuszeile von Android Studio

Der Dialog SETTINGS enthält zahlreiche Optionen, um das Aussehen und Verhalten der IDE Ihren Vorstellungen anzupassen. Sie erreichen ihn über FILE • SETTINGS. Unter macOS finden Sie den Menüpunkt unter ANDROID STUDIO. Öffnen Sie den Knoten APPEARANCE & BEHAVIOR, und klicken Sie dann auf APPEARANCE. Unter den in Abbildung 2.8 gezeigten UI OPTIONS können Sie ein THEME einstellen. DARCULA beispielsweise färbt Android Studio – das Wortspiel lässt es bereits vermuten – dunkel ein. Falls Sie möchten, können Sie die Standardschriften gegen von Ihnen gewählte Fonts austauschen. Setzen Sie hierzu ein Häkchen vor OVERRIDE DEFAULT FONTS BY, und wählen Sie in der Klappliste darunter die gewünschte Schrift und Größe aus.

Klicken Sie im Abschnitt APPEARANCE & BEHAVIOR bitte auf SYSTEM SETTINGS. Unter STARTUP/SHUTDOWN können Sie einstellen, ob beim Start das zuletzt bearbeitete Projekt automatisch geöffnet werden soll. Ist das Häkchen bei REOPEN LAST PROJECT ON STARTUP nicht gesetzt, erscheint der Willkommensbildschirm. Er enthält eine Liste der kürzlich verwendeten Projekte. Das ist praktisch, wenn Sie mit mehreren Projekten im Wechsel arbeiten. Klicken Sie das gewünschte Projekt einfach im Willkommensbildschirm an. CONFIRM APPLICATION EXIT legt fest, ob eine Rückfrage erscheint, wenn Sie Android Studio durch Anklicken des Fensterschließsymbols oder über die Menüleiste verlassen.

Unter PROJECT OPENING können Sie konfigurieren, ob Projekte in einem neuen Android-Studio-Hauptfenster geöffnet werden. Wenn Sie OPEN PROJECT IN THE SAME WINDOW auswählen, schließt die IDE das aktuelle Projekt und öffnet danach das neue. CONFIRM WINDOW TO OPEN PROJECT IN lässt Ihnen in einem entsprechenden Dialog die Wahl.

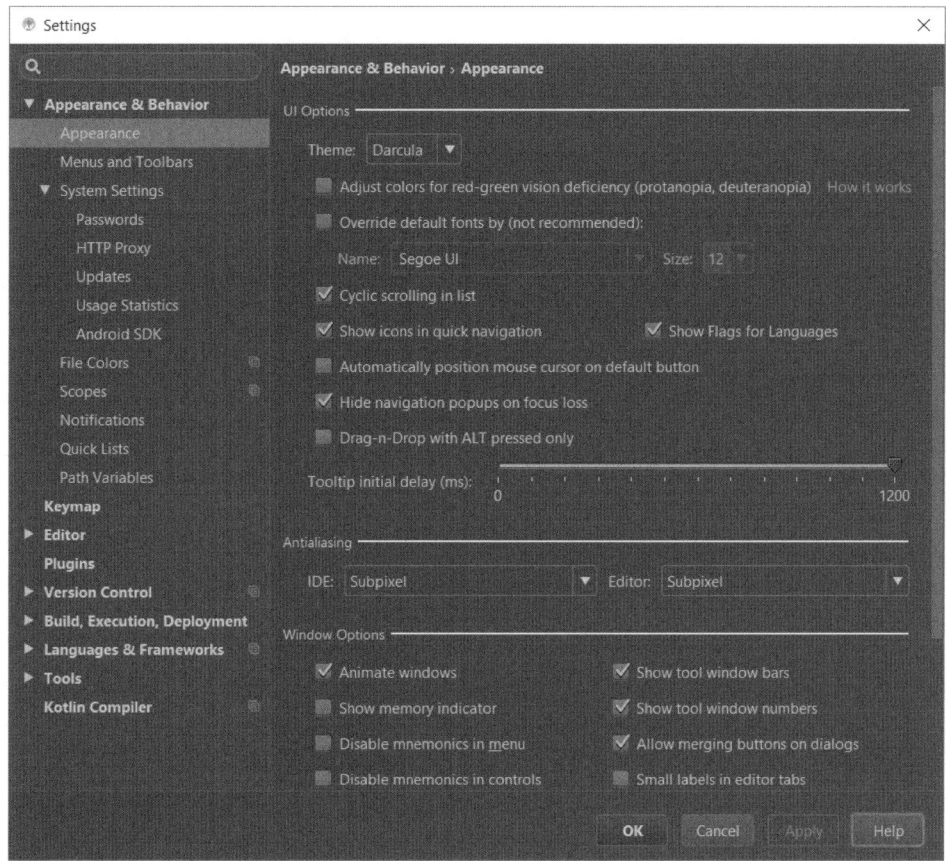

Abbildung 2.8 Der Dialog »Settings«

Da Android Studio kontinuierlich weiterentwickelt und von Fehlern befreit wird, empfehle ich Ihnen die gelegentliche Suche nach Aktualisierungen. Sie können dies zwar mit HELP · CHECK FOR UPDATE selbst auslösen, es ist allerdings bequemer, dies der IDE zu überlassen. Öffnen Sie in den Settings den Knoten APPEARANCE & BE-HAVIOR · SYSTEM SETTINGS, und klicken Sie dann auf UPDATES. Sofern dies nicht bereits der Fall ist, aktivieren Sie die Option AUTOMATICALLY CHECK UPDATES FOR. In der Klappliste rechts daneben sollten Sie STABLE CHANNEL auswählen. Kanäle legen fest, welche Aktualisierungen eingespielt werden. Der *Stable Channel* enthält nur ausreichend erprobte Änderungen. Die anderen Kanäle liefern Updates schneller aus, allerdings sind diese oftmals noch fehlerbehaftet oder experimentell.

Damit möchte ich unseren kleinen Rundgang durch Android Studio beenden. Im folgenden Abschnitt stelle ich Ihnen die Struktur von Android-Projekten vor.

2.1.2   Projektstruktur

Android-Apps bestehen aus einer ganzen Reihe von Artefakten, die als baumartige Struktur dargestellt werden können. Das Android-Studio-Werkzeugfenster PROJECT bietet hierfür mehrere Sichten an, unter anderem PROJECT, PACKAGES und AN-DROID. Sichten wirken als Filter, d. h., nicht jedes Artefakt (eine Datei oder ein Verzeichnis) ist unbedingt in allen Sichten zu sehen. Die Sicht PROJECT entspricht weitestgehend der Repräsentation auf Ebene des Dateisystems. Sie visualisiert die hierarchische Struktur eines Projekts. PACKAGES gruppiert Dateien analog zu Java-Paketen, soweit dies sinnvoll ist. Diese Sicht werden Sie möglicherweise eher selten verwenden. Am praktischsten für die Entwicklung ist wahrscheinlich die Sicht AN-DROID, die in Abbildung 2.9 zu sehen ist.

Die Sicht ANDROID zeigt eine vereinfachte, in Teilen flachgeklopfte Struktur eines Projekts. Sie gestattet den schnellen Zugriff auf wichtige Dateien und Verzeichnisse. Thematisch zusammengehörende Artefakte werden auch dann gemeinsam dargestellt, wenn sie physikalisch in unterschiedlichen Verzeichnissen liegen. Das Werkzeugfenster PROJECT stellt Sichten entweder als Registerkarten oder als Klappliste dar, was Sie mit dem Kommando GROUP TABS im Kontextmenü des Fensters einstellen können. Um es zu öffnen, klicken Sie den Fenstertitel mit der rechten Maustaste an.

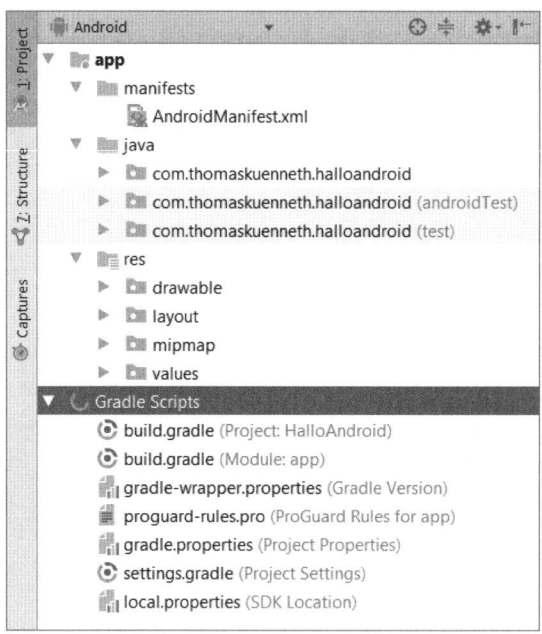

Abbildung 2.9 Die Struktur einer Android-App

Lassen Sie uns nun einen ersten Blick auf wichtige Dateien und Verzeichnisse werfen; aktivieren Sie hierzu die Sicht ANDROID. Sie sehen zwei Knoten, APP und GRADLE

SCRIPTS, von denen Sie bitte den letzteren aufklappen. Die Datei *build.gradle* kommt zweimal vor, die Dateien *gradle.properties*, *settings.gradle* und *local.properties* jeweils einmal. Unter Umständen sehen Sie noch weitere Dateien, zum Beispiel *proguard-rules.pro*. Diese Dateien berühren fortgeschrittene Themen und können fürs Erste außen vor bleiben.

local.properties wird automatisch von Android Studio generiert und sollte nicht von Hand bearbeitet werden. Sie enthält einen Eintrag, der auf das für das Projekt verwendete *Android SDK* verweist. *settings.gradle* listet alle *Module* eines Projekts auf. Unser Hallo-Android-Projekt besteht aus einem Modul: *app*. Die Datei *settings.gradle* wird aktualisiert, sobald ein Modul hinzugefügt oder gelöscht wird. In welchem Zusammenhang Module verwendet werden, zeige ich Ihnen später. Viele Apps benötigen nur ein Modul. Mit *gradle.properties* können Sie Einfluss auf den Build-Vorgang nehmen, zum Beispiel indem Sie Variablen setzen.

Die Datei *build.gradle* ist mehrfach vorhanden. Eine Version bezieht sich auf das Projekt, und zu jedem Modul gehört eine weitere Ausprägung. Da *Hallo Android* aus einem Modul (*app*) besteht, gibt es *build.gradle* also zweimal. Lassen Sie uns einen Blick auf die Version für das Modul *app* werfen: Ein Doppelklick auf BUILD.GRADLE (MODULE: APP) öffnet die Datei in einem Texteditor. Wie das aussehen kann, sehen Sie in Abbildung 2.10.

```
1    apply plugin: 'com.android.application'
2
3    android {
4        compileSdkVersion 27
5        defaultConfig {
6            applicationId "com.thomaskuenneth.halloandroid"
7            minSdkVersion 27
8            targetSdkVersion 27
9            versionCode 1
10           versionName "1.0"
11           testInstrumentationRunner "android.support.test.runner.AndroidJUnitRunner"
12       }
13       buildTypes {
14           release {
15               minifyEnabled false
16               proguardFiles getDefaultProguardFile('proguard-android.txt'), 'proguard-rules.pro'
17           }
18       }
19   }
20
21   dependencies {
22       implementation fileTree(dir: 'libs', include: ['*.jar'])
23       implementation 'com.android.support:appcompat-v7:27.0.0'
24       implementation 'com.android.support.constraint:constraint-layout:1.0.2'
25       testImplementation 'junit:junit:4.12'
26       androidTestImplementation 'com.android.support.test:runner:1.0.1'
27       androidTestImplementation 'com.android.support.test.espresso:espresso-core:3.0.1'
28   }
29
```

Abbildung 2.10 Die Datei »build.gradle« im Editor von Android Studio

Bitte nehmen Sie zunächst keine Änderungen vor. Sie können das Editorfenster jederzeit durch Anklicken des Kreuzes auf der Registerkarte oder durch Drücken der Tastenkombination ⌨Strg+⌨F4 schließen. Auf dem Mac ist es ⌨cmd+⌨W.

Der Block android { … } enthält Informationen, die Sie beim Anlegen des Projekts eingegeben haben, beispielsweise entspricht applicationId dem PACKAGE NAME. minSdkVersion gibt an, welche Android-Version auf einem Gerät mindestens vorhanden sein muss, damit man die App nutzen kann. Ist diese Voraussetzung nicht erfüllt, wird die Installation abgebrochen, und *Google Play* zeigt das Programm in so einem Fall gar nicht erst an. Beispielsweise ist erst ab Android 4.x ein Zugriff auf Kalenderdaten über offizielle Schnittstellen möglich. Eine App, die diese nutzt, ist auf sehr alten Geräten mit *Gingerbread* oder gar *Cupcake* nicht lauffähig.

Die targetSdkVersion legt fest, gegen welche Plattformversion eine App entwickelt wurde, man könnte auch sagen, unter der sich die App am wohlsten fühlt. Plattformen können mit dem *SDK Manager* installiert und gelöscht werden. Dieses Buch beschreibt die Anwendungsentwicklung mit Android 8.1. Aus diesem Grund basieren die meisten Beispiele auf *API-Level* 27. versionCode und versionName repräsentieren die Versionsnummer Ihrer App. Wie Sie diese beiden Variablen verwenden, zeige ich Ihnen etwas später. compileSdkVersion und buildToolsVersion entsprechen dem Versionsstand Ihres Android SDKs.

[+]   **Tipp**

Sie können für die Android-Programmierung eine ganze Reihe von Java-8-Sprachfeatures verwenden, zum Beispiel die codesparenden *Lambda*-Ausdrücke. Die Funktionen werden über *build.gradle* aktiviert. Die Datei im Modul APP muss hierzu die folgenden zusätzlichen Einträge enthalten:

```
android {
  ...
  compileOptions {
    sourceCompatibility JavaVersion.VERSION_1_8
    targetCompatibility JavaVersion.VERSION_1_8
  }
}
```

Lassen Sie uns nun einen Blick auf das Modul APP werfen; es enthält die Zweige MANIFESTS, JAVA und RES. Quelltexte werden unter JAVA abgelegt. Sie sehen dreimal das Paket com.thomaskuenneth.halloandroid. Das mag irritieren, wenn Sie schon mit anderen Entwicklungsumgebungen gearbeitet haben, aber bitte denken Sie daran, dass die Sicht ANDROID eine optimierte und, wenn Sie so möchten, künstliche Sicht auf ein Projekt darstellt. Ein Paket enthält die Klasse ApplicationTest oder ExampleInstrumentedTest, ein zweites enthält die Klasse ExampleUnitTest und das dritte schließlich die Klasse MainActivity. Sie haben diesen Namen im Projektassistenten eingetragen. Um die Testklassen müssen Sie sich zunächst nicht kümmern. Übrigens können Sie bequem neue Klassen anlegen, indem Sie ein Paket mit der rechten Maustaste anklicken und NEW • JAVA CLASS wählen.

Der Zweig RES besteht aus mehreren Unterknoten, beispielsweise enthält VALUES die Datei *strings.xml*. Sie nimmt Texte auf, die später im Quelltext oder in Beschreibungsdateien für die Benutzeroberfläche referenziert werden. Hierzu wird von den Werkzeugen des Android SDK eine Klasse mit Namen R generiert, die Sie allerdings nicht von Hand bearbeiten dürfen. Deshalb ist sie in der Sicht ANDROID auch nicht vorhanden. Im Unterknoten LAYOUT wird die Benutzeroberfläche einer App definiert. Haben Sie noch ein klein wenig Geduld, wir kommen in diesem Kapitel noch dazu.

Die Knoten DRAWABLE und MIPMAP enthalten Grafiken, die von einer App verwendet werden. Ein Spezialfall eines solchen Drawable – so heißt die Klasse, die eine Grafik im Quelltext repräsentiert – ist das Icon für den App-Starter. Google trennt es in seinen Beispielen von den übrigen Grafiken der Anwendung, und der Projektassistent legt die Verzeichnisse *mipmap-...* an. Das heißt, das Programm-Icon liegt in MIPMAP, alle anderen Grafiken liegen in DRAWABLE. Bitmaps können in unterschiedlichen Auflösungen abgelegt werden. Sie landen in Unterverzeichnissen, die einem bestimmten Namensmuster folgen, das ich etwas später erläutern werde. Für Vektorgrafiken – Android kennt auch solche Drawables – ist das Bereitstellen in unterschiedlichen Größen natürlich nicht nötig. Sie landen in DRAWABLE.

Der Unterknoten MANIFESTS enthält die Datei *AndroidManifest.xml*; sie ist die zentrale Beschreibungsdatei einer Anwendung, und in ihr werden unter anderem die Bestandteile des Programms aufgeführt. Wie Sie später noch sehen werden, sind dies sogenannte *Activities*, *Services*, *Broadcast Receiver* und *Content Provider*. Die Datei enthält aber auch Informationen darüber, welche Rechte eine App benötigt und welche Hardware sie erwartet.

Bitte öffnen Sie mit einem Doppelklick die Datei *AndroidManifest.xml*, um sich einen ersten Eindruck von ihrer Struktur zu verschaffen. Es gibt ein Wurzelelement <manifest> mit einem Kind <application>. Android-Apps bestehen, neben den weiter oben bereits genannten anderen Bausteinen, aus mindestens einer *Activity*. Hierbei handelt es sich, stark vereinfacht ausgedrückt, um eine Bildschirmseite. Verschiedene Aspekte einer Anwendung, wie Listen, Übersichten, Such- und Eingabemasken, werden als eigene Activities realisiert und als Unterelemente von <application> in *AndroidManifest.xml* eingetragen.

[»] **Hinweis**

Wenn Sie einen Blick auf Googles Entwicklerdokumentation zur Manifestdatei werfen, stellen Sie fest, dass es neben `<application>` eine ganze Reihe Kinder von `<manifest>` gibt. Das Tag `<uses-sdk>` gibt beispielsweise die Zielplattform an. Seit dem Wechsel von Eclipse auf Android Studio werden diese Angaben aber nicht mehr direkt in das Manifest eingetragen, sondern in *build.gradle* gepflegt und beim Bauen der Anwendung werden sie dann automatisch in das Manifest übernommen.

Im nächsten Abschnitt werden Sie erste Erweiterungen an *Hallo Android* vornehmen. Zunächst werde ich Ihnen zeigen, wie in Android Texte gespeichert werden und wie man in einer App auf diese zugreift.

2.2 Benutzeroberfläche

Die Benutzeroberfläche ist das Aushängeschild einer Anwendung. Gerade auf mobilen Geräten mit vergleichsweise kleinen Bildschirmen sollte jede Funktion leicht zugänglich und intuitiv erfassbar sein. Android unterstützt Sie bei der Gestaltung durch eine große Auswahl an Bedienelementen.

2.2.1 Texte

Bilder und Symbole sind ein wichtiges Gestaltungsmittel. Sinnvoll eingesetzt, helfen sie dem Anwender nicht nur beim Bedienen des Programms, sondern sorgen zudem für ein angenehmes und schönes Äußeres. Dennoch spielen auch Texte eine sehr wichtige Rolle. Sie werden in den unterschiedlichsten Bereichen einer Anwendung eingesetzt:

► als Beschriftungen von Bedienelementen

► für erläuternde Texte, die durch einen Screenreader vorgelesen werden

► für Hinweis- und Statusmeldungen

Die fertige Version von *Hallo Android* soll den Benutzer zunächst begrüßen und ihn nach seinem Namen fragen. Im Anschluss wird ein persönlicher Gruß angezeigt. Nach dem Anklicken einer Schaltfläche beendet sich die App.

Aus dieser Beschreibung ergeben sich die folgenden Texte. Die Bezeichner vor dem jeweiligen Text werden Sie später im Programm wiederfinden:

► `willkommen` – *Guten Tag. Schön, dass Sie mich gestartet haben. Bitte verraten Sie mir Ihren Namen.*

► `weiter` – *Weiter*

- `hallo` – *Hallo <Platzhalter>. Ich freue mich, Sie kennenzulernen.*
- `fertig` – *Fertig*

Ein Großteil der Texte wird zur Laufzeit so ausgegeben, wie sie schon während der Programmierung erfasst wurden. Eine kleine Ausnahme bildet die Grußformel, denn sie besteht aus einem konstanten und einem variablen Teil. Letzterer ergibt sich erst, nachdem der Anwender seinen Namen eingetippt hat. Wie Sie gleich sehen werden, ist es in Android sehr einfach, dies zu realisieren.

Da Sie Apps in Java schreiben, könnten Sie die auszugebenden Meldungen einfach im Quelltext ablegen. Das sähe folgendermaßen aus (ich habe die `String`-Konstante aus Gründen der besseren Lesbarkeit in drei Teile zerlegt):

```
nachricht.setText("Guten Tag. Schön, dass" +
        " Sie mich gestartet haben." +
        " Bitte verraten Sie mir Ihren Namen.");
```

Das hätte allerdings eine ganze Reihe von Nachteilen: Da jede Klasse in einer eigenen Datei abgelegt wird, merkt man oft nicht, wenn man gleiche Texte mehrfach definiert, was die Installationsdatei der App vergrößert und unnötig Speicher kostet. Außerdem wird es auf diese Weise sehr schwer, mehrsprachige Anwendungen zu bauen. Wenn Sie aber eine App über Google Play vertreiben möchten, sollten Sie neben den deutschsprachigen Texten mindestens eine englische Lokalisierung ausliefern.

Unter Android werden Texte daher zentral in der Datei *strings.xml* abgelegt, die sich im Verzeichnis *values* befindet. Ändern Sie die durch den Projektassistenten angelegte Fassung folgendermaßen ab:

```
<?xml version="1.0" encoding="utf-8"?>
<resources>

    <!-- Name der App -->
    <string name="app_name">Hallo Android!</string>

    <!-- Willkommensmeldung -->
    <string name="willkommen">
Guten Tag. Schön, dass Sie mich gestartet haben.
Bitte verraten Sie mir Ihren Namen.
    </string>

    <!-- persönlicher Gruß -->
    <string name="hallo">
Hallo %1$s. Ich freue mich, Sie kennenzulernen.
    </string>
```

```
<!-- Beschriftungen für Schaltflächen -->
<string name="weiter">Weiter</string>
<string name="fertig">Fertig</string>

</resources>
```

Listing 2.1 »strings.xml«

Das Attribut name des Elements <string> wird später im Quelltext als Bezeichner verwendet. Der Name muss also projektweit eindeutig sein. Ist Ihnen im Listing die fett gesetzte Zeichenfolge %1$s aufgefallen? Android wird an dieser Stelle den vom Benutzer eingegebenen Namen einfügen. Wie dies funktioniert, zeige ich Ihnen später.

Hinweis

Die Zeilen Hallo %1$s… und Guten Tag. sind nicht eingerückt, weil die führenden Leerzeichen sonst in die App übernommen werden, was in der Regel nicht gewünscht ist.

Vielleicht fragen Sie sich, wie Sie Ihr Programm mehrsprachig ausliefern können, wenn es genau eine zentrale Datei *strings.xml* gibt. Neben dem Verzeichnis *values* kann es lokalisierte Ausprägungen geben, die auf das Minuszeichen und auf ein Sprachkürzel aus zwei Buchstaben enden, zum Beispiel *values-en* oder *values-fr*. Die Datei *strings.xml* in diesen Ordnern enthält Texte in den korrespondierenden Sprachen, also auf Englisch oder Französisch. Muss Android auf eine Zeichenkette zugreifen, geht das System vom Speziellen zum Allgemeinen. Ist die Standardsprache also beispielsweise Englisch, wird zuerst versucht, den Text in *values-en/strings.xml* zu finden. Gelingt dies nicht, wird *values/strings.xml* verwendet. In dieser Datei müssen also alle Strings definiert werden, Lokalisierungen hingegen können unvollständig sein.

Im folgenden Abschnitt stelle ich Ihnen sogenannte *Views* vor. Bei ihnen handelt es sich um die Grundbausteine, aus denen die Benutzeroberfläche einer App zusammengesetzt wird.

2.2.2   Views

Hallo Android besteht auch nach vollständiger Realisierung aus sehr wenigen Bedienelementen, und zwar aus

▶ einem nicht editierbaren Textfeld, das den Gruß unmittelbar nach dem Programmstart sowie nach Eingabe des Namens darstellt,

▶ einer Schaltfläche, die je nach Situation mit WEITER oder FERTIG beschriftet ist, und aus

▶ einem Eingabefeld, das nach dem Anklicken der Schaltfläche WEITER ausgeblendet wird.

Wie die Komponenten auf dem Bildschirm platziert werden sollen, zeigt ein sogenannter *Wireframe*, den Sie in Abbildung 2.11 sehen. Man verwendet solche abstrakten Darstellungen gern, um die logische Struktur einer Bedienoberfläche in das Zentrum des Interesses zu rücken.

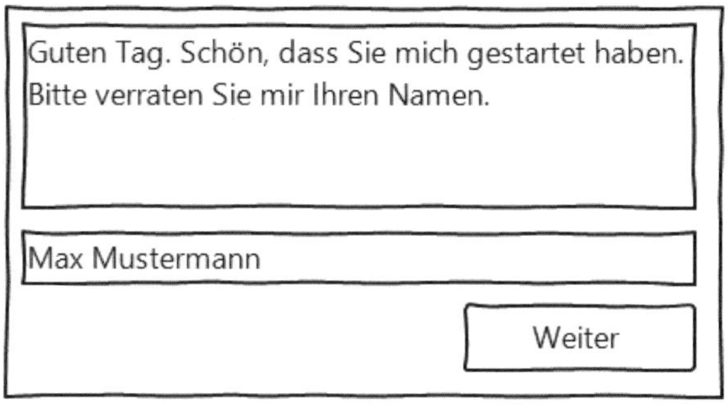

Abbildung 2.11 Prototyp der Benutzeroberfläche von »Hallo Android«

Unter Android sind alle Bedienelemente direkte oder indirekte Unterklassen der Klasse android.view.View. Jede View belegt einen rechteckigen Bereich des Bildschirms. Seine Position und Größe wird durch Layouts bestimmt, die wiederum von android.view.ViewGroup erben, die ebenfalls ein Kind von View ist. Sie haben üblicherweise keine eigene grafische Repräsentation, sondern sind Container für weitere Views und ViewGroups.

Die Text- und Eingabefelder sowie die Schaltflächen, die in *Hallo Android* verwendet werden, sind also Views. Konkret verwenden wir die Klassen Button, TextView und EditText. Wo sie auf dem Bildschirm positioniert werden und wie groß sie sind, wird hingegen durch die ViewGroup LinearLayout festgelegt.

Zur Laufzeit einer Anwendung manifestiert sich ihre Benutzeroberfläche demnach als Objektbaum. Aber nach welcher Regel wird er erzeugt? Wie definieren Sie als Entwickler den Zusammenhang zwischen einem Layout, einem Textfeld und einer Schaltfläche? Java-Programmierer sind gewohnt, die Oberfläche programmatisch zusammenzusetzen. Nicht nur im Swing-Umfeld finden sich unzählige Ausdrücke im Stil von

```
JPanel p = new JPanel();
JButton b = new JButton();
p.add(b);
```

Auch unter Android könnten Sie die Bedienelemente auf diese Weise zusammenfügen:

```
ScrollView v = new ScrollView(context);
LinearLayout layout = new LinearLayout(context);
layout.setOrientation(LinearLayout.VERTICAL);
v.addView(layout);
layout.addView(getCheckbox(context, Locale.GERMANY));
layout.addView(getCheckbox(context, Locale.US));
layout.addView(getCheckbox(context, Locale.FRANCE));
```

Listing 2.2 Beispiel für den programmgesteuerten Bau einer Oberfläche

Allerdings ist dies nicht die typische Vorgehensweise; diese lernen Sie im folgenden Abschnitt kennen.

2.2.3   Oberflächenbeschreibungen

Eine Android-Anwendung beschreibt ihre Benutzeroberflächen normalerweise mittels XML-basierter Layoutdateien. Diese werden zur Laufzeit der App zu Objektbäumen »aufgeblasen«. Alle Bedienelemente von *Hallo Android* werden in einen Container des Typs LinearLayout gepackt. Seine Kinder erscheinen entweder neben- oder untereinander auf dem Bildschirm. Wie Sie gleich sehen werden, steuert das Attribut android:orientation die Laufrichtung. Für die Größe der Views und ViewGroups gibt es android:layout_width und android:layout_height.

Oberflächenbeschreibungen werden in *layout*, einem Unterverzeichnis von *res*, gespeichert. Beim Anlegen des Projekts hat der Android-Studio-Projektassistent dort die Datei *activity_main.xml* abgelegt. Öffnen Sie diese mittels Doppelklick, und ändern Sie sie entsprechend Listing 2.3 ab. Damit Sie den Quelltext eingeben können, klicken Sie auf die Registerkarte TEXT am unteren Rand des Editors.

```
<?xml version="1.0" encoding="utf-8"?>

<LinearLayout xmlns:android="http://schemas.android.com/apk/res/android"
  android:layout_width="match_parent"
  android:layout_height="match_parent"
  android:orientation="vertical">

  <TextView
    android:id="@+id/nachricht"
    android:layout_width="match_parent"
    android:layout_height="wrap_content" />

  <EditText
    android:id="@+id/eingabe"
    android:layout_width="match_parent"
```

```
    android:layout_height="wrap_content" />

 <Button
    android:id="@+id/weiter_fertig"
    android:layout_width="wrap_content"
    android:layout_height="wrap_content"
    android:layout_gravity="end" />

</LinearLayout>
```

Listing 2.3 »activity_main.xml«

Die XML-Datei bildet die Hierarchie der Benutzeroberfläche ab. Demzufolge ist `<Li-nearLayout>` das Wurzelelement. Mein Beispiel enthält die drei Kinder `<TextView>`, `<EditText>` und `<Button>`. Jedes Element hat die bereits kurz angesprochenen Attribu-te `android:layout_width` und `android:layout_height`. Deren Wert `match_parent` besagt, dass die Komponente die Breite oder Höhe des Elternobjekts erben soll. Der Wert `wrap_content` hingegen bedeutet, dass sich die Größe aus dem Inhalt der View ergibt, beispielsweise aus der Beschriftung einer Schaltfläche. Die Zeile `android:layout_gra-vity="end"` sorgt dafür, dass die Schaltfläche rechtsbündig angeordnet wird.

Tipp

Anstelle von `match_parent` finden Sie im Internet oft noch die ältere Notation `fill_parent`. Diese wurde schon in Android 2.2 (API-Level 8) von `match_parent` abgelöst. Für welche Variante Sie sich entscheiden, ist nur von Belang, wenn Sie für sehr alte Plattformversionen entwickeln. Denn abgesehen vom Namen sind beide identisch. Ich rate Ihnen, stets `match_parent` zu verwenden.

Ist Ihnen aufgefallen, dass keinem Bedienelement ein Text oder eine Beschriftung zugewiesen wird? Und was bedeuten Zeilen, die mit `android:id="@+id/` beginnen? Wie Sie bereits wissen, erzeugt Android zur Laufzeit einer Anwendung aus den Ober-flächenbeschreibungen entsprechende Objektbäume. Zu der in der XML-Datei spezi-fizierten Schaltfläche gibt es also eine Instanz der Klasse `Button`.

Um auf diese Instanz eine Referenz ermitteln zu können, wird ein Name definiert, beispielsweise `weiter_fertig`. Wie auch bei *strings.xml* sorgen die Android-Entwick-lungswerkzeuge dafür, dass nach Änderungen an Layoutdateien korrespondierende Einträge in der generierten Klasse `R` vorgenommen werden. Wie Sie diese nutzen, se-hen Sie gleich.

Speichern Sie Ihre Eingaben, und wechseln Sie zurück zum grafischen Editor, indem Sie auf die Registerkarte DESIGN klicken. Er sollte in etwa so wie in Abbildung 2.12

aussehen. Machen Sie sich über die angezeigte Warnung keine Gedanken, wir kümmern uns etwas später darum.

Hinweis

In XML-Dateien nutzt Google gern den Underscore als verbindendes Element, zum Beispiel in `layout_width`, `layout_height` oder `match_parent`. Sie sollten diesem Stil folgen. Aus diesem Grund habe ich die ID der Schaltfläche zum Weiterklicken und Beenden der App `weiter_fertig` genannt. In Java-Quelltexten ist aber die sogenannte *CamelCase*-Schreibweise gebräuchlich, deshalb heißt die Variable der Schaltfläche `weiterFertig`.

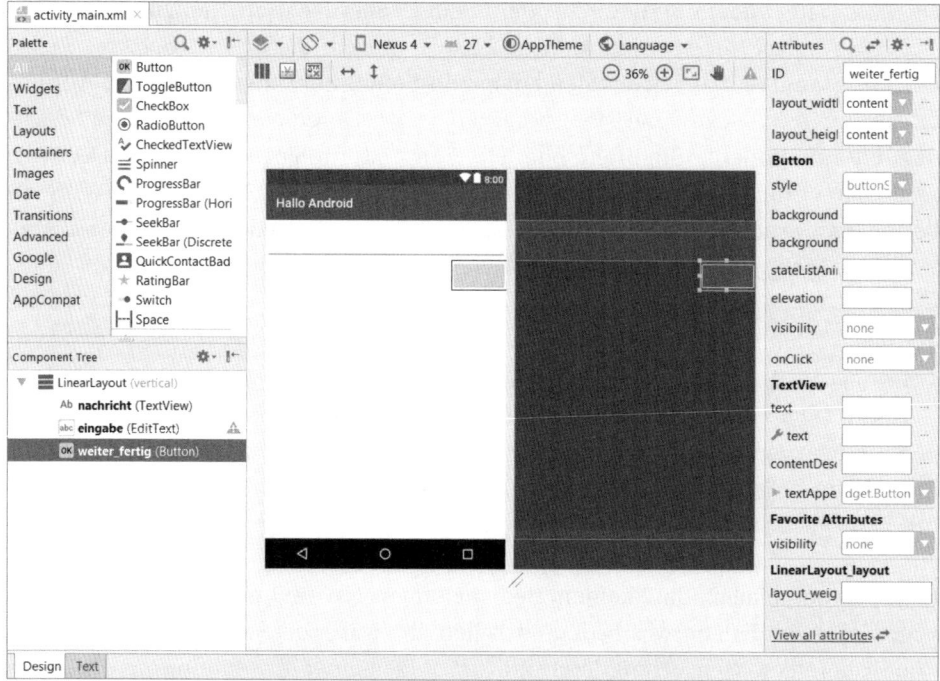

Abbildung 2.12 Vorschau der Benutzeroberfläche im grafischen Editor

2.3 Programmlogik und -ablauf

Viele Desktop-Anwendungen sind datei- oder dokumentenzentriert. Egal, ob Textverarbeitung, Tabellenkalkulation oder Layoutprogramm – ihr Aufbau ist stets gleich. Den überwiegenden Teil des Bildschirms oder Fensters belegt ein Arbeitsbereich, der ein Dokument oder einen Teil davon darstellt. Um diesen Bereich herum gruppieren sich Symbolleisten und Paletten, mit deren Werkzeugen die Elemente des Dokuments bearbeitet werden.

Das gleichzeitige Darstellen von Werkzeugen und Inhalt ist auf den vergleichsweise kleinen Bildschirmen mobiler Geräte nur bedingt sinnvoll, denn der Benutzer würde dabei kaum etwas erkennen. Als Entwickler müssen Sie Ihre Anwendung deshalb in Funktionsblöcke oder Bereiche unterteilen, die genau einen Aspekt Ihres Programms abbilden.

Ein anderes Beispiel: E-Mail-Clients zeigen die wichtigsten Informationen zu eingegangenen Nachrichten häufig in einer Liste an. Neben oder unter der Liste befindet sich ein Lesebereich, der das aktuell ausgewählte Element vollständig anzeigt. Auch dies lässt sich aufgrund des geringen Platzes auf Smartphones nicht sinnvoll realisieren. Stattdessen zeigen entsprechende Anwendungen dem Nutzer zunächst eine Übersicht, nämlich die Liste der eingegangenen Nachrichten, und verzweigen erst in eine Detailansicht, wenn eine Zeile der Liste angeklickt wird.

Hinweis

Manche Tablets bieten riesige Bildschirme, auf denen deutlich mehr Informationen dargestellt werden können als auf Smartphones. Um Benutzeroberflächen für beide Welten entwickeln zu können, hat Google mit Android 3 die sogenannten *Fragmente* eingeführt. Im nächsten Kapitel zeige ich Ihnen, wie Sie Benutzeroberflächen mithilfe von Fragmenten für unterschiedliche Bildschirmgrößen anbieten.

2.3.1   Activities

Unter Android ist das Zerlegen einer App in aufgabenorientierte Teile bzw. Funktionsblöcke ein grundlegendes Architekturmuster. Die gerade eben skizzierten Aufgaben bzw. »Aktivitäten« *E-Mail auswählen* und *E-Mail anzeigen* werden zu Bausteinen, die die Plattform *Activities* nennt. Eine Anwendung besteht aus mindestens einer solchen Activity, je nach Funktionsumfang können es aber auch viele mehr sein. Normalerweise ist jeder Activity eine Benutzeroberfläche, also ein Baum, zugeordnet, der aus Views und ViewGroups besteht.

Activities bilden demnach die vom Anwender wahrgenommenen Bausteine einer App. Sie können sich gegenseitig aufrufen; die Vorwärtsnavigation innerhalb einer Anwendung wird auf diese Weise realisiert. Da das System Activities auf einem Stapel ablegt, müssen Sie sich als Entwickler nicht darum kümmern, von wem Ihre Activity aufgerufen wird. Drückt der Benutzer die reale oder eine virtuelle ZURÜCK-Schaltfläche, wird automatisch die zuvor angezeigte Activity reaktiviert. Vielleicht fragen Sie sich, aus wie vielen Activities *Hallo Android* besteht?

Theoretisch könnten Sie die App in drei Activities unterteilen, die Sie unabhängig voneinander anlegen müssten:

1. Begrüßung anzeigen

2. Namen eingeben

3. personalisierten Gruß anzeigen

Das wäre sinnvoll, wenn die entsprechenden Aufgaben umfangreiche Benutzereingaben oder aufwendige Netzwerkkommunikation erforderten. Dies ist hier nicht der Fall. Da die gesamte Anwendung aus sehr wenigen Bedienelementen besteht, ist es in diesem Fall zielführender, alle Funktionen in einer Activity abzubilden. Bitte übernehmen Sie die Klasse MainActivity aus der im Folgenden dargestellten ersten Version.

In der Methode onCreate() wird mit setContentView() die Benutzeroberfläche geladen und angezeigt. Danach werden durch den Aufruf der Methode findViewById() zwei Referenzen auf Bedienelemente ermittelt und den Variablen nachricht und weiterFertig zugewiesen. setText() setzt die Beschriftung der Schaltfläche sowie des Textfeldes. Hierzu erfahren Sie gleich mehr.

> **[»]** **Hinweis**
>
> Bitte achten Sie darauf, in Ihren Apps findViewById() erst nach setContentView() aufzurufen. Andernfalls drohen Abstürze.

```
package com.thomaskuenneth.halloandroid;

import android.support.v7.app.AppCompatActivity;
import android.os.Bundle;
import android.widget.Button;
import android.widget.TextView;

public class MainActivity extends AppCompatActivity {

    private TextView nachricht;
    private Button weiterFertig;

    @Override
    protected void onCreate(Bundle savedInstanceState) {
        super.onCreate(savedInstanceState);
        setContentView(R.layout.activity_main);

        nachricht = findViewById(R.id.nachricht);
        weiterFertig = findViewById(R.id.weiter_fertig);
```

```
        nachricht.setText(R.string.willkommen);
        weiterFertig.setText(R.string.weiter);
    }
}
```

Listing 2.4 Erste Version der Klasse »MainActivity«

Um die Anwendung zu starten, wählen Sie RUN • RUN APP. Android Studio möchte von Ihnen nun wieder wissen, mit welchem Gerät Sie die Anwendung verwenden wollen. Markieren Sie im Dialog SELECT DEPLOYMENT TARGET entweder den Emulator, den Sie in Kapitel 1, »Android – eine offene, mobile Plattform«, angelegt haben, oder ein über USB-Kabel verbundenes echtes Gerät, und schließen Sie den Dialog mit OK.

Wie in Abbildung 2.13 gezeigt, kann SELECT DEPLOYMENT TARGET unterschiedliche Bereiche haben. CONNECTED DEVICES zeigt alle gestarteten und verbundenen Geräte an. AVAILABLE VIRTUAL DEVICES bietet verfügbare, aber noch nicht gestartete Emulatoren an. Welche dieser beiden Bereiche angezeigt werden, hängt davon ab, welche virtuellen Geräte Sie angelegt und gestartet haben. Nach der Installation sollte das Emulatorfenster bzw. der Bildschirm des echten Geräts in etwa Abbildung 2.14 entsprechen. »In etwa«, weil es ein paar Faktoren gibt, die die Darstellung einer App beeinflussen:

▶ die Plattformversion des Emulators

▶ der API-Level in der Datei *build.gradle*

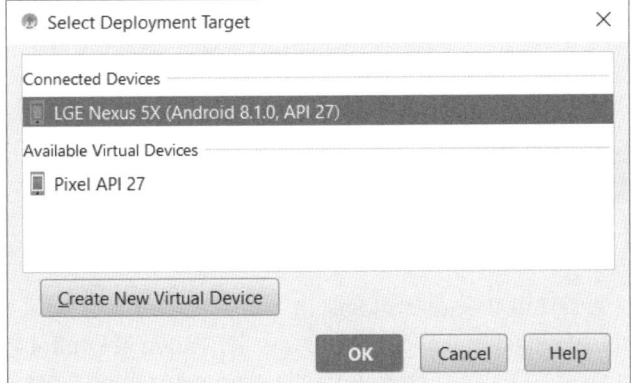

Abbildung 2.13 Der Dialog »Select Deployment Target«

Lassen Sie uns zunächst weiter auf Ihre erste eigene App konzentrieren. Das Textfeld nimmt zwar Eingaben entgegen, das Anklicken der Schaltfläche WEITER löst aber selbstverständlich noch keine Aktion aus. Diese Aktion werden wir im nächsten Abschnitt implementieren. Zuvor möchte ich Sie aber mit einigen Schlüsselstellen des Quelltextes vertraut machen. Ganz wichtig: Jede Activity erbt von der Klasse android.app.Activity oder von spezialisierten Kindklassen. Beispielsweise kennt die Plattform die Klasse ListActivity[1], die das Erstellen von Auswahl- und Übersichtslisten vereinfacht.

Abbildung 2.14 »Hallo Android« auf einem Nexus 5X

Haben Sie bemerkt, dass die gesamte Programmlogik in der Methode onCreate() liegt? Activities haben einen ausgeklügelten Lebenszyklus, den ich Ihnen in Kapitel 4, »Activities und Broadcast Receiver«, ausführlicher vorstelle. Seine einzelnen Stationen werden durch bestimmte Methoden der Klasse Activity realisiert, die Sie bei Bedarf überschreiben können. Beispielsweise informiert die Plattform eine Activity, kurz bevor sie beendet, unterbrochen oder zerstört wird. Die Methode onCreate() wird immer überschrieben. Sie ist der ideale Ort, um die Benutzeroberfläche aufzu-

---

1 *http://developer.android.com/reference/android/app/ListActivity.html*

bauen und Variablen zu initialisieren. Ganz wichtig ist, mit `super.onCreate()` die Implementierung der Elternklasse aufzurufen. Sonst wird zur Laufzeit die Ausnahme `SuperNotCalledException` ausgelöst.

Das Laden und Anzeigen der Bedienelemente reduziert sich auf eine Zeile Quelltext:

```
setContentView(R.layout.activity_main);
```

Sie sorgt dafür, dass alle Views und ViewGroups, die in der Datei *activity_main.xml* definiert wurden, zu einem Objektbaum entfaltet werden und dieser als Inhaltsbereich der Activity gesetzt wird. Warum ich den Begriff »entfalten« verwende, erkläre ich Ihnen in Kapitel 5, »Benutzeroberflächen«.

Möglicherweise fragen Sie sich, woher die Klasse `R` stammt. Sie wird von den *Build Tools* automatisch generiert und auf dem aktuellen Stand gehalten. Ihr Zweck ist es, Elemente aus Layout- und anderen XML-Dateien im Java-Quelltext verfügbar zu machen. `R.layout.activity_main` referenziert also die XML-Datei mit Namen *activity_main*.

Der Inhalt des Textfeldes `nachricht` und die Beschriftung der Schaltfläche `weiterFertig` wird auf sehr ähnliche Weise festgelegt: Zunächst ermitteln wir durch Aufruf der Methode `findViewById()` eine Referenz auf das gewünschte Objekt. `R.id.nachricht` und `R.id.weiter_fertig` verweisen hierbei auf Elemente, die wir ebenfalls in *activity_main.xml* definiert haben. Sehen Sie sich zur Verdeutlichung folgendes Dateifragment an:

```
<TextView
    android:id="@+id/nachricht"
    android:layout_width="match_parent"
    android:layout_height="wrap_content"
/>
…
<Button
    android:id="@+id/weiter_fertig"
    android:layout_width="wrap_content"
    android:layout_height="wrap_content"
    android:layout_gravity="end"
/>
```

Listing 2.5 Auszug aus der Datei »activity_main.xml«

Durch den Ausdruck `android:id="@+id/xyz"` entsteht ein Bezeichner, auf den Sie mit `R.id.xyz` zugreifen können. Dies funktioniert nicht nur in Layoutdateien, sondern auch für die Definition von Texten, die in der Datei *strings.xml* abgelegt werden. Auch hierzu ein kurzer Auszug:

```
<!-- Beschriftungen für Schaltflächen -->
<string name="weiter">Weiter</string>
<string name="fertig">Fertig</string>
```

Listing 2.6 Auszug aus der Datei »strings.xml«

Die Anweisung `weiterFertig.setText(R.string.weiter);` legt den Text der einzigen Schaltfläche unserer App fest.

2.3.2   Benutzereingaben

Um *Hallo Android* zu komplettieren, müssen wir auf das Anklicken der Schaltfläche `weiterFertig` reagieren. Beim ersten Mal wird das Textfeld `eingabe` ausgelesen und als persönlicher Gruß in `nachricht` eingetragen. Anschließend wird das Textfeld ausgeblendet und die Beschriftung der Schaltfläche geändert. Wird diese ein zweites Mal angeklickt, beendet sich die App. Im Folgenden sehen Sie die entsprechend erweiterte Fassung der Klasse `MainActivity`:

```java
package com.thomaskuenneth.halloandroid;

import android.os.Bundle;
import android.support.v7.app.AppCompatActivity;
import android.view.View;
import android.widget.Button;
import android.widget.EditText;
import android.widget.TextView;

public class MainActivity extends AppCompatActivity {

    private TextView nachricht;
    private Button weiterFertig;
    private EditText eingabe;
    private boolean ersterKlick;

    @Override
    protected void onCreate(Bundle savedInstanceState) {
        super.onCreate(savedInstanceState);
        setContentView(R.layout.activity_main);

        nachricht = findViewById(R.id.nachricht);
        weiterFertig = findViewById(R.id.weiter_fertig);
```

```
nachricht.setText(R.string.willkommen);
weiterFertig.setText(R.string.weiter);
eingabe = findViewById(R.id.eingabe);

ersterKlick = true;
nachricht.setText(R.string.willkommen);
weiterFertig.setText(R.string.weiter);

weiterFertig.setOnClickListener(v -> {
    if (ersterKlick) {
        nachricht.setText(getString(R.string.hallo,
            eingabe.getText()));
        eingabe.setVisibility(View.INVISIBLE);
        weiterFertig.setText(R.string.fertig);
        ersterKlick = false;
    } else {
        finish();
    }
});
    }
}
```

Listing 2.7 Zweite Fassung der Klasse »MainActivity«

Um auf das Anklicken der Schaltfläche reagieren zu können, wird ein sogenannter *OnClickListener* registriert. Dieses Interface besteht aus der Methode onClick(). Die hier vorgestellte Implementierung unter Verwendung eines *Lambda*-Ausdrucks nutzt die boolean-Variable ersterKlick, um die durchzuführenden Aktionen zu bestimmen. eingabe.setVisibility(View.INVISIBLE); blendet das Eingabefeld aus. getString(R.string.hallo, eingabe.getText()) liefert den in *strings.xml* definierten persönlichen Gruß und fügt an der Stelle %1$s den vom Benutzer eingetippten Namen ein. Um die App zu beenden, wird die Methode finish() der Klasse Activity aufgerufen.

2.3.3   Der letzte Schliff

In diesem Abschnitt möchte ich Ihnen zeigen, wie Sie *Hallo Android* den letzten Schliff geben. Zum Beispiel kann das System in leeren Eingabefeldern einen Hinweis anzeigen, was der Benutzer eingeben soll. Hierzu fügen Sie in der Datei *strings.xml* die folgende Zeile ein:

```
<string name="vorname_nachname">Vorname Nachname</string>
```

Anschließend erweitern Sie in *activity_main.xml* das Element <EditText> um das Attribut android:hint="@string/vorname_nachname". Damit verschwindet übrigens auch die Warnung, die Sie etwas weiter vorne gesehen haben. Starten Sie die App, um sich das Ergebnis anzusehen. Abbildung 2.15 zeigt das entsprechend abgeänderte Programm.

Abbildung 2.15 Leeres Eingabefeld mit Hinweis

Schon besser, wenn auch noch nicht perfekt. Drücken Sie während der Eingabe eines Namens nämlich auf [↵], wandert der Cursor in die nächste Zeile, und auch die Höhe des Eingabefeldes nimmt zu. Dieses Verhalten lässt sich zum Glück leicht korrigieren. Erweitern Sie hierzu <EditText> um die folgenden drei Attribute:

```
android:lines="1"
android:inputType=" textCapWords"
android:imeOptions="actionNext"
```

Damit begrenzen wir die Eingabe auf eine Zeile, und der erste Buchstabe eines Wortes wird automatisch in einen Großbuchstaben umgewandelt. Schließlich löst das Drücken von ⏎ bzw. das Anklicken des korrespondierenden Symbols auf der virtuellen Gerätetastatur eine Aktion aus. Um auf diese reagieren zu können, müssen wir in der Activity ebenfalls eine Kleinigkeit hinzufügen. Unter die Zeile `eingabe = findViewById(R.id.eingabe);` gehören die folgenden Zeilen:

```
eingabe.setOnEditorActionListener((v, actionId, event) -> {
  if (weiterFertig.isEnabled()) {
    weiterFertig.performClick();
  }
  return true;
});
```

Der Aufruf der Methode `performClick()` simuliert das Antippen der Schaltfläche WEITER. Dadurch wird der Code ausgeführt, den wir in der Methode `onClick()` der Klasse `OnClickListener` implementiert haben. Alternativ hätten wir diesen Code auch in eine eigene Methode auslagern und diese an beiden Stellen aufrufen können. Aber Sie wissen nun, wie Sie das Antippen einer Komponente simulieren können. Übrigens prüft die Methode `isEnabled()`, ob die Schaltfläche aktiv oder inaktiv ist. Das werden wir gleich noch brauchen.

Schließlich wollen wir noch dafür sorgen, dass die Bedienelemente nicht mehr an den Rändern der Anzeige kleben. Eine kurze Anweisung schiebt zwischen ihnen und dem Rand einen kleinen leeren Bereich ein. Fügen Sie dem XML-Tag `<LinearLayout>` einfach das Attribut `android:padding="10dp"` hinzu. *Padding* wirkt nach innen. Das `LinearLayout` ist eine Komponente, die weitere Elemente enthält. Diese werden in horizontaler oder vertikaler Richtung angeordnet. Mit `android:padding` legen Sie fest, wie nahe die Schaltfläche, das Textfeld und die Eingabezeile der oberen, unteren, linken und rechten Begrenzung kommen können.

Im Gegensatz dazu wirkt *Margin* nach außen. Hiermit können Sie einen Bereich um die Begrenzung einer Komponente herum definieren. Auch hierzu ein Beispiel: Fügen Sie dem XML-Tag `<Button>` das Attribut `android:layout_marginTop="16dp"` hinzu, wird die Schaltfläche deutlich nach unten abgesetzt. Sie haben einen oberen Rand definiert, der gegen die untere Begrenzung der Eingabezeile wirkt. Werte, die auf `dp` enden, geben übrigens geräteunabhängige Pixelgrößen an. Sie beziehen die Auflösung der Anzeige eines Geräts mit ein.

Fällt Ihnen noch ein Defizit der gegenwärtigen Version auf? Solange der Benutzer keinen Namen eingetippt hat, sollte die Schaltfläche WEITER nicht anwählbar sein. Das lässt sich mithilfe eines sogenannten *TextWatchers* leicht realisieren. Dazu fügen Sie in der Methode `onCreate()` vor dem Ende des Methodenrumpfes, also vor ihrer schließenden geschweiften Klammer, das folgende Quelltextfragment ein:

```
eingabe.addTextChangedListener(new TextWatcher() {

    @Override
    public void onTextChanged(CharSequence s, int start,
            int before, int count) {
    }

    @Override
    public void beforeTextChanged(CharSequence s, int start,
            int count, int after) {
    }

    @Override
    public void afterTextChanged(Editable s) {
        weiterFertig.setEnabled(s.length() > 0);
    }
});
weiterFertig.setEnabled(false);
```

Listing 2.8 Auszug aus »HalloAndroidActivity.java«

Mit diesem Code scheint etwas nicht zu stimmen. Android Studio unterkringelt einige seiner Bestandteile mit roten Schlangenlinien, andere Elemente erscheinen in roter Schrift. Aber keine Bange, Sie müssen nur noch die fehlenden import-Anweisungen für die Klassen TextWatcher und Editable ergänzen. Das geht ganz einfach. Klicken Sie Editable an, und drücken Sie danach $\boxed{\text{Alt}}$+$\boxed{\leftarrow}$. Wiederholen Sie dies mit TextWatcher.

Jedes Mal, wenn ein Zeichen eingegeben oder gelöscht wird, ruft Android unsere Implementierung der Methode afterTextChanged() auf. Diese ist sehr einfach gehalten: Nur wenn der Name mindestens ein Zeichen lang ist, kann die Schaltfläche WEITER angeklickt werden. Als kleine Übung können Sie versuchen, die Prüfroutine so zu erweitern, dass Vor- und Nachname vorhanden sein müssen. Prüfen Sie der Einfachheit halber, ob der eingegebene Text ein Leerzeichen enthält, das nicht am Anfang und nicht am Ende steht.

Damit haben Sie Ihre erste eigene Anwendung fast fertiggestellt. Es gibt nur noch eine kleine Unvollkommenheit: Die Schaltfläche FERTIG befindet sich gegenüber der Schaltfläche WEITER etwas näher am oberen Bildschirmrand. Der Grund ist, dass die Grußfloskel meistens in eine Zeile passt, der Begrüßungstext aber zwei Zeilen benötigt. Beheben Sie dieses Malheur, indem Sie in der Layoutdatei innerhalb des <TextView />-Tags, zum Beispiel unterhalb von android:id="@+id/nachricht", die Zeile android:lines="2" einfügen. Abbildung 2.16 zeigt die fertige App *Hallo Android*.

Abbildung 2.16 Die fertige App »Hallo Android«

2.4   Zusammenfassung

Sie haben in diesem Kapitel mithilfe des Projektassistenten ein neues Projekt angelegt und zu einer vollständigen App mit Benutzerinteraktion erweitert. Dabei haben
Sie Layoutdateien kennengelernt und erste Erfahrungen mit dem quelltextunab-
hängigen Speichern von Texten gesammelt. Die folgenden Kapitel vertiefen dieses
Wissen.

Kapitel 3
Von der Idee zur Veröffentlichung

Sie haben eine tolle Idee für eine App und würden am liebsten gleich loslegen? Ein bisschen Planung erleichtert nicht nur die Implementierung, sondern sorgt auch für zufriedene Nutzer. Warum das so ist, zeige ich Ihnen in diesem Kapitel.

Sie kennen das sicher: Sie haben eine Idee und möchten diese am liebsten sofort in die Tat umsetzen. Die Entwicklungsumgebung ist schnell gestartet. Erste Ergebnisse lassen sich unter Android in kurzer Zeit erzielen, wie das Beispiel im vorherigen Kapitel zeigt. Zunächst klappt das Erweitern eines so begonnenen Projekts noch recht gut. Irgendwann werden Sie aber feststellen, dass die Struktur der Anwendung nicht mehr so recht nachvollziehbar ist. Dann wird es auch zunehmend schwer, Änderungen durchzuführen und neue Funktionen einzubauen. In ein so aus dem Ruder gelaufenes Programm schleichen sich auch mehr und mehr Fehler ein. Und mancher Bug lässt sich nicht mehr entfernen, ohne die gesamte Konstruktion ins Wanken zu bringen.

Natürlich möchte ich Ihnen mit diesem Schreckensszenario nicht die Lust am Programmieren nehmen. Im Gegenteil, ganz gleich, ob Sie eine App nur für sich entwickeln oder in Google Play anbieten wollen – die Beschäftigung mit Googles mobiler Plattform soll Spaß machen. Deshalb ist es wichtig, die Stationen im Entstehungsprozess einer Anwendung zu kennen. Wenn Sie alle Schritte abgearbeitet und gedanklich mit einem Häkchen versehen haben, können Sie sicher sein, nichts Wesentliches vergessen zu haben. Vor allem aber lässt sich Ihr Programm so auch in Zukunft problemlos erweitern.

3.1   Konzept und Realisierung

Bevor Sie mit der Implementierung einer App beginnen, sollten Sie sich darüber im Klaren sein, was das Programm leisten soll und aus welchen Bausteinen oder Funktionsbereichen es bestehen wird. Widerstehen Sie der Versuchung, sich mit einer vagen Idee zufriedenzugeben. Sonst kann es leicht passieren, dass Sie Dinge implementieren, die schon im System vorhanden sind.

Wie Sie bereits wissen, bestehen Android-Anwendungen, zumindest aus der Sicht des Benutzers, aus Abfolgen von Aktivitäten, zum Beispiel *SMS eingeben*, *Kontakt auswählen*, *Foto aufnehmen* oder *Wähltastatur zeigen*. In der Konzeptionsphase legen Sie unter anderem fest, welche Aktivitäten Sie programmieren müssen und welche der bereits vorhandenen Sie gegebenenfalls einbinden können.

3.1.1   Konzeption

Für eine App ein Konzept zu schreiben bedeutet keineswegs zwangsläufig, umfangreiche Dokumente zu erstellen. Beginnen Sie damit, den Zweck des Programms in wenigen Sätzen zu beschreiben. Wählen Sie die Formulierung so, dass jemand, der in Google Play zufällig über die Anwendung stolpert, Lust bekommt, sie herunterzuladen und auszuprobieren. Das könnte folgendermaßen aussehen:

> *Zeigt eine nach Kalendermonaten sortierte Liste der zwölf Sternzeichen an. Das Antippen eines Tierkreiszeichens verzweigt zu dem entsprechenden Eintrag in der Wikipedia.*

Diese beiden Sätze, ergänzt durch zwei Screenshots, genügen dem Google-Play-Besucher, um zu entscheiden, ob er die App herunterladen möchte oder nicht. Wer kein Interesse an Astrologie hat, wird dies wahrscheinlich nicht tun. Auch für Sie als Entwickler sind die zwei Sätze ausreichend, denn sie beschreiben den vollständigen Funktionsumfang des Programms. Als Nächstes leiten Sie aus dieser Beschreibung die groben Funktionsblöcke des Programms ab. Diese sind:

1. leere Liste bereitstellen
2. Liste mit Inhalt füllen
3. Webbrowser aufrufen

Da Listenansichten eine Kernfunktionalität der Android-Plattform sind, müssen Sie sich während der Konzeptphase nicht weiter um den ersten Punkt kümmern. Er wird erst im Verlauf der Implementierung interessant. Das Gleiche gilt für das Öffnen des Browsers. Der Inhalt der Liste hingegen repräsentiert die »Fachlichkeit« der App. Sie müssen deshalb die folgenden zwei Fragen beantworten:

1. Was soll dargestellt werden?
2. Wie kommt es zustande?

An dieser Stelle ist es verführerisch, in Benutzeroberflächen zu denken, diese sind aber erst später an der Reihe. Dass ein Listenelement also vielleicht das Symbol eines Sternzeichens enthält und dessen Namen ausgibt, spielt zunächst noch keine Rolle. Die Liste enthält alle existierenden Tierkreiszeichen, also genau zwölf. Diese sind nach Kalendermonaten in aufsteigender Reihenfolge sortiert. Tierkreiszeichen decken einen Datumsbereich ab, sie haben demnach ein Start- und ein Enddatum. Das aktuelle Sternzeichen lässt sich ermitteln, indem man prüft, in welchem Bereich das aktuelle Datum liegt.

3.1.2 Fachlogik

Bitte öffnen Sie mein Beispielprojekt *Tierkreiszeichen* in Android Studio, und klicken Sie in der Menüleiste auf BUILD • MAKE PROJECT. Wie Sie bereits wissen, können Sie mit R.string auf die Einträge der Datei *strings.xml* zugreifen. Auf ganz ähnliche Weise referenzieren Sie Grafiken. Beispielsweise entspricht R.drawable.leo der Datei *res\ drawable\leo.png*. Wir werden uns beides zunutze machen, um den Tierkreis zusammenzusetzen. Bitte sehen Sie sich hierzu die folgende Klasse an:

```
package com.thomaskuenneth.tierkreiszeichen;

import android.content.Context;

final class Tierkreiszeichen {

  private final int tierkreiszeichen;

  // Wann ein Sternzeichen beginnt
  private final int tag, monat;

  Tierkreiszeichen(int tag, int monat, int tierkreiszeichen) {
    this.tag = tag;
    this.monat = monat;
    this.tierkreiszeichen = tierkreiszeichen;
  }

  int getTag() {
    return tag;
  }

  int getMonat() {
    return monat;
  }

  String getName(Context context) {
    return context.getString(tierkreiszeichen);
  }

  int getIdForDrawable() {
    switch (tierkreiszeichen) {
```

```
    case R.string.aquarius:
      return R.drawable.aquarius;
    case R.string.aries:
      return R.drawable.aries;
    case R.string.cancer:
      return R.drawable.cancer;
    case R.string.capricornus:
      return R.drawable.capricornus;
    case R.string.gemini:
      return R.drawable.gemini;
    case R.string.leo:
      return R.drawable.leo;
    case R.string.libra:
      return R.drawable.libra;
    case R.string.pisces:
      return R.drawable.pisces;
    case R.string.sagittarius:
      return R.drawable.sagittarius;
    case R.string.scorpius:
      return R.drawable.scorpius;
    case R.string.taurus:
      return R.drawable.taurus;
    case R.string.virgo:
      return R.drawable.virgo;
    default:
      return R.drawable.ic_launcher;
    }
  }
}
```

Listing 3.1 »Tierkreiszeichen.java«

Zur Laufzeit der App existiert für jedes Tierkreiszeichen eine Instanz dieser Klasse. Die Instanzen werden in der Klasse Zodiak, die ich Ihnen gleich vorstelle, erzeugt. Jedes Tierkreiszeichen speichert den Tag, an dem es beginnt, sowie eine eindeutige Zahl, die das Sternzeichen repräsentiert. Hierfür verwende ich Konstanten aus R.string. Bitte sehen Sie sich die Datei *strings.xml* an, sie weist jedem Tierkreiszeichen einen eindeutigen Namen zu:

```
<string name="aries">Widder</string>
<string name="taurus">Stier</string>
<string name="gemini">Zwillinge</string>
<string name="cancer">Krebs</string>
<string name="leo">Löwe</string>
```

```
<string name="virgo">Jungfrau</string>
<string name="libra">Waage</string>
<string name="scorpius">Skorpion</string>
<string name="sagittarius">Schütze</string>
<string name="capricornus">Steinbock</string>
<string name="aquarius">Wassermann</string>
<string name="pisces">Fische</string>
```

Listing 3.2 Auszug aus »strings.xml«

Die Methode getName() der Klasse Tierkreiszeichen liefert den Namen eines Sternzeichens im Klartext. Aus dem eindeutigen numerischen Wert, der durch Auslesen der Variablen tierkreiszeichen ermittelt wird, lässt sich mit der Methode getString() der in *strings.xml* eingetragene zugehörige Text auslesen. Auf sehr ähnliche Weise funktioniert die Methode getIdForDrawable(): Sie liefert für jedes Sternzeichen eine Referenz auf eine *.png*-Datei, indem in einem switch-case-Block der jeweils passende R.drawable-Wert ermittelt und zurückgeliefert wird. Ein Tierkreiszeichen speichert nur den Tag und den Monat, an dem es beginnt. Vorgänger- und Nachfolgerbeziehungen werden in der Klasse Zodiak abgebildet. Sie ist in Listing 3.3 zu sehen:

```
package com.thomaskuenneth.tierkreiszeichen;

import android.util.SparseArray;
import java.util.Calendar;

final class Zodiak {

  private static final Zodiak INSTANCE = new Zodiak();

  private final SparseArray<Tierkreiszeichen> a;

  private Zodiak() {
    a = new SparseArray<>();
    a.put(Calendar.JANUARY,
        new Tierkreiszeichen(21, Calendar.JANUARY,
            R.string.aquarius));
    a.put(Calendar.FEBRUARY,
        new Tierkreiszeichen(20, Calendar.FEBRUARY,
            R.string.pisces));
    a.put(Calendar.MARCH, new Tierkreiszeichen(21, Calendar.MARCH,
        R.string.aries));
    a.put(Calendar.APRIL, new Tierkreiszeichen(21, Calendar.APRIL,
        R.string.taurus));
```

```
        a.put(Calendar.MAY, new Tierkreiszeichen(22, Calendar.MAY,
            R.string.gemini));
        a.put(Calendar.JUNE, new Tierkreiszeichen(22, Calendar.JUNE,
            R.string.cancer));
        a.put(Calendar.JULY,
            new Tierkreiszeichen(24, Calendar.JULY,
                R.string.leo));
        a.put(Calendar.AUGUST,
            new Tierkreiszeichen(24, Calendar.AUGUST,
                R.string.virgo));
        a.put(Calendar.SEPTEMBER, new Tierkreiszeichen(24,
            Calendar.SEPTEMBER, R.string.libra));
        a.put(Calendar.OCTOBER,
            new Tierkreiszeichen(24, Calendar.OCTOBER,
                R.string.scorpius));
        a.put(Calendar.NOVEMBER,
            new Tierkreiszeichen(23, Calendar.NOVEMBER,
                R.string.sagittarius));
        a.put(Calendar.DECEMBER,
            new Tierkreiszeichen(22, Calendar.DECEMBER,
                R.string.capricornus));
    }

    static Tierkreiszeichen getTierkreiszeichenFuerMonat(
        int monat) {
      return INSTANCE.a.get(monat);
    }
}
```

Listing 3.3 »Zodiak.java«

Zodiak legt die zwölf Tierkreiszeichen in einem SparseArray ab. Diese Klasse mappt Zahlen (int) auf Objekte. Es können also Schlüssel-Wert-Paare gespeichert werden. SparseArray wurde mit der Intention entwickelt, speichersparender zu sein als eine HashMap. Der Schlüssel ist der Monat, in dem ein Sternzeichen beginnt. Damit kann durch Aufruf der Methode getTierkreiszeichenFuerMonat() das gewünschte Tierkreiszeichen einfach ermittelt werden. Im nächsten Abschnitt zeige ich Ihnen, wie Sie die Klassen Zodiak und Tierkreiszeichen in eine Benutzeroberfläche integrieren.

3.1.3   Benutzeroberfläche

Bevor Sie mit der Programmierung der Benutzeroberfläche beginnen, sollten Sie das Konzeptdokument um eine entsprechende Beschreibung erweitern. Hierbei geht es nicht um eine möglichst genaue Vorwegnahme des späteren Bildschirminhalts. Überlegen Sie sich stattdessen, welche Informationen Sie anzeigen möchten, in welcher Beziehung sie zueinanderstehen und wie sie logisch angeordnet werden.

Der Benutzer der App *Tierkreiszeichen* möchte sicher wissen, wann ein Sternzeichen beginnt und wann es endet. Außer dem Namen erwartet er noch ein Bild oder Symbol desselben. Mit diesen Informationen können Sie eine logische Darstellung der GUI entwerfen. Hierfür haben Sie zahlreiche Möglichkeiten. Neben speziellen Wireframe-Editoren gibt es Bibliotheken für gängige Visualisierungsprogramme, wie etwa Microsofts Visio oder das auf dem Mac verbreitete OmniGraffle. Auch einfache Strichzeichnungen, sogenannte Scribbles, sind ein geeignetes Mittel. Welche Variante Sie wählen, ist letztlich eine Frage des persönlichen Geschmacks. Abbildung 3.1 zeigt einen Wireframe der Hauptansicht. Systembestandteile, beispielsweise die Statuszeile sowie der Anwendungsname, wurden bewusst weggelassen.

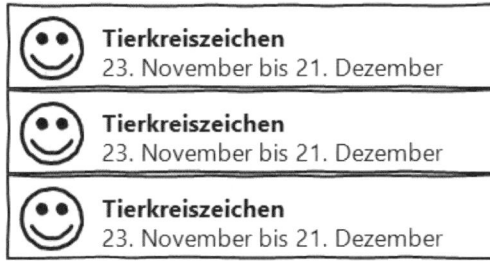

Abbildung 3.1 Wireframe der Listenansicht

Android stellt mit `ListView` eine Komponente zur Verfügung, die auch mehrzeilige Elemente und Grafiken problemlos darstellen kann. Wie sie zusammengesetzt und in der App verwendet wird, zeige ich im Folgenden. Bitte sehen Sie sich die Datei *icon_text_text.xml* im Verzeichnis *res\layout* an.

```xml
<?xml version="1.0" encoding="utf-8"?>
<RelativeLayout xmlns:android="http://schemas.android.com/apk/res/android"
    android:layout_width="match_parent"
    android:layout_height="?android:attr/listPreferredItemHeight"
    android:padding="6dp">

  <ImageView
    android:id="@+id/icon"
    android:layout_width="wrap_content"
    android:layout_height="match_parent"
    android:layout_alignParentStart="true"
    android:layout_alignParentTop="true"
    android:layout_marginEnd="6dp"
    android:contentDescription="@string/hint" />
```

```
<TextView
   android:id="@+id/text1"
   android:layout_width="match_parent"
   android:layout_height="wrap_content"
   android:layout_marginTop="4dp"
   android:layout_toEndOf="@id/icon"
   android:textAppearance="?android:attr/textAppearanceMedium" />

<TextView
   android:id="@+id/text2"
   android:layout_width="match_parent"
   android:layout_height="wrap_content"
   android:layout_alignStart="@id/text1"
   android:layout_below="@id/text1"
   android:textAppearance="?android:attr/textAppearanceSmall" />

</RelativeLayout>
```

Listing 3.4 Die Datei »icon_text_text.xml«

In *icon_text_text.xml* wird der Aufbau **eines** Listenelements definiert. Jede Zeile der ListView unserer Tierkreiszeichen-App wird aus den Elementen dieser Layoutdatei zusammengesetzt. Layoutdateien bilden stets baumartige Strukturen. Ein Wurzelelement enthält ein oder mehrere Kinder. Diese können entweder für sich stehen (Schaltflächen, Eingabefelder etc.) oder wiederum die Wurzel von Teilbäumen darstellen. Der Dateiname *icon_text_text.xml* beschreibt in gewisser Weise den Aufbau des Layouts, nämlich ein Bild und zwei Textzeilen.

RelativeLayouts beschreiben die Lage von Views in Relation zu anderen Bedienelementen. Hierfür werden Positionsangaben wie android:layout_below oder auch android:layout_toEndOf verwendet. Entsprechende Oberflächenbeschreibungen sind nicht ganz so leicht zu lesen wie die Ihnen bereits bekannten LinearLayouts, benötigen aber zur Laufzeit weniger Speicher und werden schneller verarbeitet. Das Wurzelelement soll die Breite vom Elternobjekt erben (match_parent); die Höhe entspricht dem Systemstandard für Listenelemente, was durch die folgende Zuweisung erreicht wird:

```
android:layout_height="?android:attr/listPreferredItemHeight"
```

Die Grafik ist am oberen und linken Rand des RelativeLayouts ausgerichtet. Sie hat auf ihrer rechten Seite einen Rand von sechs geräteunabhängigen Pixeln, und neben dem Bild erscheinen zwei Textzeilen, deren Schrift unterschiedlich groß ist. Die Schriftgröße setzen Sie folgendermaßen:

```
android:textAppearance="?android:attr/textAppearanceMedium"
```

oder

```
android:textAppearance="?android:attr/textAppearanceSmall"
```

> **Hinweis**
>
> Ist Ihnen aufgefallen, dass ich in meiner Beschreibung von *links* und *rechts* gespro-
> chen habe, im Code aber Elemente wie ...Start... und ...End... verwendet wer-
> den? Im europäischen und amerikanischen Kulturraum sind wir gewohnt, von links
> nach rechts zu lesen. Andere Sprachen »denken« aber in umgekehrter Richtung. In
> solchen Sprachräumen lebende Nutzer orientieren sich deshalb von rechts kom-
> mend nach links. Bei der Beschreibung von Oberflächen trägt Android dem Rech-
> nung, indem von »echten« Positionen (links oder rechts) abstrahiert und stattdessen
> Abhängigkeiten (Start und Ende) verwendet werden können. Ich rate Ihnen, wann
> immer möglich diese allgemeineren Positionsangaben in Ihren Layoutdateien zu ver-
> wenden.

Wie aus *icon_text_text.xml* zur Laufzeit der App ein Objektbaum wird, zeige ich Ihnen gleich. Zunächst aber möchte ich kurz demonstrieren, mit wie wenig Aufwand
sich unter Android eine Listenanzeige bauen lässt. Die Klasse android.app.ListActi-
vity realisiert eine Listenansicht, die normalerweise den gesamten Bildschirm mit
Ausnahme der Statuszeile und der Fensterdekoration ausfüllt.

```
package com.thomaskuenneth.tierkreiszeichen;

import android.app.ListActivity;
import android.content.Intent;
import android.net.Uri;
import android.os.Bundle;
import android.view.View;
import android.widget.AdapterView;
import android.widget.AdapterView.OnItemClickListener;

public class TierkreiszeichenActivity extends ListActivity implements
    OnItemClickListener {

  private TierkreiszeichenAdapter adapter;

  @Override
  public void onCreate(Bundle savedInstanceState) {
    super.onCreate(savedInstanceState);
    // hier werden die Tierkreiszeichen gespeichert
```

```
    adapter = new TierkreiszeichenAdapter(this);
    setListAdapter(adapter);
    // auf das Antippen von Listenelementen
    // reagieren
    getListView().setOnItemClickListener(this);
  }

  @Override
  public void onItemClick(AdapterView<?> parent, View view, int position,
              long id) {
    Tierkreiszeichen zeichen = (Tierkreiszeichen) adapter.getItem(position);
    String url = getString(R.string.wikipedia_url, zeichen.getName(this));
    // eine Webseite anzeigen
    Intent viewIntent = new Intent("android.intent.action.VIEW",
        Uri.parse(url));
    startActivity(viewIntent);
  }
}
```

Listing 3.5 »TierkreiszeichenActivity.java«

Welche Daten eine Liste anzeigt, wird durch sogenannte *Adapter* gesteuert. Android stellt eine ganze Reihe fertiger Klassen bereit, die beispielsweise String-Arrays (`android.widget.ArrayAdapter<String>`) oder Tabellenzeilen einer Datenbank (`android.widget.SimpleCursorAdapter`) so umwandeln, dass eine `ListView` sie darstellen kann. Diese greift über die Methoden des Interface `android.widget.ListAdapter` auf einen Adapter und die durch ihn bereitgestellten Daten zu. Die Beispiel-App erzeugt hierzu ein Objekt des Typs `TierkreiszeichenAdapter` und setzt es mit der Methode `setListAdapter()`.

Die `ListActivity`-Methode `getListView()` liefert eine Referenz auf ein zentrales Objekt des Typs `ListView`. Um auf das Antippen eines Eintrags zu reagieren, wird ein sogenannter `OnItemClickListener` registriert. Die Beispielimplementierung nutzt dies, um den eingebauten Webbrowser mit einer bestimmten URL zu starten. Ausführliche Informationen zu sogenannten *Intents* finden Sie in Kapitel 4, »Activities und Broadcast Receiver«. Lassen Sie uns nun einen Blick auf die Adapterimplementierung werfen:

```
package com.thomaskuenneth.tierkreiszeichen;

import android.content.Context;
import android.view.LayoutInflater;
import android.view.View;
import android.view.ViewGroup;
```

```
import android.widget.BaseAdapter;
import android.widget.ImageView;
import android.widget.TextView;

import java.text.DateFormat;
import java.text.SimpleDateFormat;
import java.util.ArrayList;
import java.util.Calendar;
import java.util.List;
import java.util.Locale;

class TierkreiszeichenAdapter extends BaseAdapter {

  private final List<Tierkreiszeichen> zodiak;
  private final LayoutInflater inflater;
  private final DateFormat df;
  private final Calendar cal;

  TierkreiszeichenAdapter(Context context) {
    // wird für das Aufblasen der XML-Datei benötigt
    inflater = LayoutInflater.from(context);
    // Tierkreiszeichen für alle Monate ermitteln
    zodiak = new ArrayList<>();
    for (int monat = Calendar.JANUARY;
        monat <= Calendar.DECEMBER; monat++) {
      Tierkreiszeichen zeichen = Zodiak
          .getTierkreiszeichenFuerMonat(monat);
      zodiak.add(zeichen);
    }
    // Legt fest, in welchem Format das Datum ausgegeben wird
    df = new SimpleDateFormat(context.getString(
        R.string.format_string),
        Locale.US);
    cal = Calendar.getInstance();
  }

  @Override
  public int getCount() {
    return zodiak.size();
  }

  @Override
  public Object getItem(int position) {
```

```java
    return zodiak.get(position);
}

@Override
public long getItemId(int position) {
  return position;
}

@Override
public View getView(int position,
            View convertView, ViewGroup parent) {
  ViewHolder holder;
  // falls nötig, convertView bauen
  if (convertView == null) {
    // Layoutdatei entfalten
    convertView = inflater.inflate(R.layout.icon_text_text,
        parent, false);
    // Holder erzeugen
    holder = new ViewHolder();
    holder.name = convertView.findViewById(R.id.text1);
    holder.datumsbereich = convertView
        .findViewById(R.id.text2);
    holder.icon = convertView.findViewById(R.id.icon);
    convertView.setTag(holder);
  } else {
    // Holder bereits vorhanden
    holder = (ViewHolder) convertView.getTag();
  }
  Context context = parent.getContext();
  Tierkreiszeichen zeichen = (Tierkreiszeichen) getItem(position);
  holder.name.setText(zeichen.getName(context));
  holder.icon.setImageResource(zeichen.getIdForDrawable());
  cal.set(Calendar.DAY_OF_MONTH, zeichen.getTag());
  cal.set(Calendar.MONTH, zeichen.getMonat());
  String datum1 = df.format(cal.getTime());
  if (++position >= getCount()) {
    position = 0;
  }
  zeichen = (Tierkreiszeichen) getItem(position);
  cal.set(Calendar.DAY_OF_MONTH, zeichen.getTag() - 1);
  cal.set(Calendar.MONTH, zeichen.getMonat());
  String datum2 = df.format(cal.getTime());
```

```
  holder.datumsbereich.setText(context.getString(R.string.interval,
      datum1, datum2));
  return convertView;
}

static class ViewHolder {
  TextView name, datumsbereich;
  ImageView icon;
}
}
```

Listing 3.6 »TierkreiszeichenAdapter.java«

Im Konstruktor werden die Tierkreiszeichen in einer `ArrayList` abgelegt und aufsteigend nach Monaten sortiert. Die überschriebene Methode `getCount()` liefert die Länge der Liste und damit die Zahl der insgesamt anzeigbaren Zeilen, und `getItem()` liefert das Element an einer bestimmten Position.

Die Methode `getView()` baut aus den Daten des Modells einen Eintrag zusammen und stellt ihn in Gestalt einer `View`-Instanz zur Verfügung. Aus Effizienzgründen puffert Android eine gewisse Menge solcher Objekte. Im Fall der erstmaligen Verwendung ist der Parameter `convertView` gleich `null`. Dann wird mithilfe eines `LayoutInflator` aus einer XML-Datei (*icon_text_text.xml*) ein entsprechender Komponentenbaum erzeugt und der Variablen `convertView` zugewiesen. Anschließend wird deren Methode `setTag()` ein sogenannter `ViewHolder` übergeben. Er fungiert als eine Art Platzhalter, um später einfach und effizient auf die Elemente des Baumes zugreifen zu können. Dies ist nötig, um die beiden Textzeilen sowie die Grafik mit den Werten für eine Listenzeile füllen zu können. Der Aufruf von `findViewById()` für jedes der drei Objekte wäre wesentlich kostspieliger, zumal dies ja für jedes angezeigte Listenelement geschieht.

Im folgenden Abschnitt zeige ich Ihnen, wie Sie Ihr Programm mit Debug-Ausgaben versehen und wie Sie es auf die Veröffentlichung in Google Play vorbereiten.

3.2   Vom Programm zum Produkt

Eine Idee in Quelltext umzusetzen ist für viele Entwickler der interessanteste Teil des Programmierens. Das Erstellen von Tests hingegen, das Suchen und Beheben von Fehlern wird oftmals als eher unangenehme Pflicht angesehen. Wenn Sie Ihre App anderen Personen zugänglich machen möchten, ist eine gewissenhafte Kontrolle aber unerlässlich, sonst droht harsche Kritik. Ein Blick auf die Kommentare in Google Play offenbart, wie viel die Käufer bzw. Nutzer von den Programmierern erwarten.

3.2.1 Protokollierung

Allein schon aus Platzgründen kann dieses Buch leider keine Anleitung für das Schreiben von sauberem Code enthalten. Auch wie man Tests entwirft und einsetzt, lesen Sie bei Bedarf in entsprechender Spezialliteratur nach. In Anhang A finden Sie eine Lektüreliste. Aber wie Android Sie beim Aufspüren von Problemen unterstützt und wie Sie Ihre Apps auf echter Hardware und im Emulator testen, zeige ich Ihnen in diesem sowie dem folgenden Abschnitt.

Java-Entwickler verwenden zur schnellen Analyse oder Protokollierung gern das Konstrukt `System.out.println()`, das auch unter Android funktioniert. Um das auszuprobieren, legen Sie mit dem Android-Studio-Projektassistenten ein neues Projekt namens *DebugDemo* an. Verwenden Sie am besten die Ihnen bereits bekannte Activity-Vorlage EMPTY ACTIVITY. Sie können der zu erzeugenden Activity einen beliebigen eigenen Namen geben oder den vorgeschlagenen Namen übernehmen. Nach dem Anlegen des Projekts fügen Sie vor der schließenden Klammer des Methodenrumpfes von `onCreate()` dieses Quelltextfragment ein:

```
int fakultaet = 1;
System.out.println("0! = " + fakultaet);
for (int i = 1; i <= 5; i++) {
    fakultaet = i * fakultaet;
    System.out.println(i + "! = " + fakultaet);
}
```

Listing 3.7 Berechnung und Ausgabe der Fakultät

Sie finden das Projekt in den Begleitmaterialien zum Buch, die Sie unter *www.rheinwerk-verlag.de/4564* herunterladen können. Wenn Sie die App im Emulator oder auf echter Hardware ausführen, sehen Sie die berechneten Fakultäten zunächst nicht. Sie werden aber im Werkzeugfenster LOGCAT ausgegeben. Es ist in Abbildung 3.2 dargestellt. Falls es nicht geöffnet ist, können Sie es durch Anklicken seines Namens oder über das Pop-up am linken Rand der Statuszeile sichtbar machen.

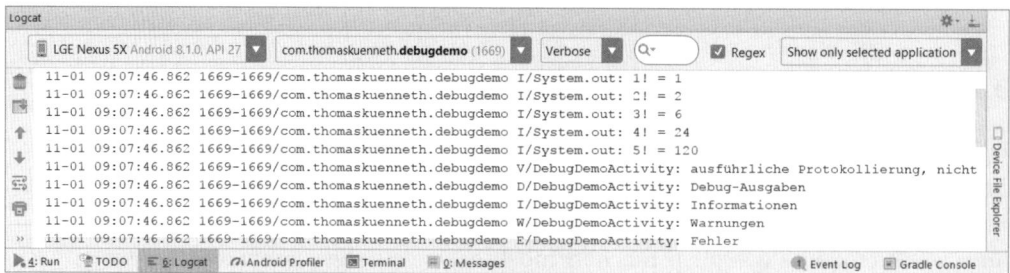

Abbildung 3.2 Das Werkzeugfenster »Logcat«

Das Fenster besteht aus einer ganzen Reihe von Symbolen am linken Rand (beispiels-weise zum Anfertigen eines Screenshots) sowie mehreren Klapplisten am oberen Rand. Im größten Bereich erscheinen Hinweis-, Warn- und Fehlermeldungen. Woher die anzuzeigenden Daten kommen, stellen Sie mit den beiden Klapplisten in der lin-ken oberen Ecke ein. Die erste wählt das Android-Gerät aus, die zweite (rechts neben ihr) den zu beobachtenden Prozess. Die zuletzt gestartete App ist voreingestellt. LOGCAT sammelt Protokollausgaben des Systems und aller Anwendungen. Es liegt auf der Hand, dass eine solche Darstellung recht schnell unübersichtlich wird. Aus diesem Grund lassen sich Ausgaben beispielsweise nach Prozess-ID, Loglevel oder Paketnamen filtern. Zusätzlich zu den eingebauten Filterkriterien (zum Beispiel SHOW ONLY SELECTED APPLICATION) können Sie eigene erstellen. Öffnen Sie hierzu die Aufklappliste in der rechten oberen Ecke des Werkzeugfensters, und wählen Sie EDIT FILTER CONFIGURATION. Sie sehen den in Abbildung 3.3 dargestellten Dialog CREATE NEW LOGCAT FILTER.

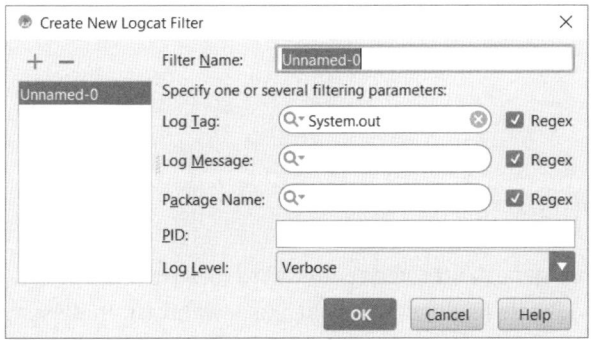

Abbildung 3.3 Dialog zum Anlegen und Bearbeiten von Filtern

Um die Ausgabe auf Meldungen zu beschränken, die ein bestimmtes Projekt betref-fen, können Sie in PACKAGE NAME den korrespondierenden Paketnamen eintragen, aber das kann Android Studio auch schon »out of the box«. Spannender sind speziel-le Filter, die die Anzeige radikal reduzieren. Wenn Sie in das Feld LOG MESSAGE bei-spielsweise den Text »! =« eintragen, so werden nur noch Ausgaben angezeigt, die diese Zeichenkette enthalten. Oder Sie könnten als LOG TAG »System.out« eintragen. Das Ergebnis ist in Abbildung 3.4 zu sehen.

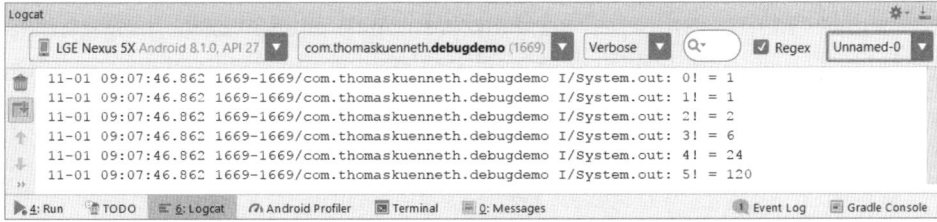

Abbildung 3.4 Logmeldungen der App »DebugDemo«

Haben Sie in Abbildung 3.2 und Abbildung 3.4 die unscheinbare Klappliste entdeckt, in der VERBOSE ausgewählt war? Sie enthält die Stufen (*Loglevel*) *verbose, debug, info, warn, error* und *assert,* die in gängigen Frameworks verwendet werden, um die Wichtigkeit bzw. den Schweregrad eines Protokolleintrags zu bestimmen. Die Idee ist, für entsprechende Ausgaben nicht mit System.out.println() zu arbeiten, sondern mit speziellen Logging-Methoden. Android stellt mit der Klasse android.util.Log eine besonders einfach zu handhabende Variante zur Verfügung. Deren statische Methoden v(), d(), i(), w() und e() repräsentieren die oben genannten Loglevels. Neben dem auszugebenden Text erwarten sie ein sogenanntes *Tag.* Es kennzeichnet die Quelle des Protokolleintrags, also im Allgemeinen die Klasse oder Activity.

```
private static final String TAG = MyActivity.class.getSimpleName();
```

Anstelle von MyActivity verwenden Sie natürlich den Namen Ihrer Klasse. Übernehmen Sie die folgenden Anweisungen in Ihre Activity, und starten Sie danach die App:

```
Log.v(TAG, "ausführliche Protokollierung, nicht in Produktion verwenden");
Log.d(TAG, "Debug-Ausgaben");
Log.i(TAG, "Informationen");
Log.w(TAG, "Warnungen");
Log.e(TAG, "Fehler");
```

Listing 3.8 Erzeugen von Protokolleinträgen

Bitte stellen Sie sicher, dass kein eigener Filter verwendet wird (SHOW ONLY SELECTED APPLICATION ist aktiv) und dass als Loglevel VERBOSE ausgewählt ist. In diesem Fall sind alle fünf Ausgaben im Bereich LOGCAT zu sehen. Wählen Sie nun ein Element aus der Aufklappliste aus, um Einträge mit niedrigerer Priorität auszublenden. Haben Sie beispielsweise INFO aktiviert, dann sind Aufrufe, die durch die Methoden v() (verbose) und d() (debug) erzeugt wurden, nicht zu sehen. Ein Klick auf VERBOSE zeigt wieder alle Zeilen an. Sie sollten überlegen, welche Meldungen Ihrer App vor allem für die Entwicklung relevant sind. Diese können Sie den Methoden v() und d() übergeben. Für Warnungen und Fehler sind w() und e() gedacht.

Ob ein bestimmter Loglevel überhaupt protokolliert wird, können Sie mithilfe der Methode isLoggable() abfragen. Der Standardlevel jedes Tags ist INFO. Jeder gleich- oder höherwertige Level wird also geloggt. Wenn Sie das folgende Codefragment Ihrem Projekt hinzufügen, sehen Sie die korrespondierende Ausgabe hingegen zunächst nicht, selbst wenn Sie in der Klappliste VERBOSE eingestellt haben.

```
if (Log.isLoggable(TAG, Log.DEBUG)) {
    Log.d(TAG, "noch eine Debug-Ausgabe");
}
```

Listing 3.9 Steuerung einer Logausgabe

Sie können dieses Verhalten ändern, indem Sie im Werkzeugfenster TERMINAL den Befehl adb shell setprop log.tag.<IHR_TAG> <LEVEL> ausführen, zum Beispiel adb shell setprop log.tag.DebugDemoActivity VERBOSE. Aufrufe von d() und v() sollten Sie deshalb auf jeden Fall mit isLoggable() klammern.

> **Tipp**
>
> Manchmal scheinen Logausgaben bei mehrfachen Programmstarts nicht angezeigt zu werden. Der Grund hierfür liegt im Lebenszyklus von Activities. Deren Methode onCreate() wird nicht immer aufgerufen, und zwar ganz bewusst. Wenn Sie also in dieser Methode loggen, kann es durchaus passieren, dass der Code nicht immer durchlaufen wird. Sie können dies ganz leicht erzwingen, indem Sie im Emulator einfach auf den Startbildschirm wechseln. Die Klasse DebugDemoActivity meines Beispielprojekts *DebugDemo* ruft die Methode finish() auf, und dies beendet eine Activity.

Wenn Sie in Ihrem Code eine Exception gefangen haben, müssen Sie übrigens nicht mühselig einen passenden String zusammensetzen, sondern können sie als zusätzlichen Parameter an die Ihnen bereits bekannten fünf Methoden übergeben. Auch hierzu ein Beispiel:

```
String s = null;
try {
    Log.i(TAG, "s ist " + s.length() + " Zeichen lang");
} catch (Throwable tr) {
    Log.e(TAG, "Es ist ein Fehler aufgetreten.", tr);
} finally {
    Log.i(TAG, "s ist " + s);
}
```

Listing 3.10 Ausgeben eines Stacktrace im Fehlerfall

Da der String s mit null initialisiert wurde, ist eine NullPointerException unausweichlich. Sie wird aufgrund des catch (Throwable tr) gefangen und mittels e() als Fehler protokolliert. Klicken Sie einen Link im Stacktrace an, um zur korrespondierenden Zeile im Quelltext zu navigieren.

3.2.2   Fehler suchen und finden

Protokolldateien sind ein wichtiges Hilfsmittel bei der Analyse von Anwendungsproblemen. Allerdings können und sollen sie die klassische Fehlersuche mit dem Debugger nicht ersetzen. Wie Sie Bugs auf Quelltextebene zu Leibe rücken, zeige ich Ihnen nun am Beispiel des Projekts *FibonacciDemo*. Die *Fibonacci-Folge* ist eine unendliche

Folge von Zahlen, bei der sich die jeweils folgende Zahl durch Addition ihrer beiden Vorgänger ergibt. Für n größer oder gleich 2 gilt demnach: `fib(n) = fib(n - 1) + fib (n - 2)`. Für die beiden Spezialfälle 0 und 1 wurde `fib(0) = 0` und `fib(1) = 1` festgelegt. Der Aufruf `fib(5)` ergibt also 5. Im Folgenden finden Sie eine Implementierung des Algorithmus. Es handelt sich um eine – Sie ahnen es sicher – fehlerhafte Version.

```java
package com.thomaskuenneth.fibonaccidemo;

import android.app.Activity;
import android.os.Bundle;
import android.util.Log;

public class FibonacciDemoActivity extends Activity {

  private static final String TAG = FibonacciDemoActivity.class
      .getSimpleName();

  @Override
  public void onCreate(Bundle savedInstanceState) {
    super.onCreate(savedInstanceState);
    setContentView(R.layout.main);
    Log.i(TAG, "fib(5) = " + fib(5));
  }

  private int fib(int n) {
    Log.i(TAG, "n=" + n);
    int fib;
    switch (n) {
      case 0:
        fib = 0;
      case 1:
        fib = 1;
        break;
      default:
        fib = fib(n - 1) + fib(n - 2);
    }
    return fib;
  }
}
```

Listing 3.11 »FibonacciDemoActivity.java«

Starten Sie die App, um zu sehen, zu welchem Ergebnis sie kommt. Denken Sie daran, dass der berechnete Wert nicht direkt im Emulator angezeigt wird, sondern im Werkzeugfenster LOGCAT. Leider ist dort eine 8 zu lesen. Lassen Sie uns deshalb mithilfe der Einzelschritt-Abarbeitung herausfinden, was passiert. Setzen Sie als Erstes einen *Line Breakpoint* in der Zeile switch (n) { der Methode fib(), indem Sie im Randbereich des Editorfensters in dieser Zeile mit der linken Maustaste klicken. Wenn der Haltepunkt angelegt wurde, erscheint an der entsprechenden Position ein ausgefüllter roter Kreis. Berühren Sie ihn mit der Maus, um den in Abbildung 3.5 dargestellten Tooltip einzublenden. Die angezeigte Zeilennummer kann bei Ihnen geringfügig variieren.

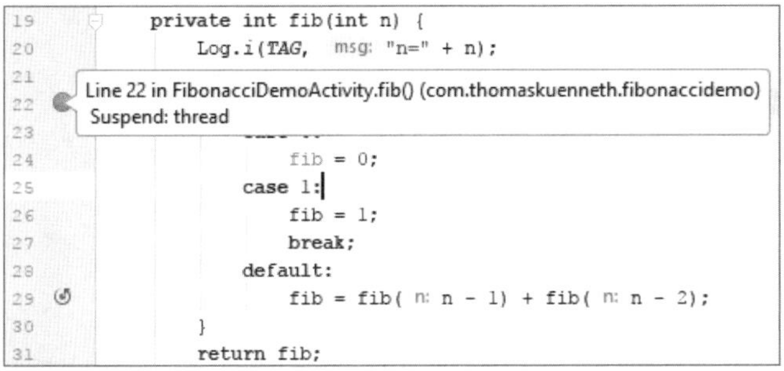

```
19          private int fib(int n) {
20              Log.i(TAG,  msg: "n=" + n);
21
22     Line 22 in FibonacciDemoActivity.fib() (com.thomaskuenneth.fibonaccidemo)
       Suspend: thread
23
24                  fib = 0;
25              case 1:|
26                  fib = 1;
27                  break;
28              default:
29                  fib = fib( n: n - 1) + fib( n: n - 2);
30              }
31              return fib;
```

Abbildung 3.5 Ein Haltepunkt in der Methode »fib()«

Jetzt können Sie die App debuggen. Klicken Sie hierzu in der Menüleiste auf RUN • DEBUG APP. Nach kurzer Zeit öffnet Android Studio das Werkzeugfenster DEBUG und hält die Programmausführung in der Zeile mit dem Haltepunkt an. Die Möglichkeiten, die der Debugger bietet, sind viel zu umfassend, um sie in diesem Buch mehr als nur andeuten zu können. Ein paar wichtige Handgriffe möchte ich Ihnen aber auf jeden Fall nahebringen. Sie können sich zum Beispiel sehr einfach den aktuellen Wert einer Variablen anzeigen lassen, indem Sie die Maus im Editorfenster auf den Variablennamen bewegen. Nach dem ersten Halt ist n gleich 5. Dies ist in Abbildung 3.6 zu sehen.

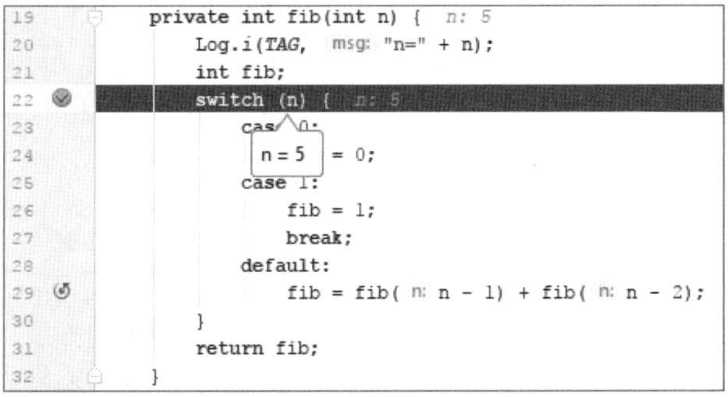

```
19          private int fib(int n) {   n: 5
20              Log.i(TAG,  msg: "n=" + n);
21              int fib;
22              switch (n) {  n: 5
23                  cas/\0.
24                  n = 5  = 0;
25                  case 1:
26                      fib = 1;
27                      break;
28                  default:
29                      fib = fib( n: n - 1) + fib( n: n - 2);
30              }
31              return fib;
32          }
```

Abbildung 3.6 Android Studio nach dem Start des Debug-Vorgangs

Das Werkzeugfenster DEBUG enthält die Registerkarten DEBUGGER und CONSOLE. Auf der Konsole werden Statusmeldungen der SDK-Tools ausgegeben. Beispielsweise sehen Sie hier, was geschieht, während eine App installiert wird. Die Steuerung des Debuggers erfolgt mithilfe von Symbolen am linken (Programmablauf) und oberen (Einzelschrittverarbeitung) Rand des Werkzeugfensters. Die wichtigsten Symbole sind in Tabelle 3.1 zu sehen.

Symbol	Funktion
▶	Resume Program
❚❚	Pause Program
■	Stop
⤓	Step Over
⬎	Step Into

Tabelle 3.1 Wichtige Symbole des Debuggers

Klicken Sie auf STEP OVER oder drücken Sie `F8`, um die nächste Anweisung auszuführen. Dies ist `fib = fib(n - 1) + fib(n - 2);`. Mit RESUME PROGRAM (`F9`) lassen Sie das Programm bis zum Erreichen des nächsten Haltepunktes ohne Unterbrechung weiterlaufen. Wiederholen Sie die Schritte mit STEP OVER und RESUME so lange, bis n den Wert 1 hat. Nun führt Sie ein STEP OVER in die Zeile `fib = 1;`. Dies ist erwartetes Verhalten, deshalb können Sie die App mit RESUME fortsetzen. Da 0 die letzte zu verarbeitende Zahl ist, müsste der Fehler jetzt auftreten. Nachdem das Programm durch den Debugger angehalten wurde, führt ein STEP OVER nicht zur Zeile `fib = 0;` und stattdessen landen wir zwei Zeilen weiter unten direkt bei `fib = 1;`. Das ist falsch, denn eigentlich hätte der Block nach der Zeile `fib = 0;` verlassen werden müssen.

Wenn Sie die beiden case-Bereiche vergleichen, fällt Ihnen schnell das fehlende `break` auf, was das unerwartete Verhalten erklärt. Beenden Sie den Debug-Vorgang, indem Sie das Symbol STOP anklicken. Fügen Sie ein `break;` in den Quelltext ein, und starten Sie die App erneut. In LOGCAT wird nun der richtige Wert 5 angezeigt.

> **Hinweis**
>
> Ist Ihnen aufgefallen, dass im Java-Editor die Variable `fib` in der Zeile `fib = 0;` in einem helleren Grau dargestellt wurde, bevor Sie `break;` eingefügt haben? Android Studio macht so darauf aufmerksam, dass die Zuweisung nicht lange Bestand hat. Da `break` fehlt, geht die Programmausführung mit dem nächsten case weiter.

Wenn Sie die Situation, in der ein Fehler auftritt, eingrenzen können, reduzieren *bedingte Haltepunkte* den Aufwand beim Debuggen erheblich. Nehmen wir an, Sie wussten, dass Sie das Problem am besten untersuchen können, wenn n den Wert 0 hat. Dann ist es unnötig, bis zum Eintreten dieser Konstellation dem Programmablauf schrittweise zu folgen. Bewegen Sie den Mauszeiger im Java-Editor über das Breakpoint-Symbol, und drücken Sie die rechte Maustaste. Geben Sie im daraufhin erscheinenden Pop-up bei CONDITION den Ausdruck n == 0 ein, schließen Sie es mit DONE, und starten Sie den Debug-Vorgang nun erneut. Die Programmausführung wird erst angehalten, wenn die formulierte Bedingung erfüllt ist.

3.2.3   Debuggen auf echter Hardware

Wenn Sie ein Android-Smartphone oder -Tablet besitzen, können Sie die eben vorgestellte App direkt auf diesem Gerät debuggen. Gerade Programme, die Sie an andere weitergeben möchten, sollten Sie solchen Tests unterziehen.

> **Hinweis** [«]
>
> Unter Windows müssen Sie vor der erstmaligen Nutzung des Geräts am USB-Port Ihres Rechners möglicherweise einen aktualisierten Treiber installieren. Dies betrifft zum Beispiel einige Modelle der Nexus-Serie. Sie finden den Google-USB-Treiber im Unterordner *extras\google\usb_driver* des Android SDK-Installationsverzeichnisses. Falls Sie die Komponente noch nicht heruntergeladen haben, können Sie das mit dem *SDK Manager* jederzeit nachholen. Informationen hierzu finden Sie in Kapitel 1, »Android – eine offene, mobile Plattform«.
>
> Die Installation des Treibers erfolgt üblicherweise im Windows-Geräte-Manager. Schließen Sie Ihre Hardware an einem USB-Port Ihres Entwicklungsrechners an, und starten Sie den Geräte-Manager. Suchen Sie Ihr Modell, und öffnen Sie dann mit Rechtsklick ein Kontextmenü. Dort können Sie Treiber installieren bzw. aktualisieren. Welche Treiber Sie für Produkte anderer Hersteller benötigen, verraten hoffentlich die jeweiligen Produktinformationen. Linux und macOS benötigen keine speziellen USB-Treiber.

Nun müssen Sie auf dem Gerät das *USB-Debugging* aktivieren. Öffnen Sie hierzu die EINSTELLUNGEN, wählen Sie zuerst SYSTEM und danach ENTWICKLEROPTIONEN. Sollten diese nicht angezeigt werden, müssen Sie sie erst freischalten. Dies gilt übrigens auch für den Emulator. Auf der Seite SYSTEM finden Sie ÜBER DAS TELEFON. Wechseln Sie bitte dorthin, und tippen Sie dann BUILD-NUMMER siebenmal an. Aktivieren Sie, wie in Abbildung 3.7 dargestellt, USB-DEBUGGING.

Wenn Sie möchten, können Sie mit AKTIV LASSEN konfigurieren, dass die Anzeige des Geräts nicht in den Ruhezustand versetzt wird. Kehren Sie danach zum Startbildschirm zurück. Bitte beachten Sie, dass die Texte je nach Modell leicht abweichen können.

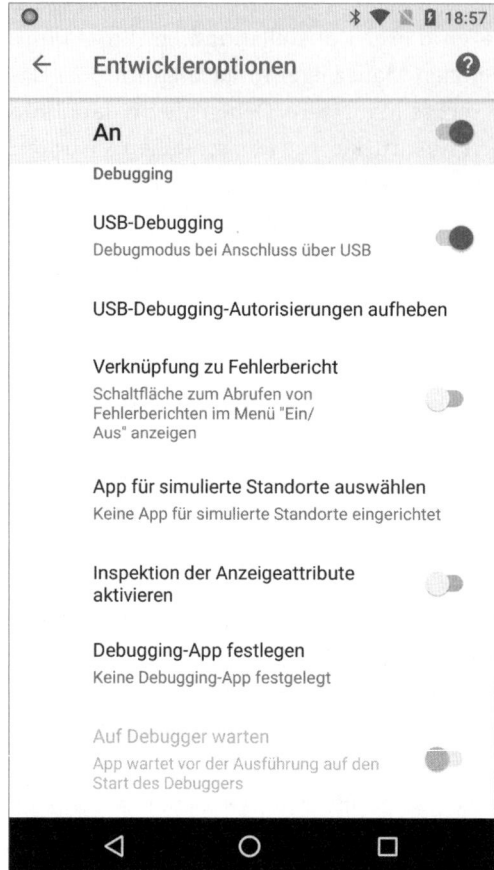

Abbildung 3.7 Die Seite »Entwickleroptionen« der Android-Einstellungen

Starten Sie nun den Debug-Vorgang mit RUN • DEBUG APP. Sie sehen den in Abbildung 3.8 dargestellten Dialog SELECT DEPLOYMENT TARGET. Die Liste CONNECTED DEVICES zeigt alle Geräte an, auf denen Sie die aktuelle App installieren können, zum Beispiel den Emulator sowie Ihr an den USB-Port angeschlossenes Gerät. Markieren Sie dieses, und klicken Sie dann auf OK. Nun können Sie die App wie im Emulator debuggen.

Zum Schluss noch ein Tipp: Die Höhe des Werkzeugfensters DEBUG hat Einfluss auf die Anzahl der Symbole, die am linken Rand angezeigt werden. Falls nicht alle sichtbar sind, erscheinen zwei nach rechts weisende spitze Pfeile (»). Bewegen Sie den Mauszeiger auf dieses Symbol, öffnet sich ein Pop-up mit den verdeckten Funktionen. Wie dies aussehen kann, ist in Abbildung 3.9 dargestellt. Beispielsweise öffnet das Fragezeichen eine Hilfeseite.

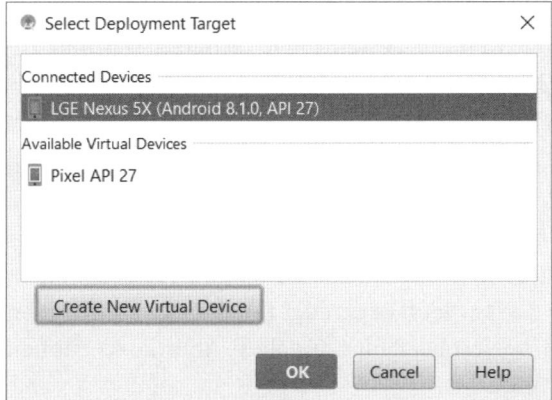

Abbildung 3.8 Wählen Sie hier das Gerät aus, das Sie verwenden wollen.

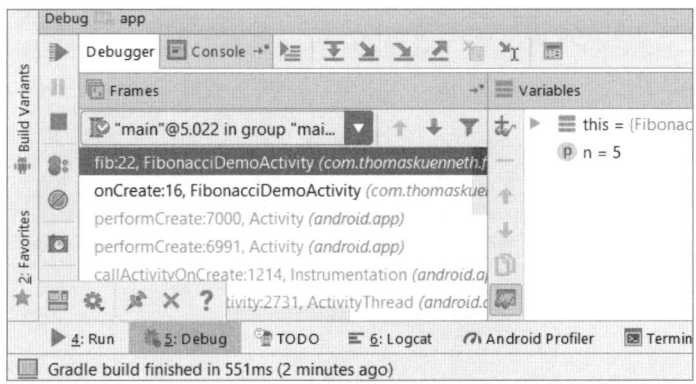

Abbildung 3.9 Pop-up mit verdeckten Symbolen

Damit verlassen wir den Bereich der Fehlersuche. Im folgenden Abschnitt zeige ich Ihnen, wie Sie Ihre fertige App verteilen und in *Google Play* einem riesigen Publikum vorstellen.

3.3   Anwendungen verteilen

Wenn Sie die eigentliche Entwicklung Ihres Programms abgeschlossen haben und die App alle Tests erfolgreich durchlaufen hat, können Sie die Veröffentlichung bzw. Verteilung vorbereiten.

3.3.1   Die App vorbereiten

Jede App hat ein Icon, das in Google Play neben dem Programm- und Herstellernamen angezeigt wird. Nach dem Herunterladen und Installieren tippt der Nutzer auf dieses Symbol, um die Anwendung zu starten. Das Icon ist also Ihre Visitenkarte. Entsprechend viel Aufwand sollten Sie in seine Gestaltung investieren. Das mag zunächst übertrieben wirken, aber die Kommentare in Google Play enthalten unzählige Beschwerden über unästhetische Grafik.

Als Erstes zeichnen Sie Ihr Logo mit einem Vektorgrafikprogramm. Bis einschließlich Android 4.4 mussten Programmstarter-Icons aber als Bitmaps vorliegen. Soll Ihre App nicht nur unter *Lollipop*, *Marshmallow*, *Nougat* und *Oreo*, sondern auch unter früheren Systemversionen zur Verfügung stehen, müssen Sie Ihre Grafik deshalb in Bitmaps umwandeln. Hier hilft das *Asset Studio*. Es erzeugt für aktuelle Plattformen sogenannte *Vector Drawables* und generiert bei Bedarf für ältere Android-Versionen Bitmaps mit verschiedenen Pixeldichten.

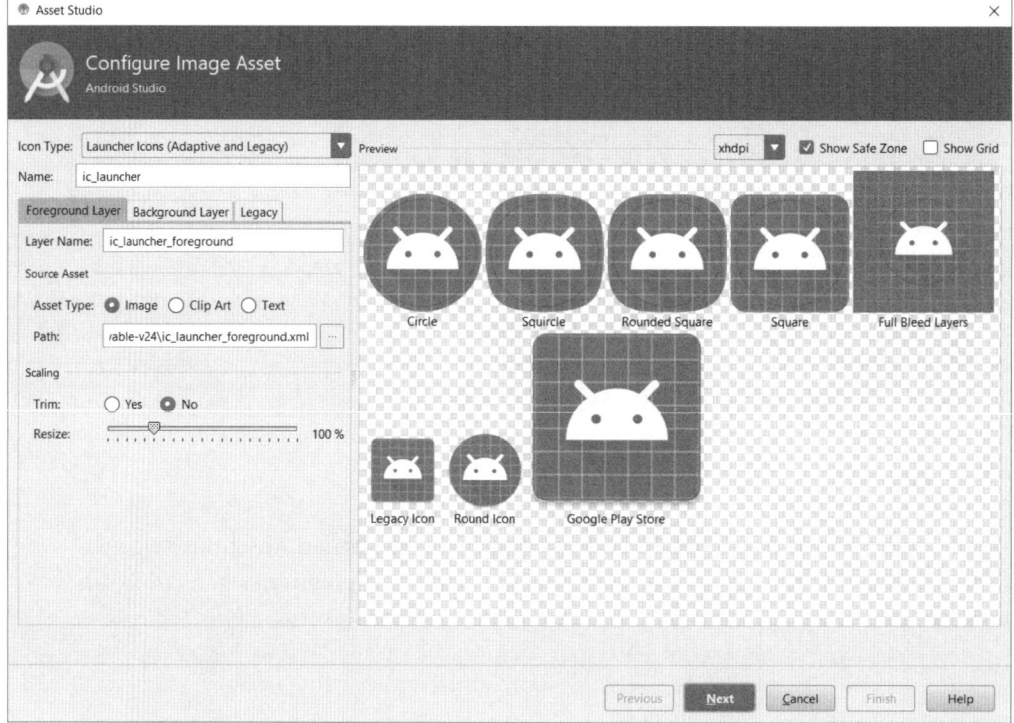

Abbildung 3.10 Das Asset Studio

Klicken Sie im Werkzeugfenster Project den Knoten res mit der rechten Maustaste an, und wählen Sie New • Image Asset. Daraufhin öffnet sich das in Abbildung 3.10 dargestellte Fenster. Sie können eine vorhandene SVG-Datei importieren oder aus einer Liste von *Material Icons* auswählen. Geben Sie bei name den Bezeichner an, mit dem Sie die Grafik in der Manifestdatei, die ich gleich erklären werde, ansprechen möchten, zum Beispiel »ic_mein_logo«. Next bringt Sie auf die zweite Seite des Assistenten; hier müssen Sie üblicherweise keine weiteren Einstellungen vornehmen, sondern können direkt FINISH anklicken.

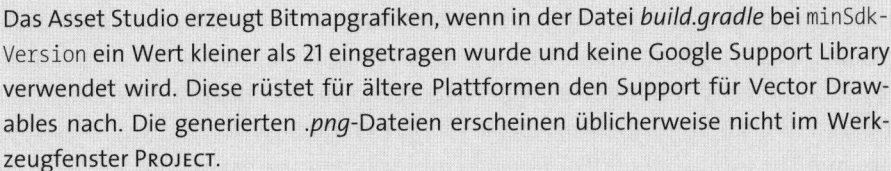

> **Hinweis**
>
> Das Asset Studio erzeugt Bitmapgrafiken, wenn in der Datei *build.gradle* bei minSdk-Version ein Wert kleiner als 21 eingetragen wurde und keine Google Support Library verwendet wird. Diese rüstet für ältere Plattformen den Support für Vector Drawables nach. Die generierten *.png*-Dateien erscheinen üblicherweise nicht im Werkzeugfenster PROJECT.

Falls Sie das Programm-Icon von Hand umwandeln möchten, gehen Sie bitte folgendermaßen vor: Android erwartet das Icon in unterschiedlichen, genau festgelegten Größen. Alle aus Ihrem Logo generierten Bitmaps müssen den gleichen Dateinamen haben; sie werden in Unterordnern des Verzeichnisses *res* abgelegt. Die Zuordnung ihrer Größe zum Ablageort entnehmen Sie Tabelle 3.2.

Größe in Pixel	Unterverzeichnis in »res«
36 × 36	*drawable-ldpi*
48 × 48	*drawable-mdpi*
72 × 72	*drawable-hdpi*
96 × 96	*drawable-xhdpi*
144 × 144	*drawable-xxhdpi*
192 × 192	*drawable-xxxhdpi*

Tabelle 3.2 Größe und Ablageort für Programmstarter-Grafiken

Darüber hinaus kann auch das Verzeichnis *res\drawable* Bitmapgrafiken enthalten. Es ist seit der allerersten Android-Version vorhanden, und in ihm abgelegte Dateien beziehen sich auf Geräte mit einer Auflösung von 160 dpi und einer Bildschirmdiagonale von 3,2 Zoll. Das erste kommerziell verfügbare Android-Smartphone *Google G1* zeigte 320 × 480 Bildpunkte an. Programmstarter-Icons sind dann 48 × 48 Pixel groß.

Der Name des Programmstarter-Icons ohne Dateiendung wird als Wert des Attributs android:icon in die Manifestdatei (*AndroidManifest.xml*) eingetragen. Beispielsweise repräsentiert android:icon="@drawable/icon" die Datei *icon.png*. Falls Sie Asset Studio verwendet haben, entspricht dies dem Inhalt des Eingabefeldes NAME.

Richtlinien für die Gestaltung von Symbolen finden Sie auf der Seite *Icons*[1] in Googles Material-Design-Dokumentation. Sie informiert unter anderem darüber, aus welchen Farben Icons bestehen sollten und was Sie bei der Perspektive beachten müssen.

Damit sich Kunden über Ihr Programm informieren können, sollten Sie den Aufbau einer kleinen Seite im Internet in Erwägung ziehen; entsprechende Hosting-Angebote kosten mittlerweile nur noch wenig Geld. Neben der Möglichkeit, Werbung für Ihr Produkt zu machen, ist dies der ideale Ort für Frequently Asked Questions sowie Tipps und Tricks. Die *Google Play Console*, die ich Ihnen später vorstelle, sieht die Eingabe von Kontaktdaten wie Website und E-Mail-Adresse ohnehin vor.

Jetzt haben Sie fast alle Stationen auf dem Weg zum fertigen Produkt absolviert, Sie müssen Ihr Programm nur noch digital signieren und als sogenanntes *Application Package* exportieren. Hierbei handelt es sich um eine komprimierte Installationsdatei, die alle Bestandteile einer App, also Klassen, Ressourcen sowie sonstige Artefakte, bündelt. Sie hat die Endung *.apk*. Sobald Sie eine Anwendung aus der IDE heraus starten, generiert Android Studio automatisch ein solches Archiv und signiert es mit einem speziellen Entwicklerzertifikat. Hierfür werden Tools des Android SDK sowie des JDK benötigt. All das ist für Sie als Programmierer völlig transparent und läuft, wie Sie bereits gesehen haben, ohne weiteres Zutun ab.

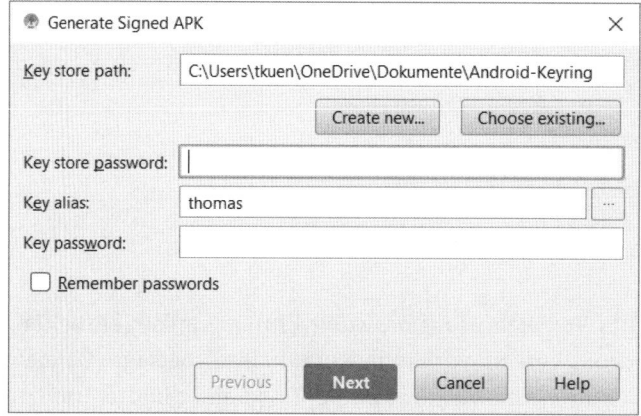

Abbildung 3.11 Der Dialog »Generate Signed APK«

Um ein verteilbares Archiv zu erzeugen, klicken Sie in der Menüleiste auf BUILD • GENERATE SIGNED APK. Sie sehen daraufhin den in Abbildung 3.11 dargestellten Dialog GENERATE SIGNED APK. Geben Sie bei KEY STORE PATH den Pfad zu einem bereits vorhandenen Schlüsselbund an, oder klicken Sie auf CREATE NEW, um einen solchen zu erzeugen.

---

1 *https://material.io/guidelines/style/icons.html*

Im dann erscheinenden Dialog NEW KEY STORE tragen Sie bei KEY STORE PATH einen Namen und Pfad ein, zum Beispiel *C:\Users\tkuen\OneDrive\Dokumente\Android-Keyring*. Vergeben Sie anschließend ein Passwort, um den Zugriff auf den Keystore abzusichern. Des Weiteren müssen Sie einige Daten zu dem Schlüssel eintragen, mit dem Ihre App später signiert werden soll. Hierzu gehören ein weiteres Passwort, die Gültigkeitsdauer in Jahren sowie einige Angaben zu Ihnen oder Ihrer Firma. Bitte achten Sie darauf, dass Ihr Schlüsselbund mindestens 25 Jahre gültig ist.

Nachdem Sie auf OK geklickt haben, werden der Pfad zu dem Schlüsselbund, der KEY ALIAS sowie die beiden Passwörter in den Dialog GENERATE SIGNED APK übernommen. Mit NEXT gelangen Sie auf die zweite Seite des Assistenten zum Generieren von signierten APKs. Sie ist in Abbildung 3.12 zu sehen.

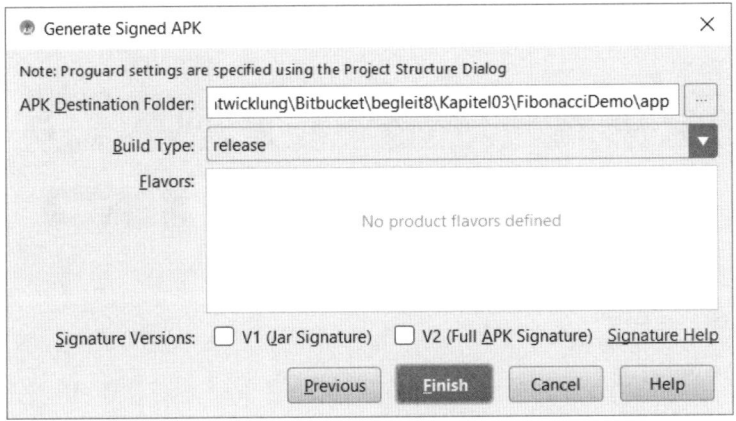

Abbildung 3.12 Generierung und Signierung des APKs abschließen

Sie können das Verzeichnis auswählen, in dem die *.apk*-Datei abgelegt werden soll. Als BUILD TYPE lassen Sie RELEASE eingestellt. Achten Sie zudem darauf, dass mindestens V1 (JAR SIGNATURE) mit einem Häkchen versehen wurde. FINISH schließt den Vorgang ab.

> **Hinweis**
>
> Es ist sehr wichtig, Keystore und Schlüssel sicher zu verwahren und die darin enthaltenen Passwörter nicht preiszugeben. Andernfalls könnten Dritte Apps in Ihrem Namen verbreiten. Weitere Informationen finden Sie im Dokument *Sign Your App*.[2] Dort ist auch beschrieben, wie Sie das Signieren automatisieren können.

---

2 *https://developer.android.com/studio/publish/app-signing.html*

3.3.2 Apps in Google Play einstellen

Die von Google favorisierte Distributionsform von Apps ist die Verteilung über *Google Play*. Auf den meisten Android-Smartphones ist eine entsprechende Anwendung (*Play Store*) vorinstalliert. Sie erlaubt das Auswählen, Herunterladen und gegebenenfalls Bezahlen von Programmen. Unmittelbar nach der Anmeldung als Entwickler,[3] für die eine einmalige Gebühr von derzeit 25 US\$ zu entrichten ist, können Sie in der *Google Play Console*, die in Abbildung 3.13 zu sehen ist, Apps einstellen. In ihr geben Sie die Beschreibung ein, die der Besucher beim Stöbern im Anwendungskatalog sieht. Sie können Bildschirmfotos und Videoclips hinterlegen, gegebenenfalls den Preis Ihres Programms ändern und Neuerungen gegenüber der letzten Version erfassen.

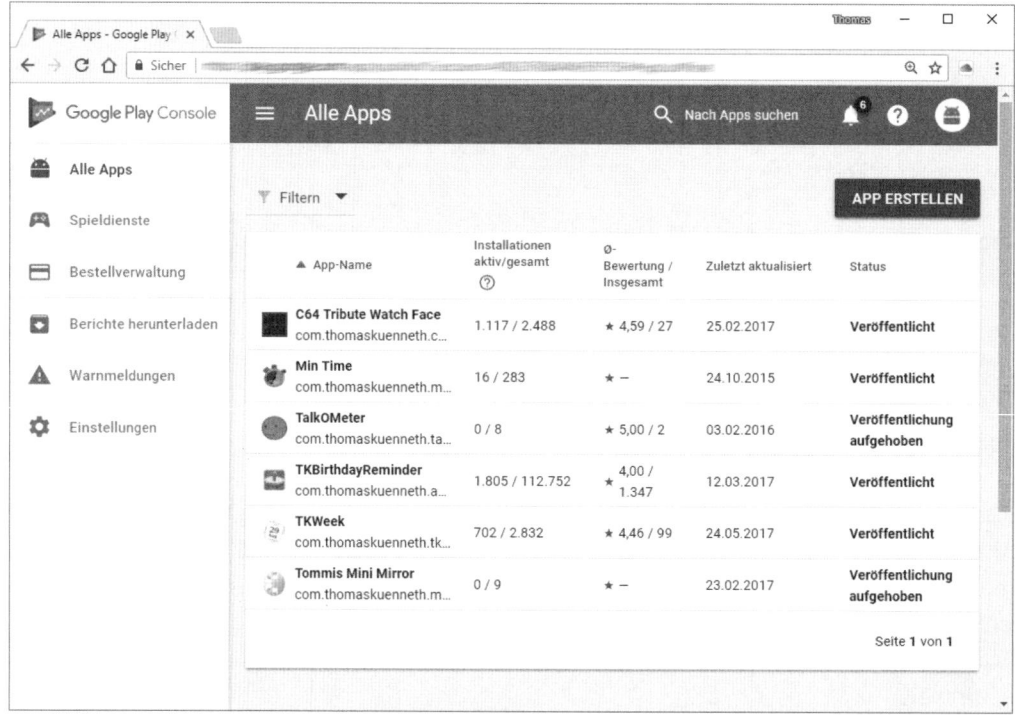

Abbildung 3.13 Die Google Play Console

Der Verkauf von Programmen kann im Idealfall zu erklecklichen Einnahmen führen. Leider bleiben aber auch unzählige exzellente Apps weitgehend unbeachtet. Im Hinblick auf immer wieder auftauchende Geschichten à la »Vom Tellerwäscher zum Millionär« möchte ich Ihnen deshalb ans Herz legen, mit nicht zu hohen Erwartungen ins Rennen zu gehen. Ob und wie gut sich eine Anwendung verkauft, ist von vielen

---

3 *https://play.google.com/apps/publish*

Faktoren abhängig, die sich nur schwer kalkulieren lassen. Bitte prüfen Sie aber dennoch, wie Sie in steuerlicher oder abgabetechnischer Hinsicht mit solchen Einnahmen umzugehen haben.

Tipp

Sofern Sie für Ihre App eine eigene Website betreiben, sollten Sie überlegen, wie Sie diese für Suchmaschinen optimieren können. Das Internet bietet reichlich Tipps und Tricks zu diesem Thema. Eine weitere Möglichkeit ist, gezielt Werbung für die App zu schalten, was freilich mit Kosten verbunden ist.

Ein letzter, wichtiger Punkt: Die Nutzung vieler Funktionen (beispielsweise SMS senden, auf Peripherie zugreifen oder eine Nummer ohne Benutzerinteraktion wählen) muss in Form von Berechtigungen angefordert werden. Vor Android 6 wurden diese während der Installation eines Programms angezeigt, sodass der Nutzer im Vorfeld schon sah, was eine App tun möchte. Allerdings konnte der Anwender nicht gezielt Berechtigungen erteilen oder verwehren, es gab nur »ganz oder gar nicht«. Mittlerweile können Berechtigungen zur Laufzeit angefragt werden. Wie das funktioniert, erfahren Sie in Kapitel 4, »Activities und Broadcast Receiver«.

Prüfen Sie auf jeden Fall sorgfältig, welche Berechtigungen Ihre App benötigt. Die Anwender reagieren mit harscher Kritik, wenn sich ein Programm ihrer Meinung nach zu viele oder nicht gerechtfertigte Zugriffsmöglichkeiten einräumen möchte, ganz egal, ob das zur Installations- oder zur Laufzeit geschieht.

Warum Google Play nicht die einzige Vertriebsplattform für Ihre Software ist und wie Sie sich zusätzliche Einnahmequellen erschließen können, beschreibe ich im folgenden Abschnitt.

3.3.3   Alternative Märkte und Ad-hoc-Verteilung

Android steht als offene Plattform jedem Gerätehersteller zur Verfügung. Allerdings sind nicht alle Komponenten Bestandteil des Open-Source-Pakets. Sicher ist Ihnen aufgefallen, dass der Emulator die Anwendung Play Store nicht enthält. Auch Google Mail und Google Maps sind nicht auf jedem Gerät vorhanden. Die Bereitstellung macht der Suchmaschinenprimus von bestimmten Eigenschaften abhängig, die beispielsweise einige kleinere Hersteller nicht erfüllen.

Deren Anbieter hatten aus der Not eine Tugend gemacht und alternative Softwareportale inklusive App für das mobile Gerät geschaffen. Auch Netzwerkbetreiber erhofften sich in solchen »Läden« eine lukrative Einnahmequelle. In diesem Zusammenhang hat sich der Begriff *Secondary Market* etabliert. Er fasst alle Angebote jenseits des Google-Pendants zusammen. Grundsätzlich wären solche alternativen

Programmkataloge für Sie als Entwickler als zusätzliche Vertriebsplattform für Ihr Produkt interessant. Allerdings dürfte Ihnen ab einer bestimmten Anzahl zu beliefernder Stores ein logistisches Problem drohen – mit jeder neuen Programmversion müssten Sie Ihr Angebot in jedem einzelnen App Store aktualisieren. Langfristig als Alternative zu Google Play etablieren konnte sich nur Amazons App Store. Informationen zu Amazons Angeboten für Entwickler finden Sie unter *https:// developer.amazon.com/appsandservices*.

Wenn Sie, wie weiter oben beschrieben, eine Internetpräsenz für Ihre App aufgesetzt haben, kann die signierte Installationsdatei auch dort bereitgestellt und unmittelbar im Browser des Smartphones heruntergeladen werden. Das geht ganz einfach mithilfe des üblichen `<a href="">...</a>`. Allerdings müssen Nutzer auf der Einstellungsseite ANWENDUNGEN die Option UNBEKANNTE HERKUNFT mit einem Häkchen versehen.

Auch unter Android Studio ist die Installation fremder Anwendungen möglich. Schließen Sie hierzu das Gerät mit dem USB-Kabel an Ihren Rechner an, und öffnen Sie das Werkzeugfenster TERMINAL. Geben Sie einfach folgendes Kommando ein:

```
adb install <Installationsdatei>
```

3.4   Zusammenfassung

In diesem Kapitel habe ich Ihnen gezeigt, wie Sie Ihre eigene App von der Idee zum fertigen Produkt entwickeln. Dabei ist die Konzeptionsphase genauso wichtig wie das Programmieren. Ein strukturiertes Vorgehen hilft Ihnen nicht nur, Fehler zu vermeiden, sondern zahlt sich auch aus, wenn es um das Veröffentlichen in Google Play geht.

TEIL II

Elementare Anwendungsbausteine

Kapitel 4
Activities und Broadcast Receiver

In diesem Kapitel lernen Sie zwei wichtige Bausteine von Android-Apps genauer kennen: Activities und Broadcast Receiver. Außerdem zeige ich Ihnen, wie Sie Ihre Anwendungen mit Fragmenten strukturieren.

Die Bildschirme von Smartphones sind im Vergleich zu den Anzeigen von Notebooks oder Desktop-Systemen klein. Beim Bau von Apps müssen Sie sich deshalb überlegen, welche Informationen Sie dem Benutzer zu welchem Zeitpunkt präsentieren. Tablets wiederum bieten genügend Platz für die gleichzeitige Darstellung von Dokumentbereichen, Symbol- und Werkzeugleisten sowie Menüs. Die Herausforderung für Sie als Entwickler besteht darin, jeden Formfaktor so gut wie möglich zu unterstützen. Das Bewegen innerhalb des Programms, die Navigation, sollte für Ihre Anwender dabei logisch und in sich schlüssig sein, damit diese Ihr Werk nicht frustriert zur Seite legen. Android fördert die saubere Strukturierung einer App durch Activities und Fragmente.

4.1 Was sind Activities?

In den ersten drei Kapiteln haben Sie schon kurz Bekanntschaft mit Activities gemacht. Diese in sich geschlossenen Komponenten beinhalten in der Regel eine Benutzeroberfläche und repräsentieren Aktionen wie *Anruf tätigen*, *SMS senden*, *Termindetails bearbeiten* oder *Monatskalender anzeigen*. Jeder Activity steht ein Fenster für ihre Bedienelemente zur Verfügung, das normalerweise den Bildschirm ausfüllt. Es kann aber auch kleiner sein und über anderen Fenstern schweben.

4.1.1 Struktur von Apps

Eine App besteht meist aus mehreren Activities. In welcher Reihenfolge diese aufgerufen werden, kann von Aktionen des Benutzers abhängen – wenn er beispielsweise einen Befehl in der Action Bar antippt – oder durch die Programmlogik vorgegeben sein. Wird in einer Activity eine Liste von Kontakten angezeigt, so führt das Antippen eines Listenelements zur Detailansicht. Hier navigiert der Anwender nicht bewusst zu einer anderen »Seite«, sondern das Programm tut dies für ihn. Jede App sollte eine Hauptaktivität haben, die beim ersten Programmstart aufgerufen wird. Oftmals handelt es sich hierbei um eine Art Menü- oder Auswahlseite, die zu den eigentlichen Modulen/Unterseiten verzweigt.

> **［»］**
>
> **Hinweis**
>
> Tablets haben im Vergleich zu Smartphones große Bildschirme. Auf ihnen können Auswahllisten und Detailansichten problemlos gleichzeitig dargestellt werden. Wie Sie später noch sehen werden, kennt Android sogenannte größen- oder auflösungsabhängige Ressourcen, mit denen sich für jede Bildschirmauflösung und -größe die optimale Benutzeroberfläche vorhalten lässt.

Der Fluss innerhalb einer App und über Anwendungsgrenzen hinweg entsteht also unter anderem durch das Starten von Folgeaktivitäten. Die zu diesem Zeitpunkt ausgeführte Activity wird vom System angehalten und auf einen Stapel, den sogenannten *Back Stack*, gelegt. Drückt der Benutzer die ZURÜCK-Schaltfläche – mit der Einführung von Android 3 wurde diese »virtualisiert« und erscheint als Element der *System Bar* – oder wird die nun aktive Activity auf eine andere Weise beendet, entfernt das System sie von diesem Stapel und reaktiviert die »darunterliegende«. Ausführliche Informationen dazu finden Sie in Abschnitt 4.1.2, »Lebenszyklus von Activities«.

Manifestdatei

Zu jeder Android-App gehört mindestens eine Beschreibungsdatei mit dem Namen *AndroidManifest.xml*, die eine Liste der Komponenten enthält, aus denen das Programm besteht. Außerdem werden in ihr die benötigten Berechtigungen, etwaige Anforderungen an die Hardware sowie bestimmte zusätzlich verwendete Bibliotheken vermerkt. Früher mussten Sie in dieser Datei auch Angaben zur mindestens nötigen oder gewünschten Android-Version machen. Seit dem Wechsel auf Android Studio und Gradle wird diese Information stattdessen in der Datei *build.gradle* eingetragen. Während des Build-Vorgangs entsteht automatisch das fertige Manifest.

Android-Studio-Projekte können aus einem oder mehreren Modulen bestehen. Zu jedem Modul gehört eine *build.gradle*-Datei. Auch das Manifest ist in jedem Modul vorhanden. Hierzu ein Beispiel: Beim Anlegen des Projekts *Hallo Android* in Kapitel 2 wurde vom Projektassistenten im Projektverzeichnis *HalloAndroid* das Modul *app* erzeugt. Die modulspezifische *build.gradle*-Datei befindet sich also unter ...\Hallo-Android\app. Die Manifestdatei *AndroidManifest.xml* finden Sie im Verzeichnis ...\HalloAndroid\app\src\main; sie ist in Listing 4.1 zu sehen.

```
<?xml version="1.0" encoding="utf-8"?>
<manifest xmlns:android="http://schemas.android.com/apk/res/android"
    package="com.thomaskuenneth.halloandroid">
    <application
        android:allowBackup="true"
```

```
      android:icon="@mipmap/ic_launcher"
      android:label="@string/app_name"
      android:roundIcon="@mipmap/ic_launcher_round"
      android:supportsRtl="true"
      android:theme="@style/AppTheme">
      <activity android:name=".MainActivity">
        <intent-filter>
          <action android:name="android.intent.action.MAIN" />
          <category android:name="android.intent.category.LAUNCHER" />
        </intent-filter>
      </activity>
    </application>
</manifest>
```

Listing 4.1 Die Datei »AndroidManifest.xml«

Das Attribut package erhält seinen Wert aus dem Feld PACKAGE NAME des Assistenten zum Anlegen von Projekten. Wenn Sie den Assistenten eine Activity anlegen lassen, wird diese automatisch unterhalb von <application /> eingetragen. android:icon und android:label legen das Anwendungssymbol sowie den Titel fest.

Für jede Activity enthält das Manifest ein Element <activity />, dessen (zwingend vorhandenes) Attribut android:name den im Assistenten eingegebenen Klassennamen beinhaltet. Haben Sie den führenden Punkt vor MainActivity bemerkt? Er ist ein Hinweis auf einen fehlenden Paketteil. In so einem Fall wird der Inhalt des Attributs package eingefügt. Auch Activities können einen Titel haben, der üblicherweise in der *Action Bar* im oberen Bereich des Bildschirms erscheint. Sie setzen ihn mit android:label, er darf aber, wie in meinem Beispiel, auch fehlen.

Gleiches gilt für das Icon: Sind Icon oder Label nicht vorhanden, greift Android auf die gleichnamigen Attribute des <application />-Tags zurück. Mehr über die Bedeutung von android:allowBackup erfahren Sie in Kapitel 9, »Dateien lesen, schreiben und drucken«. Auch die ausführliche Erläuterung des Elements <intent-filter /> muss noch etwas warten. Fürs Erste soll der Hinweis genügen, dass Sie auf diese Weise eine Activity zur Hauptaktivität machen, die sich über den Programmstarter oder eine Verknüpfung auf dem Home Screen aufrufen lässt.

Welche Android-Version eine App mindestens benötigt oder gegen welche sie entwickelt wurde, tragen Sie in der modulspezifischen *build.gradle*-Datei ein, die beim Anlegen eines Projekts automatisch erstellt wird. Listing 4.2 zeigt, wie sie aussehen kann:

```
apply plugin: 'com.android.application'

android {
```

```
compileSdkVersion 27
buildToolsVersion "27.0.0"
defaultConfig {
  applicationId "com.thomaskuenneth.halloandroid"
  minSdkVersion 27
  targetSdkVersion 27
  versionCode 1
  versionName "1.0"
  testInstrumentationRunner
     "android.support.test.runner.AndroidJUnitRunner"
}
buildTypes {
  release {
    minifyEnabled false
    proguardFiles getDefaultProguardFile('proguard-android.txt'),
                                   'proguard-rules.pro'
  }
}
compileOptions {
  sourceCompatibility JavaVersion.VERSION_1_8
  targetCompatibility JavaVersion.VERSION_1_8
}
}


dependencies {
  implementation fileTree(include: ['*.jar'], dir: 'libs')
  implementation 'com.android.support:appcompat-v7:27.0.0'
  implementation 'com.android.support.constraint:constraint-layout:1.0.2'
  testImplementation 'junit:junit:4.12'
  androidTestImplementation 'com.android.support.test:runner:1.0.1'
  androidTestImplementation 'com.android.support.test.espresso:espresso-
core:3.0.1'
}
```

Listing 4.2 Die Datei »…\HalloAndroid\app\build.gradle«

minSdkVersion gibt an, welche Android-Version ein Smartphone oder Tablet mindestens haben muss, damit man die App installieren kann. Sonst wird sie in Google Play nicht angezeigt. Falls Sie diesen Wert nicht setzen, geht Android davon aus, dass die App ab der ersten Android-Version lauffähig ist. Um potenzielle Probleme zu vermeiden, sollten Sie das Attribut deshalb auf jeden Fall angeben.

targetSdkVersion gibt die gewünschte Zielplattform an. Sie signalisieren damit, für welche Android-Version Ihr Programm optimiert und getestet wurde. Im Laufe der

Zeit hat Google immer wieder das Aussehen oder Verhalten von Systembausteinen in einer Weise geändert, die Auswirkungen auf Apps hat. Um Inkompatibilitäten vorzubeugen, werden ältere Apps in einem Kompatibilitätsmodus gefahren. Das Attribut targetSdkVersion gibt also an, bis zu welcher Plattformversion dies aus Sicht der App nicht nötig ist. Beide Attribute erwarten den sogenannten *API-Level*. Für Android 1.5 (*Cupcake*) war dieser beispielsweise 3, Android 2.x (*Froyo*) hatte API-Level 8, *Lollipop* und *Nougat* entsprechen den API-Levels 21 respektive 24. *Oreo* hat den API-Level 26 bzw. 27 (Android 8.1).

Die Beschreibung des Manifestelements <uses-sdk /> unter *http://developer.android. com/guide/topics/manifest/uses-sdk-element.html* enthält eine vollständige Aufstellung aller Levels. In der Klasse android.os.Build.VERSION_CODES sind entsprechende Konstanten definiert.

versionCode und versionName geben die Versionsnummer der Anwendung an. Während versionCode eine Zahl ist, die zur Auswertung durch Code dient, enthält das Attribut versionName die Versionsnummer in einer für den Anwender verständlichen Form, zum Beispiel 1.2 oder 1.2.3. Google schlägt vor, für die erste veröffentlichte Version einer App versionCode auf 1 zu setzen und mit jedem Update beispielsweise um 1 zu erhöhen. Sie sollten stets beide Werte angeben.

Die beiden Attribute compileSdkVersion und buildToolsVersion geben Aufschluss darüber, welche Android-Plattform für die Entwicklung verwendet wurde und welche *Build Tools* eingesetzt wurden. Wenn nach dem Öffnen eines Projekts unerklärlich viele Fehler moniert werden, wurden entweder die Plattform oder die Build Tools noch nicht in der »gewünschten« Version heruntergeladen.

Sofern Sie Java-8-Sprachfeatures in Ihren Apps verwenden möchten, müssen Sie die beiden Attribute sourceCompatibility und targetCompatibility innerhalb von compileOptions auf JavaVersion.VERSION_1_8 setzen. Sie können dies durch Editieren der modulspezifischen *build.gradle*-Datei oder über den Menüpunkt FILE · PROJECT STRUCTURE erreichen.

Trennung von Programmlogik und Ressourcen

Das Element <application /> meiner Beispiel-Manifestdatei enthält das Attribut android:label. Dessen Wert ist die Zeichenkette @string/app_name. Die Datei *strings.xml* im Verzeichnis *res/values* enthält Schlüssel-Wert-Paare, die einem Bezeichner eine Zeichenkette zuordnen. Der Wert des Attributs android:label ergibt sich also aus dem Schlüssel app_name, der in *strings.xml* eingetragen wurde. Beim Anlegen eines Projekts wird der im Projektassistenten eingetragene Name der App übernommen.

Die Speicherung von Texten an einem zentralen Ort hat mehrere Vorteile, beispielsweise werden identische Textteile leichter entdeckt, als wenn diese in den Quelltexten der Klassen verborgen sind. Damit lässt sich – wenn auch in eher bescheidenem

Umfang – Speicherplatz sparen. Außerdem macht die Trennung von Daten und Programmlogik die Internationalisierung, also die Übersetzung einer App in verschiedene Sprachen, viel einfacher.

Hierzu wird für jede zu unterstützende Sprache im Ordner *res* ein Verzeichnis angelegt, dessen Name mit *values-* beginnt und mit dem ISO-Sprachschlüssel endet. Für Deutsch ist dieser Schlüssel *de*, das Verzeichnis muss also *values-de* heißen. Jeder dieser Ordner erhält eine eigene Version von *strings.xml*, deren Bezeichner stets gleich sind; die Texte hingegen liegen in den jeweiligen Sprachen vor. Texte in der Standardsprache verbleiben in *values*; für *Hallo Android* wurde Deutsch als Standardsprache verwendet. Zur Erinnerung zeigt Listing 4.3 nochmals einen kurzen Auszug:

```
<?xml version="1.0" encoding="utf-8"?>
<resources>
    ...
    <!-- Willkommensmeldung -->
    <string name="willkommen">
Guten Tag. Schön, dass Sie mich gestartet haben.
Bitte verraten Sie mir Ihren Namen.
    </string>
    ...
```

Listing 4.3 Auszug aus der »res/values/strings.xml« des Projekts »HalloAndroid«

Um eine App ins Englische zu übersetzen, müssen Sie im Verzeichnis *res* den Ordner *values-en* anlegen; anschließend erzeugen Sie in diesem eine lokalisierte Version der Datei *strings.xml*. Hierbei unterstützt Android Studio Sie: Klicken Sie im Werkzeugfenster PROJECT die Datei *strings.xml* mit der rechten Maustaste an, und wählen Sie dann OPEN TRANSLATIONS EDITOR.

> **[»]**
>
> **Hinweis**
>
> In den Begleitmaterialien zum Buch (*www.rheinwerk-verlag.de/4564*) enthält die Version des Projekts *HalloAndroid* bereits eine ins Englische übersetzte Version der Datei *strings.xml*. Falls Sie die Bedienung des Translations Editors am Bildschirm nachvollziehen möchten, müssen Sie die Datei im Verzeichnis *values-en* vorher löschen oder in ein anderes Verzeichnis verschieben.

Der *Translations Editor* ist in Abbildung 4.1 zu sehen. Sein Globussymbol öffnet ein Pop-up, in dem Sie die gewünschte Sprache auswählen können: Klicken Sie auf ENGLISH (EN). Einträge, für die Sie noch keine Übersetzung hinterlegt haben, erscheinen in roter Schrift. Falls eine Zeichenkette nicht übersetzt werden kann, setzen Sie in der korrespondierenden Zeile ein Häkchen bei UNTRANSLATABLE. Die entsprechende Tabellenspalte ist unter Umständen so schmal, dass Sie nur UNT... lesen können. Ziehen Sie sich die Spalten einfach in die gewünschte Breite.

Bei Projekten, die Sie nicht weitergeben müssen, lohnt sich der Aufwand, Texte zu übersetzen, sehr wahrscheinlich nicht. In diesem Fall können Sie mit genau einer Version von *strings.xml* arbeiten und diese im Verzeichnis *values* belassen. Planen Sie hingegen eine Veröffentlichung in Google Play, rate ich Ihnen, als Standardsprache auf Englisch zu setzen, denn auf diese Weise maximieren Sie die Zahl potenzieller Nutzer. Tragen Sie hierzu in die Datei *values/strings.xml* stets englische Texte ein, und fügen Sie in *values-de/strings.xml* entsprechende deutsche Übersetzungen hinzu.

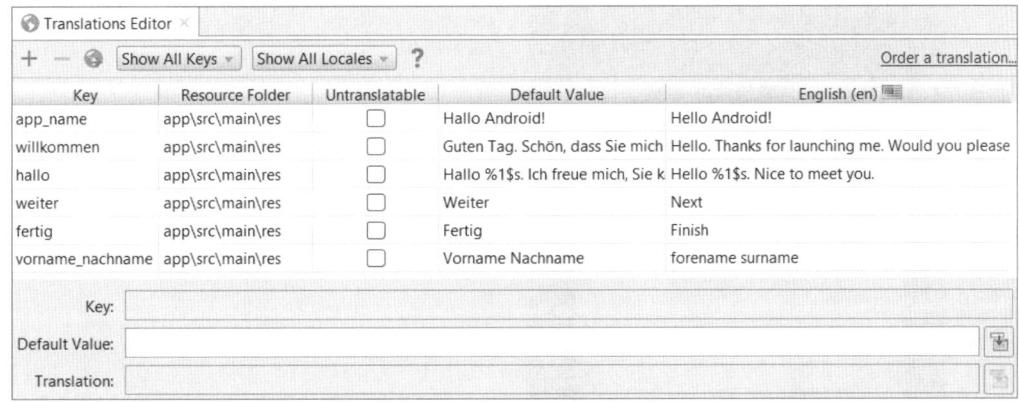

Abbildung 4.1 Der Translations Editor

Grundsätzlich gilt: Wenn für die aktuell eingestellte Systemsprache eine Datei *strings.xml* existiert und diese den benötigten Bezeichner enthält, wird der ihm zugeordnete Text verwendet. Andernfalls greift Android auf *strings.xml* in *values* zu. Das bedeutet: Alle referenzierten Bezeichner müssen sich für die Standardsprache auflösen lassen. Gelingt dies nicht, wirft die App zur Laufzeit einen Fehler. Lokalisierungen, also Übersetzungen in andere Sprachen, müssen hingegen nicht vollständig vorliegen.

Übrigens können Sie mit der App *Custom Locale* bequem testen, ob Ihr Programm stets die erwarteten Texte ausgibt. Das in Abbildung 4.2 gezeigte Programm steht in jedem Emulator-Systemabbild zur Verfügung.

Wie Sie bereits wissen, wird der Wert des Manifestattributs `android:icon` auf ganz ähnliche Weise aufgelöst. Der Ordner *res* enthält mehrere Unterverzeichnisse, die mit *drawable* beginnen. *.png-*, *.jpg-* und *.gif*-Bitmaps sowie Vektorgrafiken, die dort hineinkopiert werden, können über die Zeichenkette `@drawable/<Dateiname ohne Erweiterung>` referenziert werden. Die Datei *icon.png* ist also mithilfe des Ausdrucks `@drawable/icon` erreichbar. Die Dateien in *drawable-hdpi* und *drawable-ldpi* unterscheiden sich in Größe und Auflösung. Bilder in unterschiedlichen Verzeichnissen müssen über einen gemeinsamen Bezeichner angesprochen werden können, weil sich Android-Geräte in vielerlei Hinsicht unterscheiden.

Neben Smartphones, deren Bildschirmdiagonalen üblicherweise zwischen 3,2 und 6 Zoll groß sind, gibt es Tablets, deren Displays zwischen 7 und 12 Zoll betragen. Und auch die Zahl der horizontal und vertikal darstellbaren Pixel variiert. Um den durch diese Vielfalt entstehenden Aufwand für Entwickler in Grenzen zu halten, definiert Android einige Klassen für Bildschirmgrößen und Pixeldichten. Fordert eine App zur Laufzeit eine Grafik an, sucht das System die am besten zur Hardware passende aus.

Abbildung 4.2 Die App »Custom Locale«

Auf Ressourcen zugreifen

Android stellt zahlreiche Methoden zur Verfügung, um auf Ressourcen zuzugreifen; die folgende Activity zeigt einige Beispiele. Um sie auszuprobieren, legen Sie ein Projekt *ZugriffAufRessourcen* mit einer leeren Activity an, und übernehmen Sie den Quelltext. Sie finden dieses Projekt auch in den Begleitmaterialien zum Buch, die Sie unter *www.rheinwerk-verlag.de/4564* herunterladen können.

```
package com.thomaskuenneth.zugriffaufressourcen;

import android.app.Activity;
import android.os.Bundle;
import android.widget.TextView;
import java.util.Calendar;

public class ZugriffAufRessourcenActivity extends Activity {

  @Override
  protected void onCreate(Bundle savedInstanceState) {
    super.onCreate(savedInstanceState);
    setContentView(R.layout.activity_zugriff_auf_ressourcen);
    final TextView textview = findViewById(R.id.textview);
    textview.append("getString(R.string.app_name): "
        + getString(R.string.app_name));
    Calendar cal = Calendar.getInstance();
    textview.append("\n\n" + getString(R.string.datum,
        "Heute ist der",
        cal.get(Calendar.DAY_OF_YEAR),
        cal.get(Calendar.YEAR)));
    boolean b1 = getResources().getBoolean(R.bool.bool1);
    boolean b2 = getResources().getBoolean(R.bool.bool2);
    textview.append("\n\nb1=" + b1 + ", b2=" + b2);
    textview.append("\n\nadams=" +
        getResources().getInteger(R.integer.adams));
    textview.setTextColor(getResources().getColor(R.color.eine_farbe,
        getTheme()));
  }
}
```

Listing 4.4 »ZugriffAufRessourcenActivity.java«

Die Activity gibt vier Zeilen aus, nämlich den Namen der App, den aktuellen Tag des Jahres (nebst Jahr), zwei boolean-Werte und eine Zahl vom Format Integer. Damit Ihre App funktioniert, müssen Sie die Ressourcen Ihres Programms erweitern, indem Sie *strings.xml* in diese Zeile einfügen:

```
<string name="datum">%1$s %2$d. Tag des Jahres %3$d</string>
```

Zur Laufzeit der App wird daraus zum Beispiel der Text »Heute ist der 296. Tag des Jahres 2017«. (Ich habe einen Teil des auszugebenden Strings im Quelltext belassen, um Ihnen die Nachvollziehbarkeit zu erleichtern. In Ihrer App würden Sie auch den Text »Heute ist der« auslagern.)

Dem Bezeichner datum in *strings.xml* wird ein Text mit drei Platzhaltern zugewiesen. Die Ziffern 1, 2 und 3 hinter Prozentzeichen geben die Reihenfolge an, in der sie beim Aufruf der Methode getString(R.string.datum, ...) mit Inhalten gefüllt werden. Die Buchstaben s und d hinter Dollarzeichen kennzeichnen den Typ; s steht für String und d für Dezimalzahl.

Auf diese Weise können Sie Texte mit Werten anreichern, die erst zur Laufzeit bekannt sind. Übrigens müssen Sie bei der Übersetzung in andere Sprachen nicht auf die Reihenfolge der Platzhalter achten, weil Sie durch die Angabe der Ziffer ja festlegen, auf welchen Parameter in getString() Sie sich beziehen. Das ist nicht nur bei Monats- und Jahresangaben sehr praktisch.

Der dritte textview.append()-Aufruf fügt dem Textfeld zwei boolean-Werte hinzu, die mit dem Ausdruck getResources().getBoolean() ermittelt werden. Aber woher kommen die beiden Bezeichner bool1 und bool2? Erzeugen Sie im Ordner *res/values* die Datei *diverses.xml*, und fügen Sie die folgenden Zeilen ein:

```
<?xml version="1.0" encoding="utf-8"?>
<resources>
    <bool name="bool1">true</bool>
    <bool name="bool2">false</bool>
</resources>
```

Listing 4.5 »diverses.xml«

Sogenannte *einfache Ressourcen* werden über ihr name-Attribut referenziert. Neben boolean-Werten gibt es unter anderem Farben und Integer. Die folgende Zeile weist dem Bezeichner adams die Zahl 42 zu:

```
<integer name="adams">42</integer>
```

Der Zugriff in Java ähnelt dem Auslesen von boolean-Werten:

```
textview.append("\n\nadams=" +
    getResources().getInteger(R.integer.adams));
```

Um eine Farbe zu definieren, verwenden Sie das XML-Tag <color />. Das folgende Beispiel weist dem Bezeichner eine_farbe den Hexadezimalwert ff123456 zu. Das erste Byte (ff) legt den Alpha-Wert, also die Deckkraft, fest. ff (= 255) bedeutet »vollständig undurchsichtig«. Die nachfolgenden Werte 12, 34 und 56 geben jeweils den Rot-, Grün- und Blauanteil an.

```
<color name="eine_farbe">#ff123456</color>
```

Sie können adams und eine_farbe in einer XML-Datei mit frei wählbarem Namen ablegen; ich habe der Einfachheit halber *diverses.xml* verwendet. Übrigens zeigt

Android Studio im XML- und Java-Editor am linken Rand eine Vorschau der Farbe, was in Abbildung 4.3 zu sehen ist.

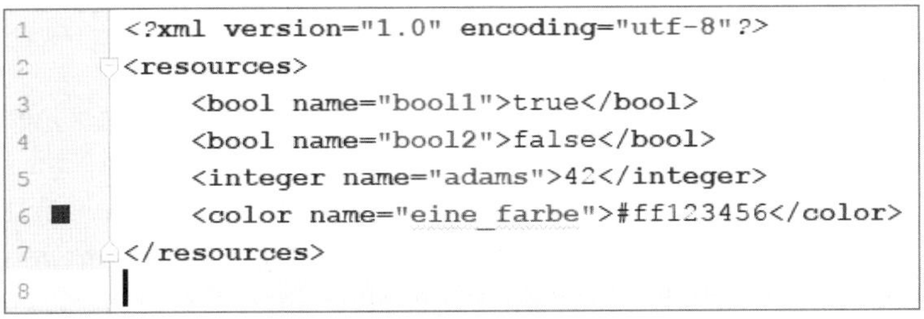

```xml
1    <?xml version="1.0" encoding="utf-8"?>
2    <resources>
3        <bool name="bool1">true</bool>
4        <bool name="bool2">false</bool>
5        <integer name="adams">42</integer>
6        <color name="eine_farbe">#ff123456</color>
7    </resources>
8
```

Abbildung 4.3 Farbdefinition mit Vorschau

Und so setzen Sie die Schriftfarbe eines Textfeldes auf den gerade eben definierten Wert:

```
textview.setTextColor(getResources().getColor(R.color.eine_farbe,
    getTheme()));
```

Wie Sie bereits aus früheren Kapiteln wissen, spiegeln Activities für den Anwender die Funktionen Ihrer App wider. Ob ein Programm einfach zu bedienen ist, hängt gerade auf Smartphones nicht nur von der Ausgestaltung der Bedienoberfläche ab, sondern auch von seiner Navigierbarkeit: Wie schnell und intuitiv gelingt dem Benutzer das, was er mit der App erledigen wollte? Activity und die von ihr abgeleiteten Klassen versuchen, Sie als Entwickler beim Bau von einfach zu bedienenden Apps zu unterstützen. Im folgenden Abschnitt stelle ich Ihnen deshalb die Struktur und den Lebenszyklus von Activities ausführlicher vor.

4.1.2   Lebenszyklus von Activities

Activities werden sowohl vom System als auch von anderen Activities aufgerufen. Damit dies funktioniert, müssen Sie die Activities Ihrer App in der Manifestdatei eintragen. Jede Aktivität erhält ein eigenes <activity />-Element, dessen Attribut android:name auf den in der Regel voll qualifizierten Klassennamen verweist. Dieses Attribut muss zwingend vorhanden sein. Fehlt der Paketteil des Klassennamens (beginnt der Eintrag also mit einem Punkt), wird das im Attribut package eingetragene Paket substituiert.

Jede App sollte eine Hauptaktivität definieren, die beispielsweise beim Antippen des Programm-Icons im Anwendungsstarter aufgerufen wird. In der Manifestdatei fügen Sie ihr deshalb ein <intent-filter />-Element hinzu, dessen Kindelement <action /> die Activity als Haupteinstiegspunkt in die Anwendung kennzeichnet. <category /> sorgt dafür, dass die Activity im Programmstarter angezeigt wird.

```
<intent-filter>
    <action android:name="android.intent.action.MAIN" />
    <category android:name="android.intent.category.LAUNCHER" />
</intent-filter>
```

Der Assistent zum Anlegen von Projekten tut dies automatisch, wenn Sie auf seiner Seite ADD AN ACTIVITY TO... eine Activity (beispielsweise EMPTY ACTIVITY oder FULL-SCREEN ACTIVITY) ausgewählt haben. Die auf diese Weise generierten Klassen sind mehr oder weniger einfach gehalten, zeigen aber die grundlegenden Vorgehensweisen beim Bau des ausgewählten Activity-Typs. Die Minimalvariante EMPTY ACTIVITY zeigt nur eine Oberfläche an, die in der Layoutdatei *activity_main.xml* (sofern Sie keinen anderen Dateinamen vergeben haben) definiert wurde. Die Activity sieht folgendermaßen aus:

```
package com.thomaskuenneth.test;

import android.support.v7.app.AppCompatActivity;
import android.os.Bundle;

public class MainActivity extends AppCompatActivity {

    @Override
    protected void onCreate(Bundle savedInstanceState) {
        super.onCreate(savedInstanceState);
        setContentView(R.layout.activity_main);
    }
}
```

Listing 4.6 »Test.java«

Activities leiten von android.app.Activity oder deren Kindern ab. Eines dieser Kinder ist die Klasse android.support.v7.app.AppCompatActivity, die aber nicht zu den Standardklassen der Android-Klassenbibliothek, sondern zu der sogenannten *Support Library* gehört.

Vielleicht fragen Sie sich, warum der Projektassistent bei neu anzulegenden Projekten anbietet, diese Klasse zu nutzen. Android hat im Laufe seiner Entwicklung unzählige neue Funktionen »gelernt«. Viele davon werden Sie im weiteren Verlauf dieses Buches verwenden. Da diese neuen Funktionen immer erst ab einer bestimmten Android-Version zur Verfügung stehen, gehen ältere Versionen sozusagen leer aus. Entwickler hätten also die Wahl, neue Funktionen zu nutzen und frühere Plattformen außen vor zu lassen oder neue Funktionen *nicht* zu nutzen oder Weichen in den Programmcode einzubauen. Keine dieser Alternativen ist sehr verlockend.

Google hat deshalb die Support Library geschaffen, die eine Art Schale um die Klassenbibliothek legt. Anstatt direkt auf Standardklassen zuzugreifen, können Apps Varianten dieser Klassen aus der Support Library verwenden. Diese prüfen, ob eine bestimmte Funktion von der Plattform des Geräts zur Laufzeit angeboten wird, und wenn ja, wird die Funktion genutzt. Falls nicht, stellt die Bibliothek einen »Nachbau« zur Verfügung. Der Vorteil: Apps werden wesentlich unabhängiger von der Plattformversion und können trotzdem neue Funktionen nutzen. Der Nachteil ist, dass die Bibliothek mit jeder App ausgeliefert wird. Sofern nicht ausdrücklich angegeben, verwende ich in meinen Beispielen stets die »echten« Android-Klassen.

Lassen Sie uns nun wieder den Activities zuwenden. Die Methode `onCreate()` wird von praktisch jeder selbst geschriebenen Activity überschrieben. Android ruft sie während der Initialisierungsphase einer Aktivität auf, und sie erledigt normalerweise folgende Aufgaben:

1. Aufrufen der gleichnamigen Elternmethode
2. Initialisieren von Instanzvariablen
3. Setzen der Benutzeroberfläche
4. Wiederherstellen eines gespeicherten Zustands

Der Aufruf von `super.onCreate()` ist obligatorisch; unterbleibt er, wird zur Laufzeit eine `SuperNotCalledException` ausgelöst. Das Setzen der Benutzeroberfläche erfolgt typischerweise durch die Anweisung `setContentView()`. Der übergebene Parameter, zum Beispiel `R.layout.activity_main`, referenziert ein sogenanntes Layout. Es wird in einer gleichnamigen XML-Datei (beispielsweise *activity_main.xml*) gespeichert. Ausführliche Hinweise zum Bau der Benutzeroberfläche finden Sie in Kapitel 5, »Benutzeroberflächen«.

Einige Kindklassen von `Activity` setzen von sich aus ein Layout. Dies ist zum Beispiel bei `ListActivity` der Fall. Dann dürfen Sie `setContentView()` natürlich nicht aufrufen. Wie Sie solche Activities mit Daten füllen, entnehmen Sie bitte der jeweiligen Seite in Googles Entwicklerdokumentation. Ein Beispiel finden Sie in Kapitel 3, »Von der Idee zur Veröffentlichung«.

Zustand speichern und wiederherstellen

Das Wiederherstellen eines gespeicherten Zustands ist praktisch, um »Wiederanlaufzeiten« einer Activity zu optimieren. Wie Sie im folgenden Abschnitt noch ausführlicher sehen werden, startet und stoppt Android Activities unter bestimmten Umständen automatisch. Ein Grund ist der Orientierungswechsel, also das Drehen des Geräts vom Hochkant- in das Querformat (oder umgekehrt).

In so einem Fall beendet Android die laufende Activity und startet sie im Anschluss daran wieder. Was sich auf den ersten Blick vielleicht absurd anhört, ist durchaus praktisch, denn oft möchte man die Benutzeroberfläche in Abhängigkeit von der Haltung des Geräts anordnen. Um den Neustart zu beschleunigen, kann man beim Beenden einer Activity gewisse Daten, den sogenannten *Instance State*, in einem Zwischenspeicher ablegen, der bei einem erneuten Start übergeben wird. Wie das funktioniert, demonstriert das Projekt *InstanceStateDemo*.

Der an onCreate() übergebene Parameter savedInstanceState verweist auf den weiter oben angesprochenen Zwischenspeicher. Er hat den Typ android.os.Bundle und sammelt Schlüssel-Wert-Paare. Als Schlüssel werden Strings verwendet. Werte können unter anderem primitive Datentypen sowie deren Felder sein, aber auch Datentypen, die das Interface android.os.Parcelable implementieren. Wenn Sie die App starten, wird zunächst nur der Text »savedInstanceState war null« in LOGCAT ausgegeben. Ändern Sie nun die Orientierung des Emulators, indem Sie die Symbole ◇ oder ◇ der Emulator-Steuerleiste anklicken. Android beendet daraufhin die Activity und startet sie neu. Da dieses Mal die Bundle-Referenz nicht mehr null ist, ändert sich die Konsolenausgabe: Die App gibt in Millisekunden die Zeit aus, die seit dem letzten Beenden vergangen ist.

```
package com.thomaskuenneth.instancestatedemo;

import android.app.Activity;
import android.os.Bundle;
import android.util.Log;

public class InstanceStateDemoActivity extends Activity {

  private static final String TAG =
      InstanceStateDemoActivity.class.getSimpleName();

  @Override
  public void onCreate(Bundle savedInstanceState) {
    super.onCreate(savedInstanceState);
    if (savedInstanceState == null) {
      Log.d(TAG, "savedInstanceState war null");
    } else {
      Log.d(TAG,
          "wurde vor "
              + (System.currentTimeMillis() - savedInstanceState
              .getLong(TAG)) + " Millisekunden beendet");
    }
  }
}
```

```
@Override
protected void onSaveInstanceState(Bundle outState) {
  super.onSaveInstanceState(outState);
  outState.putLong(TAG, System.currentTimeMillis());
}
}
```

Listing 4.7 Die Klasse »InstanceStateDemoActivity«

Um Daten beim Beenden Ihrer Activity in einem Bundle abzulegen, überschreiben Sie die Methode onSaveInstanceState() und nutzen die put...()-Methoden der übergebenen Bundle-Referenz. Innerhalb von onCreate() verwenden Sie korrespondierende get...()-Aufrufe, um Daten wieder auszulesen. Beachten Sie hierbei aber, dass die Referenz null sein kann. Um NullPointerExceptions zu vermeiden, müssen Sie Zugriffe auf das Bundle in jedem Fall mit einer entsprechenden if-Abfrage versehen.

Vielleicht fragen Sie sich nun, welche Daten Sie für einen erneuten Wiederanlauf sichern sollten. Inhalte oder Status von Bedienelementen, beispielsweise Eingaben in Textfelder, können automatisch durch das System wiederhergestellt werden und müssen deshalb nicht gespeichert werden. Zum Wiederherstellen müssen Sie dann beim Überschreiben von onSaveInstanceState() als Erstes die Elternmethode aufrufen. Sehr praktisch ist der hier vorgestellte Mechanismus für Werte, deren Berechnung oder Ermittlung zeitaufwendig ist, was unter anderem bei Webservice-Aufrufen der Fall sein kann.

Allerdings – und diese Einschränkung ist sehr wichtig – dürfen Sie mit diesem Mechanismus nur transiente Daten ablegen. Android garantiert nämlich nicht, dass onSaveInstanceState() immer aufgerufen wird. Der richtige Ort für das Persistieren von **Nutzdaten** ist hingegen die Methode onPause() (die Sie gleich kennenlernen werden). Als Faustregel gilt: Alles, was Sie in Dateien oder Datenbanken ablegen, sind wichtige Nutzdaten.

Tipp

Sie können das Wiederherstellen eines früheren Zustands auch aus onCreate() auslagern, indem Sie stattdessen die Methode onRestoreInstanceState() überschreiben, die nach der Abarbeitung von onStart() aufgerufen wird.

Wichtige Callback-Methoden

Mit onCreate() und onSaveInstanceState() haben Sie bereits zwei sehr wichtige Methoden einer Activity kennengelernt; in der Klasse ActivityLifecycleDemo habe ich einige weitere überschrieben. Um zu verstehen, wann diese Methoden aufgerufen werden (können), sollten Sie eine App erstellen und ausführen, die diese Activity beinhaltet. Sie finden das vollständige Projekt *ActivityLifecycleDemo* in den Begleitmaterialien zum Buch unter *www.rheinwerk-verlag.de/4564*.

```
package com.thomaskuenneth.activitylifecycledemo;

import android.app.Activity;
import android.content.Intent;
import android.os.Bundle;
import android.util.Log;
import android.widget.Button;
import android.widget.TextView;

public class ActivityLifecycleDemo extends Activity {

  private static final String TAG =
      ActivityLifecycleDemo.class.getSimpleName();

  private static int zaehler = 1;

  private int lokalerZaehler = zaehler++;

  @Override
  public void onCreate(Bundle savedInstanceState) {
    super.onCreate(savedInstanceState);
    log("onCreate");
    setContentView(R.layout.main);
    TextView tv = findViewById(R.id.textview);
    tv.setText(getString(R.string.msg, lokalerZaehler));

    Button buttonNew = findViewById(R.id.id_new);
    buttonNew.setOnClickListener(v -> {
      Intent i = new Intent(ActivityLifecycleDemo.this,
          ActivityLifecycleDemo.class);
      startActivity(i);
    });

    Button buttonFinish = findViewById(R.id.id_finish);
    buttonFinish.setOnClickListener(v -> finish());
  }
```

```java
@Override
protected void onStart() {
  super.onStart();
  log("onStart");
}

@Override
protected void onRestart() {
  super.onRestart();
  log("onRestart");
}

@Override
protected void onResume() {
  super.onResume();
  log("onResume");
}

@Override
protected void onPause() {
  super.onPause();
  log("onPause");
}

@Override
protected void onDestroy() {
  super.onDestroy();
  log("onDestroy");
}

  private void log(String methodName) {
    Log.d(TAG, methodName + "() #" + lokalerZaehler);
  }
}
```

Listing 4.8 »ActivityLifecycleDemo.java«

Die in Abbildung 4.4 dargestellte App *ActivityLifecycleDemo* hat eine sehr einfache Benutzeroberfläche, zwei Schaltflächen und ein Textfeld, das nach dem ersten Start die Meldung »Ich habe die laufende Nummer 1« anzeigt. Zu diesem Zeitpunkt wurden der Reihe nach die Methoden onCreate(), onStart() und onResume() abgearbeitet.

Klicken Sie nun auf NEUE ACTIVITY: Nach einer kurzen Animation erscheint die Activity *ActivityLifecycleDemo* erneut, und dieses Mal wird die Meldung »Ich habe die laufende Nummer 2« ausgegeben. Ein Blick in LOGCAT zeigt, dass die Methode on-Pause() **vor** den drei Methoden onCreate(), onStart() und onResume() der »neuen« Aktivität durchlaufen wurde.

Abbildung 4.4 Die Beispielanwendung »ActivityLifecycleDemo«

Drücken Sie nun die ZURÜCK-Schaltfläche des Emulators bzw. Geräts. Wie erwartet ist wieder die erste Activity zu sehen. Neben deren Methoden onRestart(), onStart() und onResume() hat Android zusätzlich die Methoden onPause() und onDestroy() der beendeten Aktivität durchlaufen. Android verwaltet Activities auf einem Stapel, dem sogenannten *Back Stack*. Die obenauf liegende Aktivität ist aktiv, wird also gerade vom Benutzer bedient. Durch Drücken der ZURÜCK-Schaltfläche bzw. durch Anklicken des virtuellen Pendants in der System Bar wird sie vom Stapel entfernt, und die Activity, die zuletzt vor ihr auf den Back Stack gelegt wurde, läuft wieder an. Der Stapel arbeitet also nach dem klassischen Prinzip »last in, first out«.

Sie können eine Activity per Code beenden, indem Sie deren Methode finish() aufrufen. Die Entwicklerdokumentation rät dazu, dies nach Möglichkeit nicht zu tun, da der Anwender erwartet, ZURÜCK drücken oder anklicken zu müssen, um zur vorhergehenden Aktivität zurückzukehren. Es gibt allerdings gute Gründe dafür, die Methode in bestimmten Situationen zu nutzen. Denken Sie beispielsweise an Activities, in denen der Benutzer neue Daten eingibt oder bestehende Daten verändert: In diesem Fall müssen Sie dem Anwender sogar die Wahl lassen, Änderungen zu übernehmen oder zu verwerfen. Dies wird üblicherweise mit den Schaltflächen FERTIG und ABBRECHEN realisiert.

Im Grunde kennen Activities drei Zustände:

▶ Die Activity ist im Vordergrund und wird durch den Anwender bedient; Google nennt diesen Status *resumed* oder *running*.

▶ Die Activity befindet sich nicht mehr im Vordergrund und hat nicht den Fokus, ist aber noch sichtbar. Dies ist der Fall, wenn die laufende Activity nicht den gesamten Bildschirm ausfüllt oder zum Teil transparent ist. Dieser Zustand wird *paused* genannt.

▶ Die Activity befindet sich im Hintergrund. Sie wird vollständig von einer anderen bedeckt und gilt deshalb als *stopped*.

Pausierende und gestoppte Aktivitäten verbleiben vollständig im Speicher, behalten also den Zustand ihrer Klassen- und Instanzvariablen. Eine Activity im Zustand *paused* ist weiterhin an den Fenstermanager angebunden und ist zum Teil sichtbar. Deshalb wird sie vom System nur in Notsituationen zerstört, beispielsweise wenn der Arbeitsspeicher sehr knapp wird. Activities mit dem Status *stopped* hingegen wurden bereits vom Fenstermanager abgekoppelt. Ihr Speicher wird deshalb freigegeben, wenn er anderweitig benötigt wird.

Der vollständige Lebenszyklus einer Activity ist in Abbildung 4.5 zu sehen. Er beginnt mit dem ersten Aufruf von onCreate() und endet mit einem einmaligen Aufruf von onDestroy(). Grundsätzlich sichtbar ist die Activity zwischen den Aufrufen von onStart() und onStop(). Die Activity muss sich aber nicht zwangsläufig im Vordergrund befinden. Ressourcen, die für die Interaktion mit dem Anwender nötig sind, werden hier zugeteilt bzw. freigegeben.

Zwischen den Aufrufen von onResume() und onPause() befindet sich die Aktivität im Vordergrund und hat die Aufmerksamkeit des Benutzers, deshalb eignen sich beide Methoden eigentlich sehr gut dafür, Animationen oder Sound-Untermalung zu starten bzw. zu beenden. Dennoch sollten Sie davon Abstand nehmen, ungefragt mit der Wiedergabe von Musik, Tönen oder Videos zu beginnen. Bereiten Sie alles vor, aber lassen Sie dem Anwender die Chance, den Zeitpunkt selbst zu wählen. Was Sie hingegen auch ungefragt tun können (und sollten): Die Ausführung der Methode onPause() ist genau der richtige Zeitpunkt, um wichtige Daten Ihrer App zu sichern.

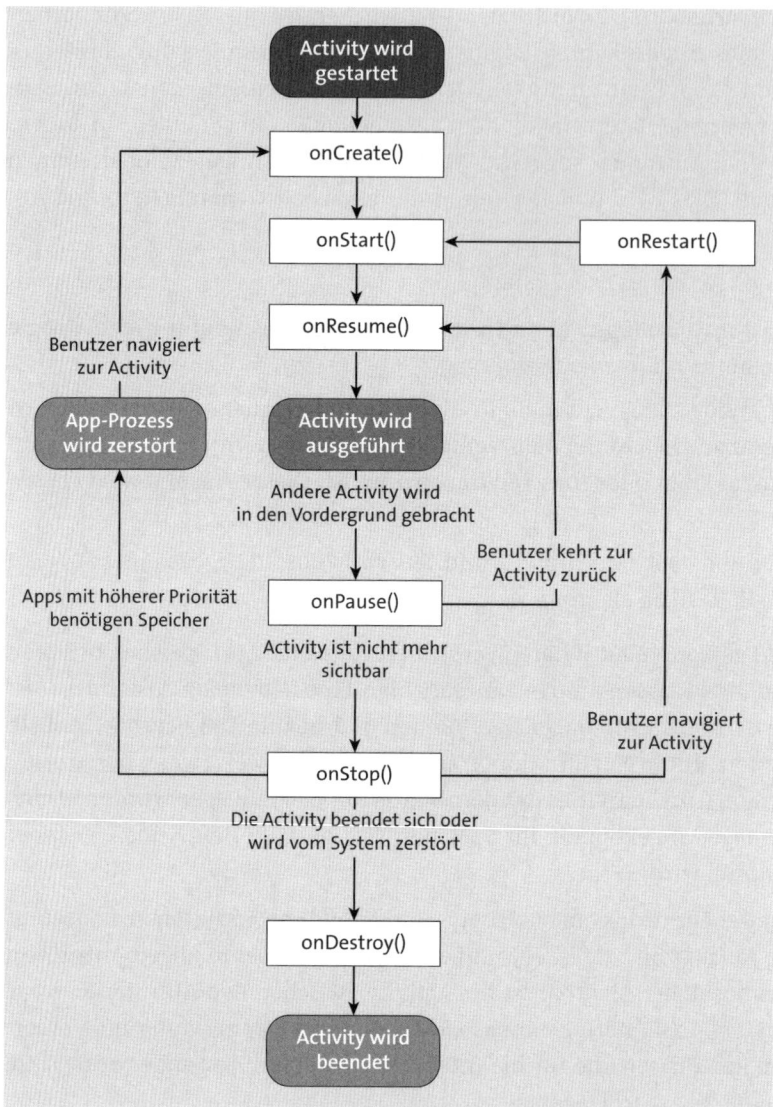

Abbildung 4.5 Lebenszyklus einer Activity

4.2 Kommunikation zwischen Anwendungsbausteinen

Aus der Sicht des Benutzers repräsentieren Activities die Funktionen einer App. Technisch gesehen handelt es sich bei diesen Grundbausteinen um klassische Komponenten, denn Activities haben einen Zustand und können, wie Sie in diesem Abschnitt sehen werden, Nachrichten senden und empfangen.

4.2.1   Intents

Nachrichten werden in sogenannten *Intents* gekapselt. Android nutzt diese Boten aber nicht nur für die lose Kopplung von Activities, sondern auch für den Datenaustausch zwischen den anderen elementaren Anwendungsbausteinen *Service* und *Broadcast Receiver*.

Intents binden die Komponenten einer oder mehrerer Apps zur Laufzeit. Sie sind passive Datenstrukturen, die entweder die abstrakte Beschreibung einer auszuführenden Operation enthalten oder über ein eingetretenes Ereignis informieren. Auf welche Weise sie zugestellt werden, hängt von der Art der Komponente ab. Entsprechende Beschreibungen finden Sie deshalb in den Abschnitten zu den jeweiligen Komponenten.

Aufbau von Intents

Intent-Objekte übermitteln ihren »Empfängern«, welche Aktionen diese ausführen sollen, und liefern die hierfür benötigten Daten zum Teil gleich mit. Die sogenannte Kategorie hingegen wird durch Android selbst ausgewertet, denn sie beschreibt, welche Komponenten ein Intent behandeln bzw. erhalten können und wie diese gegebenenfalls zu starten sind.

Sie können den Empfänger eines Intents unmittelbar angeben, indem Sie den *Komponentennamen* setzen. Dieser besteht aus dem voll qualifizierten Klassennamen der Zielkomponente (eine Activity, ein Service oder ein Broadcast Receiver) und dem Paketnamen der App, die diese Komponente enthält. Sie finden diesen zum Beispiel im Attribut package der Manifestdatei. Beachten Sie, dass der Paketname der Anwendung und das Paket der Komponente keineswegs identisch sein müssen.

Intents, die die Zielkomponente mit einem Komponentennamen benennen, werden *explizite Intents* genannt. Da Paket- und Klasseninformationen den Entwicklern fremder Apps normalerweise nicht bekannt sind, werden solche Intents üblicherweise für den anwendungsinternen Nachrichtenaustausch verwendet. *Implizite Intents* hingegen nennen kein Ziel – der Komponentenname bleibt leer. Sie werden üblicherweise verwendet, um Komponenten anderer Apps zu aktivieren.

Vielleicht fragen Sie sich, wie der Empfänger ermittelt wird? Das System muss ermitteln, welche Komponenten am besten für die Behandlung bzw. Auswertung des Intents geeignet sind. Das können einzelne Activities oder Services sein, die die gewünschte Aktion ausführen. Die bestmöglichen Empfänger können aber auch Broadcast Receiver sein. Diese reagieren auf das Ereignis, das mit dem Intent beschrieben wurde. Hierzu wird der Inhalt eines Intents mit sogenannten *Intent-Filtern* verglichen.

Inhalt von Intents und Intent-Filtern

Intent-Filter werden in der Manifestdatei eingetragen und beschreiben, auf welche impliziten Intents eine Komponente reagieren möchte bzw. welche sie empfangen kann. Hierzu wird jedes Wurzelelement einer Komponente (wie etwa `<activity />`) mit dem Kindelement `<intent-filter />` versehen. Werden keine Intent-Filter angegeben, kann die Komponente nur explizite Intents empfangen. Implizite Intents werden zugestellt, sofern ihre Eigenschaften zu den Filterkriterien passen, die von den Kindern des Elements `<intent-filter />` angegeben werden.

Das Element `<action />` muss mindestens einmal vorhanden sein; es speichert die Aktion, die ein empfangenes Intent auslösen soll. Beispiele hierfür sind *Anruf tätigen*, *Fehlerbericht senden*, *Suche im Web durchführen* und *Verknüpfung anlegen*. Die Klasse `Intent` enthält Konstanten für diese und viele weitere Aktionen. Die Namen dieser Konstanten beginnen mit dem Präfix `ACTION_`.

Um eine dieser Actions in der Manifestdatei anzugeben (weil Ihre Activity, Ihr Service oder Broadcast Receiver darauf reagieren soll), wird dem Attribut `android:name` des Elements `<action />` die Zeichenkette `android.intent.action.`, gefolgt vom Konstantennamen der Action ohne das Präfix `ACTION_`, zugewiesen. Hierzu zwei Beispiele: Möchten Sie, dass eine Ihrer Komponenten auf die Action `ACTION_MAIN` reagiert, weisen Sie `android:name` den Wert `android.intent.action.MAIN` zu. `ACTION_WEB_SEARCH` wird zu `android.intent.action.WEB_SEARCH`. Wie Sie Intents, die solche Aktionen auslösen, an Activities oder Broadcast Receiver übermitteln, zeige ich Ihnen in den folgenden Abschnitten. Ausführliche Informationen zu Services finden Sie in Kapitel 6, »Multitasking«.

Die Kategorien eines Intents legen fest, an welche Arten von Komponenten es übermittelt werden kann. Die Klasse `Intent` enthält Konstanten, die einige vordefinierte Kategorien repräsentieren. Beispielsweise bedeutet `CATEGORY_BROWSABLE`, dass eine Aktivität vom Webbrowser aufgerufen werden kann, um bestimmte Inhalte anzuzeigen.

Wenn eine Ihrer Activities diese Fähigkeit besitzt und Sie diese anderen Apps zur Verfügung stellen möchten, erweitern Sie das Element `<intent-filter />` in der Manifestdatei um `<category />` und weisen dessen Attribut `android:name` den Wert `android.intent.category.BROWSABLE` zu. Auch hier wird einem Präfix (`android.intent.category.`) der abschließende Teil eines Konstantennamens (in diesem Fall ohne `CATEGORY_`) hinzugefügt.

4.2.2   Kommunikation zwischen Activities

Activities repräsentieren die für den Benutzer sichtbaren Teile einer App. Indem er durch die verschiedenen Bereiche der Anwendung navigiert, startet und beendet der

Benutzer unbewusst Activities, je nach Komplexität des Programms eine ganze Reihe. Diese Activities rufen ihren jeweiligen Nachfolger auf, indem sie an die Methode startActivity() ein Intent übergeben, das diesen Nachfolger näher beschreibt. Das Intent kann eine namentlich bekannte Activity sein. Solche expliziten Intents enthalten den Ihnen bereits bekannten Komponentennamen. Um beispielsweise die Activity SimpleActivity zu starten, fügen Sie der aufrufenden Aktivität die folgenden Zeilen hinzu:

```
Intent intent = new Intent(this, SimpleActivity.class);
startActivity(intent);
```

> **Hinweis**   [«]
>
> Denken Sie daran, dass Sie jede Activity, die Sie mit startActivity() aufrufen möchten, in die Manifestdatei eintragen müssen.

Bei impliziten Intents ist der konkrete Klassenname nicht bekannt. Das System sucht stattdessen anhand der *Action* die am besten geeignete Activity aus. Diese kann auch zu einer fremden App gehören.

Parameter übergeben

Mit dem folgenden Quelltextfragment können Sie im Android-Adressbuch einen neuen Kontakt anlegen. Um dies auszuprobieren, erzeugen Sie ein beliebiges neues Projekt und fügen den Code der automatisch erzeugten Activity-Klasse am Ende der Methode onCreate() hinzu.

> **Tipp**   [+]
>
> Die Begleitmaterialien zum Buch (*www.rheinwerk-verlag.de/4564*) enthalten das Projekt *LeeresProjekt*. Es ist ein Rumpfprojekt mit der Activity-Klasse MainActivity und einigen Layoutdateien, unter anderem *activity_main.xml*. Es eignet sich hervorragend als »Umgebung« für Quelltextfragmente. Die Layouts *framelayout_demo.xml*, *linearlayout_demo.xml* und *relativelayout_demo.xml* werden in Kapitel 5, »Benutzeroberflächen«, verwendet.

```
Intent in = new Intent(Intent.ACTION_INSERT,
        ContactsContract.Contacts.CONTENT_URI);
in.putExtra("finishActivityOnSaveCompleted", true);
in.putExtra(ContactsContract.Intents.Insert.NAME,
        "Max Mustermann");
in.putExtra(ContactsContract.Intents.Insert.PHONE,
        "+49 (123) 45 67 89");
```

```
in.putExtra(ContactsContract.Intents.Insert.PHONE_TYPE,
        ContactsContract.CommonDataKinds.Phone.TYPE_WORK);
startActivity(in);
```

Listing 4.9 Einen neuen Kontakt anlegen

Das Beispiel belegt den Namen und die geschäftliche Rufnummer des anzulegenden Kontakts vor. Wie dies zur Laufzeit aussieht, ist in Abbildung 4.6 dargestellt.

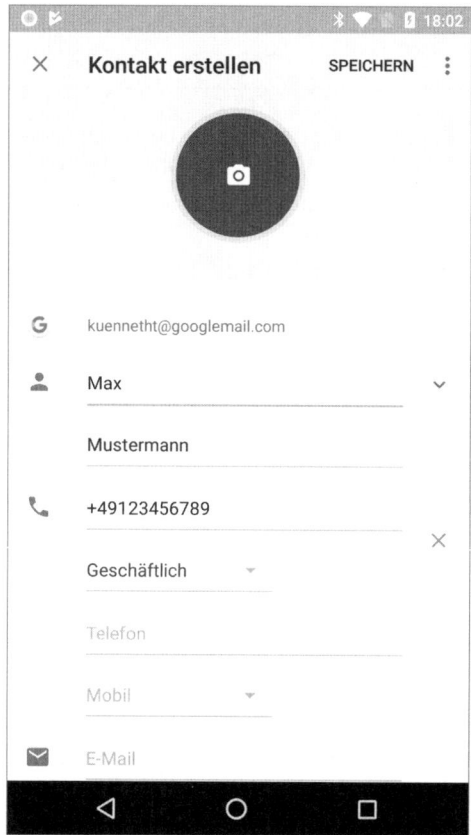

Abbildung 4.6 Einen neuen Kontakt anlegen

Dem Intent wird die Action `ACTION_INSERT` zugewiesen. Der zweite Parameter des Konstruktoraufrufes legt fest, auf welchem Datenbestand die Aktion ausgeführt werden soll. Die im Beispiel übergebene Konstante verweist auf die zentrale Kontaktdatenbank.

Alternativ ist übrigens auch die folgende Schreibweise möglich:

```
Intent in = new Intent(Intent.ACTION_INSERT);
in.setData(ContactsContract.Contacts.CONTENT_URI);
```

Mit der Methode `putExtra()` können Sie einem Intent beliebig viele Nutzdaten übergeben. Was diese bewirken und wie sie ausgewertet werden, ist letztlich von der Activity abhängig, die das Intent empfängt. In der Android-Dokumentation finden Sie entsprechende Beschreibungen bei den `ACTION_`-Konstanten der Klasse `Intent`.

> **Hinweis**
>
> Wenn Sie das Codefragment im Emulator ausführen, werden Sie möglicherweise darauf hingewiesen, dass der angelegte Kontakt nur lokal gespeichert und nicht synchronisiert wird. Stimmen Sie in diesem Fall der lokalen Speicherung zu.

Vielleicht fragen Sie sich, ob auf diese Weise auch mehrere Rufnummern übergeben werden können. Immerhin wurde in den Extras schon ein Wert für `ContactsContract.Intents.Insert.PHONE` eingetragen. Jedes weitere `putExtra()` wird deshalb den bereits vorhandenen Wert überschreiben. Android sieht in solchen Fällen vor, eine Liste von `android.content.ContentValues`-Instanzen zu übergeben:

```
ArrayList<ContentValues> data = new ArrayList<>();
…
in.putParcelableArrayListExtra(
        ContactsContract.Intents.Insert.DATA, data);
```

Listing 4.10 Mehrere zusammengesetzte Werte übergeben

Die Werte eines `ContentValues` sind von den zu übergebenden Daten abhängig. Im Fall einer privaten sowie einer Mobilfunktelefonnummer sieht dies folgendermaßen aus:

```
ContentValues v1 = new ContentValues();
v1.put(ContactsContract.Contacts.Data.MIMETYPE,
        ContactsContract.CommonDataKinds.Phone.CONTENT_ITEM_TYPE);
v1.put(ContactsContract.CommonDataKinds.Phone.NUMBER, "123");
v1.put(ContactsContract.CommonDataKinds.Phone.TYPE,
        ContactsContract.CommonDataKinds.Phone.TYPE_HOME);
data.add(v1);
ContentValues v2 = new ContentValues();
v2.put(ContactsContract.Contacts.Data.MIMETYPE,
        ContactsContract.CommonDataKinds.Phone.CONTENT_ITEM_TYPE);
v2.put(ContactsContract.CommonDataKinds.Phone.NUMBER, "456");
v2.put(ContactsContract.CommonDataKinds.Phone.TYPE,
        ContactsContract.CommonDataKinds.Phone.TYPE_MOBILE);
data.add(v2);
```

Listing 4.11 »ContentValues« füllen

Wenn Sie im Quelltext Ihrer Activity unmittelbar nach dem Aufruf der Methode startActivity() eine Ausgabe mittels Log.d() hinzufügen, stellen Sie fest, dass Android nicht auf die Beendigung der nachgestarteten Activity wartet, obwohl dies aber unter Umständen gewünscht ist, damit das Ergebnis ausgewertet werden kann. In diesem Fall verwenden Sie anstelle von startActivity() die Methode startActivityForResult(); – sie sorgt dafür, dass Ihre App zur richtigen Zeit benachrichtigt wird.

Rückgabewerte

Für Rückgabewerte ist die Methode onActivityResult() zuständig. Sie erhält als einen ihrer Parameter den sogenannten *Request Code*. Hierbei handelt es sich um einen Wert, den Sie beliebig vergeben können. Es bietet sich an, in der aufrufenden Klasse eine entsprechende Konstante zu definieren, zum Beispiel:

```
private static final int RQ_INSERT_CONTACT = 1234;
```

Auf diese Weise können Sie sicherstellen, dass der Request Code innerhalb Ihrer Anwendung eindeutig ist. Sie kennzeichnen mit dem Request Code, wer eine Activity gestartet hat, und übergeben den Request Code als Parameter beim Aufruf von startActivityForResult().

```
Intent in = new Intent(...);
...
startActivityForResult(in, RQ_INSERT_CONTACT);
```

Eine mögliche Implementierung der Methode onActivityResult() sieht folgendermaßen aus:

```
@Override
protected void onActivityResult(int requestCode,
                        int resultCode, Intent data) {
    super.onActivityResult(requestCode, resultCode, data);
    if (requestCode == RQ_INSERT_CONTACT) {
        if (resultCode == RESULT_OK) {
            if (data != null) {
                Intent i =
                    new Intent(Intent.ACTION_VIEW,
                        data.getData());
                startActivity(i);
            }
        }
    }
}
```

Listing 4.12 Implementierung der Methode »onActivityResult()«

Es ist bewährte Praxis, mit `super.onActivityResult()` die Implementierung der Elternklasse aufzurufen. Die nun beendete Activity könnte von ihr gestartet worden
sein. In diesem Fall ist es wichtig, sie darüber zu informieren. Anschließend prüfen
Sie, ob der Request Code dem von Ihnen definierten Wert entspricht. Dann war die Elternklasse der Aufrufer, und Sie können die Rückantwort der beendeten Activity auswerten.

Auch hierfür verwendet Android Intents, beispielsweise liefert die Activity zum Anlegen von Kontakten einen Uniform Resource Identifier, der den neuen Eintrag kennzeichnet. Mein Beispiel verwendet diese Referenz, um den Datensatz anzuzeigen.
Denken Sie daran, vor Zugriffen das Intent auf `null` zu prüfen, weil Activities nämlich
nicht zwingend eine Nachricht zurückliefern müssen.

Neben dem Intent signalisiert auch der *Result Code* das Ergebnis einer Activity, wobei
üblicherweise `RESULT_OK` bedeutet, dass alles in Ordnung ist, wenn beispielsweise ein
neuer Kontakt angelegt oder eine Änderung gespeichert wurde. Activities setzen den
Rückgabewert durch Aufruf der Methode `setResult()`.

> **Hinweis**
>
> In den Android-Versionen ab API-Level 14 gibt es ein Problem in der Kontakte-App,
> das unter Umständen die automatische Rückkehr zur aufrufenden Activity verhin-
> dert. Mit Android 4.0.3 (API-Level 15) hat Google hierfür eine Umgehungsmöglichkeit
> eingebaut. Es handelt sich um die folgende von mir bisher nicht weiter erklärte Zeile:
>
> `in.putExtra("finishActivityOnSaveCompleted", true);`
>
> Fügen Sie diese Anweisung einfach Ihrem Code zum Befüllen der Extras beim Anle-
> gen und Bearbeiten von Kontakten hinzu.

Im nächsten Abschnitt stelle ich Ihnen einen weiteren wichtigen Anwendungsbau-
stein vor.

4.2.3   Broadcast Receiver

Broadcast Receiver sind Komponenten, die auf systemweit versandte Nachrichten
reagieren. Android verschickt solche Mitteilungen zum Beispiel, wenn der Batterie-
stand niedrig ist oder der Bildschirm ausgeschaltet wurde. Auch für normale Apps
kann es interessant sein, solche *Broadcasts* zu initiieren. Denken Sie an ein Programm für Dateitransfers: Dieses möchte bestimmt darüber informieren, dass eine
Übertragung abgeschlossen wurde, egal, ob erfolgreich oder mit Fehler.

Broadcast Receiver haben keine eigene Bedienoberfläche, können aber Benachrichtigungen in der Statuszeile hinterlassen. Generell fungieren sie allerdings eher als
Schnittstellen zu anderen Komponenten. Insofern sollten Ihre Broadcast Receiver so
wenig Logik wie möglich enthalten und diese möglichst an Activities oder Services

delegieren. Übrigens kann Android diese Bausteine unabhängig von anderen Komponenten einer App aktivieren.

Broadcast Receiver implementieren

Die Klasse `BootCompletedReceiver` aus meinem Beispielprojekt *BroadcastReceiverDemo* implementiert einen einfachen Broadcast Receiver, der nach jedem Systemstart eine Benachrichtigung in der Statuszeile hinterlässt. Broadcast Receiver leiten von der Klasse `android.content.BroadcastReceiver` ab. Sie müssen die Methode `onReceive()` überschreiben, die aufgerufen wird, sobald der Receiver eine Nachricht in Form eines Intents empfängt. Die Ausführung erfolgt auf dem *Mainthread*, sofern nicht zum Beispiel über `registerReceiver()` ausdrücklich ein anderer angegeben wurde.

Die Verarbeitung der Methode darf nicht sehr viel Zeit in Anspruch nehmen, denn nach zehn Sekunden kann Android den zugehörigen Prozess blockieren und beenden. Beachten Sie auch, dass das Receiver-Objekt nach dem Verlassen von `onReceive()` aus dem Speicher entfernt werden kann. Asynchron gestartete Operationen sollten ihm deshalb keine Ergebnisse übermitteln. Ausführliche Hinweise zur Kommunikation mit Services finden Sie in Kapitel 6, »Multitasking«.

Da nicht nur Intent-Filter, die in der Manifestdatei eingetragen oder im Code mittels `registerReceiver()` gesetzt wurden, an einen Receiver übermittelt werden können, ist es wichtig, ausdrücklich auf alle erwarteten Aktionen zu prüfen, wie in `BootCompletedReceiver` zu sehen ist.

```
package com.thomaskuenneth.broadcastreceiverdemo;

import android.app.Notification;
import android.app.NotificationChannel;
import android.app.NotificationManager;
import android.content.BroadcastReceiver;
import android.content.Context;
import android.content.Intent;
import java.text.DateFormat;
import java.util.Date;

public class BootCompletedReceiver extends BroadcastReceiver {

  private static final int ID = 42;
  private static final String CHANNEL_ID = "BCR_01";

  @Override
  public void onReceive(Context context, Intent intent) {
```

```
if (Intent.ACTION_BOOT_COMPLETED.equals(intent.getAction()))) {
  // Benachrichtigung zusammenbauen
  String msg =
      DateFormat.getDateTimeInstance().format(new Date());
  Notification.Builder builder =
      new Notification.Builder(context, CHANNEL_ID);
  builder.setSmallIcon(
      R.drawable.ic_launcher).
      setContentTitle(
          context.getString(R.string.app_name)).
      setContentText(msg).
      setWhen(System.currentTimeMillis());
  Notification n = builder.build();
  NotificationManager m =
   context.getSystemService(NotificationManager.class);
  if (m != null) {
    // Kanal anlegen
    NotificationChannel channel = new NotificationChannel(CHANNEL_ID,
        context.getString(R.string.app_name),
        NotificationManager.IMPORTANCE_DEFAULT);
    m.createNotificationChannel(channel);
    // anzeigen
    m.notify(ID, n);
  }
 }
 }
}
```

Listing 4.13 »BootCompletedReceiver.java«

Mein Beispiel zeigt eine Benachrichtigung in der Statuszeile an. Hierzu wird als Erstes mit new Notification.Builder() ein Objekt erzeugt, das für den Bau der eigentlichen Benachrichtigung verwendet wird. Sie können in beliebiger Reihenfolge set...()-Aufrufe aneinanderreihen. Damit Android eine Benachrichtigung auch wirklich darstellt, müssen Sie mindestens ein kleines Icon, einen Titel und einen Text angeben, der den Inhalt beschreibt. builder.build() generiert die Notification-Instanz. Die Anzeige übernimmt der NotificationManager. Sie ermitteln die Referenz auf ein solches Objekt durch Aufruf der NotificationManager-Methode getSystemService(NotificationManager.class).

Seit Android Oreo muss jede Benachrichtigung einem Benachrichtigungskanal zugeordnet werden. Dieser wird mit der Methode createNotificationChannel() angelegt. Dem NotificationChannel-Konstruktor wird eine Kanal-ID, ein Klartextname sowie die Dringlichkeit übergeben. Weitere Werte, zum Beispiel Farbe, Sound und Vibrationsmuster, können bei Bedarf über `set...()`-Methoden konfiguriert werden. Die `NotificationManager`-Methode `notify()` setzt schließlich die Benachrichtigung ab.

Broadcast Receiver in der Manifestdatei definieren

Damit Android den Broadcast Receiver über einen abgeschlossenen Systemstart informiert, muss die zugehörige App die Berechtigung `android.permission.RECEIVE_BOOT_COMPLETED` anfordern. Dies geschieht mit einem entsprechenden `<uses-permission />`-Element in der Manifestdatei. `RECEIVE_BOOT_COMPLETED` ist eine sogenannte *normale Berechtigung*, was bedeutet, dass sie ohne ausdrückliche Zustimmung des Anwenders gewährt wird. Ausführliche Informationen zu Berechtigungen finden Sie in Abschnitt 4.4, »Berechtigungen«. Der Manifesteintrag für den Receiver sieht folgendermaßen aus:

```
<receiver android:name=".BootCompletedReceiver">
   <intent-filter>
      <action android:name="android.intent.action.BOOT_COMPLETED" />
   </intent-filter>
</receiver>
```

Listing 4.14 Einen »Broadcast Receiver« definieren

Das Element `<receiver />` kann zahlreiche Attribute erhalten. Ein paar davon werden Sie praktisch immer verwenden, andere hingegen eher selten. `android:name` verweist auf die voll qualifizierte Klasse, die den Receiver implementiert. Ist der Paketname leer (beginnt der Eintrag also mit einem Punkt, auf den der Klassenname folgt), wird als Paket dasjenige verwendet, das im `<manifest />`-Element spezifiziert ist. Dieses Attribut müssen Sie setzen.

`android:enabled` legt fest, ob ein Receiver vom System instanziiert werden kann (standardmäßig ist das der Fall). `android:exported` regelt, ob ein Receiver Nachrichten von Quellen erhalten kann, die außerhalb der eigenen App liegen. `false` legt fest, dass nur App-interne Komponenten Mitteilungen an den Receiver senden können. Der Standardwert hängt davon ab, ob ein Receiver Intent-Filter enthält. Ist dies nämlich nicht der Fall, kann er ausschließlich von Intents aufgerufen werden, die den exakten Klassennamen angeben. Dies impliziert, dass der Receiver nur für die anwendungsinterne Kommunikation vorgesehen ist, und deshalb ist in diesem Fall der Standardwert `false`. Das Vorhandensein von Intent-Filtern hingegen deutet darauf hin, dass ein Receiver Nachrichten des Systems oder von anderen Apps verarbeiten soll, daher ist in diesem Fall der Standardwert `true`.

Mit `android:icon` und `android:label` schließlich können Sie einem Broadcast Receiver individuelle Symbole und Bezeichnungen zuweisen. Fehlen die Attribute, werden stattdessen die korrespondierenden Einträge der App ausgewertet.

Sie haben gerade eben das Attribut `android:exported` kennengelernt, mit dem Sie die Nutzbarkeit von Receivern durch App-fremde Komponenten steuern können. Berechtigungen sind eine weitere Möglichkeit, den Zugriff auf Receiver zu regeln. `android:permission` erhält den Namen einer Berechtigung, die Broadcaster haben müssen, um einem Receiver eine Nachricht senden zu können. Wird dieses Attribut nicht gesetzt, so gelten die Berechtigungen, die innerhalb des `<application />`-Elements gesetzt wurden. Wurde keines der beiden Attribute gesetzt, ist ein Broadcast Receiver nicht durch eine Berechtigung geschützt.

Das Attribut `android:process` enthält den Namen eines Prozesses, in dem ein Broadcast Receiver ausgeführt werden sollte. Normalerweise laufen alle Komponenten einer App in ihrem Standardprozess, der den Namen des App-Packages trägt. Mit dem gleichnamigen Attribut des `<application />`-Elements kann für alle Komponenten ein alternativer Standardprozess gesetzt werden. Da alle Bausteine einer App das Attribut angeben können, lässt sich die Anwendung auf mehrere Prozesse verteilen. Wenn sich Komponenten mehrerer Apps einen Prozess teilen, spart dies Ressourcen. (Die Ausführung in einem bestimmten Prozess ist natürlich nur möglich, wenn der Broadcast Receiver eine entsprechende Berechtigung hat.)

Broadcast Receiver testen

Damit Apps dem Anwender keine ungewollten Aktionen unterschieben können, liefert Android Intents mit der Action `ACTION_BOOT_COMPLETED` erst aus, nachdem die Hauptaktivität mindestens einmal gestartet wurde. Sie müssen das Projekt deshalb auf dem Emulator oder einem echten Gerät installieren und starten. Erst dann können Sie einen Neustart auslösen.

> **Tipp** [+]
>
> Das Neustarten des Emulators geht sehr einfach im Werkzeugfenster TERMINAL. Geben Sie einfach der Reihe nach die folgenden Befehle ein:
>
> `adb root`
>
> `adb shell stop`
>
> `adb shell start`
>
> `adb unroot`

Nach dem Neustart erscheint die Benachrichtigung in der Statusleiste. Wie dies aussehen kann, zeigt Abbildung 4.7.

Im nächsten Abschnitt stelle ich Ihnen einen weiteren Grundbaustein für Android-Apps vor.

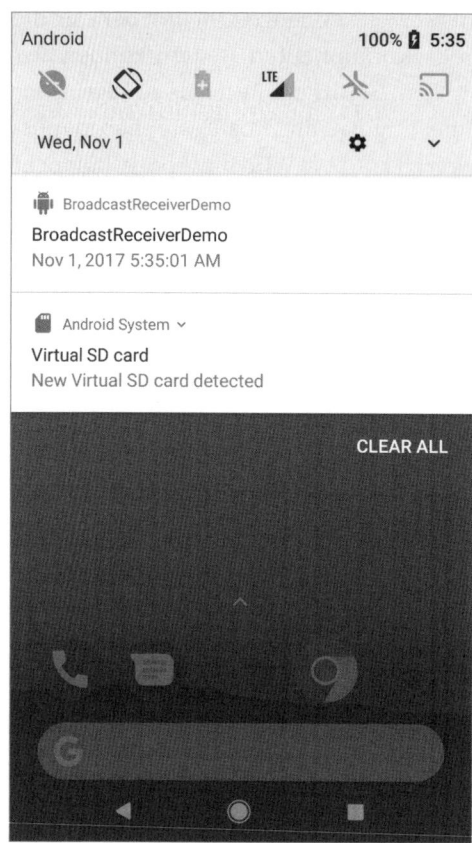

Abbildung 4.7 Die Benachrichtigung der App »BroadcastReceiverDemo«

4.3   Fragmente

Fragmente haben mit Android-Version 3.0 zunächst auf Tablets Einzug gehalten und stehen seit *Ice Cream Sandwich* auch auf Smartphones zur Verfügung. Für Geräte mit früheren Android-Versionen stellt Google auch hier die Kompatibilitätsbibliothek *Support Library* zur Verfügung; sie wird automatisch in Projekte eingebunden, wenn Sie im Projektassistenten eine Activity mit Fragmentunterstützung auswählen.

4.3.1   Grundlagen

Wie Sie wissen, strukturieren Activities eine Anwendung. Aufgrund der ihnen zugrunde liegenden Idee, nur genau so viel anzuzeigen oder abzufragen, wie zum Erledigen einer ganz bestimmten Aufgabe nötig ist, lassen sie sich hervorragend wiederverwenden. Ich habe Ihnen dies im vorherigen Abschnitt anhand der Eingabe und späteren Darstellung eines Kontakts demonstriert. Im Gegensatz zu Smartphones bieten Tablets sehr viel Anzeigeplatz. Die auf kleinen Bildschirmen notwendige Trennung zwischen Übersicht und Detaildarstellung ist hier nicht mehr nötig, aus Sicht des Benutzers sogar störend.

Hierzu ein Beispiel: Viele Android-Apps enthalten eine Hauptaktivität, die ihre Funktionen oder Module als Menü (oftmals in Gestalt einer scrollbaren Liste) anbietet. Das Antippen einer Funktion startet eine neue Activity, die die gewünschte Operation ausführt. Tippt der Anwender auf ZURÜCK, erscheint wieder die Übersichtsseite. Auf Geräten mit großem Display ist diese zeitliche Abfolge vollkommen unnötig. Es bietet sich an, stattdessen die Modulauswahl am linken Rand des Bildschirms ständig sichtbar zu lassen. Der Benutzer kann jederzeit eine neue Funktion auswählen, ohne das aktuell ausgeführte Modul explizit »verlassen« zu müssen.

Unterschiede zu Views und ViewGroups

Die Ausgestaltung von Benutzeroberflächen konnte durch *alternative Layouts* schon vor Android 3.0 an unterschiedliche Hardwaregegebenheiten angepasst werden. Ausführliche Informationen hierzu finden Sie in Kapitel 5, »Benutzeroberflächen«. Insofern fragen Sie sich vielleicht, ob das gerade eben beschriebene Mehrspaltenlayout auf Tablets unbedingt neuer Grundbausteine bedarf.

Die eigentliche Fachlogik wird in den Activity-Klassen implementiert. Die Benutzeroberflächenbeschreibungen geben nur darüber Auskunft, welche Elemente an einer bestimmten Position der Anzeige erscheinen sollen. Wenn also eine Layoutdatei sowohl die Menüauswahl als auch modulbezogene Bedienelemente enthält, muss die Activity beide Bereiche mit Inhalt füllen können.

Fragmente sind Komponenten mit eigener Benutzeroberfläche und eigenem Lebenszyklus. Sie sind Bausteine innerhalb von Activities. Sie werden wie Views und ViewGroups entweder in Layoutdateien definiert oder per Code erzeugt. Fragmente werden stets im Kontext einer Activity ausgeführt und können nicht losgelöst von ihr verwendet werden. Wird also eine Activity gestoppt, so halten auch ihre Fragmente an, und das Zerstören einer Activity führt auch zur Zerstörung ihrer Fragmente.

Ein Beispielfragment

Die Klasse `TestFragment1` des Beispielprojekts *FragmentDemo1* stellt Ihnen den grundsätzlichen Aufbau von Fragmenten vor. Die App ist in Abbildung 4.8 zu sehen.

```
package com.thomaskuenneth.fragmentdemo1;

import android.app.Fragment;
import android.os.Bundle;
import android.view.LayoutInflater;
import android.view.View;
```

```java
import android.view.ViewGroup;
import android.widget.TextView;

public class TestFragment1 extends Fragment {

  @Override
  public View onCreateView(LayoutInflater inflater,
              ViewGroup container,
              Bundle savedInstanceState) {
    return inflater.inflate(R.layout.fragment_layout,
        container, false);
  }

  @Override
  public void onStart() {
    super.onStart();
    View v = getView();
    if (v instanceof TextView) {
      TextView tv = (TextView) v;
      tv.setText(getString(R.string.text1));
    }
  }
}
```

Listing 4.15 »TestFragment1.java«

Fragmente leiten sich entweder direkt von der Basisklasse android.app.Fragment ab oder von einem ihrer spezialisierten Kinder, beispielsweise von ListFragment oder DialogFragment. TestFragment überschreibt zwei Methoden. onCreateView() wird aufgerufen, wenn ein Fragment den Komponentenbaum seiner Benutzeroberfläche erzeugen soll. onStart() ruft die Implementierung der Elternklasse auf und setzt dann den Text einer TextView. Analog zu Activities nutzt Android die Methode, um mitzuteilen, dass ein Fragment für den Benutzer sichtbar wird.

Die Implementierung meines Beispiels entfaltet durch den Aufruf der Methode inflate() innerhalb von onCreateView() die sehr einfach gehaltene Layoutdatei *fragment_layout.xml*, die als einziges Bedienelement eine TextView definiert:

```xml
<?xml version="1.0" encoding="utf-8"?>
<TextView xmlns:android="http://schemas.android.com/apk/res/android"
  android:layout_width="wrap_content"
  android:layout_height="wrap_content" />
```

Listing 4.16 »fragment_layout.xml«

Abbildung 4.8 Die App »FragmentDemo1«

Um etwaige zusätzliche Ressourcen, die beim Instanziieren des Komponentenbaumes reserviert wurden, wieder freizugeben, überschreiben Sie gegebenenfalls die Methode onDestroyView(). Sofern Sie nur eine XML-Datei entfaltet haben, ist dies natürlich nicht nötig. Übrigens müssen Fragmente nicht unbedingt eine Benutzeroberfläche haben, was Sie sich beispielsweise zunutze machen können, um auf diese Weise Daten nachzuladen oder Berechnungen auszuführen. In so einem Fall liefert Ihre Implementierung von onCreateView() einfach den Wert null. Die Basisklasse Fragment ist so implementiert und muss deshalb nicht überschrieben werden.

4.3.2 Ein Fragment in eine Activity einbetten

Um zu verstehen, wie ein Fragment einer Activity zugeordnet wird, sehen Sie sich bitte die Klasse FragmentDemo1 an. Sie leitet von android.app.Activity ab.

```
package com.thomaskuenneth.fragmentdemo1;

import android.app.Activity;
import android.os.Bundle;
import android.widget.TextView;

public class FragmentDemo1 extends Activity {

  @Override
  public void onCreate(Bundle savedInstanceState) {
    super.onCreate(savedInstanceState);
    setContentView(R.layout.main);
    TextView tv = (TextView) findViewById(R.id.textview);
    tv.setText(getString(R.string.text2));
  }
}
```

Listing 4.17 »FragmentDemo1.java«

Die Benutzeroberfläche der Activity wird mittels `setContentView()` aus der Layout-datei *main.xml* entfaltet und angezeigt. Außerdem gibt die App in einer Textkomponente die Meldung »Ich bin eine Activity« aus. *main.xml* ist folgendermaßen aufgebaut:

```
<?xml version="1.0" encoding="utf-8"?>
<LinearLayout xmlns:android="http://schemas.android.com/apk/res/android"
  android:layout_width="match_parent"
  android:layout_height="match_parent"
  android:orientation="vertical">

  <TextView
    android:id="@+id/textview"
    android:layout_width="wrap_content"
    android:layout_height="wrap_content" />

  <fragment
    android:id="@+id/fragment"
    android:name="com.thomaskuenneth.fragmentdemo1.TestFragment1"
    android:layout_width="wrap_content"
    android:layout_height="wrap_content" />

</LinearLayout>
```

Listing 4.18 »main.xml«

Die Datei *main.xml* ordnet in einem LinearLayout eine `TextView` oberhalb eines Fragments an. Die beiden Elemente erhalten die IDs `fragment` und `textview`. Das Attribut `android:name` des `<fragment />`-Elements legt fest, welche Klasse das hier definierte Fragment implementiert. Hierzu wird der voll qualifizierte Klassenname angegeben.

Lebenszyklus von Fragmenten

Im Gegensatz zu Activities, Services oder Broadcast Receivern werden Fragmente nicht in die Manifestdatei eingetragen. Fragmente verbinden Sie mit einer Activity, indem Sie sie in die Benutzeroberfläche der Activity integrieren. Dies geschieht, wie Sie gesehen haben, normalerweise deklarativ in Layoutdateien. Insofern verhalten sich Fragmente in diesem Punkt analog zu »normalen« Bedienelementen, die ich Ihnen in Kapitel 5, »Benutzeroberflächen«, ausführlich vorstellen werde. Im Gegensatz zu den normalen Bedienelementen haben Fragmente ein bestimmtes Verhalten – sie implementieren »Fachlogik«, was sie zu Grundbausteinen von Apps macht.

Zahlreiche Methoden bestimmen den Lebenszyklus eines Fragments, beispielsweise wird `onAttach()` aufgerufen, wenn ein Fragment an eine Activity oder einen Kontext angehängt wurde. Ihr folgt `onCreate()`. Prinzipiell können Sie diese Methode überschreiben, um erste Initialisierungen vorzunehmen, allerdings muss die zugeordnete Activity zu diesem Zeitpunkt nicht vollständig initialisiert sein. Aus diesem Grund steht zusätzlich die Methode `onActivityCreated()` zur Verfügung. Sie wird erst nach der vollständigen Abarbeitung der Activity-Methode `onCreate()` aufgerufen.

Auch am Ende des Lebenszyklus eines Fragments werden zahlreiche *Callbacks* durchlaufen. `onPause()` signalisiert, dass ein Fragment nicht mehr mit dem Benutzer interagiert, zum Beispiel weil die gleichnamige Activity-Methode aufgerufen wurde. Nach `onStop()` ist ein Fragment nicht mehr für den Anwender sichtbar. Abschließende Aufräumarbeiten sollten Sie in `onDestroy()` durchführen. `onDetach()` kündigt die Abkopplung eines Fragments von der ihm zugeordneten Activity an.

Der Lebenszyklus von Fragmenten ist eng mit dem von Activities verknüpft. Abbildung 4.9 zeigt Ihnen, welche Methoden eines Fragments aufgerufen werden, wenn sich die Activity in den Zuständen *Erzeugt*, *Gestartet*, *Fortgesetzt*, *Pausiert*, *Gestoppt* und *Zerstört* befindet.

Im Zustand *Erzeugt* werden die meisten Callbacks angeboten, weil zu diesem Zeitpunkt das Fragment initialisiert werden muss. Beispielsweise könnten Sie in `onActivityCreated()` Aktionen ausführen, die nur einmal pro Activity ausgeführt werden müssen. Korrespondierende Aufräumarbeiten gehören dann beispielsweise in `onDestroy()`. Bitte beachten Sie, dass alle Callbacks ihre Arbeit stets so schnell wie möglich abschließen sollten. Aufwendige Operationen wie Netzwerkzugriffe gehören in separate Threads.

Es gibt noch eine weitere Verzahnung zwischen diesen beiden Grundbausteinen: Fragmente können nämlich in den Zurück-Stapel von Activities integriert werden. Wie das geht, zeige ich Ihnen im folgenden Abschnitt.

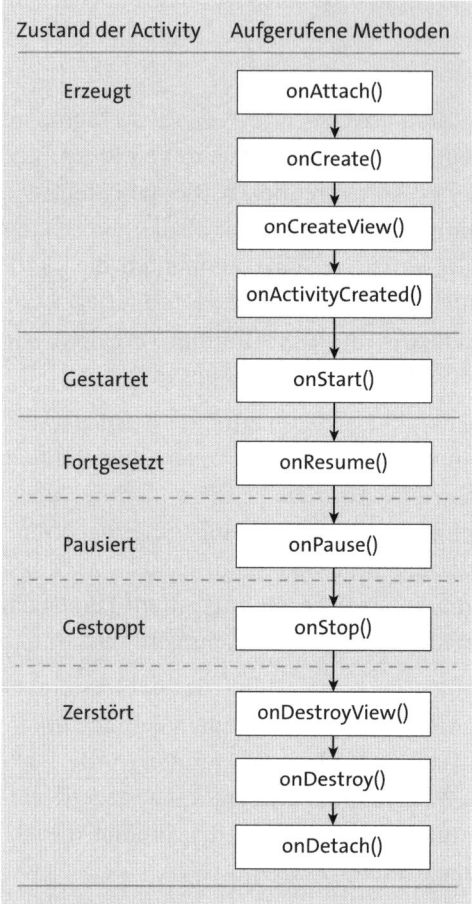

Zustand der Activity	Aufgerufene Methoden
Erzeugt	onAttach() → onCreate() → onCreateView() → onActivityCreated()
Gestartet	onStart()
Fortgesetzt	onResume()
Pausiert	onPause()
Gestoppt	onStop()
Zerstört	onDestroyView() → onDestroy() → onDetach()

Abbildung 4.9 Zustand einer Activity und dabei aufgerufene Fragmentmethoden

Fragment-Transaktionen

Wenn ein Fragment nicht immer sichtbar ist, sondern nur unter bestimmten Umständen angezeigt wird, ist es für eine durchgängige Bedienung wichtig, dass der Anwender das Fragment auf eine ihm vertraute Weise wieder ausblenden kann. Hierzu hat Google das Konzept der *Fragment-Transaktionen* eingeführt. Sie können (im Prinzip beliebig viele) Fragmente zur Laufzeit Activities hinzufügen und wieder von ihnen entfernen. Diese Operationen werden zu logischen Schritten zusammengefasst. Jeder dieser Schritte wiederum kann auf den Zurück-Stapel gepackt werden.

Vielleicht fragen Sie sich, wozu das nötig ist. Nehmen Sie an, das Anklicken einer Schaltfläche führt dazu, dass eine Activity drei zusätzliche Fragmente anzeigt. Drückt der Anwender die ZURÜCK-Schaltfläche, möchte er sehr wahrscheinlich nicht jedes Fragment einzeln schließen, sondern alle drei auf einmal. Das geht mithilfe der Fragment-Transaktionen mit ganz wenigen Zeilen Code. Wie, das zeige ich Ihnen anhand des Projekts *FragmentDemo2*, dessen Hauptklasse FragmentDemo2Activity in Listing 4.19 zu sehen ist.

Der grundsätzliche Aufbau einer Activity ist Ihnen mittlerweile bekannt: in der Methode onCreate() wird die Benutzeroberfläche mit setContentView() erzeugt und angezeigt. Durch das Registrieren eines View.OnClickListener mit setOnClickListener() können wir beim Anklicken der Schaltfläche HINZUFÜGEN einem LinearLayout, das über R.id.ll angesprochen wird, nach Belieben Fragmente hinzufügen.

Hierzu ermittelt die App mit getFragmentManager() die Referenz auf ein Objekt des Typs android.app.FragmentManager. Anschließend beginnen wir mit der Methode beginTransaction() eine Fragment-Transaktion und fügen mit add() drei Fragmente hinzu. addToBackStack() sorgt dafür, dass der Inhalt der Transaktion »in einem Rutsch« vom Zurück-Stapel entfernt wird. Sie können hier auf Wunsch einen Namen übergeben, der den Zustand des Stapels benennt, oder, wie in meinem Beispiel, einfach null. commit() schließt die Transaktion ab.

```
package com.thomaskuenneth.fragmentdemo2;

import android.app.Activity;
import android.app.Fragment;
import android.app.FragmentManager;
import android.app.FragmentTransaction;
import android.os.Bundle;
import android.view.LayoutInflater;
import android.view.View;
import android.view.ViewGroup;
import android.widget.Button;

public class FragmentDemo2Activity extends Activity {

    @Override
    protected void onCreate(Bundle savedInstanceState) {
        super.onCreate(savedInstanceState);
        // Benutzeroberfläche anzeigen
        setContentView(R.layout.activity_main);
        final Button button = findViewById(R.id.button);
        // auf das Anklicken reagieren
        button.setOnClickListener(v -> {
```

```
FragmentManager fragmentManager = getFragmentManager();
FragmentTransaction ft = fragmentManager.beginTransaction();
// Fragmente erzeugen und hinzufügen
for (int i = 0; i < 3; i++) {
  EinfachesFragment fragment = new EinfachesFragment();
  ft.add(R.id.ll, fragment);
}
// Transaktion auf Zurück-Stapel legen
ft.addToBackStack(null);
ft.commit();
  });
}


public static class EinfachesFragment extends Fragment {
  @Override
  public View onCreateView(LayoutInflater inflater,
              ViewGroup container,
              Bundle savedInstanceState) {
    // Benutzeroberfläche aufblasen (laden)
    return inflater.inflate(R.layout.einfaches_fragment,
        container, false);
  }
}
}
```

Listing 4.19 »FragmentDemo2Activity.java«

Die drei Fragmente werden durch die Klasse EinfachesFragment realisiert. Ihre einzige (selbst implementierte) Methode onCreateView() entfaltet mit inflate() den Inhalt der Layoutdatei *einfaches_fragment.xml*.

»So ganz nebenbei« haben Sie gelernt, wie man einer Activity Fragmente per Code hinzufügen kann. Für das Entfernen und Austauschen von Fragmenten gibt es die Methoden remove() und replace(). Dass Sie remove() nicht selbst aufrufen mussten, liegt daran, dass Android Ihnen beim Drücken bzw. Antippen der Zurück-Schaltfläche die gesamte Arbeit abnimmt.

4.3.3 Mehrspaltenlayouts

In diesem Abschnitt zeige ich Ihnen, wie Sie mit Fragmenten Benutzeroberflächen gestalten, die den auf dem Bildschirm zur Verfügung stehenden Platz optimal nutzen. Das Projekt *FragmentDemo3* demonstriert dies anhand einer klassischen Master-Detail-Ansicht. Der Anwender wählt aus einer Liste ein Element aus und sieht anschließend dessen Details. Auf Smartphones werden beide Teile, also Liste und

Detailansicht, in einer eigenen Activity dargestellt. Auf Tablets (oder Smartphones im Quermodus) passen beide zusammen auf den Bildschirm. Die Verteilung von Fragmenten auf Activities ist in Abbildung 4.10 zu sehen.

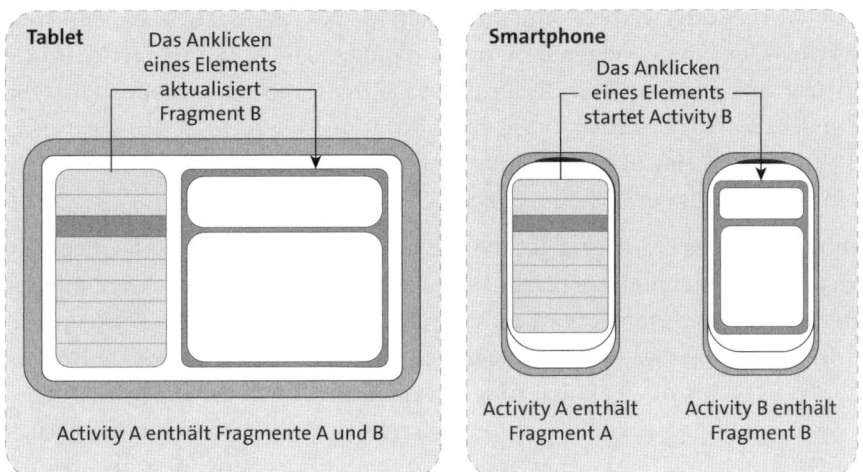

Abbildung 4.10 Verteilung von Fragmenten auf Activities

Die Hauptaktivität FragmentDemo3Activity der App ist in Listing 4.20 dargestellt. Sie zeigt nur die Benutzeroberfläche an.

```
package com.thomaskuenneth.fragmentdemo3;

import android.app.Activity;
import android.os.Bundle;

public class FragmentDemo3Activity extends Activity {

  @Override
  protected void onCreate(Bundle savedInstanceState) {
    super.onCreate(savedInstanceState);
    setContentView(R.layout.fragmentdemo3);
  }
}
```

Listing 4.20 »FragmentDemo3Activity.java«

Die Klasse AuswahlFragment (siehe Listing 4.21) ist da schon spannender. Sie leitet von android.app.ListFragment ab und kümmert sich um das Anzeigen einer Auswahlliste. Hierzu wird in der Methode onActivityCreated() eine Liste mit drei Elementen erzeugt und als ArrayAdapter an das ListFragment übergeben (setListAdapter()). Wird ein Listenelement angetippt, erscheint eine passende Detailansicht. Der zuletzt angetippte Eintrag wird in der Methode onSaveInstanceState() mit putInt() gespeichert und in onActivityCreated() mit getInt() wiederhergestellt.

Hierfür ist die Klasse DetailsFragment zuständig. Falls dieses Fragment nicht in der Hauptaktivität angezeigt werden kann (in diesem Fall hat zweiSpaltenModus den Wert false), erscheint es in einer eigenen Activity, nämlich der DetailsActivity. Um sie kümmern wir uns etwas später. Die Prüfung, ob der Zweispaltenmodus (also die Anzeige in der Hauptaktivität) aktiv ist, erfolgt mittels findViewById() und getVisibility(). Damit das Details-Fragment direkt eingebunden werden kann, muss es im Layout ein Element mit der ID details geben.

Die Methode detailsAnzeigen() zeigt die Details zu dem selektierten Element an; entweder wird ein Fragment »in place« in der aktuellen Activity angezeigt, oder es wird durch Aufruf von startActivity() eine neue Activity gestartet. Die In-place-Anzeige des Fragments besteht aus folgenden Schritten: Als Erstes wird mit findFragmentById() geprüft, ob es aktuell zu sehen ist. Ist dies nicht der Fall, wird mit DetailsFragment.newInstance() eine neue Instanz erzeugt. replace() ersetzt das aktuell angezeigte Fragment mit dieser. Dies findet innerhalb einer Fragment-Transaktions-klammer (beginTransaction() und commit()) statt. setTransition() sorgt für einen plattformkonformen Übergang.

```
package com.thomaskuenneth.fragmentdemo3;

import android.app.FragmentTransaction;
import android.app.ListFragment;
import android.content.Intent;
import android.os.Bundle;
import android.view.View;
import android.widget.ArrayAdapter;
import android.widget.ListView;

public class AuswahlFragment extends ListFragment {

    private static final String STR_ZULETZT_SELEKTIERT =
        "zuletztSelektiert";

    boolean zweiSpaltenModus;
    int zuletztSelektiert = 0;

    @Override
    public void onActivityCreated(Bundle savedInstanceState) {
        super.onActivityCreated(savedInstanceState);
        setListAdapter(new ArrayAdapter<>(getActivity(),
            android.R.layout.simple_list_item_activated_1,
```

```
      new String[]{"eins", "zwei", "drei"}));
  View detailsFrame = getActivity().findViewById(R.id.details);
  zweiSpaltenModus = detailsFrame != null &&
      detailsFrame.getVisibility() == View.VISIBLE;
  if (savedInstanceState != null) {
    // ggf. zuletztSelektiert wiederherstellen
    zuletztSelektiert =
        savedInstanceState.getInt(STR_ZULETZT_SELEKTIERT, 0);
  }
  if (zweiSpaltenModus) {
    // Im Zweispaltenmodus invertiert die View das
    // selektierte Element
    getListView().setChoiceMode(ListView.CHOICE_MODE_SINGLE);
    // Details anzeigen
    detailsAnzeigen(zuletztSelektiert);
  }
}


@Override
public void onSaveInstanceState(Bundle outState) {
  super.onSaveInstanceState(outState);
  // zuletzt selektierten Eintrag merken
  outState.putInt(STR_ZULETZT_SELEKTIERT, zuletztSelektiert);
}


@Override
public void onListItemClick(ListView l, View v,
              int position, long id) {
  detailsAnzeigen(position);
}


void detailsAnzeigen(int index) {
  zuletztSelektiert = index;
  if (zweiSpaltenModus) {
    // In-place-Darstellung
    getListView().setItemChecked(index, true);
    DetailsFragment details = (DetailsFragment)
        getFragmentManager()
            .findFragmentById(R.id.details);
    if (details == null || details.getIndex() != index) {
      // neues Fragment passend zum selektierten
      // Eintrag erzeugen und anzeigen
      details = DetailsFragment.newInstance(index);
```

```
        FragmentTransaction ft =
            getFragmentManager().beginTransaction();
        ft.replace(R.id.details, details);
        // einen Übergang darstellen
        ft.setTransition(
            FragmentTransaction.TRANSIT_FRAGMENT_FADE);
        ft.commit();
      }
    } else {
      // neue Activity starten
      Intent intent = new Intent();
      intent.setClass(getActivity(), DetailsActivity.class);
      intent.putExtra(DetailsFragment.INDEX, index);
      startActivity(intent);
    }
  }
}
```

Listing 4.21 »AuswahlFragment.java«

Die Klasse DetailsFragment ist wieder sehr einfach gehalten. In onCreateView() wird die Oberfläche dieses Fragments geladen, sofern es in einem Layout enthalten ist. In diesem Fall ist der Methodenparameter container ungleich null. Was das Fragment anzeigt, ergibt sich aus einem Wert, der beim Aufruf der Methode newInstance() übergeben wurde. Es handelt sich dabei um den Index des angeklickten Listenelements, der bestimmt, welches »Detail« angezeigt werden soll.

```
package com.thomaskuenneth.fragmentdemo3;

import android.app.Fragment;
import android.os.Bundle;
import android.view.LayoutInflater;
import android.view.View;
import android.view.ViewGroup;
import android.widget.ScrollView;
import android.widget.TextView;

public class DetailsFragment extends Fragment {

  public static final String INDEX = "index";

  public static DetailsFragment newInstance(int index) {
    DetailsFragment f = new DetailsFragment();
    Bundle args = new Bundle();
```

```
      args.putInt(INDEX, index);
      f.setArguments(args);
      return f;
    }

    public int getIndex() {
      return getArguments().getInt(INDEX, 0);
    }

    @Override
    public View onCreateView(LayoutInflater inflater,
                ViewGroup container,
                Bundle savedInstanceState) {
      ScrollView scroller = null;
      // View nur erzeugen, wenn das Fragment
      // angezeigt werden wird
      if (container != null) {
        scroller = new ScrollView(getActivity());
        TextView text = new TextView(getActivity());
        scroller.addView(text);
        text.setText(getString(R.string.template,
            1 + getIndex()));
      }
      return scroller;
    }
}
```

Listing 4.22 »DetailsFragment.java«

Die Benutzeroberfläche der Hauptaktivität FragmentDemo3Activity wird in der Layoutdatei *fragmentdemo3.xml* definiert und sieht so aus:

```
<?xml version="1.0" encoding="utf-8"?>
<LinearLayout xmlns:android="http://schemas.android.com/apk/res/android"
  android:layout_width="match_parent"
  android:layout_height="match_parent"
  android:orientation="horizontal">

  <fragment
    android:id="@+id/auswahl"
    class="com.thomaskuenneth.fragmentdemo3.AuswahlFragment"
    android:layout_width="0px"
    android:layout_height="match_parent"
    android:layout_weight="1" />
```

```
<FrameLayout
  android:id="@+id/details"
  android:layout_width="0px"
  android:layout_height="match_parent"
  android:layout_weight="1"
  android:background="?android:attr/detailsElementBackground" />
```

```
</LinearLayout>
```

Listing 4.23 »fragmentdemo3.xml«

Ein LinearLayout ordnet ein Fragment sowie ein FrameLayout horizontal an; Letzteres nimmt die Detailansicht auf. Auf diese Weise entsteht ein Zweispaltenlayout, das wunderbar auf Tablets zugeschnitten ist. Aber was geschieht auf Smartphones? Müsste das Layout dort nicht eher so aussehen?

```
<?xml version="1.0" encoding="utf-8"?>
<FrameLayout xmlns:android="http://schemas.android.com/apk/res/android"
  android:layout_width="match_parent"
  android:layout_height="match_parent">

  <fragment
    android:id="@+id/auswahl"
    class="com.thomaskuenneth.fragmentdemo3.AuswahlFragment"
    android:layout_width="match_parent"
    android:layout_height="match_parent" />

</FrameLayout>
```

Listing 4.24 »fragmentdemo3.xml« (alternative Version)

Tatsächlich kommen beide Varianten in der App zum Einsatz, weil Android einen Mechanismus kennt, der je nach Bildschirmgröße und -format unterschiedliche Layoutdateien nutzt. Diesen Mechanismus sehen wir uns in Kapitel 5, »Benutzeroberflächen«, ausführlicher an. Fürs Erste müssen Sie nur wissen, dass alle Varianten den gleichen Dateinamen haben, aber in unterschiedlichen Verzeichnissen abgelegt werden. Das Zweispaltenlayout gehört in den Ordner *layout-land*. Hierhin gehören Layouts, die im Quermodus angezeigt werden sollen. Die Variante, die als Wurzelelement ein FrameLayout enthält, landet im »normalen« *layout*-Verzeichnis.

Fassen wir den bisherigen Stand kurz zusammen: Die Hauptaktivität lädt »nur« die Oberfläche, die sich im Hochkant- und Quermodus unterscheidet. Im ersten Fall wird nur ein AuswahlFragment sichtbar, im Zweispaltenmodus sind Auswahl und Details zu sehen. Die Klasse AuswahlFragment stellt eine Liste mit den drei Einträgen EINS, ZWEI und DREI dar. Im Zweispaltenmodus wird die zuletzt selektierte Zeile farbig hervorgehoben, und beim Drehen des Geräts wird dieser Wert als *Instance State* zwischengespeichert. Von zentraler Bedeutung ist detailsAnzeigen(), denn diese Methode der Klasse AuswahlFragment kümmert sich um das Anzeigen der Details, entweder eingebettet in die aktuelle Activity oder in einer neu gestarteten. Hierfür wird der FragmentManager genutzt, den Sie in Abschnitt 4.3.2, »Ein Fragment in eine Activity einbetten«, kennengelernt haben.

Die letzte Klasse, die ich Ihnen vorstellen möchte, ist DetailsActivity (siehe Listing 4.25). Sie wird in der Methode detailsAnzeigen() von AuswahlFragment gestartet, wenn der Bildschirm kein Zweispaltenlayout ermöglicht. Dann muss die Detailansicht in einer eigenen Activity angezeigt werden.

```
package com.thomaskuenneth.fragmentdemo3;

import android.app.Activity;
import android.content.res.Configuration;
import android.os.Bundle;

public class DetailsActivity extends Activity {

  @Override
  protected void onCreate(Bundle savedInstanceState) {
    super.onCreate(savedInstanceState);
    if (getResources().getConfiguration().orientation
        == Configuration.ORIENTATION_LANDSCAPE) {
      finish();
      return;
    }
    if (savedInstanceState == null) {
      DetailsFragment details = new DetailsFragment();
      details.setArguments(getIntent().getExtras());
      getFragmentManager().beginTransaction().
          add(android.R.id.content, details).commit();
    }
  }
}
```

Listing 4.25 »DetailsActivity.java«

Der Ausdruck getResources().getConfiguration().orientation == Configuration. ORIENTATION_LANDSCAPE prüft, ob sich die Activity tatsächlich darstellen muss oder sich wieder mit finish() beenden kann. Letzteres ist der Fall, wenn Sie im Emulator oder auf einem echten Gerät durch Drehen in den Quermodus wechseln. Wie dies aussehen kann, ist in Abbildung 4.11 dargestellt.

Im folgenden Abschnitt beschäftigen wir uns mit einem weiteren wichtigen Baustein von Apps, den *Berechtigungen*. Diese kommen ins Spiel, wenn Ihre App auf Systemressourcen, zum Beispiel die Kamera oder das Mikrofon, zugreifen oder Benutzerdaten wie Kontakte und Termine verarbeiten möchte.

Abbildung 4.11 Die App »FragmentDemo3« im Quermodus

4.4   Berechtigungen

Android-Apps werden immer in einer *Sandbox* ausgeführt. Innerhalb dieses geschützten Bereichs können sie sich frei entfalten. Möchte eine App aber andere Systemkomponenten nutzen oder auf fremde Anwendungen, deren Bausteine und Daten zugreifen, muss sie hierfür eine entsprechende *Berechtigung* besitzen.

4.4.1   Normale und gefährliche Berechtigungen

Android unterscheidet zwischen *normalen* und *gefährlichen Berechtigungen*. Erstere finden Verwendung, wenn eine App zwar auf Daten oder Ressourcen außerhalb der eigenen Sandbox zugreift, dies aber keinen nennenswerten Einfluss auf die Privatsphäre des Benutzers oder die Integrität anderer Apps hat. Beispiele für normale Berechtigungen sind etwa Zugriff auf das Internet, Setzen der Zeitzone, Setzen eines Wallpapers sowie Benachrichtigung über den Abschluss des Boot-Vorgangs. Fordert eine App eine normale Berechtigung an, gewährt das System diese automatisch.

Gefährliche Berechtigungen hingegen müssen vom Anwender ausdrücklich gewährt oder verweigert werden, vorher ist die Nutzung der entsprechenden Funktion nicht möglich. Beispiele für gefährliche Berechtigungen sind der lesende oder schreibende Zugriff auf Kontakt- und Kalenderdaten, die Nutzung von Kamera oder Mikrofon, das Versenden und Empfangen von SMS sowie in vielen Fällen das Laden und Speichern von Dateien.

Berechtigungen deklarieren

Apps müssen in der Manifestdatei sowohl normale als auch gefährliche Berechtigungen anfordern. Wie ein entsprechender Eintrag aussieht, können Sie Listing 4.26 entnehmen, welches Bestandteil des Beispielprojekts *PermissionDemo* ist. Die App ist in Abbildung 4.12 zu sehen.

```xml
<?xml version="1.0" encoding="utf-8"?>
<manifest xmlns:android="http://schemas.android.com/apk/res/android"
  xmlns:tools="http://schemas.android.com/tools"
  package="com.thomaskuenneth.permissiondemo">

  <uses-permission android:name="android.permission.READ_CALL_LOG" />
  <application
    android:allowBackup="false"
    android:icon="@drawable/ic_launcher"
    android:label="@string/app_name"
    android:supportsRtl="true"
    tools:ignore="GoogleAppIndexingWarning">
    <activity android:name=".PermissionDemoActivity">
      <intent-filter>
        <action android:name="android.intent.action.MAIN" />
        <category android:name="android.intent.category.LAUNCHER" />
      </intent-filter>
    </activity>
  </application>
</manifest>
```

Listing 4.26 Eine »Berechtigung« anfordern

Bis einschließlich Android 5 wurden Berechtigungen während der Installation abgefragt. Der Benutzer musste entscheiden, ob er sie in Gänze akzeptieren wollte, und falls nicht, so wurde die App nicht installiert. Ein selektives Zustimmen oder Ablehnen war ebenso wenig möglich, wie das nachträgliche Entziehen oder Gewähren einer Berechtigung.

Dies hat sich mit der Einführung von *Marshmallow* glücklicherweise geändert: Die sogenannten *Runtime Permissions* geben Anwendern viel Kontrolle darüber, was eine App darf. Ein neues Programmiermodell sorgt dafür, dass Berechtigungsabfragen erst zur Laufzeit erfolgen. Apps müssen hierfür als `targetSdkVersion` in der Datei *build.gradle* des Moduls *app* mindestens 23 eintragen. Andernfalls werden die Rechte weiterhin während der Installation abgefragt.

Abbildung 4.12 Die App »PermissionDemo« nach dem ersten Start

 **Hinweis**

In Android 4.3 *Jelly Bean* war eine versteckte Funktion namens *App Ops* enthalten, bei der es sich um einen experimentellen Rechte-Manager handelte. Er konnte nach der Installation einer App bestimmte Rechte entziehen und wieder gewähren. Google hat später erklärt, dass dieses Feature nie für die Nutzung durch Endkunden gedacht war, und hat es mit Android 4.4.2 entfernt.

Auch nach dem Rooten von Geräten oder durch den Einsatz von Community-ROMs ist eventuell die Steuerung von Rechten möglich. Offiziell kann Android dies aber erst seit *Marshmallow* (API-Level 23).

Das nachträgliche Entziehen oder Gewähren von Rechten über die EINSTELLUNGEN funktioniert ab Android 6 übrigens unabhängig von der targetSdkVersion. Ein sorgfältiges Behandeln von Rückgabewerten und Ausnahmen ist also auch bei niedrigerer targetSdkVersion Pflicht, sofern die App auch unter Marshmallow oder Nougat einwandfrei funktionieren soll.

Berechtigungen prüfen und anfordern

Runtime Permissions bedeuten für Entwickler etwas zusätzliche Arbeit. Bitte sehen Sie sich hierzu Listing 4.27 an. Es demonstriert den Umgang mit ihnen, indem es die Anzahl der verpassten Anrufe anzeigt. Mein Beispiel greift in der Methode getMissed-Calls() lesend auf die *Anrufhistorie (Call Log)* zu. Sie wird nur aufgerufen, wenn die App die nötige Berechtigung hat, deshalb ist keine weitere Behandlung der sonst geworfenen SecurityException nötig. Ausführliche Informationen zum Call Log finden Sie in Kapitel 7, »Telefonieren und surfen«.

In onCreate() wird die Benutzeroberfläche geladen und angezeigt sowie für eine Schaltfläche ein OnClickListener registriert. Dieser ruft die private Methode request-Permission() auf. Spannendes geschieht in onStart(): Als Erstes wird mit checkSelf-Permission() geprüft, ob die App aktuell lesend auf die Anrufhistorie zugreifen darf. Ist dies der Fall, ruft mein Beispiel die Methode outputMissedCalls() auf, in der die Anzahl der verpassten Anrufe ermittelt und ausgegeben wird. Hat die App hingegen keine Berechtigung, auf das Call Log zuzugreifen, so fordert sie diese mit requestPermission() an.

```
package com.thomaskuenneth.permissiondemo;

import android.Manifest;
import android.app.Activity;
import android.content.pm.PackageManager;
import android.database.Cursor;
import android.os.Bundle;
import android.provider.CallLog;
import android.util.Log;
import android.view.View;
import android.widget.Button;
import android.widget.TextView;

public class PermissionDemoActivity extends Activity {

  private static final String TAG =
      PermissionDemoActivity.class.getSimpleName();
```

```java
private static final int RQ_CALL_LOG = 123;

private TextView tv;
private Button bt;

@Override
protected void onCreate(Bundle savedInstanceState) {
  super.onCreate(savedInstanceState);
  setContentView(R.layout.activity_permission_demo);
  tv = findViewById(R.id.tv);
  bt = findViewById(R.id.bt);
  bt.setOnClickListener(view -> requestPermission());
}

@Override
protected void onStart() {
  super.onStart();
  bt.setVisibility(View.GONE);
  if (checkSelfPermission(Manifest.permission.READ_CALL_LOG)
      != PackageManager.PERMISSION_GRANTED) {
    if (shouldShowRequestPermissionRationale(
        Manifest.permission.READ_CALL_LOG)) {
      tv.setText(R.string.explain1);
      bt.setVisibility(View.VISIBLE);
    } else {
      requestPermission();
    }
  } else {
    outputMissedCalls();
  }
}

@Override
public void onRequestPermissionsResult(int requestCode,
                  String permissions[],
                  int[] grantResults) {
  if (requestCode == RQ_CALL_LOG) {
    bt.setVisibility(View.GONE);
    if ((grantResults.length > 0) && grantResults[0]
        == PackageManager.PERMISSION_GRANTED) {
      outputMissedCalls();
    } else {
```

```
        tv.setText(R.string.explain2);
      }
    }
  }

  private void requestPermission() {
    requestPermissions(new String[]
            {Manifest.permission.READ_CALL_LOG},
        RQ_CALL_LOG);
  }

  private void outputMissedCalls() {
    tv.setText(getString(R.string.template,
        getMissedCalls()));
  }

  private int getMissedCalls() {
    int missedCalls = 0;
    String[] projection = {CallLog.Calls._ID};
    String selection = CallLog.Calls.TYPE + " = ?";
    String[] selectionArgs =
        {Integer.toString(CallLog.Calls.MISSED_TYPE)};
    try {
      Cursor c =
          getContentResolver().query(CallLog.Calls.CONTENT_URI,
              projection, selection, selectionArgs, null);
      if (c != null) {
        missedCalls = c.getCount();
        c.close();
      }
    } catch (SecurityException e) {
      Log.e(TAG, "getMissedCalls()", e);
    }
    return missedCalls;
  }
}
```

Listing 4.27 Die Klasse »PermissionDemoActivity«

Unter Umständen tut sie das aber nicht sofort, denn Google sieht vor, dass eine App den Benutzer über den Grund, weshalb sie ein bestimmtes Recht haben möchte, informieren soll, wenn er ihr die Berechtigung **schon mindestens einmal** verweigert hat. Hierfür ist die Methode shouldShowRequestPermissionRationale() zuständig. Liefert sie `true`, blendet *PermissionDemo* die Schaltfläche VERSTANDEN ein und zeigt einen Hinweistext an. Abbildung 4.13 zeigt die App, nachdem die Schaltfläche VER-STANDEN angeklickt wurde. Nach dem ersten Ablehnen einer Berechtigungsanfrage wird hingegen nur ein Hinweis ausgegeben.

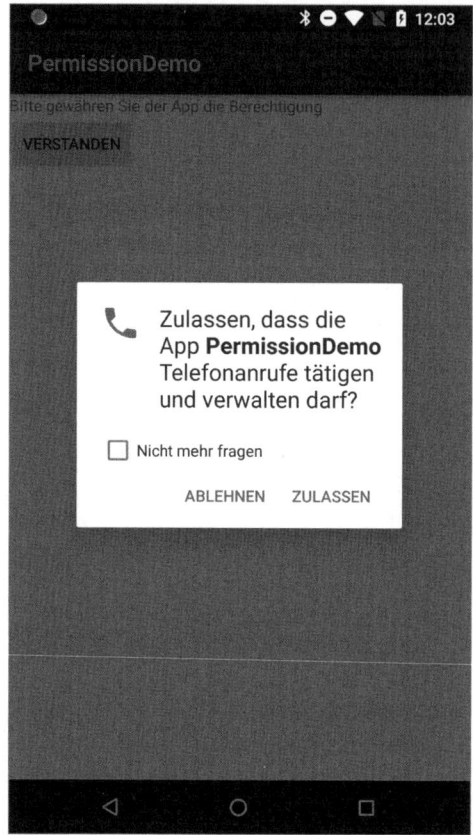

Abbildung 4.13 Die App nach dem Anklicken von »Verstanden«

Wie sich eine App verhält, wenn der Anwender eine Berechtigung verweigert, ist davon abhängig, wie zentral das Recht für ihr Funktionieren ist. Berührt es nur eine Funktion, müssen Sie nur diese temporär stilllegen. Ist hingegen ohne die Berechtigung der Betrieb der App nicht möglich, sollte die Info an den Benutzer wie in *PermissionDemo* entsprechend deutlich ausfallen.

Auf Rechtevergaben reagieren

Eine Methode meines Beispiels habe ich bislang noch nicht besprochen, nämlich `on-RequestPermissionsResult()`. Sie wird von Android aufgerufen, nachdem meine private Methode `requestPermission()` folgende Anweisung ausgeführt hat:

```
requestPermissions(new String[]
            {Manifest.permission.READ_CALL_LOG}, RQ_CALL_LOG);
```

Hierbei handelt es sich um das Pendant zum `<uses-permission />`-Tag in der Manifestdatei. `requestPermissions()` **muss** vor der Nutzung der Anrufhistorie aufgerufen werden, wenn `checkSelfPermission()` ergeben hat, dass die App die Berechtigung aktuell nicht hat. Sofern der Benutzer nicht in einem vorherigen Durchlauf durch Setzen des Häkchens vor NICHT MEHR FRAGEN und einem Klick auf ABLEHNEN die Berechtigung endgültig verwehrt hat, erscheint der Abfragedialog aus Abbildung 4.13. Erscheint er zum ersten Mal, ist NICHT MEHR FRAGEN noch nicht zu sehen.

Sicher ist Ihnen aufgefallen, dass der Abfragedialog vage von »Telefonanrufe tätigen und verwalten« schreibt, obwohl die App doch ganz genau eine Berechtigung, nämlich `android.permission.READ_CALL_LOG`, anfordert. Android fasst Berechtigungen zu sogenannten *Berechtigungsgruppen*[1] zusammen. Möchte eine App eine bestimmte Berechtigung erhalten, zeigt das System die Meldung, die zu derjenigen Gruppe passt, der eine Berechtigung zugeordnet ist. Das bedeutet, dass kein Meldungsdialog mehr erscheint, wenn eine andere Berechtigung angefordert wird, die zu derselben Gruppe gehört. Bitte denken Sie auch daran, dass normale Berechtigungen grundsätzlich ohne Benutzerinteraktion gewährt werden.

4.4.2   Tipps und Tricks zu Berechtigungen

Die Methode `shouldShowRequestPermissionRationale()` steuert also, ob eine App die Nutzung einer Berechtigung erklären sollte. Hat der Anwender ein Recht endgültig entzogen, so liefert sie `false`. Wenn eine Geräterichtlinie einer App verbietet, eine Berechtigung zu erhalten, wird ebenfalls `false` zurückgegeben.

Für Tests ist es sehr praktisch, Berechtigungen über die Kommandozeile steuern zu können. Das folgende Kommando entzieht *PermissionDemo* die Berechtigung, auf die Anrufhistorie zuzugreifen. Sie können das Kommando zum Beispiel im Werkzeugfenster Terminal eingeben.

```
adb shell pm revoke com.thomaskuenneth.permissiondemo android.permission.READ_
CALL_LOG
```

Das Schlüsselwort `grant` gewährt die Berechtigung.

Anwender erhalten über die in Abbildung 4.14 dargestellte Einstellungsseite APP-INFO Zugriff auf Berechtigungen.

---

1 *https://developer.android.com/guide/topics/security/permissions.html#perm-groups*

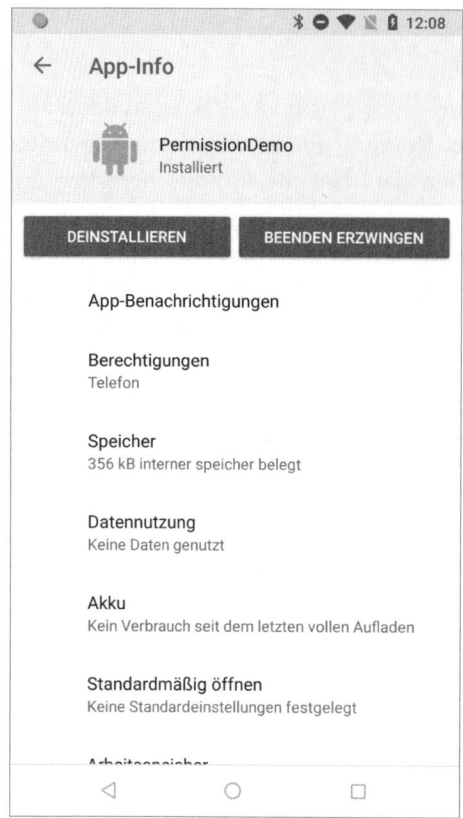

Abbildung 4.14 Die Einstellungsseite »App-Info«

Falls Sie diese Seite aus einer Activity Ihrer App heraus anzeigen möchten, sind nur wenige Zeilen Code nötig:

```
import android.content.Intent;
import android.net.Uri;
import android.provider.Settings;
...
Intent intent = new Intent();
intent.setAction(Settings.ACTION_APPLICATION_DETAILS_SETTINGS);
Uri uri = Uri.fromParts("package", getPackageName(), null);
intent.setData(uri);
startActivity(intent);
```

Listing 4.28 Einstellungsseite »App-Info« aufrufen

Ein Klick auf BERECHTIGUNGEN öffnet die Seite mit den Berechtigungen, die von einer App angefordert werden. In Abbildung 4.15 ist diese Seite zu sehen. Ein direkter Aufruf ist derzeit nicht vorgesehen.

Abbildung 4.15 Die Einstellungsseite »App-Berechtigungen«

Berechtigungen und der Lebenszyklus von Activities

Vielleicht fragen Sie sich, ob es »den besten Zeitpunkt« für das Prüfen und Anfordern von Berechtigungen gibt. Wie Sie wissen, sollten Sie Berechtigungen nur dann anfordern, wenn sie für das Ausführen einer bestimmten Aktion erforderlich ist. Aber was bedeutet das? Activities durchlaufen einen komplexen Lebenszyklus einschließlich einer ganzen Reihe von *Callbacks*, also Methoden, die Sie bei Bedarf überschreiben können.

Der Klassiker, onCreate(), wird von praktisch jeder Activity überschrieben. Theoretisch können Sie also dort Ihre Berechtigungsprüfungen machen, allerdings wird onCreate() nicht immer aufgerufen, sondern nur dann, wenn die Activity noch nie gestartet oder nach einem früheren Lauf zerstört wurde. Deshalb bietet sich on-Start() als Alternative an. Doch hierbei kann es zu einem unerwarteten Effekt kommen, wenn Sie mit requestPermissions() den systemweiten Berechtigungsdialog öffnen und der Benutzer während dessen Anzeige das Gerät dreht, also einen Orientierungswechsel vornimmt. Dies führt dazu, dass wieder onStart() aufgerufen wird, und damit wieder der Berechtigungsdialog. Android 7 und 8 ignorieren den zweiten, unnötigen `requestPermissions()`-Aufruf, aber unter Android 6 erscheint der Dialog tatsächlich mehrmals. Zum Zeitpunkt der Drucklegung war mir keine Empfehlung von Google bekannt, wie man damit am besten umgehen sollte. Auf der sicheren Seite sind Sie, wenn Sie in Ihrer App speichern, dass gerade die Antwort auf eine Berechtigungsanfrage aussteht; hierfür bieten sich die *Shared Preferences* an. Aus Gründen der Übersichtlichkeit tun meine Beispiele dies allerdings nicht.

4.5 Zusammenfassung

Sie haben in diesem Kapitel wichtige Bausteine von Apps kennengelernt und gesehen, wie diese mithilfe von *Intents* miteinander kommunizieren. Android kennt – neben den für den Benutzer sichtbaren Activities – *Broadcast Receiver*, die auch dann auf Nachrichten reagieren können, wenn eine App gar nicht aktiv ist.

Mit *Fragmenten* stehen Ihnen nun Komponenten zur Verfügung, mit denen Sie Ihr Programm so strukturieren können, dass die Bedienoberfläche sowohl auf Smartphones als auch auf Tablets den vorhandenen Raum optimal ausnutzt.

Auch Berechtigungen sind zentrale Anwendungsbausteine. Die mit Android 6 eingeführten *Runtime Permissions* nehmen unmittelbar Einfluss auf den Programmablauf, indem sie unter bestimmten Umständen Systemdialoge anzeigen und vom Benutzer Entscheidungen einfordern.

Kapitel 5
Benutzeroberflächen

Die Bedienoberfläche ist das Aushängeschild einer App. Gerade auf mobilen Geräten ist es wichtig, dem Anwender die Nutzung eines Programms so einfach wie möglich zu machen. Dass dabei der Spaß nicht auf der Strecke bleiben muss, zeige ich Ihnen in diesem Kapitel.

Android stellt Ihnen eine ganze Reihe von Bedienelementen zur Verfügung, mit denen Sie die Benutzeroberfläche Ihrer App gestalten können. Diese Komponenten werden zur Laufzeit zu einem Objektbaum entfaltet. Anders als beispielsweise in Java Swing, wo Hierarchiebeziehungen zwischen Komponenten und Objekteigenschaften auf Quelltextebene modelliert werden müssen, nutzt Android hierfür XML.

5.1 Views und ViewGroups

Ich habe Layoutbeschreibungen schon in den vorangegangenen Kapiteln verwendet. Entsprechende Dateien werden in Unterverzeichnissen von *res* abgelegt, und die Namen dieser Unterverzeichnisse beginnen mit *layout*.

Die folgende Datei *main.xml* gehört zu dem Beispielprojekt *WidgetDemo*. Sie ist recht einfach gehalten:

```xml
<?xml version="1.0" encoding="utf-8"?>
<LinearLayout xmlns:android="http://schemas.android.com/apk/res/android"
  android:layout_width="match_parent"
  android:layout_height="match_parent"
  android:orientation="vertical"
  android:padding="6dp">

  <EditText
    android:id="@+id/textfield"
    android:layout_width="match_parent"
    android:layout_height="wrap_content"
    android:hint="@string/hint"
    android:imeOptions="actionGo"
```

```
      android:inputType="textNoSuggestions"
      android:lines="1" />

    <Button
      android:id="@+id/apply"
      android:layout_width="wrap_content"
      android:layout_height="wrap_content"
      android:text="@string/apply" />

    <FrameLayout
      android:id="@+id/frame"
      android:layout_width="wrap_content"
      android:layout_height="wrap_content" />

</LinearLayout>
```

Listing 5.1 Die Datei »main.xml« des Projekts »WidgetDemo«

Der Ausdruck`android:imeOptions="actionGo"` sorgt dafür, dass auf Geräten mit physikalischer Tastatur durch Drücken der Eingabetaste eine Aktion ausgelöst wird. Virtuelle Keyboards zeigen eine spezielle »Go«-Schaltfläche an. Programmseitig müssen Sie zusätzlich mit `setOnEditorActionListener()` einen `OnEditorActionListener` registrieren und dessen Methode `onEditorAction()` implementieren. Dies lässt sich sehr elegant mit einem Lambda-Ausdruck umsetzen. Dieser ist in Listing 5.2 zu sehen. `android:inputType="textNoSuggestions"` sorgt dafür, dass für das Eingabefeld keine Vorschläge gemacht werden. Da Sie hier absolute Klassennamen eintippen, würden diese ohnehin ins Leere laufen.

Sicher ist Ihnen aufgefallen, dass die vier Elemente `LinearLayout`, `FrameLayout`, `Button` und `EditText` einige gemeinsame Attribute haben. `android:layout_width` und `android:layout_height` sind überall vorhanden. `android:id` fehlt nur in `LinearLayout`. IDs werden benötigt, um sich innerhalb einer Klasse, zum Beispiel einer Activity, auf eine View oder eine ViewGroup beziehen zu können – vielleicht weil Sie die Farbe setzen, einen Status abfragen oder einen Text ändern wollen. In meinem Beispiel ist das für `LinearLayout` aber nicht nötig.

Zu jedem XML-Element gibt es ein Pendant in der Android-Klassenbibliothek. Instanzen dieser Klassen bilden zur Laufzeit einer App einen Objektbaum, der die Benutzeroberfläche repräsentiert. Die XML-Attribute werden hierbei auf Instanzvariablen abgebildet. Das System nimmt Ihnen die Arbeit des Entfaltens praktisch vollständig ab. Häufig ist nur die Ihnen bereits bekannte Anweisung `setContentView(...);` notwendig.

5.1.1 Views

Die Basisklasse aller Bedienelemente ist `android.view.View`. Die Benutzeroberfläche einer App besteht also aus einer oder mehreren Views oder aus von ihr abgeleiteten Klassen. Sie fasst die Eigenschaften und Methoden zusammen, die mindestens nötig sind, um an einer bestimmten Position ein rechteckiges Element mit vorgegebener Größe darzustellen. Beispielsweise wird `onDraw()` aufgerufen, wenn sich die Komponente zeichnen soll. Views sind also für ihr Rendering selbst verantwortlich. Ebenso kümmern sie sich um die Bearbeitung von Tastatur-, Touch- und Trackball-Ereignissen.

Eigenschaften von Views

Wenn die Benutzeroberfläche in einer XML-Datei deklariert und erst zur Laufzeit zu einem Objektbaum entfaltet wird, muss es einer App möglich sein, Referenzen auf spezifische Komponenten zu ermitteln. Dies ist beispielsweise nötig, um auf Benutzeraktionen zu reagieren. Denken Sie an das Anklicken einer Schaltfläche oder an unmittelbare Reaktionen auf Eingaben in ein Textfeld. Activities enthalten hierfür die Methode `findViewById()`. Der ihr übergebene Wert entspricht üblicherweise einer Konstante aus `R.id`. Diese wiederum bezieht ihre Informationen aus den Attributen `android:id` der XML-Dateien. Das Eingabefeld meines Beispiels ist über seine ID `textfield` erreichbar. Die Klasse `WidgetDemo`, die Sie gleich kennenlernen werden, greift mit der Anweisung

```
final EditText e = findViewById(R.id.textfield);
```

auf `textfield` zu.

> **Hinweis**
>
> Sie werden im Internet viele Beispiele finden, in denen der zurückgegebene Wert gecastet wird, zum Beispiel `e = (EditText) findViewById(R.id.textfield);`. Erst in *Oreo* hat Google den Rückgabewert der Methode generisch gemacht (`<T extends View> T`). Damit wird der Cast unnötig. Wenn Sie in Ihren Projekten den Wert `compileSdk` in der modulspezifischen *build.gradle*-Datei auf 26 oder höher setzen, zeigt Android Studio eine entsprechende Warnung an. Das Entfernen des Casts ist unproblematisch, denn es hat keine Auswirkungen auf die Lauffähigkeit unter älteren Plattformversionen (sofern weiterhin alle anderen Voraussetzungen erfüllt sind).

Sie können Views zusätzlich zu diesen IDs ein *Tag* zuweisen. Tags werden nicht für die Identifizierung von Views verwendet, sondern dienen als eine Art Speicher für Zusatzinformationen. Anstatt solche Daten in einer gesonderten Struktur abzulegen, können Sie sie (oder gegebenenfalls eine Referenz auf sie) direkt in der View ablegen.

In Kapitel 3, »Von der Idee zur Veröffentlichung«, nutzt die Methode getView() der Klasse TierkreiszeichenAdapter Tags, um Referenzen auf convertView zu speichern.

Views sind Rechtecke. Ihre Positionen werden durch ihre linken oberen Ecken bestimmt. Die Werte entsprechen Pixeln. Sie können sie mit getLeft() und getTop() abfragen. Da Views Hierarchien abbilden, werden Koordinaten stets relativ zur Elternkomponente angegeben, nicht als absolute Werte. Die Größe einer View ergibt sich aus den Dimensionen Breite und Höhe. Tatsächlich gehören sogar zwei solcher Paare zu einer View: Das erste Paar gibt an, wie groß innerhalb ihres Elternobjekts die View sein möchte. Die beiden Dimensionen lassen sich mit getMeasuredWidth() und getMeasuredHeight() abfragen.

Das zweite Paar gibt die tatsächliche Größe einer View auf dem Bildschirm an, und zwar nach dem Layoutvorgang, aber vor dem Zeichnen. Die Werte des zweiten Paares werden von den beiden Methoden getWidth() und getHeight() geliefert. Die beiden Paare können, müssen aber nicht unterschiedlich sein. Die Größe einer View wird auch durch das sogenannte *Padding* beeinflusst. Die Pixelwerte des Paddings geben an, wie weit der Inhalt einer View von ihrem oberen, unteren, linken und rechten Ende entfernt sein soll. Das Padding können Sie mit der Methode setPadding() setzen und mit getPaddingLeft(), getPaddingTop(), getPaddingRight() und getPadding-Bottom() abfragen. Das Konzept von Rändern wird übrigens in den sogenannten *ViewGroups* umgesetzt, die ich Ihnen im folgenden Abschnitt ausführlich vorstelle.

Komponenten programmatisch erzeugen

Die App *WidgetDemo*, die Sie in Abbildung 5.1 sehen, besteht im Wesentlichen aus einem Eingabefeld und einer Schaltfläche. Geben Sie den voll qualifizierten Klassennamen eines Bedienelements (zum Beispiel android.widget.DigitalClock, android.widget.RatingBar oder android.widget.DatePicker) ein, und klicken Sie anschließend auf ÜBERNEHMEN. Das Programm instanziiert das entsprechende Objekt und fügt es in den Komponentenbaum ein, der aus der XML-Datei *main.xml* entfaltet wurde. Wie dies funktioniert, ist in Listing 5.2 zu sehen.

```
package com.thomaskuenneth.widgetdemo;

import android.app.Activity;
import android.content.Context;
import android.os.Bundle;
import android.util.Log;
import android.view.View;
import android.view.ViewGroup.LayoutParams;
import android.widget.Button;
import android.widget.EditText;
import android.widget.FrameLayout;
```

```
import android.widget.Toast;

public class WidgetDemo extends Activity {

  private static final String TAG = WidgetDemo.class.getSimpleName();

  @Override
  public void onCreate(Bundle savedInstanceState) {
    super.onCreate(savedInstanceState);
    setContentView(R.layout.main);

    final LayoutParams params =
        new LayoutParams(LayoutParams.MATCH_PARENT,
                         LayoutParams.WRAP_CONTENT);
    // Referenzen auf Views ermitteln
    final FrameLayout f = findViewById(R.id.frame);
    final EditText e = findViewById(R.id.textfield);
    final Button b = findViewById(R.id.apply);
    // auf Anklicken des Buttons reagieren
    b.setOnClickListener(v -> {
      // eingegebenen Text auslesen
      String name = e.getText().toString();
      try {
        // ein Objekt instanziieren
        Class<?> c = Class.forName(name);
        Object o = c.getDeclaredConstructor(Context.class)
            .newInstance(WidgetDemo.this);
        // Leitet die Klasse von View ab?
        if (o instanceof View) {
          // alte Views löschen u. neue hinzufügen
          f.removeAllViews();
          f.addView((View) o, params);
          f.forceLayout();
        }
      } catch (Throwable tr) {
        String str = getString(R.string.error, name);
        Toast.makeText(WidgetDemo.this, str, Toast.LENGTH_LONG).show();
        Log.e(TAG, "Fehler beim Instanziieren von " + name, tr);
      }
    });
    // auf "Go" reagieren
    e.setOnEditorActionListener((v, actionId, event) -> {
      b.performClick();
```

```
      return true;
  });
  }
}
```

Listing 5.2 »WidgetDemo.java«

Wie üblich zeigt der Aufruf von `setContentView()` die Benutzeroberfläche an. Mit `findViewById()` ermitteln wir Referenzen auf Objekte, die wir im weiteren Programmverlauf noch benötigen, zum Beispiel um für die Schaltfläche ÜBERNEHMEN einen `OnClickListener` zu registrieren.

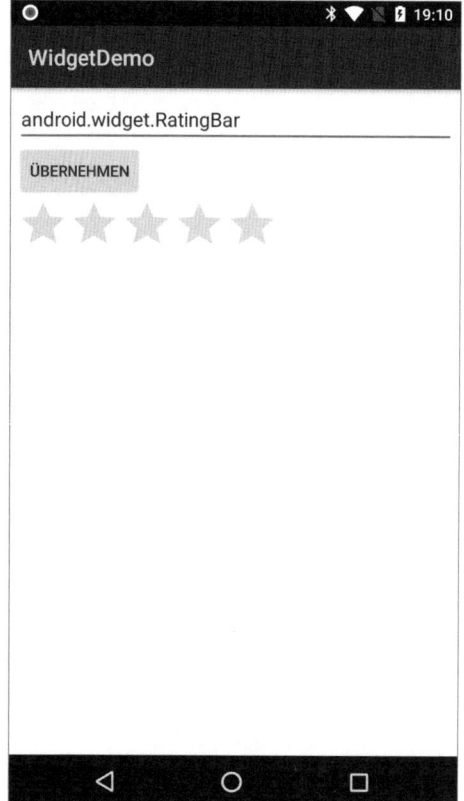

Abbildung 5.1 Die App »WidgetDemo«

Vielleicht fragen Sie sich, was es mit der View namens `FrameLayout` auf sich hat, denn nach dem Start der App ist von ihr zunächst nichts zu sehen. `FrameLayout` ist ein Kind der Klasse `android.view.ViewGroup`. Solche Container nehmen weitere Bedienelemente auf. Zunächst wird mit der Anweisung

```
FrameLayout f = findViewById(R.id.frame);
```

eine Referenz auf die Komponente ermittelt. Anschließend können Sie mit `addView()` Views oder ViewGroups hinzufügen oder mit `removeAllViews()` entfernen. Auf diese Weise ist problemlos das Mischen von deklarativ und programmatisch erstellten Oberflächen möglich. Ist Ihnen aufgefallen, dass bei `addView()` ein Objekt des Typs `android.view.ViewGroup.LayoutParams` übergeben wurde? Wie auch bei per XML deklarierten Oberflächen müssen Sie beim Hinzufügen einer View bestimmte Werte zwingend angeben, nämlich Breite und Höhe. Dies geschieht mit `LayoutParams`-Objekten. Der Aufruf der Methode `forceLayout()` erzwingt das erneute Anordnen der Bedienelemente, was für das korrekte Anzeigen der hinzugefügten Komponente nötig ist.

Auf Benutzeraktionen reagieren

Die Idee, mithilfe von sogenannten *Listenern* auf Benutzeraktionen zu reagieren, wird in vielen Klassenbibliotheken umgesetzt. Bedienelemente bieten an, Referenzen von Objekten, die entweder bestimmte Interfaces implementieren oder von bestimmten Basisklassen ableiten, bei sich zu registrieren. Tritt ein festgelegtes Ereignis ein oder löst der Benutzer eine bestimmte Aktion aus, so ruft die Komponente eine Methode der ihr übergebenen Objekte auf. Welche Listener ein Bedienelement anbieten, entnehmen Sie bitte Googles Entwicklerdokumentation. Der in Listing 5.3 gezeigte `OnClickListener` steht zum Beispiel auch bei Ankreuzfeldern (`android.widget.CheckBox`) zur Verfügung.

```
final Button b = findViewById(R.id.apply);
b.setOnClickListener(v -> {
   ...
}
```

Listing 5.3 Auf das Anklicken einer Schaltfläche per »Listener« reagieren

Bei der Wahl des Listeners müssen Sie allerdings genau überlegen, was Sie in Ihrer App erreichen möchten. Hierzu ein Beispiel: Das in Abbildung 5.2 gezeigte Programm *ListenerDemo* gibt in einem Textfeld den Status einer `CheckBox` aus. Das Anklicken einer Schaltfläche kehrt diesen Status um. Sie finden die App in den Begleitmaterialien zum Buch unter *www.rheinwerk-verlag.de/4564*. Wie in Listing 5.4 zu sehen ist, registriert die Klasse einen `OnClickListener`, der die Meldung beim Anklicken der `CheckBox` mit folgender Anweisung aktualisiert:

```
textview.setText(Boolean.toString(checkbox.isChecked()));
```

Die Schaltfläche STATUS UMKEHREN kehrt den aktuellen Zustand des Ankreuzfeldes mit diesem Quelltextfragment um:

```
checkbox.setChecked(!checkbox.isChecked());
```

Bitte probieren Sie die App im Emulator oder auf einem realen Gerät aus, und testen Sie dabei die Funktion der Schaltfläche und des Ankreuzfeldes.

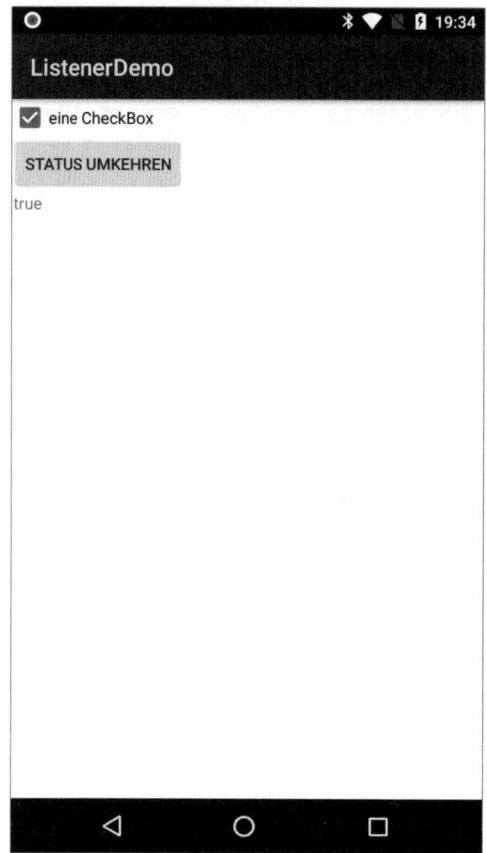

Abbildung 5.2 Die App »ListenerDemo«

```
package com.thomaskuenneth.listenerdemo;

import android.app.Activity;
import android.os.Bundle;
import android.widget.Button;
import android.widget.CheckBox;
import android.widget.TextView;

public class ListenerDemo extends Activity {

  @Override
  public void onCreate(Bundle savedInstanceState) {
    super.onCreate(savedInstanceState);
```

```
setContentView(R.layout.main);
final TextView textview = findViewById(R.id.textview);
final CheckBox checkbox = findViewById(R.id.checkbox);
// OnClickListener für CheckBox registrieren
checkbox.setOnClickListener(v
    -> textview.setText(Boolean.toString(checkbox.isChecked())));
final Button status = findViewById(R.id.status);
// OnClickListener für Button registrieren
status.setOnClickListener(v
    -> checkbox.setChecked(!checkbox.isChecked()));
  }
}
```

Listing 5.4 »ListenerDemo.java«

Beim Anklicken der CheckBox wird die Meldung korrekt aktualisiert. STATUS UMKEH-
REN hingegen setzt zwar das Ankreuzfeld richtig (aus *angekreuzt* wird *nicht angekreuzt* und umgekehrt), allerdings ändert sich die Meldung des Textfeldes nicht. Sie
zeigt einen anderen Wert an, als die CheckBox tatsächlich hat. Eine schnelle – doch un-
schöne – Umgehung dieses Problems wäre es, die Anweisung

```
textview.setText(Boolean.toString(checkbox.isChecked()));
```

in den Listener der Schaltfläche zu kopieren. Lassen Sie uns stattdessen überlegen,
was der Grund des Fehlverhaltens ist: Den Status mit der Methode setChecked() zu
setzen, ist ganz sicher das richtige Vorgehen. Vielleicht ist aber der OnClickListener
die falsche Wahl, denn er reagiert »nur« auf das Anklicken bzw. Antippen der Komponente, was aber beim Setzen durch Code nicht passiert. Deshalb gibt es einen On-
CheckedChangeListener, der auf Statuswechsel reagiert. Warum dieser erfolgt, ist
Android beim Aufrufen des Listeners »egal«. Um das auszuprobieren, entfernen Sie
die Anweisung checkbox.setOnClickListener(...), und fügen Sie stattdessen den folgenden Ausdruck ein:

```
checkbox.setOnCheckedChangeListener((buttonView, isChecked)
  -> textview.setText(Boolean.toString(checkbox.isChecked())));
```

Listing 5.5 Auf das Setzen bzw. Entfernen von Häkchen reagieren

Nach dieser Änderung führt das Anklicken der Schaltfläche zur Aktualisierung des
Textfeldes, weil aufgrund der Zustandsänderung der OnCheckedChangeListener aufge-
rufen wird. Im folgenden Abschnitt stelle ich Ihnen die sogenannten *ViewGroups*
ausführlicher vor. Ähnlich wie beispielsweise Java Swing oder JavaFX ordnet Android
Bedienelemente auf Grundlage von Regeln an, die in *Layouts* implementiert wurden.
Diese Klassen leiten von android.view.ViewGroup ab.

5.1.2   Positionierung von Bedienelementen mit ViewGroups

ViewGroups sind Container, können also weitere Views und ViewGroups enthalten. In Ihren Apps verwenden Sie normalerweise nicht diese Basisklasse, sondern abgeleitete Implementierungen wie die Ihnen bereits bekannten Klassen `LinearLayout` oder das (sehr einfache) `FrameLayout`.

FrameLayout und LinearLayout

In der App *WidgetDemo* dieses Kapitels habe ich in der zugehörigen Layoutdatei ein `FrameLayout` definiert, um eine zur Laufzeit erzeugte Komponente in den Objektbaum einhängen zu können. Das ist auch der Haupteinsatzbereich dieser Klasse. FrameLayouts enthalten normalerweise nur ein Element, auch wenn sowohl programmatisch mittels `addView()` als auch in der Layoutdatei mehrere Views hinzugefügt werden können. Die Größe des Elements entspricht dem größten Kindelement, dessen Position mit `gravity` kontrolliert wird. Um dies auszuprobieren, sehen Sie sich bitte die folgende Layoutdatei *framelayout_demo.xml* an:

```xml
<?xml version="1.0" encoding="utf-8"?>
<FrameLayout
  xmlns:android="http://schemas.android.com/apk/res/android"
  android:layout_width="match_parent"
  android:layout_height="match_parent"
  android:background="@android:color/darker_gray"
  >

  <View
    android:layout_width="40dp"
    android:layout_height="40dp"
    android:layout_gravity="top|start"
    android:background="#ffff00"
    />

  <TextView
    android:layout_width="wrap_content"
    android:layout_height="wrap_content"
    android:textColor="@android:color/black"
    android:background="@android:color/white"
    android:text="@string/hello"
    android:layout_gravity="center"
    />

</FrameLayout>
```

Listing 5.6 »framelayout_demo.xml«

Die Kinder werden in der Reihenfolge gezeichnet, in der sie hinzugefügt wurden. Die TextView erscheint also am weitesten vorn. Der Wert center ihres Attributs android:layout_gravity zentriert sie. Die mittlere Komponente, eine View, erscheint als solides gelbes Rechteck, weil ich mit dem Ausdruck android:background="#ffff00" die Hintergrundfarbe auf Gelb gesetzt habe. Dem Hashzeichen folgen drei hexadezimale Zahlen, die die Rot-, Grün- und Blauanteile der zu verwendenden Farbe repräsentieren.

android:layout_gravity="top|start" sorgt dafür, dass das Element in der linken (genauer gesagt am Beginn der Leserichtung befindlichen) oberen Ecke von FrameLayout gezeichnet wird. Die Größe der View habe ich als sogenannte *density-independent pixels* angegeben. Die Einheit dp abstrahiert von der Pixeldichte des verwendeten Bildschirms. Auf diese Weise passen sich Ihre Apps besser an unterschiedliche Anzeigen an. Ausführliche Informationen hierzu finden Sie in Abschnitt 5.2.2, »Bitmaps und Pixeldichte«.

Abbildung 5.3 Die entfaltete Layoutdatei »framelayout_demo.xml«

Abbildung 5.3 zeigt die entfaltete Layoutdatei. Um sie selbst auszuprobieren, verwenden Sie am besten das Projekt *LeeresProjekt* aus den Begleitmaterialien zum Buch (*www.rheinwerk-verlag.de/4564*). Es hält bereits diese sowie die beiden folgenden Layoutdateien, Sie müssen nur noch in onCreate() den Text R.layout.activity_main durch R.layout.framelayout_demo ersetzen. Außerdem müssen für dieses und die folgenden Beispiele in der Datei *strings.xml* die folgenden Zeilen vorhanden sein. Die Version in den Begleitmaterialien enthält sie bereits.

```
<string name="hello">Hallo!</string>
<string name="ok">OK</string>
<string name="cancel">Abbruch</string>
<string name="hint">Bitte Text eingeben</string>
```

LinearLayout ist wahrscheinlich das am häufigsten verwendete Layout. Seine Funktionsweise ist leicht nachvollziehbar, und es lässt sich flexibel einsetzen. Es ordnet seine Kinder neben- oder untereinander an. Sie können deren Ausrichtung mit der Ihnen bereits bekannten gravity kontrollieren. Die in Abbildung 5.4 dargestellte Datei *linearlayout_demo.xml* zeigt im entfalteten Zustand zwei Schaltflächen und ein Eingabefeld.

Abbildung 5.4 Die entfaltete Layoutdatei »linearlayout_demo.xml«

```xml
<?xml version="1.0" encoding="utf-8"?>
<LinearLayout xmlns:android="http://schemas.android.com/apk/res/android"
  android:layout_width="match_parent"
  android:layout_height="match_parent"
  android:orientation="vertical"
  android:padding="8dp">

  <EditText
    android:layout_width="match_parent"
    android:layout_height="0dp"
    android:layout_weight="1.0"
    android:hint="@string/hint"
    android:inputType="text" />

  <LinearLayout
    style="?android:attr/buttonBarButtonStyle"
    android:layout_width="match_parent"
    android:layout_height="wrap_content"
    android:gravity="end"
    android:orientation="horizontal">

    <Button
      style="?android:attr/buttonBarButtonStyle"
      android:layout_width="wrap_content"
      android:layout_height="wrap_content"
      android:text="@string/cancel" />

    <Button
      style="?android:attr/buttonBarButtonStyle"
      android:layout_width="wrap_content"
      android:layout_height="wrap_content"
      android:text="@string/ok" />

  </LinearLayout>
</LinearLayout>
```

Listing 5.7 »linearlayout_demo.xml«

Mit dem Attribut `android:orientation` steuern Sie, ob Kindelemente spaltenweise (horizontal) oder zeilenweise (vertical) angeordnet werden. Der Ausdruck `android:gravity="end"` führt dazu, dass die beiden Schaltflächen des Beispiels zum rechten Rand hin (genauer zum Ende der Leserichtung hin) ausgerichtet werden.

Freien Bildschirmplatz können Sie mit dem Attribut android:layout_weight vertei-len. Das funktioniert so: Zunächst ermittelt Android, wie hoch oder breit die Kinder sein möchten. Dann wird noch vorhandener Raum entsprechend der im Attribut layout_weight angegebenen Gewichtung verteilt. Soll beispielsweise das Eingabefeld etwa zwei Drittel der Bildschirmhöhe einnehmen, setzen Sie dessen weight auf 0.7 und das Attribut android:layout_weight des LinearLayout der Schaltflächen auf 0.3. Die Summe aller Gewichtungen muss standardmäßig 1.0 ergeben. Dieser Wert kann bei Bedarf durch Setzen des Attributs android:weightSum geändert werden.

Layout Inspector und RelativeLayout

Wie Sie gesehen haben, können Sie durch das Schachteln von LinearLayouts mit ge-ringem Aufwand die Benutzeroberfläche Ihrer App gestalten. Allerdings belegen jede View und jede ViewGroup Speicher. Zudem ist das Entfalten von komplexen Kompo-nentengeflechten aufwendig, verbraucht also Rechenleistung. Auch wenn moderne Smartphones und Tablets eine beachtliche Leistungsfähigkeit erreicht haben, ist effi-ziente Programmierung weiterhin sehr wichtig. Android Studio enthält den *Layout Inspector*. Sie starten ihn über TOOLS • ANDROID • LAYOUT INSPECTOR. Damit kön-nen Sie den Komponentenbaum einer App inspizieren. Es verdeutlicht, aus wie vie-len Objekten das doch recht einfach anmutende LinearLayout-Beispiel besteht (siehe Abbildung 5.5).

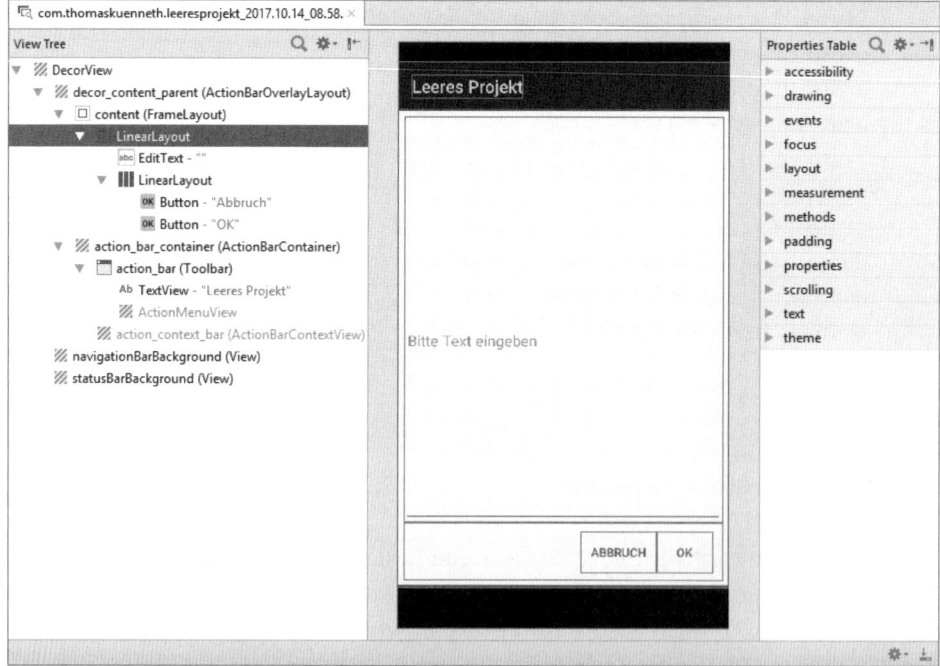

Abbildung 5.5 Der Layout Inspector

> **Hinweis**
>
> Der Layout Inspector möchte sich mit einem Prozess auf dem Gerät oder Emulator verbinden und zeigt deshalb einen entsprechenden Auswahldialog. Vor dem Aufruf müssen Sie deshalb die App starten, deren Layouthierarchie Sie überprüfen möchten.

Es ist möglich, mit weniger Komponenten dasselbe Ergebnis zu erzielen: Das RelativeLayout kann nicht nur nebeneinanderliegende Schaltflächen ohne zusätzlichen Container anordnen, sondern auch die vollständige Benutzeroberfläche des Beispiels aus dem vorherigen Abschnitt ist damit intuitiv und effizient umsetzbar. Denken Sie daran, dass die Datei *relativelayout_demo.xml* im Projekt *LeeresProjekt* schon vorhanden ist und Sie das Layout nur mit setContentView(R.layout.relativelayout_demo); anzeigen müssen.

```xml
<?xml version="1.0" encoding="utf-8"?>
<RelativeLayout xmlns:android="http://schemas.android.com/apk/res/android"
  style="?android:attr/buttonBarButtonStyle"
  android:layout_width="match_parent"
  android:layout_height="match_parent"
  android:padding="8dp">

  <Button
    android:id="@+id/button_ok"
    style="?android:attr/buttonBarButtonStyle"
    android:layout_width="wrap_content"
    android:layout_height="wrap_content"
    android:layout_alignParentBottom="true"
    android:layout_alignParentEnd="true"
    android:text="@string/ok" />

  <Button
    android:id="@+id/button_cancel"
    style="?android:attr/buttonBarButtonStyle"
    android:layout_width="wrap_content"
    android:layout_height="wrap_content"
    android:layout_alignParentBottom="true"
    android:layout_toStartOf="@id/button_ok"
    android:text="@string/cancel" />

  <EditText
    android:layout_width="match_parent"
    android:layout_height="match_parent"
```

```
        android:layout_above="@id/button_ok"
        android:hint="@string/hint"
        android:inputType="text" />

</RelativeLayout>
```

Listing 5.8 »relativelayout_demo.xml«

Die Grundidee von RelativeLayout ist es, die Position von Komponenten in Abhängigkeit zu anderen Elementen zu beschreiben. Beispielsweise sorgt android:layout_toStartOf="@id/button_ok" dafür, dass die Schaltfläche ABBRUCH links neben OK platziert wird. Ähnliches gilt für android:layout_above="@id/button_ok". Dieser Ausdruck positioniert das Eingabefeld über den beiden Schaltflächen.

Vielleicht fragen Sie sich, warum ich die Benutzeroberfläche sozusagen von unten nach oben beschreibe – wäre es nicht einfacher, mit EditText zu beginnen und im Anschluss daran die beiden Schaltflächen zu definieren? Grundsätzlich ist dies möglich, allerdings kann Android dann nicht ohne Weiteres berechnen, wie hoch das Eingabefeld werden darf. Oftmals müssen Sie etwas tüfteln, bis Sie das gewünschte Ergebnis mit RelativeLayout erreichen. Meiner Meinung nach ist die geringere Anzahl von Objekten zur Laufzeit diese Mühe in jedem Fall wert.

5.2   Alternative Ressourcen

Wenn man sich die mittlerweile unüberschaubare Vielfalt an Android-Geräten vergegenwärtigt, mag man kaum glauben, dass es im Frühjahr 2009 gerade einmal zwei Modelle gab, die sich zudem – mit Ausnahme einer Tastatur – kaum unterschieden. Für Entwickler war das natürlich eine komfortable Situation, denn es gab kaum Unwägbarkeiten, die die Lauffähigkeit der eigenen App gefährdeten. Das Drehen des Displays war beherrschbar.

5.2.1   Automatische Layoutauswahl

Die ersten verfügbaren Android-Telefone, das *G1* und das *Magic*, besaßen ein 3,2-Zoll-Display, das (aus heutiger Sicht mickrige) 320 × 480 Pixel auflöste. Drehte der Benutzer das Gerät oder öffnete er die Hardwaretastatur des G1, wechselte das Seitenverhältnis vom Hochkant- ins Querformat. Diese Funktionalität ist selbstverständlich auch in der aktuellen Android-Version noch enthalten, schließlich profitieren auch Tablets von solchen Orientierungswechseln. Ihre Apps können mit *alternativen Ressourcen* darauf reagieren.

Auf Drehen des Geräts reagieren

Die Kernidee ist, die Benutzeroberfläche in unterschiedlichen Ausprägungen zur Verfügung zu stellen. Hierzu ein Beispiel: Android beinhaltet das Bedienelement DatePicker, mit dem sich sehr schnell eine App bauen lässt, die die Anzahl der Tage zwischen zwei Datumsangaben berechnet. Das Beispielprojekt *Datumsdifferenz* ist in Abbildung 5.6 dargestellt.

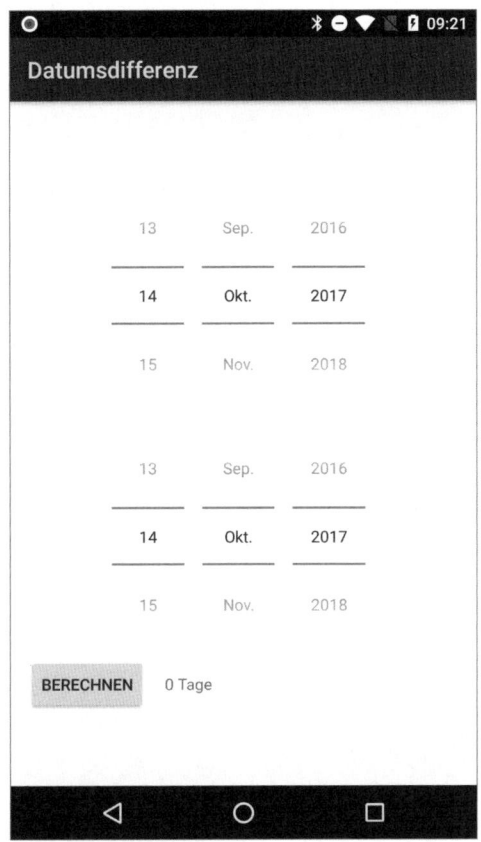

Abbildung 5.6 Die App »Datumsdifferenz«

Die Klasse Datumsdifferenz leitet von android.app.Activity ab. In onCreate() wird die Benutzeroberfläche geladen und angezeigt. Außerdem werden zwei Objekte des Typs java.util.Calendar instanziiert. Klickt der Anwender auf die Schaltfläche BERECH-NEN, überträgt die Methode updateCalendarFromDatePicker() das Datum eines »Pickers« in das korrespondierende Objekt. Die Methode berechnen() ermittelt die Datumsdifferenz.

```
package com.thomaskuenneth.datumsdifferenz;

import android.app.Activity;
```

```
import android.os.Bundle;
import android.widget.Button;
import android.widget.DatePicker;
import android.widget.TextView;
import java.util.Calendar;

public class Datumsdifferenz extends Activity {

  private Calendar cal1, cal2;
  private TextView tv;
  private DatePicker dp1, dp2;

  @Override
  public void onCreate(Bundle savedInstanceState) {
    super.onCreate(savedInstanceState);
    setContentView(R.layout.main);
    cal1 = Calendar.getInstance();
    cal2 = Calendar.getInstance();
    dp1 = findViewById(R.id.date1);
    dp2 = findViewById(R.id.date2);
    tv = findViewById(R.id.textview_result);
    final Button b = findViewById(R.id.button_calc);
    b.setOnClickListener(v -> berechnen());
    berechnen();
  }

  private void berechnen() {
    updateCalendarFromDatePicker(cal1, dp1);
    updateCalendarFromDatePicker(cal2, dp2);
    if (cal2.before(cal1)) {
      Calendar temp = cal1;
      cal1 = cal2;
      cal2 = temp;
    }
    int days = 0;
    while ((cal1.get(Calendar.YEAR) != cal2.get(Calendar.YEAR))
        || (cal1.get(Calendar.MONTH) != cal2.get(Calendar.MONTH))
        || (cal1.get(Calendar.DAY_OF_MONTH) != cal2
        .get(Calendar.DAY_OF_MONTH))) {
      days += 1;
      cal1.add(Calendar.DAY_OF_YEAR, 1);
    }
    tv.setText(getString(R.string.template, days));
```

```
  }

  private void updateCalendarFromDatePicker(Calendar cal,
                                             DatePicker dp) {
    cal.set(Calendar.YEAR, dp.getYear());
    cal.set(Calendar.MONTH, dp.getMonth());
    cal.set(Calendar.DAY_OF_MONTH, dp.getDayOfMonth());
  }
}
```

Listing 5.9 Die Klasse »Datumsdifferenz«

Listing 5.10 zeigt die Layoutdatei *main.xml*. Das Aussehen der Datumsauswahl ist konfigurierbar. Sie schalten mit android:datePickerMode= zwischen einer Kalenderblattdarstellung (calendar) und der Anzeige von Schaltflächen zum Blättern zwischen Tag, Monat und Jahr (spinner) um. android:calendarViewShown="false" ist nötig, um den in dieser Anzeigevariante sonst erscheinenden Monatskalender auszublenden.

```
<?xml version="1.0" encoding="utf-8"?>
<LinearLayout xmlns:android="http://schemas.android.com/apk/res/android"
  android:layout_width="match_parent"
  android:layout_height="match_parent"
  android:gravity="center"
  android:orientation="vertical">

  <DatePicker
    android:id="@+id/date1"
    android:layout_width="wrap_content"
    android:layout_height="wrap_content"
    android:calendarViewShown="false"
    android:datePickerMode="spinner" />

  <DatePicker
    android:id="@+id/date2"
    android:layout_width="wrap_content"
    android:layout_height="wrap_content"
    android:calendarViewShown="false"
    android:datePickerMode="spinner" />

  <RelativeLayout
    android:layout_width="match_parent"
    android:layout_height="wrap_content">
```

```
  <Button
    android:id="@+id/button_calc"
    android:layout_width="wrap_content"
    android:layout_height="wrap_content"
    android:layout_marginStart="16dp"
    android:text="@string/calc" />

  <TextView
    android:id="@+id/textview_result"
    android:layout_width="wrap_content"
    android:layout_height="wrap_content"
    android:layout_alignBaseline="@id/button_calc"
    android:layout_marginStart="16dp"
    android:layout_toEndOf="@id/button_calc" />

  </RelativeLayout>
</LinearLayout>
```

Listing 5.10 Die Layoutdatei »main.xml«

Wenn Sie die App im Emulator starten, bringen Sie ihn bitte in den Quermodus, indem Sie eine der beiden Schaltflächen ⬦ oder ⬦ der Steuerleiste anklicken. Wie Sie in Abbildung 5.7 sehen, ist das Ergebnis sehr unbefriedigend, da die Benutzeroberfläche nicht mehr vollständig dargestellt wird.

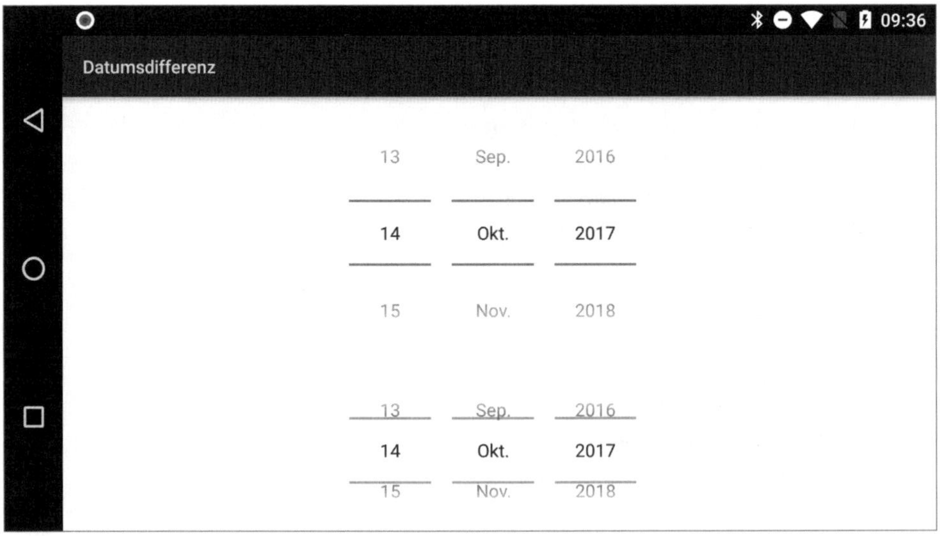

Abbildung 5.7 Die App »Datumsdifferenz« im Quermodus

Um dies zu korrigieren, legen Sie im Werkzeugfenster PROJECT unterhalb von *res* das Verzeichnis *layout-land* an. Es nimmt Layoutdateien auf, die angezeigt werden, wenn das Gerät in den *Landscape*-Modus gebracht wird. Erzeugen Sie in diesem Ordner eine Datei mit dem Namen *main.xml*, und übernehmen Sie die folgenden Zeilen. Ein Rechtsklick auf *res* öffnet ein Kontextmenü, das die beiden Befehle NEW · FILE und NEW · DIRECTORY enthält. Die App-Version in den Begleitmaterialien zum Buch (*www.rheinwerk-verlag.de/4564*) enthält das alternative Layout bereits.

```
<?xml version="1.0" encoding="utf-8"?>
<RelativeLayout xmlns:android="http://schemas.android.com/apk/res/android"
  android:layout_width="match_parent"
  android:layout_height="wrap_content">

  <DatePicker
    android:id="@+id/date1"
    android:layout_width="wrap_content"
    android:layout_height="wrap_content"
    android:layout_alignParentStart="true"
    android:layout_alignParentTop="true"
    android:calendarViewShown="false"
    android:datePickerMode="spinner" />

  <DatePicker
    android:id="@+id/date2"
    android:layout_width="wrap_content"
    android:layout_height="wrap_content"
    android:layout_alignParentTop="true"
    android:layout_marginStart="16dp"
    android:layout_toEndOf="@id/date1"
    android:calendarViewShown="false"
    android:datePickerMode="spinner" />

  <Button
    android:id="@+id/button_calc"
    android:layout_width="wrap_content"
    android:layout_height="wrap_content"
    android:layout_alignParentStart="true"
    android:layout_below="@id/date2"
    android:text="@string/calc" />

  <TextView
    android:id="@+id/textview_result"
    android:layout_width="wrap_content"
```

```
    android:layout_height="wrap_content"
    android:layout_alignBaseline="@id/button_calc"
    android:layout_marginStart="16dp"
    android:layout_toEndOf="@id/button_calc" />
```

`</RelativeLayout>`

Listing 5.11 »main.xml« für den Landscape-Modus

Der Name der Layoutdatei ist für den Porträt- und Landschaftsmodus also gleich, beispielsweise *main.xml*, und das ist auch nötig, weil dieser Name die Grundlage für eine Konstante in der automatisch generierten Klasse R.layout bildet. Diese Konstante wiederum verwenden Sie beispielsweise in setContentView(). Entscheidend ist, ob Sie die Layoutdatei unter *layout-land* oder *layout* ablegen. Layouts, die ausdrücklich für den Hochkantmodus entworfen wurden, deponieren Sie in *layout-port*. Android sucht im Ordner *layout*, wenn das angeforderte Layout in keinem der genannten Spezialverzeichnisse gefunden wird.

Übrigens kann die Komponente DatePicker Ihre App bei der Änderung des Datums über einen *Callback* informieren. Sehen Sie sich hierzu die Klasse DatePickerDemoActivity in Listing 5.12 an. Sie gehört zu dem Beispielprojekt *DatePickerDemo*. Beim Aufruf der DatePicker-Methode init() wird das Datum angegeben, das die Komponente anfänglich anzeigen soll. Der letzte Parameter ist die Referenz auf ein Objekt, das das Interface OnDateChangedListener implementiert.

```
package com.thomaskuenneth.datepickerdemo;

import android.app.Activity;
import android.os.Bundle;
import android.util.Log;
import android.widget.DatePicker;
import android.widget.DatePicker.OnDateChangedListener;

import org.json.JSONException;
import org.json.JSONObject;

import java.text.DateFormat;
import java.text.SimpleDateFormat;
import java.util.Calendar;
import java.util.Locale;

public class DatePickerDemoActivity extends Activity
    implements OnDateChangedListener {
```

```
private static final String TAG =
    DatePickerDemoActivity.class.getSimpleName();

Calendar cal;
DateFormat df;
DatePicker dp;

@Override
protected void onCreate(Bundle savedInstanceState) {
  super.onCreate(savedInstanceState);
  setContentView(R.layout.main);
  cal = Calendar.getInstance();
  cal.set(Calendar.MONTH, Calendar.AUGUST);
  cal.set(Calendar.DAY_OF_MONTH, 29);
  df = new SimpleDateFormat("yyyy-MM-dd", Locale.GERMANY);
  dp = findViewById(R.id.dp);
  dp.init(cal.get(Calendar.YEAR), cal.get(Calendar.MONTH),
      cal.get(Calendar.DAY_OF_MONTH), this);
}

@Override
public void onDateChanged(DatePicker view,
              int year, int monthOfYear,
              int dayOfMonth) {
  cal.set(Calendar.YEAR, year);
  cal.set(Calendar.MONTH, monthOfYear);
  cal.set(Calendar.DAY_OF_MONTH, dayOfMonth);
  JSONObject object = new JSONObject();
  try {
    object.put("datum", df.format(cal.getTime()));
  } catch (JSONException e) {
    Log.e(TAG, "onDateChanged()", e);
  }
  Log.i(TAG, "JSON: " + object);
}
}
```

Listing 5.12 Die Klasse »DatePickerDemoActivity«

Meine Beispielimplementierung packt das aktuelle Datum in eine JSON-Datenstruktur und zeigt diese in LOGCAT an.

Bildschirmgröße

Wie Sie bereits wissen, waren sich die ersten verfügbaren Android-Geräte sehr ähnlich. Die Unterstützung von unterschiedlichen Anzeigegrößen und physikalischen Auflösungen hielt das erste Mal mit *Donut*, später dann mit der Einführung von Tablets Einzug. Um diese Vielfalt für den Entwickler beherrschbar zu machen, ordnet Android jedes Gerät in Bezug auf seine Bildschirmdiagonale sowie die Anzahl der darstellbaren Pixel jeweils einer Kategorie zu. Bevor ich Ihnen diese vorstelle, möchte ich noch ein paar Begriffe erklären:

▶ Die *Bildschirmgröße* wird üblicherweise in Zoll angegeben. Sie beschreibt den Abstand von der linken unteren zur rechten oberen Ecke der Anzeige.

▶ Das *Seitenverhältnis* (engl. *Aspect Ratio*) entspricht dem Quotienten aus physikalischer Breite und Höhe. Android kennt in diesem Zusammenhang die beiden Resource-Bezeichner `long` und `notLong`. Ob ein Bildschirm lang oder nicht lang ist, hat übrigens nichts mit dessen Ausrichtung zu tun. WVGA (800 × 480 Pixel) und FWVGA (854 × 480 Pixel) sind lang, VGA (640 × 480 Pixel) hingegen nicht. Deshalb bleibt das Seitenverhältnis zur Laufzeit auch stets gleich.

▶ Die *Auflösung* gibt die Zahl der horizontal und vertikal ansprechbaren physikalischen Pixel an.

▶ Die *Pixeldichte* schließlich wird in Punkten pro Zoll angegeben und ist letztlich ein Maß für die Größe eines Pixels. Sie errechnet sich aus der Bildschirmgröße und der physikalischen Auflösung.

Android kennt vier Bildschirmgrößen oder besser gesagt Bildschirmkategorien: klein (ungefähr 2 bis 3,2 Zoll), normal (zwischen 3,2 und ca. 4 Zoll), groß (ca. 4 bis 7 Zoll) und sehr groß (alles ab 7 Zoll). Entsprechende Layouts können in den Verzeichnissen *layout-small*, *layout-normal*, *layout-large* und *layout-xlarge* abgelegt werden. Für Layouts im Querformat wird der Verzeichnisname einfach um das Suffix *-land* erweitert, zum Beispiel *layout-small-land*. Es hat sich allerdings gezeigt, dass diese grobe Einteilung nicht besonders gut geeignet ist, um Oberflächen für Tablets zu optimieren. Mit Android 3.2 wurde deshalb ein weiterer Mechanismus eingeführt. Die Idee ist, nicht wie bisher üblich das Layout so anzupassen, dass es möglichst gut in eine der vier Bildschirmklassen passt. Stattdessen definiert die App, wie viel Platz sie in horizontaler oder vertikaler Richtung mindestens benötigt. Die Größenangaben beziehen sich dabei nicht auf den physikalischen Bildschirm, sondern auf den Bereich, der der Activity tatsächlich zur Verfügung steht.

Ob ein Layout für eine bestimmte Bildschirmkonfiguration verwendet wird, ergibt sich aus dem Namen des Verzeichnisses, in dem sich die XML-Datei befindet. Der Name beginnt mit *layout-*, gefolgt von einem der Suffixe aus Tabelle 5.1.

Bildschirmkonfiguration	Suffix für Dateinamen	Bedeutung
kleinstmögliche Breite	*sw...dp*	Breite, die mindestens zur Verfügung stehen muss; das Drehen des Bildschirms hat keine Auswirkung.
zur Verfügung stehende Breite	*w...dp*	Breite **in geräteunabhängigen Punkten**, die mindestens vorhanden sein muss, damit diese Ressource verwendet wird; dieser Qualifier bietet sich bei der Definition von Mehrspaltenlayouts an.
zur Verfügung stehende Höhe	*h...dp*	Höhe **in geräteunabhängigen Pixeln**, die mindestens vorhanden sein muss, damit diese Ressource verwendet wird

Tabelle 5.1 Zuordnung von Bildschirmkonfigurationen und Layoutdateien

Beispielsweise wird ein Layout, das Sie unter *res/layout-w200dp* abgelegt haben, immer dann verwendet, wenn einer Activity horizontal mindestens 200 geräteunabhängige Punkte für die Darstellung zur Verfügung stehen.

Werte für gängige Gerätegrößen sind:

▶ 320 dp für gängige Smartphones

▶ 480 dp für kleine Tablets

▶ 600 dp für 7-Zoll-Tablets

▶ 720 dp für 10-Zoll-Tablets

Tipp

Im Hinblick auf die Größe der *.apk*-Datei Ihrer App sollten Sie genau prüfen, in welchen Fällen Sie alternative Ressourcen benötigen. Legen Sie Standardlayouts in *layout* ab, und nutzen Sie Spezialverzeichnisse nur im Bedarfsfall. In manchen Fällen reicht es aus, den Komponentenbaum einer Activity in eine ScrollView zu packen. Allerdings funktionieren einige Bedienelemente dann nicht mehr richtig, zum Beispiel die Datumsauswahl DatePicker. Testen Sie deshalb, ob sich die Oberfläche Ihres Programms wie gewünscht verhält.

Die Klasse android.widget.ScrollView leitet von dem Ihnen bereits bekannten Frame-Layout ab, enthält also normalerweise ein Kind – in diesem Fall ist das Ihr eigent-

> licher Komponentenbaum. Wenn dieser vollständig angezeigt werden kann, tritt die ScrollView nicht weiter in Erscheinung. Auf Geräten mit kleinen Displays hingegen kann der Benutzer bequem zu den normalerweise nicht sichtbaren Elementen navigieren.

Bei Bedarf können Sie mit dem Attribut android:requiresSmallestWidthDp des Tags <supports-screens /> in der Manifestdatei die kleinstmögliche Breite in geräteunabhängigen Pixeln eintragen, die einer Activity zur Verfügung stehen muss. Ihre App wird dann nur auf Geräten zum Download angeboten, die diese Anforderung erfüllen. Besser ist es natürlich, wenn Ihr Programm ohne solche Einschränkungen funktioniert.

Im folgenden Abschnitt zeige ich Ihnen, wie Android mit unterschiedlichen Pixeldichten umgeht und welche Auswirkungen das für die Entwicklung hat.

5.2.2 Bitmaps und Pixeldichte

Beim Erzeugen eines Projekts legt Android Studio die Verzeichnisse *mipmap-mdpi*, *mipmap-hdpi*, *mipmap-xhdpi*, *mipmap-xxhdpi* und *mipmap-xxxhdpi* an, die das Programm-Icon in unterschiedlichen Pixeldichten enthalten. In Abhängigkeit von der Bildschirmkonfiguration des aktuellen Geräts lädt die Plattform zur Laufzeit einer App die gewünschte Datei aus dem Verzeichnis für mittlere (*-mdpi*), hohe (*-hdpi*), sehr hohe (*-xhdpi*), sehr, sehr hohe (*-xxhdpi*) oder sehr, sehr, sehr hohe (*-xxxhdpi*) Dichte.

Hinweis

Falls Sie sich über die merkwürdige Mehrung von »sehr« wundern: die englische Originaldokumentation schreibt stattdessen entsprechend oft »extra«.

Wie auch bei Layouts sind die eigentlichen Dateinamen der Grafiken stets gleich. Die genannten Suffixe gelten übrigens nicht nur für *mipmap*, sondern auch für *drawable*.

Automatische Skalierung von Bitmaps

Bitmaps, die im Verzeichnis *drawable* (also ohne Postfix) abgelegt werden, skaliert das System zur Laufzeit. Android geht in diesem Fall davon aus, dass solche Grafiken für eine mittlere Dichte vorgesehen waren. Eine solche Konvertierung unterbleibt für Dateien im Verzeichnis *drawable-nodpi*. Bildschirme mit niedriger Dichte stellen etwa 120 Punkte pro Zoll (engl. *dots per inch* – dpi) dar. Bei mittlerer Dichte sind dies ungefähr 160 dpi, was den beiden ersten Android-Geräten G1 und Magic entspricht. Smartphones oder Tablets mit hoher Pixeldichte lösen ca. 240 dpi auf, bei sehr hoher

Dichte sind es 320 dpi. *-xxhdpi* und *-xxxhdpi* entsprechen etwa 480 respektive kaum vorstellbaren 640 dpi.

Vielleicht fragen Sie sich, warum Android diesen Aufwand treibt. Aus Sicht des Anwenders soll die Benutzeroberfläche gleich groß wirken, unabhängig von technischen Details wie der Pixeldichte. Deshalb werden, wie Sie gleich sehen werden, Größenangaben von Layouts nicht in klassischen Pixeln angegeben und zur Laufzeit entsprechend umgerechnet. Aber da gerade Bitmaps bei jeder Skalierung an Qualität verlieren, können Sie Grafiken in einer Form zur Verfügung stellen, die für bestimmte Pixeldichten optimiert ist.

Density-independent pixels

Physikalische Pixel sind je nach Hardware unterschiedlich groß. Um das Erstellen von Layouts zu vereinfachen, kennt Android deshalb sogenannte *density-independent pixels*. Diese abstrakte Einheit basiert auf der Pixeldichte des Bildschirms in Relation zu 160 dpi. 160dp entsprechen also immer einem Zoll. Die Formel zur Umrechnung ist sehr einfach:

pixels = dps × (density ÷ 160);

Normalerweise müssen Sie solche Berechnungen in Ihrer App aber gar nicht durchführen. Wichtig ist eigentlich nur, in allen Layouts diese Einheit zu verwenden.

5.3   Vorgefertigte Bausteine für Oberflächen

Anwendungsspezifische Teile von Oberflächen setzen Sie aus Views und ViewGroups zusammen. Zu einer »richtigen« App gehören aber auch Dialoge, Einstellungsseiten und Menüs. Diese müssen Sie zum Glück nicht selbst entwickeln, sondern können auf Bausteine der Plattform zurückgreifen.

5.3.1   Nützliche Activities

Sie können die Activities Ihrer App von der Basisklasse `android.app.Activity` ableiten und mit der Anweisung `setContentView(R.layout.main);` eine aus der Datei *main.xml* entfaltete Oberfläche anzeigen. In vielen Fällen ist das aber gar nicht nötig, weil Android eine Reihe von bereits abgeleiteten Activities mitbringt.

Listendarstellungen mit der ListActivity

Ein häufig anzutreffendes Gestaltungsmuster in mobilen Apps ist eine listenartige Einstiegsseite, von der aus zu Details verzweigt wird, sobald der Anwender ein Element der Liste antippt. Wie Sie so etwas mit Android umsetzen können, demonstriere ich Ihnen mit der in Abbildung 5.8 dargestellten App *MiniContacts*. Das Programm zeigt eine Liste mit den Namen Ihrer Kontakte. Tippen Sie ein Listenelement an, um Details zu der Person anzuzeigen.

Abbildung 5.8 Die App »MiniContacts«

Die Klasse android.app.ListActivity stellt Ihnen eine ListView zur Verfügung, die ihre Elemente als scrollbare vertikale Liste anzeigt. Die View bezieht die darzustellenden Informationen von Adaptern, die das Interface android.widget.ListAdapter implementieren. Der im Beispiel verwendete SimpleCursorAdapter greift hierzu auf Daten eines Cursors zu. Weiterführende Informationen zu Content Providern finden Sie in Kapitel 10, »Datenbanken«.

```
package com.thomaskuenneth.minicontacts;

import android.Manifest;
import android.app.ListActivity;
import android.app.LoaderManager;
import android.content.CursorLoader;
import android.content.Intent;
import android.content.Loader;
```

```java
import android.content.pm.PackageManager;
import android.database.Cursor;
import android.net.Uri;
import android.os.Bundle;
import android.provider.ContactsContract;
import android.view.View;
import android.widget.ListView;
import android.widget.SimpleCursorAdapter;

public class MiniContacts extends ListActivity
    implements LoaderManager.LoaderCallbacks<Cursor> {

  private static final int MY_PERMISSIONS_REQUEST_READ_CONTACTS = 123;

  private static final String[] PROJECTION =
      new String[]{ContactsContract.Data._ID,
          ContactsContract.Data.LOOKUP_KEY,
          ContactsContract.Data.DISPLAY_NAME};

  private static final String SELECTION = "((" +
      ContactsContract.Data.DISPLAY_NAME + " NOTNULL) AND (" +
      ContactsContract.Data.DISPLAY_NAME + " != '' ))";

  private SimpleCursorAdapter mAdapter;

  @Override
  protected void onCreate(Bundle savedInstanceState) {
    super.onCreate(savedInstanceState);
    handlePermissions();
  }

  @Override
  public void onRequestPermissionsResult(int requestCode,
                      String permissions[],
                      int[] grantResults) {
    switch (requestCode) {
      case MY_PERMISSIONS_REQUEST_READ_CONTACTS: {
        if (grantResults.length > 0
            && grantResults[0] ==
            PackageManager.PERMISSION_GRANTED) {
          load();
        } else {
          finish();
```

```
      }
    }
  }
}

// wird aufgerufen, wenn ein neuer Loader erzeugt
// werden muss
@Override
public Loader<Cursor> onCreateLoader(int id, Bundle args) {
  return new CursorLoader(this,
      ContactsContract.Data.CONTENT_URI,
      PROJECTION, SELECTION, null, null);
}


// wird aufgerufen, wenn ein Loader mit dem Laden fertig ist
@Override
public void onLoadFinished(Loader<Cursor> loader, Cursor data) {
  mAdapter.swapCursor(data);
}


// wird aufgerufen, wenn die Daten eines Loaders ungültig
// geworden sind
@Override
public void onLoaderReset(Loader<Cursor> loader) {
  mAdapter.swapCursor(null);
}


@Override
public void onListItemClick(ListView l, View v, int position, long id) {
  Intent intent = new Intent(Intent.ACTION_VIEW);
  Cursor c = (Cursor) getListView().getItemAtPosition(position);
  Uri uri = ContactsContract.Contacts.getLookupUri(
      c.getLong(0), c.getString(1));
  intent.setData(uri);
  startActivity(intent);
}

private void handlePermissions() {
  if (checkSelfPermission(Manifest.permission.READ_CONTACTS)
      != PackageManager.PERMISSION_GRANTED) {
    requestPermissions(
        new String[]{Manifest.permission.READ_CONTACTS},
        MY_PERMISSIONS_REQUEST_READ_CONTACTS);
```

```
  } else {
    load();
  }
}

private void load() {
  // Welche Spalte wird in welcher View angezeigt?
  String[] fromColumns = {ContactsContract.Data.DISPLAY_NAME};
  int[] toViews = {android.R.id.text1};
  mAdapter = new SimpleCursorAdapter(this,
      android.R.layout.simple_list_item_1, null,
      fromColumns, toViews, 0);
  setListAdapter(mAdapter);
  // Loader vorbereiten. Entweder vorhandenen nutzen, oder
  // einen neuen starten
  getLoaderManager().initLoader(0, null, this);
}
}
```

Listing 5.13 »MiniContacts.java«

Es hat sich bewährt, die Daten mithilfe von *Loadern* bereitzustellen. Diese laden die anzuzeigenden Informationen im Hintergrund und stellen sie nach Verfügbarkeit zum Anzeigen bereit. Hierzu implementiert *MiniContacts* das Interface LoaderManager.LoaderCallbacks. Der Aufruf getLoaderManager().initLoader() bereitet einen Loader vor. Hierbei wird vom System automatisch ein neuer Loader erzeugt oder ein bereits vorhandener wiederverwendet. Im ersten Fall wird die Methode onCreateLoader() aufgerufen. Unsere Implementierung instanziiert dann ein Objekt des Typs android.content.CursorLoader für den Zugriff auf die Kontaktdatenbank und gibt es zurück. onLoadFinished() wird aufgerufen, wenn das Laden der Daten abgeschlossen ist. mAdapter.swapCursor(data); stellt die Daten dem CursorAdapter zur Verfügung. Er reicht sie je nach Bedarf an die ListView weiter. Werden die Daten eines Loaders hingegen ungültig, ruft Android die Methode onLoaderReset() der App auf. In diesem Fall sorgt mAdapter.swapCursor(null); dafür, dass unser SimpleCursorAdapter und die ListView geleert werden.

Um auf das Antippen eines Listenelements zu reagieren, müssen Sie nur die Methode onListItemClick() überschreiben. Das Anzeigen von Kontaktdaten habe ich Ihnen schon einmal kurz gezeigt: Hierzu erzeugen Sie ein *Intent* mit der Aktion ACTION_VIEW und lösen es mit startActivity() aus. Der gewünschte Kontakt wird als Uri übermittelt. Der Ausdruck

```
ContactsContract.Contacts.getLookupUri(c.getLong(0), c.getString(1))
```

greift auf Daten zu, die durch den `CursorAdapter` bereitgestellt werden. Ein `Cursor` beschreibt eine Ergebniszeile und ist spaltenweise organisiert. Welche Elemente er enthält, haben wir mit dem String-Array `PROJECTION` definiert.

Programmeinstellungen mit der PreferencesActivity

Nahezu jede App lässt sich durch den Benutzer anpassen. Wie Android Sie beim Bau solcher Einstellungsseiten unterstützt, zeige ich Ihnen anhand des Programms *PreferencesDemo*. Die App besteht aus den drei Klassen `PreferencesDemoActivity` (das ist die Hauptaktivität), `SettingsActivity` (das ist die Einstellungsseite, siehe Abbildung 5.9) und `SettingsFragment`. Einstellungsseiten basieren auf Fragmenten, leiten von `android.preference.PreferenceFragment` ab und laden üblicherweise ihre Benutzeroberfläche aus einer XML-Datei.

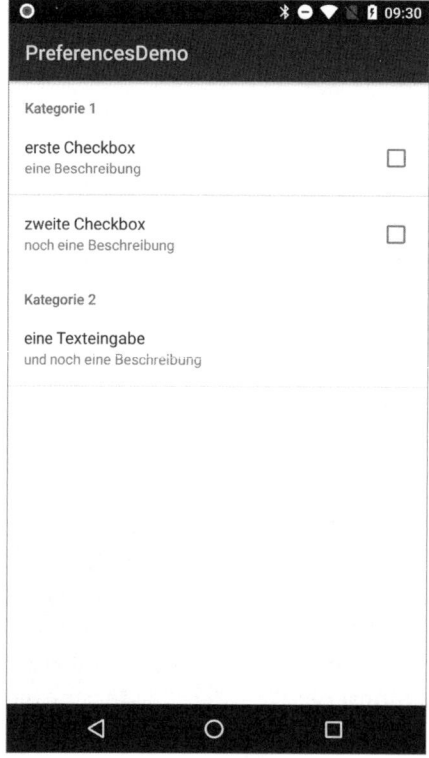

Abbildung 5.9 Die Einstellungsseite der App »PreferencesDemo«

Die Hauptaktivität enthält nur die Schaltfläche EINSTELLUNGEN sowie ein Textfeld, das den gegenwärtigen Status der Einstellungen enthält. Ein Klick auf diese Schaltfläche öffnet die Einstellungsseite, die aktiv bleibt, bis Sie sie mit ZURÜCK beenden. Nun aktualisiert `PreferencesDemoActivity` das Textfeld mit den gegebenenfalls geänderten Einstellungen.

Der Quelltext der drei Klassen ist sehr kurz. Lassen Sie uns zunächst einen Blick auf das Einstellungsfragment werfen. Die Klasse SettingsFragment lädt nur in ihrer Methode onCreate() die Beschreibung der Einstellungen aus der XML-Datei *preferences.xml*, die sich in *res/xml* befinden muss.

```
package com.thomaskuenneth.preferencesdemo;

import android.os.Bundle;
import android.preference.PreferenceFragment;

public class SettingsFragment extends PreferenceFragment {

  @Override
  public void onCreate(Bundle savedInstanceState) {
    super.onCreate(savedInstanceState);
    // Einstellungsseite aus XML-Datei laden
    addPreferencesFromResource(R.xml.preferences);
  }
}
```

Listing 5.14 »SettingsFragment.java«

Jede Einstellungsseite hat das Wurzelelement <PreferencesScreen />. Mit dem Element <PreferenceCategory /> können Sie Ihre Einstellungen in Rubriken oder Kategorien unterteilen. Neben den hier gezeigten <EditTextPreference /> und <CheckBox-Preference /> kennt Android zahlreiche weitere Elemente, die entweder direkt auf klassische Bedienelemente abgebildet werden oder beim Anklicken Dialoge öffnen. Dies ist auch bei <EditTextPreference /> der Fall. Der Titel dieses Dialogs wird mit dem Attribut android:dialogTitle festgelegt. Die Attribute android:title und android:summary geben den angezeigten Text sowie eine Beschreibung an. android:key ist wichtig, um im Programm auf die Einstellungen zugreifen zu können. Die vollständige Fassung von *preferences.xml* sieht so aus:

```
<?xml version="1.0" encoding="utf-8"?>
<PreferenceScreen
  xmlns:android="http://schemas.android.com/apk/res/android">

  <PreferenceCategory
    android:title="@string/cat1">
    <CheckBoxPreference
      android:key="checkbox_1"
      android:title="@string/title_cb1"
      android:summary="@string/summary_cb1" />
```

```
  <CheckBoxPreference
    android:key="checkbox_2"
    android:title="@string/title_cb2"
    android:summary="@string/summary_cb2" />
</PreferenceCategory>

<PreferenceCategory
  android:title="@string/cat2">
  <EditTextPreference
    android:key="edittext_1"
    android:title="@string/title_et1"
    android:summary="@string/summary_et1"
    android:dialogTitle="@string/dialog_title_et1" />
</PreferenceCategory>

</PreferenceScreen>
```

Listing 5.15 »preferences.xml«

Die Klasse `SettingsActivity` nutzt den `FragmentManager`, um als einzigen Inhalt das Fragment `SettingsFragment` anzuzeigen. Dies geschieht innerhalb einer *Fragment-Transaktion*:

```
package com.thomaskuenneth.preferencesdemo;

import android.app.Activity;
import android.os.Bundle;

public class SettingsActivity extends Activity {

  @Override
  protected void onCreate(Bundle savedInstanceState) {
    super.onCreate(savedInstanceState);
    // das Fragment anzeigen
    getFragmentManager().beginTransaction()
        .replace(android.R.id.content, new SettingsFragment())
        .commit();
  }
}
```

Listing 5.16 »SettingsActivity.java«

Zuerst wird durch Aufruf von `getFragmentManager()` der Fragment Manager ermittelt. `beginTransaction()` beginnt eine neue Transaktion. `replace()` zeigt das Fragment anstelle des gegebenenfalls aktuell dargestellten an. Die Methode commit() beendet die Transaktion.

Die Hauptaktivität PreferencesDemoActivity registriert einen OnClickListener, um beim Anklicken der Schaltfläche EINSTELLUNGEN die Activity SettingsActivity zu starten. Nach deren Ende werden die Einstellungen ausgelesen und in einem Text-feld angezeigt. Der vollständige Quelltext sieht so aus:

```java
package com.thomaskuenneth.preferencesdemo;

import android.app.Activity;
import android.content.Context;
import android.content.Intent;
import android.content.SharedPreferences;
import android.content.pm.PackageInfo;
import android.content.pm.PackageManager;
import android.os.Bundle;
import android.preference.PreferenceManager;
import android.util.Log;
import android.widget.Button;
import android.widget.TextView;

public class PreferencesDemoActivity extends Activity {

  private static final String TAG =
      PreferencesDemoActivity.class.getSimpleName();

  private static final int RQ_SETTINGS = 1234;

  private TextView textview;

  @Override
  protected void onCreate(Bundle savedInstanceState) {
    super.onCreate(savedInstanceState);
    setContentView(R.layout.main);
    Button button = findViewById(R.id.button);
    button.setOnClickListener(v -> {
      Intent intent = new Intent(PreferencesDemoActivity.this,
          SettingsActivity.class);
      startActivityForResult(intent, RQ_SETTINGS);
    });
    textview = findViewById(R.id.textview);
    updateTextView();
  }
```

```
@Override
protected void onActivityResult(int requestCode,
                int resultCode, Intent data) {
  super.onActivityResult(requestCode, resultCode, data);
  if (RQ_SETTINGS == requestCode) {
    updateTextView();
  }
}


private void updateTextView() {
  SharedPreferences prefs = PreferenceManager
      .getDefaultSharedPreferences(this);
  boolean cb1 = prefs.getBoolean("checkbox_1", false);
  boolean cb2 = prefs.getBoolean("checkbox_2", false);
  String et1 = prefs.getString("edittext_1", "");
  String _s = et1;
  if (et1.length() < 1) {
    _s = getString(R.string.empty);
  }
  textview.setText(getString(R.string.template,
      Boolean.toString(cb1), Boolean.toString(cb2), _s));

  try {
    if (!compareCurrentWithStoredVersionCode(this, prefs)) {
      SharedPreferences.Editor e = prefs.edit();
      e.putBoolean("checkbox_1", cb1);
      e.putBoolean("checkbox_2", cb2);
      e.putString("edittext_1", et1);
      e.apply();
    }
  } catch (PackageManager.NameNotFoundException e) {
    Log.e(TAG, "updateTextView()", e);
  }
}


public static boolean compareCurrentWithStoredVersionCode(
    Context context,
    SharedPreferences prefs) throws PackageManager.NameNotFoundException {
  int currentVersionCode;
  PackageInfo info = context.getPackageManager().getPackageInfo(
      context.getPackageName(), 0);
  currentVersionCode = info.versionCode;
```

```
    int lastStored = prefs.getInt("storedVersionCode", -1);
    if (lastStored != currentVersionCode) {
      SharedPreferences.Editor e = prefs.edit();
      e.putInt("storedVersionCode", currentVersionCode);
      e.apply();
      return false;
    }
    return true;
  }
}
```

Listing 5.17 »PreferencesDemoActivity.java«

Um auf Einstellungen zuzugreifen, nutzen Sie die statische Methode `getDefault-SharedPreferences()` der Klasse `android.preference.PreferenceManager`. Einzelne Werte lesen Sie beispielsweise mit `getBoolean()` oder `getString()` aus. Der jeweils als erster Parameter übergebene String entspricht dabei dem Wert, den Sie in dem Attribut `android:key` des korrespondierenden Elements in der XML-Datei mit den Einstellungen (zum Beispiel *preferences.xml*) angegeben haben. Der zweite Parameter wird von der get...()-Methode zurückgeliefert, wenn der angefragte Schlüssel nicht vorhanden ist. In diesem Fall wird er aber nicht angelegt.

Vielleicht fragen Sie sich, welche Konsequenzen das hat. Die Benutzeroberfläche der Einstellungsseite wird durch Auslesen der *Shared Preferences* initialisiert. Ein Ankreuzfeld erhält also ein Häkchen, wenn der korrespondierende `boolean`-Wert `true` war, was bei nicht vorhandenen Schlüsseln natürlich nicht der Fall ist. Um ein Auseinanderlaufen von Code und Oberfläche zu vermeiden, könnten Sie in der XML-Datei Default-Werte eintragen. Hierfür gibt es das Attribut `android:defaultValue`. Allerdings pflegen Sie Standardvorgaben dann an zwei Stellen, nämlich in XML und in den get...()-Aufrufen.

Ich rate Ihnen deshalb, die Werte nach dem ersten Ermitteln zu speichern (im Prinzip also nach dem ersten Programmstart). Falls im Zuge von App-Updates neue Einstellungen hinzukommen, sollten Sie zusätzlich die Versionsnummer Ihrer App abfragen. Wie dies funktioniert, ist in der Methode `compareCurrentWithStoredVersion-Code()` zu sehen. Das eigentliche Speichern funktioniert so:

```
SharedPreferences.Editor e = prefs.edit();
e.putBoolean("checkbox_1", cb1);
e.putBoolean("checkbox_2", cb2);
e.putString("edittext_1", et1);
e.apply();
```

Listing 5.18 Einstellungen programmatisch speichern

Die Methode apply() sorgt dafür, dass Ihre Änderungen in den Einstellungsspeicher zurückgeschrieben werden.

5.3.2   Dialoge

Wenn der Benutzer ein <EditTextPreference />-Element (um genau zu sein, die daraus erzeugte GUI-Komponente) anklickt, öffnet sich ein kleines Fenster mit einer Überschrift, einem Eingabefeld sowie zwei Schaltflächen. Solche *modalen Dialoge* werden über der aktuellen Activity angezeigt. Sie erhalten den Fokus und nehmen alle Eingaben entgegen. Der Anwender wird also in seiner Tätigkeit unterbrochen, deshalb sollten Dialoge stets in enger Beziehung zu der gegenwärtigen Aktivität stehen. Beispiele sind Aufforderungen zur Eingabe von Benutzername und Passwort, Fortschrittsanzeigen oder Hinweise und Fehlermeldungen. Anhand des in Abbildung 5.10 dargestellten Projekts *DialogDemo* zeige ich Ihnen, wie Sie Dialoge in eigenen Programmen einsetzen.

Abbildung 5.10 Die App »DialogDemo«

Die beiden Schaltflächen ALERTDIALOG und DATEPICKERDIALOG öffnen jeweils einen Dialog. Die Klasse android.app.DatePickerDialog ermöglicht dem Benutzer die

Auswahl eines Datums. Android kombiniert hierzu die View android.widget.DatePicker mit zwei Schaltflächen zum Übernehmen der Eingabe bzw. zum Abbrechen des Vorgangs. Damit das System das ausgewählte Datum an Ihre Activity übermitteln kann, registrieren Sie einen OnDateSetListener. Ein solches Objekt wird dem Konstruktor von DatePickerDialog übergeben. android.app.AlertDialog ist die Elternklasse von DatePickerDialog. Sie ist bestens geeignet, um Warn- oder Hinweisdialoge zu realisieren, denn sie ermöglicht Dialoge mit bis zu drei Schaltflächen, einer Überschrift und einer Nachricht.

In frühen Android-Versionen wurden Dialoge durch Aufruf der Activity-Methoden onCreateDialog(), onPrepareDialog() und showDialog() gebaut, vorbereitet und angezeigt. Mit der Einführung von Fragmenten hat Google diese Vorgehensweise allerdings für veraltet erklärt. Seitdem werden Dialoge in Fragmente eingebettet. Wie dies funktioniert, zeige ich Ihnen zunächst am Beispiel der Datumsauswahl. Sehen Sie sich hierzu die Klasse DatePickerFragment an, die von android.app.DialogFragment ableitet:

```
package com.thomaskuenneth.dialogdemo;

import android.app.DatePickerDialog;
import android.app.Dialog;
import android.app.DialogFragment;
import android.content.Context;
import android.os.Bundle;

import java.util.Calendar;

public class DatePickerFragment extends DialogFragment {

  public static final String TAG =
      DatePickerFragment.class.getSimpleName();

  private DatePickerDialog.OnDateSetListener l;

  @Override
  public void onAttach(Context context) {
    super.onAttach(context);
    if (context instanceof DatePickerDialog.OnDateSetListener) {
      l = (DatePickerDialog.OnDateSetListener) context;
    }
  }
}
```

```
@Override
public Dialog onCreateDialog(Bundle savedInstanceState) {
    // das aktuelle Datum als Voreinstellung nehmen
    final Calendar c = Calendar.getInstance();
    int year = c.get(Calendar.YEAR);
    int month = c.get(Calendar.MONTH);
    int day = c.get(Calendar.DAY_OF_MONTH);
    // einen DatePickerDialog erzeugen und zurückliefern
    return new DatePickerDialog(getActivity(),
        l, year, month, day);
    }
}
```

Listing 5.19 »DatePickerFragment.java«

Nach wie vor gibt es eine Methode mit dem Namen onCreateDialog(), in der Sie Dialoge zusammenbauen. Mein Beispiel erzeugt eine DatePickerDialog-Instanz und übergibt dem Konstruktor die Activity, in die das Fragment eingebettet wird, das aktuelle Datum sowie ein Objekt des Typs DatePickerDialog.OnDateSetListener. Die einzige Methode dieses Interface, onDateSet(), wird aufgerufen, wenn im Dialog ein Datum ausgewählt wird. Die zugehörige Variable wird in onAttach() gesetzt. Warum das so gemacht wird (die Prüfung mit instanceof mag zunächst ungewöhnlich erscheinen) und wofür die Konstante TAG benötigt wird, erkläre ich Ihnen gleich. Sie wird ja in DatePickerFragment selbst nicht genutzt. Zuvor sehen wir uns aber noch die Klasse AlertFragment an:

```
package com.thomaskuenneth.dialogdemo;

import android.app.AlertDialog;
import android.app.Dialog;
import android.app.DialogFragment;
import android.content.Context;
import android.content.DialogInterface;
import android.os.Bundle;

public class AlertFragment extends DialogFragment {

  public static final String TAG =
      AlertFragment.class.getSimpleName();

  private DialogInterface.OnClickListener l;
```

```
@Override
public void onAttach(Context context) {
  super.onAttach(context);
  if (context instanceof DialogInterface.OnClickListener) {
    l = (DialogInterface.OnClickListener) context;
  }
}

@Override
public Dialog onCreateDialog(Bundle savedInstanceState) {
  // Builder instanziieren
  AlertDialog.Builder builder =
      new AlertDialog.Builder(getActivity());
  // Builder konfigurieren
  builder.setTitle(R.string.app_name);
  builder.setMessage(R.string.message);
  builder.setCancelable(false);
  builder.setPositiveButton(R.string.close, l);
  // AlertDialog erzeugen und zurückliefern
  return builder.create();
  }
}
```

Listing 5.20 »AlertFragment.java«

Auch die Klasse AlertFragment leitet von android.app.DialogFragment ab, definiert eine Konstante TAG und implementiert die Methoden onAttach() und onCreateDialog(). Der AlertDialog wird mithilfe eines Builders erzeugt. Dieser sieht unter anderem das Setzen des Titels und einer Nachricht bzw. eines Hinweistextes vor. Mit builder.setPositiveButton() legen Sie fest, was beim Anklicken der »positiven«, bestätigenden Schaltfläche passiert. Eine »negative« Schaltfläche entspräche dann VER-WERFEN oder ABBRUCH. Die Referenz auf ein Objekt des Typs DialogInterface. OnClickListener wird, analog zur Implementierung in DatePickerFragment, in der Methode onAttach() gesetzt. Auch dieses Interface definiert genau eine Methode, nämlich onClick().

Lassen Sie mich Ihnen nun anhand der Klasse DialogDemo zeigen, wie die Fragmente in der App genutzt werden:

```
package com.thomaskuenneth.dialogdemo;

import android.app.Activity;
import android.app.DatePickerDialog;
```

```java
import android.content.DialogInterface;
import android.os.Bundle;
import android.widget.Button;
import android.widget.DatePicker;
import android.widget.TextView;

public class DialogDemo extends Activity
    implements DatePickerDialog.OnDateSetListener,
               DialogInterface.OnClickListener {

  private TextView textview;
  private DatePickerFragment datePickerFragment;
  private AlertFragment alertFragment;

  @Override
  public void onCreate(Bundle savedInstanceState) {
    super.onCreate(savedInstanceState);
    setContentView(R.layout.main);
    textview = findViewById(R.id.textview);
    // DatePicker
    datePickerFragment = new DatePickerFragment();
    final Button buttonDatePicker =
        findViewById(R.id.button_datepicker);
    buttonDatePicker.setOnClickListener(v
        -> datePickerFragment.show(getFragmentManager(),
                                  DatePickerFragment.TAG));
    // Alert
    alertFragment = new AlertFragment();
    final Button buttonAlert = findViewById(R.id.button_alert);
    buttonAlert.setOnClickListener(v
        -> alertFragment.show(getFragmentManager(),
                              AlertFragment.TAG));
  }

  @Override
  public void onDateSet(DatePicker view,
            int year, int monthOfYear, int dayOfMonth) {
    textview.setText(getString(R.string.button_datepicker));
  }
```

```
@Override
public void onClick(DialogInterface dialog, int which) {
  textview.setText(getString(R.string.button_alert));
}
}
```

Listing 5.21 »DialogDemo.java«

Die Klasse `DialogDemo` leitet von `android.app.Activity` ab. Sie implementiert die beiden Interfaces `DatePickerDialog.OnDateSetListener` (hierzu gehört die Methode `onDateSet()`) und `DialogInterface.OnClickListener` (`onClick()`). In der Methode `on-Create()` wird, wie üblich, die Benutzeroberfläche geladen und angezeigt. Auch die beiden Fragmente `DatePickerFragment` und `AlertFragment` werden hier instanziiert. Ein Aufruf ihrer Methode `show()` zeigt sie an. Dies geschieht beim Anklicken der korrespondierenden Schaltfläche, wobei die Konstante `TAG` übergeben wird.

Vielleicht fragen Sie sich nun, warum die Activity `DialogDemo` zwei Interfaces implementiert, von denen jeweils eines in der Fragmentmethode `onAttach()` mit `instanceof` geprüft wird. Dies geschieht ja, Sie erinnern sich, in `AlertFragment` und `DatePickerFragment`. In beiden Fällen möchte das Fragment eine Information an die Activity weitergeben, in die es eingebettet ist. Google empfiehlt für diese Art der Kommunikation die Definition eines Interface. Bei `AlertDialog` und `DatePickerDialog` bietet es sich an, die bereits vorhandenen Interfaces zu nutzen. Wenn Sie eigene Fragmente entwerfen, sollten Sie hierfür ein passendes Interface definieren.

Tipp   [+]

Um Daten an ein bereits erzeugtes und in eine Activity eingebettetes Fragment zu übermitteln, definieren Sie ein Interface, welches das Fragment implementiert. Die Activity kann dann einfach die Methode dieses Interface aufrufen und die Parameter übergeben. Sie ermitteln ein eingebettetes Fragment mit dem Ausdruck `getFragmentManager().findFragmentById()`. Liefert dieser Aufruf `null`, erzeugen Sie das Fragment mit `new ...Fragment()` und übergeben die gewünschten Daten mit `setArguments()`. Das Fragment greift mit `getArguments()` auf sie zu.

5.3.3   Menüs

Menüs präsentieren dem Benutzer Funktionen und Aktionen, die er zu einem bestimmten Zeitpunkt ausführen kann. Klassische Desktop-Systeme kennen neben einer Menüleiste sogenannte Kontextmenüs, die geöffnet werden, wenn der Benutzer ein Objekt mit der rechten Maustaste anklickt.

Das Optionsmenü

Bis einschließlich Android 2.x wurde das sogenannte *Optionsmenü* durch Drücken einer speziellen Hardwaretaste geöffnet. In neueren Versionen gewährt ein Symbol in der *Action Bar* Zugriff darauf. Das Optionsmenü ist prinzipiell mit einer klassischen Menüleiste vergleichbar, sollte aber weitaus weniger Elemente enthalten und nur solche Funktionen anbieten, die für die aktuelle Activity sinnvoll sind. Üblicherweise kann der Benutzer eine Einstellungsseite aufrufen oder sich Informationen über die App anzeigen lassen. Wenn eine Activity ein Optionsmenü anbieten möchte, muss sie die Methode onCreateOptionsMenu() überschreiben.

Abbildung 5.11 Die App »MenuDemo« mit geöffnetem Menü

Eine typische Implementierung finden Sie in der Klasse MenuDemoActivity meiner Beispiel-App *MenuDemo*, die in Abbildung 5.11 dargestellt ist.

```
package com.thomaskuenneth.menudemo;

import android.app.Activity;
import android.os.Bundle;
import android.view.Menu;
```

```java
import android.view.MenuInflater;
import android.view.MenuItem;
import android.widget.TextView;

public class MenuDemoActivity extends Activity {

  private TextView tv;

  @Override
  public void onCreate(Bundle savedInstanceState) {
    super.onCreate(savedInstanceState);
    setContentView(R.layout.main);
    tv = findViewById(R.id.textview);
  }

  @Override
  public boolean onCreateOptionsMenu(Menu menu) {
    MenuInflater inflater = getMenuInflater();
    inflater.inflate(R.menu.optionsmenu, menu);
    return super.onCreateOptionsMenu(menu);
  }

  @Override
  public boolean onOptionsItemSelected(MenuItem item) {
    switch (item.getItemId()) {
      case R.id.item1:
      case R.id.item2:
      case R.id.item3:
        tv.setText(item.getTitle());
        return true;
      default:
        return super.onOptionsItemSelected(item);
    }
  }

  @Override
  public boolean onPrepareOptionsMenu(Menu menu) {
    tv.setText(getString(R.string.app_name));
    return super.onPrepareOptionsMenu(menu);
  }
}
```

Listing 5.22 »MenuDemoActivity.java«

Der Code in der Methode `onCreateOptionsMenu()` entfaltet ein Menü, dessen Elemente in der Datei *optionsmenu.xml* definiert wurden. Sie wird unter *res/menu* abgelegt und hat den folgenden Aufbau:

```xml
<?xml version="1.0" encoding="utf-8"?>
<menu xmlns:android="http://schemas.android.com/apk/res/android">

  <item android:id="@+id/item1"
    android:title="@string/item1" />
  <item android:id="@+id/item2"
    android:title="@string/item2" />
  <item android:id="@+id/item3"
    android:title="@string/item3"
    android:showAsAction="always"
    android:icon="@drawable/ic_launcher"/>

</menu>
```

Listing 5.23 Die Datei »optionsmenu.xml«

Elemente haben einen Titel, der üblicherweise in *strings.xml* eingetragen und über `android:title="@string/..."` referenziert wird. Damit Sie auf das Anklicken eines Menüeintrags reagieren können, sollten Sie jedem Element mit `android:id` eine ID zuweisen. Die auszuführenden Aktionen implementieren Sie in der Methode `onOptionsItemSelected()`. Die Methode liefert `true`, wenn Ihre Activity auf das Anklicken eines Menüelements reagiert hat. Andernfalls sollten Sie die Methode der Elternklasse aufrufen und deren Ergebnis zurückliefern. `onCreateOptionsMenu()` wird nur einmal aufgerufen. Das erzeugte Menü bleibt bis zur Zerstörung der Activity verfügbar. Wenn Sie Änderungen an Einträgen vornehmen möchten, können Sie die Methode `onPrepareOptionsMenu()` überschreiben. Android ruft sie jedes Mal vor dem Anzeigen des Optionsmenüs auf.

[+] **Tipp**

Sie können die Methode `invalidateOptionsMenu()` aufrufen, um das Erzeugen des Menüs zu erzwingen.

Möchten Sie, dass wichtige Einträge ständig sichtbar sind, können Sie dies mit dem Ausdruck `android:showAsAction="always"` steuern. In diesem Fall erscheint ein Eintrag nicht innerhalb des Menüs, sondern als Icon in der *Action Bar*. Soll Android abhängig vom in der Action Bar verfügbaren Platz entscheiden, so verwenden Sie anstelle von `always` den Wert `ifRoom`.

Kontextmenüs

Android kennt das von Desktop-Systemen vertraute Konzept der Kontextmenüs. Statt eines Klicks auf die rechte Maustaste löst unter Android das lange Antippen (Tippen und Halten) eines Elements dieses Menü aus. Besonders gern werden List-Views mit Kontextmenüs versehen, aber auch andere Bedienelemente können mit solchen situationsbezogenen Menüs verknüpft werden. Nutzen Sie die Activity-Methode `registerForContextMenu()`, um eine View mit einem Menü zu koppeln. Der Bau der Menüs verläuft analog zu Optionsmenüs (nur die Methodennamen sind andere): Sie brauchen nur `onCreateContextMenu()` und `onContextItemSelected()` zu überschreiben und in der bereits bekannten Weise zu implementieren. Wie dies funktioniert, ist in der Klasse `ContextMenuActivity` meiner Beispiel-App *ContextMenuDemo* zu sehen.

```
package com.thomaskuenneth.contextmenudemo;

import android.app.Activity;
import android.os.Bundle;
import android.view.ContextMenu;
import android.view.ContextMenu.ContextMenuInfo;
import android.view.MenuInflater;
import android.view.MenuItem;
import android.view.View;
import android.widget.Button;
import android.widget.TextView;

public class ContextMenuDemoActivity extends Activity {

  private TextView tv;

  @Override
  public void onCreate(Bundle savedInstanceState) {
    super.onCreate(savedInstanceState);
    setContentView(R.layout.main);
    final Button button = findViewById(R.id.button);
    registerForContextMenu(button);
    tv = findViewById(R.id.textview);
  }

  @Override
  public void onCreateContextMenu(ContextMenu menu, View v,
                  ContextMenuInfo menuInfo) {
    MenuInflater inflater = getMenuInflater();
    inflater.inflate(R.menu.optionsmenu, menu);
  }
```

```
@Override
public boolean onContextItemSelected(MenuItem item) {
  switch (item.getItemId()) {
    case R.id.item1:
      tv.setText(item.getTitle());
      return true;
    case R.id.item2:
      tv.setText(item.getTitle());
      return true;
    default:
      return super.onContextItemSelected(item);
  }
}
}
```

Listing 5.24 Die Klasse »ContextMenuDemoActivity«

In onCreate() wird auf gewohnte Weise die Benutzeroberfläche geladen und angezeigt. Durch Aufruf der Methode registerForContextMenu() wird die Schaltfläche TIP-
PEN UND HALTEN mit dem Kontextmenü verbunden. Nach dem Start der App öffnen
Sie das Menü, indem Sie die Schaltfläche antippen und halten. Wenn Sie einen Menübefehl auswählen, erscheint dessen Name unterhalb der Schaltfläche. Die App mit geöffnetem Kontextmenü ist in Abbildung 5.12 zu sehen.

Abbildung 5.12 Die App »ContextMenuDemo«

5.3.4   Action Bar

Seit *Honeycomb* ersetzt die *Action Bar* die von frühen Android-Versionen bekannte Titelzeile am oberen Rand von Activities. Im Unterschied zu ihrem Vorgänger kann die Action Bar Funktionen übernehmen, die den Werkzeugleisten unter Windows, macOS und Linux ähneln. Außerdem gewährt sie Zugang zum Optionsmenü, das Sie im vorangehenden Abschnitt kennengelernt haben.

Grundlegende Funktionen

Die Action Bar wird standardmäßig in allen Apps verwendet, deren Manifestdatei für mindestens eines der beiden Attribute `android:minSdkVersion` und `android:target-SdkVersion` den Wert 11 oder höher enthält. Mein Beispiel *ActionBarDemo1* zeigt, wie Sie die Funktionen der Action Bar nutzen. Die App ist in Abbildung 5.13 zu sehen.

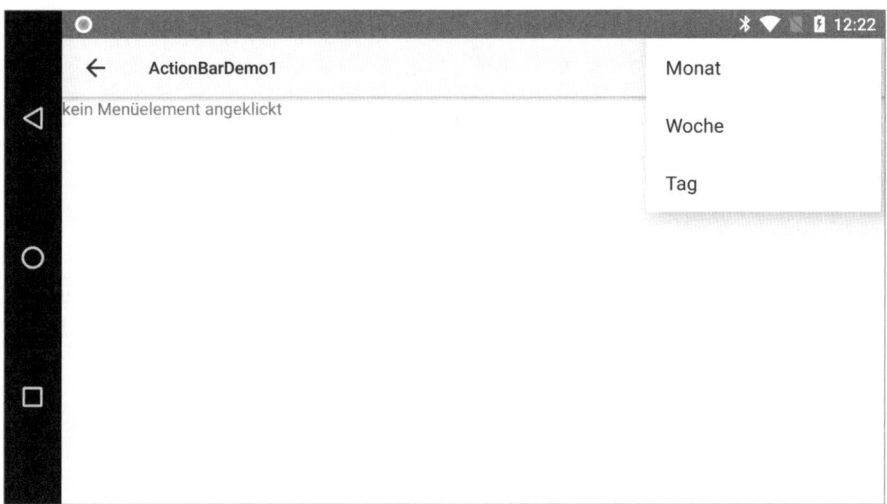

Abbildung 5.13 Die App »ActionBarDemo1« im Quermodus

Bitte werfen Sie einen Blick auf die Klasse `ActionBarDemo1Activity`.

```
package com.thomaskuenneth.actionbardemo1;

import android.app.ActionBar;
import android.app.Activity;
import android.os.Bundle;
import android.view.Menu;
import android.view.MenuInflater;
import android.view.MenuItem;
import android.widget.TextView;
import android.widget.Toast;
```

```java
public class ActionBarDemo1Activity extends Activity {

  private TextView textview;

  @Override
  protected void onStart() {
    super.onStart();
    ActionBar ab = getActionBar();
    if (ab != null) {
      ab.setDisplayHomeAsUpEnabled(true);
    }
  }

  @Override
  public void onCreate(Bundle savedInstanceState) {
    super.onCreate(savedInstanceState);
    setContentView(R.layout.main);
    textview = findViewById(R.id.textview);
  }

  @Override
  public boolean onCreateOptionsMenu(Menu menu) {
    MenuInflater inflater = getMenuInflater();
    inflater.inflate(R.menu.menu, menu);
    return super.onCreateOptionsMenu(menu);
  }

  @Override
  public boolean onOptionsItemSelected(MenuItem item) {
    textview.setText(item.getTitle());
    if (android.R.id.home == item.getItemId()) {
      Toast.makeText(this, R.string.app_name,
          Toast.LENGTH_SHORT).show();
    }
    return true;
  }
}
```

Listing 5.25 »ActionBarDemo1Activity.java«

Die Vorgehensweise zum Anzeigen eines Menüs kennen Sie bereits: Sie überschreiben die Methode onCreateOptionsMenu() und entfalten mithilfe eines MenuInflator die gewünschte XML-Datei. In meinem Beispiel ist dies *menu.xml*. In onOptionsItem-

Selected() reagieren Sie auf das Antippen eines Menübefehls. Meine Trivial-Implementierung übernimmt nur den Menütitel in ein Textfeld. Ist Ihnen aufgefallen, dass das Heute-Symbol ständig angezeigt wird? Ich habe es wie im vorherigen Abschnitt durch das Attribut android:showAsAction als sogenanntes *Action Item* definiert.

```
<item android:id="@+id/menu_today"
  android:icon="@android:drawable/ic_menu_today"
  android:title="@string/today"
  android:showAsAction="ifRoom|withText" />
```

Listing 5.26 Auszug aus »menu.xml«

Wie Sie wissen, legt der Wert ifRoom fest, dass der Befehl in das Menü ausgelagert werden kann, wenn nicht genügend Platz im permanent sichtbaren Bereich der Action Bar zur Verfügung steht. Beim Wert always unterbleibt dies. Durch das Entfernen von withText erscheint nur das Symbol ohne begleitende Beschriftung.

> **Hinweis**
>
> Die Beschriftung eines Symbols wird auch bei vorhandenem withText weggelassen, wenn nicht genügend Platz zur Verfügung steht. Dies ist bei meiner Beispiel-App *ActionBarDemo1* im Porträtmodus der Fall. Wenn Sie den Emulator oder ein reales Gerät in den Quermodus bringen, erscheint die Beschriftung.

Statt eines *Action Items* kann die Action Bar auch Widgets enthalten. Das kann praktisch sein, um beispielsweise ein Suchfeld im ständigen Zugriff zu haben. Solche *Action Views* werden mit dem Attribut android:actionViewLayout versehen, dessen Wert eine Layoutressource referenziert. Alternativ kann mit android:actionViewClass der Klassenname des zu verwendenden Widgets festgelegt werden. Damit das Element in der Action Bar erscheint, müssen Sie das Ihnen bereits bekannte Attribut android:showAsAction setzen. Steht nicht genügend Platz zur Verfügung, erscheint das Element im normalen Menü. In diesem Fall verhält es sich allerdings wie ein normales Menüelement, zeigt also kein Widget an.

Navigation

Um die Action Bar zu konfigurieren, rufen Sie die Activity-Methode getActionBar() auf. Diese liefert ein Objekt des Typs android.app.ActionBar. Da die Konfiguration frühzeitig erfolgen muss, bietet es sich an, wie in meinem Beispiel die Methode onStart() zu überschreiben. Bitte denken Sie aber daran, mit super.onStart() die Implementierung der Elternklasse aufzurufen.

Für Apps mit verschachtelten Seiten oder festgelegten Activity-Folgen kann es sinnvoll sein, zur nächsthöheren Ebene zurückzugehen. Die ActionBar-Methode setDisplayHomeAsUpEnabled() zeigt einen kleinen nach links weisenden Pfeil an (true) oder blendet ihn aus (false). Um auf das Antippen zu reagieren, prüfen Sie in onOptions-ItemSelected() einfach android.R.id.home == item.getItemId().

Um zur Einstiegsseite oder einem beliebigen anderen Bereich Ihrer App zu navigieren, bietet sich das folgende Quelltextfragment an. Ersetzen Sie StartActivity einfach durch den Namen der Activity, die aufgerufen werden soll.

```
Intent intent = new Intent(this, StartActivity.class);
intent.addFlags(Intent.FLAG_ACTIVITY_CLEAR_TOP);
startActivity(intent);
```

Falls Ihre Activity keine Menüs verwendet, wäre es natürlich schade, nur für die Navigation die Methode onOptionsItemSelected() überschreiben zu müssen. In diesem Fall können Sie stattdessen in der Manifestdatei eine Activity als Elternaktivität kennzeichnen, die beim Anklicken des Pfeils aufgerufen wird. Fügen Sie dem <activity />-Tag einfach das mit API-Level 16 eingeführte Attribut android:parentActivityName hinzu, dessen Wert ein voll qualifizierter Klassenname ist.

5.4 Homescreen und Programmstarter

Sie haben in den vorangehenden Abschnitten viel über die Benutzeroberfläche Ihrer App erfahren – welche Bedienelemente es gibt und auf welche vorgefertigten Bausteine Sie zurückgreifen können. In diesem Abschnitt zeige ich Ihnen, wie Ihre App mit *Homescreen* und *Programmstarter* interagiert.

5.4.1 App Shortcuts

Mit *App Shortcuts* können Benutzer direkt vom Homescreen aus zu bestimmten Bereichen Ihrer App navigieren. Die Sprungziele erscheinen nach Tippen und Halten des Programm-Icons, sofern der verwendete Programmstarter dies unterstützt. Bislang hat Google die App Shortcuts in den *Pixel Launcher* (derzeit nur auf Telefonen der Pixel-Modellreihe verfügbar) sowie den *Now Launcher* (über Google Play erhältlich) integriert.

Jeder Shortcut repräsentiert ein Intent, das eine bestimmte Aktion innerhalb der App auslöst, zum Beispiel das Senden einer Nachricht oder das Anzeigen einer geografischen Position in einer Karten-App. Man unterscheidet zwischen *statischen* und *dynamischen* Shortcuts. Erstere repräsentieren »fest verdrahtete« Sprungziele. Stellen Sie sich eine App zum Umrechnen von Einheiten vor. Üblicherweise enthält deren Einstiegsseite Symbole oder Links, die zur Strecken-, Temperatur- und Gewichtsumrechnung führen. App Shortcuts bringen den Benutzer direkt vom Homescreen aus zum gewünschten Modul. Dynamische Shortcuts können auf Benutzereinstellungen, den aktuellen Standort, das aktuelle Datum oder die gegenwärtige Uhrzeit reagieren. Sie werden programmatisch erzeugt. Wie, das zeige ich Ihnen anhand der Beispiel-App *AppShortcutDemo* (siehe Abbildung 5.14). Sie legt zwei Shortcuts an und gibt nach dem Anklicken je nach Art des Shortcuts den Text »statisch« oder die Webadresse des Rheinwerk Verlags in einem *Toast* aus.

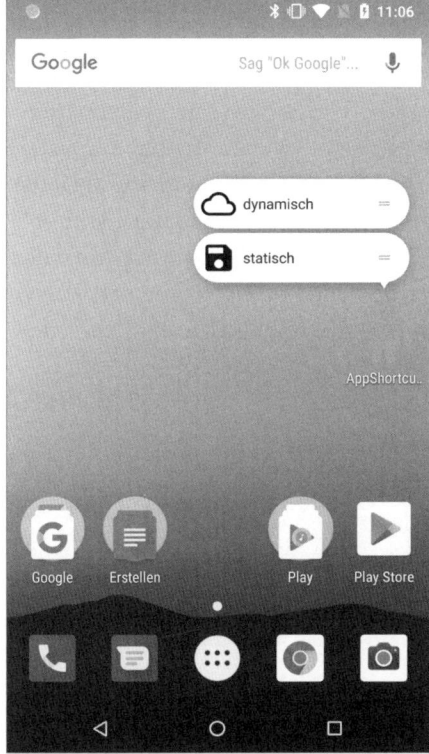

Abbildung 5.14 Dynamische und statische App Shortcuts

Statische App Shortcuts werden in einer XML-Datei eingetragen, die im Verzeichnis *res/xml* abgelegt wird. Der Name der Datei kann, abgesehen von der Endung, beliebig vergeben werden. Listing 5.27 zeigt die Datei *shortcuts.xml* meiner Beispiel-App.

```xml
<?xml version="1.0" encoding="utf-8"?>
<shortcuts xmlns:android="http://schemas.android.com/apk/res/android">
  <shortcut
    android:enabled="true"
    android:icon="@drawable/ic_save"
    android:shortcutId="static1"
    android:shortcutShortLabel="@string/static_shortcut">
    <intent
      android:action="com.thomaskuenneth.appshortcutdemo.AppShortcut"
```

```
        android:targetClass=
            "com.thomaskuenneth.appshortcutdemo.AppShortcutActivity"
        android:targetPackage="com.thomaskuenneth.appshortcutdemo" />
      <categories android:name="android.shortcut.conversation" />
    </shortcut>
  </shortcuts>
```

Listing 5.27 Die Datei »shortcuts.xml«

Jeder statische Shortcut wird durch ein korrespondierendes `<shortcut />`-Element repräsentiert. Shortcuts enthalten üblicherweise ein Icon, eine kurze und eine lange Beschreibung sowie eine eindeutige Kennung. Aus Platzgründen habe ich die lange Beschreibung hier weggelassen. Das `<categories />`-Element ist in dieser Form obligatorisch. `<intent />` schließlich legt das Ziel des Shortcuts fest. Wie die App auf einen Shortcut reagiert, zeige ich Ihnen gleich. Lassen Sie uns vorher noch einen kurzen Blick auf die Manifestdatei werfen (siehe Listing 5.28). Sie folgt im Wesentlichen dem Ihnen vertrauten Muster.

```
<?xml version="1.0" encoding="utf-8"?>
<manifest xmlns:android="http://schemas.android.com/apk/res/android"
  xmlns:tools="http://schemas.android.com/tools"
  package="com.thomaskuenneth.appshortcutdemo">

  <application
    android:allowBackup="false"
    android:icon="@drawable/ic_launcher"
    android:label="@string/app_name"
    android:supportsRtl="true"
    tools:ignore="GoogleAppIndexingWarning">
    <activity android:name=".AppShortcutActivity">
      <intent-filter>
        <action android:name="android.intent.action.MAIN" />
        <category android:name="android.intent.category.LAUNCHER" />
      </intent-filter>
      <meta-data
        android:name="android.app.shortcuts"
        android:resource="@xml/shortcuts" />
    </activity>
  </application>
</manifest>
```

Listing 5.28 Die Manifestdatei von »AppShortcutDemo«

Es gibt allerdings eine wichtige Erweiterung: Ein <meta-data />-Element referenziert die XML-Datei, die die Beschreibung der statischen Shortcuts enthält. Wichtig ist, es der Hauptaktivität zuzuordnen. Diese ist leicht am *Intent-Filter* mit der Aktion android.intent.action.MAIN und der Kategorie android.intent.category.LAUNCHER zu erkennen.

Eine App kann übrigens maximal fünf statische und dynamische Shortcuts gleichzeitig bereitstellen. Allerdings können Anwender diese kopieren und als eine Art Verknüpfung auf dem Homescreen ablegen. Die Zahl solcher *Pinned Shortcuts* ist nicht limitiert. Die Hauptklasse AppShortcutActivity ist in Listing 5.29 zu sehen. Sie zeigt, wie Sie auf das Aktivieren von Shortcuts reagieren und wie Sie dynamische Shortcuts registrieren. Die App hat keine Benutzeroberfläche im eigentlichen Sinn, deshalb habe ich auf das Überschreiben von onCreate() verzichtet.

In onStart() wird durch den Aufruf von getIntent() überprüft, ob der Activity ein Intent zugestellt wurde. Dies geschieht zum Beispiel beim Antippen des statischen Shortcuts, weil ich in der Datei *shortcuts.xml* mit android:targetClass diese Klasse als Ziel angegeben habe. Das dort definierte Intent hat übrigens die (nur von meiner App verwendete) Aktion com.thomaskuenneth.appshortcutdemo.AppShortcut. Falls die Aktion des an die Activity übergebenen Intents mit der Konstante ACTION übereinstimmt (deren Wert entspricht dem aus *shortcuts.xml*), wird ein *Toast* angezeigt. Diese Prüfung ist übrigens erforderlich, weil Intents ja nicht nur beim Antippen von Shortcuts gefeuert werden, sondern auch aus vielen weiteren möglichen Gründen.

```
package com.thomaskuenneth.appshortcutdemo;

import android.app.Activity;
import android.content.Intent;
import android.content.pm.ShortcutInfo;
import android.content.pm.ShortcutManager;
import android.graphics.drawable.Icon;
import android.net.Uri;
import android.widget.Toast;
import java.util.Collections;

public class AppShortcutActivity extends Activity {

  private static final String ACTION =
      "com.thomaskuenneth.appshortcutdemo.AppShortcut";

  @Override
  protected void onStart() {
    super.onStart();
    Intent i = getIntent();
```

```
    if ((i != null) &&
        (ACTION.equals(i.getAction())))) {
      Uri uri = i.getData();
      String s = (uri == null)
          ? getString(R.string.txt_static)
          : uri.toString();
      Toast.makeText(this, s,
          Toast.LENGTH_LONG).show();
    }
    // dynamischer Shortcut
    Intent intent = new Intent(this, AppShortcutActivity.class);
    intent.setAction(ACTION);
    intent.setData(Uri.parse("https://www.rheinwerk-verlag.de/"));
    ShortcutManager mgr =
        getSystemService(ShortcutManager.class);
    if (mgr != null) {
      ShortcutInfo shortcut = new ShortcutInfo.Builder(this,
          "dynamic1")
          .setShortLabel(getString(R.string.dynamic_shortcut))
          .setIcon(Icon.createWithResource(this,
              R.drawable.ic_cloud))
          .setIntent(intent)
          .build();
      mgr.setDynamicShortcuts(Collections.singletonList(shortcut));
    }
    finish();
  }
}
```

Listing 5.29 Die Klasse »AppShortcutActivity«

Dynamische Shortcuts werden mit einem ShortcutInfo.Builder erzeugt. Analog zu statischen Shortcuts können Sie unter anderem ein Icon (setIcon()), eine kurze Beschreibung (setShortLabel()) sowie ein Intent (setIntent()) setzen. Die ShortcutManager-Methode setDynamicShortcuts() registriert alle dynamischen Shortcuts einer App »in einem Rutsch«. Darüber hinaus können Sie einzelne Shortcuts aktualisieren, deaktivieren oder entfernen.

[»] **Hinweis**

Achten Sie bitte darauf, dass Shortcuts nicht die einzige Möglichkeit sind, eine Funktion Ihrer App aufzurufen, damit Ihre App auch unter älteren Android-Versionen verwendet werden kann.

5.4.2   Adaptive Icons

Ab Android 7.1 konnten Apps kreisrunde Icon-Ressourcen für ihre Programmstarter-Symbole bereitstellen. Auf welchen Geräten diese dann angezeigt wurden, hing von der sogenannten *Device Build Configuration* ab. Tatsächlich waren nur Smartphones der Pixel-Baureihe entsprechend konfiguriert. Wenn ein Programmstarter Icons beim System erfragte, lieferte das Android-Framework entweder ein Icon aus dem Manifestattribut `android:icon` oder `android:roundIcon`. Mit Oreo hat Google diese Idee zu adaptiven Icons weiterentwickelt.

Gerätehersteller können eine Maske definieren, die mit dem eigentlichen Programmsymbol verknüpft wird. Stellen Sie sich das am besten wie eine Form zum Ausstechen von Plätzchen vor – alles außerhalb der Maske fällt weg. Der Vorteil für den Entwickler: das eigene Icon erscheint stets in der richtigen Form.

Damit adaptive Icons funktionieren, müssen Sie Ihr Symbol in zwei Ebenen aufteilen, jeweils eine für Vorder- und Hintergrund. Effekte wie Schlagschatten oder Maskierungen sind leider tabu. Denn diese können unter Umständen durch das System hinzugefügt werden. Dazu gleich mehr. Bislang waren Programmstarter-Icons 48 × 48 dp groß. Die beiden Ebenen adaptiver Icons messen 108 × 108 geräteunabhängige Pixel. Die inneren 72 dp erscheinen innerhalb der vom Gerätehersteller gelieferten Maske.

> **Hinweis**
>
> Der sichtbare Bereich kann an bestimmten Punkten auf einen Radius von 33 dp begrenzt werden. Wie viel vom eigentlichen App-Icon zu sehen ist, lässt sich deshalb nicht so ohne Weiteres vorhersagen. Darüber hinaus kann das System bzw. der Programmstarter für visuelle Effekte oder Animationen bis zu 18 geräteunabhängige Pixel an allen vier äußeren Rändern verwenden.

Beim Erstellen von adaptiven Icons unterstützt Sie das in Abbildung 5.15 dargestellte *Asset Studio*. Nach einem Klick mit der rechten Maustaste auf den Knoten RES im Werkzeugfenster PROJECT von Android Studio wählen Sie zuerst NEW • IMAGE ASSET, dann LAUNCHER ICONS (ADAPTIVE AND LEGACY).

Das Asset Studio erstellt eine *.xml*- sowie *.png*-Dateien für Vorder- und Hintergrund in mehreren Auflösungsklassen. Das Tag `<adaptive-icon />` der *.xml*-Datei (siehe Listing 5.30) enthält die beiden Kinder `<foreground />` und `<background />`. Diese verweisen auf Drawables, die mit dem Attribut `android:drawable` referenziert werden.

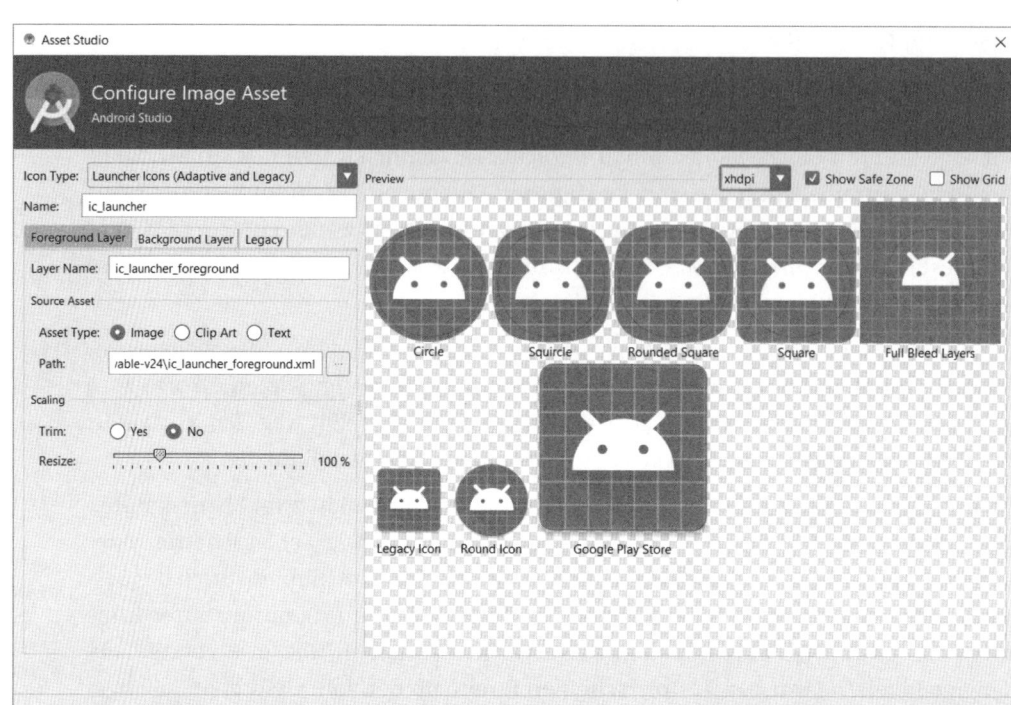

Abbildung 5.15 Das Asset Studio

```xml
<?xml version="1.0" encoding="utf-8"?>
<adaptive-icon xmlns:android="http://schemas.android.com/apk/res/android">
  <background android:drawable="@mipmap/ic_launcher_background"/>
  <foreground android:drawable="@mipmap/ic_launcher_foreground"/>
</adaptive-icon>
```

Listing 5.30 Beschreibungsdatei eines adaptiven Icons

5.5   Zusammenfassung

Sie haben in diesem Kapitel viele Komponenten der Android-Klassenbibliothek kennengelernt, die für den Bau von Benutzeroberflächen wichtig sind. Sie können nun souverän mit Views und ViewGroups umgehen und Bildschirmseiten gestalten, die sich auf unterschiedlichsten Anzeigegrößen »gut« anfühlen. Adaptive Icons und Verknüpfungen runden die Integration Ihrer App ab. Im nächsten Kapitel stelle ich Ihnen Bausteine von Apps vor, die im Gegensatz zu Bedienelementen im Verborgenen wirken.

Kapitel 6
Multitasking

Smartphones und Tablets sind Multitalente. Während Sie im Internet surfen, können Sie nebenbei Musik hören oder sich Videoclips ansehen. In diesem Kapitel zeige ich Ihnen, wie Sie Ihre Apps fit fürs Multitasking machen.

Die Zeiten, in denen ein Computer mehrere Programme nur nacheinander ausführen konnte, sind zum Glück schon sehr lange vorbei; moderne Desktop-Systeme sind multitaskingfähig und können also mehrere Anwendungen gleichzeitig ausführen. Wenn eine Maschine nur einen Mikroprozessor enthält, ist das natürlich eigentlich gar nicht möglich, denn auch der Chip kann ja normalerweise nur ein Maschinenprogramm ausführen. Betriebssysteme greifen deshalb zu einem Trick: Sie führen ein Programm eine gewisse Zeit lang aus und ziehen dann die Kontrolle wieder an sich. Nun kommt ein anderes Programm an die Reihe, und dieses Spiel wiederholt sich ständig. Auch wenn also nur stets ein Programm ausgeführt wird, entsteht für den Nutzer der Eindruck einer parallelen Abarbeitung.

Auch von Betriebssystemen für Smartphones erwartet man, dass sie Multitasking unterstützen. Aber warum eigentlich? Ihr kleiner Bildschirm macht die gleichzeitige Nutzung von mehreren Anwendungen auf geteilter Benutzeroberfläche praktisch unmöglich, und ein eingehender Anruf unterbricht ohnehin die aktuelle Tätigkeit.

Sinnvolle Einsatzgebiete für eine parallele Abarbeitung von Aufgaben gibt es dennoch freilich viele, zum Beispiel das Abspielen von Audiotracks oder das Herunterladen von Dateien.

Android ist multitaskingfähig. Das Fundament hierfür bildet der eingesetzte Betriebssystemkern. Linux bietet sogenanntes *präemptives Multitasking*. Das bedeutet, dass Prozesse, die zu viel Rechenzeit beanspruchen, nicht das ganze System ausbremsen können, da nach einer gewissen Zeit der Kern die Kontrolle wieder an sich zieht. Wie Sie bereits wissen, wird jede Android-App als eigener Linux-Prozess ausgeführt. Ein Fehler in einer App kann die Funktion des Smartphones oder Tablets also (theoretisch) nicht beeinträchtigen.

6.1 Threads

Auch innerhalb eines Programms kann die quasiparallele (ab hier parallele) Ausführung von Aufgaben sehr nützlich sein, zum Beispiel bei Spielen. Das Bewegen einer Figur ist von Eingaben des Benutzers abhängig, Gegner oder bewegliche Hindernisse müssen aber »von allein« ihre Position ändern können. Ein anderes Beispiel: Nehmen Sie an, das Anklicken einer Schaltfläche löst eine komplizierte Berechnung aus, die mehrere Minuten in Anspruch nimmt. Natürlich erwartet der Benutzer, dass er das Programm währenddessen weiter bedienen oder zumindest die aktuelle Tätigkeit unterbrechen kann.

6.1.1 Threads in Java

Java kennt mit sogenannten *Threads* (dt. Fäden) ein Instrument zur Realisierung von *leichtgewichtigen Prozessen*. Mit solchen Fäden kann ein Java-Programm mehrere Tätigkeiten quasigleichzeitig abarbeiten. Die Klasse `java.lang.Thread` sowie das Interface `java.lang.Runnable` bilden die Grundlage für die Nutzung von Threads. Das Beispielprojekt *ThreadDemo1* zeigt, wie Threads erzeugt und gestartet werden. Die erste Version der Klasse `ThreadDemo1Activity` (siehe Listing 6.1) aus dem Beispielprojekt zeige ich Ihnen gleich. Wir werden sie im weiteren Verlauf um ein paar Methoden erweitern. Zur Übung empfehle ich Ihnen, all das in einem neu angelegten Projekt nachzuvollziehen. Die Begleitmaterialien zum Buch enthalten die vollständige Fassung (unter *www.rheinwerk-verlag.de/4564*).

Alle Anweisungen, die in einem eigenen Thread abgearbeitet werden sollen, packen Sie in die Methode `run()` einer Klasse, die das Interface `Runnable` implementiert. Als Lambda-Ausdruck sieht dies folgendermaßen aus:

```
Runnable r = () -> Log.d(TAG, "run()-Methode wurde aufgerufen");
```

Mit diesem Code wird eine Debug-Nachricht ausgegeben. Die Klasse bzw. der Lambda-Ausdruck ist übrigens **nicht** der Thread. Der Thread entsteht durch den Ausdruck `Thread t = new Thread(r);`. Mit `t.start();` beginnt seine Ausführung, und sie endet, wenn alle Anweisungen innerhalb des `run()`-Methodenrumpfes abgearbeitet wurden. Sie können den Status eines Threads übrigens mit `t.isAlive();` abfragen. Natürlich wird man für einige wenige Anweisungen, die zudem schnell abgearbeitet werden können (wie beispielsweise eine Ausgabe in LOGCAT), keinen eigenen Thread starten. Dagegen ist der Einsatz eines Threads bei länger andauernden Berechnungen sinnvoll.

```
package com.thomaskuenneth.threaddemo1;

import android.app.Activity;
```

```
import android.os.Bundle;
import android.util.Log;

public class ThreadDemo1Activity extends Activity {

  private static final String TAG =
      ThreadDemo1Activity.class.getSimpleName();

  @Override
  protected void onCreate(Bundle savedInstanceState) {
    super.onCreate(savedInstanceState);
    Log.d(TAG, Thread.currentThread().getName());
    Runnable r = () -> Log.d(TAG, "run()-Methode wurde aufgerufen");
    Thread t = new Thread(r);
    t.start();
    Log.d(TAG, "Thread wurde gestartet");
  }
}
```

Listing 6.1 »ThreadDemo1Activity.java«

Das folgende Quelltextfragment (siehe Listing 6.2) berechnet Fibonacci-Zahlen. Bitte fügen Sie es der Klasse ThreadDemo1Activity am besten nach der Methode onCreate() hinzu.

```
private Runnable fibRunner() {
  return new Runnable() {

    @Override
    public void run() {
      int num = 20;
      int result = fib(num);
      Log.d(TAG, "fib(" + num + ") = " + result);
    }

    private int fib(int n) {
      switch (n) {
        case 0:
          return 0;
        case 1:
          return 1;
        default:
          Thread.yield();
```

```
            return fib(n - 1) + fib(n - 2);
         }
      }
   };
}
```

Listing 6.2 Die Methode »fibRunner()«

Um das Codefragment auszuprobieren, fügen Sie nach der Anweisung

```
Log.d(TAG, "Thread wurde gestartet");
```

die folgenden zwei Zeilen hinzu:

```
Thread fib = new Thread(fibRunner());
fib.start();
```

Thread.yield() gibt Rechenzeit an andere, parallel laufende Threads ab. Dies zumindest **gelegentlich** zu tun, ist auch unter präemptivem Multitasking eine gute Idee. Wie lange ein Thread mit dieser Methode anhält, ist aber nicht definiert, und deshalb ist sie ungeeignet, wenn Sie die Abarbeitung für eine bestimmte Dauer unterbrechen möchten, wie zum Beispiel bei Spielen, die Positionsänderungen von Gegnern oder beweglichen Hindernissen alle n Sekunden vorsehen. Für solche Zwecke bietet die Klasse Thread die Methode sleep().

Wenn Sie das Quelltextfragment in Listing 6.3 mit der Anweisung

```
new Thread(bewegeGegner1()).start();
```

starten, erscheint alle drei Sekunden eine Meldung in Logcat:

```
private Runnable bewegeGegner1() {
  return () -> {
    while (true) {
      Log.i(TAG, "bewege Gegner 1");
      try {
        Thread.sleep(3000);
      } catch (InterruptedException e) {
        Log.e(TAG, "sleepTester()", e);
      }
    }
  };
}
```

Listing 6.3 Die Methode »bewegeGegner1()«

Ist Ihnen die Zeile while (true) { aufgefallen? Threads werden beendet, wenn alle Anweisungen in run() abgearbeitet wurden. Die while-Bedingung ist aber immer erfüllt, und auch der Schleifenrumpf enthält keine weiteren Abbruchgründe, sodass die Schleife also nie verlassen wird. Zu Recht weist Android Studio durch eine Warnung auf diesen Umstand hin. Wie Sie richtig vorgehen, zeige ich Ihnen im folgenden Abschnitt.

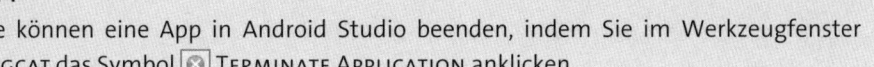

> **Tipp**
>
> Sie können eine App in Android Studio beenden, indem Sie im Werkzeugfenster LOGCAT das Symbol ⊗ TERMINATE APPLICATION anklicken.

Threads beenden

Die Klasse Thread beinhaltet die Methode stop(). Allerdings hat sich im Laufe der Zeit herausgestellt, dass ihre Verwendung aus unterschiedlichen Gründen unsicher ist, weshalb sie nicht verwendet werden soll. Technisch Interessierte finden eine ausführliche Abhandlung des Problems im Artikel *Java Thread Primitive Deprecation*.[1]

Zur Lösung des eigentlichen Problems, also des Stoppens von Threads, gibt es mehrere Ansätze, jeder mit spezifischen Vor- und Nachteilen. Beispielsweise ist es möglich, auf das Auslösen einer InterruptedException mit dem Verlassen ihrer Thread-Schleife zu reagieren. Die Methode interrupt() der Klasse Thread löst eine solche Ausnahme aus.

Sie können die Schleife aber auch mit einer Abbruchbedingung versehen, die von außen gesteuert wird. In der Regel ist dies eine Instanzvariable des Typs boolean. Listing 6.4 zeigt eine mögliche Umsetzung. Fügen Sie den Code einfach an geeigneter Stelle in der Klasse ThreadDemo1Activity ein.

```
private volatile boolean keepRunning;

@Override
protected void onStart() {
  super.onStart();
  // Thread erzeugen
  Thread t = new Thread(bewegeGegner2());
  keepRunning = true;
  // Thread starten
```

---

1 *https://docs.oracle.com/javase/8/docs/technotes/guides/concurrency/ threadPrimitiveDeprecation.html*

```
    t.start();
  }

  @Override
  protected void onPause() {
    super.onPause();
    keepRunning = false;
  }

  private Runnable bewegeGegner2() {
    return () -> {
      while (keepRunning) {
        Log.i(TAG, "bewege Gegner 2");
        try {
          Thread.sleep(3000);
        } catch (InterruptedException e) {
          Log.e(TAG, "sleepTester()", e);
        }
      }
    };
  }
```

Listing 6.4 Beenden eines Threads durch eine Abbruchbedingung

[»]   **Hinweis**

Das Schlüsselwort volatile bewirkt einen sogenannten *Cache Flush*. Dieser ist wichtig, weil das Java-Speichermodell sonst nicht gewährleistet, dass andere Threads den aktuellen Zustand der Variablen sehen. Das wiederum **könnte** dazu führen, dass der Thread sich niemals beendet, obwohl ein anderer Thread die Variable keepRunning auf false gesetzt hat.

Ich habe das Erzeugen und Starten des Threads in der Methode onStart() realisiert, die nach onCreate() aufgerufen wird. Wenn Sie durch Drücken der Home-Schaltfläche die Activity beendeten, würde aber ohne weitere Vorkehrungen dennoch weiterhin alle drei Sekunden die Meldung »bewege Gegner 2« in LOGCAT erscheinen, denn das bloße Verlassen einer Activity führt nicht zum Stopp zusätzlich gestarteter Threads. Allerdings kann Android diese zum Beispiel bei Speichermangel jederzeit terminieren. Um den Thread beim Verlassen der Activity zu beenden, muss nur die Variable keepRunning auf false gesetzt werden. Dies geschieht in der von mir überschriebenen Methode onPause() in Listing 6.4.

> **Hinweis**
>
> Das Beenden von Threads beim Verlassen einer Activity ist bewährte Praxis. Hintergrundaktivitäten werden unter Android mit sogenannten *Services* realisiert. Sie lernen diesen Grundbaustein im gleichnamigen Abschnitt 6.2 kennen. Threads können beim Bau von Services eingesetzt werden.

Threads bieten viele Möglichkeiten und geben dem Entwickler ein mächtiges Werkzeug an die Hand. Beispielsweise können Sie jedem Thread eine individuelle Priorität zuweisen und mehrere Threads zu Gruppen zusammenfassen. Allerdings erfordert insbesondere der Zugriff auf gemeinsame Ressourcen einiges an Disziplin (und die Kenntnis der Funktionsweise von synchronized). Wenn Sie in Ihrer App intensiven Gebrauch von Threads machen möchten, rate ich dringend zu entsprechender Sekundärliteratur. Bitte beachten Sie hierzu die Lektüreliste in Anhang A dieses Buches.

6.1.2 Umgang mit Threads in Android

Wenn Sie sich die Methoden der Klasse Thread angesehen haben, ist Ihnen vielleicht getName() aufgefallen. Jedem Thread kann ein Name zugewiesen werden. Die Anweisung Log.d(TAG, Thread.currentThread().getName()); gibt den Namen des aktuellen Threads in LOGCAT aus. Sofern die App diese Anweisung nicht in einem anderen Thread ausführt, ist dies der sogenannte *Mainthread* (*Haupt-Thread*).

Der Main- oder UI-Thread

Im *Mainthread* wird nicht nur Ihre Programmlogik ausgeführt, sondern beispielsweise auch das Zeichnen der Benutzeroberfläche. Aus diesem Grund wird er auch *UI-Thread* genannt. Welche Konsequenzen dies hat, möchte ich Ihnen anhand des Beispiels *UIThreadDemo* zeigen. Nach dem Öffnen der App (sie ist in Abbildung 6.1 zu sehen) können Sie nach Belieben Häkchen vor BERECHNUNG MIT SLEEP() setzen und entfernen. Der aktuelle Status (TRUE ODER FALSE) wird unterhalb des Ankreuzfeldes angezeigt. Die Schaltfläche BERECHNUNG STARTEN simuliert eine länger andauernde Tätigkeit. Stellen Sie bitte sicher, dass BERECHNUNG MIT SLEEP() angehakt ist, und starten Sie dann die Berechnung.

Nun geschieht etwas Unerwartetes: Die CheckBox reagiert nicht mehr auf Benutzereingaben. Erst nachdem die »Berechnung« abgeschlossen wurde, verhält sich die App wieder wie gewünscht. Der Grund für ihr scheinbar merkwürdiges Verhalten liegt in der Art meiner Simulation begründet, weil bei angehakter CheckBox der aktuelle Thread (also die App) ungefähr drei Sekunden lang schlafen geschickt wird. Dies ist in Listing 6.5 zu sehen.

Abbildung 6.1 Die App »UIThreadDemo«

```
package com.thomaskuenneth.uithreaddemo;

import android.app.Activity;
import android.os.Bundle;
import android.util.Log;
import android.widget.Button;
import android.widget.CheckBox;
import android.widget.TextView;

public class UIThreadDemo extends Activity {

  public static final String TAG = UIThreadDemo.class.getSimpleName();

  @Override
  public void onCreate(Bundle savedInstanceState) {
```

```
super.onCreate(savedInstanceState);
setContentView(R.layout.main);
final TextView tv = findViewById(R.id.textview);
final CheckBox checkbox = findViewById(R.id.checkbox);
checkbox.setOnCheckedChangeListener((buttonView,
    isChecked) -> tv.setText(Boolean.toString(isChecked)));
checkbox.setChecked(true);
final Button button = findViewById(R.id.button);
button.setOnClickListener(v -> {
  // --- Beginn Experimente ---
  tv.setText(UIThreadDemo.this.getString(R.string.begin));
  if (checkbox.isChecked()) {
    try {
      Thread.sleep(3500);
    } catch (InterruptedException e) {
      Log.e(TAG, "sleep()", e);
    }
  } else {
    while (true) ;
  }
  tv.setText(UIThreadDemo.this.getString(R.string.end));
  // --- Ende Experimente ---
});
  }
}
```

Listing 6.5 »UIThreadDemo.java«

Starten Sie die Berechnung hingegen ohne Häkchen vor BERECHNUNG MIT SLEEP() und versuchen ein paarmal, die Checkbox anzutippen, erscheint nach einer gewissen Zeit der unter Android-Entwicklern gefürchtete Hinweis *Application not responding* (ANR). Der Dialog ist in Abbildung 6.2 zu sehen. Auf diese Weise informiert das System den Benutzer, dass eine Anwendung nicht mehr reagiert, und bietet an, diese zu schließen oder weiter auf eine Reaktion zu warten.

Wenn Sie schon Anwendungen mit Java Swing realisiert haben, ist Ihnen eine ganz ähnliche Problematik sehr wahrscheinlich vertraut. Das Pendant von Androids UI-Thread, der sogenannte *Event Dispatching Thread*, hat vielen Programmierern graue Haare beschert. Der Ruf von Swing-Anwendungen, schwerfällig zu reagieren, resultiert zu einem großen Teil aus dem nicht vorhandenen Wissen um den richtigen Einsatz von *Multithreading*, also der konsequenten Auslagerung von Aufgaben in *Workerthreads*.

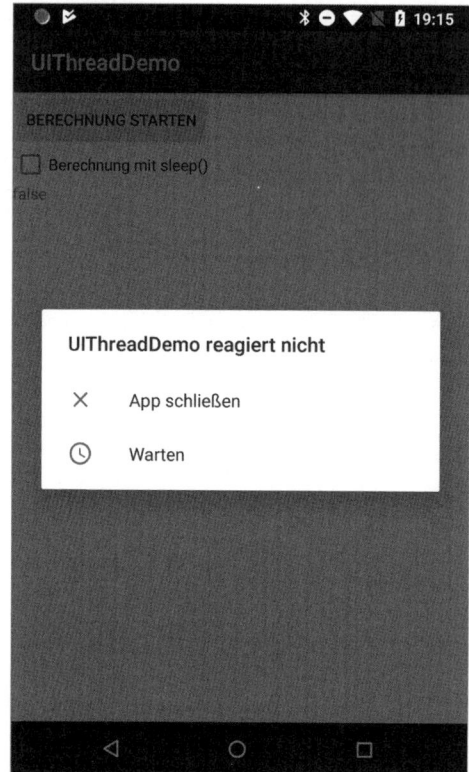

Abbildung 6.2 Frage, ob eine nicht reagierende App beendet werden soll

Wie Java Swing ist auch der GUI-Teil von Android single-threaded, was bedeutet, dass der Mainthread für die Zustellung von allen Ereignissen an Widgets, aber auch für die Kommunikation Ihrer App mit den Bedienelementen zuständig ist. Was passiert, wenn der UI-Thread blockiert wird, können Sie in meinem Beispiel *UIThreadDemo* sehr leicht nachvollziehen. Um das Problem zu lösen, lagern wir die lang dauernde Berechnung in einen eigenen Thread aus. Ersetzen Sie die ursprüngliche Fassung (also alles zwischen den Kommentaren Beginn Experimente und Ende Experimente) durch die Implementierung in Listing 6.6.

```
new Thread(() -> {
  try {
    Thread.sleep(10000);
  } catch (InterruptedException e) {
    Log.e(TAG, "sleep()", e);
  }
}).start();
```

Listing 6.6 Das Anklicken der Schaltfläche startet einen neuen Thread.

Testen Sie die App nun erneut. Sie verhält sich auch während der »Berechnung« normal. Allerdings gibt die ursprüngliche Version der App aus Listing 6.5 zu Beginn und am Ende der Berechnung einen Text aus. Dies tut die gerade eben vorgestellte Variante nicht mehr.

Handler

Fügen Sie deshalb die folgenden beiden Zeilen vor bzw. nach dem try-catch-Block aus Listing 6.6 ein, starten Sie das Programm, und klicken Sie anschließend auf BERECHNUNG STARTEN.

```
tv.setText(UIThreadDemo.this.getString(R.string.begin));
tv.setText(UIThreadDemo.this.getString(R.string.end));
```

Die App stürzt ab, und Android zeigt dem Benutzer einen Hinweis, dass *UIThread-Demo* unerwartet beendet wurde. Die Ursache des Problems ist in LOGCAT nachzulesen: Das System hat eine CalledFromWrongThreadException ausgelöst. Deren Nachricht lautet: »Only the original thread that created a view hierarchy can touch its views.«

Bei dem »original thread« handelt es sich um den Main- bzw. UI-Thread. Es muss also eine Möglichkeit geben, Anweisungen explizit auf **diesem** Thread auszuführen. Die folgende Implementierung (siehe Listing 6.7) zeigt, wie Sie richtig vorgehen:

```
final Handler h = new Handler();
new Thread(() -> {
  try {
    h.post(() -> tv.setText(UIThreadDemo.this
        .getString(R.string.begin)));
    Thread.sleep(10000);
    h.post(() -> tv.setText(UIThreadDemo.this
        .getString(R.string.end)));
  } catch (InterruptedException e) {
    Log.e(TAG, "sleep()", e);
  }
}).start();
```

Listing 6.7 Kommunikation mit dem UI-Thread

Als Erstes instanziieren Sie ein Objekt des Typs android.os.Handler. Mit diesem Objekt können Sie Nachrichten oder Runnables an die Warteschlange eines Threads senden. Da beim Eintritt in onClick() nur der Mainthread aktiv ist, kommuniziert unser Handler mit dessen Warteschlange. Der eigentliche Nachrichtenversand erfolgt durch Aufruf der Methode post(). Sie müssen also nur die auszuführende Aktion (zum Beispiel tv.setText(UIThreadDemo.this.getString(R.string.begin));) in eine Runnable-Instanz packen und an post() übergeben.

[»] **Hinweis**

Bitte denken Sie daran, die Klasse android.os.Handler zu importieren.

In Android gibt es einige weitere Möglichkeiten, um mit dem UI-Thread zu kommunizieren, zum Beispiel bietet die Klasse Activity die Methode runOnUiThread() an. Auch ihr müssen Sie nur ein Runnable übergeben, was dann so aussehen kann (siehe Listing 6.8):

```
Thread t = new Thread(() -> {
  try {
    Thread.sleep(10000);
  } catch (InterruptedException e) {
    Log.e(TAG, "sleep()", e);
  }
  runOnUiThread(() -> tv.setText(UIThreadDemo.this.getString(
      R.string.end)));
});
tv.setText(UIThreadDemo.this.getString(R.string.begin));
t.start();
```

Listing 6.8 Verwendung der Methode »runOnUiThread()«

runOnUiThread() ist also äußerst nützlich, wenn Sie in einem Hintergrund-Thread die Benutzeroberfläche aktualisieren möchten.

6.2 Services

Activities sind für den Benutzer unmittelbar sichtbar, und er interagiert mit ihnen. Wenn Sie eine App starten, die Musik aus dem Internet streamt, möchten Sie vielleicht zunächst ein Genre wählen und sich dann einen Sender aussuchen. Sobald die Übertragung der Daten begonnen hat, verliert die Benutzeroberfläche bei so einer App an Bedeutung. Es liegt nahe, die Activity zu verlassen, um etwas anderes zu tun, beispielsweise eine E-Mail zu schreiben oder im Web zu surfen. Damit die Musik in so einem Fall nicht abbricht, muss das System eine Möglichkeit bieten, das Streamen im Hintergrund weiter auszuführen.

Services sind Anwendungsbausteine, die ohne Benutzeroberfläche auskommen. Anders als beispielsweise Broadcast Receiver werden sie aber nicht nur beim Eintreten eines Ereignisses aktiviert. Auch sind Services – im Gegensatz zu Broadcast Receivern – gerade für länger andauernde Tätigkeiten gedacht.

6.2.1 Gestartete Services

Der Bau von Activities und Broadcast Receivern folgt sehr ähnlichen Mustern, denn beide müssen ihre Implementierungen von bestimmten Basisklassen ableiten und in der Manifestdatei der App registrieren. Auch Services entstehen auf diese Weise.

Ein einfaches Beispiel

Das Projekt *ServiceDemo1* stellt Ihnen einen sehr einfach gehaltenen Service vor. Die Klasse DemoService lauscht auf entgangene Anrufe und protokolliert deren Anzahl in LOGCAT. Sie nutzt hierfür die in Android eingebaute *Anrufhistorie*, die auch in Kapitel 4, »Activities und Broadcast Receiver«, kurz angesprochen wird. Ausführliche Hinweise zu ihrer Verwendung finden Sie im nachfolgenden Kapitel 7, »Telefonieren und surfen«. Der Zugriff auf das *Call Log* erfolgt in getMissedCalls().

Einfache Services können Sie von der abstrakten Klasse android.app.Service ableiten. Die Methode onBind() müssen Sie implementieren. Sie liefert entweder null oder eine Instanz des Typs android.os.IBinder. Android unterscheidet zwischen gestarteten und gebundenen Services. Vereinfacht ausgedrückt stellen Letztere eine Kommunikationsschnittstelle zur Verfügung. Als **gestarteter** Service tut DemoService dies nicht und liefert deshalb null. In diesem ersten, einfachen Beispiel ist keine Kommunikation zwischen Aufrufer und Service erforderlich, denn es wird nur die Zahl der verpassten Anrufe ausgegeben.

Die Methoden onCreate() und onDestroy() repräsentieren Stationen im Lebenszyklus eines Service und werden vom System aufgerufen. Die Implementierung aus Listing 6.9 registriert bzw. entfernt einen sogenannten *Content Observer*. Stellt Android Änderungen an einer Datenbank fest, so wird dessen Methode onChange() aufgerufen. Mein Beispiel ruft nur getMissedCalls() auf und gibt das Ergebnis in LOGCAT aus. Die Anrufhistorie speichert in einer Tabelle zeilenweise Informationen zu eingehenden, ausgehenden und verpassten Anrufen. Um die Zahl der entgangenen Anrufe zu ermitteln, prüfen Sie den Inhalt der Spalte Calls.TYPE auf Calls.MISSED_TYPE und zählen die gefundenen Zeilen.

```
package com.thomaskuenneth.servicedemo1;

import android.app.Service;
import android.content.Intent;
import android.database.ContentObserver;
import android.database.Cursor;
import android.os.Handler;
import android.os.IBinder;
import android.provider.CallLog;
import android.provider.CallLog.Calls;
import android.util.Log;
```

```java
import java.util.Date;

public class DemoService extends Service {

  private static final String TAG = DemoService.class.getSimpleName();

  private ContentObserver contentObserver;

  @Override
  public IBinder onBind(Intent intent) {
    Log.d(TAG, "onBind()");
    return null;
  }

  @Override
  public void onCreate() {
    Log.d(TAG, "onCreate()");
    contentObserver = new ContentObserver(new Handler()) {

      @Override
      public void onChange(boolean selfChange) {
        int missedCalls = getMissedCalls();
        Log.d(TAG, missedCalls + " verpasste Anrufe");
      }
    };
    getContentResolver().registerContentObserver(
        CallLog.Calls.CONTENT_URI,
        false, contentObserver);
    new Thread(() -> {
      while (contentObserver != null) {
        Log.d(TAG, new Date().toString());
        try {
          Thread.sleep(3000);
        } catch (InterruptedException e) {
          Log.e(TAG, "interrupted", e);
        }
      }
    }).start();
  }

  @Override
  public void onDestroy() {
    Log.d(TAG, "onDestroy()");
```

```
    getContentResolver().unregisterContentObserver(contentObserver);
    contentObserver = null;
  }

  private int getMissedCalls() {
    int missedCalls = 0;
    String[] projection = {Calls._ID};
    String selection = Calls.TYPE + " = ?";
    String[] selectionArgs = {Integer.toString(Calls.MISSED_TYPE)};
    try {
      Cursor c = getContentResolver().query(CallLog.Calls.CONTENT_URI,
          projection, selection, selectionArgs, null);
      if (c != null) {
        missedCalls = c.getCount();
        c.close();
      }
    } catch (SecurityException e) {
      Log.e(TAG, "getMissedCalls()", e);
    }
    return missedCalls;
  }
}
```

Listing 6.9 »DemoService.java«

Services werden in der Manifestdatei der App eingetragen. Die Manifestdatei des Projekts *ServiceDemo1* ist in Listing 6.10 abgedruckt. Das Element <uses-permission /> wird übrigens nicht für jeden Service benötigt. Es ist aber erforderlich, um auf die Anrufhistorie zuzugreifen. Das Element <service /> enthält mindestens das Attribut android:name. Ihm wird – analog zu Activities – der Name der entsprechenden Klasse zugewiesen. android:label kann den Klartextnamen des Service enthalten, der dem Benutzer angezeigt wird. Sofern Sie ihn nicht explizit setzen, »erbt« der Service das Label der App. Dies ist auch bei android:icon so. Sie können für den Service ein eigenes Symbol vergeben, müssen das aber nicht tun; auch hier wird gegebenenfalls das Icon der Anwendung übernommen.

```
<?xml version="1.0" encoding="utf-8"?>
<manifest xmlns:android="http://schemas.android.com/apk/res/android"
  xmlns:tools="http://schemas.android.com/tools"
  package="com.thomaskuenneth.servicedemo1">
  <uses-permission android:name="android.permission.READ_CALL_LOG" />
  <application
    android:allowBackup="false"
```

241

```
      android:icon="@drawable/ic_launcher"
      android:label="@string/app_name"
      tools:ignore="GoogleAppIndexingWarning">
      <activity
        android:name=".ServiceDemo1Activity"
        android:label="@string/app_name">
        <intent-filter>
          <action android:name="android.intent.action.MAIN" />
          <category android:name="android.intent.category.LAUNCHER" />
        </intent-filter>
      </activity>
      <service android:name=".DemoService" />
    </application>
</manifest>
```

Listing 6.10 Die Manifestdatei des Projekts »ServiceDemo1«

Weitere Attribute steuern die Nutzbarkeit Ihres Service durch Ihre und fremde Apps. android:enabled regelt die grundsätzliche Verfügbarkeit; der Standardwert ist true. Sie müssen das Attribut also üblicherweise nicht angeben. android:permission ermöglicht die Vergabe von Berechtigungen; ein potenzieller Servicenutzer muss über die hier festgelegten Rechte verfügen. Wenn Sie dieses Attribut nicht setzen, greift das android:permission-Attribut des Elements <application />. Haben Sie keines der beiden Attribute gesetzt, ist der Zugriff auf den Service nicht durch eine Berechtigung geschützt.

> **[»] Hinweis**
>
> Bitte beachten Sie den Unterschied zwischen den android:permission-Attributen und dem <uses-permission />-Element. Letzteres gibt an, welche Berechtigung eine App haben möchte. Im Fall von *ServiceDemo1* ist dies der Zugriff auf das Call Log.

Mit android:exported steuern Sie die Sichtbarkeit durch andere Apps. Mit dem Attribut android:process erzwingen Sie die Ausführung des Service in einem bestimmten Prozess. Dabei gelten dieselben Regeln wie für Activities. Um einen Service gegen den Rest des Systems abzuschotten, setzen Sie android:isolatedProcess auf true. In diesem Fall läuft der Dienst in einem gesonderten, isolierten Prozess und hat keine eigenen Rechte. Die Kommunikation erfolgt ausschließlich über die Service-API.

Damit ist die Implementierung unseres sehr einfachen Service abgeschlossen. Um ihn zu starten, können Sie innerhalb einer Activity startService() aufrufen und ein Intent übergeben, das die benötigte Komponente beschreibt. Dies ist in der privaten Methode startServiceAndFinish() von Listing 6.11 zu sehen. Die App hat keine eigene Benutzeroberfläche und beendet sich wieder, wenn der Benutzer dem Zugriff auf die

Anrufhistorie zugestimmt hat. Andernfalls erscheint eine entsprechende Rückfrage.
Mehr über die sogenannten *Runtime Permissions* und ihre Nutzung erfahren Sie in
Kapitel 4, »Activities und Broadcast Receiver«.

```
package com.thomaskuenneth.servicedemo1;

import android.Manifest;
import android.app.Activity;
import android.content.Intent;
import android.content.pm.PackageManager;
import android.os.Bundle;
import android.widget.Toast;

public class ServiceDemo1Activity extends Activity {

  private static final int RQ_CALL_LOG = 123;

  @Override
  public void onCreate(Bundle savedInstanceState) {
    super.onCreate(savedInstanceState);
    if (checkSelfPermission(Manifest.permission.READ_CALL_LOG)
        != PackageManager.PERMISSION_GRANTED) {
      requestPermissions(new String[]
              {Manifest.permission.READ_CALL_LOG},
          RQ_CALL_LOG);
    } else {
      startServiceAndFinish();
    }
  }

  @Override
  public void onRequestPermissionsResult(int requestCode,
                    String permissions[],
                    int[] grantResults) {
    if (requestCode == RQ_CALL_LOG) {
      if ((grantResults.length > 0)
          && (grantResults[0] ==
          PackageManager.PERMISSION_GRANTED)) {
        startServiceAndFinish();
      } else {
        Toast.makeText(this, R.string.denied,
            Toast.LENGTH_LONG).show();
      }
```

```
    }
  }

  private void startServiceAndFinish() {
    Intent intent = new Intent(this, DemoService.class);
    startService(intent);
    finish();
  }
}
```

Listing 6.11 Die Klasse »ServiceDemo1Activity«

Um im Emulator einen verpassten Anruf zu simulieren, starten Sie die App. Anschließend bauen Sie eine `telnet`-Verbindung zu dem Emulator auf. Je nach Betriebssystem Ihres Entwicklungsrechners können Sie das mit Bordmitteln tun (Linux und macOS) oder erst nach dem Installieren von Zusatzsoftware (unter Windows hat sich hierfür *PuTTY* bewährt). Als Host-Namen geben Sie `localhost` an. Der Port der aktiven Emulatorinstanz ist üblicherweise `5554`. Sie können den richtigen Wert durch Eingabe von `adb devices` im Android-Studio-Werkzeugfenster TERMINAL ermitteln. Er ist im angezeigten Namen enthalten, zum Beispiel »emulator-5554«.

[+]   Tipp

Falls sich Ihr PuTTY-Fenster nach dem Drücken der ⏎-Taste schließt, setzen Sie in den Telnet-Einstellungen bitte den TELNET NEGOTIATION MODE auf PASSIVE.

Um einen eingehenden Anruf zu initiieren, geben Sie bitte in Ihrer `telnet`-Sitzung als erstes Kommando

`auth <.emulator_console_auth_token>`

ein. Die Datei *.emulator_console_auth_token* befindet sich im Heimatverzeichnis des aktiven Benutzers. Auf meinem Rechner ist dies *C:\Users\tkuen*. Öffnen Sie die Datei mit einem Editor, und übernehmen Sie den vollständigen Inhalt (jedoch nicht den Dateinamen!) als Argument für das Kommando `auth`. Jetzt können Sie mit

`gsm call 12345`

einen eingehenden Anruf simulieren. Sie brechen ihn mit dem folgenden Kommando ab:

`gsm cancel 12345`

Nach jedem verpassten Anruf erscheint eine entsprechende Ausgabe in LOGCAT.

Wie aber erreichen Services eine »echte« Hintergrundverarbeitung? Mein Beispiel führt ja nur eine Datenbankabfrage durch. Die hierfür benötigte Zeit ist vernachlässigbar. Da ich im ersten Abschnitt dieses Kapitels Java-Threads vorgestellt habe, liegt die Vermutung nahe, Services könnten von sich aus auf dieses Hilfsmittel zurück-greifen. Dem ist aber nicht so. Services werden auf dem Mainthread ihrer App oder desjenigen Prozesses ausgeführt, der im Attribut `android:process` des `<service />`-Elements angegeben wird.

Konsequenterweise müssen Sie als Entwickler rechenintensive oder lange andauern-de Tätigkeiten selbstständig in eigene Threads auslagern. Services bilden »nur« einen Rahmen, um dem System mitzuteilen, dass eine App entweder etwas im Hinter-grund ausführen will (selbst dann, wenn der Benutzer gar nicht mehr mit ihr inter-agiert) oder Teile ihrer Funktionalität anderen Programmen zur Verfügung stellen möchte.

Um Nebenläufigkeit in Services zu erreichen, können Sie, wie in meinem Beispiel zu sehen, einfach einen neuen Thread starten. Sie müssen nur sicherstellen, dass er zur richtigen Zeit wieder beendet wird. Bei mir wird dies durch die Bedingung `content-Observer != null` erreicht. Ich setze die Variable `contentObserver` in der Methode `on-Destroy()` auf `null`. Diese Service-Lifecycle-Methode wird von Android aufgerufen, wenn ein Service zerstört wird.

Tipp

Auch `android.app.IntentService` kann als Basis für eigene Services dienen. Die Klasse bietet sich insbesondere dann an, wenn Sie asynchrone Anfragen auf der Basis von Intents verarbeiten müssen. Sie setzt das Muster *Work Queue Processor* um. Wenn Arbeit anfällt, startet `IntentService` einen Workerthread, der sich um die eigentliche Verarbeitung kümmert. Auf diese Weise wird der Mainthread nicht blo-ckiert. Zu beachten ist allerdings, dass jeweils nur eine Task abgearbeitet wird. Wei-tere Anfragen landen bis zu ihrer vollständigen Abarbeitung in einer Warteschlange.

Beenden von Services

Aber wann werden Services eigentlich beendet oder zerstört? Das ist davon abhängig, ob ein Service gestartet oder gebunden wurde (siehe den folgenden Abschnitt). Der Service `DemoService` wird von der Activity `ServiceDemo1Activity` durch Aufruf der Me-thode `startService()` gestartet. Sie könnte ihn mit `stopService()` beenden. Den Ser-vices selbst stehen die Methoden `stopSelf()` und `stopSelfResult()` zur Verfügung.

Benutzer können unter Einstellungen • System • Entwickleroptionen • Aktive Dienste (im Emulator und auf englischsprachigen Geräten via Settings • System • Developer Options • Running Services) die nicht mehr benötigten Services stop-pen. Die Einstellungsseite ist in Abbildung 6.3 zu sehen. Wie Sie die Entwickleroptio-nen aktivieren, lesen Sie in Abschnitt 3.2.3, »Debuggen auf echter Hardware«.

Und natürlich kann Android selbst einen Service beenden. Dies geschieht zum Bei-spiel bei knappen Systemressourcen. Außerdem gibt es seit Android 8 Einschränkun-

gen in der Hintergrundverarbeitung, auf die ich später noch ausführlicher zu sprechen komme.

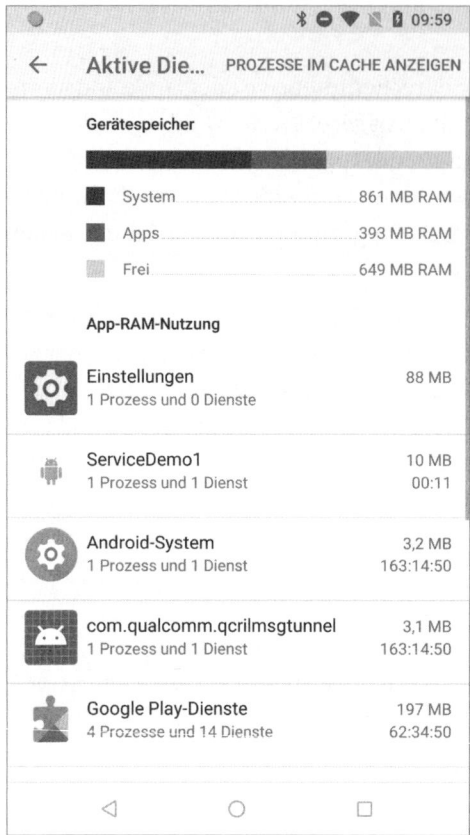

Abbildung 6.3 Die Einstellungsseite » Aktive Dienste«

Prinzipiell können Services, die mit startService() gestartet wurden, unendlich
lange laufen. Sie führen allerdings normalerweise genau eine Operation aus und liefern kein Ergebnis an den Aufrufer. Gestartete Services sollten sich beenden, nachdem die Aufgabe abgearbeitet wurde. Das Hoch- oder Herunterladen von Dateien ist
ein Beispiel für solche Operationen. Allerdings stellt Android hierfür bereits einen
sehr guten Mechanismus bereit.

Nach startService() ruft das System die Methode onStartCommand() auf. Sie können
diese überschreiben, um das ihr übergebene Intent auszuwerten. Es könnte beispielsweise den Namen der zu übertragenden Datei enthalten. Der Rückgabewert von on-
StartCommand() legt fest, wie Android verfahren soll, wenn das System den Prozess
beenden muss, der den Service hostet. Dies ist bei akutem Speichermangel der Fall.
START_NOT_STICKY besagt, dass der Service nur im Fall von noch ausstehenden Intents
neu gestartet werden soll. Bei START_STICKY startet Android den Service auf jeden Fall

neu und ruft `onStartCommand()` auf. Sofern keine ausstehenden Intents vorhanden sind, wird aber nicht das letzte Intent erneut übergeben, sondern `null`. Anders ist es bei `START_REDELIVER_INTENT`: Hier erhält `onStartCommand()` immer das letzte Intent. Auf diese Weise kann der Service beispielsweise die Übertragung einer Datei fortsetzen. Die Standardimplementierung liefert `START_STICKY`.

Einschränkungen in der Hintergrundverarbeitung

Vielleicht fragen Sie sich, warum meine Klasse `DemoService` alle 3 Sekunden die aktuelle Uhrzeit in LOGCAT ausgibt. Android Oreo schränkt die Möglichkeiten von Apps ein, die sich nicht im Vordergrund befinden. Eine App befindet sich im Hintergrund, wenn keine der folgenden Bedingungen zutrifft:

▸ Mindestens eine ihrer Activities ist sichtbar. Ob sie im Zustand gestartet oder pausiert ist, spielt keine Rolle.

▸ Sie hat mindestens einen aktuell ausgeführten Vordergrundservice.

▸ Eine andere Vordergrund-App ist mit ihr verbunden, weil sie einen ihrer Services gebunden hat oder einen ihrer Content Provider nutzt.

Vordergrundservices machen durch ein Symbol in der Statuszeile auf sich aufmerksam. Der Anwender sieht also, dass auch nach dem Verlassen einer Activity noch eine Komponente der App ausgeführt wird. Hintergrundservices hingegen sind für den Benutzer nicht präsent. Er merkt also möglicherweise nicht, dass eine Aktivität im Hintergrund viele Daten überträgt oder durch komplizierte Berechnungen den Akku leert.

Meine Klasse `DemoService` zeigt kein Symbol in der Statusleiste an und ist deshalb ein Hintergrundservice. Außerdem beendet sich `ServiceDemo1Activity` unmittelbar nach dem Start des Service `DemoService` mit `finish()`. Die Activity ist also nicht mehr aktiv. Da es auch sonst keine aktiven Komponenten mit Benutzeroberfläche gibt, wird *ServiceDemo1* zu einer Hintergrund-App. Somit wird Android 8 den Service nach wenigen Minuten zerstören. Das ist für eine Funktion, die über verpasste Anrufe informieren soll, natürlich nicht zielführend. Glücklicherweise lässt sich das Problem leicht beheben. Wir müssen den Service nur zu einem Vordergrundservice machen. Ändern Sie hierzu als Erstes den Aufruf `startService()` in der Methode `startServiceAndFinish()` um in `startForegroundService()`. Fügen Sie dann der Klasse `DemoService` den Codeschnipsel in Listing 6.12 hinzu:

```
import android.app.Notification;
import android.app.NotificationChannel;
import android.app.NotificationManager;

@Override
public int onStartCommand(Intent intent, int flags, int startId) {
```

```
final String channelId = "channelId_1234";
final NotificationChannel channel = new NotificationChannel(channelId,
    getString(R.string.app_name),
    NotificationManager.IMPORTANCE_DEFAULT);
NotificationManager nm = getSystemService(NotificationManager.class);
if (nm != null) {
  nm.createNotificationChannel(channel);
  Notification.Builder b = new Notification.Builder(this,
      channelId);
  b.setSmallIcon(R.drawable.ic_launcher)
      .setContentTitle(getString(R.string.app_name))
      .setContentText(getString(R.string.app_name));
  startForeground(0x1234, b.build());
}
return super.onStartCommand(intent, flags, startId);
}
```

Listing 6.12 Aus einem Service einen Vordergrundservice machen

Der Methode startForeground() wird eine Benachrichtigung sowie eine ID, die diese kennzeichnet, übergeben. Sie müssen die ID beispielsweise verwenden, um die Benachrichtigung abzubrechen. Hierfür enthält die Klasse NotificationManager die Methode cancel(). Die Benachrichtigung dient dazu, den Anwender über die Präsenz des Vordergrundservice sowie dessen Status zu informieren. Mit setContentIntent() können Sie eine Activity angeben, die beim Antippen der Benachrichtigung angezeigt wird.

Möglicherweise fragen Sie sich, ob jeder Service eine permanent sichtbare Benachrichtigung anzeigen muss. Solange sich die App, zu der ein gestarteter Service gehört, im Vordergrund befindet, ist dies nicht erforderlich. Die zweite von Android unterstützte Serviceart wird *gebundener Service* genannt. Solche Services müssen grundsätzlich keine Benachrichtigung anzeigen.

6.2.2   Gebundene Services

Gebundene Dienste stellen eine Schnittstelle zur Verfügung, über die Servicenutzer mit den Diensten kommunizieren. Diese »Clients« können Teil der App sein, zu der auch der Service gehört, aber auch fremde Prozesse dürfen seine Funktionen ansprechen. Ein gebundener Service läuft, solange mindestens ein Client mit ihm verbunden ist. Danach wird er zerstört.

Wie Sie bereits wissen, muss jede von android.app.Service abgeleitete Klasse die Methode onBind() bereitstellen. Sie liefert ein Objekt, das das Interface android.os.IBinder implementiert. IBinder beschreibt ein abstraktes Protokoll für die Kommunikation mit remotefähigen Objekten, die wiederum die Grundlage für den Aufruf von Funktionen über Prozessgrenzen hinweg bilden, was in der Informatik *Remote Procedure Call* genannt wird.

Die Objekte eines Java-Programms unterliegen dem Zugriff und der Kontrolle einer virtuellen Maschine oder Laufzeitumgebung. Möchte ein Objekt eine Methode eines anderen Objekts desselben Programms aufrufen, so ist dies problemlos möglich. Anders sieht es aus, wenn zwei Apps miteinander kommunizieren sollen. Denn sie werden standardmäßig in jeweils eigenen, streng abgeschotteten Linux-Prozessen mit eigenem Adressraum ausgeführt.

> **Hinweis**
>
> Die Verteilung von App-Bausteinen auf Prozesse kann in begrenztem Umfang über `android:process`-Attribute in der Manifestdatei konfiguriert werden.

Es muss also einen Mechanismus geben, der die Information, welche Funktion ausgeführt werden soll, sowie die korrespondierenden Ein- und Ausgabeparameter in geeigneter Weise transportiert.

Die Klasse »android.os.Binder«

Glücklicherweise müssen Sie das Interface `IBinder` nicht implementieren, sondern können es von der Klasse `android.os.Binder` ableiten. Das bietet sich an, wenn Ihr Service nur von der eigenen App und nur innerhalb desselben Prozesses angesprochen wird. Das Projekt *ServiceDemo2* zeigt, wie ein solcher lokaler Service aussehen kann. Die Klasse `LocalService` finden Sie in Listing 6.13. Die Methode `onBind()` liefert eine Instanz des Typs `LocalBinder`. Diese Klasse leitet von `android.os.Binder` ab und enthält die **zusätzliche** Methode `getService()`. Diese liefert eine Referenz auf das `LocalService`-Objekt, dessen `onBind()`-Methode aufgerufen wurde. Die einzige weitere Methode von `LocalService` (`fakultaet()`) liefert die Fakultät der ihr übergebenen Zahl n.

```
package com.thomaskuenneth.servicedemo2;

import android.app.Service;
import android.content.Intent;
import android.os.Binder;
import android.os.IBinder;

public class LocalService extends Service {

  private final IBinder mBinder = new LocalBinder();
```

```
class LocalBinder extends Binder {
  LocalService getService() {
    return LocalService.this;
  }
}

@Override
public IBinder onBind(Intent intent) {
  return mBinder;
}

public int fakultaet(int n) {
  if (n <= 0) {
    return 1;
  }
  return n * fakultaet(n - 1);
}
}
```

Listing 6.13 »LocalService.java«

Um den Service aufrufen zu können, müssen Sie ihn in der Manifestdatei registrieren. Wie das aussehen kann, ist in Listing 6.14 zu sehen. Da der Service die Klasse `Binder` nutzt und deshalb nur innerhalb desselben Prozesses wie der Aufrufer verwendet werden kann, setzt er das Attribut `android:exported` auf `false`. Für andere Apps ist er damit »tabu«.

```
<?xml version="1.0" encoding="utf-8"?>
<manifest xmlns:android="http://schemas.android.com/apk/res/android"
  xmlns:tools="http://schemas.android.com/tools"
  package="com.thomaskuenneth.servicedemo2">
  <application
    android:icon="@drawable/ic_launcher"
    android:label="@string/app_name"
    android:allowBackup="false"
    tools:ignore="GoogleAppIndexingWarning">
    <activity
      android:name=".ServiceDemo2Activity"
      android:label="@string/app_name">
      <intent-filter>
        <action android:name="android.intent.action.MAIN" />
        <category android:name="android.intent.category.LAUNCHER" />
      </intent-filter>
    </activity>
```

```
  <service
    android:name=".LocalService"
    android:exported="false" />
  </application>
</manifest>
```

Listing 6.14 Die Manifestdatei des Projekts »ServiceDemo2«

Die Klasse `ServiceDemo2Activity` (siehe Listing 6.15) realisiert eine Activity mit Eingabezeile, Schaltfläche und Textfeld. Sie verbindet sich mit `LocalService` und ruft nach dem Anklicken der Schaltfläche BERECHNEN dessen Methode `fakultaet()` auf. Um die Verbindung zu einem Service herzustellen, müssen Sie die Methode `bindService()` aufrufen. Dies geschieht in `onStart()`. Um `ServiceDemo2Activity` von `LocalService` zu trennen, nutze ich `unbindService()`. Diese Methode wird in `onStop()` aufgerufen.

In beiden Fällen wird die Referenz auf ein `ServiceConnection`-Objekt übergeben. Dessen Callback-Methode `onServiceConnected()` weist den übergebenen `IBinder` nach einem Cast auf `LocalBinder` und nach Aufruf von dessen Methode `getService()` der `ServiceDemo2Activity`-Instanzvariablen `mService` zu. Hierbei handelt es sich um den Rückgabewert von `onBind()` aus `LocalService`. Bitte beachten Sie, dass ich in `onServiceDisconnected()` die Variable `mService` (die in der Activity verwendete Referenz auf den Service) auf `null` setze. Nach dem Trennen der Verbindung darf ein Service nicht mehr verwendet werden.

```
package com.thomaskuenneth.servicedemo2;

import android.app.Activity;
import android.content.ComponentName;
import android.content.Context;
import android.content.Intent;
import android.content.ServiceConnection;
import android.os.Bundle;
import android.os.IBinder;
import android.widget.Button;
import android.widget.EditText;
import android.widget.TextView;

import com.thomaskuenneth.servicedemo2.LocalService.LocalBinder;

public class ServiceDemo2Activity extends Activity {

  private LocalService mService = null;
```

```java
private ServiceConnection mConnection = new ServiceConnection() {

  @Override
  public void onServiceConnected(ComponentName name,
                  IBinder service) {
    LocalBinder binder = (LocalBinder) service;
    mService = binder.getService();
  }

  @Override
  public void onServiceDisconnected(ComponentName name) {
    mService = null;
  }
};

@Override
protected void onCreate(Bundle savedInstanceState) {
  super.onCreate(savedInstanceState);
  setContentView(R.layout.main);
  final TextView textview = findViewById(R.id.textview);
  final EditText edittext = findViewById(R.id.edittext);
  final Button button = findViewById(R.id.button);
  button.setOnClickListener(v -> {
    if (mService != null) {
      try {
        int n = Integer.parseInt(
            edittext.getText().toString());
        int fak = mService.fakultaet(n);
        textview.setText(getString(R.string.template,
            n, fak));
      } catch (NumberFormatException e) {
        textview.setText(R.string.info);
      }
    }
  });
  edittext.setOnEditorActionListener(
      (textView, i, keyEvent) -> {
        button.performClick();
        return true;
      });
}
```

```
@Override
protected void onStart() {
  super.onStart();
  Intent intent = new Intent(this, LocalService.class);
  bindService(intent, mConnection, Context.BIND_AUTO_CREATE);
}

@Override
protected void onStop() {
  super.onStop();
  if (mService != null) {
    unbindService(mConnection);
    mService = null;
  }
 }
}
```

Listing 6.15 »ServiceDemo2Activity.java«

Die Klassen `LocalService`, `LocalBinder` und `ServiceDemo2Activity` werden auf diese Weise sehr eng miteinander verwoben. Dabei mag der Cast auf `LocalBinder` in der Methode `onServiceConnected()` irritieren. Woher soll die Activity wissen, dass tatsächlich eine geeignete `IBinder`-Implementierung übergeben wurde? Sie müssen sich vergegenwärtigen, dass unser lokaler Service für die ausschließliche Nutzung durch die eigene App konzipiert wurde, die die beteiligten Klassen kennt. Der Vorteil ist ein sehr unkomplizierter Aufruf der eigentlichen Serviceoperation, also der Berechnung der Fakultät:

```
int n = Integer.parseInt(edittext.getText().toString());
int fak = mService.fakultaet(n);
```

Die Kommunikation mit einem Service über Prozessgrenzen hinweg kann auf zweierlei Weise erfolgen. Die meisten Freiheiten bietet die Nutzung von *AIDL*, der *Android Interface Definition Language*. Allerdings rät Google unter anderem aus Komplexitätsgründen von der direkten AIDL-Nutzung für den Bau von Services ab. Trotzdem möchte ich Ihnen ein paar grundlegende Informationen darüber geben: Objekte werden in primitive Einheiten zerlegt und vom Betriebssystem an den Zielprozess übermittelt. Um AIDL zu nutzen, müssen Sie die gewünschte Kommunikationsschnittstelle in einer *.aidl*-Datei ablegen. Die Werkzeuge des Android SDK erzeugen daraus eine abstrakte Klasse, die die von Ihnen definierten Methoden implementiert und sich um die Interprozesskommunikation kümmert. Weiterführende Information finden Sie im Dokument *Android Interface Definition Language (AIDL)*.[2]

---

2 *http://developer.android.com/guide/components/aidl.html*

Die Klasse »android.os.Messenger«

Auch die Klasse android.os.Messenger funktioniert über Prozessgrenzen hinweg. Die Idee ist dabei, in einem Prozess einen Messenger zu instanziieren, der einen Handler referenziert, dem Nachrichten übermittelt werden können. Das Messenger-Objekt wird dann einem anderen Prozess übergeben. Um zu demonstrieren, wie Sie dieses zugegebenermaßen nicht ganz leicht verständliche Konzept praktisch umsetzen können, stelle ich Ihnen die beiden Projekte *ServiceDemo3_Service* und *ServiceDemo3* vor. *ServiceDemo3_Service* implementiert den eigentlichen Service, *ServiceDemo3* eine Nutzer-App, die ohne den Service natürlich nicht lauffähig ist. Lassen Sie uns deshalb zunächst einen Blick auf den Service in Listing 6.16 werfen.

com.thomaskuenneth.servicedemo3_service.RemoteService ist sehr einfach aufgebaut. Er leitet von android.app.Service ab und implementiert nur onBind(). Die hier gelieferte Referenz auf eine IBinder-Instanz entsteht, wenn die Methode getBinder() eines Messenger-Objekts aufgerufen wird. Diesem Objekt, der finalen Instanzvariablen mMessenger, wurde nun beim Erzeugen eine IncomingHandler-Instanz übergeben.

```
package com.thomaskuenneth.servicedemo3_service;

import android.app.Service;
import android.content.Intent;
import android.os.Handler;
import android.os.IBinder;
import android.os.Message;
import android.os.Messenger;
import android.os.RemoteException;
import android.util.Log;

public class RemoteService extends Service {

  private static final String TAG = RemoteService.class.getSimpleName();

  public static final int MSG_FAKULTAET_IN = 1;
  public static final int MSG_FAKULTAET_OUT = 2;

  private final Messenger mMessenger =
      new Messenger(new IncomingHandler());

  @Override
  public IBinder onBind(Intent intent) {
    return mMessenger.getBinder();
  }
```

```java
private static class IncomingHandler extends Handler {

  @Override
  public void handleMessage(Message msg) {
    switch (msg.what) {
      case MSG_FAKULTAET_IN:
        Integer n = msg.arg1;
        Log.d(TAG, "Eingabe: " + n);
        int fak = fakultaet(n);
        Messenger m = msg.replyTo;
        Message msg2 = Message.obtain(null,
            MSG_FAKULTAET_OUT, n, fak);
        try {
          m.send(msg2);
        } catch (RemoteException e) {
          Log.e(TAG, "send()", e);
        }
        break;
      default:
        super.handleMessage(msg);
    }
  }

  private int fakultaet(int n) {
    if (n <= 0) {
      return 1;
    }
    return n * fakultaet(n - 1);
  }
}
}
```

Listing 6.16 »RemoteService.java«

Die Klasse IncomingHandler enthält die eigentliche Kommunikation sowie die Berechnung der Fakultät. Die Implementierung überschreibt die Methode handleMessage(). Ihr wird ein Message-Objekt übergeben, das eine eingehende Nachricht repräsentiert. Enthält dessen Instanzvariable what einen bestimmten Wert, wird die Fakultät der Zahl aus arg1 berechnet. Das Ergebnis wird in Gestalt eines eigenen, neuen Message-Objekts an den Absender der gerade bearbeiteten Nachricht (Messenger m = msg.reply-To;) übertragen. Die Berechnung der Fakultät wird also in zwei Mitteilungen aufgeteilt. Die beiden int-Werte MSG_FAKULTAET_IN (Berechnung starten) und MSG_FAKUL-TAET_OUT (Ergebnis zurückliefern) müssen auch dem Servicenutzer bekannt sein.

Um einen Service aus einer fremden App heraus nutzen zu können, müssen Sie ihn exportieren. Dazu setzen Sie, wie in Listing 6.17 zu sehen, das Attribut android:exported auf true. Außerdem wird mit android:permission eine Berechtigung definiert, die die nutzende App ebenfalls angeben muss.

```xml
<?xml version="1.0" encoding="utf-8"?>
<manifest xmlns:android="http://schemas.android.com/apk/res/android"
  xmlns:tools="http://schemas.android.com/tools"
  package="com.thomaskuenneth.servicedemo3_service">
  <application
    android:allowBackup="false"
    android:icon="@drawable/ic_launcher"
    android:label="@string/app_name"
    tools:ignore="GoogleAppIndexingWarning">
    <service
      android:name=".RemoteService"
      android:exported="true"
      android:permission="com.thomaskuenneth.servicedemo3_service.USE" />
  </application>
</manifest>
```

Listing 6.17 Die Manifestdatei des Projekts »ServiceDemo3_Service«

> [»] **Hinweis**
>
> Das Setzen einer Berechtigung ist nicht zwingend erforderlich. Allerdings zeigt Android Studio in diesem Fall beim Bearbeiten des Manifests eine Warnung an. Außerdem ist es mittlerweile bewährte Praxis, die Nutzung von Services durch Berechtigungen abzusichern.
>
> Bitte beachten Sie ferner, dass das Projekt *ServiceDemo3_Service* keine Hauptaktivität hat. Damit es beim Installieren aus Android Studio heraus keine Probleme gibt, müssen Sie mit RUN • EDIT CONFIGURATIONS den Dialog RUN/DEBUG CONFIGURATIONS öffnen und unter LAUNCH OPTIONS den Eintrag NOTHING auswählen.

Das Projekt *ServiceDemo3* nutzt den RemoteService aus *ServiceDemo3_Service*. In der Methode onStart() der Klasse ServiceDemo3Activity wird der Service gebunden. Dies geschieht durch einen Aufruf von bindService(). Wie Sie bereits wissen, wird hierfür ein Intent benötigt. Anders als bei lokalen Services können Sie dieses aber nicht einfach durch new Intent(this, RemoteService.class) instanziieren, denn dabei entstünde ein sogenanntes *explizites Intent*. Bedenken Sie, dass die App die Klasse RemoteService gar nicht kennt.

Bis einschließlich Android 4 war es möglich, `bindService()` ein *implizites Intent* zu übergeben. Anstelle einer Klasse oder Komponente enthält dieses eine Aktion in Form einer Zeichenkette, zum Beispiel `com.thomaskuenneth.servicedemo3_service.Remote-Service`. Das System ermittelt Anwendungsbausteine, also Activities, Services oder Broadcast Receiver, die mit dieser Aktion etwas anfangen können, indem es in den Manifestdateien nach sogenannten *Intent-Filtern* sucht. Das `<service />`-Element in Listing 6.17 hätte hierzu folgenden Code als Kind enthalten:

```
<intent-filter>
 <action
  android:name="com.thomaskuenneth.servicedemo3_service.RemoteService" />
</intent-filter>
```

Dies ist schon seit Android 5 nicht mehr erlaubt. Sie **müssen** `bindService()` ein explizites Intent übergeben. Andernfalls wird zur Laufzeit eine `IllegalArgumentException` (*Service Intent must be explicit*) ausgelöst. Um ein explizites Intent zu erzeugen, rufen Sie den parameterlosen Konstruktor von `android.content.Intent` auf. Anschließend setzen Sie mit `setComponent()` ein Objekt des Typs `android.content.ComponentName` als Komponente. Android kennt nun das Ziel des Intents, ohne alle Intent-Filter auf die passende Aktion untersuchen zu müssen. `ComponentName`-Instanzen lassen sich auf vielerlei Weise erzeugen. Um Bausteine fremder Apps zu benennen, für die wir ja keine *.class*-Referenzen nutzen können, bietet sich die Variante mit zwei String-Parametern an. Der erste Parameter ist der Paketname der App, die den Service enthält, der zweite ist der voll qualifizierte Klassenname. Dies ist in der Methode `onStart()` von Listing 6.18 zu sehen:

```
package com.thomaskuenneth.servicedemo3;

import android.app.Activity;
import android.content.ComponentName;
import android.content.Context;
import android.content.Intent;
import android.content.ServiceConnection;
import android.os.Bundle;
import android.os.Handler;
import android.os.IBinder;
import android.os.Message;
import android.os.Messenger;
import android.os.RemoteException;
import android.util.Log;
import android.widget.Button;
import android.widget.EditText;
import android.widget.TextView;
```

```java
public class ServiceDemo3Activity extends Activity {

  private static final String TAG =
      ServiceDemo3Activity.class.getSimpleName();

  public static final int MSG_FAKULTAET_IN = 1;
  public static final int MSG_FAKULTAET_OUT = 2;

  private Messenger mService = null;
  private ServiceConnection mConnection = new ServiceConnection() {

    public void onServiceConnected(ComponentName className,
                  IBinder service) {
      mService = new Messenger(service);
    }

    public void onServiceDisconnected(ComponentName className) {
      mService = null;
    }
  };

  @Override
  protected void onCreate(Bundle savedInstanceState) {
    super.onCreate(savedInstanceState);
    setContentView(R.layout.main);
    final TextView textview = findViewById(R.id.textview);
    final EditText edittext = findViewById(R.id.edittext);
    final Button button = findViewById(R.id.button);
    final Messenger mMessenger =
        new Messenger(new IncomingHandler(this, textview));
    button.setOnClickListener(v -> {
      if (mService != null) {
        try {
          int n = Integer.parseInt(
              edittext.getText().toString());
          Message msg = Message.obtain(null,
              MSG_FAKULTAET_IN,
              n, 0);
          msg.replyTo = mMessenger;
          mService.send(msg);
        } catch (NumberFormatException e) {
          textview.setText(R.string.info);
        } catch (RemoteException e) {
```

```
        Log.d(TAG, "send()", e);
      }
    }
  });
  edittext.setOnEditorActionListener(
      (textView, i, keyEvent) -> {
        button.performClick();
        return true;
      });
}


@Override
protected void onStart() {
  super.onStart();
  ComponentName c = new ComponentName(
      "com.thomaskuenneth.servicedemo3_service",
      "com.thomaskuenneth.servicedemo3_service.RemoteService");
  Intent i = new Intent();
  i.setComponent(c);
  if (!bindService(i, mConnection, Context.BIND_AUTO_CREATE)) {
    Log.d(TAG, "bindService() nicht erfolgreich");
    unbindService(mConnection);
    mService = null;
    finish();
  }
}


@Override
protected void onStop() {
  super.onStop();
  if (mService != null) {
    unbindService(mConnection);
    mService = null;
  }
}


private static class IncomingHandler extends Handler {

  private final Context ctx;
  private final TextView tv;

  private IncomingHandler(Context ctx, TextView tv) {
    this.ctx = ctx;
```

```
      this.tv = tv;
  }

  @Override
  public void handleMessage(Message msg) {
    switch (msg.what) {
      case MSG_FAKULTAET_OUT:
        int n = msg.arg1;
        int fakultaet = msg.arg2;
        Log.d(TAG, "Fakultaet: " + fakultaet);
        tv.setText(ctx.getString(R.string.template,
            n, fakultaet));
        break;
      default:
        super.handleMessage(msg);
    }
  }
  }
 }
}
```

Listing 6.18 »ServiceDemo3Activity.java«

bindService() erhält als zweiten Parameter die Referenz auf ein ServiceConnection-Objekt, das die beiden Methoden onServiceConnected() und onServiceDisconnected() implementiert. onServiceConnected() erzeugt ein Objekt des Typs android.os.Messenger und weist es der Instanzvariablen mService zu. Damit ist in allen Methoden der Activity der Zugriff auf den Service aus *ServiceDemo3_Service* möglich. onServiceDisconnected() setzt die Referenz auf null.

Damit der Service die Fakultät einer ihm übergebenen Zahl berechnet, sind nur wenige Zeilen Code nötig. Mit Message.obtain() wird eine neue Nachricht erzeugt, und mit mService.send() wird sie verschickt. Die Klasse RemoteService möchte das Ergebnis ihrer Berechnung ebenfalls als Nachricht versenden. Damit das funktioniert, habe ich msg.replyTo auf mMessenger gesetzt. Diese Variable referenziert ebenfalls eine Messenger-Instanz. Sie enthält, wie Sie bereits wissen, einen Handler. Wie üblich wird dessen Methode handleMessage() überschrieben. Meine Implementierung (die private Klasse IncomingHandler) schreibt die Werte aus arg1 (Zahl, deren Fakultät berechnet werden sollte) und arg2 (das Ergebnis) in ein Textfeld. Die App *ServiceDemo3* ist in Abbildung 6.4 zu sehen. Damit sie funktioniert, muss in Ihrer Manifestdatei die vom Service geforderte Berechtigung ebenfalls definiert sein. Hierfür sind sowohl <permission /> als auch <uses-permission /> erforderlich. Dies sieht folgendermaßen aus (siehe Listing 6.19):

```
<?xml version="1.0" encoding="utf-8"?>
<manifest xmlns:android="http://schemas.android.com/apk/res/android"
    xmlns:tools="http://schemas.android.com/tools"
    package="com.thomaskuenneth.servicedemo3">
    <permission
        android:name="com.thomaskuenneth.servicedemo3_service.USE" />
    <uses-permission
        android:name="com.thomaskuenneth.servicedemo3_service.USE" />
    <application
        ...
```

Listing 6.19 Auszug aus der Manifestdatei der App »ServiceDemo3«

Abbildung 6.4 Die App »ServiceDemo3«

Die Erstellung von remotefähigen Services ist eine nicht ganz einfache Aufgabe, daher sollten Sie sehr genau prüfen, ob Sie den Aufwand wirklich betreiben müssen oder ob auch ein lokaler Service ausreichend ist.

6.3   Job Scheduler

Services bilden einen konzeptionellen Rahmen für die Ausführung vieler unterschiedlicher Hintergrundaktivitäten. Wie entkoppelt diese von der Benutzeroberfläche sind, hängt letztlich von der gewünschten Tätigkeit ab. Das Herunterladen von Dateien oder das Streamen von Audio ist vollständig im Hintergrund möglich. Bei Video kann zwar das Bereitstellen der Daten im Hintergrund erfolgen, aber das Anzeigen ist nur in Verbindung mit einer Activity bzw. einem Fragment sinnvoll.

In den bisher genannten Fällen war der Auslöser der Operation stets eine Aktion des Anwenders. Daneben gibt es aber eine ganze Reihe von Tätigkeiten, die nicht auf ausdrücklichen Befehl des Benutzers hin erfolgen. Denken Sie ans Synchronisieren einer lokalen Datenbank mit einem Server, ans Indizieren von Dateien und Verzeichnissen, ans Sichern von Statusinformationen, ans Aktualisieren der Systemzeit oder ans routinemäßige Ausführen von Wartungsarbeiten. All diese Vorgänge wirken sich nicht unmittelbar auf den Anwender oder die Benutzung einer App aus, sind in sich abgeschlossen und können prinzipiell zu jeder beliebigen Zeit ausgeführt werden.

6.3.1   Jobs bauen und ausführen

Für solche *Jobs* (sie werden auch *geplante Services* genannt) hat Google mit Android 5 die *Job-Scheduler-API* eingeführt. Sie basiert auf Services und stellt Ihnen als Entwickler einen einfach handhabbaren Mechanismus zur Verfügung, um das Ausführen von Hintergrundaktionen vom Eintreten bestimmter Bedingungen abhängig zu machen. Wie Sie gleich sehen werden, können Sie einen Job so konfigurieren, dass er beispielsweise nur ausgeführt wird, wenn das Gerät an ein Ladekabel angeschlossen ist, wenn es aktuell nicht verwendet wird oder wenn es mit einem nicht getakteten Netzwerk verbunden ist.

Natürlich lassen sich solche Bedingungen auch mit eigenem Code realisieren, allerdings laufen die Tasks der Apps dann nicht koordiniert ab. Das kann dazu führen, dass energieintensive Aktionen unnötig oft ausgeführt werden. Eine zentrale Steuerung hingegen sorgt dafür, dass vor der Ausführung der anstehenden Jobs eine Funkverbindung auf- und nach Abschluss der Jobs wieder abgebaut wird. Außerdem muss ein Job gar nicht erst gestartet werden, wenn das System weiß, dass die Rahmenbedingungen, die der Job für seine Abarbeitung braucht, ohnehin nicht erfüllt sind.

Die Job-Scheduler-API befreit Sie außerdem von der Eigenentwicklung einer ganzen Reihe weiterer, nicht ganz einfach zu realisierender Mechanismen. Sie sorgt für einen automatischen Wiederanlauf, wenn eine Aufgabe nicht erfolgreich abgeschlossen werden konnte. Sie bietet die regelmäßige Wiederholung eines Jobs an und kann einen automatischen Lauf nach einem Reboot sicherstellen. Auch Zustandsänderungen wie das Verlassen eines Netzwerkes werden automatisch erkannt und verarbeitet. Das Erzeugen und Planen von Jobs ist in der App *JobSchedulerDemo1* zu sehen. Listing 6.20 zeigt die Hauptaktivität JobSchedulerDemo1Activity:

```
package com.thomaskuenneth.jobschedulerdemo1;

import android.app.Activity;
import android.app.job.JobInfo;
import android.app.job.JobScheduler;
import android.content.ComponentName;
import android.os.Bundle;
import java.util.List;
import android.widget.TextView;

public class JobSchedulerDemo1Activity extends Activity {

  private static final int JOB_ID = 1234;

  @Override
  protected void onCreate(Bundle savedInstanceState) {
    super.onCreate(savedInstanceState);
    setContentView(R.layout.main);
    TextView tv = findViewById(R.id.textview);
    JobScheduler scheduler = getSystemService(JobScheduler.class);
    if (scheduler != null) {
      // ausstehende Jobs anzeigen
      List<JobInfo> jobs = scheduler.getAllPendingJobs();
      StringBuilder sb = new StringBuilder();
      for (JobInfo info : jobs) {
        sb.append(info.toString());
        sb.append("\n");
      }
      if (sb.length() == 0) {
        sb.append(getString(R.string.no_jobs));
      }
      // die Klasse des Jobs
      ComponentName serviceEndpoint = new ComponentName(this,
          JobSchedulerDemo1Service.class);
      JobInfo jobInfo = new JobInfo.Builder(JOB_ID, serviceEndpoint)
          // alle 10 Sekunden wiederholen
          .setPeriodic(20*60*1000)
          // nur wenn das Ladekabel angeschlossen ist
          .setRequiresCharging(true)
          .build();
```

```
        // die Ausführung planen
        scheduler.schedule(jobInfo);
        tv.setText(sb.toString());
      }
    }
}
```

Listing 6.20 »JobSchedulerDemo1Activity.java«

Jobs werden mit Objekten des Typs android.app.job.JobInfo beschrieben. Sie er-zeugen eine solche Instanz, indem Sie zunächst mit new JobInfo.Builder(…) einen Builder instanziieren und diesen über seine set…()-Methoden konfigurieren. Diese Aufrufe lassen sich verketten. Sie schließen die Konfiguration mit build() ab. Der Aufruf von setRequiresCharging(true) sorgt dafür, dass ein Job nur dann gestartet wird, wenn das Gerät an ein Ladekabel angeschlossen ist und lädt. setPeriodic() steuert, in welchen Abständen ein Job wiederholt ausgeführt wird. In meinem Bei-spiel geschieht dies alle 20 Minuten. Sie können diesen Wert nicht beliebig klein set-zen. Der minimale Wert lässt sich mit der JobInfo-Methode getMinPeriodMillis() ab-fragen. Android garantiert übrigens nicht, wann innerhalb dieses Intervalls die Ausführung beginnt, sondern nur, dass es höchstens einmal geschieht. Bedingungen wirken additiv. Es müssen demnach alle erfüllt sein, damit ein Job gestartet wird. Allerdings gibt es eine Ausnahme: Wenn Sie setOverrideDeadline() aufrufen, erfolgt die Abarbeitung in jedem Fall.

Für die Verwaltung von Jobs ist die Klasse android.app.job.JobScheduler zuständig. Mit getSystemService(JobScheduler.class) ermitteln Sie die Referenz auf ein zentra-les Objekt. Anschließend können Sie mit getAllPendingJobs() alle ausstehenden Jobs ermitteln, mit schedule() einen Job planen oder mit cancel() und cancelAll() aus-stehende Jobs abbrechen.

6.3.2 Jobs implementieren

Wir haben dem Konstruktor von JobInfo.Builder(…) ein ComponentName-Objekt über-geben. Die dort angegebene Klasse JobSchedulerDemo1Service enthält die Implemen-tierung meines Beispieljobs und ist in Listing 6.21 zu sehen. Jobs leiten sich von der abstrakten Klasse android.app.job.JobService ab und müssen die beiden Methoden onStartJob() und onStopJob() implementieren. Erstere enthält die Logik. Da der Auf-ruf auf dem Mainthread der Anwendung erfolgt, ist es wichtig, dass Sie Ihre Aktionen in einen eigenen Thread verlagern. In diesem Fall liefern Sie als Rückgabewert true. Falls es für den Job nichts zu tun gibt, setzen Sie ihn auf false.

Die Methode onStopJob() wird aufgerufen, wenn die Rahmenbedingungen für die Ausführung nicht mehr erfüllt sind. In diesem Fall **müssen** Sie Ihre Arbeiten beenden, auch wenn der Job noch nicht vollständig abgearbeitet wurde. Der Rückgabewert steuert, ob er verworfen oder für eine neue Ausführung eingeplant wird. Durch Aufruf von jobFinished() teilen Sie Android mit, wenn die Arbeit Ihres Jobs beendet ist. Es ist unerheblich, in welchem Thread Sie die Methode aufrufen.

```java
package com.thomaskuenneth.jobschedulerdemo1;

import android.app.job.JobParameters;
import android.app.job.JobService;
import android.util.Log;

public class JobSchedulerDemo1Service extends JobService {

  private static final String TAG =
      JobSchedulerDemo1Service.class.getSimpleName();

  @Override
  public boolean onStartJob(final JobParameters params) {
    Log.d(TAG, "onStartJob()");
    Thread t = new Thread(() -> {
      Log.d(TAG, "Job in Aktion");
      jobFinished(params, false);
    });
    t.start();
    return true;
  }

  @Override
  public boolean onStopJob(JobParameters params) {
    Log.d(TAG, "onStopJob()");
    return false;
  }
}
```

Listing 6.21 »JobSchedulerDemo1Service.java«

Die Klasse android.app.job.JobService erweitert einen ganz »normalen« Service. Aus diesem Grund müssen Sie Ihre Jobs in die Manifestdatei Ihrer App eintragen. Das Manifest des Projekts *JobSchedulerDemo1* ist in Listing 6.22 zu sehen. Da Jobs Services sind, werden sie in <service />-Tags definiert. Wie üblich gibt android:name die Klasse

an, die den Service implementiert. Das Attribut android:permission="android.per-
mission.BIND_JOB_SERVICE" muss zwingend vorhanden sein, sonst wird zur Laufzeit
eine Ausnahme ausgelöst.

```xml
<?xml version="1.0" encoding="utf-8"?>
<manifest xmlns:android="http://schemas.android.com/apk/res/android"
  xmlns:tools="http://schemas.android.com/tools"
  package="com.thomaskuenneth.jobschedulerdemo1">
  <application
    android:allowBackup="false"
    android:icon="@drawable/ic_launcher"
    android:label="@string/app_name"
    tools:ignore="GoogleAppIndexingWarning">
    <activity
      android:name=".JobSchedulerDemo1Activity"
      android:label="@string/app_name">
      <intent-filter>
        <action android:name="android.intent.action.MAIN" />
        <category android:name="android.intent.category.LAUNCHER" />
      </intent-filter>
    </activity>
    <service
      android:name=".JobSchedulerDemo1Service"
      android:permission="android.permission.BIND_JOB_SERVICE" />
  </application>
</manifest>
```

Listing 6.22 Die Manifestdatei des Projekts »JobSchedulerDemo1«

Damit verlassen wir den spannenden Bereich der Hintergrundverarbeitung. Im folgenden Abschnitt stelle ich Ihnen wichtige Konzepte für das Multitasking auf App-
Ebene vor.

6.4   Mehrere Apps gleichzeitig nutzen

Android enthält einen Mehrfenstermodus. Es gibt ihn in unterschiedlichen Ausprägungen. Zum einen können zwei Anwendungen gleichzeitig über- und nebeneinander oder als Bild im Bild dargestellt werden. Darüber hinaus gibt es zum anderen
noch einen *Freeform* genannten Modus. Er ermöglicht beliebig positionierbare, in
ihrer Größe veränderbare Fenster. Bei der Entwicklung ist auf einiges zu achten, damit Ihre App in diesen Modi optimal funktioniert.

6.4.1   Zwei-App-Darstellung

Um die Zwei-App-Darstellung (*Splitscreen*) zu aktivieren, tippt der Anwender innerhalb einer App auf die Schaltfläche zum Anzeigen von kürzlich verwendeten Apps und hält ihn. Daraufhin wird der Bildschirm geteilt und man kann die zweite Anwendung auswählen. Ist der Zwei-App-Modus aktiv, teilt ein verschiebbarer schwarzer Balken den Bildschirm. Er rastet im oberen bzw. linken Drittel, in der Mitte und im unteren bzw. rechten Drittel ein. Wird er hingegen an den Bildschirmrand geschoben, beendet dies die Zwei-App-Darstellung.

Apps, die in der Datei *build.gradle* den API-Level 23 oder niedriger angeben, melden, dass sie bei geteiltem Bildschirm möglicherweise nicht funktionieren. Bei Programmen mit targetSdkVersion = 24 oder höher geht Android davon aus, dass sie Mehrfenster-Unterstützung bieten. Ist dies nicht der Fall, **müssen** betreffende Apps durch Setzen von android:resizeableActivity auf false ausdrücklich dagegen votieren. Das Attribut kann sowohl innerhalb des <application /> -Tags verwendet werden (dann wirkt die Einstellung App-weit) als auch innerhalb von <activity /> (dann bezieht es sich auf eine bestimmte Activity). Apps für den Vollbildmodus funktionieren übrigens nicht im Splitscreen-Modus. Gleiches gilt für Anwendungen, die das automatische Drehen der Anzeige nicht unterstützen.

Die neuen Mehrfenstermodi haben grundsätzlich keine Auswirkungen auf den Ihnen bereits bekannten Lebenszyklus von Activities. Allerdings weist Google in der Entwicklerdokumentation darauf hin, dass nur die Activity, mit der der Anwender zuletzt interagiert hat, *aktiv* ist. Alle anderen Activities pausieren, auch wenn sie dabei ganz oder teilweise sichtbar sind. Interagiert der Anwender mit einer pausierten Activity, wird sie fortgesetzt und die zuletzt aktive geht in Pause. Apps sollten deshalb Videos oder Animationen nicht mehr in onPause(), sondern in onStop() unterbrechen, denn Teile der Activity könnten ja sichtbar sein. Das Abspielen sollte nach dem Aufruf von onStart() fortgesetzt werden. Sie können dies anhand meines Beispiels *MultiWindowDemo* nachvollziehen. Listing 6.23 zeigt die Hauptklasse MainActivity.

```
package com.thomaskuenneth.multiwindowdemo;

import android.app.Activity;
import android.content.Intent;
import android.content.res.Configuration;
import android.os.Bundle;
import android.util.Log;
import android.widget.Button;
import android.widget.TextView;

public class MainActivity extends Activity {
```

```java
private static final String TAG =
    MainActivity.class.getSimpleName();

private final StringBuilder sb = new StringBuilder();

private TextView tv;
private AnimatedNumberView view;

@Override
protected void onCreate(Bundle savedInstanceState) {
  super.onCreate(savedInstanceState);
  setContentView(R.layout.main);
  tv = findViewById(R.id.tv);
  view = findViewById(R.id.anim);
  Button bt = findViewById(R.id.launch);
  bt.setOnClickListener(e -> {
    Intent i = new Intent(this, ChildActivity.class);
    i.setFlags(Intent.FLAG_ACTIVITY_LAUNCH_ADJACENT |
        Intent.FLAG_ACTIVITY_NEW_TASK);
    startActivity(i);
  });
}

@Override
protected void onStop() {
  super.onStop();    view.setEnabled(false);
  Log.d(TAG, "onStop()");
}

@Override
protected void onStart() {
  super.onStart();
  updateTextView();
  view.setEnabled(true);
  Log.d(TAG, "onStart()");
}

@Override
public void onPictureInPictureModeChanged(
    boolean isInPictureInPictureMode,
    Configuration newConfig) {
  Log.d(TAG, "onPictureInPictureModeChanged(): " +
```

```
        isInPictureInPictureMode);
   }


   @Override
   public void onMultiWindowModeChanged(
      boolean isInMultiWindowMode,
      Configuration newConfig) {
     Log.d(TAG, "onMultiWindowModeChanged(): " +
         isInMultiWindowMode);
   }

   private void updateTextView() {
     sb.setLength(0);
     sb.append("isInMultiWindowMode(): ")
         .append(isInMultiWindowMode())
         .append("\n");
     sb.append("isInPictureInPictureMode(): ")
         .append(isInPictureInPictureMode())
         .append("\n");
     tv.setText(sb.toString());
   }
}
```

Listing 6.23 Die Klasse »MainActivity«

In onCreate() wird die einfach gehaltene Benutzeroberfläche geladen und angezeigt. Sie besteht aus einem Textfeld, einer Animation sowie einer Schaltfläche. Klickt der Anwender auf STARTEN, so wird eine zweite Activity gestartet, die die aufrufende Aktivität üblicherweise vollständig verdeckt. Befand sich das Gerät aber im Zweifenstermodus, sieht der Bildschirm aus, wie in Abbildung 6.5 dargestellt: Beide Activities sind gleichzeitig zu sehen.

Beim Start einer neuen Activity mit startActivity() können Sie dem System mit setFlags(Intent.FLAG_ACTIVITY_LAUNCH_ADJACENT) einen Hinweis geben, dass diese nach Möglichkeit neben bzw. unterhalb der aktuellen (aktiven) Activity angezeigt werden soll. Befindet sich das System im Splitscreen-Modus, versucht Android, die neue Activity entsprechend zu positionieren. Dann teilen sich die beiden Activities den Bildschirm. Allerdings ist nicht garantiert, dass dies erfolgreich ist, zum Beispiel weil die zu startende Activity den Fullscreen-Modus nutzt. Ist beim Start der Activity der Mehrfenstermodus nicht aktiv, hat FLAG_ACTIVITY_LAUNCH_ADJACENT keinen Effekt. FLAG_ACTIVITY_LAUNCH_ADJACENT kann übrigens nur in Verbindung mit FLAG_ACTIVITY_NEW_TASK verwendet werden.

Abbildung 6.5 Die App »MultiWindowDemo«

Ob der Mehrfenstermodus aktiv ist, kann mit `isInMultiWindowMode()` abgefragt werden. Möchte eine App bei Änderungen des Fenstermodus benachrichtigt werden, kann sie die Methoden `onPictureInPictureModeChanged()` und `onMultiWindowModeChanged()` überschreiben. Die minimale Breite und Höhe im Freeform-Modus (dazu gleich mehr) und im Zweifenstermodus wird in der Manifestdatei mit dem Tag `<layout />` und seinen Attributen `android:minHeight` und `android:minWidth` festgelegt.

Verkleinert der Anwender im Splitscreen-Modus eine Activity über den hier gesetzten Wert hinaus, beschneidet das System die Größe der Activity entsprechend. Weitere Attribute betreffen nur den Freeform-Modus. Sie ermöglichen das Festlegen der Standardfenstergröße (`android:defaultWidth` und `android:defaultHeight`) sowie die initiale Positionierung (`android:gravity`).

6.4.2   Beliebig positionierbare Fenster

Android bietet mit *Freeform* die beliebige Positionierbarkeit von Activities einschließlich des Veränderns ihrer Größe. Allerdings lässt sich dieses Verhalten nicht »einfach so« freischalten, sondern muss vom Gerätehersteller konfiguriert werden. Ziele könnten dank der bereits vorhandenen und in Android 7 verfeinerten Maus- und Zeigerunterstützung Desktop-Systeme und Notebooks sein, aber zum Zeitpunkt der Drucklegung gab es noch keine solche Hardware. Auch der Emulator ließ sich noch nicht entsprechend konfigurieren. Eine ausführlichere Darstellung muss deshalb einer etwaigen späteren Auflage vorbehalten bleiben.

6.5   Zusammenfassung

Sie haben in diesem Kapitel weitere Anwendungsbausteine kennengelernt. Services strukturieren Android-Apps und können sogar programmübergreifend genutzt werden. Mit dem Job Scheduler bietet Android eine sehr elegante Möglichkeit, Hintergrundaktivitäten ressourcenschonend umzusetzen.

Mit welchen Bausteinen Sie Ihre Hintergrundaktivitäten umsetzen, hängt von deren Art ab. Gestartete Hintergrundservices (sie zeigen keine andauernde Benachrichtigung an) unterliegen seit Android 8 starken Restriktionen. Google empfiehlt dringend, stattdessen geplante Services zu nutzen. Gebundene Services unterliegen keinen Restriktionen, sind aber nicht ganz so einfach verwendbar wie gestartete Services. Ausschlaggebend ist deshalb, wie der Anwender ihre Hintergrundaktivität wahrnimmt. Ist es etwas, auf das der Nutzer Einfluss nehmen kann (zum Beispiel einen Download abbrechen), können Sie wie in früheren Android-Versionen gestartete Services nutzen, müssen aber eine andauernde Benachrichtigung anzeigen.

TEIL III

Telefonfunktionen nutzen

Kapitel 7
Telefonieren und surfen

In diesem Kapitel zeige ich Ihnen, wie Sie Anrufe tätigen, entgegen-
nehmen und den Netzstatus ermitteln. Sie lernen ferner das Call Log
kennen, betten die Browserkomponente WebView in Ihre App ein und
kommunizieren mit Webservices.

Vielleicht fragen Sie sich, warum Sie in Ihren Apps Anrufe tätigen sollten, obwohl das Android-System eine bedienfreundliche Wählfunktion beinhaltet. Dasselbe gilt für das *Call Log*, also die Historie getätigter, empfangener und entgangener Anrufe. Diese Informationen stehen ebenfalls in der App *Telefon* zur Verfügung. Die Kunst der Entwicklung mobiler Anwendungen besteht darin, Vorhandenes in neuem Kontext wiederzuverwenden und so für den Benutzer einen echten Mehrwert zu schaffen. Stellen Sie sich eine Aufgabenverwaltung vor. Sie haben als »To do« eingetragen, einen Termin mit Ihrem Steuerberater zu vereinbaren. Wenn Sie die Aufgabe antip-pen, bietet Ihnen die App an, eine E-Mail zu erstellen oder einen Anruf zu tätigen. Die technischen Grundlagen sind durch die Ihnen bereits bekannten *Intents* vorhanden. Ihnen als App-Entwickler kommt die keinesfalls immer einfache Aufgabe zu, diese Bausteine auf innovative, sinnvolle Weise zu verbinden.

7.1   Telefonieren

Um per App ein Telefonat zu beginnen, sind nur sehr wenige Zeilen Quelltext nötig. Auch das Entgegennehmen von Anrufen verursacht kaum Aufwand.

7.1.1   Anrufe tätigen und SMS versenden

Am einfachsten initiieren Sie ein Gespräch, indem Sie die zu wählende Nummer an die eingebaute Telefonanwendung übergeben, die in Abbildung 7.1 zu sehen ist. Der Aufruf funktioniert so:

```
Intent intent = new Intent(Intent.ACTION_DIAL, Uri.parse("tel:"
        + "+49 (999) 44 55 66"));
startActivity(intent);
```

Die Methode `startActivity()` ist in allen Klassen vorhanden, die von `android.content.Context` ableiten, also beispielsweise in Activities und Services. Da der Benutzer in dieser Aufrufvariante sieht, dass er einen Anruf tätigen wird, sind keine speziellen Berechtigungen erforderlich.

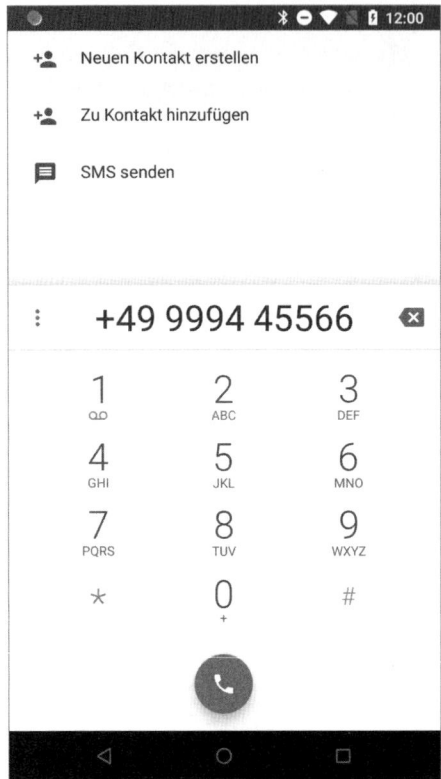

Abbildung 7.1 Die Telefon-App

Das Beispielprojekt *AnrufDemo* demonstriert, wie Sie das Quelltextfragment in eine Activity einbetten. Listing 7.1 zeigt die Hauptklasse `AnrufDemoActivity`:

```
package com.thomaskuenneth.anrufdemo;

import android.Manifest;
import android.app.Activity;
import android.content.Intent;
import android.content.pm.PackageManager;
import android.net.Uri;
import android.os.Bundle;
import android.widget.Button;
import android.widget.Toast;
```

```java
public class AnrufDemoActivity extends Activity {

  private static final int MY_PERMISSIONS_REQUEST_CALL_PHONE = 123;

  private Button buttonSofort;

  @Override
  public void onCreate(Bundle savedInstanceState) {
    super.onCreate(savedInstanceState);
    setContentView(R.layout.main);
    buttonSofort = findViewById(R.id.sofort);
    buttonSofort.setOnClickListener(v -> {
      // sofort wählen
      Intent intent = new Intent(Intent.ACTION_CALL,
          Uri.parse("tel:+49 (999) 44 55 66"));
      try {
        startActivity(intent);
      } catch (SecurityException e) {
        Toast.makeText(AnrufDemoActivity.this,
            R.string.no_permission,
            Toast.LENGTH_LONG).show();
      }
    });
    boolean allowed = true;
    if (checkSelfPermission(Manifest.permission.CALL_PHONE)
        != PackageManager.PERMISSION_GRANTED) {
      allowed = false;
      requestPermissions(
          new String[]{Manifest.permission.CALL_PHONE},
          MY_PERMISSIONS_REQUEST_CALL_PHONE);
    }
    buttonSofort.setEnabled(allowed);
    final Button buttonDialog = findViewById(R.id.dialog);
    buttonDialog.setOnClickListener(v -> {
      // Wähldialog anzeigen
      Intent intent = new Intent(Intent.ACTION_DIAL,
          Uri.parse("tel:+49 (999) 44 55 66"));
      startActivity(intent);
    });
    final Button sms = findViewById(R.id.sms);
    sms.setOnClickListener(view -> {
      // SMS senden
      String telnr = "123-456-789";
```

```
    Uri smsUri = Uri.parse("smsto:" + telnr);
    Intent sendIntent = new Intent(Intent.ACTION_SENDTO,
        smsUri);
    sendIntent.putExtra("sms_body",
        "Hier steht der Text der Nachricht...");
    startActivity(sendIntent);
  });
}

public void onRequestPermissionsResult(int requestCode,
                    String permissions[],
                    int[] grantResults) {
  if ((requestCode == MY_PERMISSIONS_REQUEST_CALL_PHONE) &&
     (grantResults.length > 0
        && grantResults[0] ==
        PackageManager.PERMISSION_GRANTED)) {
    buttonSofort.setEnabled(true);
  }
 }
}
```

Listing 7.1 »AnrufDemoActivity.java«

Die App zeigt die Schaltflächen WÄHLDIALOG, SOFORT WÄHLEN und SMS ERSTELLEN an. Klicken Sie auf SOFORT WÄHLEN, beginnt das Programm ohne weiteren Zwischenschritt den Wählvorgang. Der Code unterscheidet sich gegenüber der Variante mit Wähldialog nur in der Aktion des Intents. Anstelle von ACTION_DIAL verwenden Sie ACTION_CALL. Wichtig ist hierbei aber, dass Sie in der Manifestdatei (siehe Listing 7.2) die Berechtigung android.permission.CALL_PHONE anfordern.

```
<?xml version="1.0" encoding="utf-8"?>
<manifest xmlns:android="http://schemas.android.com/apk/res/android"
  xmlns:tools="http://schemas.android.com/tools"
  package="com.thomaskuenneth.anrufdemo">
  <uses-permission android:name="android.permission.CALL_PHONE" />
  ...
```

Listing 7.2 Auszug aus der Manifestdatei des Projekts »AnrufDemo«

Außerdem müssen Sie mit checkSelfPermission() prüfen, ob der Anwender die Berechtigung bereits erteilt hat. Falls nicht, rufen Sie mit requestPermissions() den Ihnen bereits bekannten Abfragedialog auf. Wichtig ist, in diesem konkreten Fall auf das Werfen einer SecurityException zu reagieren. Je nachdem, wie Sie den Quelltext Ihrer App gestalten, kann es nämlich durchaus vorkommen, dass nach dem Gewähren einer Berechtigung, aber vor der eigentlichen Aktion – in meinem Fall startActivity() – diese wieder entzogen wird.

Auch das Reagieren auf eingehende Anrufe ist mit Android sehr einfach möglich; wie Sie hierzu vorgehen, zeige ich Ihnen im folgenden Abschnitt. Vorher möchte ich Ihnen aber noch kurz erklären, wie Sie mithilfe eines Intents eine SMS versenden. Bitte sehen Sie sich hierzu Listing 7.3 an.

```
String telnr = "123-456-789";
Uri smsUri = Uri.parse("smsto:" + telnr);
Intent sendIntent = new Intent(Intent.ACTION_SENDTO, smsUri);
sendIntent.putExtra("sms_body", "Hier steht der Text der Nachricht...");
startActivity(sendIntent);
```

Listing 7.3 Mit einem Intent eine SMS versenden

Das Protokoll ist in diesem Fall smsto:. Unmittelbar darauf folgt die Nummer, an die die Kurznachricht geschickt werden soll. Als Aktion verwenden Sie Intent.ACTION_SENDTO. Auch das Vorbelegen des Nachrichtentextes ist möglich. Hierzu wird einfach mit putExtra("sms_body", "…") die gewünschte Mitteilung übergeben.

7.1.2 Auf eingehende Anrufe reagieren

android.telephony.TelephonyManager ermöglicht den Zugriff auf zahlreiche telefoniebezogene Statusinformationen des Geräts. Wie Sie diese auslesen, zeige ich Ihnen anhand des Beispielprojekts *TelephonyManagerDemo*. Die Activity TelephonyManagerDemoActivity ist in Listing 7.4 zu sehen. In der Methode onCreate() wird nach dem Laden und Anzeigen der Benutzeroberfläche mit getSystemService(TelephonyManager.class) die Referenz auf ein Objekt des Typs android.telephony.TelephonyManager ermittelt. Sie verwenden dieses Objekt, um durch Aufruf der Methode listen() einen PhoneStateListener zu registrieren. Seine Methoden werden aufgerufen, wenn bestimmte Ereignisse eintreten.

```
package com.thomaskuenneth.telephonymanagerdemo;

import android.Manifest;
import android.app.Activity;
import android.content.pm.PackageManager;
import android.os.Bundle;
import android.provider.Settings;
import android.telephony.PhoneStateListener;
import android.telephony.TelephonyManager;
import android.util.Log;
import android.widget.TextView;
```

```java
public class TelephonyManagerDemoActivity extends Activity {

  private static final String TAG =
      TelephonyManagerDemoActivity.class.getSimpleName();

  private static final int RQ_READ_PHONE_STATE =
      123;

  private TextView textview;
  private TelephonyManager mgr;
  private PhoneStateListener psl;

  @Override
  public void onCreate(Bundle savedInstanceState) {
    super.onCreate(savedInstanceState);
    setContentView(R.layout.main);
    textview = findViewById(R.id.textview);
    textview.setText("");
    psl = new PhoneStateListener() {

      @Override
      public void onCallStateChanged(int state,
                     String incomingNumber) {
        textview.append(("Status: " + state + "\n") +
            "Eingehende Rufnummer: " + incomingNumber + "\n");
      }

      @Override
      public void onMessageWaitingIndicatorChanged(boolean mwi) {
        textview.append("onMessageWaitingIndicatorChanged(): " +
            Boolean.toString(mwi) + "\n");
      }
    };
    try {
      textview.append("SKIP_FIRST_USE_HINTS: " +
          Settings.Secure.getInt(getContentResolver(),
              Settings.Secure.SKIP_FIRST_USE_HINTS) +
          "\n");     } catch (Settings.SettingNotFoundException e) {
      Log.e(TAG, null, e);
    }
    mgr = getSystemService(TelephonyManager.class);
    if (checkSelfPermission(Manifest.permission.READ_PHONE_STATE)
```

```
            != PackageManager.PERMISSION_GRANTED) {
      requestPermissions(
          new String[]{Manifest.permission.READ_PHONE_STATE},
          RQ_READ_PHONE_STATE);
    } else {
      listen();
    }
  }

  @Override
  public void onRequestPermissionsResult(int requestCode,
                      String permissions[],
                      int[] grantResults) {
    if ((requestCode == RQ_READ_PHONE_STATE) &&
        (grantResults.length > 0 && grantResults[0] ==
            PackageManager.PERMISSION_GRANTED)) {
      listen();
    }
  }

  @Override
  protected void onDestroy() {
    super.onDestroy();
    mgr.listen(psl, PhoneStateListener.LISTEN_NONE);
  }

  private void listen() {
    mgr.listen(psl, PhoneStateListener.LISTEN_CALL_STATE |
        PhoneStateListener.LISTEN_MESSAGE_WAITING_INDICATOR);
  }
}
```

Listing 7.4 »TelephonyManagerDemoActivity.java«

Worüber Android den Listener informieren soll, regelt der zweite Parameter der Methode listen(), beispielsweise LISTEN_CALL_STATE. Meine Beispielimplementierung der für diesen Fall zu überschreibenden Methode onCallStateChanged() fügt ihre Parameter zu einer Zeichenkette zusammen und gibt diese in einem Textfeld aus (siehe Listing 7.4). Die Variable state gibt Auskunft darüber, aus welchem Grund die Methode aufgerufen wurde:

▶ CALL_STATE_RINGING
   hat den Wert 1 und signalisiert einen eingehenden Anruf.

▶ CALL_STATE_OFFHOOK
hat den Wert 2 und wird gemeldet, wenn der Benutzer das Gespräch angenommen hat.

▶ CALL_STATE_IDLE
hat den Wert 0 und kennzeichnet das Ende eines Gesprächs bzw. keine Aktivität.

Möchten Sie informiert werden, wenn Sprachnachrichten vorliegen, übergeben Sie LISTEN_MESSAGE_WAITING_INDICATOR als zweiten Parameter an die Methode listen(), und überschreiben Sie die Methode onMessageWaitingIndicatorChanged() des ebenfalls übergebenen PhoneStateListener. Um die Benachrichtigung bei Statuswechseln des Telefons zu beenden, rufen Sie die Methode listen() mit LISTEN_NONE als zweitem Parameter auf. In welcher Activity-Methode Sie dies tun, hängt vom Anwendungsfall ab. onDestroy() ist dafür gedacht, vor dem Zerstören einer Aktivität letzte Aufräumarbeiten zu erledigen.

Für das Auslesen einiger Telefonstatus-Attribute sind Berechtigungen erforderlich. Welche genau das sind, das hat Google in der Dokumentation der betreffenden Konstanten (LISTEN_...) aufgeführt. Beispielsweise benötigt LISTEN_MESSAGE_WAITING_INDICATOR die Berechtigung android.permission.READ_PHONE_STATE. Die Berechtigung wird, wie üblich, in der Manifestdatei eingetragen.

```xml
<?xml version="1.0" encoding="utf-8"?>
<manifest xmlns:android="http://schemas.android.com/apk/res/android"
    package="com.thomaskuenneth.android">
  <uses-permission
      android:name="android.permission.READ_PHONE_STATE" />
  ...
```

Listing 7.5 Auszug aus der Manifestdatei des Projekts »TelephonyManagerDemo«

Ferner müssen Sie im Programmcode durch Aufrufe von checkSelfPermission() und requestPermissions() sicherstellen, dass der Anwender vor der Nutzung abgesicherter Funktionen die relevanten Berechtigungen erteilt hat.

In Kapitel 6, »Multitasking«, lernen Sie, wie Sie im Emulator Anrufe simulieren, indem Sie eine telnet-Verbindung zu ihm aufbauen und das Kommando gsm call absetzen. Die hierfür nötige Portnummer ist in der Titelzeile des Emulatorfensters zu sehen. In der Regel ist es die 5554. Es gibt noch eine andere Variante, Anrufe zu simulieren, nämlich mit dem in Abbildung 7.2 dargestellten Dialog EXTENDED CONTROLS des Android-Emulators. Um ihn zu öffnen, klicken Sie auf das Symbol [···] in der Emulator-Steuerleiste. Wechseln Sie auf die Seite PHONE, geben Sie unterhalb von FROM eine beliebige Telefonnummer ein, und klicken Sie dann auf CALL DEVICE. Die Schaltfläche heißt nun END CALL. Ein Klick beendet den simulierten Anruf.

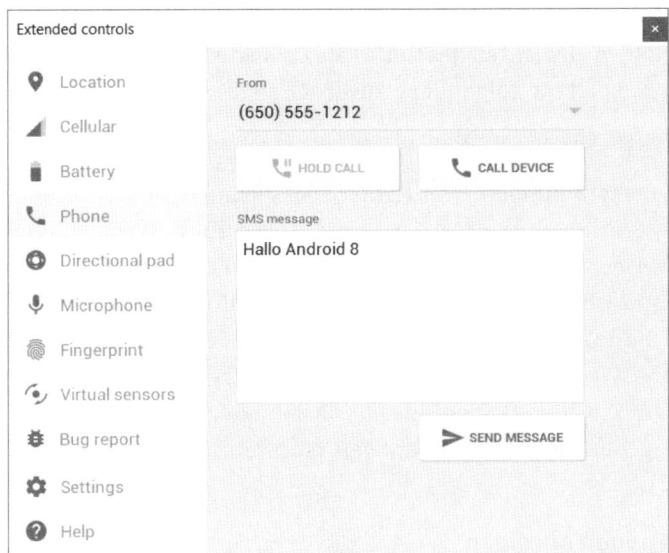

Abbildung 7.2 Der Dialog »Extended controls« des Android-Emulators

Android-Geräte haben am liebsten durchgehend Zugang zu Netzen. Die wichtigsten Informationen, beispielsweise die Art der Verbindung oder die Signalstärke, werden deshalb permanent in der Statusleiste angezeigt. Selbstverständlich lassen sie sich bequem durch eigene Apps ermitteln. Wie das geht, zeige ich Ihnen im folgenden Abschnitt.

7.2   Telefon- und Netzstatus

Grundsätzlich sollten Sie anstreben, mit Ihren Apps so wenig wie möglich benutzerbezogene Daten zu verarbeiten und zu speichern. Insbesondere das eindeutige Identifizieren eines Geräts über dessen 15-stellige IMEI-Nummer (das Kürzel bedeutet *International Mobile Equipment Identity*) müssen Sie den Anwendern Ihrer App unbedingt mitteilen, um nicht in den Verdacht zu geraten, heimlich Daten zu sammeln. Natürlich kann es gute Gründe dafür geben, eine solche ID an einen Server zu übermitteln. Denken Sie an Sicherheitsfunktionen wie das ferngesteuerte Löschen des Smartphones nach einem Verlust oder Diebstahl.

7.2.1   Geräte identifizieren

Über die Klasse `android.provider.Settings.Secure` ist der lesende Zugriff auf zahlreiche Systemeinstellungen möglich. Sie enthält unter anderem `ANDROID_ID`, eine als Hex-String codierte 64-Bit-Zahl. Diese ist seit Oreo für die Kombination aus Benutzer, Gerät und Signierschlüssel eindeutig, kann sich aber durch das Zurücksetzen des Geräts oder den Austausch des Schlüssels ändern. In früheren Android-Versionen wurde `ANDROID_ID` beim erstmaligen Einrichten des Geräts als Zufallszahl erzeugt. Auf den aktuellen Wert kann zum Beispiel mit folgendem Ausdruck zugegriffen werden:

```
Settings.Secure.getString(getContentResolver(), Settings.Secure.ANDROID_ID)
```

Es sind keine besonderen Berechtigungen erforderlich. Dies gilt auch für `SKIP_FIRST_USE_HINTS`. Google hat diesen Integer-Wert mit Android 5 eingeführt. Apps, die bei ihrem ersten Start Hinweise zur Benutzung anzeigen möchten, sollten ihn mit `getInt()` abfragen. 1 bedeutet, der Anwender möchte keine Einführung angezeigt bekommen. Bei 0 können Sie Ihre Onboarding-Informationen hingegen darstellen. Bitte beachten Sie, dass der Wert nicht gesetzt sein muss. Sie können deshalb die Ausnahme `SettingNotFoundException` fangen oder der Methode `getInt()` einen zusätzlichen Parameter übergeben, der den Standardwert repräsentiert.

7.2.2   Netzwerkinformationen anzeigen

Mein Beispielprojekt *ConnectivityManagerDemo* liest Basisinformationen über die aktuell bekannten Netzwerke aus. Es ist in Abbildung 7.3 dargestellt.

Abbildung 7.3 Die App »ConnectivityManagerDemo«

Als Erstes wird in der Hauptklasse ConnectivityManagerDemoActivity (siehe Listing 7.6) durch Aufruf der Methode getSystemService(ConnectivityManager.class) die Referenz auf ein zentrales Objekt des Typs android.net.ConnectivityManager ermittelt. Anschließend iteriere ich über das von getAllNetworks() zurückgelieferte Feld, das Elemente des Typs android.net.Network enthält. Dessen Methode getNetworkInfo() liefert schließlich in Objekten des Typs NetworkInfo die gewünschten Informationen. isAvailable() liefert true, wenn die Verbindung zu einem Netzwerk grundsätzlich möglich ist. Allerdings können bestimmte Bedingungen einen Connect verhindern, zum Beispiel wenn sich der Benutzer nicht in seinem Heimatnetz befindet – dies kann mit isRoaming() abgefragt werden – und das Roaming ausgeschaltet hat. isConnected() prüft, ob eine Kommunikation über das Netzwerk möglich ist.

```java
package com.thomaskuenneth.connectivitymanagerdemo;

import android.app.Activity;
import android.net.ConnectivityManager;
import android.net.Network;
import android.net.NetworkInfo;
import android.os.Bundle;
import android.widget.TextView;

public class ConnectivityManagerDemoActivity extends Activity {

  @Override
  protected void onCreate(Bundle savedInstanceState) {
    super.onCreate(savedInstanceState);
    setContentView(R.layout.main);
    TextView tv = findViewById(R.id.textview);
    ConnectivityManager mgr =
        getSystemService(ConnectivityManager.class);
    if (mgr != null) {
      for (Network network : mgr.getAllNetworks()) {
        NetworkInfo n = mgr.getNetworkInfo(network);
        tv.append(n.getTypeName() + " ("
            + n.getSubtypeName() + ")\n");
        tv.append("isAvailable(): " + n.isAvailable() + "\n");
        tv.append("isConnected(): " + n.isConnected() + "\n");
        tv.append("roaming ist " + (n.isRoaming() ? "ein" : "aus")
            + "\n\n");
      }
```

```
      }
    }
}
```

Listing 7.6 »ConnectivityManagerDemoActivity.java«

Um das Beispielprojekt einsetzen zu können, müssen Sie in der Manifestdatei die Berechtigung `ACCESS_NETWORK_STATE` anfordern. Anders als bei `READ_PHONE_STATE` handelt es sich hierbei um eine normale Berechtigung, die automatisch, also ohne Rückfrage beim Anwender, erteilt wird.

```xml
<?xml version="1.0" encoding="utf-8"?>
<manifest xmlns:android="http://schemas.android.com/apk/res/android"
  xmlns:tools="http://schemas.android.com/tools"
  package="com.thomaskuenneth.connectivitymanagerdemo">
  <uses-permission android:name="android.permission.ACCESS_NETWORK_STATE" />
  ...
```

Listing 7.7 Auszug aus der Manifestdatei des Projekts »ConnectivityManagerDemo«

7.2.3   Carrier Services

Netzbetreiber können *Carrier Services* in ihren Apps einsetzen, um Wartungs- oder Provisionierungsaufgaben zu erledigen. Die Anwendungen können ganz regulär über Google Play vertrieben werden, müssen allerdings mit einem speziellen Zertifikat signiert werden. Sie können dies mit der `TelephonyManager`-Methode `hasCarrierPrivileges()` prüfen.

`android.telephony.SubscriptionManager` liefert Informationen über die aktive SIM-Karte sowie über das aktuelle Netzwerk. Sie können beispielsweise abfragen, ob Roaming aktiv ist. Gegebenenfalls könnte Ihre App dann Datenzugriffe einschränken oder ganz unterlassen. Mithilfe eines `OnSubscriptionsChangedListener` übermittelt Android solche Statusänderungen automatisch. Hierfür ist die gefährliche Berechtigung `READ_PHONE_STATE` erforderlich. Wie dies funktioniert, ist in Listing 7.8 zu sehen. Es gehört zur Beispiel-App *SubscriptionManagerDemo*.

```java
package com.thomaskuenneth.subscriptionmanagerdemo;

import android.Manifest;
import android.app.Activity;
import android.content.pm.PackageManager;
import android.os.Bundle;
import android.telephony.SubscriptionInfo;
import android.telephony.SubscriptionManager;
import android.util.Log;
```

```java
import android.view.ViewGroup;
import android.widget.ImageView;
import android.widget.LinearLayout;
import java.util.List;

public class SubscriptionManagerDemoActivity extends Activity {

  private static final int PERMISSIONS_REQUEST_READ_PHONE_STATE = 123;
  private static final String TAG =
      SubscriptionManagerDemoActivity.class.getSimpleName();

  private SubscriptionManager m;
  private final SubscriptionManager.OnSubscriptionsChangedListener l =
      new SubscriptionManager.OnSubscriptionsChangedListener() {

        @Override
        public void onSubscriptionsChanged() {
          Log.d(TAG, "onSubscriptionsChanged()");
          output();
        }
      };
  private LinearLayout layout;

  @Override
  protected void onCreate(Bundle savedInstanceState) {
    super.onCreate(savedInstanceState);
    setContentView(R.layout.main);
    layout = findViewById(R.id.layout);
  }


  @Override
  public void onRequestPermissionsResult(int requestCode,
                      String permissions[],
                      int[] grantResults) {
    if ((requestCode == PERMISSIONS_REQUEST_READ_PHONE_STATE) &&
        (grantResults.length > 0 && grantResults[0] ==
            PackageManager.PERMISSION_GRANTED)) {
      output();
    }
  }
  @Override
  protected void onStart() {
    super.onStart();
```

```
      if (checkSelfPermission(Manifest.permission.READ_PHONE_STATE)
          == PackageManager.PERMISSION_GRANTED) {
        output();
      } else {
        m = null;
        requestPermissions(new String[]
              {Manifest.permission.READ_PHONE_STATE},
            PERMISSIONS_REQUEST_READ_PHONE_STATE);
      }
    }


    @Override
    protected void onPause() {
      super.onPause();
      if (m != null) {
        m.removeOnSubscriptionsChangedListener(l);
        m = null;
      }
    }


    private void output() {
      if (m == null) {
        m = SubscriptionManager.from(this);
        m.addOnSubscriptionsChangedListener(l);
      }
      List<SubscriptionInfo> l = m.getActiveSubscriptionInfoList();
      layout.removeAllViews();
      if (l != null) {
        LinearLayout.LayoutParams params =
            new LinearLayout.LayoutParams(
                ViewGroup.LayoutParams.WRAP_CONTENT,
                ViewGroup.LayoutParams.WRAP_CONTENT);
        for (SubscriptionInfo i : l) {
          Log.d(TAG, "getCarrierName(): "
              + i.getCarrierName().toString());
          Log.d(TAG, "getDisplayName(): "
              + i.getDisplayName().toString());
          Log.d(TAG, "getDataRoaming(): "
              + i.getDataRoaming());
          ImageView imageview = new ImageView(this);
          imageview.setLayoutParams(params);
          imageview.setImageBitmap(i.createIconBitmap(this));
          layout.addView(imageview);
```

```
      }
    }
    layout.invalidate();
  }
}
```

Listing 7.8 Die Klasse »SubscriptionManagerDemoActivity«

Der Aufruf der `SubscriptionManager`-Methode `from()` liefert ein Objekt des Typs `android.telephony.SubscriptionManager`. Anschließend können Sie mit `addOnSubscriptionsChangedListener()` einen `OnSubscriptionsChangedListener` registrieren oder mit `removeOnSubscriptionsChangedListener()` wieder entfernen. In meinem Beispiel geschieht dies in `onPause()` und in der privaten Methode `output()`. `getActiveSubscriptionInfoList()` liefert eine Liste von `SubscriptionInfo`-Objekten. Hiermit können Sie unter anderem den Roaming-Status abfragen (`getDataRoaming()`) und mit `createIconBitmap()` ein Symbol erzeugen, das die `SubscriptionInfo` repräsentiert.

7.3   Das Call Log

Das *Call Log* speichert Informationen über getätigte und empfangene Anrufe und ist über den Menübefehl ANRUFLISTE (im Emulator heißt er CALL HISTORY) der App *Telefon* erreichbar. Der Zugriff auf die Daten des Call Logs ist für die verschiedensten Anwendungsfälle interessant. Denken Sie an Statistik-Apps, die das Anrufverhalten in Gestalt einer *Tag Cloud* visualisieren könnten. Oder stellen Sie sich die Integration in einen persönlichen Assistenten vor, der den Anwender daran erinnert, nach einem verpassten Anruf einen wichtigen Kunden zurückzurufen.

7.3.1   Entgangene Anrufe ermitteln

Wie Sie auf die Anrufhistorie zugreifen, zeige ich Ihnen anhand des Projekts *CallLogDemo*. Die in Abbildung 7.4 dargestellte App zeigt eine Liste der entgangenen Anrufe an. Sie können einzelne Einträge antippen, um sie als »zur Kenntnis genommen« zu markieren. Kommt während der Laufzeit des Programms ein verpasster Anruf hinzu, wird die Liste automatisch aktualisiert.

Im vorigen Kapitel habe ich die Methode `getMissedCalls()` implementiert. Sie liefert die Anzahl der verpassten Anrufe. Für die App in diesem Kapitel ist das nicht mehr ausreichend, denn jetzt möchten wir unter anderem die Rufnummer anzeigen. Aus diesem Grund gibt die neue Version einen *Cursor* zurück, baut eine Verbindung zu einer Datenquelle auf und ermittelt alle Daten, die der Bedingung `CallLog.Calls.TYPE = CallLog.Calls.MISSED_TYPE` genügen. Sie finden diesen Ausdruck nicht direkt im nachfolgenden Quelltext. Es ist nämlich bewährte Praxis, die der Variablen selec-tion zugewiesene Anfrage mit Fragezeichen als Platzhalter zu versehen. Die zu sub-stituierenden Werte stehen in selectionArgs. Das hat den Vorteil, nach unterschied-lichen Werten suchen zu können, ohne die eigentliche Abfrage verändern zu müssen. Beide Variablen werden der Abfragemethode query() übergeben.

Abbildung 7.4 Die App »CallLogDemo«

```
private Cursor getMissedCalls(ContentResolver r)
    throws SecurityException {
  String[] projection = {CallLog.Calls.NUMBER,
      CallLog.Calls.DATE, CallLog.Calls.NEW,
      CallLog.Calls._ID};
  String selection = CallLog.Calls.TYPE + " = ?";
  String[] selectionArgs = {
      Integer.toString(CallLog.Calls.MISSED_TYPE)};
  return r.query(CallLog.Calls.CONTENT_URI,
```

```
        projection, selection,
        selectionArgs, null);
}
```

Listing 7.9 Die Methode »getMissedCalls()« der Klasse »CallLogDemoActivity«

In `projection` legen wir fest, welche Spalten einer Datenbanktabelle wir erhalten möchten. In meinem Beispiel sind dies die Nummer des Anrufers, Datum und Uhrzeit des Anrufes, ein Statusflag, das anzeigt, ob der Eintrag neu ist, sowie eine eindeutige Kennung. Letztere brauchen wir später, um einen Eintrag zu aktualisieren.

`getMissedCalls()` benötigt die Referenz auf einen `ContentResolver`, wie sie beispielsweise die Methode `getContentResolver()` liefert. Sie ist in allen von `android.content.Context` abgeleiteten Klassen vorhanden. *Content Resolver* bilden die Zugriffsschichten auf beliebige Datenquellen, die *Content Provider* genannt werden. Android bringt neben der Anrufhistorie weitere Content Provider mit, die unter anderem Zugriff auf Termine und Kontakte gewähren. Mehr darüber erfahren Sie in Kapitel 13, »Kontakte und Organizer«.

Content Resolver stellen Methoden für die klassischen *CRUD*-Operationen, also Anlegen, Lesen, Ändern und Löschen, zur Verfügung. Die Vorgehensweise erinnert stark an klassische Datenbanksysteme. Die Datenquellen, also die Content Provider, müssen aber keineswegs zwingend SQL-Datenbanken sein. Beispielsweise könnten Webservices über einen Content Provider verfügbar gemacht werden. Wie Sie eigene Content Provider erstellen, zeige ich Ihnen in Kapitel 10, »Datenbanken«.

Damit `getMissedCalls()` funktioniert, muss die App in der Manifestdatei die Berechtigung `android.permission.READ_CALL_LOG` anfordern und der Anwender muss sie erteilt haben. Die gegebenenfalls nötige Fehlerbehandlung findet an anderer Stelle statt, deshalb wirft die Methode eine `SecurityException`. Lassen Sie uns nun einen Blick darauf werfen, wie die Liste der entgangenen Anrufe angezeigt wird. Sehen Sie sich hierzu die Methode `onCreate()` der Hauptaktivität `CallLogDemoActivity` an.

Da die Klasse von `android.app.ListActivity` ableitet, wird als Erstes mit `setListAdapter()` ein `ListAdapter` gesetzt, der eine Datenquelle benötigt. Ich verwende hierfür einen `SimpleCursorAdapter`. Die von der Activity angezeigte Liste erhält ihre Einträge somit aus einem Cursor, der zunächst mit `null` vorbelegt ist. `android.R.layout.simple_list_item_1` wird vom System bereitgestellt und eignet sich prima für einzeilige Textelemente. Die Zuordnung von Spalten eines Cursors zu Views des Elementlayouts geschieht mit den beiden folgenden Array-Parametern. Um die Rufnummer anzuzeigen, mappen wir `CallLog.Calls.NUMBER` auf `android.R.id.text1`. Wie aber können wir den Text »(neu)« nach der Rufnummer ausgeben, wenn Android sich vollständig um die Aufbereitung der Listeneinträge kümmert?

7

Ich verwende hierfür das Interface `SimpleCursorAdapter.ViewBinder` und setze ein passendes Objekt mit `cursorAdapter.setViewBinder()`. Die Idee ist, Cursorspalten an Views zu binden. Android ruft die Methode `setViewValue()` (der Name ist durch die Verwendung eines Lambda-Ausdrucks nicht direkt zu sehen) für jede Spalte auf. Der Rückgabewert `true` signalisiert dem System, dass ein neuer Wert gesetzt wurde. Auf diese Weise lassen sich Spalten bequem kombinieren. Übrigens liefert die Cursormethode `getColumnIndex()` den Index einer Tabellenspalte. Es ist bewährte Praxis, sie aufzurufen, auch wenn die Reihenfolge der Spalten »eigentlich« bekannt ist (sie ergibt sich aus dem Array `projection` in `getMissedCalls()`).

Im Anschluss daran registriert `onCreate()` einen `OnItemClickListener`. Seine Methode `onItemClick()` wird aufgerufen, wenn Sie ein Listenelement antippen. In diesem Fall ermittle ich mit `getItem()` einen Cursor, der den zugehörigen Eintrag in der Anrufhistorie repräsentiert und dessen eindeutige Kennung der Ausdruck `c.getLong(c.getColumnIndex(CallLog.Calls._ID))` liefert. Die Kennung wird benötigt, um in der Methode `updateCallLogData()` den Status »neu« zu ändern. Mehr dazu gleich.

```
@Override
protected void onCreate(Bundle savedInstanceState) {
  super.onCreate(savedInstanceState);
  cursorAdapter = new SimpleCursorAdapter(this,
      android.R.layout.simple_list_item_1,
      null,
      new String[]{CallLog.Calls.NUMBER},
      new int[]{android.R.id.text1}, 0);
  cursorAdapter.setViewBinder((view, cursor, columnIndex) -> {
    if (columnIndex ==
        cursor.getColumnIndex(CallLog.Calls.NUMBER)) {
      String number = cursor.getString(columnIndex);
      int isNew = cursor.getInt(cursor.getColumnIndex(
          CallLog.Calls.NEW));
      if (isNew != 0) {
        number += " (neu)";
      }
      ((TextView) view).setText(number);
      return true;
    }
    return false;
  });
  setListAdapter(cursorAdapter);
  getListView().setOnItemClickListener(
      (parent, view, position, id) -> {
        Cursor c = (Cursor) cursorAdapter.getItem(position);
```

```
       if (c != null) {
         long callLogId = c.getLong(c.getColumnIndex(
             CallLog.Calls._ID));
         updateCallLogData(callLogId);
       }
     });
  contentObserver = null;
  updateAdapter();
}
```

Listing 7.10 Die Methode »onCreate()« der Klasse »CallLogDemoActivity«

Woher bekommt der SimpleCursorAdapter eigentlich seine Daten? Beim Aufruf des
Konstruktors hatte ich ja null übergeben. Die im Folgenden vorgestellte Methode up-
dateAdapter() wird unter anderem in onCreate() aufgerufen. Sofern der Benutzer
den Zugriff auf die Anrufhistorie gestattet hat, übergibt sie den von getMissedCalls()
gelieferten Cursor an die Methode changeCursor() der abstrakten Klasse CursorAdapter, von der SimpleCursorAdapter ableitet. Dies sorgt dafür, dass die Liste ihre Elemente (neu) einliest und ein eventuell vorher gesetzter Cursor automatisch geschlossen
wird.

```
private void updateAdapter() {
  if (checkSelfPermission(Manifest.permission.READ_CALL_LOG)
      != PackageManager.PERMISSION_GRANTED) {
    requestPermissions(new String[]{
          Manifest.permission.READ_CALL_LOG},
        PERMISSIONS_REQUEST_READ_CALL_LOG);
  } else {
    final ContentResolver cr = getContentResolver();
    if (contentObserver == null) {
      contentObserver = new ContentObserver(new Handler()) {
        @Override
        public void onChange(boolean selfChange) {
          updateAdapter();
        }
      };
      cr.registerContentObserver(
          CallLog.Calls.CONTENT_URI,
          false, contentObserver);
    }
    cursorAdapter.changeCursor(null);
    Thread t = new Thread(() -> {
      final Cursor c = getMissedCalls(cr);
```

```
      runOnUiThread(() -> cursorAdapter.changeCursor(c));
   });
   t.start();
}
if (checkSelfPermission(Manifest.permission.WRITE_CALL_LOG)
      != PackageManager.PERMISSION_GRANTED) {
   requestPermissions(new String[]{
         Manifest.permission.WRITE_CALL_LOG},
      PERMISSIONS_REQUEST_WRITE_CALL_LOG);
}
}
```

Listing 7.11 Die Methode »updateAdapter()« der Klasse »CallLogDemoActivity«

Vielleicht fragen Sie sich, warum an dieser Stelle ein neuer Thread gestartet wird. Die Verarbeitung von Datenbankabfragen kann je nach Komplexität einige Zeit in Anspruch nehmen. Solche »Langläufer« dürfen aber, wie ich in Kapitel 6, »Multitasking«, ausführlich erläutere, nicht auf dem Mainthread ausgeführt werden. Das Setzen des neuen Cursors hingegen muss auf diesem geschehen – deshalb die Verwendung von runOnUiThread().

7.3.2   Änderungen vornehmen und erkennen

Die Daten des Call Logs können durch Apps nicht nur gelesen, sondern auch verändert werden. Sie können sich dies beispielsweise zunutze machen, um den Status Calls.NEW auf false zu setzen. Damit werden Anrufe nicht mehr als »neu« angezeigt. Dies funktioniert folgendermaßen:

```
private void updateCallLogData(long id)
   throws SecurityException {
 if (checkSelfPermission(Manifest.permission.WRITE_CALL_LOG)
      == PackageManager.PERMISSION_GRANTED) {
   ContentValues values = new ContentValues();
   values.put(CallLog.Calls.NEW, 0);
   String where = CallLog.Calls._ID + " = ?";
   String[] selectionArgs = {Long.toString(id)};
   getContentResolver().
      update(CallLog.Calls.CONTENT_URI,
         values, where, selectionArgs);
 }
}
```

Listing 7.12 Die Methode »updateCallLogData()« der Klasse »CallLogDemoActivity«

Mit einem Objekt des Typs `android.content.ContentValues` legen Sie fest, welche Spalte einer Datenbanktabelle (zum Beispiel `CallLog.Calls.NEW`) einen neuen Wert erhalten soll und wie dieser lautet. Welche Zeilen aktualisiert werden, ergibt sich – analog zur Abfrage mit `query()` – aus einer Bedingung. In meinem Beispiel lautet sie `CallLog.Calls._ID = ?`. Das Fragezeichen als Platzhalter kennen Sie schon; zur Laufzeit wird es durch den Methodenparameter `id` ersetzt. Wie Sie bereits wissen, wird die Methode `updateCallLogData()` von einem `OnItemClickListener` aufgerufen, den wir in `onCreate()` gesetzt haben.

Da durch die Update-Anweisung Daten verändert werden, müssen Sie im Manifest die Berechtigung `android.permission.WRITE_CALL_LOG` anfordern und sicherstellen, dass sie bei Ausführung des gerade eben gezeigten Codes auch vorliegt. Das Anfordern erfolgt in der Ihnen bereits bekannten Methode `updateAdapter()`.

Benachrichtigung bei Änderungen

Ich habe Ihnen bisher gezeigt, wie Sie entgangene Anrufe ermitteln können. Was aber geschieht, wenn sich Änderungen im Call Log ergeben, zum Beispiel weil Sie einen Anruf verpasst oder selbst ein Telefonat getätigt haben? Sowohl Apps im Vordergrund als auch Widgets sollten dann ihre Anzeigen entsprechend aktualisieren. Ein regelmäßiger Aufruf der Methode `getMissedCalls()` – Informatiker nennen das *Polling* – würde unnötig Rechenzeit und damit Energie verbrauchen, aber Android bietet hierfür eine elegante Lösung: `ContentResolver` bieten die Möglichkeit, sich bei Änderungen in einer Datenbank informieren zu lassen. Das funktioniert so:

```
final ContentResolver cr = getContentResolver();
if (contentObserver == null) {
  contentObserver = new ContentObserver(new Handler()) {
    @Override
    public void onChange(boolean selfChange) {
      updateAdapter();
    }
  };
  cr.registerContentObserver(
      CallLog.Calls.CONTENT_URI,
      false, contentObserver);
}
```

Listing 7.13 Auszug aus der Methode »updateAdapter()« der Klasse »CallLogDemoActivity«

Zuerst wird ein Objekt des Typs `ContentObserver` erzeugt. Seine Methode `onChange()` wird immer dann aufgerufen, wenn sich Änderungen an einem Datenbestand ergeben. In welchem Thread die Abarbeitung erfolgt, ergibt sich aus dem Handler, den wir dem Konstruktor übergeben haben. In meinem Beispiel ist dies der Mainthread der Activity `CallLogDemoActivity`. Da wir in der Methode `updateAdapter()` für die eigentliche Datenbankabfrage einen neuen Thread starten, hat dies keine Auswirkungen auf die Reaktionszeit der Benutzeroberfläche. `registerContentObserver()` registriert den Content Observer. An dieser Stelle wird auch festgelegt, *was* überwacht werden soll. `contentObserver` ist eine Instanzvariable der Klasse `CallLogDemoActivity`. Wir benötigen die Instanzvariable, weil wir beim Zerstören der Aktivität die Überwachung beenden möchten.

```
@Override
public void onDestroy() {
  super.onDestroy();
  if (contentObserver != null) {
    getContentResolver().unregisterContentObserver(contentObserver);
    contentObserver = null;
  }
}
```

Listing 7.14 Die Methode »onDestroy()« der Klasse »CallLogDemoActivity«

Sie haben in diesem Abschnitt nicht nur die Anrufhistorie von Android kennengelernt, sondern auch viel über die Nutzung von Datenbanken erfahren. Nun wenden wir uns einem weiteren wichtigen Einsatzgebiet von Smartphones und Tablets zu, dem Anzeigen von Webseiten.

7.4   Webseiten mit WebView anzeigen

Für das Anzeigen von Webseiten in einer Anwendung gibt es unzählige Einsatzgebiete. Denken Sie beispielsweise an Lizenzvereinbarungen, an Links zur Homepage eines Unternehmens oder an Referenzen auf Wikipedia-Artikel. Möchten Sie ein bestehendes Webangebot durch eine Kalender- oder Kontakte-Integration mit dem Smartphone oder Tablet aufwerten? Haben Sie bestehenden HTML5- und JavaScript-Code, den Sie zu einer vollwertigen App erweitern möchten? All dies ist mit Android sehr einfach realisierbar.

7.4.1   Einen einfachen Webbrowser programmieren

Mit den Intents hat Google seiner mobilen Plattform ein äußerst mächtiges und dennoch einfach zu handhabendes Werkzeug mit auf den Weg gegeben. Das Anzeigen einer Webseite ist mit drei Zeilen Quelltext erledigt:

```
// Webseite mit einem Intent anzeigen
Uri uri = Uri.parse("https://www.rheinwerk-verlag.de/");
Intent intent = new Intent(Intent.ACTION_VIEW, uri);
startActivity(intent);
```

Ihre App muss hierfür keine Berechtigungen anfordern, denn sie delegiert das Anzeigen an die Standardanwendung. Oft ist dies für die Darstellung einfacher statischer Inhalte schon ausreichend, allerdings ist auf diese Weise kaum Interaktion mit einer Seite möglich. Ferner sieht der Benutzer, dass er Ihr Programm verlässt. Ist dies nicht gewünscht, so können Sie mit praktisch genauso wenig Aufwand eine Browserkomponente integrieren. Das folgende Layout gehört zur Beispielanwendung *WebViewDemo1*. Es enthält drei Schaltflächen sowie ein Objekt des Typs android.webkit.WebView.

```
<?xml version="1.0" encoding="utf-8"?>
<RelativeLayout
    xmlns:android="http://schemas.android.com/apk/res/android"
  android:layout_width="match_parent"
  android:layout_height="match_parent">

  <Button
    android:id="@+id/intent"
    android:layout_width="wrap_content"
    android:layout_height="wrap_content"
    android:text="@string/intent" />

  <Button
    android:id="@+id/html"
    android:layout_width="wrap_content"
    android:layout_height="wrap_content"
    android:layout_toEndOf="@id/intent"
    android:text="@string/html" />

  <Button
    android:id="@+id/base64"
    android:layout_width="wrap_content"
    android:layout_height="wrap_content"
    android:layout_toEndOf="@id/html"
    android:text="@string/base64" />

  <WebView
    android:id="@+id/webview"
    android:layout_width="match_parent"
```

```
android:layout_height="wrap_content"
android:layout_alignParentBottom="true"
android:layout_alignParentEnd="true"
android:layout_alignParentStart="true"
android:layout_below="@id/base64" />
```

```
</RelativeLayout>
```

Listing 7.15 Die Layoutdatei »main.xml« des Projekts »WebViewDemo1«

Das Laden und Anzeigen der Benutzeroberfläche erfolgt auf die Ihnen vertraute Weise. Die anzuzeigende Webadresse wird der Komponente im Anschluss daran durch Aufruf der Methode loadUrl() übergeben. Dies ist im folgenden Codefragment zu sehen. Schlägt das Laden der Seite fehl, wird übrigens keine Ausnahme ausgelöst.

```
@Override
protected void onCreate(Bundle savedInstanceState) {
  super.onCreate(savedInstanceState);
  setContentView(R.layout.main);
  WebView webview = findViewById(R.id.webview);
  webview.loadUrl("https://www.rheinwerk-verlag.de/");
  ...
```

Listing 7.16 Auszug aus der Methode »onCreate()« des Projekts »WebViewDemo1«

Eine »beliebte« Fehlerquelle in diesem Zusammenhang ist das Fehlen der Berechtigung android.permission.INTERNET. Bitte denken Sie daran, sie in der Manifestdatei Ihrer App anzufordern. Da es sich hierbei um eine normale Berechtigung handelt, muss sie im Code nicht explizit angefordert werden. Sie wird automatisch, also ohne Rückfrage beim Anwender, erteilt. Um HTML-Seiten anzuzeigen, können Sie statt der Methode loadUrl() auch loadData() verwenden. Sie bietet sich an, wenn die anzuzeigenden Daten programmatisch erzeugt werden.

```
String html1 = "<html><body><p>Hallo Android</p></body></html>";
webview.loadData(html1, "text/html", null);
```

Listing 7.17 Eine HTML-Seite mithilfe von Code erstellen

Der dritte Parameter gibt das *Encoding* an. base64 bedeutet, dass die Daten im ersten Parameter Base64[1]-codiert sind. Alle anderen Werte einschließlich null (wie in meinem Beispiel) legen eine Codierung entsprechend dem URL-Encoding[2] fest. Reservierte Zeichen wie Leerzeichen, Fragezeichen und Hashtags müssen in ihrer

---

1 *https://de.wikipedia.org/wiki/Base64*
2 *https://de.wikipedia.org/wiki/URL-Encoding*

%-Ersatzdarstellung (%2O, %3F bzw. %23) erscheinen. Das Erzeugen eines Base64-codierten Strings ist mit der Klasse `android.util.Base64` sehr einfach:

```
String html2 = "<html><body><p>Hallo Welt</p></body></html>";
String base64 = Base64.encodeToString(html2.getBytes(), Base64.DEFAULT);
webview.loadData(base64, "text/html", "base64");
```

Listing 7.18 HTML-Code Base64-codiert anzeigen

Die rudimentäre Integration der Browserkomponente in eine App ist also mit minimalem Aufwand verbunden. Allerdings sind die Interaktionsmöglichkeiten bislang genauso bescheiden wie beim Auslösen eines Intents. Selbstverständlich kann `WebView` aber viel mehr. Anhand der Beispiel-App *WebViewDemo2* zeige ich Ihnen, wie Sie einen einfachen Browser mit Seitenverlauf programmieren. Er ist in Abbildung 7.5 zu sehen.

Abbildung 7.5 Die App »WebViewDemo2«

Lassen Sie uns zunächst einen Blick auf die Layoutdatei des Projekts werfen. Sie definiert eine Navigationsleiste mit Weiter- und Zurück-Schaltflächen sowie ein Eingabefeld für die Webadresse. Dessen Attribut `android:inputType` konfiguriert das Verhalten bei Texteingabe. Der Wert `textUri` teilt dem System mit, dass vom Benutzer *Uniform Resource Identifier* eingegeben werden. Beispielsweise führt das Drücken der ⏎-Taste dann nicht zu einem Zeilenumbruch. `android:imeOptions` beeinflusst die »Action«-Schaltfläche der virtuellen Tastatur. `actionGo` besagt, dass der Benutzer das als Text eingegebene Ziel ansteuern möchte. Unglücklicherweise werten nicht alle virtuellen Tastaturen `android:imeOptions` wie beschrieben aus. Ich rate Ihnen dennoch, den Wert zu setzen.

```xml
<?xml version="1.0" encoding="utf-8"?>
<LinearLayout xmlns:android="http://schemas.android.com/apk/res/android"
  android:layout_width="match_parent"
  android:layout_height="match_parent"
  android:orientation="vertical">

  <LinearLayout
    android:layout_width="match_parent"
    android:layout_height="wrap_content"
    android:orientation="horizontal">

    <Button
      android:id="@+id/prev"
      android:layout_width="wrap_content"
      android:layout_height="wrap_content"
      android:text="@string/prev" />

    <EditText
      android:id="@+id/edittext"
      android:layout_width="0dp"
      android:layout_height="match_parent"
      android:layout_weight="1.0"
      android:hint="@string/hint"
      android:imeOptions="actionGo"
      android:inputType="textUri" />

    <Button
      android:id="@+id/next"
      android:layout_width="wrap_content"
      android:layout_height="wrap_content"
      android:text="@string/next" />

  </LinearLayout>
```

```
<WebView
    android:id="@+id/webview"
    android:layout_width="match_parent"
    android:layout_height="0dp"
    android:layout_weight="1.0" />
```

```
</LinearLayout>
```

Listing 7.19 Die Layoutdatei »main.xml« des Projekts »WebViewDemo2«

Die Klasse `WebViewDemo2Activity` lädt als Erstes die Layoutdatei *main.xml* und zeigt sie an. Anschließend werden für die beiden Schaltflächen < und > `OnClickListener` registriert. Sie leiten die jeweilige Aktion (im Seitenverlauf zurück- oder weiterblättern) an `WebView` weiter. Diese stellt hierfür die Methoden `goBack()` und `goForward()` zur Verfügung. Mit `canGoBack()` und `canGoForward()` lässt sich prüfen, ob dies aktuell möglich ist. Ich nutze dies in der Methode `updateNavBar()`, um die Schaltflächen zu aktivieren bzw. zu deaktivieren. Übrigens wird diese Methode an nur zwei Stellen aufgerufen. Ich komme etwas später darauf zurück.

Um auf das Action-Kommando der virtuellen Tastatur reagieren zu können, wird für das Textfeld ein `OnEditorActionListener` gesetzt. Die einzige zu implementierende Methode `onEditorAction()` liefert `true`, wenn sie die Aktion konsumiert hat. Da ich den Code nur für die Eingabezeile nutze, muss ich die übergebenen Parameter nicht prüfen. Grundsätzlich können Sie anhand der Werte von `actionId` und `event` erkennen, wer die Aktion ausgelöst hat. Meine Implementierung liest den eingegebenen Text aus und übergibt ihn an `loadUrl()`.

```
package com.thomaskuenneth.webviewdemo2;

import android.app.Activity;
import android.os.Bundle;
import android.webkit.WebResourceError;
import android.webkit.WebResourceRequest;
import android.webkit.WebView;
import android.webkit.WebViewClient;
import android.widget.Button;
import android.widget.EditText;

public class WebViewDemo2Activity extends Activity {

    private Button prev, next;
    private EditText edittext;
    private WebView webview;
```

```
@Override
protected void onCreate(Bundle savedInstanceState) {
  super.onCreate(savedInstanceState);
  setContentView(R.layout.main);
  // Schaltfläche "Zurück"
  prev = findViewById(R.id.prev);
  prev.setOnClickListener(v -> webview.goBack());
  // Schaltfläche "Weiter"
  next = findViewById(R.id.next);
  next.setOnClickListener(v -> webview.goForward());
  // Eingabezeile
  edittext = findViewById(R.id.edittext);
  edittext.setOnEditorActionListener(
      (v, actionId, event) -> {
        webview.loadUrl(v.getText().toString());
        return true;
      });
  // WebView
  webview = findViewById(R.id.webview);
  webview.setWebViewClient(new WebViewClient() {

    @Override
    public boolean shouldOverrideUrlLoading(WebView view,
                        WebResourceRequest r) {
      view.loadUrl(r.getUrl().toString());
      return true;
    }

    @Override
    public void onPageFinished(WebView view, String url) {
      updateNavBar();
    }

    @Override
    public void onReceivedError(WebView view,
                WebResourceRequest request,
                WebResourceError error) {
      updateNavBar();
    }
  });
  webview.getSettings().setBuiltInZoomControls(true);
  webview.getSettings().setLoadWithOverviewMode(true);
  webview.getSettings().setUseWideViewPort(true);
```

```
  if (savedInstanceState != null) {
    webview.restoreState(savedInstanceState);
  } else {
    webview.loadUrl("https://www.rheinwerk-verlag.de/");
  }
  webview.requestFocus();
}

@Override
protected void onSaveInstanceState(Bundle outState) {
  webview.saveState(outState);
}

private void updateNavBar() {
  prev.setEnabled(webview.canGoBack());
  next.setEnabled(webview.canGoForward());
  edittext.setText(webview.getUrl());
}
}
```

Listing 7.20 Die Klasse »WebViewDemo2Activity«

Um auf Ereignisse im Lebenszyklus einer WebView zu reagieren, setzen Sie mit setWeb-ViewClient() ein Objekt, das von der Klasse android.webkit.WebViewClient ableitet. Die Methode shouldOverrideUrlLoading() des Objekts setWebViewClient() wird aufgerufen, wenn eine URL geladen werden soll (zum Beispiel, weil ein Link angeklickt wurde). Der Rückgabewert true zeigt an, dass sich die Implementierung selbst um die URL kümmern möchte. Bei false tut dies die WebView. Falls Sie nur Seitenaufrufe loggen möchten, könnten Sie die Methode überschreiben, aber false zurückliefern. Streng genommen ist meine Implementierung also unnötig, weil sie das in diesem Fall greifende Verhalten »nachbaut«.

> **Hinweis**
>
> Wenn für eine WebView kein WebViewClient-Objekt gesetzt wird, reicht die View die URL als Intent an das System weiter. Das Antippen eines Links würde die korrespondierende Seite deshalb im Standardbrowser anzeigen, nicht mehr in Ihrer eingebetteten Komponente.

Die Methode onPageFinished() wird aufgerufen, wenn das Laden einer Seite erfolgreich abgeschlossen wurde. onReceivedError() weist auf einen Fehler hin. In beiden Fällen aktualisiere ich die Navigationsleiste einschließlich des Eingabefeldes. Deshalb muss bei loadUrl() meine Methode updateNavBar() nicht explizit aufgerufen werden. Damit haben Sie es fast geschafft. getSettings() liefert ein Objekt, über das

Sie Ihre `WebView` konfigurieren können. Beispielsweise steuert `setBuiltInZoomControls()` die Zoom-Bedienelemente, und mit `setJavaScriptEnabled()` können Sie JavaScript ein- und ausschalten. Diesem Thema widmen wir uns im nächsten Abschnitt. Vorher aber noch ein Tipp: Um bei Orientierungswechseln des Geräts nicht den Seitenverlauf und die gegenwärtig angezeigte URL zu verlieren, sollten Sie in Ihrer Activity `onSaveInstanceState()` überschreiben und die `WebView`-Methode `saveState()` aufrufen. Das Wiederherstellen in `onCreate()` sieht dann folgendermaßen aus:

```
if (savedInstanceState != null) {
    webview.restoreState(savedInstanceState);
} else {
    webview.loadUrl("https://www.rheinwerk-verlag.de/");
}
```

Listing 7.21 Auszug aus der Methode »onCreate()« der Klasse »WebViewDemo2Activity«

Sofern das `Bundle`, das Ihrer Activity übergeben wurde, nicht `null` ist, rufen Sie die `WebView`-Methode `restoreState()` auf und übergeben es als einzigen Parameter.

7.4.2   JavaScript nutzen

In diesem Abschnitt zeige ich Ihnen anhand des Beispielprojekts *WebViewDemo3* (siehe Abbildung 7.6), wie Sie *JavaScript*-Code in Ihrer Android-App nutzen.

Abbildung 7.6 Die App »WebViewDemo3«

Bitte sehen Sie sich als Erstes die folgende *.html*-Datei an. Sie definiert eine einfache Seite, die aus einem Label, einem Eingabefeld und einer Schaltfläche besteht. Klicken Sie die Schaltfläche an, wird die Funktion hello() aufgerufen. Diese löscht den Seiteninhalt und grüßt den Anwender.

> **Hinweis**
>
> Die Funktion hello() wird in einem <script />-Tag definiert. Der Wert dessen Attributs type folgt dabei dem RFC 4329, »*Scripting Media Types*«. Dort wird das im Netz noch häufig anzutreffende text/javascript als *obsolete* gekennzeichnet.

```html
<!DOCTYPE html>
<html>
  <head>
    <title>Hello, World!</title>
  </head>
  <body>
  <h1>Hallo.</h1>
  <form>
    <label for="name">Bitte geben Sie Ihren Namen ein.</label>
    <input type="text" id="name" value="">
    <input type="submit" value="Weiter" onclick="hello()">
  </form>
  <script type="application/javascript">
    function hello() {
      var input = document.getElementById("name");
      document.write("Hallo, " + input.value);
    }
  </script>
  </body>
</html>
```

Listing 7.22 Die Datei »test1.html« des Projekts »WebViewDemo3«

Sie können die Seite ausprobieren, indem Sie die Datei zum Beispiel mit Chrome öffnen. Klicken Sie hierzu *test1.html* in Android Studio mit der rechten Maustaste an, und wählen Sie dann OPEN IN BROWSER • CHROME. Auf diese Weise können Sie sehr bequem Ihren JavaScript-Code debuggen. Alle modernen Browser haben mächtige Entwicklerwerkzeuge an Bord.

Aber wo befindet sich *test1.html* eigentlich? Sie können Ihren Apps Dateien »beilegen«, indem Sie diese in das Verzeichnis *assets* kopieren. Dieser Ordner ist nicht automatisch vorhanden, Sie müssen ihn gegebenenfalls von Hand hinzufügen. Öffnen Sie hierzu das Werkzeugfenster PROJECT, und wechseln Sie in die gleichnamige Sicht PROJECT. Unter *app/src/main* finden Sie *java* und *res*. Klicken Sie *main* mit der rechten Maustaste an, und wählen Sie dann NEW • DIRECTORY. Geben Sie »assets« ein, und schließen Sie den Dialog mit OK.

Lassen Sie uns nun einen Blick auf die Activity werfen, die die *.html*-Datei lädt und anzeigt. Die Klasse WebViewDemo3Activity ist sehr kurz. Nach dem Laden und Anzeigen der Benutzeroberfläche wird mit getSettings().setJavaScriptEnabled(true) die JavaScript-Fähigkeit der WebView-Komponente aktiviert. Anschließend lädt loadUrl() die Webseite. Interessant ist dabei die URL, die wir der Methode mit auf den Weg geben: Dem Protokoll file:// folgt der absolute Pfad */android_asset/test1.html*. Damit wird die Datei *test1.html* im *assets*-Verzeichnis referenziert. Dieses ist übrigens nicht global sichtbar, auch wenn der absolute Pfad das suggeriert.

```
package com.thomaskuenneth.webviewdemo3;

import android.app.Activity;
import android.os.Bundle;
import android.webkit.WebView;

public class WebViewDemo3Activity extends Activity {

  @Override
  protected void onCreate(Bundle savedInstanceState) {
    super.onCreate(savedInstanceState);
    setContentView(R.layout.main);
    final WebView wv = findViewById(R.id.webview);
    wv.getSettings().setJavaScriptEnabled(true);
    wv.loadUrl("file:///android_asset/test1.html");
  }
}
```

Listing 7.23 »WebViewDemo3Activity.java«

Die *.html*-Seite erscheint zwar in einer Activity, führt sonst aber ein Eigenleben und kommuniziert nicht mit dem Rest der App. Dabei wäre es doch praktisch, auf Funktionen des Wirtssystems zuzugreifen. Denken Sie an Texte in unterschiedlichen Sprachen oder an den Zugriff auf Kontakte und Kalender.

JavaScript lässt sich über Interfaces problemlos mit nativem Code verbinden. Wie das geht, zeige ich Ihnen nun.

Mit JavaScript-Code kommunizieren

Bitte werfen Sie als Erstes einen Blick auf die Klasse WebAppInterface. Sie definiert die beiden Methoden getHeadline() und message(). Beide sind mit @JavascriptInterface annotiert. Auf diese Weise kennzeichnen Sie Methoden, die in JavaScript zur Verfügung stehen sollen.

```java
package com.thomaskuenneth.webviewdemo3;

import android.content.Context;
import android.webkit.JavascriptInterface;
import android.widget.Toast;

public class WebAppInterface {

  private Context mContext;

  public WebAppInterface(Context c) {
    mContext = c;
  }

  @JavascriptInterface
  public String getHeadline() {
    return mContext.getString(R.string.headline);
  }

  @JavascriptInterface
  public void message(String m) {
    Toast toast = Toast.makeText(mContext, m, Toast.LENGTH_LONG);
    toast.show();
  }
}
```

Listing 7.24 »WebAppInterface.java«

getHeadline() liefert einen String, der in der Datei *strings.xml* mit der ID headline definiert wurde. Der String kann in verschiedenen Sprachen vorliegen. Die Methode message() zeigt eine Nachricht in Form eines sogenannten *Toasts* an. Dies ist in Abbildung 7.7 zu sehen. Toasts bieten sich an, wenn Sie kurze Nachrichten darstellen möchten, die für den Anwender interessant, aber nicht allzu wichtig sind. Ein Beispiel ist das erfolgreiche Speichern eines Datensatzes. Fehlermeldungen hingegen sollten Sie nicht auf solchen »Infotäfelchen« anzeigen.

Abbildung 7.7 Die überarbeitete Version der App »WebViewDemo3«

Um ein Interface mit JavaScript zu verbinden, rufen Sie einfach die WebView-Methode addJavascriptInterface() auf und übergeben ihr das Objekt sowie einen beliebigen Namen, über den die Schnittstelle im JavaScript-Code referenziert wird:

```
wv.addJavascriptInterface(new WebAppInterface(this), "Android");
```

this bezieht sich auf die Activity, die die WebView enthält; im Beispiel *WebViewDemo3* ist dies die Klasse WebViewDemo3Activity. Die in Listing 7.25 abgedruckte Datei *test2. html* nutzt das Interface Android. Um dies auszuprobieren, müssen Sie als Erstes die URL beim Aufruf der Methode loadUrl() entsprechend anpassen.

```
<!DOCTYPE html>
<html>
  <head>
    <title>Hello, World!</title>
  </head>
```

```
<body>
  <h1 id="headline"> </h1>
  <form>
    <label for="name">Bitte geben Sie Ihren Namen ein.</label>
    <input type="text" id="name" value="">
    <input type="submit" value="Weiter" onclick="hello()">
  </form>
  <script type="application/javascript">
    var headline = document.getElementById("headline");
    headline.innerText = Android.getHeadline();

    function hello() {
      var input = document.getElementById("name");
      Android.message("Hallo, " + input.value);
    }
  </script>
</body>
</html>
```

Listing 7.25 »test2.html«

Ist Ihnen aufgefallen, dass die Überschrift im h1-Tag leer ist? Sie wird durch die Zuweisung headline.innerText = Android.getHeadline(); gesetzt. getHeadline() ist hierbei eine der Methoden in WebAppInterface. Der Aufruf der zweiten Methode, message(), findet in der Funktion hello() statt. Übrigens müssen Sie Ihre selbst definierten Interfaces JavaScript-seitig nicht initialisieren, sie stehen ohne weiteres Zutun automatisch zur Verfügung. Beachten Sie aber, dass das an JavaScript gebundene Objekt in einem anderen Thread als dem ausgeführt wird, in dem es erzeugt wurde.

Bevor Sie die geänderte App starten können, müssen Sie noch ein paar Zeilen Code einfügen. Der Code setzt für die WebView einen WebViewClient. Das ist nötig, damit das Anklicken von Links oder das Absenden von Formularen innerhalb der eigenen App verarbeitet wird. Andernfalls erhalten Sie zur Laufzeit eine FileUriExposedException.

```
import android.webkit.WebViewClient;
import android.webkit.WebResourceRequest;

...
WebViewClient client = new WebViewClient() {
  @Override
  public boolean shouldOverrideUrlLoading(WebView view,
                     WebResourceRequest request) {
```

```
      return false;
    }
};
wv.setWebViewClient(client);
…

wv.loadUrl("file:///android_asset/test2.html");
…
```

Listing 7.26 Einen »WebViewClient« setzen

> **Hinweis**
>
> Das Bereitstellen von Funktionen via addJavascriptInterface() stellt ein potenzielles Sicherheitsrisiko dar, wenn es einem Angreifer gelingt, in Ihre WebView Code einzuschleusen, der Ihre Schnittstelle missbräuchlich nutzt. Aus diesem Grund zeigt Android Studio auch eine Warnung an. Wichtig ist deshalb, dass Sie alle übergebenen Parameter sorgfältig prüfen.
>
> Idealerweise zeigt die WebView auch nur solche Webseiten an, die vollständig Ihrer Kontrolle unterliegen. Nutzen Sie für das Ansurfen beliebiger Ziele stattdessen den Standardbrowser. Feuern Sie hierzu ein mit new Intent(Intent.ACTION_VIEW, uri) erzeugtes Intent.

Sie haben mit der Komponente WebView ein mächtiges Werkzeug kennengelernt, um Webseiten in Ihre App zu integrieren. Wie Sie ganz gezielt Ressourcen herunterladen und wie Sie auf bereitgestellte Dienste zugreifen, sehen Sie im folgenden Abschnitt.

7.5   Webservices nutzen

Die Java-Standardklassenbibliothek kennt seit vielen Jahren HttpURLConnection sowie die von ihr abgeleitete HttpsURLConnection. Beide gestatten mit wenig Aufwand den flexiblen Zugriff auf Ressourcen im World Wide Web. Mein Beispielprojekt *OpenWeatherMap Weather* zeigt Ihnen, wie Sie sie einsetzen, um das aktuelle Wetter in Ihrer Lieblingsstadt zu ermitteln. Die App ist in Abbildung 7.8 zu sehen.

Sie greift auf den Dienst *OpenWeatherMap* zu. Dieser hat sich ganz dem Open-Source-Gedanken verschrieben. Alle Informationen stehen unter der Lizenz *Creative Commons Attribution-ShareAlike 4.0* (CC-BY-SA 4.0) zur Verfügung. Allerdings müssen Sie für die Nutzung des Webservice auf der Website *openweathermap.org* einen in der Basisversion kostenlosen API-Schlüssel beantragen.

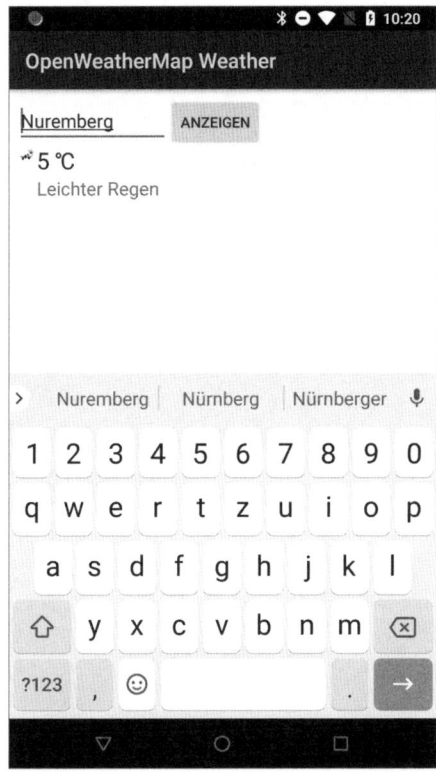

Abbildung 7.8 Die App »OpenWeatherMap Weather«

7.5.1   Auf Webinhalte zugreifen

Über eine leicht zu handhabende Webschnittstelle lassen sich neben aktuellen Wetterinformationen auch Vorhersagen und historische Daten abfragen. Der *Uniform Resource Identifier* (URI) *http://api.openweathermap.org/data/2.5/weather?q=Nuremberg,DE&appid=...* (anstelle der drei Punkte geben Sie Ihren API-Schlüssel ein) liefert das gegenwärtige Wetter in Nürnberg als JSON-Datenstruktur. Diese ist in Listing 7.27 zu sehen:

```
{
  "coord": {
    "lon": 11.07,
    "lat": 49.45
  },
  "weather": [
    {
      "id": 701,
      "main": "Mist",
```

```
      "description": "mist",
      "icon": "50d"
    }
  ],
  "base": "stations",
  "main": {
    "temp": 279.54,
    "pressure": 1022,
    "humidity": 93,
    "temp_min": 279.15,
    "temp_max": 280.15
  },
  "visibility": 6000,
  "wind": {
    "speed": 2.1,
    "deg": 270
  },
  "clouds": {
    "all": 75
  },
  "dt": 1510216080,
  "sys": {
    "type": 1,
    "id": 4888,
    "message": 0.0046,
    "country": "DE",
    "sunrise": 1510208261,
    "sunset": 1510242049
  },
  "id": 2861650,
  "name": "Nuremberg",
  "cod": 200
}
```

Listing 7.27 Wetterdaten als JSON-Datenstruktur

Neben den geografischen Koordinaten Breite (lat) und Länge (lon) der Stadt sind unter anderem die aktuelle Temperatur (temp), Höchst- und Tiefstwerte (temp_max bzw. temp_min) sowie Luftfeuchtigkeit (humidity) und Luftdruck (pressure) in der Datenstruktur enthalten. Die Temperatur wird in Kelvin angegeben. Um sie in Grad Celsius umzurechnen, müssen Sie 273,15 subtrahieren. Der Wert in Grad Fahrenheit lässt sich mit der Formel *9 × (temp − 273.15) / 5 + 32* berechnen. Das Attribut description fasst die Wettersituation kompakt zusammen. Als Sprache wird standardmäßig Englisch verwendet. Dies lässt sich aber mit dem Parameter *lang=DE* im Uniform Resource Identifier beeinflussen. Er hat folgenden Aufbau:

http:// – Protokoll

api.openweathermap.org/data/ – Adresse

2.5/ – Version der Schnittstelle

weather – Was soll geliefert werden?

?q=Nuremberg,DE – gesuchte Stadt

&param=wert – optional, kann mehrfach vorkommen

Der erste Parameter wird wie in Webadressen üblich mit ? eingeleitet, alle weiteren sind durch ein & voneinander getrennt. Der API-Schlüssel wird als Parameter *APPID=...* übergeben. Hierzu ist eine kurze Registrierung erforderlich, bei der aber nur Benutzername, Passwort sowie eine E-Mail-Adresse abgefragt werden. Die gesuchte Stadt wird mit *q=<Stadt>,<Land>* übergeben, *<Land>* ist hierbei ein ISO-3166-Kürzel. Deutschland wird mit *DE* gekennzeichnet, Großbritannien mit *GB*. Der Suchstring für die Hauptstadt des Vereinigten Königreichs ist demnach *q=London,GB*. Anstelle von Städtenamen sind auch geografische Koordinaten möglich.

Die App *OpenWeatherMap Weather* fragt über ein Eingabefeld den Namen einer Stadt ab, baut einen geeigneten URI zusammen und ruft damit den Dienst *OpenWeatherMap* auf. Die Ergebnis-JSON-Struktur enthält fast alle Daten, die für das Anzeigen der Wetterinformationen erforderlich sind. Nur die Grafik, die das Wettergeschehen visualisiert, muss separat geladen werden. Die Steuerung übernimmt die Klasse `MainActivity`, die in Listing 7.28 zu sehen ist.

Nach dem Laden und Anzeigen der Benutzeroberfläche wird ein `OnClickListener` registriert. Tippt der Anwender die Schaltfläche ANZEIGEN an, wird durch Aufruf der Methode `WeatherUtils.getWeather()` die Wetterinformation heruntergeladen und in einem Objekt des Typs `WeatherData` abgelegt. Wie diese Klasse aussieht, zeige ich Ihnen gleich. `WeatherUtils.getImage()` holt eine kleine Wettergrafik vom Server. Hierzu wird der Wert des Attributs `icon` der JSON-Datenstruktur nach dem folgenden Muster zu einem Uniform Resource Identifier erweitert:

http://openweathermap.org/img/w/ + `icon` + *.png*

Beide Download-Operationen laufen in einem gemeinsamen Hintergrund-Thread ab. Die Benutzeroberfläche bleibt auf diese Weise auch bei Problemen mit der Netzwerkverbindung bedienbar. Änderungen an Views müssen hingegen auf dem Mainthread erfolgen. Entsprechende `setText()`- bzw. `setImageBitmap()`-Aufrufe werden deshalb in einem `Runnable` gesammelt und an `runOnUiThread()` übergeben.

```
package com.thomaskuenneth.openweathermapweather;

import android.app.Activity;
import android.graphics.Bitmap;
import android.net.ConnectivityManager;
import android.net.NetworkInfo;
import android.os.Bundle;
import android.util.Log;
import android.widget.Button;
import android.widget.EditText;
import android.widget.ImageView;
import android.widget.TextView;

public class MainActivity extends Activity {

  private static final String TAG = MainActivity.class.getSimpleName();

  private EditText city;
  private ImageView image;
  private TextView temperatur, beschreibung;

  @Override
  protected void onCreate(Bundle savedInstanceState) {
    super.onCreate(savedInstanceState);
    if (!istNetzwerkVerfuegbar()) {
      finish();
    }
    setContentView(R.layout.activity_main);
    city = findViewById(R.id.city);
    image = findViewById(R.id.image);
    temperatur = findViewById(R.id.temperatur);
    beschreibung = findViewById(R.id.beschreibung);
    final Button button = findViewById(R.id.button);
    button.setOnClickListener((v) -> new Thread(() -> {
      try {
        final WeatherData weather = WeatherUtils
            .getWeather(city.getText().toString());
        final Bitmap bitmapWeather =
            WeatherUtils.getImage(weather);
        runOnUiThread(() -> {
          city.setText(weather.name);
          image.setImageBitmap(bitmapWeather);
          beschreibung.setText(weather.description);
```

```
            Double temp = weather.temp - 273.15;
            temperatur.setText(getString(R.string.temp_template,
                temp.intValue()));
        });
      } catch (Exception e) {
        Log.e(TAG, "getWeather()", e);
      }
    }).start());
    city.setOnEditorActionListener(
        (textView, i, keyEvent) -> {
          button.performClick();
          return true;
        });
  }

  private boolean istNetzwerkVerfuegbar() {
    ConnectivityManager mgr =
        getSystemService(ConnectivityManager.class);
    NetworkInfo info = mgr == null ? null : mgr.getActiveNetworkInfo();
    return info != null && info.isConnected();
  }
}
```

Listing 7.28 Die Klasse »MainActivity« des Projekts »OpenWeatherMap Weather«

Die Klasse WeatherData ist ein bewusst einfach gehaltener Datencontainer und enthält keinerlei Logik. Ihr einziger Zweck ist es, alle für die App relevanten Wetterdaten in schnell zugreifbarer Form vorzuhalten. Sie wird durch die Methode getWeather() der Klasse WeatherUtils erzeugt und befüllt.

```
package com.thomaskuenneth.openweathermapweather;

class WeatherData {

  String name;
  String description;
  String icon;
  Double temp;

  WeatherData(String name, String description,
        String icon, Double temp) {
    this.name = name;
    this.description = description;
```

```
    this.icon = icon;
    this.temp = temp;
  }
}
```

Listing 7.29 Die Klasse »WeatherData«

Die in Listing 7.30 abgedruckte Klasse WeatherUtils enthält drei statische Methoden. getWeather() liefert das Wetter in der als String übergebenen Stadt. getFromServer() lädt die zu einer Webadresse gehörenden Daten (in unserem Fall eine JSON-Struktur) als String herunter. getImage() schließlich sorgt dafür, dass die App ein schickes Wettersymbol anzeigen kann. Sie liefert ein Objekt des Typs android.graphics.Bitmap.

Um Daten von einem Server zu laden, wird als Erstes ein Objekt des Typs java. net.URL erzeugt, dessen Methode openConnection() eine Instanz von HttpURLConnection liefert, sofern die korrespondierende Webadresse eine geeignete Ressource referenziert. Vor einem Zugriff sollten Sie mit getResponseCode() das Ergebnis prüfen. Ist alles in Ordnung, liefert der Aufruf von getInputStream() einen Eingabestrom. Aus Effizienzgründen sollten Sie ihn mit weiteren gepufferten Strömen oder Readern kapseln. Wichtig ist, nach der Datenübertragung selbst geöffnete Kanäle zu schließen und mit disconnect() die Verbindung zu trennen. All dies ist in der Methode getFromServer() zu sehen. Oftmals müssen Sie eine Datenübertragung aber gar nicht selbst programmieren. Ein solches Beispiel zeigt getImage(). Sie ruft die Methode decodeStream() der Klasse android.graphics.BitmapFactory auf, um aus einer Grafik im Format *Portable Network Graphics* ein Objekt zu machen, das direkt in Android genutzt werden kann.

```
package com.thomaskuenneth.openweathermapweather;

import android.graphics.Bitmap;
import android.graphics.BitmapFactory;
import android.util.Log;
import org.json.JSONArray;
import org.json.JSONException;
import org.json.JSONObject;
import java.io.BufferedReader;
import java.io.IOException;
import java.io.InputStreamReader;
import java.net.HttpURLConnection;
import java.net.URL;
import java.text.MessageFormat;

class WeatherUtils {
```

```
private static final String TAG =
    WeatherUtils.class.getSimpleName();

private static final String URL ="http://api.openweathermap.org/data/2.5/
  weather?q={0}&lang=de&appid={1}";

private static final String KEY = "...";

private static final String NAME = "name";
private static final String WEATHER = "weather";
private static final String DESCRIPTION = "description";
private static final String ICON = "icon";
private static final String MAIN = "main";
private static final String TEMP = "temp";

static WeatherData getWeather(String city) throws JSONException,
    IOException {
  String name = null;
  String description = null;
  String icon = null;
  Double temp = null;
  JSONObject jsonObject = new JSONObject(
      getFromServer(MessageFormat.format(URL, city, KEY)));
  if (jsonObject.has(NAME)) {
    name = jsonObject.getString(NAME);
  }
  if (jsonObject.has(WEATHER)) {
    JSONArray jsonArrayWeather = jsonObject.getJSONArray(WEATHER);
    if (jsonArrayWeather.length() > 0) {
      JSONObject jsonWeather = jsonArrayWeather.getJSONObject(0);
      if (jsonWeather.has(DESCRIPTION)) {
        description = jsonWeather.getString(DESCRIPTION);
      }
      if (jsonWeather.has(ICON)) {
        icon = jsonWeather.getString(ICON);
      }
    }
  }
  if (jsonObject.has(MAIN)) {
    JSONObject main = jsonObject.getJSONObject(MAIN);
    temp = main.getDouble(TEMP);
  }
  return new WeatherData(name, description, icon, temp);
```

7

```
    }

    private static String getFromServer(String url)
        throws IOException {
      StringBuilder sb = new StringBuilder();
      URL _url = new URL(url);
      HttpURLConnection httpURLConnection = (HttpURLConnection) _url
          .openConnection();
      final int responseCode = httpURLConnection.getResponseCode();
      if (responseCode == HttpURLConnection.HTTP_OK) {
        InputStreamReader inputStreamReader = new InputStreamReader(
            httpURLConnection.getInputStream());
        BufferedReader bufferedReader = new BufferedReader(
            inputStreamReader);
        String line;
        while ((line = bufferedReader.readLine()) != null) {
          sb.append(line);
        }
        try {
          bufferedReader.close();
        } catch (IOException e) {
          Log.e(TAG, "getFromServer()", e);
        }
      }
      httpURLConnection.disconnect();
      return sb.toString();
    }

    static Bitmap getImage(WeatherData w) throws IOException {
      URL req = new URL("http://openweathermap.org/img/w/" +
          w.icon + ".png");
      HttpURLConnection c = (HttpURLConnection) req.openConnection();
      Bitmap bmp = BitmapFactory.decodeStream(c
          .getInputStream());
      c.disconnect();
      return bmp;
    }
}
```

Listing 7.30 Die Klasse »WeatherUtils«

Lassen Sie uns noch einen Blick auf die Methode getWeather() werfen. Ihre Aufgabe
ist es, die Wetterdaten vom Server zu laden und anschließend ein WeatherData-Objekt

zu füllen. Ersteres ist mithilfe der Methode `getFromServer()` schnell erledigt. Ihr Rückgabewert ist schon eine JSON-Datenstruktur, allerdings noch als `String` codiert. Dieser wird mit `new JSONObject(...)` umgewandelt, sodass wir mit `has(…)` und `get…()` bequem Elemente suchen und auslesen können.

> **Hinweis**
>
> Um auf Webserver und Webservices zugreifen zu können, müssen Apps in ihrem Manifest die Berechtigung `android.permission.INTERNET` anfordern. Diese *normale Berechtigung* wird automatisch gewährt.

Es kann sinnvoll sein, vor dem Zugriff auf das Netzwerk zu prüfen, ob eine Datenverbindung hergestellt werden kann. Fügen Sie die folgende Methode in Ihre App ein:

```java
private boolean istNetzwerkVerfuegbar() {
  ConnectivityManager mgr =
      getSystemService(ConnectivityManager.class);
  NetworkInfo info = mgr == null ? null : mgr.getActiveNetworkInfo();
  return info != null && info.isConnected();
}
```

Listing 7.31 Netzwerkverfügbarkeit prüfen

So könnte ein Aufruf aussehen:

```java
if (!istNetzwerkVerfuegbar()) {
  finish();
}
```

Für den Zugriff benötigt Ihre App die normale Berechtigung `ACCESS_NETWORK_STATE`.

7.5.2   Senden von Daten

In diesem Abschnitt zeige ich Ihnen, wie Sie vorgehen, wenn beim Aufruf eines Webservice Daten an den Server übermittelt werden müssen. Meine Beispiel-App *WebserviceDemo1* nutzt Googles Dienst zum Kürzen von Webadressen.[3] Ihm wird mittels HTTP-Post die zu kürzende URL als JSON-Datenstruktur übergeben. Auch die Antwort erfolgt in JSON-Notation. Sie beinhaltet das Original und die gekürzte URL. Die App ist in Abbildung 7.9 zu sehen.

Um die App auszuprobieren, geben Sie als Erstes eine Webadresse ein, und klicken Sie anschließend auf KÜRZEN. Mit ANZEIGEN öffnen Sie den Standardbrowser, dem die gekürzte URL übergeben wird.

---

3 *https://developers.google.com/url-shortener/*

Hinweis

Für die Nutzung des Service ist ein sogenannter *API-Key* erforderlich. Um einen solchen Schlüssel zu generieren, legen Sie in der *Google Developers Console* unter *https://console.developers.google.com/* ein neues Projekt an, aktivieren unter APIs & Dienste • Bibliothek die URL Shortener API und erzeugen dann unter Zugangsdaten einen Schlüssel für Browseranwendungen. Das Eingabefeld für Referrer können Sie leer lassen.

Sehen Sie sich bitte die Klasse WebserviceDemo1Activity an. In der Methode onCreate() wird, wie üblich, die Benutzeroberfläche geladen und angezeigt. Ferner registriere ich zwei OnClickListener. Sie kümmern sich um das Kürzen der URL bzw. um die Anzeige im Standardbrowser.

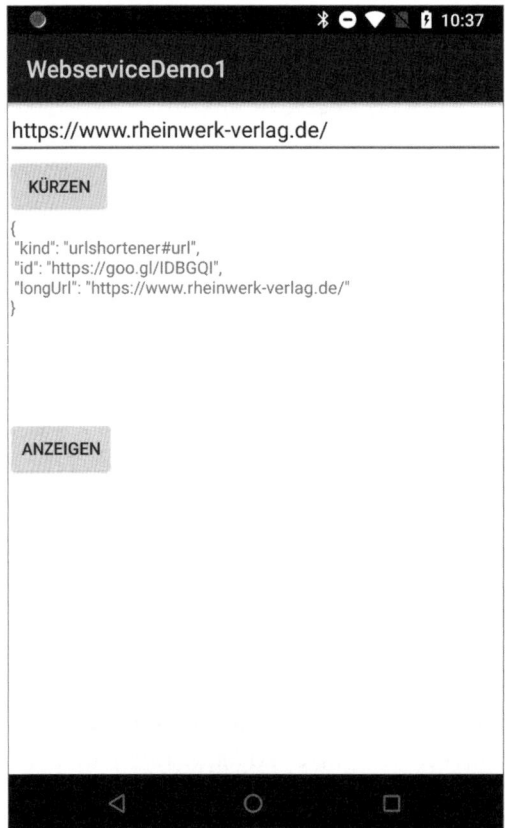

Abbildung 7.9 Die App »WebserviceDemo1«

Die eigentliche Arbeit übernimmt hier die kombinierte Lese- und Schreibmethode shortenURL(). Bevor die Ergebnisstruktur gelesen werden kann, muss die Post-Methode vorbereitet werden (setDoOutput() und setRequestMethod("POST")). Dabei werden auch die HTTP-Header-Felder *Content-Type* und *Content-Length* gesetzt. Die Methode `setFixedLengthStreamingMode()` sollten Sie stets benutzen, wenn die Größe des zu sendenden Datenstroms bekannt ist. Das Senden der Daten ist mit zwei Methodenaufrufen erledigt. Bei größeren Strukturen lohnt das Kapseln in einen gepufferten Strom.

```
httpURLConnection.getOutputStream().write(data);
httpURLConnection.getOutputStream().flush();
package com.thomaskuenneth.webservicedemo1;

import android.app.Activity;
import android.content.Intent;
import android.net.Uri;
import android.os.Bundle;
import android.util.Log;
import android.widget.Button;
import android.widget.EditText;
import android.widget.TextView;
import org.json.JSONException;
import org.json.JSONObject;
import java.io.BufferedReader;
import java.io.IOException;
import java.io.InputStreamReader;
import java.net.HttpURLConnection;
import java.net.URL;
import java.nio.charset.Charset;
import java.util.regex.Matcher;
import java.util.regex.Pattern;

public class WebserviceDemo1Activity extends Activity {

  private static final String TAG =
      WebserviceDemo1Activity.class.getSimpleName();
  private static final String API_KEY = "...";
  private static final String URL
      = "https://www.googleapis.com/urlshortener/v1/url";
  private static final Pattern PATTERN_CHARSET
      = Pattern.compile(".*charset\\s*=\\s*(.*)$");
  private static final String ID = "id";
  private static final String RHEINWERK
      = "https://www.rheinwerk-verlag.de/";
```

```
private TextView output;

@Override
protected void onCreate(Bundle savedInstanceState) {
  super.onCreate(savedInstanceState);
  setContentView(R.layout.main);
  final EditText input = findViewById(R.id.input);
  input.setText(RHEINWERK);
  output = findViewById(R.id.output);
  final Button shorten = findViewById(R.id.shorten);
  shorten.setOnClickListener((v) -> {
    String url = input.getText().toString();
    String json = "{\"longUrl\": \"" + url + "\"}";
    new MyTask(output).execute(json);
  });
  final Button show = findViewById(R.id.show);
  show.setOnClickListener((v) -> {
    String json = output.getText().toString();
    try {
      JSONObject o = new JSONObject(json);
      if (o.has(ID)) {
        String url = o.getString(ID);
        Uri uri = Uri.parse(url);
        Intent intent = new Intent(Intent.ACTION_VIEW, uri);
        startActivity(intent);
      }
    } catch (JSONException e) {
      Log.e(TAG, "onClick()", e);
    }
  });
}

static String shortenURL(String json) {
  StringBuilder sb = new StringBuilder();
  HttpURLConnection httpURLConnection = null;
  try {
    URL url = new URL(URL + "?key=" + API_KEY);
    httpURLConnection = (HttpURLConnection) url.openConnection();
    // Verbindung konfigurieren
    httpURLConnection.setDoOutput(true);
    httpURLConnection.setRequestMethod("POST");
    byte[] data = json.getBytes();
```

```
httpURLConnection.setRequestProperty("Content-Type",
    "application/json; charset="
        + Charset.defaultCharset().name());
// war früher für den Aufruf des Service erforderlich
// httpURLConnection.setRequestProperty("apikey", API_KEY);
httpURLConnection.setFixedLengthStreamingMode(data.length);
// Daten senden
httpURLConnection.getOutputStream().write(data);
httpURLConnection.getOutputStream().flush();
String contentType = httpURLConnection.getContentType();
String charSet = "ISO-8859-1";
if (contentType != null) {
  Matcher m = PATTERN_CHARSET.matcher(contentType);
  if (m.matches()) {
    charSet = m.group(1);
  }
}
int responseCode = httpURLConnection.getResponseCode();
if (responseCode == HttpURLConnection.HTTP_OK) {
  InputStreamReader inputStreamReader = new InputStreamReader(
      httpURLConnection.getInputStream(), charSet);
  BufferedReader bufferedReader = new BufferedReader(
      inputStreamReader);         int i;
  while ((i = bufferedReader.read()) != -1) {
    sb.append((char) i);
  }
  try {
    bufferedReader.close();
  } catch (IOException e) {
    Log.e(TAG, "shortenURL()", e);
  }
} else {
  Log.d(TAG, "responseCode: " + responseCode);
}
} catch (Throwable tr) {
  Log.e(TAG, "Fehler beim Zugriff auf " + URL, tr);
} finally {
  if (httpURLConnection != null) {
    httpURLConnection.disconnect();
  }
}
```

```
      return sb.toString();
   }
}
```

Listing 7.32 Die Klasse »WebserviceDemo1Activity«

Ist Ihnen aufgefallen, dass ich vor dem Lesen der Ergebnisdaten die Methode getContentType() aufrufe und, sofern sie nicht null liefert, daraus die Zeichensatzcodierung des Servers ermittle? Dies war im vorangehenden Beispiel aus Gründen der Vereinfachung noch nicht enthalten. Auch sehr viele Beispiele im Internet verzichten darauf. Unter bestimmten Umständen kann das Weglassen aber zu falschen Daten führen.

Der von URLConnection.getInputStream() gelieferte InputStream operiert gemäß der Spezifikation auf vorzeichenlosen Bytes, also in einem Bereich zwischen 0 und 255. Je nachdem, ob ein Server US-ASCII, UTF-8 oder UTF-16 verwendet, entstehen für denselben Text unterschiedliche Bytefolgen. Um diese erfolgreich »rekonstruieren« zu können, muss die Zeichensatzcodierung des Senders also bekannt sein. Dass das Problem oft unbemerkt bleibt, liegt daran, dass sich einige Codierungen zumindest in Teilen sehr ähnlich sind.

Aus Performancegründen dürfen Netzwerkzugriffe nicht auf dem Haupt-Thread der Anwendung ausgeführt werden, da dieser für die Behandlung der Benutzeroberfläche verwendet wird. Langsame oder gar abreißende Verbindungen können dazu führen, dass Activities nicht mehr reagieren. Android unterbindet entsprechende Versuche und löst eine NetworkOnMainThreadException aus. Glücklicherweise lassen sich Netzwerkzugriffe mit sehr wenig Aufwand in einen eigenen Thread auslagern.

Man muss nur von der Klasse AsyncTask ableiten und die beiden Methoden doInBackground() und onPostExecute() überschreiben. Dies ist in Listing 7.33 zu sehen. Wie der Name vermuten lässt, wird der Code in doInBackground() im Hintergrund ausgeführt. Im konkreten Fall ist dies der Aufruf des Webservice zum Kürzen der URL. onPostExecute() hingegen wird auf dem Mainthread ausgeführt. UI-Komponenten, wie in meinem Beispiel die TextView, dürfen nur auf diesem verändert werden.

```
package com.thomaskuenneth.webservicedemo1;

import android.os.AsyncTask;
import android.widget.TextView;
import java.lang.ref.WeakReference;

class MyTask extends AsyncTask<String, Void, String> {

  // vermeidet this field leaks a context object
  private final WeakReference<TextView> r;
```

```
MyTask(TextView a) {
  r = new WeakReference<>(a);
}

@Override
protected String doInBackground(String... params) {
  return WebserviceDemo1Activity.shortenURL(params[0]);
}

@Override
protected void onPostExecute(String result) {
  r.get().setText(result);
}
}
```

Listing 7.33 Verwendung von »AsyncTask«

Sicher ist Ihnen aufgefallen, dass ich die Referenz auf die TextView in einer WeakReference kapsele. Dieses Vorgehen ist nötig, um Speicherlecks zu verhindern, die bei der Nutzung von AsyncTask aus Activities heraus sonst auftreten können.

7.6   Zusammenfassung

Sie haben in diesem Kapitel viel über die Nutzung der Telefoniefunktionen unter Android erfahren und das Call Log kennengelernt. Diese Anrufhistorie protokolliert alle ein- und ausgehenden Telefonate. Ich habe Ihnen gezeigt, wie Sie auf ihren Datenbestand zugreifen und wie Sie damit nützliche Apps entwickeln können. Die Integration von Webseiten und Webservices ermöglicht spannende *Mashups*. Sie sind nun mit der Komponente WebView vertraut und können HttpURLConnection genauso sicher nutzen wie JSON-Datenstrukturen.

Kapitel 8
Sensoren, GPS und Bluetooth

Android-Geräte enthalten zahlreiche Sensoren und Schnittstellen,
die sich mit geringem Aufwand in eigenen Apps nutzen lassen. Wie
das funktioniert, zeige ich Ihnen in diesem Kapitel.

Moderne Mobiltelefone schalten ihre Anzeige ab, sobald man sie in Richtung des Kopfes bewegt. Die Darstellung auf dem Bildschirm passt sich der Ausrichtung des Geräts an. Spiele reagieren auf Bewegungsänderungen. Karten-Apps erkennen automatisch den gegenwärtigen Standort. Restaurant- oder Kneipenführer beschreiben nicht nur den kürzesten Weg zur angesagten Döner-Bude, sondern präsentieren die Meinungen anderer Kunden und bieten Alternativen an. Und mit der Funktechnologie Bluetooth lassen sich im Handumdrehen Geräte in Reichweite ansprechen und vernetzen. Dies und noch viel mehr ist möglich, weil die Android-Plattform eine beeindruckende Sensoren- und Schnittstellenphalanx beinhaltet, die von allen Apps genutzt werden kann.

8.1   Sensoren

Android stellt seine Sensoren über eine Instanz der Klasse SensorManager zur Verfügung. Wie Sie diese verwenden, zeige ich Ihnen anhand des Projekts *SensorDemo1*. Die gleichnamige App (sie ist in Abbildung 8.1 zu sehen) ermittelt alle zur Verfügung stehenden Sensoren und gibt unter anderem deren Namen, Hersteller und Version aus. Außerdem verbindet sich das Programm mit dem Helligkeitssensor des Geräts und zeigt die gemessenen Werte an. Sensoren lassen sich grob in drei Kategorien unterteilen:

▸ *Bewegungssensoren* messen Beschleunigungs- und Drehungskräfte entlang dreier Achsen. Zu dieser Kategorie gehören Accelerometer, Gyroskop und Gravitationsmesser.

▸ *Umweltsensoren* erfassen verschiedene Parameter der Umwelt, beispielsweise die Umgebungstemperatur, den Luftdruck, Feuchtigkeit und Helligkeit. Zu dieser Kategorie gehören Barometer, Photometer und Thermometer.

▸ *Positionssensoren* ermitteln die Position bzw. die Lage eines Geräts im Raum. Diese Kategorie beinhaltet Orientierungssensoren sowie Magnetometer.

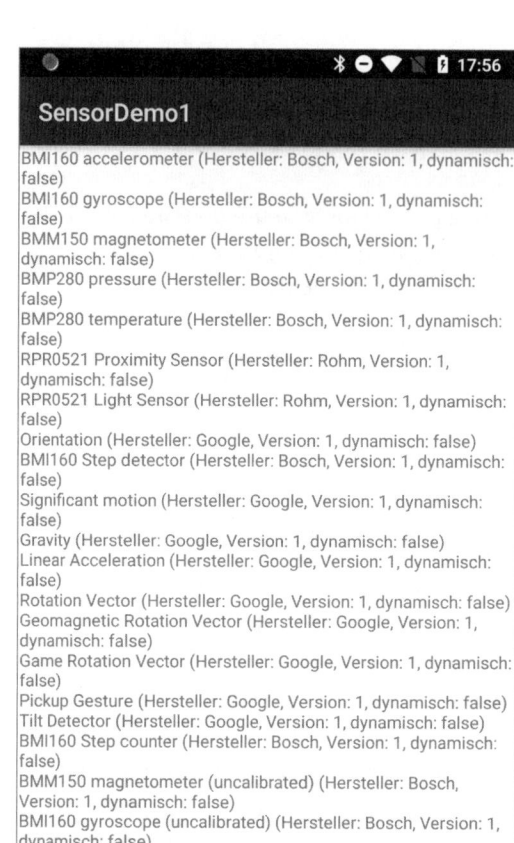

Abbildung 8.1 Die App »SensorDemo1« auf einem Nexus 5X

Welche Messfühler einer App zur Verfügung stehen, hängt sowohl von der Plattformversion als auch von der Hardware ab, auf der die App ausgeführt wird. Android hat im Laufe der Zeit nämlich kontinuierlich neue Sensoren »gelernt«. Sensoren können durch Hard- oder Software realisiert werden. Je nach Typ verbrauchen sie viel oder wenig Strom. Einige liefern kontinuierlich Daten, andere nur, wenn sich seit der letzten Messung etwas geändert hat. Die Nutzung der Sensoren erfolgt primär über die Klasse android.hardware.SensorManager, die ich nun ausführlich vorstellen werde.

8.1.1 Die Klasse »SensorManager«

Die Methode onCreate() meiner Beispielklasse SensorDemo1Activity kümmert sich um das Laden und Anzeigen der Benutzeroberfläche. Alle sensorbezogenen Aktivitäten finden in onResume() und onPause() statt. Beim Fortsetzen der Activity wird mit getSystemService(SensorManager.class) die Referenz auf ein Objekt des Typs

android.hardware.SensorManager ermittelt. Diese Methode ist in allen der von android.
content.Context abgeleiteten Klassen vorhanden, beispielsweise in android.app.
Activity und android.app.Service. Anschließend können Sie mit getSensorList()
herausfinden, welche Sensoren in Ihrer App zur Verfügung stehen. Die Methoden
getName(), getVendor() und getVersion() liefern den Namen, den Hersteller und die
Version des Sensors. Mit isDynamicSensor() können Sie ermitteln, ob ein Sensor dy-
namisch ist. Was es damit auf sich hat, erkläre ich Ihnen im folgenden Abschnitt.

Beim Aufruf von getSensorList() können Sie anstelle von TYPE_ALL die übrigen mit
TYPE_ beginnenden Konstanten der Klasse Sensor nutzen, um nach einer bestimmten
Art von Sensor »Ausschau zu halten«. Beispielsweise begrenzt TYPE_LIGHT die Treffer-
liste auf Helligkeitssensoren. TYPE_STEP_DETECTOR liefert Schrittdetektoren; solche
Sensoren melden sich, wenn der Nutzer einen Fuß mit genügend »Schwung« auf den
Boden stellt, also einen Schritt macht. In Abschnitt 8.1.3, »Ein Schrittzähler«, erfahren
Sie mehr darüber.

Wenn Sie die Art des gewünschten Sensors schon kennen, ist es meist einfacher, anstelle von getSensorList() die Methode getDefaultSensor() aufzurufen. Allerdings
weist die Android-Dokumentation darauf hin, dass diese Methode unter Umständen
einen Sensor liefert, der gefilterte oder gemittelte Werte produziert. Möchten Sie dies –
zum Beispiel aus Genauigkeitsgründen – nicht, dann verwenden Sie getSensorList().
Neben ihren Namen und Herstellern liefern Sensoren eine ganze Menge an Informationen, beispielsweise zu ihrem Stromverbrauch (getPower()), ihrem Wertebereich
(getMaximumRange()) und ihrer Genauigkeit (getResolution()).

```
package com.thomaskuenneth.sensordemo1;

import android.app.Activity;
import android.hardware.Sensor;
import android.hardware.SensorEvent;
import android.hardware.SensorEventListener;
import android.hardware.SensorManager;
import android.os.Bundle;
import android.os.Handler;
import android.util.Log;
import android.widget.TextView;
import java.util.HashMap;
import java.util.List;

public class SensorDemo1Activity extends Activity {

  private static final String TAG =
      SensorDemo1Activity.class.getSimpleName();
```

```
private TextView textview;
private SensorManager manager;
private Sensor sensor;
private SensorEventListener listener;
private SensorManager.DynamicSensorCallback callback;
private HashMap<String, Boolean> hm;

@Override
public void onCreate(Bundle savedInstanceState) {
  super.onCreate(savedInstanceState);
  hm = new HashMap<>();
  setContentView(R.layout.main);
  textview = findViewById(R.id.textview);
}


@Override
protected void onResume() {
  super.onResume();
  textview.setText("");
  // Liste der vorhandenen Sensoren ausgeben
  manager = getSystemService(SensorManager.class);
  if (manager == null) {
    finish();
  }
  List<Sensor> sensors = manager.getSensorList(Sensor.TYPE_ALL);
  for (Sensor s : sensors) {
    textview.append(getString(R.string.template,
        s.getName(),
        s.getVendor(),
        s.getVersion(),
        Boolean.toString(s.isDynamicSensor())));
  }
  // Helligkeitssensor ermitteln
  sensor = manager.getDefaultSensor(Sensor.TYPE_LIGHT);
  if (sensor != null) {
    listener = new SensorEventListener() {

      @Override
      public void onAccuracyChanged(Sensor sensor,
                    int accuracy) {
        Log.d(TAG, "onAccuracyChanged(): " + accuracy);
      }
```

```
    @Override
    public void onSensorChanged(SensorEvent event) {
      if (event.values.length > 0) {
        float light = event.values[0];
        String text = Float.toString(light);
        if ((SensorManager.LIGHT_SUNLIGHT <= light)
            && (light <=
            SensorManager.LIGHT_SUNLIGHT_MAX)) {
          text = getString(R.string.sunny);
        }
        // jeden Wert nur einmal ausgeben
        if (!hm.containsKey(text)) {
          hm.put(text, Boolean.TRUE);
          text += "\n";
          textview.append(text);
        }
      }
    }
  };
  // Listener registrieren
  manager.registerListener(listener, sensor,
      SensorManager.SENSOR_DELAY_NORMAL);
} else {
  textview.append(getString(R.string.no_seonsor));
}

// Callback für dynamische Sensoren
callback = null;
if (manager.isDynamicSensorDiscoverySupported()) {
  callback = new SensorManager.DynamicSensorCallback() {
    @Override
    public void onDynamicSensorConnected(Sensor sensor) {
      textview.append(getString(R.string.connected,
          sensor.getName()));
    }

    @Override
    public void onDynamicSensorDisconnected(Sensor sensor) {
      textview.append(getString(R.string.disconnected,
          sensor.getName()));
    }
  };
```

```
    manager.registerDynamicSensorCallback(callback,
        new Handler());
  }
}

@Override
protected void onPause() {
  super.onPause();
  if (sensor != null) {
    manager.unregisterListener(listener);
  }
  if (callback != null) {
    manager.unregisterDynamicSensorCallback(callback);
  }
}
}
```

Listing 8.1 Die Klasse »SensorDemo1Activity«

Seit *API-Level 21* kennt die Methode getDefaultSensor() einen optionalen zweiten
Parameter, der steuert, ob das System sogenannte *Wake-up-* oder *Non-Wake-up-*Sensoren liefert. Der Unterschied besteht darin, ob Sensoren für das Melden von Daten
den SoC (*System on a Chip*) aus dem Ruhezustand aufwecken und das Wechseln in
diesen Modus verhindern (wake-up) oder nicht (non-wake-up). Sofern Sensordaten
nur während der Ausführung einer Activity erhoben und angezeigt werden, ist die
Unterscheidung irrelevant. Für eine möglichst unterbrechungsfreie Aufzeichnung
im Hintergrund sind Wake-up-Sensoren die bessere Wahl. Andernfalls muss die App
selbstständig dafür sorgen, dass der SoC nicht in den Ruhezustand wechselt. Weitere Informationen finden Sie unter *https://source.android.com/devices/sensors/
suspend-mode.html*.

SensorEventListener

Mit den Methoden registerListener() und unregisterListener() der Klasse Sensor-
Manager können Sie sich über Sensorereignisse informieren lassen sowie entsprechende Benachrichtigungen wieder deaktivieren. registerListener() erwartet ein
Objekt des Typs android.hardware.SensorEventListener, den Sensor sowie eine Angabe zur Häufigkeit, mit der Wertänderungen übermittelt werden sollen. Sie können
einen vordefinierten Wert, zum Beispiel SensorManager.SENSOR_DELAY_NORMAL, oder
eine Zeitspanne in Mikrosekunden übergeben. Android garantiert die Einhaltung
dieses Wertes allerdings nicht. Sensorereignisse können also häufiger oder seltener
zugestellt werden.

Das Activity-Methodenpaar onResume() und onPause()bietet sich an, um SensorEvent-Listener zu registrieren bzw. zu entfernen. Prüfen Sie genau, ob das Sammeln von Sensordaten auch dann erforderlich ist, wenn Ihre Activity nicht ausgeführt wird. Je nach Sensor kann das Messen nämlich in erheblichem Maße Strom verbrauchen.

SensorEventListener-Objekte implementieren die Methoden onAccuracyChanged() und onSensorChanged(). Erstere wird aufgerufen, wenn sich die Genauigkeit eines Sensors geändert hat. Wie wichtig diese Information ist, hängt von der Art des verwendeten Messfühlers ab. Sollte es beispielsweise Probleme beim Ermitteln der Herzfrequenz geben, weil der Sensor kalibriert werden muss (SENSOR_STATUS_UNRELI-ABLE) oder weil er keinen Körperkontakt hat (SENSOR_STATUS_NO_CONTACT), dann sollte Ihre App auf jeden Fall einen entsprechenden Hinweis anzeigen. Ist hingegen die Genauigkeit des Barometers nicht mehr hoch (SENSOR_STATUS_ACCURACY_HIGH), sondern nur noch durchschnittlich (SENSOR_STATUS_ACCURACY_MEDIUM), ist vielleicht keine diesbezügliche Aktion erforderlich.

Die Methode onSensorChanged() wird aufgerufen, wenn neue Sensordaten vorliegen. Die App *SensorDemo1* nutzt den Helligkeitssensor eines Geräts und gibt je nach Helligkeit den gemessenen Wert oder den Text »sonnig« aus. Die Klasse SensorManager enthält zahlreiche Konstanten, die sich auf die vorhandenen Ereignistypen beziehen. Auf diese Weise können Sie, wie im Beispiel zu sehen ist, das Ergebnis der Helligkeitsmessung auswerten, ohne selbst in entsprechenden Tabellen nachschlagen zu müssen.

> **Tipp**
>
> Liefert die mit Android Nougat eingeführte Sensor-Methode isAdditionalInfoSupported() den Wert true, kann ein Sensor über einen neuen Mechanismus weitere, zusätzliche Informationen preisgeben. Sie sind in der Klasse SensorAdditionalInfo enthalten. Um solche Objekte zu empfangen, registrieren Sie mit registerListener() anstelle von SensorEventListener ein Objekt des Typs SensorEventCallback und überschreiben zusätzlich die Methode onSensorAdditionalInfo().

Welche Werte in dem SensorEvent-Objekt übermittelt werden und wie Sie diese interpretieren, hängt vom verwendeten Sensor ab. Beispielsweise liefert der Umgebungstemperatursensor (TYPE_AMBIENT_TEMPERATURE) in values[0] die Raumtemperatur in Grad Celsius. Luftdruckmesser (Sensor.TYPE_PRESSURE) tragen dort hingegen den atmosphärischen Druck in Millibar ein.

Die von einem Android-Gerät oder dem Emulator zur Verfügung gestellten Sensoren können Sie erst zur Laufzeit Ihrer App ermitteln. Selbstverständlich sollten Sie nicht einfach Ihre Activity beenden, wenn ein benötigter Sensor nicht zur Verfügung steht, sondern einen entsprechenden Hinweis ausgeben. Mithilfe des Elements <uses-feature> der Manifestdatei können Sie die Sichtbarkeit in *Google Play* auf geeignete Geräte einschränken. Hierzu ein Beispiel:

```
<uses-feature android:name="android.hardware.sensor.barometer"
    android:required="true" />
```

Apps, deren Manifest ein solches Element enthält, werden in Google Play nur auf Geräten angezeigt, in die ein Barometer eingebaut ist. Beachten Sie hierbei aber, dass diese Filterung eine Installation nicht verhindert, falls die App auf anderem Wege auf das Gerät gelangt ist. Deshalb ist es wichtig, vor der Nutzung eines Sensors seine Verfügbarkeit, wie weiter oben gezeigt, zu prüfen.

8.1.2   Dynamische Sensoren und Trigger

Mit Android 7 hat Google sogenannte *dynamische Sensoren* eingeführt. Bisher war es so, dass ein Sensor entweder immer »da ist« (weil er in ein Smartphone oder Tablet eingebaut wurde) oder eben nicht. Was aber wäre, wenn man ein Gerät durch Module erweitern und je nach Bedarf Sensoren andocken oder abklemmen könnte? Google hatte mit dem Projekt *Ara* die Vision eines voll modularen Smartphones. Unglücklicherweise scheint es eingestellt worden zu sein, aber es ist möglich, dass andere Hersteller die Idee wieder aufgreifen.

Apps können über die SensorManager-Methode isDynamicSensorDiscoverySupported() abfragen, ob das System das Erkennen von dynamischen Sensoren unterstützt. In diesem Fall lässt sich mit registerDynamicSensorCallback() ein Objekt des Typs DynamicSensorCallback registrieren. Seine Methoden onDynamicSensorConnected() und onDynamicSensorDisconnected() werden nach dem Verbinden bzw. Trennen eines dynamischen Sensors aufgerufen. Dies ist in Listing 8.1 zu sehen. Analog zu SensorManager.getSensorList() können Sie übrigens mit getDynamicSensorList() die Liste aller aktuell bekannten dynamischen Sensoren eines Typs abfragen.

Trigger-Sensoren

Viele Daten (zum Beispiel Temperatur, Luftdruck und Helligkeit) können bei Bedarf kontinuierlich erfasst werden, denn sie liegen immer vor. Deshalb ist es bewährte Praxis, Listener nur bei Bedarf zu registrieren und nach Gebrauch wieder zu entfernen. Je nach Sensor ist der Akku des Geräts sonst möglicherweise schnell leer. (Eine Ausnahme von dieser Regel stelle ich Ihnen übrigens im nächsten Abschnitt vor.) Es gibt aber auch Ereignisse, die unvorhersehbar irgendwann eintreten; dann ist eine kontinuierliche Messung sinnlos. Für solche Fälle kennt Android Trigger-Sensoren. Der *Significant-Motion*-Sensor ist ein Trigger. Er meldet sich, wenn das System eine Bewegung erkennt, die wahrscheinlich zu einer Positionsänderung führt. Dies ist beim Laufen, Fahrrad- oder Autofahren der Fall. Trigger-Sensoren liefern beim Aufruf von getReportingMode() den Wert REPORTING_MODE_ONE_SHOT. Um einen solchen Sensor zu aktivieren, registrieren Sie nicht mit SensorManager.register() einen SensorEventListener, sondern rufen requestTriggerSensor() auf und übergeben der Methode ein `TriggerEventListener`-Objekt. Dessen Methode `onTrigger()` wird vom System aufgerufen, wenn der Trigger aktiviert wurde. Danach wird der Trigger automatisch deaktiviert. Um erneut informiert zu werden, müssen Sie deshalb wieder `request-TriggerSensor()` aufrufen. Mein Beispiel *Bewegungsmelder* fasst dies in einer kompakten App zusammen. Und so sieht die Hauptklasse `BewegungsmelderActivity` aus:

```
package com.thomaskuenneth.bewegungsmelder;

import android.app.Activity;
import android.hardware.Sensor;
import android.hardware.SensorManager;
import android.hardware.TriggerEvent;
import android.hardware.TriggerEventListener;
import android.os.Bundle;
import android.text.format.DateFormat;
import android.view.View;
import android.widget.Button;
import android.widget.TextView;
import java.util.Date;

public class BewegungsmelderActivity extends Activity {

  private static final String KEY1
      = "shouldCallWaitForTriggerInOnResume";
  private static final String KEY2 = "tv";

  private TextView tv;
  private Button bt;

  private SensorManager m;
  private TriggerEventListener l;
  private Sensor s;

  private boolean shouldCallWaitForTriggerInOnResume;

  @Override
  protected void onCreate(Bundle savedInstanceState) {
    super.onCreate(savedInstanceState);
    setContentView(R.layout.main);
    tv = findViewById(R.id.tv);
    bt = findViewById(R.id.bt);
    bt.setOnClickListener((e) -> {
      shouldCallWaitForTriggerInOnResume = true;
```

```
    waitForTrigger();
  });

  m = getSystemService(SensorManager.class);
  if (m == null) {
    finish();
  }
  s = m.getDefaultSensor(Sensor.TYPE_SIGNIFICANT_MOTION);
  l = new TriggerEventListener() {
    @Override
    public void onTrigger(TriggerEvent event) {
      shouldCallWaitForTriggerInOnResume = false;
      bt.setVisibility(View.VISIBLE);
      tv.setText(
          DateFormat.getTimeFormat(
              BewegungsmelderActivity.this).
              format(new Date())));
    }
  };
  if (s == null) {
    shouldCallWaitForTriggerInOnResume = false;
    bt.setVisibility(View.GONE);
    tv.setText(R.string.no_sensors);
  } else {
    shouldCallWaitForTriggerInOnResume = true;
    if (savedInstanceState != null) {
      shouldCallWaitForTriggerInOnResume =
          savedInstanceState.getBoolean(KEY1);
      tv.setText(savedInstanceState.getString(KEY2));
    }
  }
}

@Override
protected void onSaveInstanceState(Bundle outState) {
  super.onSaveInstanceState(outState);
  outState.putBoolean(KEY1, shouldCallWaitForTriggerInOnResume);
  outState.putString(KEY2, tv.getText().toString());
}

@Override
protected void onResume() {
```

```
    super.onResume();
    if (s != null) {
      if (shouldCallWaitForTriggerInOnResume) {
        waitForTrigger();
      }
    }
  }

  @Override
  protected void onPause() {
    super.onPause();
    if (s != null) {
      m.cancelTriggerSensor(1, s);
    }
  }

  private void waitForTrigger() {
    bt.setVisibility(View.GONE);
    tv.setText(R.string.wait);
    m.requestTriggerSensor(1, s);
  }
}
```

Listing 8.2 Die Klasse »BewegungsmelderActivity«

Der Trigger wird beim Fortsetzen der App mit `requestTriggerSensor()` aktiviert (`on-Resume()`) und beim Pausieren (`onPause()`) mit `cancelTriggerSensor()` deaktiviert. Möchten Sie, dass Ihre App auch dann informiert wird, wenn keine Activity abgearbeitet wird, müssen Sie die beiden Methodenaufrufe in einen Service auslagern. Geht das Gerät aber in den Ruhezustand, während `BewegungsmelderActivity` aktiv ist, wird die Aktivität nach dem Aufwachen des Geräts aktualisiert. Der *Significant-Motion*-Sensor arbeitet nämlich weiter, während das Gerät schläft.

> **Hinweis**
>
> Vielleicht ist Ihnen beim Stöbern in der Dokumentation aufgefallen, dass die Klasse `TriggerEvent` einen Zeitstempel enthält, der den Zeitpunkt des Auftretens in Nanosekunden angibt. Dieser Wert ist nicht dafür gedacht, Uhrzeiten oder Datumsangaben abzuleiten. Er sollte nur verwendet werden, um Abstände zwischen Aufrufen eines Sensors zu ermitteln.

Um beim Drehen des Geräts den aktuellen Zustand speichern und wiederherstellen zu können, habe ich die Methode `onSaveInstanceState()` überschrieben. Sie schreibt zwei Werte, die `boolean`-Variable `shouldCallWaitForTriggerInOnResume` sowie den Inhalt des Textfeldes `tv`. Beide werden gegebenenfalls in `onCreate()` wieder gesetzt.

8.1.3 Ein Schrittzähler

In diesem Abschnitt sehen wir uns einen weiteren Sensor an, den Schrittzähler, der die Anzahl der Schritte seit dem letzten Start des Geräts meldet, allerdings nur, solange er aktiviert ist. Google empfiehlt in der Dokumentation deshalb, **nicht** die Methode `unregisterListener()` aufzurufen, wenn Langzeitmessungen erfolgen sollen. Diese sind unproblematisch, weil der Sensor in Hardware implementiert ist und wenig Strom verbraucht. Befindet sich das Gerät im Ruhemodus, werden bei aktivierten Sensor weiterhin Schritte gezählt und nach dem Wiederaufwachen gemeldet. Alles in allem eine wirklich praktische Angelegenheit, oder?

Abbildung 8.2 Die App »Schrittzähler«

Vielleicht fragen Sie sich, was passiert, wenn Sie die Anzahl der Schritte ganz bewusst zurücksetzen möchten. Da der Zähler die Schritte seit dem letzten Systemstart zählt, müssten Sie das Smartphone oder Tablet neu starten. Das klingt nicht sehr elegant. In meiner Beispiel-App *Schrittzähler* (sie ist in Abbildung 8.2 zu sehen) zeige ich Ihnen, wie Sie dieses Problem auf unkomplizierte Weise lösen. Bitte sehen Sie sich nun Listing 8.3 an. In der Methode `onCreate()` wird die Benutzeroberfläche geladen und angezeigt. getSystemService() und getDefaultSensor() liefern wie gehabt Referenzen auf Objekte des Typs SensorManager bzw. Sensor. In onResume() rufe ich die private Methode updateUI() auf, die sich um das Aktualisieren der Bedienelemente kümmert. Je nach Zustand des Schalters onOff wird entweder registerListener() oder unregisterListener() aufgerufen. Das sonst übliche Deaktivieren des Sensors in onPause() entfällt. Sie erinnern sich: Google rät zu diesem Vorgehen, um Langzeitmessungen vornehmen zu können.

Tipp

Sie sollten in Ihrer App auf jeden Fall eine Möglichkeit vorsehen, den Sensor zu deaktivieren. In meinem Beispiel geschieht dies durch Anklicken des Schalters in der unteren rechten Bildschirmecke.

```
package com.thomaskuenneth.schrittzaehler;

import android.app.Activity;
import android.content.Context;
import android.content.SharedPreferences;
import android.hardware.Sensor;
import android.hardware.SensorEvent;
import android.hardware.SensorEventListener;
import android.hardware.SensorManager;
import android.os.Bundle;
import android.view.View;
import android.widget.Button;
import android.widget.ProgressBar;
import android.widget.Switch;
import android.widget.TextView;

import java.util.Locale;

public class SchrittzaehlerActivity extends Activity
    implements SensorEventListener {

  private static final String PREFS =
      SchrittzaehlerActivity.class.getName();

  private static final String PREFS_KEY = "last";

  private ProgressBar pb;
  private TextView steps;
  private Button reset;
  private Switch onOff;
```

```
private SensorManager m;
private Sensor s;
private int last;

@Override
protected void onCreate(Bundle savedInstanceState) {
  super.onCreate(savedInstanceState);
  setContentView(R.layout.main);
  pb = findViewById(R.id.pb);
  steps = findViewById(R.id.steps);
  reset = findViewById(R.id.reset);
  reset.setOnClickListener((event) -> {
    updateSharedPrefs(this, last);
    updateUI();
  });
  m = getSystemService(SensorManager.class);
  if (m == null) {
    finish();
  }
  s = m.getDefaultSensor(Sensor.TYPE_STEP_COUNTER);
  onOff = findViewById(R.id.on_off);
  onOff.setOnCheckedChangeListener((buttonView, isChecked)
      -> updateUI());
  onOff.setChecked(s != null);
  updateUI();
}

@Override
protected void onResume() {
  super.onResume();
  updateUI();
}

@Override
public void onSensorChanged(SensorEvent sensorEvent) {
  float[] values = sensorEvent.values;
  int _steps = (int) values[0];
  last = _steps;
  SharedPreferences prefs = getSharedPreferences(
      SchrittzaehlerActivity.PREFS,
      Context.MODE_PRIVATE);
  _steps -= prefs.getInt(PREFS_KEY, 0);
  this.steps.setText(String.format(Locale.US,
      "%d", _steps));
```

```
    if (pb.getVisibility() == View.VISIBLE) {
      pb.setVisibility(View.GONE);
      this.steps.setVisibility(View.VISIBLE);
      reset.setVisibility(View.VISIBLE);
    }
  }


  @Override
  public void onAccuracyChanged(Sensor sensor, int i) {
  }


  public static void updateSharedPrefs(Context context,
                      int last) {
    SharedPreferences prefs =
        context.getSharedPreferences(
            SchrittzaehlerActivity.PREFS,
            Context.MODE_PRIVATE);
    SharedPreferences.Editor edit = prefs.edit();
    edit.putInt(SchrittzaehlerActivity.PREFS_KEY, last);
    edit.apply();
  }


  private void updateUI() {
    reset.setVisibility(View.GONE);
    onOff.setEnabled(s != null);
    if (s != null) {
      steps.setVisibility(View.GONE);
      if (onOff.isChecked()) {
        m.registerListener(this, s,
            SensorManager.SENSOR_DELAY_UI);
        pb.setVisibility(View.VISIBLE);
      } else {
        m.unregisterListener(this);
        pb.setVisibility(View.GONE);
      }
    } else {
      steps.setVisibility(View.VISIBLE);
      steps.setText(R.string.no_sensor);
      pb.setVisibility(View.GONE);
    }
  }
}
```

Listing 8.3 Die Klasse »SchrittzaehlerActivity«

In der Methode onSensorChanged() wird aus dem Feld sensorEvent.values die Anzahl der Schritte seit dem letzten Systemstart ausgelesen und der Variablen _steps zugewiesen. Anschließend sieht meine Implementierung in den anwendungsspezifischen Voreinstellungen nach, ob dort schon ein Schlüssel mit dem Namen »last« (in der String-Konstante PREFS_KEY hinterlegt) gespeichert wurde. Falls nicht, liefert getInt() den als zweiten Parameter übergebenen Ersatzwert zurück. In meinem Fall ist dies 0. Der so ermittelte Wert wird von _steps abgezogen.

Wenn der Anwender die Schaltfläche ZURÜCKSETZEN anklickt, wird in den anwendungsspezifischen Voreinstellungen der Schlüssel PREFS_KEY gespeichert. Damit lässt sich ohne großen Aufwand das Auf-null-Stellen des Schrittzählers nachbauen. Eine Kleinigkeit gibt es aber zu beachten: Wenn das Gerät neu gestartet wurde, muss der gespeicherte Wert selbst auf 0 gesetzt werden, damit die App-Anzeige nicht verfälscht wird. Deshalb registriere ich in der Manifestdatei einen Receiver, der auf android.intent.action.BOOT_COMPLETED reagiert. Die Implementierung ist einfach. Sie ist in Listing 8.4 zu sehen:

```
package com.thomaskuenneth.schrittzaehler;

import android.content.BroadcastReceiver;
import android.content.Context;
import android.content.Intent;

public class BootCompletedReceiver extends BroadcastReceiver {

  @Override
  public void onReceive(Context context, Intent intent) {
    if (Intent.ACTION_BOOT_COMPLETED.equals(intent.getAction())) {
      SchrittzaehlerActivity.updateSharedPrefs(context, 0);
    }
  }
}
```

Listing 8.4 Die Klasse »BootCompletedReceiver«

Durch Aufruf der Methode updateSharedPrefs() der Klasse SchrittzaehlerActivity wird der beim letzten Anklicken der Schaltfläche ZURÜCKSETZEN gespeicherte Wert mit 0 überschrieben, und damit stimmt die Berechnung der Schritte wieder. Um Voreinstellungen zu schreiben, ermitteln Sie als Erstes mit getSharedPreferences() eine SharedPreferences-Instanz. Die Methode edit() liefert ein Objekt des Typs SharedPreferences.Editor. Mit seinen put...()-Methoden schreiben Sie zum Beispiel int- oder String-Werte. apply() persistiert die Änderungen.

Damit verlassen wir den spannenden Bereich der klassischen Sensoren. Im Folgenden kümmern wir uns um Standortbestimmungen und um die Integration in Google Maps.

8.2   GPS und ortsbezogene Dienste

Einer der Gründe für die große Beliebtheit von Smartphones und Tablets ist deren Fähigkeit, den aktuellen Standort zu ermitteln. Wer in einer fremden Stadt schon einmal schnellstmöglich den Bahnhof erreichen oder einen Geldautomaten finden musste, der möchte den Komfort, auf entsprechende Apps zurückgreifen zu können, sicherlich nicht mehr missen. Dabei sind die Einsatzgebiete dieser Technik noch lange nicht vollständig ausgelotet.

Haben Sie Lust bekommen, sich damit zu beschäftigen? In diesem Abschnitt zeige ich Ihnen anhand des in Abbildung 8.3 dargestellten Projekts *LocationDemo1*, wie Sie die aktuelle Position ermitteln und auf einer Karte anzeigen lassen können.

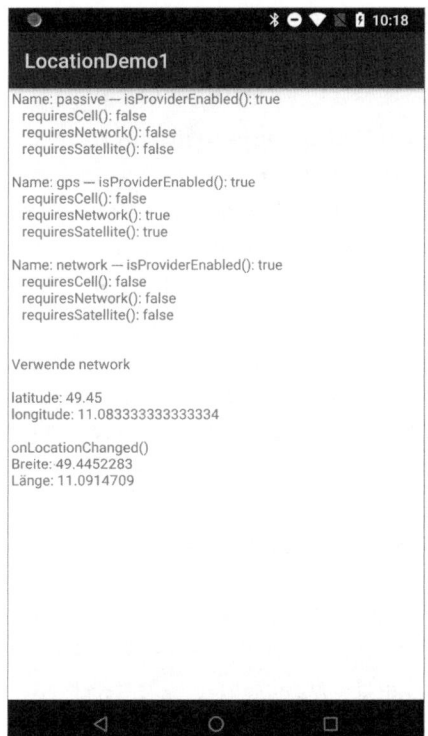

Abbildung 8.3 Die App »LocationDemo1«

Android bietet komfortable und einfach zu nutzende Programmierschnittstellen an. Lassen Sie Ihrer Kreativität freien Lauf.

8.2.1   Den aktuellen Standort ermitteln

Die Klasse LocationDemo1Activity lädt in der Methode onCreate() die Benutzer-oberfläche und zeigt sie an. Außerdem wird geprüft, ob der Benutzer die Standort-bestimmung bereits erlaubt hat. Falls nicht, wird die entsprechende Berechtigung angefordert. Android kennt zwei:

1. ACCESS_COARSE_LOCATION erlaubt eine ungefähre Ortsbestimmung.

2. ACCESS_FINE_LOCATION erlaubt eine genaue Ermittlung des Standortes.

Beides sind gefährliche Berechtigungen. Sie müssen in der Manifestdatei eingetra-gen und zur Laufzeit mit checkSelfPermission() und requestPermissions() geprüft und angefordert werden. Wurde ACCESS_FINE_LOCATION gewährt, gilt dies implizit auch für ACCESS_COARSE_LOCATION. Die eigentliche Arbeit geschieht in der privaten Me-thode doIt(). Als Erstes wird durch Aufruf der Methode getSystemService(Loca-tionManager.class) eine Instanz des Typs android.location.LocationManager ermit-telt. Dieses Objekt ermöglicht den Zugriff auf alle ortsbezogenen Funktionen des Systems. Sie können beispielsweise mit requestLocationUpdates() einen Listener re-gistrieren, um unterrichtet zu werden, sobald sich der Standort des Geräts ändert. In meinem Beispiel wird diese Methode in onResume() aufgerufen. Um den Listener wie-der zu entfernen, rufen Sie removeUpdates() auf. onPause() ist hierfür eine gute Wahl.

Positionsdaten werden durch *Location Provider* zur Verfügung gestellt. Um zu ermit-teln, welche dieser Datenlieferanten vorhanden sind, können Sie die LocationMana-ger-Methode getAllProviders() aufrufen. Sie liefert eine Liste mit den Namen der grundsätzlich verfügbaren Provider. Einen solchen Namen übergeben Sie an getPro-vider(). Vorher sollten Sie aber unbedingt mit isProviderEnabled() seine Verfügbar-keit prüfen. Alternativ können Sie getProviders(true) aufrufen – dann erhalten Sie nur die aktiven. getProvider() liefert eine Instanz des Typs android.location.Loca-tionProvider. Die Klasse bietet einige Auskunftsmethoden an. Beispielsweise können Sie ermitteln, ob der Provider für die Standortbestimmung einen Satelliten, einen Sendemast oder ein Netzwerk erfordert (requiresCell(), requiresNetwork() oder re-quiresSatellite()).

Hinweis

Welche Berechtigung Ihre App benötigt, hängt vom verwendeten *Location Provider* ab. *passive* und *gps* benötigen ACCESS_FINE_LOCATION. *network* gibt sich mit ACCESS_COARSE_LOCATION zufrieden. Seit Android 5 muss in der Manifestdatei zusätzlich zu den Berechtigungen konfiguriert werden, dass die App das Feature android.hard-ware.location.gps oder android.hardware.location.network (oder beide) benötigt.

Vielleicht fragen Sie sich, warum es mehrere Location Provider gibt. Antwort: Sie können den Standort eines Geräts auf unterschiedliche Weise ermitteln. Die Nutzung des *Global Positioning Systems (GPS)* liefert recht genaue Positionen, funktioniert aber nur im Freien zuverlässig und benötigt vergleichsweise viel Strom. Eine andere Möglichkeit besteht darin, Informationen von Sendemasten oder Wi-Fi-Zugangspunkten auszuwerten, was natürlich nur klappt, wenn das Tablet oder Smartphone in ein Netz eingebucht ist. Jede Variante hat also spezifische Vor- und Nachteile. Android bietet deshalb mit getBestProvider() die Möglichkeit, anhand von bestimmten Kriterien den am besten geeigneten Location Provider zu suchen.

Mein Beispiel ermittelt den Namen eines Providers, der die Position nach Möglichkeit nur grob auflöst und mit einem niedrigen Energieverbrauch auskommt. Hierzu wird ein Objekt des Typs android.location.Criteria erzeugt und durch Aufrufe von setAccuracy() und setPowerRequirement() konfiguriert. Falls Android keinen Provider findet, der den Kriterien entspricht, wird der am wenigsten abweichende geliefert. Mit dem Namen können Sie wie gewohnt die LocationManager-Methode getProvider() aufrufen. Mein Beispiel tut dies nicht, weil der Name direkt an requestLocationUpdates() übergeben werden kann.

```
package com.thomaskuenneth.locationdemo1;

import android.Manifest;
import android.app.Activity;
import android.content.pm.PackageManager;
import android.location.Criteria;
import android.location.Location;
import android.location.LocationListener;
import android.location.LocationManager;
import android.location.LocationProvider;
import android.os.Bundle;
import android.widget.TextView;
import java.util.List;

public class LocationDemo1Activity extends Activity {

    private static final int REQUEST_PERMISSION_ACCESS_FINE_LOCATION
        = 123;

    private TextView tv;
    private LocationManager m;
    private LocationListener l;
    private String p;

    @Override
    public void onCreate(Bundle savedInstanceState) {
```

```java
    super.onCreate(savedInstanceState);
    setContentView(R.layout.main);
    tv = findViewById(R.id.textview);
    tv.setText("");
    // Berechtigungen prüfen
    if (checkSelfPermission(Manifest.permission.ACCESS_FINE_LOCATION)
          != PackageManager.PERMISSION_GRANTED) {
      requestPermissions(new String[]
            {Manifest.permission.ACCESS_FINE_LOCATION},
         REQUEST_PERMISSION_ACCESS_FINE_LOCATION);
    } else {
      doIt();
    }
  }


  @Override
  public void onRequestPermissionsResult(int requestCode,
                    String permissions[],
                    int[] grantResults) {
    if ((requestCode == REQUEST_PERMISSION_ACCESS_FINE_LOCATION) &&
        (grantResults.length > 0 && grantResults[0] ==
           PackageManager.PERMISSION_GRANTED)) {
      doIt();
    }
  }


  @Override
  protected void onResume() {
    super.onResume();
    if (checkSelfPermission(Manifest.permission.ACCESS_FINE_LOCATION)
         == PackageManager.PERMISSION_GRANTED) {
      m.requestLocationUpdates(p, 3000, 0, l);
    }
  }


  @Override
  protected void onPause() {
    super.onPause();
    if (checkSelfPermission(Manifest.permission.ACCESS_FINE_LOCATION)
         == PackageManager.PERMISSION_GRANTED) {
      m.removeUpdates(l);
    }
  }
```

```
private void doIt() {
  // LocationManager-Instanz ermitteln
  m = getSystemService(LocationManager.class);
  if (m == null) {
    finish();
  }
  // Liste mit Namen aller Provider ausgeben
  List<String> providers = m.getAllProviders();
  for (String name : providers) {
    boolean enabled = m.isProviderEnabled(name);
    tv.append("Name: " + name +
        " --- isProviderEnabled(): " +
        enabled + "\n");
    if (!enabled) {
      continue;
    }
    LocationProvider lp = m.getProvider(name);
    tv.append("  requiresCell(): " +
        lp.requiresCell() + "\n");
    tv.append("  requiresNetwork(): " +
        lp.requiresNetwork() + "\n");
    tv.append("  requiresSatellite(): " +
        lp.requiresSatellite() + "\n\n");
  }
  // Provider mit grober Auflösung
  // und niedrigem Energieverbrauch
  Criteria criteria = new Criteria();
  criteria.setAccuracy(Criteria.ACCURACY_COARSE);
  criteria.setPowerRequirement(Criteria.POWER_LOW);
  p = m.getBestProvider(criteria, true);
  tv.append("\nVerwende " + p + "\n");
  // LocationListener-Objekt erzeugen
  l = new LocationListener() {
    @Override
    public void onStatusChanged(String provider, int status,
                Bundle extras) {
      tv.append("onStatusChanged()\n");
    }

    @Override
    public void onProviderEnabled(String provider) {
      tv.append("onProviderEnabled()\n");
    }
```

```
    @Override
    public void onProviderDisabled(String provider) {
        tv.append("onProviderDisabled()\n");
    }

    @Override
    public void onLocationChanged(Location location) {
        tv.append("\nonLocationChanged()\n");
        if (location != null) {
            String s = "Breite: " + location.getLatitude()
                + "\nLänge: " + location.getLongitude();
            tv.append(s + "\n");
        }
    }
};
// Umwandlung von String- in double-Werte
Location locNuernberg = new Location(
    LocationManager.GPS_PROVIDER);
double latitude = Location.convert("49:27");
locNuernberg.setLatitude(latitude);
double longitude = Location.convert("11:5");
locNuernberg.setLongitude(longitude);
tv.append("\nlatitude: " + locNuernberg.getLatitude() + "\n");
tv.append("longitude: " + locNuernberg.getLongitude() + "\n");
    }
}
```

Listing 8.5 Die Klasse »LocationDemo1Activity«

Es gibt zwei Möglichkeiten, den aktuellen Standort zu ermitteln. Die Methode get-LastKnownLocation() des Location Managers liefert die letzte bekannte Position, die ein Location Provider ermittelt hat. Diese kann – muss aber nicht – dem aktuellen Aufenthaltsort entsprechen. Insofern bietet sich diese Methode vor allem an, um dem Anwender einen ersten Hinweis darauf zu geben, wo er sich befindet (oder zuletzt befunden hat). Beachten Sie aber, dass getLastKnownLocation() auch null liefern kann. Die zweite Variante besteht darin, einen LocationListener zu registrieren, der bei Positionsänderungen aufgerufen wird. Die hierfür zuständige Methode request-LocationUpdates() steht in zahlreichen Ausprägungen zur Verfügung, beispielsweise können Sie steuern, wie viel Zeit mindestens zwischen zwei Aufrufen der Callback-Methode onLocationChanged() liegen sollte.

Ortswechsel simulieren

Wenn Sie das Projekt *LocationDemo1* im Emulator ausprobieren, können Sie Positionswechsel simulieren, indem Sie eine `telnet`-Verbindung zum Emulator aufbauen und das Kommando `geo fix <Länge> <Breite>` senden. Weitaus komfortabler ist die Eingabe allerdings über die in Abbildung 8.4 gezeigten erweiterten Einstellungen des Android-Emulators möglich.

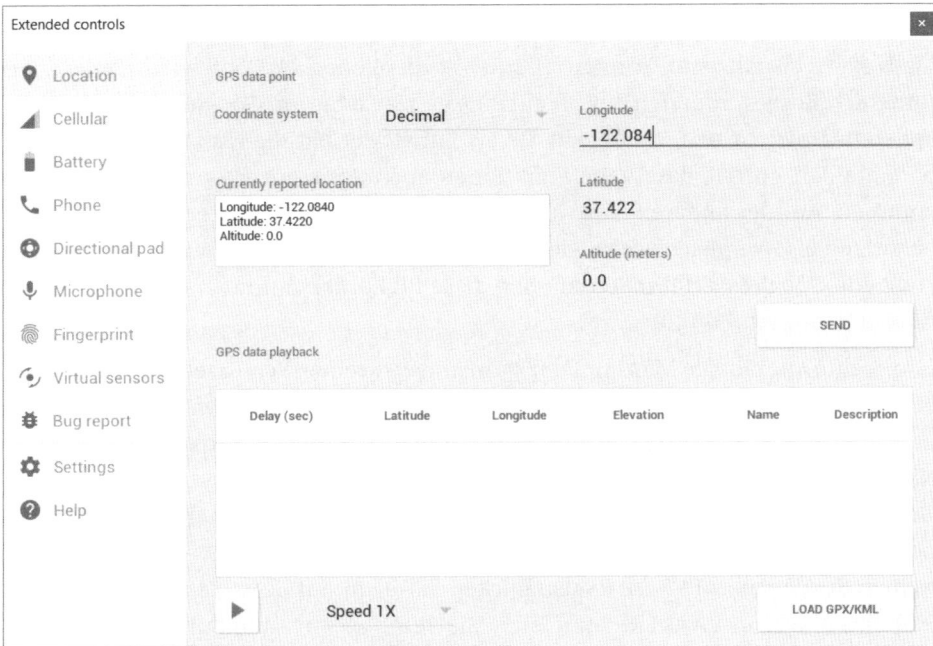

Abbildung 8.4 Standort im Emulator simulieren

Die Methoden `getLastKnownLocation()` und `onLocationChanged()` liefern Instanzen der Klasse `android.location.Location`. Sie repräsentieren geografische Positionen (angegeben durch Länge und Breite) zu einem bestimmten Zeitpunkt. Informationen über Höhe, Geschwindigkeit und Richtung können zusätzlich vorhanden sein. Die Erde wird in 360 Längen- und 180 Breitengrade unterteilt. Da Letztere vom Äquator aus gezählt werden, liegen die beiden Pole bei 90° Nord bzw. Süd. Der Nullmeridian teilt die Längengrade in westlicher und östlicher Richtung.

Innerhalb eines `Location`-Objekts werden Länge und Breite als `double` gespeichert. Die textuelle Darstellung hängt von der gewünschten Genauigkeit ab. Aus diesem Grund können Sie mit der Methode `convert()` eine Zeichenkette in eine Fließkommazahl umwandeln. Auch die andere Richtung ist möglich. Hierzu ein Beispiel: Die ungefähre geografische Position von Nürnberg ist 49° 27' Nord und 11° 5' Ost. Grad und Minuten werden durch einen Doppelpunkt getrennt und dann als Zeichenkette an `convert()` übergeben. Dies ist am Ende von Listing 8.5 zu sehen. Soll aus einem double-Wert eine Zeichenkette bestehend aus Grad, Minuten und Sekunden erzeugt werden, übergeben Sie diesen an convert(). Der zweite Parameter steuert die Formatierung des Strings. Mögliche Werte sind Location.FORMAT_DEGREES, FORMAT_MINUTES und FORMAT_SECONDS.

8.2.2 Positionen auf einer Karte anzeigen

In diesem Abschnitt zeige ich Ihnen, wie Sie den aktuellen Standort auf einer Google-Maps-Karte visualisieren können. Hierfür ist die Bibliothek *Google Play Services* erforderlich. Sie gestattet den Zugriff auf eine ganze Reihe von Google-Diensten, unter anderem *Drive*, *Fit* und *Wallet*. Für Sie als Entwickler hat die Nutzung dieser Komponente den Vorteil, dass neue Funktionen auch Besitzern älterer Geräte zugutekommen. Auf der anderen Seite sind die Google Play Services recht umfangreich, benötigen also vergleichsweise viel Speicherplatz. Unglücklicherweise ist eine Nutzung von Googles Kartenmaterial ohne diese Bibliothek nur noch mit erheblichem Aufwand möglich.

Damit eine App Google Maps nutzen kann, muss sie einen Schlüssel übermitteln. Sie erhalten ihn, indem Sie sich unter *https://console.developers.google.com/* anmelden und über die Dropdown-Liste im oberen Bereich ein neues Projekt erstellen. Als Nächstes weisen Sie dem Projekt unter APIs & DIENSTE • BIBLIOTHEK die API GOOGLE MAPS ANDROID API zu. Jetzt müssen Sie noch unter ZUGANGSDATEN einen neuen Schlüssel erstellen. Klicken Sie hierzu auf ANMELDEDATEN ERSTELLEN, und wählen Sie danach API-SCHLÜSSEL. Klicken Sie nicht auf SCHLIESSEN, sondern auf SCHLÜSSEL EINSCHRÄNKEN. Aktivieren Sie nun, wie in Abbildung 8.5 zu sehen, ANDROID-APPS.

Der Maps-API-Schlüssel ist an das Zertifikat gebunden, mit dem Sie Ihre Apps signieren. Sie müssen deshalb den SHA1-Fingerabdruck des Zertifikats sowie einen Paketnamen eintragen. Öffnen Sie dazu in Android Studio das Werkzeugfenster TERMINAL, und wechseln Sie in den Unterordner *.android* Ihres Heimatverzeichnisses. Geben Sie anschließend das folgende Kommando in einer Zeile ein. Es ermittelt den Fingerabdruck für das Debug-Zertifikat, das während der Entwicklung verwendet wird. -storepass und -keypass nennen die Passwörter für den Keystore und den Schlüssel.

```
keytool -list -alias androiddebugkey -keystore debug.keystore -storepass android
-keypass android
```

Auf der Webseite klicken Sie auf PAKETNAME UND FINGERABDRUCK HINZUFÜGEN und tragen »com.thomaskuenneth.locationdemo2« sowie die durch Doppelpunkt getrennten Hexadezimalwerte ein. Beim Paketnamen handelt es sich um den Inhalt des Attributs package im <manifest />-Element einer Manifestdatei. Klicken Sie auf SPEICHERN, um den API-Schlüssel zu generieren.

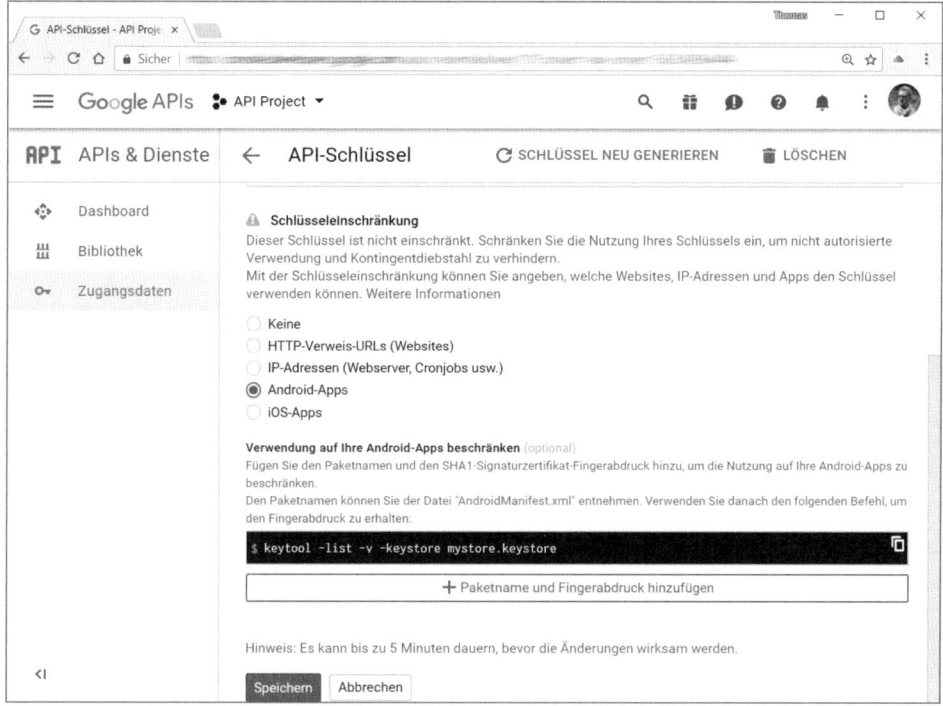

Abbildung 8.5 Die Seite »Zugangsdaten«

> **Hinweis**
>
> Um einen Schlüssel für den produktiven Einsatz zu generieren, wechseln Sie statt-
> dessen in das Verzeichnis mit dem Schlüsselbund aus Abschnitt 3.3.1, »Die App vor-
> bereiten«. Das einzugebende Kommando weicht ebenfalls leicht ab. Ersetzen Sie bei
> der Eingabe die Werte nach –alias und –keystore entsprechend Ihren Eingaben
> beim Anlegen des Schlüsselbundes:
>
> keytool -list -alias thomas -keystore Android-Keyring

Bitte legen Sie nun in Android Studio ein neues Projekt an, und nennen Sie es *Loca-
tionDemo2*. Tragen Sie »com.thomaskuenneth.locationdemo2« als PACKAGE NAME
ein, und wählen Sie auf der Auswahlseite für Activities den Eintrag GOOGLE MAPS AC-
TIVITY. Der ACTIVITY NAME sollte »LocationDemo2Activity« lauten, der Name für
die Layoutdatei »main«.

Nachdem Sie den Projektassistenten geschlossen haben, öffnen Sie bitte die Datei
google_maps_api.xml, die sich unter *values* befindet. Sie müssen allerdings auf-
passen, dass Sie die richtige Variante erwischen. Es gibt nämlich eine Version für die
Entwicklung und eine für den Release-Build. Beide sind in Abbildung 8.6 zu sehen.
Wechseln Sie im Werkzeugfenster PROJECT in die Sicht PROJECT, und navigieren Sie

zum gewünschten Knoten. Ersetzen Sie den Wert (`YOUR_KEY_HERE`) des `<string />`-Elements mit dem Namen `google_maps_key` durch Ihren API-Schlüssel. Unter *debug* tragen Sie den Schlüssel ein, den Sie mit dem Fingerabdruck aus der Datei *debug.keystore* verbunden haben. Der *release*-Zweig enthält den API-Key, der zu Ihrem eigenen Produktionszertifikat passt. Jetzt können Sie die App starten.

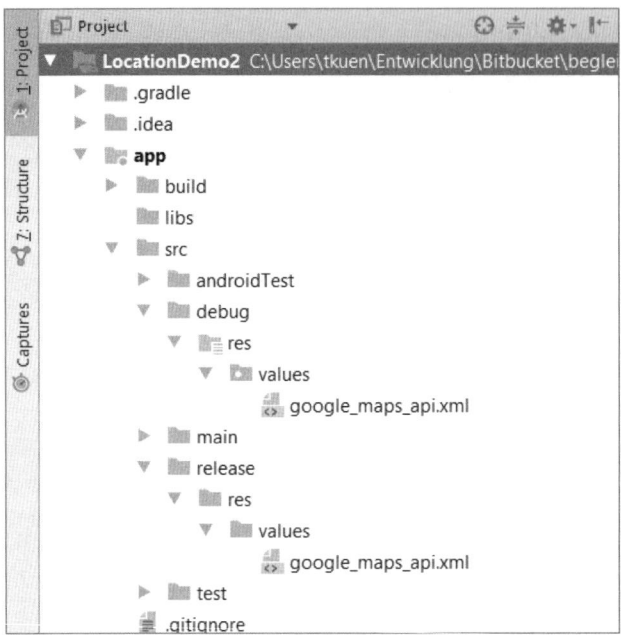

Abbildung 8.6 Zwei Varianten der Datei »google_maps_api.xml«

> **[»]** **Hinweis**
>
> Möglicherweise erscheint eine Meldung, dass das Gerät Google Play Services nicht unterstützt. In Logcat wird zudem die Meldung »Google Play Store is missing« ausgegeben. Um das Problem zu beheben, müssen Sie den Emulator mit einem System-abbild betreiben, das die Google APIs beinhaltet. Laden Sie einfach ein entsprechendes Image herunter. Nach dem Start von *LocationDemo2* erwartet Sie in seltenen Fällen eine weitere Meldung, die Sie zum Herunterladen der Google Play Services auffordert. Dieser Download ist nötig, um mithilfe der Google Play Services auf Google Maps zuzugreifen. Nach dem Download ist die App dann aber einsatzbereit.

Bevor ich Ihnen zeige, wie Sie bestimmte geografische Koordinaten »ansteuern«, werfen wir einen kurzen Blick auf die vom Projektassistenten generierte Manifestdatei. Außer der angeforderten Berechtigung `ACCESS_FINE_LOCATION` ist das `<meta-data />`-Element mit dem Attribut `android:name="com.google.android.geo.API_KEY"` interessant. Auf diesem Weg wird den *Google Play Services* der für die Kommunikation mit

Google Maps erforderliche API-Schlüssel übermittelt. Er befindet sich, wie Sie bereits wissen, in einem `<string />`-Tag mit dem Attribut `name="google_maps_key"` in der zweimal vorhandenen Datei *google_maps_api.xml*.

Abbildung 8.7 Eine Karte mit Marker in Sydney

Die vom Projektassistenten bereitgestellte Implementierung der Karten-Activity zeigt in der Nähe von Sydney eine Markierung mit dem Label *Marker in Sydney*. Dies ist in Abbildung 8.7 zu sehen. Um stattdessen den letzten bekannten Standort »anzu-steuern«, genügen ein paar Zeilen Quelltext. Erzeugen Sie einfach eine `com.google.android.gms.maps.model.LatLng`-Instanz, und übergeben Sie diese an die Methode `position()` einer Instanz von `com.google.android.gms.maps.model.MarkerOptions`. Breite und Länge erfragen Sie mit `getLatitude()` und `getLongitude()`. Die Methode `addMarker()` fügt der Karte das `MarkerOptions`-Objekt hinzu. Die Klasse `com.google.android.gms.maps.model.BitmapDescriptorFactory` ist Ihnen beim Generieren von Markie-rungssymbolen behilflich. Mit `defaultMarker()` erzeugen Sie eine Standardmarkie-rung. In meinem Beispiel ist sie blau eingefärbt.

```
private void markerDemo() throws SecurityException {
  MarkerOptions options = new MarkerOptions();
  LocationManager m = getSystemService(LocationManager.class);
  if (m == null) {
    return;
  }
  Location loc =
      m.getLastKnownLocation(LocationManager.PASSIVE_PROVIDER);
  if (loc != null) {
    LatLng pos = new LatLng(loc.getLatitude(), loc.getLongitude());
    options.position(pos);
    options.icon(BitmapDescriptorFactory.defaultMarker(
        BitmapDescriptorFactory.HUE_BLUE));
    mMap.addMarker(options);
  }
}
```

Listing 8.6 Eine blaue Markierung am letzten bekannten Standort anzeigen

Wie Sie bereits wissen, müssen Sie den Benutzer vor der Verwendung des Location-
Manager um Erlaubnis fragen. Dafür bietet es sich an, das folgende Quelltextfragment
in die Methode onMapReady() zu integrieren:

```
if (checkSelfPermission(
    Manifest.permission.ACCESS_FINE_LOCATION)
    != PackageManager.PERMISSION_GRANTED) {
  requestPermissions(new String[]{
        Manifest.permission.ACCESS_FINE_LOCATION},
      PERMISSIONS_ACCESS_FINE_LOCATION);
} else {
  markerDemo();
}
```

Listing 8.7 Anfordern einer Berechtigung

PERMISSIONS_ACCESS_FINE_LOCATION können Sie als private int-Konstante mit beliebi-
gem Wert definieren. Darüber hinaus müssen Sie die Methode onRequestPermis-
sionsResult() überschreiben. Denken Sie bitte auch daran, fehlende import-Anweisungen hinzuzufügen.

```
@Override
public void onRequestPermissionsResult(int requestCode,
                    @NonNull String permissions[],
                    @NonNull int[] grantResults) {
```

```
if ((requestCode == PERMISSIONS_ACCESS_FINE_LOCATION) &&
    (grantResults.length > 0 && grantResults[0] ==
        PackageManager.PERMISSION_GRANTED)) {
  markerDemo();
  }
}
```

Listing 8.8 Auf das Gewähren oder Verweigern von Berechtigungen reagieren

Die `BitmapDescriptorFactory`-Methode `fromResource()` nutzt Bitmap-Grafiken als Marker. Probieren Sie doch einmal die folgende Anweisung als Alternative zum Setzen des Default-Markers (`defaultMarker()`) aus. `<my_bitmap>` sollten Sie durch den Namen einer Bitmap in *drawable* ersetzen.

```
options.icon(BitmapDescriptorFactory.fromResource(
        R.drawable.<my_bitmap>));
```

Sie können Karten in weiten Grenzen konfigurieren. Der Ausdruck `mMap.getUi-Settings().setZoomControlsEnabled(true)` blendet zum Beispiel Bedienelemente ein, mit denen Sie in die Karte hinein- und aus ihr herauszoomen können. Dies ist in Abbildung 8.8 zu sehen.

Abbildung 8.8 Kartenansicht mit Kompass, Zoom-Controls und Map-Toolbar

Das von getUiSettings() gelieferte Objekt bietet einige weitere Einstellungen. set-CompassEnabled() zeigt den Kompass an oder verbirgt ihn. Bitte beachten Sie dabei, dass er nur dann dargestellt wird, wenn die Kartenansicht gedreht oder geneigt wurde. Die Methode setMapToolbarEnabled() steuert die Sichtbarkeit einer kontextabhängigen Werkzeugleiste. Mit ihr kann unter anderem der aktuelle Kartenausschnitt in der Google-Maps-App dargestellt werden. Die Toolbar erscheint üblicherweise erst nach dem Antippen eines Markersymbols.

Die Sicht auf eine Karte wird mit der *Kamera* festgelegt, die von »schräg oben« auf eine flache Ebene blickt. Dabei können folgende Parameter verändert werden:

1. *Ziel (position)*: das Zentrum der Karte in geografischer Länge und Breite

2. *Zoom*: Hiermit wird der Maßstab festgelegt. Mit steigendem Zoomfaktor werden mehr Details sichtbar. Bei einem Zoomlevel 0 entspricht die Welt in der Breite ca. 256 geräteunabhängigen Pixeln. Bei 1 sind dies in etwa 512 dp. Daraus ergibt sich die Formel 256×2^n dp.

3. *Orientierung (bearing)*: Hiermit legen Sie fest, um wie viel Grad im Uhrzeigersinn die Karte gegenüber nördlicher Richtung gedreht werden soll.

4. *Blickwinkel (tilt)*: Der Blickwinkel steuert die Kameraposition auf einem gedachten Kreisbogen direkt über dem Zentrum der Karte und der Erdoberfläche.

Kameraänderungen erfolgen unter Zuhilfenahme eines com.google.android.gms.maps.CameraUpdate-Objekts. Sie instanziieren es nicht direkt, sondern nutzen die Klasse CameraUpdateFactory im selben Paket. Beispielsweise liefern Ihnen die beiden Aufrufe CameraUpdateFactory.zoomIn() und CameraUpdateFactory.zoomOut() CameraUpdate-Instanzen, die den Zoomfaktor um 1.0 vergrößern oder verkleinern, alle anderen Parameter aber unangetastet lassen. Mit newLatLng() ändern Sie die Position der Kamera. Auch hier bleiben alle anderen Einstellungen erhalten. newCameraPosition() ändert auch Blickwinkel, Zoomlevel und Orientierung. newLatLngZoom() ist praktisch, wenn Sie neben einer neuen Position gleich den Zoomlevel setzen möchten. Um ein CameraUpdate-Objekt auf eine Karte anzuwenden, rufen Sie entweder die Methode moveCamera() oder animateCamera() der Karteninstanz auf. Erstere springt unmittelbar zu der neuen Position.

```
LatLng berlin = new LatLng(
        Location.convert("52:31:12"),
        Location.convert("13:24:36"));
CameraUpdate cu1 = CameraUpdateFactory.newLatLngZoom(berlin, 8);
mMap.moveCamera(cu1);
```

Listing 8.9 Kameraposition unmittelbar verändern

Dies wirkt für den Anwender möglicherweise sehr abrupt, deshalb ist es besser, mit `animateCamera()` eine Kamerafahrt zu initiieren:

```
LatLng nuernberg = new LatLng(
        Location.convert("49:27:20"),
        Location.convert("11:04:43"));
CameraUpdate cu3 = CameraUpdateFactory.newLatLng(nuernberg);
mMap.animateCamera(cu3, 5000, null);
```

Listing 8.10 Eine Kamerafahrt

Der zweite Parameter der Methode `animateCamera()` gibt die Dauer der Kamerafahrt in Millisekunden an. Der dritte ist die Referenz auf ein `com.google.android.gms.maps.GoogleMap.CancelableCallback`-Objekt. Die Methoden `onFinish()` und `onCancel()` werden aufgerufen, wenn die Animation erfolgreich beendet oder abgebrochen wurde. Um die Kamerafahrt vorzeitig zu beenden, rufen Sie `stopAnimation()` auf.

8.3   Bluetooth

Der Industriestandard *Bluetooth* (IEEE 802.15.1) ermöglicht die verbindungslose sowie verbindungsbehaftete Datenübertragung zwischen Geräten über kurze Distanz per Funk. Sein Name leitet sich vom dänischen König Harald Blauzahn ab. Dieser einte verfeindete Teile von Norwegen und Dänemark.

Seit geraumer Zeit unterscheidet man zwischen klassischem Bluetooth und *Bluetooth Low Energy*. Ersteres wird zum Beispiel verwendet, um kabellos Musik zu hören oder um Daten zu übertragen. In den folgenden beiden Abschnitten beschäftige ich mich mit *Bluetooth Classic*. Abschnitt 8.3.3, »Bluetooth Low Energy«, stellt Ihnen die seit Android 4.3 (API-Level 18) verfügbare stromsparende Variante vor.

Je nach Anwendungsfall können Daten zwischen Bluetooth-Geräten auf Basis von *Profilen* ausgetauscht werden. Profile steuern bestimmte Dienste. Im Schichtenmodell befinden sie sich über der Protokollschicht. Sobald eine Verbindung aufgebaut wird, wählen die beteiligten Geräte das zu verwendende Profil aus und legen damit fest, welche Funktionen sie dem Partner zur Verfügung stellen und welche Daten oder Befehle sie dazu benötigen. Beispielsweise fordert ein Headset von einem Smartphone oder Tablet einen Audiokanal an und steuert über zusätzliche Datenkanäle die Lautstärke.

8.3.1 Geräte finden und koppeln

In diesem Abschnitt zeige ich Ihnen anhand des Beispiels *BluetoothScannerDemo*, wie Sie Bluetooth-Geräte finden und koppeln. Hierfür ist kein Profil nötig. Weitere Informationen über die Verwendung von Profilen finden Sie in Googles Entwicklerdokumentation unter *https://developer.android.com/guide/topics/connectivity/bluetooth.html*.

Die Hauptklasse der App, `MainActivity`, ist in Listing 8.11 zu sehen. In `onCreate()` wird wie üblich die Benutzeroberfläche geladen und angezeigt. Außerdem registriere ich mit `registerReceiver()` einen *Broadcast Receiver*. Er wird aufgerufen, wenn Android ein noch nicht gekoppeltes Bluetooth-Gerät findet. Hierzu filtere ich mit einer IntentFilter-Instanz auf die Aktion `BluetoothDevice.ACTION_FOUND`. Wird die BroadcastReceiver-Methode `onReceive()` mit der richtigen Aktion aufgerufen, enthält das übergebene `Intent` ein Objekt des Typs `BluetoothDevice`. Es enthält unter anderem den Namen sowie die Adresse des gefundenen Geräts. In meinem Beispiel werden diese Informationen nur angezeigt.

Hinweis

Bitte denken Sie daran, einen in `onCreate()` registrierten Broadcast Receiver in `onDestroy()` mit `unregisterReceiver()` zu entfernen.

Um Bluetooth nutzen zu können (das bedeutet, Verbindungen aufbauen und Daten übertragen zu können), muss Ihre App die normale Berechtigung `android.permission.BLUETOOTH` anfordern. Für administrative Tätigkeiten wie die Suche nach Geräten in Reichweite ist zusätzlich die normale Berechtigung `android.permission.BLUETOOTH_ADMIN` erforderlich.

Darüber hinaus müssen Sie eine der beiden gefährlichen Berechtigungen `android.permission.ACCESS_COARSE_LOCATION` bzw. `android.permission.ACCESS_FINE_LOCATION` anfordern. In meinem Beispiel rufe ich in `onStart()` die Methode `checkSelfPermission()` und gegebenenfalls `requestPermissions()` auf. Die Prüfung, ob der Benutzer die Berechtigung erteilt hat, findet wie üblich in `onRequestPermissionsResult()` statt.

Zentrale Klasse bei der Nutzung von Bluetooth ist ein Objekt des Typs `BluetoothAdapter`. Sie können eine Referenz darauf mit `BluetoothAdapter.getDefaultAdapter()` ermitteln. Dies geschieht in der privaten Methode `isBluetoothEnabled()`. Dort prüfe ich mit `isEnabled()`, ob Bluetooth schon aktiviert ist. Falls nein, wird ein Intent mit der Aktion `BluetoothAdapter.ACTION_REQUEST_ENABLE` gefeuert.

```
package com.thomaskuenneth.bluetoothscannerdemo;

import android.Manifest;
import android.app.Activity;
```

```java
import android.bluetooth.BluetoothAdapter;
import android.bluetooth.BluetoothDevice;
import android.content.BroadcastReceiver;
import android.content.Context;
import android.content.Intent;
import android.content.IntentFilter;
import android.content.pm.PackageManager;
import android.os.Bundle;
import android.support.annotation.NonNull;
import android.widget.TextView;
import java.util.Set;

public class MainActivity extends Activity {

  private static final int REQUEST_ENABLE_BT = 123;
  private static final int REQUEST_ACCESS_COARSE_LOCATION = 321;

  private BluetoothAdapter adapter;
  private TextView tv;
  private boolean started;

  private final BroadcastReceiver receiver = new BroadcastReceiver() {
    public void onReceive(Context context, Intent intent) {
      String action = intent.getAction();
      if (BluetoothDevice.ACTION_FOUND.equals(action)) {
        BluetoothDevice device =
            intent.getParcelableExtra(BluetoothDevice.EXTRA_DEVICE);
        tv.append(getString(R.string.template,
            device.getName(),
            device.getAddress()));
      }
    }
  };

  @Override
  protected void onCreate(Bundle savedInstanceState) {
    super.onCreate(savedInstanceState);
    setContentView(R.layout.activity_main);
    tv = findViewById(R.id.tv);
    IntentFilter filter = new IntentFilter(BluetoothDevice.ACTION_FOUND);
    registerReceiver(receiver, filter);
  }
```

```java
@Override
protected void onDestroy() {
  super.onDestroy();
  unregisterReceiver(receiver);
}

@Override
protected void onStart() {
  super.onStart();
  adapter = null;
  started = false;
  if (checkSelfPermission(
      Manifest.permission.ACCESS_COARSE_LOCATION) !=
      PackageManager.PERMISSION_GRANTED) {
    requestPermissions(new String[]
            {Manifest.permission.ACCESS_COARSE_LOCATION},
        REQUEST_ACCESS_COARSE_LOCATION);
  } else {
    if (isBluetoothEnabled()) {
      showDevices();
    }
  }
}

@Override
protected void onPause() {
  super.onPause();
  if (started) {
    adapter.cancelDiscovery();
    started = false;
  }
}

@Override
public void onRequestPermissionsResult(int requestCode,
                    @NonNull String permissions[],
                    @NonNull int[] grantResults) {
  if ((requestCode == REQUEST_ACCESS_COARSE_LOCATION) &&
      (grantResults.length > 0 &&
          grantResults[0] == PackageManager.PERMISSION_GRANTED)) {
    if (isBluetoothEnabled()) {
      showDevices();
    }
```

```
    }
  }

  @Override
  protected void onActivityResult(int requestCode,
                                  int resultCode,
                                  Intent data) {
    super.onActivityResult(requestCode, resultCode, data);
    if ((resultCode == RESULT_OK) && (requestCode == REQUEST_ENABLE_BT)) {
      showDevices();
    }
  }

  private boolean isBluetoothEnabled() {
    boolean enabled = false;
    adapter = BluetoothAdapter.getDefaultAdapter();
    if (adapter != null) {
      enabled = adapter.isEnabled();
      if (!enabled) {
        Intent enableBtIntent =
            new Intent(BluetoothAdapter.ACTION_REQUEST_ENABLE);
        startActivityForResult(enableBtIntent, REQUEST_ENABLE_BT);
      }
    }
    return enabled;
  }

  private void showDevices() {
    StringBuilder sb = new StringBuilder();
    sb.append(getString(R.string.paired));
    Set<BluetoothDevice> devices = adapter.getBondedDevices();
    for (BluetoothDevice device : devices) {
      sb.append(getString(R.string.template,
          device.getName(),
          device.getAddress()));
    }
    sb.append("\n");
    if (started) {
      adapter.cancelDiscovery();
    }
    started = adapter.startDiscovery();
    if (started) {
      sb.append(getString(R.string.others));
```

```
    }
    tv.setText(sb.toString());
  }
}
```

Listing 8.11 Die Klasse »MainActivity«

Android fragt daraufhin beim Benutzer nach, ob Bluetooth eingeschaltet werden soll. Der Dialog ist in Abbildung 8.9 zu sehen. Um darauf reagieren zu können, habe ich onActivityResult() überschrieben. Im Erfolgsfall wird meine private Methode show-Devices() aufgerufen. Diese besteht aus zwei Bereichen. Als Erstes wird mit getBon-dedDevices() die Liste der gekoppelten Geräte ermittelt und ausgegeben. Danach starte ich mit startDiscovery() die Suche nach Geräten in Reichweite. Wurde die Suche bereits gestartet, breche ich sie mit cancelDiscovery() vorher ab. Der Grund hierfür ist, dass vorher das Textfeld der App geleert wurde. Bereits gefundene Geräte würden deshalb nicht mehr angezeigt.

Abbildung 8.9 Rückfrage, ob Bluetooth aktiviert werden soll

Die Suche nach Geräten in Reichweite hat signifikante Auswirkungen auf bestehende Verbindungen. Sie sollten sie deshalb so schnell wie möglich wieder beenden – mindestens aber vor einem Verbindungsaufbau.

8.3.2 Daten senden und empfangen

Geräte suchen und anzeigen zu können ist sicher interessant, aber das eigentliche Ziel ist ja, Daten zu senden oder zu empfangen. Wie das funktioniert, zeige ich Ihnen nun anhand einer simplen Chat-App. Die eingegebenen Texte werden mittels *RFCOMM*[1] (Radio Frequency Communication) übertragen. Damit *BluetoothChat-Demo* nicht zu unübersichtlich wird, habe ich auf die dynamische Auswahl des entfernten Geräts verzichtet. Um sie auszuprobieren, tragen Sie bitte die Namen Ihrer beiden Geräte in die Variablen GERAET_1 und GERAET_2 der Klasse MainActivity ein. Auf welchem Gerät Sie die App zuerst starten, ist egal. Bitte beachten Sie, dass die Geräte schon miteinander gekoppelt sein müssen. Leider können Sie für Ihre Tests nicht den Android Emulator von Google verwenden, weil dieser derzeit kein Bluetooth unterstützt.

Eine Verbindung aufbauen

RFCOMM-Verbindungen benötigen einen Client und einen Server. Welches Gerät dabei die Rolle des Servers übernimmt, kann sich entweder zufällig ergeben oder durch die Art des Datenaustauschs vorgegeben sein. In meinem Beispiel ist die früher gestartete App der Server. Die eigentliche Datenübertragung geschieht mittels BluetoothSocket-Objekten. Sowohl Server als auch Client ermitteln Instanzen dieser Klasse, allerdings auf unterschiedliche Weise.

Sehen wir uns als Erstes an, wie dies ein Server tut. Die Klasse ServerSocketThread ist in Listing 8.12 zu sehen. Die BluetoothAdapter-Methode listenUsingRfcommWithServiceRecord() liefert ein Objekt des Typs BluetoothServerSocket. Dessen Methode accept() blockiert den aufrufenden Thread, bis ein BluetoothSocket zur Verfügung steht (dann können und sollten Sie das BluetoothServerSocket mit close() schließen) oder eine Ausnahme geworfen wird. Die Methode cancel() wird von anderen Programmteilen aufgerufen, wenn die durch diese Klasse zur Verfügung gestellte BluetoothSocket nicht mehr benötigt wird. Sie gibt Ressourcen frei.

```
package com.thomaskuenneth.bluetoothchatdemo;

import android.bluetooth.BluetoothAdapter;
import android.bluetooth.BluetoothServerSocket;
import android.bluetooth.BluetoothSocket;
```

---

1 *https://de.wikipedia.org/wiki/RFCOMM*

```
import android.util.Log;
import java.io.IOException;
import java.util.UUID;

class ServerSocketThread extends SocketThread {

    private static final String TAG
        = ServerSocketThread.class.getSimpleName();

    private BluetoothServerSocket serverSocket;
    private BluetoothSocket socket;

    ServerSocketThread(BluetoothAdapter adapter, String name, UUID uuid) {
        socket = null;
        setName(TAG);
        try {
            serverSocket = adapter.listenUsingRfcommWithServiceRecord(name,
                    uuid);
        } catch (IOException e) {
            Log.e(TAG, "listenUsingRfcommWithServiceRecord() failed", e);
        }
    }

    @Override
    public void run() {
        boolean keepRunning = true;
        while (keepRunning) {
            try {
                socket = serverSocket.accept();
                if (socket != null) {
                    closeServerSocket();
                    keepRunning = false;
                }
            } catch (IOException e) {
                Log.e(TAG, "accept() failed", e);
                keepRunning = false;
            }
        }
    }

    @Override
    public BluetoothSocket getSocket() {
        return socket;
```

```
    }

    @Override
    public void cancel() {
        closeServerSocket();
        if (socket != null) {
            try {
                socket.close();
            } catch (IOException e) {
                Log.e(TAG, "close() failed", e);
            } finally {
                socket = null;
            }
        }
    }

    private void closeServerSocket() {
        if (serverSocket != null) {
            try {
                serverSocket.close();
            } catch (IOException e) {
                Log.e(TAG, "close() failed", e);
            } finally {
                serverSocket = null;
            }
        }
    }
}
```

Listing 8.12 Die Klasse »ServerSocketThread«

Der Code zum Ermitteln einer BluetoothSocket-Instanz für Clients ist etwas kürzer.
Hierzu wird die BluetoothDevice-Methode createRfcommSocketToServiceRecord() aufgerufen. Ist dies erfolgreich, können Sie mit connect() die Verbindung herstellen. Die
Methode cancel() wird von anderen Programmteilen aufgerufen, wenn die durch
diese Klasse zur Verfügung gestellte BluetoothSocket nicht mehr benötigt wird. Sie
gibt Ressourcen frei.

```
package com.thomaskuenneth.bluetoothchatdemo;

import android.bluetooth.BluetoothDevice;
import android.bluetooth.BluetoothSocket;
import android.util.Log;
import java.io.IOException;
```

```java
import java.util.UUID;

class ClientSocketThread extends SocketThread {

  private static final String TAG = ClientSocketThread.class.getSimpleName();

  private BluetoothSocket socket;

  ClientSocketThread(BluetoothDevice device, UUID uuid) {
    socket = null;
    setName(TAG);
    try {
      socket = device.createRfcommSocketToServiceRecord(uuid);
    } catch (IOException e) {
      Log.e(TAG, "createRfcommSocketToServiceRecord() failed", e);
    }
  }

  @Override
  public void run() {
    try {
      socket.connect();
    } catch (IOException connectException) {
      cancel();
    }
  }

  @Override
  public BluetoothSocket getSocket() {
    return socket;
  }

  @Override
  public void cancel() {
    if (socket != null) {
      try {
        socket.close();
      } catch (IOException e) {
        Log.e(TAG, "Could not close client socket", e);
      } finally {
        socket = null;
      }
```

```
    }
  }
}
```

Listing 8.13 Die Klasse »ClientSocketThread«

Ist Ihnen aufgefallen, dass meine beiden Klassen `ClientSocketThread` und `ServerSocketThread` ein Objekt des Typs `java.util.UUID` erhalten? Damit wird der von einer App zur Verfügung gestellte Bluetooth-Dienst eindeutig identifiziert. Sehen wir uns nun die Hauptklasse der Chat-App genauer an. Wie üblich wird in `onCreate()` die Benutzeroberfläche geladen und angezeigt. In `onStart()` prüfe ich, ob die gefährliche Berechtigung `ACCESS_COARSE_LOCATION` bereits erteilt wurde. Falls nicht, fordere ich sie an. Die private Methode `isBluetoothEnabled()` kennen Sie in abgewandelter Form schon aus dem vorherigen Abschnitt. Sie prüft, ob Bluetooth vorhanden und eingeschaltet ist. Allerdings fehlt der Code zum Aktivieren. Sie müssen diesen gegebenenfalls von Hand ergänzen.

Spannend wird es in der ebenfalls privaten Methode `connect()`. Sie ermittelt anhand ihrer Namen das lokale und entfernte Gerät. Anschließend werden vier Threads gestartet. Die ersten beiden sind kurzlebig. Sowohl `ServerSocketThread` als auch `ClientSocketThread` versuchen, wie Sie bereits wissen, eine `BluetoothSocket`-Instanz zu ermitteln. Je nachdem, ob die App auf dem lokalen oder dem entfernten Gerät zuerst gestartet wurde, ist der erste oder zweite Thread erfolgreich. Die Threads, die den Variablen `serverThread` und `clientThread` zugewiesen werden, sind langlebiger. Über sie wird der eigentliche Chat abgewickelt. Um zu verstehen, was dort passiert, sehen wir uns die Methode `createAndStartThread()` genauer an.

Ihr wird ein noch nicht laufender Thread übergeben, der eine `BluetoothSocket`-Instanz ermittelt. Die ist ja für Client und Server unterschiedlich. Nach Start des Threads mit `start()` warte ich mit `join()`, bis er beendet wurde. Jetzt kann ich die Methode `getSocket()` aufrufen. Dieser ganze Aufwand ist nötig, weil nicht absehbar ist, ob die App als Bluetooth-Client oder -Server fungieren soll. Ein `join()` kehrt zurück, das andere wartet.

```
package com.thomaskuenneth.bluetoothchatdemo;

import android.Manifest;
import android.app.Activity;
import android.bluetooth.BluetoothAdapter;
import android.bluetooth.BluetoothDevice;
import android.bluetooth.BluetoothSocket;
import android.content.pm.PackageManager;
import android.os.Bundle;
import android.support.annotation.NonNull;
```

```
import android.util.Log;
import android.widget.EditText;
import android.widget.TextView;
import android.widget.Toast;
import java.io.IOException;
import java.io.InputStream;
import java.io.OutputStream;
import java.util.Set;
import java.util.UUID;

public class MainActivity extends Activity {

  private static final String TAG = MainActivity.class.getSimpleName();
  private static final int REQUEST_ACCESS_COARSE_LOCATION
      = 321;
  private static final String GERAET_1 = "Pixel 2";
  private static final String GERAET_2 = "Nexus 5X";
  private static final UUID MY_UUID
      = UUID.fromString("dc4f9aa6-ce43-4709-bd2e-7845a3e705f1");

  private EditText input;
  private TextView output;
  private BluetoothAdapter adapter;
  private Thread serverThread;
  private Thread clientThread;

  @Override
  protected void onCreate(Bundle savedInstanceState) {
    super.onCreate(savedInstanceState);
    setContentView(R.layout.activity_main);
    input = findViewById(R.id.input);
    input.setEnabled(false);    output = findViewById(R.id.output);
  }

  @Override
  protected void onStart() {
    super.onStart();
    adapter = null;
    if (checkSelfPermission(
        Manifest.permission.ACCESS_COARSE_LOCATION) !=
        PackageManager.PERMISSION_GRANTED) {
      requestPermissions(new String[]
            {Manifest.permission.ACCESS_COARSE_LOCATION},
```

```
         REQUEST_ACCESS_COARSE_LOCATION);
  } else {
    startOrFinish();
  }
}

@Override
protected void onPause() {
  super.onPause();
  if (serverThread != null) {
    serverThread.interrupt();
    serverThread = null;
  }
  if (clientThread != null) {
    clientThread.interrupt();
    clientThread = null;
  }
}

@Override
public void onRequestPermissionsResult(int requestCode,
                   @NonNull String permissions[],
                   @NonNull int[] grantResults) {
  if ((requestCode == REQUEST_ACCESS_COARSE_LOCATION) &&
      (grantResults.length > 0 &&
         grantResults[0] == PackageManager.PERMISSION_GRANTED)) {
    startOrFinish();
  }
}

private void startOrFinish() {
  if (isBluetoothEnabled()) {
    connect();
  } else {
    finish();
  }
}

private boolean isBluetoothEnabled() {
  boolean enabled = false;
  adapter = BluetoothAdapter.getDefaultAdapter();
  if (adapter != null) {
    enabled = adapter.isEnabled();
```

```
      if (!enabled) {
        Toast.makeText(this, R.string.enable_bluetooth, Toast.LENGTH LONG)
            .show();
      }
    }
    return enabled;
  }

  private void connect() {
    String myName = adapter.getName();
    String otherName = GERAET_1.equals(myName) ? GERAET_2 : GERAET_1;
    BluetoothDevice remoteDevice = null;
    Set<BluetoothDevice> devices = adapter.getBondedDevices();
    for (BluetoothDevice device : devices) {
      if (otherName.equals(device.getName())) {
        remoteDevice = device;
      }
    }
    if (remoteDevice != null) {
      SocketThread serverSocketThread
          = new ServerSocketThread(adapter, TAG, MY_UUID);
      serverThread = createAndStartThread(serverSocketThread);
      SocketThread clientSocketThread
          = new ClientSocketThread(remoteDevice, MY_UUID);
      clientThread = createAndStartThread(clientSocketThread);
      input.setEnabled(true);
    }
  }

  private Thread createAndStartThread(SocketThread t) {
    Thread workerThread = new Thread() {
      boolean keepRunning = true;

      @Override
      public void run() {
        try {
          t.start();
          Log.d(TAG, "joining " + t.getName());
          t.join();
          BluetoothSocket socket = t.getSocket();
          if (socket != null) {
```

```
        Log.d(TAG, String.format("connection type %d for %s",
                socket.getConnectionType(), t.getName()));
        OutputStream _os = null;
        try {
          _os = socket.getOutputStream();
        } catch (IOException e) {
          Log.e(TAG, null, e);
        }
        final OutputStream os = _os;
        input.setOnEditorActionListener((view, actionId, event) -> {
          send(os, input.getText().toString() + "\n");
          runOnUiThread(() -> input.setText(""));
          return true;
        });
        InputStream is = socket.getInputStream();
        while (keepRunning) {
          String txt = receive(is);
          if (txt != null) {
            runOnUiThread(() -> output.append(txt));
          }
        }
      }
    } catch (InterruptedException | IOException e) {
      Log.e(TAG, null, e);
      keepRunning = false;
    } finally {
      Log.d(TAG, "calling cancel() of " + t.getName());
      t.cancel();
    }
  }
};
workerThread.start();
return workerThread;
}

private void send(OutputStream os, String text) {
  try {
    os.write(text.getBytes());
  } catch (IOException e) {
    Log.e(TAG, "error while sending", e);
  }
}
}
```

```
private String receive(InputStream in) {
  try {
    int num = in.available();
    if (num > 0) {
      byte[] buffer = new byte[num];
      int read = in.read(buffer);
      if (read != -1) {
        return new String(buffer, 0, read);
      }
    }
  } catch (IOException e) {
    Log.e(TAG, "receive()", e);
  }
  return null;
}
}
```

Listing 8.14 Die Hauptklasse der Chat-App

BluetoothSocket-Instanzen stellen die Methoden getOutputStream() und getInput-Stream() zur Verfügung. Sie werden verwendet, um Daten zu schreiben oder zu lesen. Wie das funktioniert, ist in den kurzen privaten Methoden send() und receive() zu sehen. Letztlich reduziert sich die Aufgabe darauf, Strings und byte-Felder umzuwandeln. Bitte denken Sie daran, in Ihrer App die Methode runOnUiThread() aufzurufen, wenn Sie in einem eigenen Thread auf Bedienelemente zugreifen möchten. Wenn MainActivity verlassen wird, müssen alle laufenden Threads durch den Aufruf von interrupt() gestoppt werden. Hierzu habe ich onPause() überschrieben. Meine Threads fangen jede InterruptedException, sorgen für das Beenden der run()-Methode und erledigen Aufräumarbeiten.

> **［»］** **Hinweis**
>
> Um den Programmcode kurz zu halten, habe ich weitgehend auf eine Fehlerbehandlung verzichtet. Beispielsweise funktioniert das Chatten nicht mehr, wenn Sie eines der beiden Geräte drehen. Um das Problem zu beheben, könnten Sie in regelmäßigen Abständen einen kurzen Text senden. Den müsste die App beim Eintreffen ignorieren. Schlägt der Sendevorgang fehl, wissen Sie, dass keine Verbindung mehr besteht. Sie könnten diese dann erneut initiieren.

Damit möchte ich meinen Rundgang durch klassisches Bluetooth beenden. Im folgenden Abschnitt sehen wir uns das sehr stromsparende Bluetooth Low Energy an.

8.3.3 Bluetooth Low Energy

Bluetooth Low Energy (*BLE*) ist seit Android 4.3 (API-Level 18) in die Plattform integriert. Der Stromverbrauch ist im Vergleich zu klassischem Bluetooth deutlich geringer. Deshalb wird die Technologie gern im Internet der Dinge (Internet of Things, IoT) eingesetzt. Anwendungsfälle sind beispielsweise die Übertragung kleiner Datenmengen sowie die Interaktion mit Näherungssensoren wie *Google Beacons*[2] und *iBeacons*[3]. Wie Sie auf BLE-Geräte zugreifen, demonstriere ich Ihnen anhand meines Beispiels *BLEScannerDemo*.

Die App ist in Abbildung 8.10 zu sehen. Sie sucht nach Geräten in Reichweite und zeigt deren Adressen als Liste an. Tippen Sie einen Eintrag an, um technische Informationen zu dem Gerät anzuzeigen.

Abbildung 8.10 Die App »BLEScannerDemo«

---

2 *https://developers.google.com/beacons/*
3 *https://developer.apple.com/ibeacon/*

Auch für die Nutzung von Bluetooth LE brauchen Sie mindestens die Berechtigungen android.permission.BLUETOOTH und android.permission.ACCESS COARSE_LOCATION. Um Geräte zu finden, ist zusätzlich android.permission.BLUETOOTH_ADMIN erforderlich. Ferner sollten Sie im Manifest Ihrer App mit

```
<uses-feature android:name="android.hardware.bluetooth_le"
              android:required="true"/>
```

sicherstellen, dass Bluetooth vorhanden ist. Lassen Sie uns nun einen Blick auf die Hauptklasse BLEScannerActivity werfen. Sie ist in Listing 8.15 zu sehen. Ihr grundsätzlicher Aufbau ähnelt den vorangehenden Beispielen. Zuerst wird geprüft, ob der Benutzer die Berechtigung ACCESS_COARSE_LOCATION erteilt hat. Ist dies der Fall, wird in isBluetoothEnabled() die Referenz auf ein Objekt des Typs BluetoothAdapter ermittelt. Allerdings verwende ich diesmal die Methode getAdapter() der Klasse BluetoothManager. Ein entsprechendes Objekt wird mit getSystemService(Bluetooth-Manager.class) ermittelt. Welche Variante Sie wählen, hängt davon ab, ob Sie weitere Methoden von BluetoothManager aufrufen wollen.

In der privaten Methode scan() wird die Suche nach Geräten gestartet bzw. beendet. Hierfür wird ein Objekt des Typs BluetoothLeScanner verwendet. Werden Geräte gefunden, ruft Android die Methoden onScanResult() oder onBatchScanResults() der Klasse ScanCallback auf. Meine Implementierungen verzweigen in die private Methode updateData(). Sie erweitert die Geräteliste um einen Eintrag, sofern das Gerät nicht schon vorher hinzugefügt wurde. Tippen Sie ein Listenelement an, werden in der unteren Bildschirmhälfte technische Informationen angezeigt. Dies geschieht in der Methode info().

```
package com.thomaskuenneth.blescannerdemo;

import android.Manifest;
import android.app.Activity;
import android.bluetooth.BluetoothAdapter;
import android.bluetooth.BluetoothDevice;
import android.bluetooth.BluetoothGatt;
import android.bluetooth.BluetoothGattCallback;
import android.bluetooth.BluetoothGattService;
import android.bluetooth.BluetoothManager;
import android.bluetooth.le.BluetoothLeScanner;
import android.bluetooth.le.ScanCallback;
import android.bluetooth.le.ScanResult;
import android.content.pm.PackageManager;
import android.os.Bundle;
import android.support.annotation.NonNull;
import android.util.Log;
```

```
import android.widget.ArrayAdapter;
import android.widget.ListView;
import android.widget.TextView;
import android.widget.Toast;
import java.util.HashMap;
import java.util.List;
import java.util.Map;

public class BLEScannerActivity extends Activity {

  private static final String TAG
      = BLEScannerActivity.class.getSimpleName();
  private static final int REQUEST_ACCESS_COARSE_LOCATION
      = 321;

  private final ScanCallback scanCallback = new ScanCallback() {

    @Override
    public void onScanFailed(int errorCode) {
      Toast.makeText(BLEScannerActivity.this,
          getString(R.string.error, errorCode), Toast.LENGTH_LONG).show();
    }

    @Override
    public void onScanResult(int callbackType, ScanResult result) {
      updateData(result);
    }

    @Override
    public void onBatchScanResults(List<ScanResult> results) {
      for (ScanResult result : results) {
        updateData(result);
      }
    }
  };

  private final BluetoothGattCallback gattCallback
                = new BluetoothGattCallback() {

    @Override
    public void onServicesDiscovered(BluetoothGatt gatt, int status) {
      if (status == BluetoothGatt.GATT_SUCCESS) {
        logGattServices(gatt);
```

```
    } else {
      Log.d(TAG, "onServicesDiscovered: " + status);
    }
    gatt.close();
  }

  @Override
  public void onConnectionStateChange(BluetoothGatt gatt,
                               int status, int newState) {
    Log.d(TAG, "Status der Verbindung: " + newState);
  }
};

private ArrayAdapter<String> listAdapter;
private Map<String, ScanResult> scanResults;
private TextView tv;
private BluetoothAdapter adapter;

@Override
protected void onCreate(Bundle savedInstanceState) {
  super.onCreate(savedInstanceState);
  setContentView(R.layout.main);
  listAdapter = new ArrayAdapter<>(this,
      android.R.layout.simple_list_item_1);
  scanResults = new HashMap<>();
  final ListView lv = findViewById(R.id.lv);
  lv.setAdapter(listAdapter);
  lv.setOnItemClickListener((adapterView, view, pos, id) -> {
    String address = listAdapter.getItem(pos);
    ScanResult result = scanResults.get(address);
    info(result);
  });
  tv = findViewById(R.id.tv);
}

@Override
protected void onStart() {
  super.onStart();
  adapter = null;
  listAdapter.clear();
  scanResults.clear();
  tv.setText("");
```

```
  if (checkSelfPermission(
      Manifest.permission.ACCESS_COARSE_LOCATION) !=
      PackageManager.PERMISSION_GRANTED) {
    requestPermissions(new String[]
            {Manifest.permission.ACCESS_COARSE_LOCATION},
        REQUEST_ACCESS_COARSE_LOCATION);
  } else {
    startOrFinish();
  }
}

@Override
protected void onPause() {
  super.onPause();
  if (adapter != null) {
    scan(false);
  }
}

@Override
public void onRequestPermissionsResult(int requestCode,
                @NonNull String permissions[],
                @NonNull int[] grantResults) {
  if ((requestCode == REQUEST_ACCESS_COARSE_LOCATION) &&
      (grantResults.length > 0 &&
          grantResults[0] == PackageManager.PERMISSION_GRANTED)) {
    startOrFinish();
  } else {
    finish();
  }
}

private void startOrFinish() {
  if (isBluetoothEnabled()) {
    scan(true);
  } else {
    finish();
  }
}

private boolean isBluetoothEnabled() {
  boolean enabled = false;
  final BluetoothManager m = getSystemService(BluetoothManager.class);
```

```java
    if (m != null) {
      adapter = m.getAdapter();
      if (adapter != null) {
        enabled = adapter.isEnabled();
        if (!enabled) {
          Toast.makeText(this, R.string.enable_bluetooth, Toast.LENGTH_LONG)
              .show();
        }
      }
    }
    return enabled;
  }

  private void scan(boolean enable) {
    BluetoothLeScanner scanner = adapter.getBluetoothLeScanner();
    if (enable) {
      scanner.startScan(scanCallback);
    } else {
      scanner.stopScan(scanCallback);
    }
  }

  private void updateData(ScanResult result) {
    String address = result.getDevice().getAddress();
    if (!scanResults.containsKey(address)) {
      listAdapter.add(address);
      listAdapter.notifyDataSetChanged();
    }
    scanResults.put(address, result);
  }

  private void info(ScanResult result) {
    tv.setText(result.toString());
    BluetoothDevice device = result.getDevice();
    BluetoothGatt gatt = device.connectGatt(this,
        true, gattCallback);
    boolean started = gatt.discoverServices();
    Log.d(TAG, "discoverServices(): " + started);
  }

  private void logGattServices(BluetoothGatt gatt) {
    List<BluetoothGattService> services = gatt.getServices();
```

```
  for (BluetoothGattService service : services) {
    Log.d(TAG, "Service " + service.getUuid().toString());
  }
}
}
```

Listing 8.15 Die Klasse »BLEScannerActivity«

Auch BLE-Geräte basieren auf Profilen. Ein Profil beschreibt, wie ein Gerät in einem bestimmten Anwendungsfall arbeitet. Bei der Messung der Herzfrequenz werden andere Daten übertragen als beim Ermitteln des Akkustandes. Daraus ergibt sich, dass Geräte mehrere Profile implementieren können. Das *Generic Attribute Profile* (GATT) ist eine allgemeine Spezifikation, um kleine Datenmengen zu senden und zu empfangen. Diese werden *Attribute* genannt. GATT bildet die Basis für die meisten aktuellen BLE-Profile. Attribute werden mit dem *Attribute Protocol* (ATT) übertragen. Sie gibt es in verschiedenen Ausprägungen, beispielsweise *Charakteristiken* und *Services*. Ein Service fasst Charakteristiken zusammen. Beispielsweise gehört zum Service Herzfrequenzmonitor die Charakteristik Herzfrequenzmessung.

Um nach Diensten zu suchen, rufen Sie die BluetoothDevice-Methode connectGatt() mit einem Objekt des Typs BluetoothGattCallback auf. Meine Implementierung überschreibt zum Beispiel die Methode onServicesDiscovered(). Wurden Dienste gefunden (status == BluetoothGatt.GATT_SUCCESS), verzweige ich nach logGattSer-vices(). Nach der Verwendung muss die BluetoothGatt-Instanz mit close() geschlossen werden.

Welche Services und Charakteristiken ein BLE-Gerät zur Verfügung stellt, sollte dessen Dokumentation zu entnehmen sein. Dort ist dann hoffentlich auch beschrieben, welche Werte Sie mit Ihrer App setzen und abfragen können.

8.4   Zusammenfassung

Wie Sie gesehen haben, ist Google Maps eine faszinierende Spielwiese. Karten lassen sich hervorragend mit den Standortfunktionen von Android kombinieren. Auch die beeindruckende Sensorenphalanx wartet nur darauf, auf kreative Weise integriert zu werden. Wie wäre es, den dargestellten Ort durch bestimmte Bewegungen des Geräts zu verändern? Ich bin sehr gespannt, zu welchen innovativen Anwendungen Sie die vorhandenen Bausteine kombinieren. Auch die Kommunikation mit Bluetooth bzw. Bluetooth Low Energy ist ein spannendes Betätigungsfeld. Sicher fallen Ihnen viele aufregende Ideen ein, wie Sie vom Internet der Dinge in Ihren Apps profitieren können.

TEIL IV

Dateien und Datenbanken

Kapitel 9
Dateien lesen, schreiben und drucken

*Das Lesen und Schreiben von Dateien gehört seit jeher zu den Grund-
funktionen vieler Apps. Wie dies unter Android funktioniert, zeige ich
Ihnen in diesem Kapitel. Außerdem erfahren Sie, wie einfach Sie die
Inhalte Ihrer Anwendung zu Papier bringen können.*

Um Informationen längerfristig zu speichern, können Sie entweder Datenbanken oder klassische Dateien verwenden. Welche Variante Sie wählen, hängt von zahlreichen Faktoren ab. Termine und Kontakte sind sehr strukturierte Daten, d. h., jeder »Datensatz« hat denselben Aufbau. Deshalb lassen sich solche Informationen sehr gut in relationalen Datenbanken ablegen. Musikstücke oder Videoclips hingegen haben eine weniger offensichtliche Struktur. Sie fühlen sich in herkömmlichen Dateien wohler. Auch die Frage der Weitergabe spielt eine wichtige Rolle. Noch immer haben zahlreiche Android-Geräte einen Steckplatz für Speicherkarten. Informationen, die auf einem solchen Medium abgelegt wurden, lassen sich sehr leicht transportieren und in einem anderen Smartphone oder Tablet weiterverwenden, sofern der Benutzer das Medium nicht verschlüsselt hat. Haben Sie beispielsweise mit der eingebauten Kamera einen tollen Schnappschuss gemacht, können Sie einfach die Speicherkarte entnehmen und vom Fotolabor einen Abzug anfertigen lassen.

9.1 Grundlegende Dateioperationen

Android erbt die Datei- und Verzeichnisoperationen von Java. Das Lesen und Schreiben von Dateien basiert also in weiten Teilen auf den Klassen und Interfaces des Pakets java.io. Wie Sie diese einsetzen, möchte ich Ihnen anhand der Beispiel-App *FileDemo1* demonstrieren. Sie sehen sie in Abbildung 9.1. Das Programm besteht aus einem Eingabefeld sowie aus den drei Schaltflächen LADEN, SPEICHERN und LEEREN. Mit ihnen wird der eingegebene Text gespeichert, geladen bzw. gelöscht.

9.1.1 Dateien lesen und schreiben

Die für die beiden Schaltflächen LADEN und SPEICHERN registrierten OnClickListener rufen in ihren Implementierungen von onClick() – was durch die Verwendung von Lambda-Ausdrücken nicht offensichtlich ist – die privaten Methoden `load()` bzw. `save()` auf. Letztere erhält als einzigen Parameter die zu speichernde Zeichenkette. Der Dateiname ist in der Konstanten `FILENAME` abgelegt.

Abbildung 9.1 Die App »FileDemo1«

Unter Java werden Daten in Ströme (Streams) geschrieben oder aus ihnen gelesen. Android stellt die beiden Methoden `openFileOutput()` und `openFileInput()` zur Verfügung, um Ströme für das Schreiben oder Lesen von Dateien zu öffnen. `openFileOutput()` benötigt zwei Parameter. Neben dem Namen der zu schreibenden Datei geben Sie an, ob nur die eigene App auf sie zugreifen darf oder ob auch Dritte lesen und schreiben dürfen. Mögliche Werte sind `MODE_PRIVATE` (nur die eigene App sowie Apps mit derselben User-ID erhalten Zugriff), `MODE_WORLD_READABLE` und `MODE_WORLD_WRITEABLE` (jeder darf lesend bzw. schreibend zugreifen). Die beiden letztgenannten Konstanten gelten schon lange (seit API-Level 17) als veraltet und sollen nicht mehr verwendet werden. Google gibt als Grund an, dass es ein potenzielles Sicherheitsrisiko darstellt, wenn beliebige Apps auf eine Datei oder auf ein Verzeichnis zugreifen.

```
package com.thomaskuenneth.filedemo1;

import android.app.Activity;
```

```
import android.os.Bundle;
import android.util.Log;
import android.widget.Button;
import android.widget.EditText;
import java.io.BufferedReader;
import java.io.File;
import java.io.FileInputStream;
import java.io.FileOutputStream;
import java.io.IOException;
import java.io.InputStreamReader;
import java.io.OutputStreamWriter;

public class FileDemo1Activity extends Activity {

  private static final String TAG =
      FileDemo1Activity.class.getSimpleName();
  private static final String FILENAME = TAG + ".txt";

  @Override
  public void onCreate(Bundle savedInstanceState) {
    super.onCreate(savedInstanceState);
    setContentView(R.layout.main);
    // das Eingabefeld
    final EditText edit = findViewById(R.id.edit);
    // Leeren
    final Button bClear = findViewById(R.id.clear);
    bClear.setOnClickListener((e) -> edit.setText(""));
    // Laden
    final Button bLoad = findViewById(R.id.load);
    bLoad.setOnClickListener((e) -> edit.setText(load()));
    // Speichern
    final Button bSave = findViewById(R.id.save);
    bSave.setOnClickListener((e) -> save(edit.getText().toString()));
    // Ablageort der Dateien ermitteln und ausgeben
    File f = getFilesDir();
    Log.d(TAG, "getFilesDir(): " + f.getAbsolutePath());
  }

  private String load() {
    StringBuilder sb = new StringBuilder();
    try (FileInputStream fis = openFileInput(FILENAME);
      InputStreamReader isr = new InputStreamReader(fis);
      BufferedReader br = new BufferedReader(isr)) {
```

```
    String s;
    // Datei zeilenweise lesen
    while ((s = br.readLine()) != null) {
      // ggf. Zeilenumbruch hinzufügen
      if (sb.length() > 0) {
        sb.append('\n');
      }
      sb.append(s);
    }
  } catch (IOException t) {
    Log.e(TAG, "load()", t);
  }
  return sb.toString();
}

private void save(String s) {
  try (FileOutputStream fos = openFileOutput(FILENAME,
      MODE_PRIVATE);
    OutputStreamWriter osw = new OutputStreamWriter(fos)) {
    osw.write(s);
  } catch (IOException t) {
    Log.e(TAG, "save()", t);
  }
}
}
```

Listing 9.1 Die Klasse »FileDemo1Activity«

Existiert die zu schreibende Datei noch nicht, dann wird sie angelegt. Ist sie bereits vorhanden, geht der alte Inhalt verloren, sofern Sie nicht den Modus MODE_APPEND wählen. In diesem Fall »wächst« die Datei. openFileOutput() liefert eine Instanz der Klasse java.io.FileOutputStream. Diese bietet einige write()-Methoden an, die allerdings auf Bytes operieren. Java setzt bei Zeichenketten auf Unicode; einzelne Zeichen werden in jeweils einem char abgelegt. Eine Umwandlung in Bytes ist mit der Methode getBytes() der Klasse String zwar prinzipiell möglich, allerdings kann es bei einer späteren Rückumwandlung Probleme geben, wenn der gespeicherte Block nicht in einem Stück eingelesen werden kann. Aus diesem Grund verlässt sich FileDemo1-Activity hier auf die Klasse OutputStreamWriter, welche eine Implementierung von write() enthält, die Strings richtig verarbeitet.

Sicherlich fragen Sie sich, in welchem Verzeichnis die durch openFileOutput() erzeugte Datei abgelegt wird. Ihr Name (*FileDemo1Activity.txt*) enthält ja keine Pfadangaben. Die Methode getFilesDir() der Klasse android.content.Context liefert die gewünschte Information. Sie können im Werkzeugfenster DEVICE FILE EXPLORER das Android-Dateisystem inspizieren.

Tipp

Das Fangen der Ausnahme IOException beim Schließen eines Stroms wird leider noch immer viel zu oft unterlassen – was soll da schon passieren? Ich rate Ihnen, auf das seit Java 7 zur Verfügung stehende *try-with-resources* zurückzugreifen. Dann übernimmt nämlich das System das korrekte Schließen der Ströme für Sie.

Die private Methode load() lädt einen zuvor gespeicherten Text. Analog zu openFileOutput() liefert auch openFileInput() einen Strom, allerdings eine Instanz von FileInputStream. Da die read()-Methoden dieser Klasse keine Strings kennen, greife ich auf java.io.InputStreamReader und java.io.BufferedReader als Hüllen zurück. load() liest die Datei zeilenweise ein. Die einzelnen Teile werden durch Zeilenumbrüche miteinander verbunden und in einem StringBuilder gespeichert. Erst am Ende der Methode wird mit toString() ein String erzeugt.

Automatische Backups

Möglicherweise ist Ihnen beim Stöbern aufgefallen, dass die meisten meiner Beispiele in ihrem Manifest die Zuweisung android:allowBackup="false" enthalten. Damit votieren sie **gegen** einen genialen Mechanismus. Alle Apps mit targetSdkVersion 23 oder höher nehmen nämlich standardmäßig am automatischen, systemweiten Sicherungs- und Wiederherstellungsprozess *Auto Backup* teil. Dateien, die in anwendungsspezifischen Verzeichnissen abgelegt werden (die Rückgabewerte von getFilesDir(), getDatabasePath(), getDir() und getExternalFilesDir()), sowie Shared Preferences schreibt Android in regelmäßigen Abständen verschlüsselt in ein privates Verzeichnis des *Google Drive* des Benutzers, sofern dieser sich beim Einrichten des Geräts nicht dagegen entschieden oder die Sicherung später deaktiviert hat. Dateien in den Verzeichnissen getCacheDir(), getCodeCacheDir() und getNoBackupFilesDir() werden ignoriert. Pro App stehen 25 MB zur Verfügung. Backup-Daten werden nicht auf den dem Nutzer zur Verfügung stehenden Speicherplatz angerechnet.

Tipp

Weitere Informationen (zum Beispiel Backup-Intervalle) finden Sie auf der Seite *Auto Backup for Apps*.[1] Dort ist auch beschrieben, wie Ihre App mit dem Manifestattribut android:fullBackupContent und einer XML-Datei Einfluss darauf nehmen kann, welche Daten gesichert bzw. ausgelassen werden.

---

1 *https://developer.android.com/guide/topics/data/autobackup.html*

Wird eine App deinstalliert und später erneut heruntergeladen (zum Beispiel nach einem Zurücksetzen auf die Werkseinstellungen) oder auf einem neuen Gerät des Benutzers installiert, sichert die Plattform automatisch die gespeicherten Daten zurück. Genial, nicht wahr? Aber warum setze ich dann `android:allowBackup` auf `false`? Meine Beispiele produzieren keine sicherungswürdigen Daten. Um keinen unnötigen »Müll« auf einem von Ihnen möglicherweise konfigurierten Google Drive zu hinterlassen, verweigern sie sich der systemweiten Sicherung – außer bei *FileDemo1*. Lassen Sie uns damit den Backup-Restore-Zyklus kurz ausprobieren.

Geben Sie hierzu in der App einen beliebigen Text ein, und klicken Sie auf SPEICHERN. Anschließend prüfen Sie bitte, ob in den Einstellungen Ihres Geräts bzw. Emulators das Backup aktiviert und mit einem Google-Konto verknüpft ist. Wie das aussehen kann, ist in Abbildung 9.2 zu sehen.

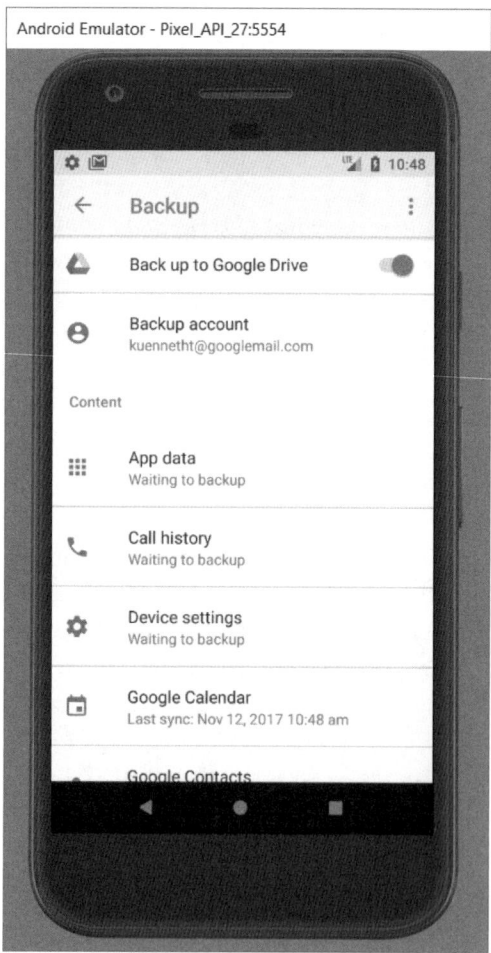

Abbildung 9.2 Backup-Konto im Emulator

Tippen Sie danach im TERMINAL-Fenster von Android Studio die folgenden Anweisungen ein:

- `adb shell bmgr list transports`
  Damit können Sie die Liste der *Transporte* abfragen. Ohne einen solchen *Backup Transport* funktionieren Backup und Restore nicht.

- `adb shell bmgr transport ...`
  aktiviert einen Transport. Sollte die Wiederherstellung mit der Voreinstellung nicht funktionieren, kann es lohnen, einen der anderen gelisteten Transporte auszuprobieren.

- `adb shell bmgr enabled`
  prüft, ob der *Backup Manager* aktiv ist.

- `adb shell bmgr enable true`
  aktiviert ihn. Bitte beachten Sie nochmals, dass Sie im Emulator bzw. auf dem Gerät die Backup-Funktionalität mit einem Google-Konto verknüpft haben müssen.

- `adb shell bmgr help`
  Mit diesem Befehl erhalten Sie Hilfestellung.

Jetzt können Sie die Sicherung auslösen:

`adb shell bmgr backupnow com.thomaskuenneth.filedemo1`

Sofern die App ausgeführt wird, wird sie geschlossen. Das `backupnow`-Kommando steht ab Android 7 zur Verfügung. Um die Wiederherstellung auszuprobieren, ist es nicht nötig, die App zu deinstallieren. Klicken Sie stattdessen in *FileDemo1* einfach zuerst auf LEEREN, dann auf SPEICHERN. Damit haben Sie die lokalen Daten geändert. Der Wiederherstellungsvorgang startet nach der Eingabe des folgenden Kommandos:

`adb shell bmgr restore com.thomaskuenneth.filedemo1`

Denken Sie bitte daran, nach dem erneuten Start der App auf LADEN zu klicken.

Hinweis

Die hier skizzierten Komponenten *Backup Manager* und *Transport* sind seit Android 2.2 vorhanden. Vor *Marshmallow* mussten Apps aber selbstständig sogenannte *Backup Agents* implementieren (ein nicht ganz triviales Unterfangen) und bei Bedarf die `BackupManager`-Methode `dataChanged()` aufrufen. Dies ist mittlerweile nicht mehr nötig. Informationen zu dieser älteren, *Key/Value Backup* genannten Variante finden Sie im gleichnamigen Dokument.[2]

---

2 *https://developer.android.com/guide/topics/data/keyvaluebackup.html*

Datei- und Verzeichnisfunktionen

Da Android die Datei- und Verzeichnisfunktionen von Java erbt, ist es sehr einfach, beispielsweise die Länge einer Datei zu ermitteln oder sie zu löschen. Wie dies funktioniert, zeige ich Ihnen anhand der App *FileDemo2*, die Sie in Abbildung 9.3 sehen.

Die Hauptklasse `FileDemo2Activity` ist in Listing 9.2 zu sehen. In der Methode `onCreate()` lege ich zunächst zehn Dateien an, deren Namen aus dem Präfix *Datei_* und einer Zahl zwischen 1 und 10 bestehen. Diese Zahl gibt auch die Länge in Bytes an, *Datei_7* ist also 7 Bytes groß. Die zu speichernden Daten werden in einem `byte`-Feld gesammelt. Alle Elemente haben den gleichen Inhalt, nämlich eine Zahl, die der Länge des Feldes und damit der Datei entspricht. Das Feld wird durch Aufruf der `FileOutputStream`-Methode `write()` geschrieben.

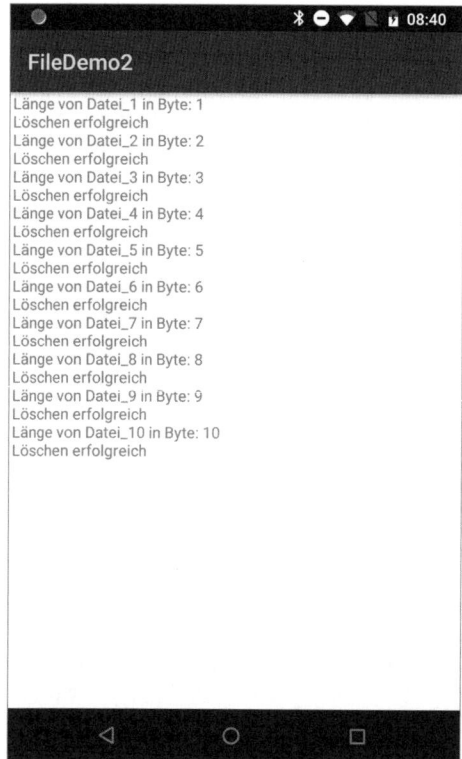

Abbildung 9.3 Die App »FileDemo2«

Sie können mit `getFilesDir()` den Pfad des Verzeichnisses erfragen, in dem die mit `openFileOutput()` erzeugten Dateien abgelegt werden. Deren Namen erfahren Sie mit `fileList()`. Aus diesen beiden Informationen lässt sich ein `java.io.File`-Objekt bauen, um beispielsweise die Länge einer Datei zu ermitteln (mit `length()`) oder die Datei zu löschen. Der Rückgabewert von `delete()` signalisiert, ob das Löschen erfolgreich war. Dateien und Verzeichnisse einer App, die mit `openFileOutput()` bzw. `getDir()` er-

zeugt wurden, liegen unterhalb eines anwendungsspezifischen Basisverzeichnisses.
Im Rahmen der Deinstallation werden sie gelöscht.

```java
package com.thomaskuenneth.filedemo2;

import android.app.Activity;
import android.os.Bundle;
import android.widget.TextView;
import java.io.File;
import java.io.FileOutputStream;
import java.io.IOException;

public class FileDemo2Activity extends Activity {

  @Override
  public void onCreate(Bundle savedInstanceState) {
    super.onCreate(savedInstanceState);
    setContentView(R.layout.main);
    TextView tv = findViewById(R.id.tv);
    tv.setText("");
    // 10 Dateien mit unterschiedlicher Länge anlegen
    for (int i = 1; i <= 10; i++) {
      String name = "Datei_" + Integer.toString(i);
      try (FileOutputStream fos =
             openFileOutput(name, MODE_PRIVATE)) {
        // ergibt Datei_1, Datei_2, ...
        // ein Feld der Länge i mit dem Wert i füllen
        byte[] bytes = new byte[i];
        for (int j = 0; j < bytes.length; j++) {
          bytes[j] = (byte) i;
        }
        fos.write(bytes);
      } catch (IOException t) {
        tv.append(name + ":\n" +
            t.toString() + "\n");
      }
    }
    // Dateien ermitteln
    String[] files = fileList();
    // Verzeichnis ermitteln
    File dir = getFilesDir();
    for (String name : files) {
      File f = new File(dir, name);
```

```
        // Länge in Bytes ermitteln
        tv.append("Länge von " + name + " in Byte: "
            + f.length() + "\n");
        // Datei löschen
        tv.append("Löschen " + (!f.delete() ? "nicht " : "")
            + "erfolgreich\n");
    }
  }
}
```

Listing 9.2 Die Klasse »FileDemo2Activity«

Sofern eine App nur wenige Dateien erzeugt, ist das Ablegen in verschiedenen Verzeichnissen nicht nötig. Spielen Dateien jedoch eine zentrale Rolle, kann es sich lohnen, sie in unterschiedlichen Ordnern zu speichern. Sehen wir uns an, wie dies funktioniert.

9.1.2   Mit Verzeichnissen arbeiten

`android.content.Context` enthält die Methode `getDir()`, die als ersten Parameter den Namen eines Verzeichnisses erwartet. Sofern dieses noch nicht existiert, wird es automatisch erzeugt. Das zweite Argument steuert, wer darauf zugreifen darf. Sie kennen diesen Parameter schon aus den vorherigen Abschnitten. Da der Zugriff durch Dritte nicht mehr erlaubt ist, übergeben Sie bitte stets `MODE_PRIVATE`. Die App *FileDemo3* demonstriert, wie Sie `getDir()` verwenden.

Die in Listing 9.3 abgedruckte Klasse `FileDemo3Activity` erzeugt die beiden Dateien *A* und *B* im Standardverzeichnis der App. Sie können dessen Pfad mittels `getFilesDir()` ermitteln. Außerdem werden die beiden Ordner *audio* und *video* angelegt. Beide erhalten jeweils zwei Dateien, *C* und *D* bzw. *E* und *F*.

```
package com.thomaskuenneth.filedemo3;

import android.app.Activity;
import android.os.Bundle;
import android.util.Log;
import java.io.File;
import java.io.FileOutputStream;
import java.io.IOException;

public class FileDemo3Activity extends Activity {

  private static final String TAG =
      FileDemo3Activity.class.getSimpleName();
```

```java
@Override
public void onCreate(Bundle savedInstanceState) {
  super.onCreate(savedInstanceState);
  // zwei leere Dateien erzeugen
  createFile(getFilesDir(), "A");
  createFile(getFilesDir(), "B");
  // ein Verzeichnis erstellen
  File dirAudio = getDir("audio", MODE_PRIVATE);
  // zwei leere Dateien erzeugen
  createFile(dirAudio, "C");
  createFile(dirAudio, "D");
  // ein Verzeichnis erstellen
  File dirVideo = getDir("video", MODE_PRIVATE);
  // zwei leere Dateien erzeugen
  createFile(dirVideo, "E");
  createFile(dirVideo, "F");
  // temporäre Datei anlegen
  File file = null;
  try {
    Log.d(TAG, "java.io.tmpdir: " +
        System.getProperty("java.io.tmpdir"));
    file = File.createTempFile("Datei_", ".txt");
  } catch (IOException e) {
    Log.e(TAG, " createTempFile()", e);
  } finally {
    if (file != null) {
      Log.d(TAG, "---> " +
          file.getAbsolutePath());
    }
  }
  // temporäre Datei im Cache-Verzeichnis
  Log.d(TAG, "getCacheDir(): " +
      getCacheDir().getAbsolutePath());
  File file2 = null;
  try {
    file2 = File.createTempFile("Datei_", ".txt",
        getCacheDir());
  } catch (IOException e) {
    Log.e(TAG, " createTempFile()", e);
  } finally {
    if (file2 != null) {
      Log.d(TAG, "---> " +
```

```
        file2.getAbsolutePath());
    }
  }
}

private void createFile(File dir, String name) {
  File file = new File(dir, name);
  try (FileOutputStream fos = new FileOutputStream(file)) {
    Log.d(TAG, file.getAbsolutePath());
    fos.write("Hallo".getBytes());
  } catch (IOException e) {
    Log.e(TAG, "openFileOutput()", e);
  }
}
}
```

Listing 9.3 Die Klasse »FileDemo3Activity«

Die von Android aufgebaute Verzeichnisstruktur nach dem Start von *FileDemo3* ist in Abbildung 9.4 zu sehen. Sie können sie im Werkzeugfenster DEVICE FILE EXPLORER überprüfen. Die korrespondierenden Pfade werden in LOGCAT ausgegeben.

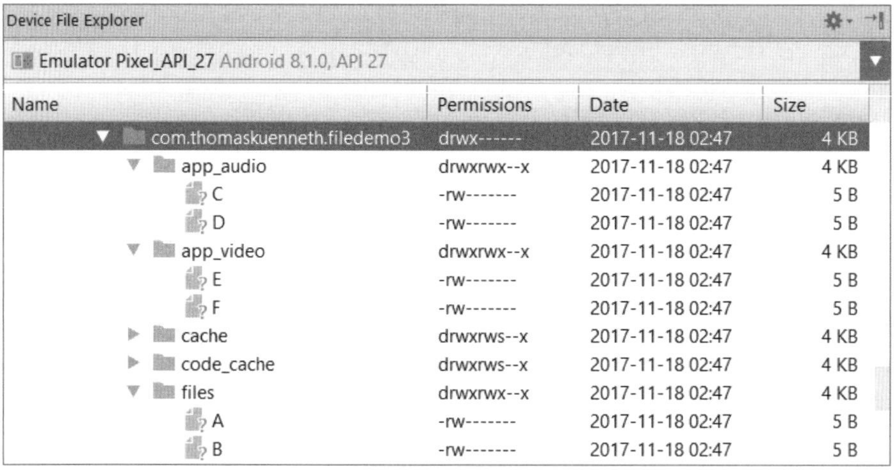

Abbildung 9.4 Von »FileDemo3« erzeugte Dateien und Verzeichnisse

Die Ordner *audio* und *video* werden kurioserweise nicht innerhalb desselben Verzeichnisses (*files*) erzeugt, in dem auch *A* und *B* liegen. Sie finden die Verzeichnisse stattdessen eine Ebene weiter oben, also in *com.thomaskuenneth.filedemo3*. Bitte beachten Sie in beiden Fällen das automatisch hinzugefügte Präfix *app_*. Hierbei handelt es sich allerdings um ein Android-internes Detail, das auf Ihre Programmierung keinen Einfluss hat und auf das Sie sich auch nicht verlassen sollten.

Meine private Methode `createFile()` nutzt übrigens nicht die aus dem vorherigen Abschnitt bekannte Methode `openFileOutput()`, weil dieser Methode kein Verzeichnisname (bzw. kein Pfad) übergeben werden kann. Stattdessen wird direkt ein FileOutputStream-Objekt erzeugt. Hierzu verwende ich eine Instanz der Klasse java.io. File, der ein Verzeichnis sowie der Dateiname übergeben werden.

Temporäre Dateien und Caches

Es ist häufig nötig, temporäre Dateien zu erzeugen. Denken Sie an eine App, die Newsfeeds anzeigt: Um die Nachrichten darstellen zu können, muss die korrespondierende Datei zuerst von einem Server geladen werden. Sobald sie geparst wurde, wird sie jedoch nicht mehr benötigt, daher sollten solche kurzlebigen Dateien nicht im Applikationsverzeichnis abgelegt werden. Java bietet in der Klasse java.io.File die statische Methode `createTempFile()`, die das Erzeugen von temporären Dateien erleichtert und gern in der folgenden Weise eingesetzt wird:

```java
File file = null;
try {
  file = File.createTempFile("Datei_", ".txt");
} catch (IOException e) {
  Log.e(TAG, " createTempFile()", e);
} finally {
  if (file != null) {
    Log.d(TAG, "---> " +
        file.getAbsolutePath());
  }
}
```

Listing 9.4 Erzeugen einer temporären Datei

Zwischen dem mindestens drei Zeichen langen Präfix (in meinem Beispiel ist dies *Datei_*) und dem Suffix *.txt* (es kann null sein; in diesem Fall wird *.tmp* verwendet) fügt das System einen automatisch erzeugten Teil (eine zufällige ganze Zahl) ein. In welchem Verzeichnis die Datei angelegt wird, ergibt sich aus einem dritten Parameter, den die hier verwendete Zweiparametervariante auf null setzt. Dies führt dazu, dass die Java-System-Property java.io.tmpdir ausgewertet wird, deren Wert Sie mit der Anweisung

```java
Log.d(TAG, "java.io.tmpdir: " +
    System.getProperty("java.io.tmpdir"));
```

in LOGCAT ausgeben können. Wenn Sie sich nicht auf die System Property verlassen möchten, übergeben Sie als dritten Parameter von `createTempFile()` einfach das Ergebnis des Aufrufes `getCacheDir()` (ebenfalls in der Klasse Context enthalten).

```
Log.d(TAG, "getCacheDir(): " +
    getCacheDir().getAbsolutePath());
File file2 = null;
try {
  file2 = File.createTempFile("Datei_", ".txt",
      getCacheDir());
} catch (IOException e) {
  Log.e(TAG, " createTempFile()", e);
} finally {
  if (file2 != null) {
    Log.d(TAG, "---> " +
        file2.getAbsolutePath());
  }
}
```

Listing 9.5 Eine temporäre Datei im Cache-Verzeichnis der App anlegen

[+]   **Tipp**

Grundsätzlich kann das System Verzeichnisse für temporäre Dateien bei Bedarf (zum Beispiel bei Speichermangel) selbstständig leeren. Allerdings sollten Sie als Entwickler sorgsam mit unter Umständen knappen Ressourcen umgehen und deshalb nicht mehr benötigte Dateien möglichst sofort wieder löschen.

9.2   Externe Speichermedien

Android unterstützt zusätzlich zum internen Speicher externe Medien, auf denen alle Apps gleichberechtigt Daten ablegen können. Es kann sich hierbei um austauschbare Medien (beispielsweise SD-Karten) oder um fest eingebauten Speicher handeln. Dies mag paradox klingen: ein externer, fest eingebauter Speicher? Google rät in der Entwicklerdokumentation, sich nicht vom Begriff *extern* verwirren zu lassen. Letztlich ist damit *gemeinsamer Speicher* oder *Speicher für Medien* (zum Beispiel Fotos, Videos, Audiodaten) gemeint. Wie Sie auf diesen zugreifen, zeige ich Ihnen in der Klasse ExternalStorageDemoActivity des Projekts *ExternalStorageDemo*.

9.2.1   Mit externem Speicher arbeiten

In der Methode onCreate() wird die Benutzeroberfläche geladen und angezeigt. Außerdem wird die Berechtigung WRITE_EXTERNAL_STORAGE angefordert. Warum bzw. in welchen Fällen diese nötig ist, erkläre ich Ihnen etwas später. Die Hauptarbeit der

App findet in `doIt()` statt. Diese Methode gibt eine ganze Menge interessanter Informationen über externe Medien und deren Verzeichnisse aus.

Da Wechselmedien (und damit die auf ihnen abgelegten Informationen) nicht permanent vorhanden sein müssen, ist es wichtig, vor Lese- oder Schreibzugriffen stets die Verfügbarkeit des Mediums zu prüfen. Hierfür gibt es die Klasse `android.os.Environment`, mit der Sie wichtige Pfade erfragen und Status prüfen. Beispielsweise liefert `isExternalStorageRemovable()` den Wert `true`, wenn der Anwender das *primäre* externe Medium physikalisch entnehmen kann. `false` signalisiert, dass es fest eingebaut wurde. Mit `getExternalStorageState()` prüfen Sie seine aktuelle Verfügbarkeit. Die Konstanten `Environment.MEDIA_MOUNTED` und `MEDIA_MOUNTED_READ_ONLY` lassen sich gut in `switch-case`-Konstrukten einsetzen.

Mit `Environment.getExternalStorageDirectory()` können Sie den Zugriffspfad auf das Basisverzeichnis des primären externen Mediums ermitteln. Anwendungsspezifische Unterverzeichnisse folgen dem Muster */Android/data/<Paketname>/files*. Der Wert von *<Paketname>* entspricht dem Ausdruck `getClass().getPackage().getName()`. Ein nach diesem Schema angelegtes Verzeichnis wird vom System zu einer App gerechnet und ab Android 2.2 bei deren Deinstallation mit seinem gesamten Inhalt gelöscht. Sie können dies überprüfen, indem Sie im Werkzeugfenster TERMINAL das folgende Kommando eingeben und sich danach im Werkzeugfenster DEVICE FILE EXPLORER die Verzeichnisstruktur ansehen:

```
adb uninstall com.thomaskuenneth.externalstoragedemo
```

Sie müssen den Zugriffspfad auf das anwendungsspezifische Verzeichnis des primären externen Mediums nicht von Hand zusammensetzen. Bequemer ist die Nutzung der Methode `getExternalFilesDir()` aus der Klasse `Context`. Sie erhält als Parameter eine Zeichenkette, die die Art der abzulegenden Dateien repräsentiert. Dateien gleichen Typs sollten nämlich im selben Unterordner gespeichert werden. Beispielsweise liefert `getExternalFilesDir(Environment.DIRECTORY_PICTURES)` den Pfad *…/files/Pictures*. `null` kennzeichnet das Basisverzeichnis selbst.

Tipp

`File.separator` liefert das Trennsymbol zwischen zwei Bestandteilen eines Pfades. Zwar ist es prinzipiell auch möglich, stattdessen den Slash (/) zu verwenden, unter Java-Entwicklern ist das Verwenden der Konstante in `java.io.File` aber bewährte Praxis. Vor dem Zugriff auf ein Verzeichnis sollten Sie außerdem durch Aufrufen der Methode `mkdirs()` des entsprechenden `File`-Objekts sicherstellen, dass alle Unterverzeichnisse des Pfades vorhanden sind.

Wenn Dateien auch nach der Deinstallation einer App erhalten bleiben sollen, können Sie mit `getExternalStoragePublicDirectory()` den Pfad auf einen gemeinsam genutzten Ordner ermitteln und Ihre Daten dort ablegen. Als Parameter übergeben Sie auch hier den gewünschten Typ, zum Beispiel Environment.DIRECTORY_RINGTONES (null ist nicht zulässig). Wie bereits erwähnt, sollten Sie die Methode mkdirs() der zurückgelieferten File-Instanz aufrufen, um sicherzustellen, dass gegebenenfalls fehlende Verzeichnisse angelegt werden. Andernfalls riskieren Sie, dass zur Laufzeit Ihrer App Exceptions ausgelöst werden.

Generell müssen Apps, die schreibend auf externe Medien zugreifen möchten, die Berechtigung WRITE_EXTERNAL_STORAGE anfordern. Seit Android 4.4 ist dies allerdings nicht nötig, sofern sie ausschließlich auf anwendungsspezifische Verzeichnisse zugreifen, wie sie Aufrufe von getExternalFilesDir(String) und getExternalCacheDir() liefern. Für den lesenden Zugriff auf externe Medien ist die Berechtigung READ_EXTERNAL_STORAGE erforderlich, sofern der Zugriff nicht ausschließlich auf eigene, private Verzeichnisse erfolgt. Sie gilt implizit als erteilt, wenn eine App WRITE_EXTERNAL_STORAGE anfordert.

```
package com.thomaskuenneth.externalstoragedemo;

import android.Manifest;
import android.app.Activity;
import android.content.pm.PackageManager;
import android.graphics.Bitmap;
import android.graphics.Bitmap.CompressFormat;
import android.graphics.Bitmap.Config;
import android.graphics.Canvas;
import android.graphics.Color;
import android.graphics.Paint;
import android.graphics.Paint.Align;
import android.os.Bundle;
import android.os.Environment;
import android.util.Log;
import android.widget.TextView;

import java.io.File;
import java.io.FileOutputStream;
import java.io.IOException;
import java.io.OutputStream;

public class ExternalStorageDemoActivity extends Activity {

    private static final String TAG =
        ExternalStorageDemoActivity.class.getSimpleName();

    private static final int PERMISSIONS_REQUEST_WRITE_EXTERNAL_STORAGE =
```

```
    123;

private TextView tv;

@Override
public void onCreate(Bundle savedInstanceState) {
  super.onCreate(savedInstanceState);
  setContentView(R.layout.main);
  tv = findViewById(R.id.tv);
  if (checkSelfPermission(Manifest.permission.WRITE_EXTERNAL_STORAGE)
      != PackageManager.PERMISSION_GRANTED) {
    requestPermissions(new String[]
            {Manifest.permission.WRITE_EXTERNAL_STORAGE},
        PERMISSIONS_REQUEST_WRITE_EXTERNAL_STORAGE);
  } else {
    doIt();
  }
}


@Override
public void onRequestPermissionsResult(int requestCode,
                  String permissions[],
                  int[] grantResults) {
  if ((requestCode == PERMISSIONS_REQUEST_WRITE_EXTERNAL_STORAGE) &&
      (grantResults.length > 0 && grantResults[0] ==
          PackageManager.PERMISSION_GRANTED)) {
    doIt();
  }
}

private void doIt() {
  tv.setText(String.format("Medium kann%s entfernt werden\n\n",
      Environment.isExternalStorageRemovable()
          ? "" : " nicht"));
  // Status abfragen
  final String state = Environment.getExternalStorageState();
  final boolean canRead;
  final boolean canWrite;
  switch (state) {        case Environment.MEDIA_MOUNTED:
      canRead = true;
      canWrite = true;
      break;
```

```
        case Environment.MEDIA_MOUNTED_READ_ONLY:
          canRead = true;
          canWrite = false;
          break;
      default:
        canRead = false;
        canWrite - false;
    }
    tv.append(String.format("Lesen ist%s möglich\n\n",
        canRead ? "" : " nicht"));
    tv.append(String.format("Schreiben ist%s möglich\n\n",
        canWrite ? "" : " nicht"));
    // Wurzelverzeichnis des externen Mediums
    File dirBase = Environment.getExternalStorageDirectory();
    tv.append(String.format("getExternalStorageDirectory(): %s\n\n",
        dirBase.getAbsolutePath()));
    // App-spezifischen Pfad hinzufügen
    File dirAppBase = new File(dirBase.getAbsolutePath()
        + File.separator
        + "Android" + File.separator + "data" + File.separator
        + getClass().getPackage().getName() + File.separator
        + "files");
    // ggf. Verzeichnisse anlegen
    if (!dirAppBase.mkdirs()) {
      tv.append(String.format("alle Unterverzeichnisse " +
            "von %s schon vorhanden\n\n",
          dirAppBase.getAbsolutePath()));
    }
    // App-spezifisches Basisverzeichnis erfragen
    File f1 = getExternalFilesDir(null);
    if (f1 != null) {
      tv.append(String.format("getExternalFilesDir(null): %s\n\n",
          f1.getAbsolutePath()));
    }
    // App-spezifisches Verzeichnis für Bilder erfragen
    File f2 = getExternalFilesDir(Environment.DIRECTORY_PICTURES);
    if (f2 != null) {
      tv.append(String.format("getExternalFilesDir(Environment" +
            ".DIRECTORY_PICTURES): %s\n\n",
          f2.getAbsolutePath()));
    }
```

```
    // Pfad auf öffentliches Verzeichnis für Bilder
    File dirPublicPictures = Environment
        .getExternalStoragePublicDirectory(
            Environment.DIRECTORY_PICTURES);
    // ggf. Verzeichnisse anlegen
    if (!dirPublicPictures.mkdirs()) {
      tv.append(String.format(
          "alle Unterverzeichnisse von %s schon vorhanden\n\n",
          dirPublicPictures.getAbsolutePath()));
    }
    // Grafik erzeugen und speichern
    File file = new File(dirPublicPictures, "grafik.png");
    try (FileOutputStream fos =
            new FileOutputStream(file)) {
      saveBitmap(fos);
    } catch (IOException e) {
      Log.e(TAG, "new FileOutputStream()", e);
    }
  }

  private void saveBitmap(OutputStream out) {
    // Grafik erzeugen
    int w = 100;
    int h = 100;
    Bitmap bm = Bitmap.createBitmap(w, h, Config.RGB_565);
    Canvas c = new Canvas(bm);
    Paint paint = new Paint();
    paint.setTextAlign(Align.CENTER);
    paint.setColor(Color.WHITE);
    c.drawRect(0, 0, w - 1, h - 1, paint);
    paint.setColor(Color.BLUE);
    c.drawLine(0, 0, w - 1, h - 1, paint);
    c.drawLine(0, h - 1, w - 1, 0, paint);
    paint.setColor(Color.BLACK);
    c.drawText("Hallo Android!", w / 2, h / 2, paint);
    // und speichern
    bm.compress(CompressFormat.PNG, 100, out);
  }
}
```

Listing 9.6 Die Klasse »ExternalStorageDemoActivity«

Die Methode `saveBitmap()` meiner Klasse `ExternalStorageDemoActivity` erzeugt mit `createBitmap()` ein Objekt des Typs `Bitmap`, das aus zwei sich kreuzenden Linien und dem Text »Hallo Android!« besteht. Die 100 Pixel breite und 100 Pixel hohe Grafik wird durch den Aufruf von `compress()` als *.png*-Grafik in einen `OutputStream` geschrieben. Der zweite Parameter gibt die gewünschte Qualität an. 0 bedeutet »auf kleine Dateigröße hin komprimieren«. 100 entspricht maximaler Qualität. Bei verlustfreien Formaten wie *PNG* spielt der Wert keine Rolle.

Zeichenoperationen erfolgen übrigens nicht direkt in die Bitmap, sondern auf einem Objekt des Typs `android.graphics.Canvas`. Es enthält unter anderem Methoden zum Zeichnen von Rechtecken (`drawRect()`), Linien (`drawLine()`) und Text (`drawText()`). Wichtige Eigenschaften von zu zeichnenden Elementen werden über Objekte des Typs `android.graphics.Paint` gesteuert. Zum Beispiel setzt `setTextAlign()` die Ausrichtung eines auszugebenden Textes. `setColor(Color.BLACK)` sorgt dafür, dass der Text in Schwarz erscheint. Nach einem Aufruf von `setColor()` werden die nachfolgenden Malfunktionen mit der eben eingestellten Farbe ausgeführt.

Nach diesem kurzen Ausflug in die Welt des Zeichnens wenden wir uns wieder Speichermedien zu. Vielleicht fragen Sie sich, warum ich gelegentlich vom *primären externen Medium* gesprochen habe. Je nach Gerät und Konfiguration kann es durchaus mehrere gemeinsam genutzte bzw. *externe* Medien geben. Die Methode `getExternalFilesDirs()` der Klasse `android.content.Context` liefert ein `File`-Feld (Achtung, einzelne Elemente können `null` sein), das die entsprechenden Pfade enthält.

`getExternalStorageState()` und `isExternalStorageRemovable()` der Klasse `Environment` können `File`-Referenzen übergeben werden, um den Status zu prüfen oder um zu erfragen, ob das Medium entfernt werden kann. Element 0 des `File`-Arrays entspricht übrigens dem Rückgabewert von `getExternalFilesDir()`.

In Googles Dokumentation ist zu lesen, dass `getExternalFilesDirs()` nur solche Verzeichnisse liefert, die als stabiler Bestandteil des Geräts angesehen werden können, zum Beispiel SD-Karten, die durch eine Abdeckung geschützt sind, nicht aber über *USB On The Go* angebundene Flash-Laufwerke. Um auch solche Ressourcen sauber anzusprechen, verwenden Sie den *Storage Manager*. Wie, das zeige ich Ihnen im folgenden Abschnitt.

9.2.2 Storage Manager

Die Klasse `StorageManagerDemoActivity` gehört zu meiner Beispiel-App *StorageManagerDemo* (siehe Abbildung 9.5). In ihrer Methode `onCreate()` wird durch Aufruf von `getSystemService(StorageManager.class)` die Referenz auf ein Objekt des Typs `StorageManager` ermittelt. `getStorageVolumes()` liefert eine Liste von `StorageVolumes`, auf die der Benutzer aktuell zugreifen kann. Neben dem primären externen Medium

kann es sich hierbei auch um SD-Karten und USB-Laufwerke handeln. getDescrip-
tion() liefert eine Beschreibung des Volumes, getState() den aktuellen Status. Das
primäre externe Medium liefert bei isPrimary() den Wert true. isRemovable() kennzeichnet Speicher, der entfernt werden kann. isEmulated() schließlich gibt an, ob das
externe Medium nur emuliert wird. Dies betrifft beispielsweise Smartphones und
Tablets ohne Slot für SD-Karten.

Um Zugriff auf ein Volume zu erhalten, rufen Sie die Methode createAccessIntent()
auf; sie liefert ein Objekt des Typs android.content.Intent, das Sie wiederum an start-
ActivityForResult() weiter reichen. Als Parameter übergeben Sie der Methode cre-
ateAccessIntent() das gewünschte Verzeichnis oder null für das gesamte Volume.
Letzteres ist aber nur möglich, wenn es sich nicht um das primäre externe Medium
handelt. Der Anwender muss sich nun entscheiden, ob er der App den gewünschten
Zugriff erlauben möchte. Diese Rückfrage ist in Abbildung 9.5 zu sehen.

```
package com.thomaskuenneth.storagemanagerdemo;

import android.app.Activity;
import android.content.Intent;
import android.os.Bundle;
import android.os.Environment;
import android.os.storage.StorageManager;
import android.os.storage.StorageVolume;
import android.support.v4.provider.DocumentFile;
import android.widget.TextView;
import java.util.List;

public class StorageManagerDemoActivity extends Activity {

  private static final int REQUEST_CODE = 123;

  private TextView tv;

  @Override
  protected void onCreate(Bundle savedInstanceState) {
    super.onCreate(savedInstanceState);
    setContentView(R.layout.main);
    tv = findViewById(R.id.tv);
    tv.setText("");
    StorageManager m = getSystemService(StorageManager.class);
    if (m != null) {
      List<StorageVolume> volumes = m.getStorageVolumes();
      for (StorageVolume volume : volumes) {
```

```
      appendLine(String.format("%s",
          volume.getDescription(this)));
      appendLine(String.format("  getState(): %s",
          volume.getState()));
      appendLine(String.format("  isPrimary(): %s",
          volume.isPrimary()));
      appendLine(String.format("  isRemovable(): %s",
          volume.isRemovable()));
      appendLine(String.format("  isEmulated(): %s",
          volume.isEmulated()));
      if (volume.isPrimary()) {
        Intent intent = volume.createAccessIntent(
            Environment.DIRECTORY_DOWNLOADS);
        startActivityForResult(intent, REQUEST_CODE);
      }
    }
  }
}
}


@Override
protected void onActivityResult(int requestCode,
                int resultCode,
                Intent data) {
  super.onActivityResult(requestCode, resultCode, data);
  if ((requestCode == REQUEST_CODE) &&
      (resultCode == RESULT_OK) &&
      (data != null)) {
    DocumentFile dir = DocumentFile.fromTreeUri(this,
        data.getData());
    appendLine("\n" + dir.getUri().toString() + "\n");
    for (DocumentFile file : dir.listFiles()) {
      appendLine(file.getName());
    }
  }
}

private void appendLine(String t) {
  tv.append(t);
  tv.append("\n");
}
}
```

Listing 9.7 Die Klasse »StorageManagerDemoActivity«

Nach dem Bestätigen oder Ablehnen des Zugriffswunsches wird die Methode onActi-vityResult() mit RESULT_OK oder RESULT_CANCELED aufgerufen. Bei Letzterem hat das ebenfalls übergebene Intent den Wert null. Darf die App hingegen auf das Verzeichnis (und damit implizit auch auf alle Unterverzeichnisse) zugreifen, liefert getData() eine Uri-Instanz, die der statischen Methode fromTreeUri() der Klasse android.support.v4.provider.DocumentFile übergeben wird. Sie gehört zur *Android Support Library*. In der Datei *build.gradle* des Moduls *app* muss deshalb eine compile-Abhängigkeit zu com.android.support:appcompat-v7:... eingetragen werden. DocumentFile definiert Methoden, die sich am klassischen File-Objekt orientieren. Eine Liste der enthaltenen Elemente kann beispielsweise mit listFiles() ermittelt werden.

> **Tipp**
>
> Um nicht jedes Mal den Anwender beim Zugriff auf ein Verzeichnis um Erlaubnis fragen zu müssen, können Sie bei Bedarf die Methode takePersistableUriPermission() aufrufen.

Abbildung 9.5 Die App »StorageManagerDemo«

Vielleicht fragen Sie sich, wie eine App erfährt, dass der Nutzer eine SD-Karte einge-
legt oder ein Flash-Laufwerk angeschlossen hat. Hierzu müssen Sie nur in der Manifestdatei einen *Broadcast Receiver* registrieren, der auf android.intent.action.MEDIA_
MOUNTED reagiert. Listing 9.8 zeigt das Manifest der App *StorageManagerDemo*.

```xml
<?xml version="1.0" encoding="utf-8"?>
<manifest xmlns:android="http://schemas.android.com/apk/res/android"
  xmlns:tools="http://schemas.android.com/tools"
  package="com.thomaskuenneth.storagemanagerdemo">
  <application
    android:allowBackup="false"
    android:icon="@drawable/ic_launcher"
    android:label="@string/app_name"
    android:supportsRtl="true"
    tools:ignore="GoogleAppIndexingWarning">
    <activity android:name=".StorageManagerDemoActivity">
      <intent-filter>
        <action android:name="android.intent.action.MAIN" />
        <category android:name="android.intent.category.LAUNCHER" />
      </intent-filter>
    </activity>
    <receiver
      android:name=".MediaMountedReceiver"
      android:enabled="true"
      android:exported="true">
      <intent-filter>
        <action android:name="android.intent.action.MEDIA_MOUNTED" />
        <data android:scheme="file" />
      </intent-filter>
    </receiver>
  </application>
</manifest>
```

Listing 9.8 Die Manifestdatei der App »StorageManagerDemo«

Die Implementierung meiner Klasse MediaMountedReceiver ist trivial: Es wird nur ein
Toast mit dem Namen des gemounteten Volumes angezeigt.

```java
package com.thomaskuenneth.storagemanagerdemo;

import android.content.BroadcastReceiver;
import android.content.Context;
import android.content.Intent;
```

```
import android.os.storage.StorageVolume;
import android.widget.Toast;

public class MediaMountedReceiver extends BroadcastReceiver {

  @Override
  public void onReceive(Context context, Intent intent) {
    if ((intent != null) &&
        (Intent.ACTION_MEDIA_MOUNTED.equals(intent.getAction()))) {
      StorageVolume volume = intent.getParcelableExtra(
        StorageVolume.EXTRA_STORAGE_VOLUME);
      if (volume != null) {
        Toast.makeText(context, volume.getDescription(context),
            Toast.LENGTH_LONG).show();
      }
    }
  }
}
```

Listing 9.9 Die Klasse »MediaMountedReceiver«

Welches Volume eine Änderung erfahren hat, ermitteln Sie durch Aufruf von get-ParcelableExtra(StorageVolume.EXTRA_STORAGE_VOLUME). Zugriff erhalten Sie dann auf die weiter oben beschriebene Weise.

9.3   Drucken

Wenn man sich vergegenwärtigt, wie lange es Android schon gibt, mag es verwunderlich erscheinen, dass die Plattform erst Ende Oktober 2013 mit API-Level 19 die Fähigkeit erhalten hat, Dokumente zu drucken. Apple hatte sein Betriebssystem iOS schon viel früher (Ende 2010) damit ausgestattet. Aber klassische Smartphone-Anwendungen (Telefonie, SMS, Kalender und Kontakte) brauchen nichts zu Papier zu bringen, und lange Zeit waren die Displays einfach zu klein, um Textdokumente oder Tabellenblätter zu bearbeiten. Warum hätte man sie also drucken sollen?

Ohne Frage hat der Tablet-Boom dazu beigetragen, die Grenzen der mobilen Betriebssysteme auszuloten. Die Anwender wollten plötzlich Tätigkeiten verrichten, für die früher ein PC nötig war. Die Anzeige eines durchschnittlich großen Tablets ist ausreichend, um Änderungen an einer Präsentation oder an einem Geschäftsbrief vorzunehmen. Klar, dass man das Dokument dann auch ausdrucken möchte.

9.3.1 Druckgrundlagen

Am Druckprozess sind drei Komponenten beteiligt:

1. Die App kennt die Daten, die der Anwender zu Papier bringen möchte.

2. Der *Print Manager* nimmt den Druckauftrag des Programms entgegen, zeigt einen Auswahl- und Konfigurationsdialog an und leitet die Daten an einen *Print Service* weiter.

3. Ein *Print Service* nimmt die Druckinformationen entgegen und überträgt sie mit einem geeigneten Protokoll an einen Drucker. Print Services sind also im klassischen Sinne Druckertreiber. Sie werden üblicherweise von Geräteherstellern angeboten und können wie ganz normale Apps heruntergeladen, installiert und aktualisiert werden. Um ein bestimmtes Druckermodell nutzen zu können, müssen Sie den passenden Print Service einrichten.

Auf den meisten Geräten mit mindestens Android 4.4 ist *Google Cloud Print* vorinstalliert. Dieser Print Service wurde nicht für ein bestimmtes Modell oder eine spezielle Geräteklasse entwickelt. Vielmehr registrieren Sie beliebig viele Drucker, auf die Sie an unterschiedlichen Orten Zugriff haben. Bei einem Druckvorgang wählen Sie dann das gewünschte Gerät aus und erhalten Ihren Ausdruck an dem Ort, an dem Sie sich gerade befinden. Der Dienst hat seinen Ursprung im Unternehmensumfeld, denn gerade in Firmen mit vielen Standorten kann es aufwendig sein, »überall« drucken zu können.

Wird ein Druckauftrag in die Google-Cloud-Print-Warteschlange eingestellt, werden die zu druckenden Dokumente über das Internet auf einen Google-Server hochgeladen, aufbereitet und an den ausgewählten Drucker weitergereicht, der ebenfalls über das Internet erreichbar sein muss. Um auf diese Weise auch klassische Drucker ansprechen zu können, bietet Google für Desktop-Systeme den in Chrome integrierten *Google Cloud Print Connector* an.

Hinweis

Die Vorstellung, dass Dokumente während des Drucks auf »fremden« Servern liegen, mag für viele unangenehm sein. Deshalb soll noch einmal auf den Umstand hingewiesen werden, dass dies nicht **automatisch** bei Nutzung des *Android Print Frameworks* geschieht, sondern dann, wenn *Google Cloud Print* als *Print Service* Verwendung findet. Wie die Anbieter anderer Print Services, beispielsweise die Gerätehersteller, die Kommunikation realisieren, ist hoffentlich der jeweiligen Dokumentation zu entnehmen.

Lassen Sie uns nun anhand der App *DruckDemo1* einen ersten Blick darauf werfen, wie aus Sicht der Anwendung ein Druck ausgelöst wird. Das Programm erzeugt eine einfache HTML-Seite mit Grafik, zeigt sie mit `loadDataWithBaseURL()` an und übergibt sie an den *Print Manager*. Der daraufhin erscheinende Konfigurationsdialog ist in Abbildung 9.6 zu sehen. Mit ihm kann der Benutzer die Zahl der Kopien sowie das Papierformat einstellen und den zu verwendenden Drucker auswählen.

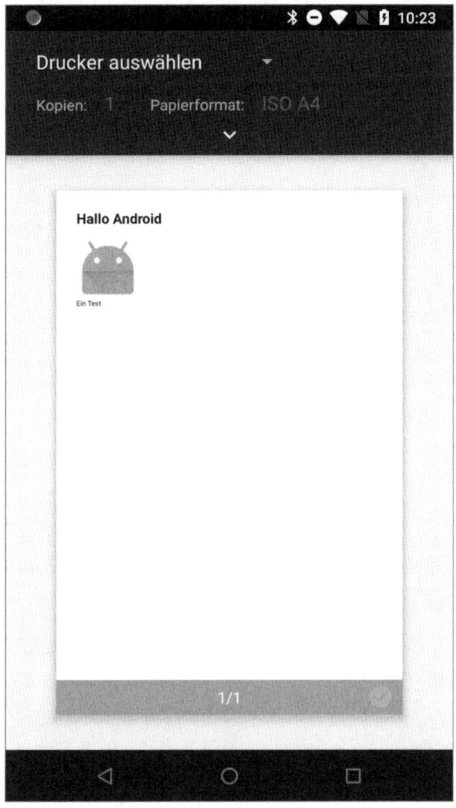

Abbildung 9.6 Druckerauswahl mit Seitenvorschau

Der Quelltext der Klasse `DruckDemo1Activity` ist in Listing 9.10 dargestellt. Da eine HTML-Seite gedruckt werden soll, erzeuge ich als Erstes eine `WebView`-Instanz und setze dann mit `setWebViewClient()` ein geeignetes Callback-Objekt. Erst nach dem vollständigen Laden der Seite wird `onPageFinished()` aufgerufen, deshalb finden dort alle weiteren Aktionen statt.

Hinweis

Das `WebView`-Objekt muss einer Instanzvariablen zugewiesen werden, um zu verhindern, dass der *Garbage Collector* es zu früh freigibt. Andernfalls kann der Druckvorgang scheitern.

Durch den Aufruf von `getSystemService(PrintManager.class)` wird eine `PrintManager`-Instanz ermittelt. Anschließend erstelle ich durch Aufruf der `WebView`-Methode createPrintDocumentAdapter() ein Objekt des Typs PrintDocumentAdapter, welches das Dokument für den Druck beschreibt. Sie werden die Callback-Methoden dieses Objekts später noch genauer kennenlernen. Schließlich wird ein Druckauftrag erstellt und abgeschickt. Einige Druckeigenschaften wie Farbe, Ränder und Auflösung lassen sich mit einem PrintAttributes.Builder konfigurieren. In meiner Implementierung belasse ich es bei den Standardeinstellungen.

```java
package com.thomaskuenneth.druckdemo1;

import android.app.Activity;
import android.os.Bundle;
import android.print.PrintAttributes;
import android.print.PrintDocumentAdapter;
import android.print.PrintJob;
import android.print.PrintManager;
import android.util.Log;
import android.webkit.WebResourceRequest;
import android.webkit.WebView;
import android.webkit.WebViewClient;

public class DruckDemo1Activity extends Activity {

  private static final String TAG =
      DruckDemo1Activity.class.getSimpleName();

  private WebView webView;

  @Override
  protected void onCreate(Bundle savedInstanceState) {
    super.onCreate(savedInstanceState);
    // WebView für den Druck instanziieren
    webView = new WebView(this);
    webView.setWebViewClient(new WebViewClient() {

      @Override
      public boolean shouldOverrideUrlLoading(WebView view,
                       WebResourceRequest request) {
        return false;       }

      @Override
      public void onPageFinished(WebView view, String url) {
        // PrintManager-Instanz ermitteln
        PrintManager printManager =
```

```
            getSystemService(PrintManager.class);
    if (printManager != null) {
        // Der Adapter stellt den Dokumentinhalt bereit
        PrintDocumentAdapter printAdapter =
            webView.createPrintDocumentAdapter("Dokumentname");
        // Druckauftrag erstellen und übergeben
        String jobName = getString(R.string.app_name) + " Dokument";
        PrintAttributes attributes
            = new PrintAttributes.Builder().build();
        if (printAdapter != null) {
            PrintJob printJob = printManager.print(jobName,
                printAdapter,
                attributes);
            Log.d(TAG, printJob.getInfo().toString());
        }
    }
});

String htmlDocument = "<html><body><h1>Hallo Android</h1>" +
    "<p><img src=\"ic_launcher.png\" />" +
    "<br />Ein Test</p></body></html>";
webView.loadDataWithBaseURL("file:///android_asset/",
    htmlDocument, "text/HTML", "UTF-8", null);
}
}
```

Listing 9.10 Die Klasse »DruckDemo1Activity«

Die Nutzung des Android-Druck-Frameworks reduziert sich auf wenige Zeilen Quelltext, sofern Sie die Daten Ihrer Anwendung in HTML verpacken können. Dann profitieren Sie von der WebView-Methode createPrintDocumentAdapter(). Sie liefert einen fertigen PrintDocumentAdapter, der alle Informationen enthält, die das System für den Druck eines Dokuments braucht. Wie Sie ihn selbst implementieren, zeige ich Ihnen als Nächstes.

9.3.2   Eigene Dokumenttypen drucken

Das Projekt *DruckDemo2* generiert Dokumente, die je nach Einstellung der Seitenorientierung (Hochkant- bzw. Quermodus) aus einer oder zwei Seiten bestehen. Die erste Seite zeigt eine Sinus-, die zweite eine Cosinuskurve. In Abbildung 9.7 ist der Android-Druckdialog mit der Vorschau eines solchen Dokuments dargestellt.

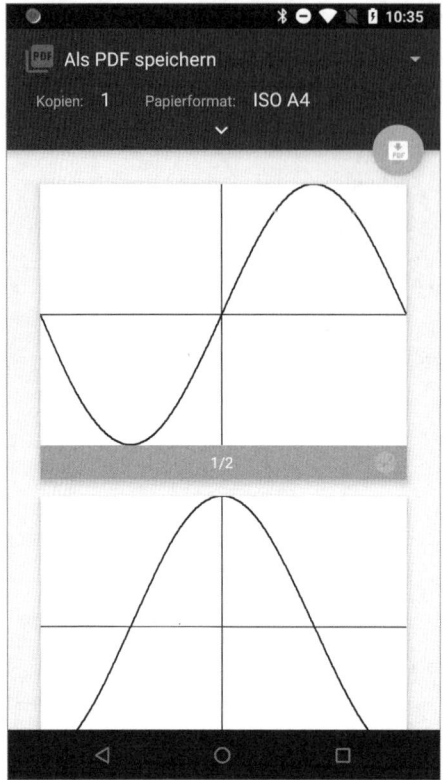

Abbildung 9.7 Druckdialog mit dem Dokument aus »DruckDemo2«

Lassen Sie uns einen kurzen Blick auf Listing 9.11 werfen, das die Hauptaktivität der App, die Klasse `DruckDemo2Activity` zeigt. Als Erstes wird wieder mit `getSystemService(PrintManager.class)` eine `PrintManager`-Instanz ermittelt. Anschließend erzeugt `print()` einen Druckauftrag und übergibt ihn an das System. Alle Informationen, die Android für das Drucken des Dokuments benötigt, werden über die Methoden der Klasse `DemoPrintDocumentAdapter` abgefragt. Wie Sie gleich sehen werden, ist PDF das Standardformat für das Drucken unter Android. Das bedeutet, dass Apps sauber paginierte PDF-Dokumente erzeugen und an das Druck-Framework übermitteln müssen. Das hört sich aber komplizierter an, als es ist. Denn glücklicherweise stellt die Plattform hierfür Klassen zur Verfügung, die leicht einsetzbar sind und das Erstellen von PDFs fast schon zu einem Kinderspiel machen.

```
package com.thomaskuenneth.druckdemo2;

import android.app.Activity;
import android.os.Bundle;
import android.print.PrintManager;
```

```
public class DruckDemo2Activity extends Activity {

  @Override
  protected void onCreate(Bundle savedInstanceState) {
    super.onCreate(savedInstanceState);
    PrintManager printManager =
        getSystemService(PrintManager.class);
    if (printManager != null) {
      String jobName = getString(R.string.app_name) + " Document";
      printManager.print(jobName,
          new DemoPrintDocumentAdapter(this), null);
    }
  }
}
```

Listing 9.11 Die Klasse »DruckDemo2Activity«

Bei dem Dokumenterstellungsprozess geht es darum, Inhalt und Struktur eines Dokuments (also das, was der Anwender Ihrer App zu Papier bringen möchte) so umzuformen, dass es in ein PDF gepackt und auf Seiten verteilt werden kann. Hierzu ein Beispiel: Nehmen Sie an, ein Text besteht aus 2.500 Wörtern. Wie viele davon auf eine Seite passen, hängt unter anderem vom eingestellten Papierformat und der Randgröße ab. Natürlich sind auch Schriftart und -größe wichtig, aber beide sind fester Bestandteil des Dokuments. Anders verhält es sich mit den erstgenannten Werten, die vom Anwender unmittelbar vor dem Druck vorgegeben werden können.

In Listing 9.12 sehen Sie die Klasse DemoPrintDocumentAdapter, die von PrintDocument-Adapter ableitet. Letztere definiert die Callback-Methoden onStart(), onFinish(), on-Layout() und onWrite(). Die ersten beiden Methoden können Sie überschreiben. Sie werden einmal zu Beginn bzw. am Ende des Druckprozesses aufgerufen. Es bietet sich an, sie für Initialisierungs- und Aufräumarbeiten zu nutzen. Die letzten zwei Callback-Methoden sind abstrakt und müssen deshalb implementiert werden. onLay-out() wird immer nach Änderungen von Druckeinstellungen aufgerufen, die Auswirkungen auf die Ausgabe haben, beispielsweise Drucker, Papierart und Seitenorientierung. Die Aufgabe Ihrer App ist es, das Layout der Seiten zu berechnen. Dabei müssen Sie die erwartete Seitenzahl zurückliefern. onWrite() schließlich rendert die zu druckenden Seiten in eine Datei. Diese Methode kann nach einem onLayout() ein- oder mehrmals aufgerufen werden.

Hinweis

Alle Adapter-Methoden werden auf dem Mainthread der App aufgerufen. Zeitintensive Berechnungen sowie das Nachladen von Daten sollten Sie deshalb auf jeden Fall in einen Hintergrundprozess auslagern.

```
package com.thomaskuenneth.druckdemo2;

import android.content.Context;
import android.graphics.Canvas;
import android.graphics.Color;
import android.graphics.Paint;
import android.graphics.pdf.PdfDocument;
import android.os.Bundle;
import android.os.CancellationSignal;
import android.os.ParcelFileDescriptor;
import android.print.PageRange;
import android.print.PrintAttributes;
import android.print.PrintDocumentAdapter;
import android.print.PrintDocumentInfo;
import android.print.pdf.PrintedPdfDocument;
import java.io.FileOutputStream;
import java.io.IOException;

class DemoPrintDocumentAdapter extends PrintDocumentAdapter {

  private Context context;
  private PrintedPdfDocument pdf;
  private int numPages;

  DemoPrintDocumentAdapter(Context context) {
    this.context = context;
  }

  @Override // muss implementiert werden
  public void onLayout(PrintAttributes oldAttributes,
            PrintAttributes newAttributes,
            CancellationSignal cancellationSignal,
            LayoutResultCallback callback,
            Bundle extras) {
    // sofern vorhanden, altes freigeben
    disposePdf();
    // neues PDF-Dokument mit den gewünschten Attributen erzeugen
    pdf = new PrintedPdfDocument(context, newAttributes);
    // auf Abbruchwunsch reagieren
    if (cancellationSignal.isCanceled()) {
      callback.onLayoutCancelled();
      disposePdf();
      return;
```

```
  }
  // erwartete Seitenzahl berechnen
  numPages = computePageCount(newAttributes);
  if (numPages > 0) {
    // Informationen an das Print-Framework zurückliefern
    PrintDocumentInfo info = new PrintDocumentInfo
        .Builder("sin_cos.pdf")
        .setContentType(
            PrintDocumentInfo.CONTENT_TYPE_DOCUMENT)
        .setPageCount(numPages)
        .build();
    callback.onLayoutFinished(info, true);
  } else {
    // einen Fehler melden
    callback.onLayoutFailed(
        "Fehler beim Berechnen der Seitenzahl");
  }
}


@Override // muss implementiert werden
public void onWrite(PageRange[] pages,
          ParcelFileDescriptor destination,
          CancellationSignal cancellationSignal,
          WriteResultCallback callback) {
  // über alle Seiten des Dokuments iterieren
  for (int i = 0; i < numPages; i++) {
    // Abbruch?
    if (cancellationSignal.isCanceled()) {
      callback.onWriteCancelled();
      disposePdf();
      return;
    }
    PdfDocument.Page page = pdf.startPage(i);
    drawPage(page);
    pdf.finishPage(page);
  }
  // PDF-Dokument schreiben
  try {
    pdf.writeTo(new FileOutputStream(
        destination.getFileDescriptor()));
  } catch (IOException e) {
    callback.onWriteFailed(e.toString());
    return;
```

```
    }
    try {
      destination.close();
    } catch (IOException e) {
      callback.onWriteFailed(e.toString());
      return;
    }
    callback.onWriteFinished(pages);
  }


  @Override
  public void onFinish() {
    disposePdf();
  }


  private int computePageCount(PrintAttributes printAttributes) {
    PrintAttributes.MediaSize size = printAttributes.getMediaSize();
    return (size == null) || !size.isPortrait()
        ? 2 : 1;
  }


  // Einheiten entsprechen 1/72 Zoll
  private void drawPage(PdfDocument.Page page) {
    Canvas canvas = page.getCanvas();
    int nr = page.getInfo().getPageNumber();
    // Breite und Höhe
    int w = canvas.getWidth();
    int h = canvas.getHeight();
    // Mittelpunkt
    int cx = w / 2;
    int cy = h / 2;
    Paint paint = new Paint();
    paint.setStrokeWidth(3);
    paint.setColor(Color.BLUE);
    canvas.drawLine(cx, 0, cx, h - 1, paint);
    canvas.drawLine(0, cy, w - 1, cy, paint);
    paint.setColor(Color.BLACK);
    for (int i = 0; i < w; i++) {
      int y;
      if (nr == 0) {
        y = (int) (Math.sin(i * ((2 * Math.PI) / w)) * cy + cy);
      } else {
        y = (int) (Math.cos(i * ((2 * Math.PI) / w)) * cy + cy);
```

```
      }
      canvas.drawPoint(i, y, paint);
    }
  }

  private void disposePdf() {
    if (pdf != null) {
      pdf.close();
      pdf = null;
    }
  }
}
```

Listing 9.12 Die Klasse »DemoPrintDocumentAdapter«

Es ist die Hauptaufgabe von `onLayout()`, das Layout des Dokuments an die aktuellen Druckeinstellungen anzupassen und dabei die erwartete Seitenzahl zu ermitteln. Meine Implementierung ruft hierfür die Methode `computePageCount()` auf. Diese führt natürlich keine echte Berechnung durch, sondern liefert je nach Seitenorientierung immer 1 oder 2. Das Ergebnis des Layoutvorgangs teilen Sie dem System mit, indem Sie eine der Methoden des `LayoutResultCallback`-Objekts aufrufen, das an `onLayout()` übergeben wurde. Dabei kann es drei Situationen geben:

▶ Der Vorgang war erfolgreich. In diesem Fall rufen Sie `onLayoutFinished()` auf und übergeben hierbei in einem Objekt des Typs `PrintDocumentInfo` die Seitenanzahl und den Typ des Dokuments. Ein Flag kennzeichnet, ob sich das Layout inhaltlich geändert hat. Es ist wichtig, diesen Wert sorgsam zu setzen, denn Android nutzt ihn für die Steuerung von `onWrite()`-Aufrufen.

▶ Es ist ein Fehler aufgetreten. Die Seitenzahl konnte nicht berechnet werden. In diesem Fall übergeben Sie eine Fehlermeldung an `onLayoutFailed()`.

▶ Der Druckvorgang soll abgebrochen werden. In diesem Fall müssen Sie `onLayoutCancelled()` aufrufen. Aufforderungen, den Druck abzubrechen, werden an `onLayout()` und `onWrite()` mit einem `CancellationSignal`-Objekt übergeben.

Ein Objekt des Typs `PrintedPdfDocument` repräsentiert das zu druckende Dokument während seiner Erstellung. Es wird in `onLayout()` auf Basis der aktuellen Druckparameter instanziiert und in `onWrite()` bestückt. Die Hauptaufgabe dieser Methode ist es, jede angeforderte Seite zu rendern und in eine Datei zu schreiben. Falls der Druckvorgang abgebrochen werden soll, rufen Sie die Methode `onWriteCancelled()` des übergebenen `WriteResultCallback`-Objekts auf. Haben Sie alle angeforderten Seiten erzeugt, schreiben Sie das Ergebnis mit `writeTo()` in eine Datei. Tritt hierbei ein Fehler auf, müssen Sie dies dem System mit `onWriteFailed()` mitteilen. Die Methode `onWriteFinished()` signalisiert einen erfolgreichen Rendering-Vorgang. Bitte denken

Sie daran, den an `onWrite()` übergebenen `ParcelFileDescriptor` durch Aufruf von `close()` zu schließen.

> **Hinweis**
>
> Um den Quelltext kurz zu halten, ignoriert meine Implementierung etwaige an `onWrite()` übergebene Seitenbereiche.

Ich habe den eigentlichen Seitenaufbau in die Methode `drawPage()` ausgelagert. Sie erhält ein `PdfDocument.Page`-Objekt, das die aktuell zu rendernde Seite repräsentiert. Das Zeichnen erfolgt auf ein ganz normales `Canvas`-Objekt. Sie erhalten es mit `getCanvas()`. Die Auflösung dieser Zeichenfläche entspricht 1/72 Zoll, was ein im Satzbereich lange bekannter Wert ist.

9.4 Zusammenfassung

Sie haben in diesem Kapitel sehr viel über Dateien und Verzeichnisse erfahren. Sie können die Daten Ihrer App privat halten oder durch das Speichern auf externen Medien mit anderen Programmen teilen. Das mit Android 4.4 eingeführte Druck-Framework erweitert die Einsatzmöglichkeiten der Plattform deutlich. Insbesondere die großen Bildschirme von Tablets machen Programme möglich, die lange Zeit den Desktops vorbehalten waren. Dank PDF steht einer qualitativ hochwertigen Ausgabe auf Papier nichts im Wege.

Kapitel 10
Datenbanken

Datenbanken eignen sich hervorragend, um viele gleichförmige Infor-
mationen abzuspeichern. Mit Content Providern können Sie anderen
Programmen die Daten Ihrer App zur Verfügung stellen. Wie Sie beides
kombinieren, zeige ich Ihnen in diesem Kapitel.

Oft folgen die Daten, die mit einem Programm verarbeitet werden, einer wohldefinierten Struktur. Kontakte beispielsweise enthalten fast immer einen Namen, eine Anschrift, eine oder mehrere Telefonnummern sowie ein Geburtsdatum. In einem Literaturverzeichnis erwarten Sie den Titel des Buches, den Namen des Verfassers und das Erscheinungsjahr. Und um Termine zu speichern, sollten Beginn und Ende eines Termins (jeweils mit Datum und Uhrzeit), der Ort und eine Beschreibung vorhanden sein. Meine drei Beispiele zeigen *Datensätze*. Ein Datensatz fasst *Datenfelder* zusammen. Name, Titel und Beschreibung sind solche Felder.

Wie oder wo Datensätze gespeichert werden, ist in erster Linie eine technische Frage. Indem Sie eine Karteikarte aus Papier beschriften und einsortieren, legen Sie einen Datensatz an. Programme können Daten in klassischen Dateien speichern. Wie das funktioniert, beschreibe ich im vorangehenden Kapitel 9, »Dateien lesen, schreiben und drucken«. Welche Struktur hierbei entsteht, bestimmt die schreibende Anwendung. Möchten andere Programme darauf zugreifen, dann müssen sie das Format dieser Datei kennen. Eine interessante Alternative ist deshalb, die Speicherung einem Datenbanksystem zu überlassen. Android bringt eine solche Komponente mit.

10.1   Erste Schritte mit SQLite

Sehr häufig werden Datensätze als Tabellen dargestellt, wobei die Spaltenüberschriften Datenfelder repräsentieren und die Zeilen der Tabelle die eigentlichen Nutzdaten enthalten. Dies ist die zentrale Idee von *relationalen Datenbanksystemen*. Sie folgen dem *relationalen Modell*, das E. F. Codd erstmals 1970 vorgeschlagen hat. Die Grundlage dieses Modells bildet die *mathematische Relation*. Relationen bestehen aus einer Menge von *Tupeln*. Ein Tupel wiederum entspricht einer Zeile einer Tabelle. Welche

Operationen auf eine Relation angewendet werden können, wird durch die *relationale Algebra* bestimmt.

Glücklicherweise tritt dieser stark mathematische Aspekt beim Programmieren in den Hintergrund, denn mit relationalen Datenbanken hat sich auch die Datenbanksprache *SQL* (*Structured Query Language*) etabliert. Mit ihr ist es unter anderem möglich, Daten abzufragen, zu verwalten und zu verändern.

10.1.1   Einstieg in SQLite

Eine Software zur Eingabe, Verwaltung und Bearbeitung von in Datenbanken abgelegten Informationen wird traditionell *Datenbankmanagementsystem* genannt. Oft werden die Programme, die die eigentliche Speicherung und Wiedergewinnung übernehmen, auf einem eigenen *Datenbankserver* installiert. Ein Client verbindet sich über ein Netzwerk mit ihm, übermittelt SQL-Anweisungen und empfängt Ergebnisse (zum Beispiel von Suchanfragen).

Damit das klappt, müssen beide Maschinen entsprechend konfiguriert, gegebenenfalls Benutzerkonten angelegt oder abgeglichen und Zugriffsrechte vergeben werden. Für den Einsatz in einem Unternehmen ist dieser Aufwand zweifellos gerechtfertigt. Möchten Sie in einer Anwendung »einfach nur« Daten speichern und abfragen, sind andere Qualitäten wichtig. Hierzu gehören unter anderem:

- ein geringer Speicherverbrauch
- eine möglichst einfache Konfiguration
- eine schlanke Programmierschnittstelle

SQLite[1] erfüllt diese Anforderungen. Es handelt sich hierbei um eine in sich geschlossene, serverlose und ohne Konfigurationsaufwand nutzbare *transaktionale* SQL-Datenbankmaschine. Google hat diese sehr kompakte, nur wenige 100 KB große *In-Process-Bibliothek* in Android integriert und stellt sie App-Entwicklern über einige leicht einsetzbare Klassen zur Verfügung. Wie Sie in den folgenden Abschnitten sehen werden, gelingt der Einstieg in die faszinierende Welt der Datenbanken ohne große Mühe. Und wenn Sie tiefer in die Materie einsteigen möchten, empfehle ich Ihnen zusätzlich einen Blick in das Literaturverzeichnis in Anhang A.

Wie Sie bereits wissen, werden Nutzdaten (zum Beispiel der Name einer Person und ihr Alter) als Zeilen einer benannten Tabelle gespeichert. Auch deren Spaltenüberschriften haben Namen, die nötig sind, um eine ganz bestimmte Spalte ansprechen zu können. Welche Werte sie aufnehmen kann, wird bei der Definition der Tabelle festgelegt. Auch Datenbanken selbst erhalten – Sie ahnen es sicher – einen Namen.

---

1 *www.sqlite.org*

Nun fragen Sie sich bestimmt, wie Sie Datenbanken oder Tabellen anlegen und Inhalte einfügen, abfragen und verändern können. Vieles ist über SQL standardisiert möglich, anderes hängt vom verwendeten Datenbankmanagementsystem ab. Vor allem große Systeme kennen beispielsweise die Anweisung CREATE DATABASE, um eine neue Datenbank anzulegen. In SQLite entspricht eine Datenbank hingegen genau einer Datei, deshalb müssen Sie eine Datei erzeugen, um mit einer neuen Datenbank zu arbeiten. Ein zusätzlicher Befehl ist nicht nötig.

Bevor ich Ihnen zeige, wie Sie in Ihren Programmen auf SQLite zugreifen, möchte ich Ihnen ein paar grundlegende SQL-Kenntnisse vermitteln. (Falls Sie bereits mit SQL vertraut sind, können Sie diesen Abschnitt gefahrlos überspringen.) Da man sich Dinge am leichtesten merken kann, wenn man sie selbst ausprobiert hat, werden Sie diese Befehle auf der Kommandozeile eingeben.

10

[«]

> **Hinweis**
>
> Damit das funktioniert, müssen Sie die Kommandozeilentools des *Android SDK* dem Standardsuchpfad hinzugefügt haben. Weitere Hinweise finden Sie in Abschnitt 1.3.1, »Android Studio und Android SDK installieren«.

Sie können die *Android Debug Bridge* verwenden, um mit einem gestarteten Emulator oder einem realen Gerät mit aktiviertem *USB-Debugging* zu kommunizieren. Öffnen Sie hierzu die Eingabeaufforderung, Power Shell bzw. ein Terminal-Fenster. Haben Sie keinen Emulator gestartet, können Sie mit emulator -list-avds alle von Ihnen angelegten Emulatorkonfigurationen anzeigen.

emulator -avd ... & startet unter macOS und Linux einen Emulator im Hintergrund. Sie können also weitere Befehle eingeben. In der Eingabeaufforderung unter Windows verwenden Sie anstelle des Ampersand-Zeichens am Ende der Eingabe das Wort start, und zwar am Anfang, also beispielsweise start emulator -avd Pixel_API_27. Für die Power Shell lautet das Kommando start-job {emulator -avd Pixel_API_27} (wobei Sie natürlich den Namen eines Ihrer AVDs angeben).

Nachdem das virtuelle Gerät hochgefahren ist, geben Sie bitte adb devices ein. Dieses Kommando zeigt die Namen aller angeschlossenen Geräte und Emulatoren an. adb -s <name> shell startet auf dem Gerät <name> eine Shell. Auch hier ein Beispiel:

```
adb -s emulator-5554 shell
```

Die folgenden Befehle funktionieren nur mit emulierten Geräten, weil Android-Versionen für Nicht-Entwickler (wie sie auf echte Geräte aufgespielt werden) nicht das Kommando sqlite3 enthalten.

Datenbanken und Tabellen anlegen

Nun können Sie SQLite aufrufen. Geben Sie hierzu `sqlite3 /data/local/tmp/test.db` ein, und drücken Sie die [↵]-Taste. */data/local/tmp/test.db* ist der vollständige Name der Datenbankdatei, mit der Sie arbeiten möchten. Da diese Datei noch nicht existiert, legt das System sie für Sie an. Als Nächstes erzeugen Sie eine – zunächst leere – Tabelle. Hierfür ist `CREATE TABLE` zuständig. Geben Sie den folgenden Befehl in einer Zeile ein, und bestätigen Sie mit der [↵]-Taste:

```
CREATE TABLE testtabelle (age INTEGER, name VARCHAR(32));
```

Achten Sie dabei auf den Strichpunkt am Ende. Ihre Eingabe besteht aus den drei folgenden Bereichen:

1. der auszuführenden Operation (`CREATE TABLE`)

2. dem Namen der anzulegenden Tabelle

3. einer zwischen runde Klammern gesetzten Liste mit Spaltendefinitionen, deren Elemente durch ein Komma voneinander getrennt werden

Wie Sie bereits wissen, werden den Spalten einer Datenbanktabelle Namen und Datentypen zugewiesen. `testtabelle` besteht aus den beiden Spalten `age` und `name`. Der Name einer Person kann in diesem Fall bis zu 32 Zeichen enthalten. Das Alter wird als ganze Zahl angegeben. Anstelle des Spaltentyps `VARCHAR` können Sie übrigens auch `TEXT` verwenden. Dann entfällt die Längenangabe in Klammern.

Datensätze ablegen

Mit `INSERT INTO` fügen Sie einer Tabelle Datensätze hinzu:

```
INSERT INTO testtabelle (age, name) VALUES (47, 'Thomas');
```

Ihre Eingabe besteht aus fünf Bereichen:

1. der auszuführenden Operation (`INSERT INTO`)

2. dem Namen der zu befüllenden Tabelle

3. einer zwischen runde Klammern gesetzten Liste mit Spaltennamen, deren Elemente durch ein Komma voneinander getrennt werden

4. dem Schlüsselwort `VALUES`

5. einer zwischen runde Klammern gesetzten Liste mit Werten, deren Elemente durch ein Komma voneinander getrennt werden

Die erste geklammerte Liste gibt an, welche Spalten einer Tabelle mit Werten gefüllt werden sollen. Die zweite Liste enthält die abzulegenden Daten. Der SQL-Befehl `INSERT INTO` ist sehr mächtig. Beispielsweise können Sie unter bestimmten Umständen Spalten auslassen. Fügen Sie der Tabelle noch ein paar Zeilen hinzu. Diesmal lassen wir die zu befüllenden Spalten weg. Das ist möglich, wenn die Liste nach VALUES für jede Spalte der Datenbank einen Wert enthält und die Werte in derselben Reihenfolge wie bei der Definition der Tabellen übergeben werden.

```
INSERT INTO testtabelle VALUES (50, 'Andreas');
INSERT INTO testtabelle VALUES (79, 'Rudolf');
```

Daten abfragen

Mit der Anweisung

```
SELECT * FROM testtabelle;
```

können Sie sich die Tabelle ansehen. Anstelle des Asterisks (*) können Sie eine durch Kommata getrennte Liste von Spaltennamen übergeben. Das Kommando

```
SELECT age, name FROM testtabelle;
```

liefert hier also dasselbe Ergebnis. Lassen Sie uns noch ein wenig mit SQL experimentieren. Um die Anzahl der Zeilen von testtabelle zu zählen, verwenden Sie folgenden Befehl:

```
SELECT COUNT(*) FROM testtabelle;
```

Das Durchschnittsalter der gespeicherten Personen erfragen Sie mit folgender Anweisung:

```
SELECT AVG(age) FROM testtabelle;
```

Geben Sie zum Schluss noch folgendes Kommando ein:

```
SELECT age FROM testtabelle WHERE name IS 'Thomas';
```

Diese Anweisung liefert das Alter einer Person mit dem Namen Thomas. Falls mehrere solcher Datensätze existieren (was natürlich problemlos möglich ist), werden entsprechend viele Zahlen ausgegeben. Mit .exit (achten Sie auf den führenden Punkt) beenden Sie SQLite.

Die vollständige Sitzung mit allen ausgeführten SQL-Anweisungen ist in Abbildung 10.1 zu sehen. exit (diesmal ohne Punkt) trennt die adb-Verbindung.

Tipp

In Bezug auf Schlüsselwörter (CREATE, SELECT, ...) unterscheidet SQL nicht zwischen Groß- und Kleinschreibung. Allein schon aus Gründen der Lesbarkeit sollten Sie aber der Konvention folgen, diese in Großbuchstaben zu notieren, Bezeichner hingegen, zum Beispiel Tabellen- und Spaltennamen, in Kleinbuchstaben.

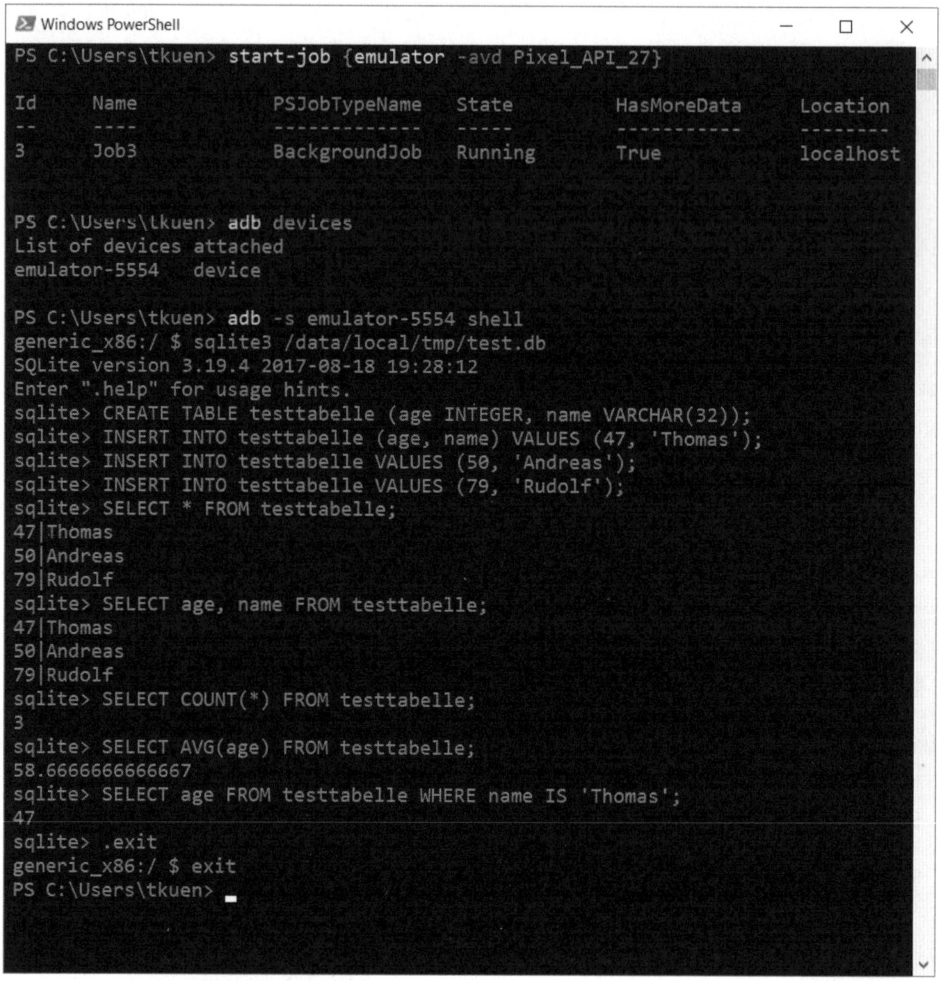

```
Windows PowerShell                                              —    □    ×
PS C:\Users\tkuen> start-job {emulator -avd Pixel_API_27}

Id      Name           PSJobTypeName   State          HasMoreData     Location
--      ----           -------------   -----          -----------     --------
3       Job3           BackgroundJob   Running        True            localhost


PS C:\Users\tkuen> adb devices
List of devices attached
emulator-5554   device

PS C:\Users\tkuen> adb -s emulator-5554 shell
generic_x86:/ $ sqlite3 /data/local/tmp/test.db
SQLite version 3.19.4 2017-08-18 19:28:12
Enter ".help" for usage hints.
sqlite> CREATE TABLE testtabelle (age INTEGER, name VARCHAR(32));
sqlite> INSERT INTO testtabelle (age, name) VALUES (47, 'Thomas');
sqlite> INSERT INTO testtabelle VALUES (50, 'Andreas');
sqlite> INSERT INTO testtabelle VALUES (79, 'Rudolf');
sqlite> SELECT * FROM testtabelle;
47|Thomas
50|Andreas
79|Rudolf
sqlite> SELECT age, name FROM testtabelle;
47|Thomas
50|Andreas
79|Rudolf
sqlite> SELECT COUNT(*) FROM testtabelle;
3
sqlite> SELECT AVG(age) FROM testtabelle;
58.6666666666667
sqlite> SELECT age FROM testtabelle WHERE name IS 'Thomas';
47
sqlite> .exit
generic_x86:/ $ exit
PS C:\Users\tkuen> ▪
```

Abbildung 10.1 Interaktive sqlite3-Sitzung

Sie haben jetzt erste Erfahrungen mit der Datenbanksprache SQL gesammelt und interaktiv mit SQLite gearbeitet. Nun wollen wir uns ansehen, wie Sie in Ihren Apps auf Datenbanken zugreifen.

10.1.2   SQLite in Apps nutzen

In diesem Abschnitt stelle ich Ihnen die Beispiel-App *TKMoodley* vor. Ihre Benutzeroberfläche ist in Abbildung 10.2 zu sehen. Sie besteht aus vier Schaltflächen – drei Smileys sowie VERLAUF. Die (nicht ganz ernst gemeinte) Idee ist, durch Anklicken eines der drei Gesichter Ihre aktuelle Stimmung zu dokumentieren. Das Programm legt den Zeitpunkt des Klicks sowie den Smiley-Typ in einer Datenbanktabelle ab.

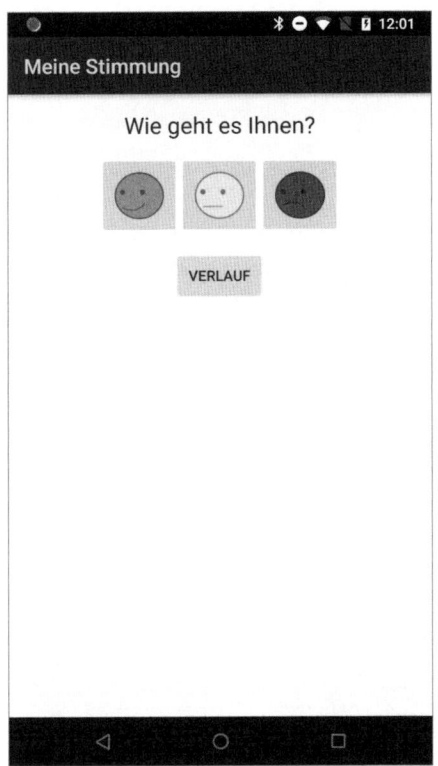

Abbildung 10.2 Die App »TKMoodley«

Sie finden die App in mehreren Versionen in den Begleitmaterialien zum Buch unter *www.rheinwerk-verlag.de/4564*. Fürs Erste beschäftigen wir uns mit *TKMoodley_v1*. Das Projekt besteht aus den zwei Klassen TKMoodley und TKMoodleyOpenHandler, den drei Smileys in jeweils drei Größen sowie den Android-üblichen Layout- und Konfigurationsdateien.

Die Activity TKMoodley entfaltet ihre Benutzeroberfläche aus *main.xml*. Wenn Sie neugierig sind, können Sie einen kurzen Blick auf das Layout werfen. onCreate() registriert für die vier Schaltflächen jeweils einen OnClickListener. Alle Smileys rufen imageButtonClicked() auf. Diese private Methode erzeugt einen neuen Eintrag in einer Datenbank (wie das funktioniert, erkläre ich gleich) und gibt die Meldung GE-SPEICHERT in einem kleinen Infofähnchen (einem sogenannten *Toast*) aus. Ein Klick auf VERLAUF bewirkt im Moment noch nichts, da wir den entsprechenden Code erst in Abschnitt 10.2.1, »Klickverlauf mit SELECT ermitteln«, einfügen werden.

```
package com.thomaskuenneth.tkmoodley_v1;

import android.app.Activity;
import android.os.Bundle;
```

```java
import android.widget.Button;
import android.widget.ImageButton;
import android.widget.Toast;

public class TKMoodley extends Activity {

  private TKMoodleyOpenHandler openHandler;

  @Override
  public void onCreate(Bundle savedInstanceState) {
    super.onCreate(savedInstanceState);
    setContentView(R.layout.main);
    final ImageButton buttonGut =
        findViewById(R.id.gut);
    buttonGut.setOnClickListener((e) ->
        imageButtonClicked(TKMoodleyOpenHandler.MOOD_FINE)
    );
    final ImageButton buttonOk =
        findViewById(R.id.ok);
    buttonOk.setOnClickListener((e) ->
        imageButtonClicked(TKMoodleyOpenHandler.MOOD_OK)
    );
    final ImageButton buttonSchlecht =
        findViewById(R.id.schlecht);
    buttonSchlecht.setOnClickListener((e) ->
        imageButtonClicked(TKMoodleyOpenHandler.MOOD_BAD)
    );
    final Button buttonAuswertung =
        findViewById(R.id.auswertung);
    buttonAuswertung.setOnClickListener((e) -> {
      // hier passiert noch nichts
    });
    openHandler = new TKMoodleyOpenHandler(this);
  }

  @Override
  protected void onPause() {
    super.onPause();
    openHandler.close();
  }

  private void imageButtonClicked(int mood) {
    openHandler.insert(mood, System.currentTimeMillis());
```

```
    Toast.makeText(this, R.string.saved, Toast.LENGTH_SHORT)
        .show();
    }
}
```

Listing 10.1 Die Klasse »TKMoodley«

Die letzte Anweisung in `onCreate()`, nämlich `openHandler = new TKMoodleyOpenHandler(this);`, instanziiert ein Objekt des Typs `TKMoodleyOpenHandler` und weist es der Instanzvariablen `openHandler` zu. Auf diese wird in den Methoden `imageButtonClicked()` (Aufruf von `insert()`) und `onPause()` (Aufruf von `close()`) zugegriffen.

Damit ein Programm auf eine Datenbank zugreifen kann, muss diese unter anderem angelegt und geöffnet werden. Zu Android gehört die abstrakte Klasse `android.database.sqlite.SQLiteOpenHelper`, die die Kommunikation mit SQLite vereinfacht. Apps sollten deshalb eigene Datenbankhilfsklassen beinhalten, die von `SQLiteOpenHelper` ableiten und deren Methoden `onCreate()` und `onUpgrade()` implementieren.

Möchte eine App auf eine Datenbank zugreifen, prüft Android, ob diese schon existiert. Ist dies nicht der Fall, ruft das System `onCreate()` auf. In dieser Methode sollten mit `CREATE TABLE` alle Tabellen angelegt und gegebenenfalls mit Grunddaten versorgt werden. Um das Anlegen der Datenbank selbst müssen Sie sich nicht kümmern. `onUpgrade()` wird aufgerufen, wenn sich die Version einer Datenbank geändert hat. Diese Nummer übermitteln Sie bei der Instanziierung Ihrer `SQLiteOpenHelper`-Ableitung an das System. Benötigen Sie in einer Tabelle zusätzliche Spalten oder müssen Sie die komplette Struktur Ihrer Datenbank ändern, erhöhen Sie die Versionsnummer um 1.

Tipp

Einfache Änderungen an der Tabellenstruktur sind mit `ALTER TABLE` möglich.

Die im Folgenden abgedruckte Beispielimplementierung löscht mit dem SQL-Befehl `DROP TABLE` die einzige Tabelle der Datenbank und ruft anschließend `onCreate()` auf. Das hat natürlich zur Folge, dass vorhandene Datensätze verloren gehen. Wenn Sie Ihre App im *Google Play Store* anbieten oder auf andere Weise veröffentlichen, sollten Sie diese Datensätze stattdessen in geeigneter Weise »parken« und nach der Aktualisierung der Tabellenstruktur wieder einspielen.

```
package com.thomaskuenneth.tkmoodley_v1;

import android.content.ContentValues;
import android.content.Context;
import android.database.sqlite.SQLiteDatabase;
import android.database.sqlite.SQLiteException;
```

```
import android.database.sqlite.SQLiteOpenHelper;
import android.util.Log;

class TKMoodleyOpenHandler extends SQLiteOpenHelper {
  private static final String TAG = TKMoodleyOpenHandler.class
      .getSimpleName();

  // Name und Version der Datenbank
  private static final String DATABASE_NAME = "tkmoodley.db";
  private static final int DATABASE_VERSION = 1;

  // Name und Attribute der Tabelle "mood"
  private static final String _ID = "_id";
  private static final String TABLE_NAME_MOOD = "mood";
  private static final String MOOD_TIME = "timeMillis";
  private static final String MOOD_MOOD = "mood";

  // Konstanten für die Stimmungen
  static final int MOOD_FINE = 1;
  static final int MOOD_OK = 2;
  static final int MOOD_BAD = 3;

  // Tabelle "mood" anlegen
  private static final String TABLE_MOOD_CREATE = "CREATE TABLE "
      + TABLE_NAME_MOOD + " (" + _ID
      + " INTEGER PRIMARY KEY AUTOINCREMENT, " + MOOD_TIME
      + " INTEGER, " + MOOD_MOOD + " INTEGER);";
  // Tabelle "mood" löschen
  private static final String TABLE_MOOD_DROP =
      "DROP TABLE IF EXISTS " + TABLE_NAME_MOOD;
  TKMoodleyOpenHandler(Context context) {
    super(context, DATABASE_NAME, null, DATABASE_VERSION);
  }

  @Override
  public void onCreate(SQLiteDatabase db) {
    db.execSQL(TABLE_MOOD_CREATE);
  }

  @Override
  public void onUpgrade(SQLiteDatabase db, int oldVersion,
            int newVersion) {
```

```
  Log.w(TAG, "Upgrade der Datenbank von Version "
      + oldVersion + " zu "
      + newVersion + "; alle Daten werden gelöscht");
  db.execSQL(TABLE_MOOD_DROP);
  onCreate(db);
}


void insert(int mood, long timeMillis) {
  long rowId = -1;
  try {
    // Datenbank öffnen
    SQLiteDatabase db = getWritableDatabase();
    Log.d(TAG, "Pfad: " + db.getPath());
    // die zu speichernden Werte
    ContentValues values = new ContentValues();
    values.put(MOOD_MOOD, mood);
    values.put(MOOD_TIME, timeMillis);
    // in die Tabelle "mood" einfügen
    rowId = db.insert(TABLE_NAME_MOOD, null, values);
  } catch (SQLiteException e) {
    Log.e(TAG, "insert()", e);
  } finally {
    Log.d(TAG, "insert(): rowId=" + rowId);
  }
  }
}
```

Listing 10.2 Die Klasse »TKMoodleyOpenHandler«

Die Methode insert() wird aus TKMoodley aufgerufen, wenn der Benutzer einen der drei Smileys angeklickt hat. Die Beispielimplementierung ermittelt zunächst mit getWritableDatabase() eine Instanz des Typs SQLiteDatabase und baut anschließend ein ContentValues-Objekt zusammen. Dieses erhält Informationen darüber, welchen Spalten welche Werte zugewiesen werden sollen.

Sehen Sie sich die Definition der Instanzvariablen TABLE_MOOD_CREATE an. Die Variable enthält eine vollständige CREATE TABLE-Anweisung, mit der die Tabelle mood erstellt wird. Diese besteht aus den drei Spalten _id, timeMillis und mood. Die Spalte _id wird aufgrund des Schlüsselwortes AUTOINCREMENT selbsttätig befüllt. Aus diesem Grund finden Sie in insert() nur zwei Aufrufe der Methode put(), nämlich einmal für timeMillis und einmal für mood.

Das Erfassen von Stimmungen funktioniert jetzt also schon tadellos. Im folgenden Abschnitt zeige ich Ihnen, wie Sie den Verlauf Ihrer Klicks anzeigen. Außerdem werden wir *TKMoodley* um die Möglichkeit erweitern, den Smiley-Typ nachträglich zu ändern und einen Eintrag komplett zu löschen. Sie finden auch diese erweiterte Version in den Begleitmaterialien zum Buch (unter *www.rheinwerk-verlag.de/4564*).

10.2 Fortgeschrittene Operationen

Ich habe den Paketnamen des Projekts *TKMoodley_full* auf `com.thomaskuenneth.tkmoodley` geändert, sodass Sie die beiden Versionen parallel testen können. SQLite-Datenbanken werden im privaten Anwendungsverzeichnis abgelegt. Da der Paketname Bestandteil dessen Pfades ist, hat jede Variante der App ihre eigene Datenbank.

10.2.1 Klickverlauf mit SELECT ermitteln

TKMoodley zeigt den Klickverlauf in einer `ListActivity` an. Um diese starten zu können, ändern wir für die Variable `buttonAuswertung` die Implementierung der Methode `onClick()` des `OnClickListener` wie folgt:

```
buttonAuswertung.setOnClickListener((e) -> {
  Intent intent = new Intent(this, History.class);
  startActivity(intent);
});
```

Listing 10.3 Den Verlauf öffnen

Damit das funktioniert, muss die Activity in der Manifestdatei eingetragen werden. Dies geschieht durch Einfügen des Elements `<activity android:name=".History" />` als Kind von `<application />`.

Mit CursorAdaptern arbeiten

Wie Sie bereits wissen, beziehen *List Activities* und *List Views* die Daten, die sie anzeigen sollen, von Objekten, die das Interface `android.widget.ListAdapter` implementieren. Android enthält eine ganze Reihe von Adaptern, die Ihnen einen Großteil der sonst nötigen Implementierungsarbeit abnehmen. `android.widget.CursorAdapter` stellt die Daten eines Cursors zur Verfügung. Auch diese äußerst praktische Klasse haben Sie bereits verwendet.

Die Klasse `TKMoodleyAdapter` implementiert zwei Methoden: `newView()` wird vom System aufgerufen, wenn eine neue View benötigt wird, was zum Beispiel während der erstmaligen Befüllung einer Liste der Fall ist. Die Beispielimplementierung entfaltet die im Folgenden abgedruckte Layoutdatei *icon_text_text.xml*. Sie stellt zur Laufzeit ein Symbol sowie zwei Zeilen Text mit unterschiedlicher Größe dar.

```xml
<?xml version="1.0" encoding="utf-8"?>
<RelativeLayout xmlns:android="http://schemas.android.com/apk/res/android"
  android:layout_width="match_parent"
  android:layout_height="?android:attr/listPreferredItemHeight"
  android:padding="6dip">

  <ImageView
    android:id="@+id/icon"
    android:layout_width="wrap_content"
    android:layout_height="match_parent"
    android:layout_alignParentStart="true"
    android:layout_alignParentTop="true"
    android:layout_marginEnd="6dip" />

  <TextView
    android:id="@+id/text1"
    android:layout_width="match_parent"
    android:layout_height="wrap_content"
    android:layout_marginTop="4dip"
    android:layout_toEndOf="@id/icon"
    android:textAppearance="?android:attr/textAppearanceMedium" />

  <TextView
    android:id="@+id/text2"
    android:layout_width="match_parent"
    android:layout_height="wrap_content"
    android:layout_alignStart="@id/text1"
    android:layout_below="@id/text1"
    android:textAppearance="?android:attr/textAppearanceSmall" />
</RelativeLayout>
```

Listing 10.4 Die Datei »icon_text_text.xml«

Die zweite von `TKMoodleyAdapter` implementierte Methode, `bindView()`, überträgt konkrete Daten aus einem Cursor in eine bereits vorhandene View. Sie wird aufgerufen, wenn eine Liste befüllt wird oder wenn durch Scrollen verdeckte oder neue Bereiche sichtbar werden. Das Vorgehen ist stets gleich:

▶ Auslesen eines Datenbankfeldes mit `cursor.getXYZ()`

▶ Ermitteln der View mit `findViewById()`

▶ Setzen des Wertes mit `view.setText()` oder Ähnlichem

Die Umsetzung dieser Schritte ist in Listing 10.5 schön zu sehen.

```
package com.thomaskuenneth.tkmoodley;

import android.content.Context;
import android.database.Cursor;
import android.view.LayoutInflater;
import android.view.View;
import android.view.ViewGroup;
import android.widget.CursorAdapter;
import android.widget.ImageView;
import android.widget.TextView;
import java.text.DateFormat;
import java.text.SimpleDateFormat;
import java.util.Date;

class TKMoodleyAdapter extends CursorAdapter {

  private final Date date;

  private static final DateFormat DF_DATE = SimpleDateFormat
      .getDateInstance(DateFormat.MEDIUM);
  private static final DateFormat DF_TIME = SimpleDateFormat
      .getTimeInstance(DateFormat.MEDIUM);

  private LayoutInflater inflator;

  TKMoodleyAdapter(Context context) {
    super(context, null, 0);
    date = new Date();
    inflator = LayoutInflater.from(context);
  }

  @Override
  public void bindView(View view, Context context, Cursor cursor) {
    int ciMood =
        cursor.getColumnIndex(TKMoodleyOpenHandler.MOOD_MOOD);
    int ciTimeMillis =
        cursor.getColumnIndex(TKMoodleyOpenHandler.MOOD_TIME);
    ImageView image = view.findViewById(R.id.icon);
    int mood = cursor.getInt(ciMood);
    if (mood == TKMoodleyOpenHandler.MOOD_FINE) {
      image.setImageResource(R.drawable.smiley_gut);
```

```
  } else if (mood == TKMoodleyOpenHandler.MOOD_OK) {
    image.setImageResource(R.drawable.smiley_ok);
  } else {
    image.setImageResource(R.drawable.smiley_schlecht);
  }
  TextView textview1 = view.findViewById(R.id.text1);
  TextView textview2 = view.findViewById(R.id.text2);
  long timeMillis = cursor.getLong(ciTimeMillis);
  date.setTime(timeMillis);
  textview1.setText(DF_DATE.format(date));
  textview2.setText(DF_TIME.format(date));
}

@Override
public View newView(Context context, Cursor cursor,
        ViewGroup parent) {
  return inflator.inflate(R.layout.icon_text_text, null);
}
}
```

Listing 10.5 Die Klasse »TKMoodleyAdapter«

Wie Sie bereits wissen, speichert *TKMoodley* neben dem Smiley-Typ und dem Zeitpunkt der Erfassung eine eindeutige Kennung. Dieses _id-Feld wird vom System verwendet, um Tabellenzeilen auf Listenelemente abzubilden. Es muss vorhanden sein, wenn Sie CursorAdapter nutzen möchten. In welchem Zusammenhang dies geschieht, zeige ich Ihnen im folgenden Abschnitt.

Die Klasse »History«

Die Klasse History leitet von android.app.ListActivity ab. Wenn der Benutzer einen Listeneintrag antippt und hält, erscheint ein Kontextmenü. Es ist in Abbildung 10.3 zu sehen.

Um solche Kontextmenüs in Ihren eigenen Apps zu realisieren, fügen Sie onCreate() die Anweisung registerForContextMenu(getListView()); hinzu. Außerdem müssen Sie die Methode onCreateContextMenu() überschreiben. Implementierungen folgen sehr oft dem in Listing 10.6 gezeigten Muster. Als Erstes wird mit super.onCreateContextMenu() die Implementierung der Elternklasse aufgerufen. Das ist wichtig, falls diese dem Menü Elemente hinzufügen möchte. Danach wird mit getMenuInflater() ein Objekt des Typs MenuInflater ermittelt. Dessen Methode inflate() entfaltet die XML-Datei *context_menu.xml* und fügt deren Einträge dem Menü hinzu.

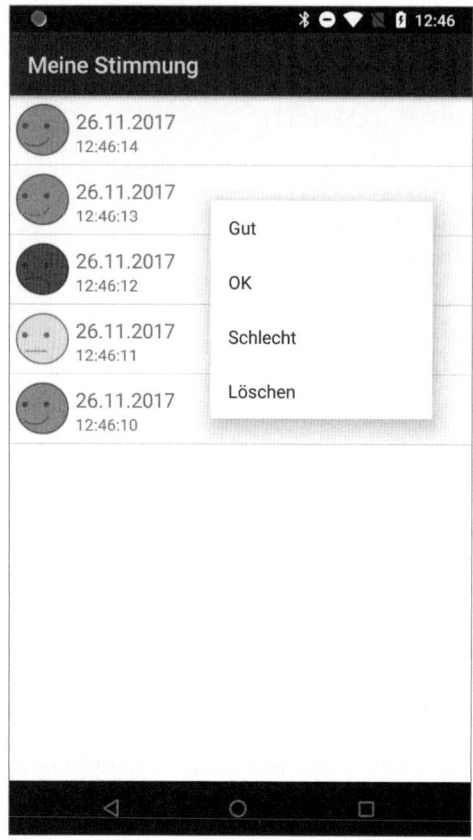

Abbildung 10.3 Das Kontextmenü der Activity »History«

Um auf das Auswählen eines Menübefehls zu reagieren, überschreiben Sie die Methode onContextItemSelected(). Üblicherweise werden in einem switch-case-Block alle Varianten sowie die gegebenenfalls auszuführenden Befehle aufgeführt. Ich komme später darauf zurück.

```
package com.thomaskuenneth.tkmoodley;

import android.app.ListActivity;
import android.os.Bundle;
import android.view.ContextMenu;
import android.view.ContextMenu.ContextMenuInfo;
import android.view.MenuInflater;
import android.view.MenuItem;
import android.view.View;
import android.widget.AdapterView.AdapterContextMenuInfo;
import android.widget.CursorAdapter;
```

```
public class History extends ListActivity {

  private CursorAdapter ca;
  private TKMoodleyOpenHandler dbHandler;

  @Override
  protected void onCreate(Bundle savedInstanceState) {
    super.onCreate(savedInstanceState);
    registerForContextMenu(getListView());
    ca = new TKMoodleyAdapter(this);
    setListAdapter(ca);
    dbHandler = new TKMoodleyOpenHandler(this);
    updateList();
  }

  @Override
  protected void onDestroy() {
    super.onDestroy();
    dbHandler.close();
  }

  @Override
  public void onCreateContextMenu(ContextMenu menu, View v,
                 ContextMenuInfo menuInfo) {
    super.onCreateContextMenu(menu, v, menuInfo);
    MenuInflater inflater = getMenuInflater();
    inflater.inflate(R.menu.context_menu, menu);
  }

  @Override
  public boolean onContextItemSelected(MenuItem item) {
    AdapterContextMenuInfo info = (AdapterContextMenuInfo) item
        .getMenuInfo();
    switch (item.getItemId()) {
      case R.id.menu_good:
        dbHandler.update(info.id,
            TKMoodleyOpenHandler.MOOD_FINE);
        updateList();
        return true;
      case R.id.menu_ok:
        dbHandler.update(info.id,
```

```
        TKMoodleyOpenHandler.MOOD_OK);
      updateList();
      return true;
    case R.id.menu_bad:
      dbHandler.update(info.id,
          TKMoodleyOpenHandler.MOOD_BAD);
      updateList();
      return true;
    case R.id.menu_delete:
      dbHandler.delete(info.id);
      updateList();
      return true;
    default:
      return super.onContextItemSelected(item);
    }
  }

  private void updateList() {
    // Cursor tauschen - der alte wird geschlossen
    ca.changeCursor(dbHandler.query());
  }
}
```

Listing 10.6 Die Klasse »History«

TKMoodley nutzt den Ihnen bereits bekannten TKMoodleyOpenHandler als Schnittstelle zu seiner Datenbank. Diese Klasse leitet von android.database.sqlite.SQLiteOpen-Helper ab. Deren Methode getWritableDatabase() liefert ein Objekt des Typs SQLite-Database. Mit query() formulieren Sie Suchanfragen. Ergebnisse werden in Gestalt eines Cursors übertragen. Das folgende Quelltextfragment aus der Klasse TKMoodleyOpenHandler liefert alle Zeilen der Tabelle mood in absteigender zeitlicher Reihenfolge. In der Listenansicht erscheinen neue Einträge also weiter oben.

```
Cursor query() {
  SQLiteDatabase db = getWritableDatabase();
  return db.query(TABLE_NAME_MOOD,
      null, null, null,
      null, null,
      MOOD_TIME + " DESC");
}
```

Listing 10.7 Einträge in absteigender zeitlicher Reihenfolge ermitteln

Das Quelltextfragment wird in der Methode updateList() der Klasse History aufgerufen. Der neue Cursor wird mit changeCursor() einem CursorAdapter-Objekt (meiner Klasse TKMoodleyAdapter) übergeben.

10.2.2   Daten mit UPDATE ändern und mit DELETE löschen

Die Methode onContextItemSelected() wird aufgerufen, wenn der Benutzer in der Activity History einen Befehl des Kontextmenüs auswählt. Dieses bietet an, einen neuen Smiley-Typ zu setzen oder den korrespondierenden Eintrag zu löschen. Die Aktualisierung eines Eintrags findet in der Methode update() der Klasse TKMoodley-OpenHandler statt. Sie erhält als Parameter dessen eindeutige Kennung sowie den neuen Smiley-Typ. Die ID wird aus einer Instanz des Typs AdapterContextMenuInfo gelesen, die durch Aufruf der Methode getMenuInfo() ermittelt wurde. Die private Methode updateList() der Klasse History sorgt nach Änderungen an der Datenbank für eine Aktualisierung des Cursors sowie der ListView.

Aktualisierung von Einträgen

Um einen oder mehrere Werte in einer Datenbank ändern zu können, müssen Sie ermitteln, welche dies sind. Die Änderung des Smiley-Typs bezieht sich immer auf genau eine Tabellenzeile, nämlich auf die Zeile, die zum Zeitpunkt der Kontextmenüauswahl aktiv ist. Deren ID wird, wie Sie gerade gesehen haben, von Android zur Verfügung gestellt. Welche Werte geändert werden sollen, übermitteln Sie dem System mit einem Objekt des Typs ContentValues. Dessen Methode put() wird der Name der zu ändernden Spalte sowie der neue Wert übergeben.

Nun können Sie die SQLiteOpenHelper-Methode update() aufrufen. Sie erwartet den Namen einer Tabelle, eine Bedingung, die die zu ändernden Zeilen festlegt, sowie das Objekt mit den neuen Werten. Die Änderungsbedingung wird in zwei Teilen übergeben. _ID + " = ?" legt das Suchkriterium fest. Das Fragezeichen wird aus der Wertemenge String[] { Long.toString(id) } substituiert.

```
void update(long id, int smiley) {
  SQLiteDatabase db = getWritableDatabase();
  ContentValues values = new ContentValues();
  values.put(MOOD_MOOD, smiley);
  int numUpdated = db.update(TABLE_NAME_MOOD,
      values, _ID + " = ?", new String[]{Long.toString(id)});
  Log.d(TAG, "update(): id=" + id + " -> " + numUpdated);
}
```

Listing 10.8 Einen Eintrag aktualisieren

Löschen eines Eintrags

Auch der zu löschende Eintrag wird in Gestalt seiner ID von Android übermittelt. Deshalb ist die Vorgehensweise beim Löschen analog zur Aktualisierung eines Datensatzes. Die SQLiteOpenHelper-Methode delete() erwartet den Namen einer Tabelle sowie eine Bedingung, die die zu löschenden Zeilen festlegt. Die Löschbedingung wird wiederum in zwei Teilen übergeben. _ID + " = ?" legt das Suchkriterium fest. Das Fragezeichen wird analog zum Aktualisieren aus der Wertemenge String[] { Long.toString(id) } substituiert.

```
void delete(long id) {
  SQLiteDatabase db = getWritableDatabase();
  int numDeleted = db.delete(TABLE_NAME_MOOD, _ID + " = ?",
      new String[]{Long.toString(id)});
  Log.d(TAG, "delete(): id=" + id + " -> " + numDeleted);
}
```

Listing 10.9 Löschen eines Eintrags

Android stellt eine Vielzahl von Funktionen zur Verfügung, um Dateien und Verzeichnisse zu lesen und zu schreiben. Üblicherweise werden diese im privaten Anwendungsverzeichnis abgelegt, sind also für andere Programme nicht erreichbar. Ist ein Austausch mit fremden Apps gewünscht, können Sie Dateien auf einer SD-Karte bzw. einem externen Speichermedium ablegen. Potenzielle Nutzer Ihrer Dateien müssen aber deren Aufbau kennen. Deshalb bietet sich ein Datenaustausch auf Dateiebene in der Regel nur für Standardformate an.

Strukturierte Daten sind besonders gut für eine Ablage in SQLite-Datenbanken geeignet. Auf diese greifen Sie mit der standardisierten Datenbanksprache SQL zu. Eigentlich prädestiniert die Verwendung von SQL die strukturierten Daten für einen Zugriff durch Drittanwendungen. Allerdings sind auch Datenbanken für fremde Apps unsichtbar. Wie Sie aus den vorangehenden Abschnitten dieses Kapitels wissen, werden sie in einer Datei im privaten Anwendungsverzeichnis gespeichert. Vielleicht fragen Sie sich nun, wie Sie unter Android solche tabellenartigen Daten über Anwendungsgrenzen hinweg austauschen können.

In Kapitel 7, »Telefonieren und surfen«, zeige ich Ihnen die Nutzung der systemweiten Anrufhistorie (Call Log). Mit der Methode query() einer ContentResolver-Instanz wurden alle entgangenen Anrufe ermittelt und in einer Liste abgelegt. Hierzu haben wir in einer Schleife einen Cursor zeilenweise weiterbewegt und auf einzelne Ergebnisspalten zugegriffen. Auch das Verändern von Werten mit der Methode update() wurde demonstriert. Cursor, query() und update() klingen zwar nach SQL, gehören in diesem Fall aber, wie Sie bereits wissen, zu einer weiteren Datenzugriffsschicht von Android.

Content Provider stellen Informationen als Datensätze zur Verfügung. Alle interessierten Apps können mit einem *Content Resolver* auf sie zugreifen. Die Vorgehensweise ist stets die gleiche: Zuerst ermitteln Sie die Referenz auf ein Objekt des Typs `android.content.ContentResolver`. Üblicherweise geschieht dies durch Aufruf von `getContentResolver()`. Diese Methode ist in allen von `android.content.Context` abgeleiteten Klassen vorhanden. Anschließend nutzen Sie `query()`, `insert()`, `update()` und `delete()`, um Daten zu suchen, einzufügen, zu verändern und zu löschen. Operationen können sich auf eine oder mehrere Zeilen oder aber auf eine bestimmte Anzahl von Spalten beziehen.

Wo diese Tabelle gespeichert wird und in welchem Format dies geschieht, ist ein Implementierungsdetail des Providers und für den Nutzer der Daten unerheblich. Es kann sich also um eine lokale Datei, einen Webservice oder um eine beliebige andere Datenquelle handeln. Der Konsument greift ausschließlich auf Methoden der Klasse `ContentResolver` zu. Einige der Methoden von `ContentResolver` erinnern an die Klasse `android.database.sqlite.SQLiteDatabase`. Zwar unterscheiden sich die Methodensignaturen geringfügig, Schlüsselkonzepte, wie die Übergabe von Werten in Instanzen des Typs `ContentValues`, sind aber gleich. Tatsächlich lassen sich SQLite-Datenbanken sehr elegant als Content Provider wiederverwenden.

10.3   Implementierung eines eigenen Content Providers

Wie Sie bereits wissen, können beliebige Apps auf einen Content Provider zugreifen, weshalb Content Provider ideal sind, um Daten zu veröffentlichen.

10.3.1   Anpassungen an der App »TKMoodley«

Im bisherigen Verlauf dieses Kapitels haben wir das Stimmungsbarometer *TKMoodley* entwickelt, in dem der Benutzer einen von drei Smileys antippen kann. Die App speichert den ausgewählten Smiley sowie den Zeitpunkt der Erfassung in einer SQLite-Datenbank. Lassen Sie uns das Programm nun so umstellen, dass es nicht mehr direkt auf die SQLite-Datenbank, sondern auf einen von uns implementierten Content Provider zugreift.

Die Klasse »TKMoodley«

Die Activity `TKMoodley` greift in der Implementierung im Projekt *TKMoodley_full* an insgesamt drei Stellen auf ein Objekt des Typs `TKMoodleyOpenHandler` zu. Diese Klasse leitet sich von `android.database.sqlite.SQLiteOpenHelper` ab und bildet die Datenzugriffsschicht der App. Um das Programm auf die Verwendung eines Content Providers umzustellen, entfernen wir alle Referenzen auf `TKMoodleyOpenHandler` und rufen stattdessen die Ihnen bereits vertrauten Methoden von `ContentResolver` auf (in diesem Fall nur insert() in imageButtonClicked()). Das Projekt *TKMoodley_CP* enthält alle im Folgenden besprochenen Änderungen.

```java
package com.thomaskuenneth.tkmoodley;

import android.app.Activity;
import android.content.ContentValues;
import android.content.Intent;
import android.os.Bundle;
import android.widget.Button;
import android.widget.ImageButton;
import android.widget.Toast;

public class TKMoodley extends Activity {

  @Override
  public void onCreate(Bundle savedInstanceState) {
    super.onCreate(savedInstanceState);
    setContentView(R.layout.main);
    final ImageButton buttonGut =
        findViewById(R.id.gut);
    buttonGut.setOnClickListener((e) ->
        imageButtonClicked(TKMoodleyOpenHandler.MOOD_FINE)
    );
    final ImageButton buttonOk =
        findViewById(R.id.ok);
    buttonOk.setOnClickListener((e) ->
        imageButtonClicked(TKMoodleyOpenHandler.MOOD_OK)
    );
    final ImageButton buttonSchlecht =
        findViewById(R.id.schlecht);
    buttonSchlecht.setOnClickListener((e) ->
        imageButtonClicked(TKMoodleyOpenHandler.MOOD_BAD)
    );
    final Button buttonAuswertung =
        findViewById(R.id.auswertung);
    buttonAuswertung.setOnClickListener((e) -> {
      Intent intent = new Intent(this, History.class);
      startActivity(intent);
    });
  }

  private void imageButtonClicked(int mood) {
```

```
    ContentValues values = new ContentValues();
    values.put(TKMoodleyOpenHandler.MOOD_MOOD, mood);
    values.put(TKMoodleyOpenHandler.MOOD_TIME,
        System.currentTimeMillis());
    getContentResolver()
        .insert(TKMoodleyProvider.CONTENT_URI, values);
    Toast.makeText(this, R.string.saved, Toast.LENGTH_SHORT)
        .show();
  }
}
```

Listing 10.10 Die auf Content Provider umgestellte Klasse »TKMoodley«

Wie Sie bereits wissen, erwartet `insert()` als ersten Parameter einen *URI*, der den zu nutzenden Content Provider referenziert. Welchen Wert die Konstante `TKMoodley-Provider.CONTENT_URI` in diesem Fall hat, zeige ich Ihnen etwas später. Der zweite Parameter, ein Objekt des Typs `ContentValues`, enthält die einzufügenden Daten. Im konkreten Fall sind dies:

▶ die Stimmung (`TKMoodleyOpenHandler.MOOD_MOOD`)

▶ der Zeitpunkt, an dem die Schaltfläche angeklickt wurde
  (`TKMoodleyOpenHandler.MOOD_TIME`)

Die in *TKMoodley_full* noch verwendete Instanzvariable `openHandler` ist, ebenso wie alle Zugriffe auf sie, vollständig entfallen. Insbesondere ist es nicht mehr nötig, die Methode `onPause()` zu überschreiben. Auch die Activity `History` (sie zeigt einen Verlauf der vom Benutzer erfassten Stimmungen) enthält Verweise auf die Klasse `TKMoodleyOpenHandler` und muss geringfügig angepasst werden, um einen Content Provider zu nutzen.

Die Klasse »History«

Historieneinträge erscheinen in einer Liste, die ihre Daten von einem `CursorAdapter` bezieht, den ein Objekt des Typs `android.database.Cursor` bestückt. Eine entsprechende Referenz wird in `updateList()` ermittelt. Der Benutzer kann über ein Kontextmenü den Smiley-Typ bereits erfasster Einträge ändern. Den Aufruf der korrespondierenden `ContentResolver`-Methode `update()` habe ich in eine eigene private Methode gleichen Namens ausgelagert. Das Löschen findet in `delete()` statt.

```
package com.thomaskuenneth.tkmoodley;

import android.app.ListActivity;
import android.content.ContentValues;
import android.database.Cursor;
```

```
import android.net.Uri;
import android.os.Bundle;
import android.view.ContextMenu;
import android.view.ContextMenu.ContextMenuInfo;
import android.view.MenuInflater;
import android.view.MenuItem;
import android.view.View;
import android.widget.AdapterView.AdapterContextMenuInfo;
import android.widget.CursorAdapter;

public class History extends ListActivity {

  private CursorAdapter ca;

  @Override
  protected void onCreate(Bundle savedInstanceState) {
    super.onCreate(savedInstanceState);
    registerForContextMenu(getListView());
    ca = new TKMoodleyAdapter(this);
    setListAdapter(ca);
    updateList();
  }

  @Override
  public void onCreateContextMenu(ContextMenu menu, View v,
                 ContextMenuInfo menuInfo) {
    super.onCreateContextMenu(menu, v, menuInfo);
    MenuInflater inflater = getMenuInflater();
    inflater.inflate(R.menu.context_menu, menu);
  }

  @Override
  public boolean onContextItemSelected(MenuItem item) {
    AdapterContextMenuInfo info = (AdapterContextMenuInfo) item
        .getMenuInfo();
    switch (item.getItemId()) {
      case R.id.menu_good:
        update(info.id, TKMoodleyOpenHandler.MOOD_FINE);
        updateList();
        return true;
      case R.id.menu_ok:
        update(info.id, TKMoodleyOpenHandler.MOOD_OK);
        updateList();
```

```
        return true;
      case R.id.menu_bad:
        update(info.id, TKMoodleyOpenHandler.MOOD_BAD);
        updateList();
        return true;
      case R.id.menu_delete:
        delete(info.id);
        updateList();
        return true;
      default:
        return super.onContextItemSelected(item);
    }
  }


  private void updateList() {
    Cursor cursor = getContentResolver()
        .query(TKMoodleyProvider.CONTENT_URI, null, null,
            null, TKMoodleyOpenHandler.MOOD_TIME + " DESC");
    ca.changeCursor(cursor);
  }


  private void update(long id, int mood) {
    Uri uri = Uri.withAppendedPath(TKMoodleyProvider.CONTENT_URI,
        Long.toString(id));
    ContentValues values = new ContentValues();
    values.put(TKMoodleyOpenHandler.MOOD_MOOD, mood);
    getContentResolver().update(uri, values, null, null);
  }


  private void delete(long id) {
    Uri uri = Uri.withAppendedPath(TKMoodleyProvider.CONTENT_URI,
        Long.toString(id));
    getContentResolver().delete(uri, null, null);
  }
}
```

Listing 10.11 Die auf Content Provider umgestellte Klasse »History«

In beiden Fällen, dem Ändern und dem Löschen, wird die Methode withAppended-Path() aufgerufen. Content Provider gestatten den Zugriff auf individuelle Datensätze, indem an den CONTENT_URI eine eindeutige Kennung (long id) angehängt wird. Aus diesem Grund müssen Sie kein Auswahlkriterium festlegen, das Sie an update() bzw. delete() übergeben müssten. Die in *TKMoodley_full* noch verwendete Instanzvariable `openHandler` ist also auch hier vollständig entfallen. Anstelle von `dbHandler.update(...)` verwenden wir die private Methode `update()`, die die gleichnamige `ContentResolver`-Methode aufruft. Damit haben wir alle notwendigen Anpassungen abgeschlossen, um über einen Content Provider auf die *TKMoodley*-Datenbank zuzugreifen. Wie dieser realisiert wird, ist unser nächstes Thema.

10.3.2 Die Klasse »android.content.ContentProvider«

Content Provider leiten üblicherweise von der abstrakten Klasse `android.content.ContentProvider` ab. Sie müssen deshalb mindestens die Methoden `onCreate()`, `query()`, `insert()`, `update()`, `delete()` und `getType()` implementieren. Außerdem sollten Sie bestimmte Konstanten definieren. Besonders wichtig ist `CONTENT_URI`, denn dieser Verweis auf einen Content Provider wird, wie Sie bereits wissen, an sehr viele Methoden der Klasse `ContentResolver` übergeben.

Tabellenmodell und URIs

Content Provider verwalten einen oder mehrere Datentypen. Die App *TKMoodley* kennt nur die Tabelle `mood`, in der Smiley-Typen und Erfassungszeitpunkte abgelegt werden. Die beiden Spalten dieser Tabelle bilden den Datentyp `mood`. Der in diesem Abschnitt entwickelte Content Provider kennt ausschließlich diesen Datentyp.

Denkbar ist aber auch, dass ein Content Provider mehrere Datentypen verwaltet. Zum Beispiel könnte er zwischen Personen, Adressen und Telefonnummern unterscheiden, und auch eine Gliederung in Untertypen ist möglich. Ein Content Provider, der Fahrzeuge verwaltet, könnte beispielsweise zwischen Land- und Wasserfahrzeugen unterscheiden. Interessant ist nun, wie beim Aufruf einer Methode aus `ContentResolver` der gewünschte »Datentopf« ausgewählt wird, weil ja üblicherweise nur **ein** URI übergeben wird.

Der URI eines Content Providers besteht aus mehreren Teilen. Er beginnt mit dem Standardpräfix `content://`, auf das die *Authority* folgt. Sie identifiziert einen Content Provider und sollte aus einem vollqualifizierten Klassennamen bestehen, der in Kleinbuchstaben umgewandelt wurde. Wie Sie später noch sehen werden, muss die Authority in der Manifestdatei eingetragen werden.

Der nun folgende Pfad kennzeichnet den von mir angesprochenen Datentyp. Sofern ein Content Provider nur einen Datentyp kennt, könnte er leer bleiben. Aus Gründen der Übersichtlichkeit rate ich Ihnen aber dazu, ihn trotzdem anzugeben. Hier bietet sich der Name der verwendeten Datenbanktabelle an (im Fall von *TKMoodley* ist dies `mood`).

Um zwischen Untertypen zu unterscheiden, können Sie einen Pfad durch Slashes (/) in mehrere Segmente teilen. URIs, die diesem Schema folgen, repräsentieren den gesamten Datenbestand eines Content Providers; auch die Konstante CONTENT_URI hat dieses Format. Um einen ganz bestimmten Datensatz auszuwählen – zum Beispiel in der Klasse History beim Verändern und Löschen von Einträgen –, wird dem URI noch eine eindeutige Kennung als Suffix hinzugefügt.

Die Klasse »TKMoodleyProvider«

Praktisch alle Content Provider leiten von android.content.ContentProvider ab, so auch meine Klasse TKMoodleyProvider. Sie definiert die beiden öffentlichen Konstanten AUTHORITY und CONTENT_URI. Die Konstanten MOOD und MOOD_ID hingegen sind privat; sie werden verwendet, um bei Zugriffen auf den Content Provider zwischen dem gesamten Bestand und einzelnen Datensätzen zu unterscheiden. Auch die statische Variable uriMatcher wird in diesem Zusammenhang verwendet; sie verweist auf ein Objekt des Typs android.content.UriMatcher. Ein solcher Baum verknüpft Authoritys und URIs mit einem Code, der zurückgeliefert wird, wenn die Methode match() mit einem entsprechenden URI aufgerufen wird.

Die Methode onCreate() instanziiert ein Objekt des Typs TKMoodleyOpenHandler und weist es der Variablen dbHelper zu. Der Rückgabewert true signalisiert, dass die Initialisierung des Content Providers erfolgreich war. getType() liefert zu einem übergebenen URI einen MIME-Typ. Hierzu wird die Methode match() des durch uriMatcher referenzierten UriMatcher aufgerufen. Der Aufbau Ihrer eigenen Typen muss streng dem Schema folgen, das in Listing 10.12 gezeigt ist.

```
package com.thomaskuenneth.tkmoodley;

import android.content.ContentProvider;
import android.content.ContentResolver;
import android.content.ContentUris;
import android.content.ContentValues;
import android.content.Context;
import android.content.UriMatcher;
import android.database.Cursor;
import android.database.SQLException;
import android.database.sqlite.SQLiteDatabase;
import android.database.sqlite.SQLiteQueryBuilder;
import android.net.Uri;
import android.text.TextUtils;

public class TKMoodleyProvider extends ContentProvider {

  public static final String AUTHORITY =
      TKMoodleyProvider.class.getName().toLowerCase();
```

```
public static final Uri CONTENT_URI = Uri.parse("content://"
    + AUTHORITY + "/"
    + TKMoodleyOpenHandler.TABLE_NAME_MOOD);

private TKMoodleyOpenHandler dbHelper;
private static final int MOOD = 1;
private static final int MOOD_ID = 2;
private static final UriMatcher uriMatcher;

static {
  uriMatcher = new UriMatcher(UriMatcher.NO_MATCH);
  uriMatcher.addURI(AUTHORITY,
      TKMoodleyOpenHandler.TABLE_NAME_MOOD,
      MOOD);
  uriMatcher.addURI(AUTHORITY,
      TKMoodleyOpenHandler.TABLE_NAME_MOOD
          + "/#", MOOD_ID);
}


@Override
public boolean onCreate() {
  dbHelper = new TKMoodleyOpenHandler(getContext());
  return true;
}


@Override
public Cursor query(Uri uri, String[] projection, String selection,
          String[] selectionArgs, String sortOrder) {
  SQLiteDatabase db = dbHelper.getWritableDatabase();
  SQLiteQueryBuilder sqlBuilder = new SQLiteQueryBuilder();
  sqlBuilder.setTables(TKMoodleyOpenHandler.TABLE_NAME_MOOD);
  // Ein bestimmer Eintrag?
  if (uriMatcher.match(uri) == MOOD_ID) {
    sqlBuilder.appendWhere(TKMoodleyOpenHandler._ID + " = "
        + uri.getPathSegments().get(1));
  }
  if (sortOrder == null || "".equals(sortOrder)) {
    sortOrder = TKMoodleyOpenHandler.MOOD_TIME;
  }
  Cursor c = sqlBuilder.query(db, projection,
      selection, selectionArgs,
      null, null, sortOrder);
```

```
  // bei Änderungen benachrichtigen
  Context ctx = getContext();
  if (ctx != null) {
    ContentResolver cr = ctx.getContentResolver();
    if (cr != null) {
      c.setNotificationUri(cr, uri);
    }
  }
  return c;
}


@Override
public int update(Uri uri, ContentValues values, String selection,
        String[] selectionArgs) {
  SQLiteDatabase db = dbHelper.getWritableDatabase();
  int count;
  switch (uriMatcher.match(uri)) {
    case MOOD:
      count = db.update(TKMoodleyOpenHandler.TABLE_NAME_MOOD,
          values, selection, selectionArgs);
      break;
    case MOOD_ID:
      count = db.update(
          TKMoodleyOpenHandler.TABLE_NAME_MOOD,
          values,
          TKMoodleyOpenHandler._ID
              + " = "
              + uri.getPathSegments().get(1)
              + (!TextUtils.isEmpty(selection)
              ? " AND (" + selection + ')'
              : ""), selectionArgs);
      break;
    default:
      throw new IllegalArgumentException("Unknown URI " + uri);
  }
  notifyChange(uri);
  return count;
}


@Override
public int delete(Uri uri, String selection,
        String[] selectionArgs) {
  SQLiteDatabase db = dbHelper.getWritableDatabase();
```

```
    int count;
    switch (uriMatcher.match(uri)) {
      case MOOD:
        count = db.delete(TKMoodleyOpenHandler.TABLE_NAME_MOOD,
            selection, selectionArgs);
        break;
      case MOOD_ID:
        String id = uri.getPathSegments().get(1);
        count = db.delete(
            TKMoodleyOpenHandler.TABLE_NAME_MOOD,
            TKMoodleyOpenHandler._ID
                + " = "
                + id
                + (!TextUtils.isEmpty(selection)
                ? " AND (" + selection + ')'
                : ""), selectionArgs);
        break;
      default:
        throw new IllegalArgumentException("Unknown URI " + uri);
    }
    notifyChange(uri);
    return count;
  }

  @Override
  public Uri insert(Uri uri, ContentValues values) {
    SQLiteDatabase db = dbHelper.getWritableDatabase();
    long rowID = db
        .insert(TKMoodleyOpenHandler.TABLE_NAME_MOOD,
            "", values);
    if (rowID > 0) {
      Uri result = ContentUris.withAppendedId(CONTENT_URI,
          rowID);
      notifyChange(result);
      return result;
    }
    throw new SQLException("Failed to insert row into " + uri);
  }

  @Override
  public String getType(Uri uri) {
    switch (uriMatcher.match(uri)) {
      case MOOD:
```

```
      // alle Einträge
      return "vnd.android.cursor.dir/vnd." + AUTHORITY + "/"
          + TKMoodleyOpenHandler.TABLE_NAME_MOOD;
    // einen bestimmten Eintrag
    case MOOD_ID:
      return "vnd.android.cursor.item/vnd." + AUTHORITY + "/"
          + TKMoodleyOpenHandler.TABLE_NAME_MOOD;
    default:
      throw new IllegalArgumentException("Unsupported URI: "
          + uri);
    }
  }

  private void notifyChange(Uri uri) {
    Context c = getContext();
    if (c != null) {
      ContentResolver cr = c.getContentResolver();
      if (cr != null) {
        cr.notifyChange(uri, null);
      }
    }
  }
}
```

Listing 10.12 Die Klasse »TKMoodleyProvider«

Die Methode insert() ermittelt zunächst mit getWritableDatabase() eine Referenz auf ein SQLite-Datenbankobjekt und fügt diesem einen neuen Datensatz hinzu. Sofern diese Aktion erfolgreich war, **muss** notifyChange() aufgerufen werden. Dies stellt sicher, dass Interessierte bei Änderungen des Content Providers informiert werden.

Die Methode query() nutzt eine Instanz des Typs SQLiteQueryBuilder, anstatt direkt auf eine mit getWritableDatabase() ermittelte Datenbank zuzugreifen. Dies ist nötig, weil zusätzlich zu der in den beiden Parametern selection und selectionArgs übergebenen Auswahlbedingung eine Prüfung stattfinden muss, wenn nicht im gesamten Datenbestand, sondern nach einem Datensatz gesucht werden soll.

Die Methode update() prüft zunächst anhand des übergebenen URI, ob sich Änderungen auf den gesamten Datenbestand oder nur auf einen bestimmten Datensatz beziehen sollen. In diesem Fall wird die Auswahlbedingung um ein entsprechendes Kriterium erweitert.

Auch bei Aktualisierungen müssen Interessierte durch notifyChange() informiert werden. Die Methode delete() schließlich prüft zunächst anhand des übergebenen

URIs, ob sich Löschoperationen auf den gesamten Datenbestand oder nur auf einen bestimmten Datensatz beziehen sollen. Im letzteren Fall wird die Auswahlbedingung um ein entsprechendes Kriterium erweitert.

Damit ist die Implementierung des Content Providers abgeschlossen. Um ihn nutzen zu können, müssen Sie ihn mit `<provider ... />` in die Manifestdatei eintragen. `android:name` enthält den Klassennamen. `android:authorities` listet die Authority(s), über die der Zugriff auf den Provider erfolgt. Und mit `android:exported` legen Sie fest, ob Ihr Content Provider auch von anderen Apps genutzt werden darf. In diesem Fall sollten Sie ihn mit Berechtigungen absichern. Mein Beispiel-Provider ist nur für TKMoodley sichtbar.

```xml
<?xml version="1.0" encoding="utf-8"?>
<manifest xmlns:android="http://schemas.android.com/apk/res/android"
  xmlns:tools="http://schemas.android.com/tools"
  package="com.thomaskuenneth.tkmoodley">
  <application
    android:allowBackup="false"
    android:icon="@drawable/smiley_gut"
    android:label="@string/app_name"
    tools:ignore="GoogleAppIndexingWarning">
    <activity
      android:name="com.thomaskuenneth.tkmoodley.TKMoodley"
      android:label="@string/app_name">
      <intent-filter>
        <action android:name="android.intent.action.MAIN" />
        <category android:name="android.intent.category.LAUNCHER" />
      </intent-filter>
    </activity>
    <activity android:name=".History" />
    <provider
      android:name=".TKMoodleyProvider"
      android:authorities="com.thomaskuenneth.tkmoodley.tkmoodleyprovider"
      android:exported="false" />
  </application>
</manifest>
```

Listing 10.13 Die Manifestdatei des Projekts »TKMoodley_CP«

> **[»] Hinweis**
>
> Die Methoden insert(), query(), update() und delete() der Klasse TKMoodleyOpen-Handler sind mit der Nutzung des Content Providers überflüssig geworden. Sie wurden im Projekt *TKMoodley_CP* entfernt.

Content Provider stellen tabellenartige Daten anwendungsübergreifend zur Verfügung. Die Schnittstelle wurde so konzipiert, dass sich vorhandene SQLite-Datenbanken mit minimalem Aufwand anbinden lassen. Aus welcher Quelle ein Content Provider seine Nutzdaten letztendlich bezieht, ist für den nutzenden Client vollkommen transparent. Deshalb können auch Webdienste oder RSS-Feeds als »Datentöpfe« dienen.

10.4 Zusammenfassung

Sie haben in diesem Kapitel relationale Datenbanktabellen verwendet, um strukturierte Daten zu speichern. Mit SQLite steht unter Android hierfür ein einfach zu handhabendes Werkzeug zur Verfügung. In Verbindung mit Content Providern können Sie die Inhalte Ihrer App jedermann zugänglich machen. Die Nutzung dieser Technologie orientiert sich an SQL. Allerdings sind Content Provider nicht auf klassische Datenbanken beschränkt, sondern können ihre Informationen auch aus Dateien oder Webservices beziehen.

10

TEIL V

Organizer und Multimedia

Kapitel 11
Audio

Android bietet vielfältige Möglichkeiten, Audio aufzunehmen und wiederzugeben. Die Nutzung der entsprechenden Programmierschnittstellen zeige ich Ihnen anhand einer Diktiergerät-App.

In diesem Kapitel möchte ich Sie mit den beeindruckenden Audiofähigkeiten der Android-Plattform vertraut machen. Das System kann nicht nur die unterschiedlichsten Formate abspielen, sondern den Audiostrom auch mit akustischen Effekten versehen. Ein weiterer spannender Aspekt ist die Sprachsynthese, also die Umwandlung von geschriebener in gesprochene Sprache. Wie Sie mit Ihrer App Texte vorlesen lassen, zeige ich Ihnen am Ende dieses Kapitels.

11.1 Rasender Reporter – ein Diktiergerät als App

Diktiergeräte sind eine ausgesprochen praktische Erfindung – einfach den Aufnahmeknopf drücken und das Mikrofon in Richtung der Tonquelle halten. Da sich an so einem Beispiel sehr schön zeigen lässt, wie Sie mit Android Audiosignale aufzeichnen und später wieder abspielen können, habe ich die App *RR* (die beiden Buchstaben stehen für »Rasender Reporter«) entwickelt.

11.1.1 Struktur der App

Nach dem ersten Start sehen Sie einen fast leeren Bildschirm. Am unteren Rand befindet sich die Schaltfläche AUFNEHMEN. Ein Klick startet bzw. stoppt die Aufnahme. Haben Sie auf diese Weise ein Signal gespeichert, erscheint die korrespondierende Datei in einer Liste, wie sie in Abbildung 11.1 zu sehen ist.

Um eine Aufnahme abzuspielen, klicken Sie einfach den entsprechenden Eintrag an. Sie können die Wiedergabe durch Anklicken von BEENDEN jederzeit abbrechen. Löschen können Sie eine Aufnahme durch Antippen und Halten.

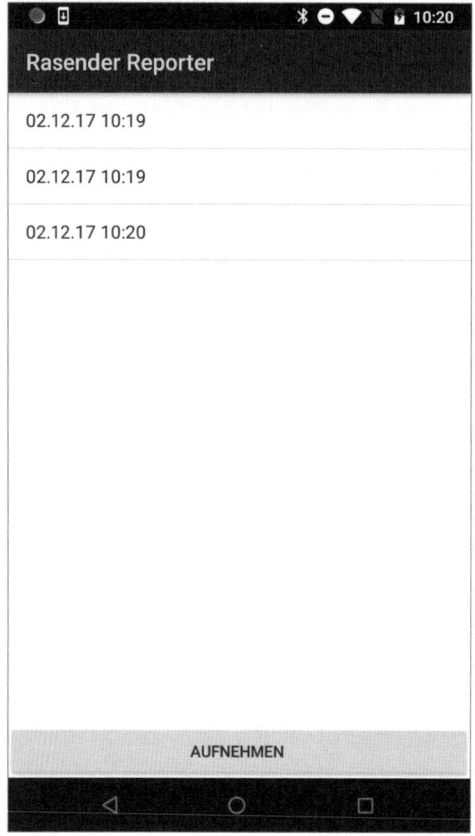

Abbildung 11.1 Die Benutzeroberfläche der App »RR«

Die App besteht aus der Activity RR sowie aus den beiden Hilfsklassen RRFile und RR-ListAdapter. RR stellt nicht nur die Benutzeroberfläche dar, sondern übernimmt auch das Aufnehmen und Abspielen. In ihr wird also die eigentliche Programmlogik implementiert. Ausführliche Informationen zu dieser Klasse finden Sie in Abschnitt 11.1.2, »Audio aufnehmen und abspielen«.

RRListAdapter wird benötigt, um die aufgenommenen Audioschnipsel in einer Liste anzuzeigen. RRFile ist eine weitere technische Hilfsklasse, die ebenfalls die Ausgabe in der Liste vereinfacht.

Die Klasse »RRFile«

Die Klasse RRFile enthält die Daten, die in der eben angesprochenen Liste angezeigt werden. Hierbei handelt es sich um die Namen der gespeicherten Dateien, die als Objekte des Typs RRFile vorliegen. Diese Klasse leitet von java.io.File ab und überschreibt deren Methode toString(). Der Name einer Datei ohne Erweiterung (wie Sie später noch sehen werden, lautet diese *.3gp*) wird als Zahl interpretiert (parseLong()) und in ein java.util.Date-Objekt umgewandelt. Dieses Datum wiederum wird in Klartext als Ergebnis zurückgegeben. Hierfür ist der Ausdruck DateFormat.getInstance().format() zuständig.

```
package com.thomaskuenneth.rr;

import android.util.Log;
import java.io.File;
import java.text.DateFormat;
import java.util.Date;

class RRFile extends File {

  private static final String TAG = RRFile.class.getSimpleName();

  static final String EXT_3GP = ".3gp";

  RRFile(File path, String name) {
    super(path, name);
  }

  @Override
  public String toString() {
    String result = getName().toLowerCase();
    result = result.substring(0, result.indexOf(EXT_3GP));
    try {
      Date d = new Date(Long.parseLong(result));
      result = DateFormat.getInstance().format(d);
    } catch (Throwable tr) {
      Log.e(TAG, "Fehler beim Umwandeln oder Formatieren", tr);
    }
    return result;
  }
}
```

Listing 11.1 Die Klasse »RRFile«

Vielleicht fragen Sie sich nun, warum das Überschreiben von toString() hilfreich sein sollte. Lassen Sie uns zum Verständnis einen Blick auf RRListAdapter werfen. Diese Klasse leitet von android.widget.ArrayAdapter ab und speichert die Daten, die von einer ListView angezeigt werden, in einem zur Laufzeit veränderbaren Feld ab.

Die Klasse »RRListAdapter«

Das Aussehen eines Listenelements wird immer durch die Methode getView() bestimmt, die im Basis-Interface android.widget.Adapter definiert ist. Die Implementierung in ArrayAdapter entfaltet eine Layoutdatei, die zuvor dem Konstruktor übergeben wurde. Meine Implementierung übergibt hier android.R.layout.simple_list_item_1. Das Layout besteht üblicherweise aus einem einzigen Element, nämlich einer TextView. Der anzuzeigende Text ergibt sich aus dem Aufruf der Methode – Sie ahnen es sicher – toString() des mit dem Listenelement verknüpften Wertes. Die private Methode findAndAddFiles() ermittelt durch den Aufruf von listFiles() alle Dateien, die in einem bestimmten Basisverzeichnis liegen, das mit RR.getBaseDir() ermittelt wird. Die Dateien bzw. ihre korrespondierenden File-Objekte werden mit add() einem internen Feld als RRFile-Instanzen hinzugefügt.

```
package com.thomaskuenneth.rr;

import android.content.Context;
import android.widget.ArrayAdapter;
import java.io.File;

class RRListAdapter extends ArrayAdapter<File> {

  private final Context context;

  RRListAdapter(Context context) {
    super(context, android.R.layout.simple_list_item_1);
    this.context = context;
    findAndAddFiles();
  }

  private void findAndAddFiles() {
    File d = RR.getBaseDir(context);
    File[] files = d.listFiles((dir, filename) -> {
      if (!filename.toLowerCase().endsWith(RRFile.EXT_3GP)) {
        return false;
      }
      File f = new File(dir, filename);
      return f.canRead() && !f.isDirectory();
    });
    if (files != null) {
      for (File f : files) {
        add(new RRFile(f.getParentFile(), f.getName()));
      }
```

```
        }
      }
}
```

Listing 11.2 Die Klasse »RRListAdapter«

Meine Klasse leitet von `ArrayAdapter` ab. Ist Ihnen der Lambda-Ausdruck als Parameter von `listFiles()` aufgefallen? Hier wird ein `FilenameFilter` übergeben. Der Rückgabewert der Methode `accept()` kontrolliert, welche Elemente in das Ergebnis (`File []`) übernommen werden. In meinem Fall bedeutet dies: alle lesbaren Dateien (`canRead()`), jedoch keine Verzeichnisse (`!f.isDirectory()`).

11.1.2   Audio aufnehmen und abspielen

In diesem Abschnitt werden wir uns die Klasse `RR` näher ansehen. Diese Activity stellt die Benutzeroberfläche des Rasenden Reporters dar und kümmert sich um das Aufnehmen und Wiedergeben von Audiosignalen. `RR` kennt drei Zustände, die das `enum` `MODE` durch die Werte `WAITING`, `RECORDING` und `PLAYING` repräsentiert. Das Programm zeichnet also entweder auf, spielt ab oder wartet auf Aktionen des Benutzers.

Der aktuelle Zustand wird in der Instanzvariablen `mode` abgelegt und steuert sowohl die Beschriftung als auch das Verhalten der Schaltfläche am unteren Bildschirmrand. Was beim Anklicken passiert, können Sie in der `if`-Abfrage im Lambda-Ausdruck des entsprechenden `OnClickListener` sehen. `updateButtonText()` setzt den Text der Schaltfläche. Um Aufnahmen erstellen zu können, muss die App die gefährliche Berechtigung `android.permission.RECORD_AUDIO` besitzen. Sie wird in `onStart()` mit `checkSelfPermission()` geprüft und gegebenenfalls angefordert (`requestPermissions()`). Nur wenn sie erteilt wurde, kann die Schaltfläche angeklickt werden.

`onPause()`wird immer aufgerufen, wenn die Arbeit mit einer Activity unterbrochen wird. In so einem Fall sollte die Wiedergabe oder die Aufnahme beendet werden. Meine Implementierung ruft hierzu die beiden privaten Methoden `releasePlayer()` und `releaseRecorder()` auf. (Was diese tun, erkläre ich Ihnen etwas später.)

```
package com.thomaskuenneth.rr;

import android.Manifest;
import android.app.Activity;
import android.content.Context;
import android.content.pm.PackageManager;
import android.media.MediaPlayer;
import android.media.MediaRecorder;
import android.os.Bundle;
import android.util.Log;
```

```java
import android.widget.Button;
import android.widget.ListView;
import java.io.File;
import java.io.IOException;

public class RR extends Activity {

  private static final String TAG =
      RR.class.getSimpleName();

  private static final int PERMISSIONS_RECORD_AUDIO = 123;

  // Zustand der App
  private enum MODE {
    WAITING, RECORDING, PLAYING
  }

  private MODE mode;

  // Bedienelemente der App
  private RRListAdapter listAdapter;
  private Button b;

  // Datei mit der aktuellen Aufnahme
  private File currentFile;

  private MediaPlayer player;
  private MediaRecorder recorder;

  @Override
  public void onCreate(Bundle savedInstanceState) {
    super.onCreate(savedInstanceState);
    setContentView(R.layout.main);
    // ListView initialisieren
    final ListView lv = findViewById(R.id.listview);
    listAdapter = new RRListAdapter(this);
    lv.setAdapter(listAdapter);
    lv.setOnItemClickListener((parent, view,
                 position, id) -> {
      // Datei wiedergeben
      File f = listAdapter.getItem(position);
      if (f != null) {
        playAudioFile(f.getAbsolutePath());
```

```
    }
  });
  lv.setOnItemLongClickListener(((parent, view,
                position, id) -> {
    File f = listAdapter.getItem(position);
    if (f != null) {
      if (f.delete()) {
        listAdapter.remove(f);
      }
    }
    return true;
  });
  // Schaltfläche Aufnehmen/Beenden initialisieren
  b = findViewById(R.id.button);
  b.setOnClickListener((v) -> {
    if (mode == MODE.WAITING) {
      currentFile = recordToFile();
    } else if (mode == MODE.RECORDING) {
      // die Aufnahme stoppen
      recorder.stop();
      releaseRecorder();
      listAdapter.add(currentFile);
      currentFile = null;
      mode = MODE.WAITING;
      updateButtonText();
    } else if (mode == MODE.PLAYING) {
      player.stop();
      releasePlayer();
      mode = MODE.WAITING;
      updateButtonText();
    }
  });
  currentFile = null;
  mode = MODE.WAITING;
  player = null;
  recorder = null;
  updateButtonText();
}

@Override
protected void onStart() {
  super.onStart();
  if (checkSelfPermission(Manifest.permission.RECORD_AUDIO)
```

```
                != PackageManager.PERMISSION_GRANTED) {
            b.setEnabled(false);
            requestPermissions(new String[]
                    {Manifest.permission.RECORD_AUDIO},
                PERMISSIONS_RECORD_AUDIO);
        } else {
            b.setEnabled(true);
        }
    }

    @Override
    public void onRequestPermissionsResult(int requestCode,
                        String permissions[],
                        int[] grantResults) {
        if ((requestCode == PERMISSIONS_RECORD_AUDIO) &&
            (grantResults.length > 0 && grantResults[0] ==
                PackageManager.PERMISSION_GRANTED)) {
            b.setEnabled(true);
        }
    }

    @Override
    protected void onPause() {
        super.onPause();
        releasePlayer();
        releaseRecorder();
    }

    private void updateButtonText() {
        b.setText(getString((mode != MODE.WAITING) ? R.string.finish
            : R.string.record));
    }

    private File recordToFile() {
        recorder = new MediaRecorder();
        recorder.setAudioSource(MediaRecorder.AudioSource.MIC);
        recorder.setOutputFormat(MediaRecorder.OutputFormat.THREE_GPP);
        recorder.setAudioEncoder(MediaRecorder.AudioEncoder.AMR_NB);
        File f = new RRFile(getBaseDir(this), Long.toString(System
            .currentTimeMillis()) + RRFile.EXT_3GP);
        try {
            if (!f.createNewFile()) {
```

```
      Log.d(TAG, "Datei schon vorhanden");
    }
    recorder.setOutputFile(f.getAbsolutePath());
    recorder.prepare();
    recorder.start();
    mode = MODE.RECORDING;
    updateButtonText();
    return f;
  } catch (IOException e) {
    Log.e(TAG, "Konnte Aufnahme nicht starten", e);
  }
  return null;
}

private void releaseRecorder() {
  if (recorder != null) {
    // Recorder-Ressourcen freigeben
    recorder.release();
    recorder = null;
  }
}

private void playAudioFile(String filename) {
  player = new MediaPlayer();
  player.setOnCompletionListener((player) -> {
    releasePlayer();
    mode = MODE.WAITING;
    updateButtonText();
  });
  try {
    player.setDataSource(filename);
    player.prepare();
    player.start();
    mode = MODE.PLAYING;
    updateButtonText();
  } catch (Exception thr) {
    Log.e(TAG, "konnte Audio nicht wiedergeben", thr);
  }
}

private void releasePlayer() {
  if (player != null) {
```

11

```
      // Player-Ressourcen freigeben
      player.release();
      player = null;
    }
  }

  public static File getBaseDir(Context ctx) {
    // für Zugriff auf dieses Verzeichnis sind
    // ab KitKat keine Berechtigungen nötig
    File dir = new File(ctx.getExternalFilesDir(null),
        ".RR");
    if (!dir.mkdirs()) {
      Log.d(TAG, "Verzeichnisse schon vorhanden");
    }
    return dir;
  }
}
```

Listing 11.3 Die Klasse »RR«

getBaseDir() liefert das Verzeichnis, in dem Aufnahmen abgelegt werden. Ich erzeuge auf dem primären externen Medium den Ordner *.RR*. Der führende Punkt des
Verzeichnisnamens sorgt dafür, dass die Audiodateien des Rasenden Reporters nicht
automatisch in die Mediendatenbank übernommen werden. Wenn Sie eine Indizie-
rung wünschen, dann entfernen Sie ihn einfach. Bei der Deinstallation der App werden übrigens alle Aufnahmen gelöscht. Der sowohl lesende als auch schreibende Zugriff auf Dateien unterhalb des von getExternalFilesDir() gelieferten Pfades ist seit
Android 4.4 ohne spezielle Berechtigungen möglich.

Tipp

In Kapitel 9, »Dateien lesen, schreiben und drucken«, beschreibe ich, wie Sie mit En-
vironment.getExternalStorageState() den Status des externen Speichermediums
abfragen können. Um Ihre App möglichst robust zu machen, sollten Sie vor Zugriffen
prüfen, ob Schreib- bzw. Lesevorgänge aktuell möglich sind. Ich habe dies weggelassen, um den Programmcode möglichst kompakt zu halten.

Audiodateien wiedergeben

Das Anklicken eines Listenelements startet die Wiedergabe einer Audiodatei. Hierzu
wird die private Methode playAudioFile() aufgerufen. Sie instanziiert zunächst ein
Objekt des Typs android.media.MediaPlayer und weist es der Instanzvariablen player
zu. Anschließend wird ein OnCompletionListener registriert. Der Aufruf von dessen

Methode onCompletion() signalisiert das Ende eines Abspielvorgangs. In diesem Fall werden alle Ressourcen freigegeben, die durch das MediaPlayer-Objekt belegt werden.

Um eine Audiodatei wiederzugeben, müssen Sie zunächst die Quelle festlegen. Hierfür gibt es die Methode setDataSource(). Die Methode prepare() bereitet das Abspielen vor. Mit start() beginnt die Wiedergabe. Das Freigeben von Ressourcen habe ich in die Methode releasePlayer() ausgelagert. Auf diese Weise kann sehr leicht geprüft werden, ob überhaupt eine MediaPlayer-Instanz aktiv ist.

> **Tipp**
>
> Sie können die hier beschriebene Vorgehensweise ohne Änderungen übernehmen, wenn Sie Musikdateien abspielen möchten. Alles, was Sie hierfür benötigen, ist in der Methode playAudioFile() zu finden.

Audiodateien aufzeichnen

Um eine Audiodatei aufzuzeichnen, müssen Sie als Erstes ein Objekt des Typs android.media.MediaRecorder instanziieren und anschließend durch Aufruf von dessen Methode setAudioSource() die Aufnahmequelle festlegen. Das Ausgabeformat setzen Sie mit setOutputFormat(). Die Methode setAudioEncoder() bestimmt den *Codec*, der verwendet werden soll. Nachdem Sie den Recorder konfiguriert haben, legen Sie einen Dateinamen fest und instanziieren ein entsprechendes File-Objekt. Sie müssen die korrespondierende Datei noch anlegen, und zwar indem Sie nun die Methode createNewFile() aufrufen. prepare() bereitet die Aufnahme vor. Nach dem Aufruf von start() beginnt sie.

Um eine Aufnahme zu beenden, müssen Sie die Methode stop() Ihrer MediaRecorder-Instanz aufrufen. Anschließend sollten Sie die nicht mehr benötigten Ressourcen freigeben. Ich habe hierzu die Methode releaseRecorder() implementiert. Sie prüft analog zur Methode releasePlayer(), ob überhaupt ein MediaRecorder-Objekt in Verwendung ist.

Die Klassen MediaRecorder und MediaPlayer ermöglichen Ihnen den unkomplizierten Einstieg in die faszinierende Welt der Audioverarbeitung. Auf diesen Grundlagen aufbauend möchte ich Ihnen nun zeigen, wie man Audioeffekte einsetzt.

11.2   Effekte

Android bietet Ihnen zahlreiche Audioeffekte an. Wie Sie gleich sehen werden, lassen sich diese beliebig mischen und sowohl global als auch für einzelne Tonspuren zuschalten. Die Grundlage für meine Erläuterungen bildet die App *AudioEffekteDemo*.

11.2.1   Die Klasse »AudioEffekteDemo«

Nach dem Start des in Abbildung 11.2 gezeigten Programms spielen Sie einen kurzen Audioschnipsel ab, indem Sie die Schaltfläche START anklicken. Sie können die Wiedergabe mit STOP anhalten. Klicken Sie abermals auf START, um den Abspielvorgang fortzusetzen.

Abbildung 11.2 Die App »AudioEffekteDemo«

Die App demonstriert die drei Effekte BASS BOOST, Klangverbreiterung (VIRTUALIZER) und HALL. Außer diesen drei Effekten kennt Android unter anderem *Loudness Enhancer*, *Equalizer* und *EnvironmentalReverb*, die Sie in beliebiger Kombination zuschalten können. Allerdings lässt sich mit dem Beispiel-Sample nur HALL vernünftig demonstrieren.

Um eine eigene MP3-Datei abzuspielen, kopieren Sie diese in das Verzeichnis *res/raw*. Dort befindet sich bereits *guten_tag.mp3*. Da aus dem Dateinamen eine Konstante (zum Beispiel R.raw.guten_tag) erzeugt wird, sollte dieser keine Leerzeichen enthalten und idealerweise nur aus Kleinbuchstaben, Ziffern und dem Unterstrich bestehen. Damit die App Ihre Datei abspielt, müssen Sie in der Zeile

```
mediaPlayer = MediaPlayer.create(this, R.raw.guten_tag);
```

die Konstante entsprechend ersetzen.

Hinweis

Im Verzeichnis *res/raw* abgelegte Dateien werden ohne Änderungen oder Konvertierungen in die Installationsdatei (*.apk*) einer App übernommen. Sie können über Konstanten in R.raw auf sie zugreifen. Allerdings hat die Größe solcher Dateien direkten Einfluss auf die Größe der Installationsdatei. Sie sollten dies trotz stetig schneller werdender Datenverbindungen berücksichtigen.

Die private Methode updateButtonText() setzt die Beschriftung der einzigen Schaltfläche. Ob aktuell eine Audiodatei abgespielt wird, ist in der Instanzvariablen playing hinterlegt. In der Methode onCreate() wird ein MediaPlayer-Objekt instanziiert und ein OnCompletionListener registriert. Das ist notwendig, um am Ende des Abspielvorgangs die Schaltfläche aktualisieren zu können. Die Freigabe des Players durch Aufruf von mediaPlayer.release() erfolgt aber erst, wenn die Activity zerstört wird. In diesem Fall ruft Android die Methode onDestroy() auf.

```
package com.thomaskuenneth.audioeffektedemo;

import android.app.Activity;
import android.media.MediaPlayer;
import android.media.audiofx.AudioEffect;
import android.media.audiofx.BassBoost;
import android.media.audiofx.PresetReverb;
import android.media.audiofx.Virtualizer;
import android.os.Bundle;
import android.util.Log;
import android.widget.Button;
import android.widget.CheckBox;

public class AudioEffekteDemo extends Activity {

    private static final String TAG =
        AudioEffekteDemo.class.getSimpleName();

    private MediaPlayer mediaPlayer;
```

```java
// Effekte
private BassBoost bassBoost = null;
private Virtualizer virtualizer = null;
private PresetReverb reverb = null;

private Button button;
private boolean playing;

@Override
public void onCreate(Bundle savedInstanceState) {
  super.onCreate(savedInstanceState);
  setContentView(R.layout.main);
  // MediaPlayer instanziieren
  mediaPlayer = MediaPlayer.create(this, R.raw.guten_tag);
  mediaPlayer.setOnCompletionListener((mp) -> {
    playing = false;
    updateButtonText();
  });
  int sessionId = mediaPlayer.getAudioSessionId();
  // BassBoost instanziieren und an Audio Session binden
  bassBoost = new BassBoost(0, sessionId);
  Log.d(TAG, "getRoundedStrength(): "
      + bassBoost.getRoundedStrength());
  if (bassBoost.getStrengthSupported()) {
    bassBoost.setStrength((short) 1000);
  }
  // Checkbox schaltet BassBoost aus und ein
  final CheckBox cbBassBoost =
      findViewById(R.id.cbBassBoost);
  cbBassBoost.setOnCheckedChangeListener((buttonView,
                    isChecked) -> {
    int result = bassBoost.setEnabled(isChecked);
    if (result != AudioEffect.SUCCESS) {
      Log.e(TAG, "Bass Boost: setEnabled("
          + isChecked + ") = "
          + result);
    }
  });
  cbBassBoost.setChecked(false);
  // Virtualizer instanziieren und an Audio Session binden
  virtualizer = new Virtualizer(0, sessionId);
  virtualizer.setStrength((short) 1000);
```

```
// Checkbox schaltet Virtualizer aus und ein
final CheckBox cbVirtualizer =
    findViewById(R.id.cbVirtualizer);
cbVirtualizer.setOnCheckedChangeListener((buttonView,
                  isChecked) -> {
  int result = virtualizer.setEnabled(isChecked);
  if (result != AudioEffect.SUCCESS) {
    Log.e(TAG, "Virtualizer: setEnabled("
        + isChecked + ") = "
        + result);
  }
});
cbVirtualizer.setChecked(false);
// Hall
reverb = new PresetReverb(0, 0);
int effectId = reverb.getId();
reverb.setPreset(PresetReverb.PRESET_PLATE);
mediaPlayer.attachAuxEffect(effectId);
mediaPlayer.setAuxEffectSendLevel(1f);
// Checkbox schaltet Hall aus und ein
final CheckBox cbReverb =
    findViewById(R.id.cbReverb);
cbReverb.setOnCheckedChangeListener((buttonView,
                  isChecked) -> {
  int result = reverb.setEnabled(isChecked);
  if (result != AudioEffect.SUCCESS) {
    Log.e(TAG, "PresetReverb: setEnabled("
        + isChecked + ") = "
        + result);
  }
});
cbReverb.setChecked(false);
// Schaltfläche
button = findViewById(R.id.button);
button.setOnClickListener((view) -> {
  if (playing) {
    mediaPlayer.pause();
  } else {
    mediaPlayer.start();
  }
  playing = !playing;
  updateButtonText();
});
```

11

```
    playing = false;
    updateButtonText();
  }

  @Override
  protected void onDestroy() {
    super.onDestroy();
    mediaPlayer.stop();
    if (bassBoost != null) {
      bassBoost.release();
    }
    if (virtualizer != null) {
      virtualizer.release();
    }
    if (reverb != null) {
      reverb.release();
    }
    mediaPlayer.release();
  }

  private void updateButtonText() {
    button.setText(getString(playing
        ? R.string.stop : R.string.start));
  }
}
```

Listing 11.4 Die Klasse »AudioEffekteDemo«

Die durch getAudioSessionId() ermittelte Audiosession-ID verknüpft Audioeffekte mit einem Audiostrom. Jeder Effekt wird durch ein Ankreuzfeld aktiviert oder deaktiviert. Hierzu gibt es drei OnCheckedChangeListener.

11.2.2   Bass Boost und Virtualizer

Bass Boost verstärkt niedrige Frequenzen eines Audiostroms. android.media.audiofx.BassBoost erbt von android.media.audiofx.AudioEffect, der Basisklasse aller Audioeffekte. Diese implementiert Standardverhalten, zum Beispiel das Ein- oder Ausschalten eines Effekts mit setEnabled() sowie das Freigeben von Ressourcen mit release(). Vor dem Start eines Abspielvorgangs durch mediaPlayer.start() müssen alle gewünschten Effekte mit setEnabled(true) aktiviert werden.

Nach dem Erzeugen eines BassBoost-Objekts lässt sich dessen Intensität mit setStrength() in einem Bereich zwischen 0 und 1.000 einstellen. Beachten Sie, dass der tatsächlich gesetzte Wert vom übergebenen Wert abweichen kann, wenn die Implementierung keine entsprechend feine Abstufung unterstützt. Um das zu prüfen, rufen Sie anschließend getRoundedStrength() auf. Über die Auskunftsmethode getStrengthSupported() können Sie herausfinden, ob die BassBoost-Implementierung das Einstellen der Intensität grundsätzlich zulässt. Ist dies nicht der Fall (der Rückgabewert ist dann false), so kennt sie nur eine Stufe. Jeder Aufruf von setStrength() rundet dann auf den korrespondierenden Wert.

Die meisten Audioeffekte können entweder dem systemweiten gemixten Audiostrom oder »nur« einer bestimmten MediaPlayer-Instanz hinzugefügt werden. Dies wird über den zweiten Parameter (audioSession) des Effektkonstruktors gesteuert. 0 kennzeichnet den globalen Mix. Damit das klappt, muss eine App in ihrer Manifestdatei die Berechtigung android.permission.MODIFY_AUDIO_SETTINGS anfordern. Allerdings gilt dieses Vorgehen bei bestimmten Effekten, zum Beispiel bei Bass Boost und Virtualizer, mittlerweile als veraltet. Jeder andere Wert repräsentiert eine systemweit eindeutige AudioSession-ID, die Sie mit mediaPlayer.getAudioSessionId() ermitteln können.

Der Effekt *Virtualizer* verändert die räumliche Wirkung eines Audiosignals. Wie er sich im Detail auswirkt, hängt von der Anzahl der Eingabekanäle sowie von Art und Anzahl der Ausgabekanäle ab. Eine in Stereo aufgenommene *.mp3*-Datei klingt über einen Kopfhörer »breiter«, wenn der Virtualizer aktiviert ist.

11.2.3   Hall

Je nach räumlicher Umgebung wird Schall unterschiedlich oft und stark reflektiert. Große Konzertsäle haben selbstverständlich eine andere Akustik als beispielsweise kleine Zimmer oder Kathedralen. android.media.audiofx.PresetReverb implementiert einen solchen Effekt. Anders als die beiden bereits vorgestellten Klassen Virtualizer und BassBoost wird PresetReverb immer an den globalen Mixer (Audio-Session 0) gebunden. Damit das Ausgabesignal einer MediaPlayer-Instanz eingespeist werden kann, ermitteln Sie zunächst mit reverb.getId() die Effekt-ID des PresetReverb-Objekts und übergeben diese an die MediaPlayer-Methode attachAuxEffect(). Anschließend setzen Sie noch den setAuxEffectSendLevel() und legen damit die Intensität fest.

Soundeffekte verleihen Musik-Apps nicht nur den nötigen Pep – sie sind schlicht ein Muss. Übrigens stellt Android einige weitere interessante Klassen im Bereich Audioverarbeitung zur Verfügung. Mit android.media.audiofx.Visualizer können Sie beispielsweise am Ausgabestrom lauschen, um diesen zu visualisieren. Denken Sie an Zeigerinstrumente früherer Hi-Fi-Tage oder an opulente Farbspiele. Experimentieren Sie mit den Programmierschnittstellen.

11.3 Sprachsynthese

Schon seit Android 1.6 (*Donut*) enthält die Plattform die Sprachsynthesekomponente *Pico*. Diese kann in vielen Sprachen Texte vorlesen, unter anderem auf Deutsch, Englisch, Italienisch, Französisch und Spanisch. In diesem Abschnitt zeige ich Ihnen, wie Sie Ihre Apps um die Fähigkeit erweitern, mit dem Anwender zu »sprechen«. Wie praktisch das ist, wissen wir spätestens durch die Benutzung von Navigationshilfen, aber die Einsatzmöglichkeiten sind weitaus vielfältiger. Lassen Sie sich doch Ihre E-Mails vorlesen! Oder programmieren Sie eine App, die Ihnen auf Knopfdruck die aktuelle Uhrzeit ansagt.

11.3.1 Nutzung der Sprachsynthesekomponente vorbereiten

Welche Schritte notwendig sind, um geschriebene in gesprochene Sprache umzuwandeln, möchte ich Ihnen anhand der App *TextToSpeechDemo* zeigen. Bevor ich Sie mit der Implementierung vertraut mache, sollten Sie die App kurz starten. Die Benutzeroberfläche sehen Sie in Abbildung 11.3.

Abbildung 11.3 Die App »TextToSpeechDemo«

Tippen Sie einen beliebigen Text ins Eingabefeld, und wählen Sie dann die gewünschte Sprache. Abbildung 11.4 zeigt, welche Sprachen Ihnen zur Verfügung stehen. Bitte beachten Sie, dass Sprachpakete möglicherweise erst heruntergeladen werden müssen. Der Emulator bietet standardmäßig »nur« Deutsch, Englisch, Italienisch, Französisch und Spanisch an.

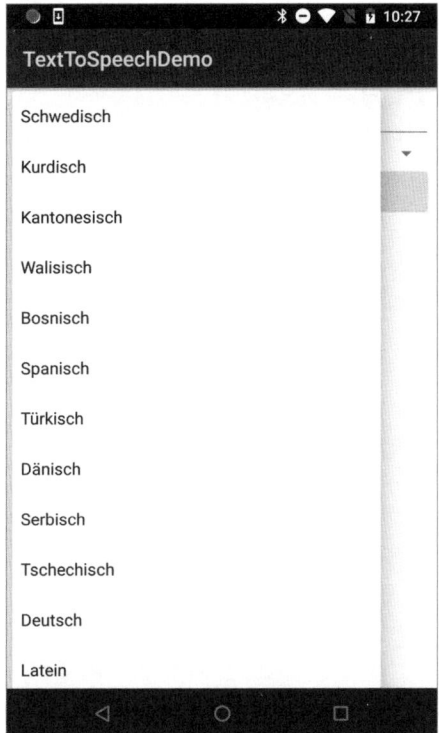

Abbildung 11.4 Sprache auswählen, in der vorgelesen werden soll

Ein Klick auf die Schaltfläche TEXT VORLESEN startet den Synthesevorgang und anschließend die Wiedergabe. Während der Text vorgelesen wird, ist die Schaltfläche nicht anwählbar. Die Klasse `TextToSpeechDemo` leitet von `android.app.Activity` ab und implementiert unter anderem die üblichen Methoden `onCreate()` und `onDestroy()`. Wenn Sie einen Blick auf Listing 11.5 werfen, fällt Ihnen bestimmt auf, dass `onCreate()` nicht wie üblich die Benutzeroberfläche initialisiert und anzeigt. Stattdessen wird »nur« die Variable `tts` mit `null` belegt und mit `startActivityForResult()` eine neue Activity aufgerufen. `tts` zeigt auf ein Objekt des Typs `android.speech.tts.TextTo-Speech`. Diese Klasse bildet die Zugriffsschicht auf die Sprachsynthesekomponente. Die Methode `onDestroy()` gibt alle Ressourcen frei, die von der Syntheseeinheit reserviert wurden. Hierzu ruft sie deren Methode `shutdown()` auf.

```
package com.thomaskuenneth.texttospeechdemo;

import android.app.Activity;
```

```
import android.content.Intent;
import android.os.Bundle;
import android.os.Environment;
import android.os.Handler;
import android.os.Looper;
import android.speech.tts.TextToSpeech;
import android.speech.tts.TextToSpeech.OnInitListener;
import android.speech.tts.UtteranceProgressListener;
import android.util.Log;
import android.widget.ArrayAdapter;
import android.widget.Button;
import android.widget.EditText;
import android.widget.Spinner;
import java.io.File;
import java.util.Hashtable;
import java.util.Locale;

public class TextToSpeechDemo extends Activity
    implements OnInitListener {

  private static final int RQ_CHECK_TTS_DATA = 1;
  private static final String TAG =
      TextToSpeechDemo.class.getSimpleName();

  private final Hashtable<String, Locale> supportedLanguages =
      new Hashtable<>();

  private TextToSpeech tts;
  private String last_utterance_id;

  private EditText input;
  private Spinner spinner;
  private Button button;

  @Override
  public void onCreate(Bundle savedInstanceState) {
    super.onCreate(savedInstanceState);
    // die Sprachsynthesekomponente wurde
    // noch nicht initialisiert
    tts = null;
    // prüfen, ob Sprachpakete vorhanden sind
    Intent intent = new Intent();
    intent.setAction(TextToSpeech.Engine.ACTION_CHECK_TTS_DATA);
```

```
      startActivityForResult(intent, RQ_CHECK_TTS_DATA);
  }


  @Override
  protected void onDestroy() {
    super.onDestroy();
    // ggf. Ressourcen freigeben
    if (tts != null) {
      tts.shutdown();
    }
  }


  @Override
  protected void onActivityResult(int requestCode,
                  int resultCode,
                  Intent data) {
    super.onActivityResult(requestCode, resultCode, data);
    // Sind Sprachpakete vorhanden?
    if (requestCode == RQ_CHECK_TTS_DATA) {
      if (resultCode ==
          TextToSpeech.Engine.CHECK_VOICE_DATA_PASS) {
        // Initialisierung der Sprachkomponente starten
        tts = new TextToSpeech(this, this);
      } else {
        // Installation der Sprachpakete vorbereiten
        Intent installIntent = new Intent();
        installIntent.setAction(
            TextToSpeech.Engine.ACTION_INSTALL_TTS_DATA);
        startActivity(installIntent);
        // Activity beenden
        finish();
      }
    }
  }
  @Override
  public void onInit(int status) {
    if (status != TextToSpeech.SUCCESS) {
      // die Initialisierung war nicht erfolgreich
      finish();
    }
    // Activity initialisieren
    setContentView(R.layout.main);
    input = findViewById(R.id.input);
```

```
spinner = findViewById(R.id.locale);
button = findViewById(R.id.button);
button.setOnClickListener((v) -> {
  String text = input.getText().toString();
  String key = (String) spinner.getSelectedItem();
  Locale loc = supportedLanguages.get(key);
  if (loc != null) {
    button.setEnabled(false);
    tts.setLanguage(loc);
    last_utterance_id = Long.toString(System
        .currentTimeMillis());
    tts.speak(text, TextToSpeech.QUEUE_FLUSH,
        null, last_utterance_id);
    // in Datei schreiben
    File file = new File(getExternalFilesDir(
        Environment.DIRECTORY_PODCASTS),
        last_utterance_id
            + ".wav");
    tts.synthesizeToFile(text, null, file,
        last_utterance_id);
    Log.d(TAG, file.getAbsolutePath());
  }
});
tts.setOnUtteranceProgressListener(
    new UtteranceProgressListener() {

      @Override
      public void onStart(String utteranceId) {
        Log.d(TAG, "onStart(): " + utteranceId);
      }
      @Override
      public void onDone(final String utteranceId) {
        final Handler h =
            new Handler(Looper.getMainLooper());
        h.post(() -> {
          if (utteranceId.equals(last_utterance_id)) {
            button.setEnabled(true);
          }
        });
      }

      @Override
      public void onError(String utteranceId) {
```

```
        Log.d(TAG, "onError(): " + utteranceId);
      }


    });
  // Liste der Sprachen ermitteln
  String[] languages = Locale.getISOLanguages();
  for (String lang : languages) {
    Locale loc = new Locale(lang);
    switch (tts.isLanguageAvailable(loc)) {
      case TextToSpeech.LANG_MISSING_DATA:
      case TextToSpeech.LANG_NOT_SUPPORTED:
        break;
      default:
        String key = loc.getDisplayLanguage();
        if (!supportedLanguages.containsKey(key)) {
          supportedLanguages.put(key, loc);
        }
        break;
    }
  }
  ArrayAdapter<Object> adapter = new ArrayAdapter<>(this,
      android.R.layout.simple_spinner_item, supportedLanguages
      .keySet().toArray());
  adapter.setDropDownViewResource(
      android.R.layout.simple_spinner_dropdown_item);
  spinner.setAdapter(adapter);
  }
}
```

Listing 11.5 Die Klasse »TextToSpeechDemo«

Installation prüfen

Die eigentliche Sprachsynthesesoftware ist zwar integraler Bestandteil der Android-Plattform, allerdings stand und steht es Geräteherstellern frei, aus Speicherplatzgründen die Sprachdaten nicht vorzuinstallieren. Deshalb ist es bewährte Praxis, ein *Intent* mit der *Action* TextToSpeech.Engine.ACTION_CHECK_TTS_DATA zu versenden, um deren Verfügbarkeit zu prüfen. Meldet das System, dass alles in Ordnung ist, kann das Text-to-Speech-Modul initialisiert werden. Andernfalls müssen Sie mit einem weiteren Intent den Download der fehlenden Daten initiieren.

Die Methode onActivityResult() erhält als zweiten Parameter einen requestCode. Dieser wird neben dem Intent an startActivityForResult() übergeben, kann von Ihnen also frei gewählt werden. Der resultCode gibt an, ob der Aufruf der Activity erfolgreich war. `TextToSpeech.Engine.CHECK_VOICE_DATA_PASS` bedeutet, dass alle benötigten Bestandteile vorhanden sind. Wenn das der Fall ist, kann die Synthesesoftware initialisiert werden, was mit dem Ausdruck `tts = new TextToSpeech(this, this)` geschieht. Andernfalls, wenn also nicht alle benötigten Bestandteile vorhanden sind, sollten Sie die Installation der fehlenden Komponenten anstoßen. Mein Beispiel startet hierzu eine neue Activity und beendet die aktuelle mit `finish()`. Alternativ können Sie abermals `startActivityForResult()` aufrufen.

Das Interface »android.speech.tts.TextToSpeech.OnInitListener«

Das Sprachausgabemodul darf erst nach einer erfolgreichen Initialisierung verwendet werden. Aus diesem Grund wird dem Konstruktor der Klasse `TextToSpeech` als zweites Argument ein Objekt des Typs `android.speech.tts.TextToSpeech.OnInitListener` übergeben. Da die Activity `TextToSpeechDemo` dieses Interface implementiert, finden Sie an dieser Stelle ein `this`.

Meine Implementierung der Methode `onInit()` erledigt einige Aufgaben, die sonst üblicherweise in `onCreate()` ausgeführt werden, beispielsweise das Anzeigen der Benutzeroberfläche mit `setContentView()`. Das ist notwendig, weil unter anderem die Aufklappliste für die Sprachauswahl erst nach einer erfolgreichen Initialisierung der Synthesekomponente gefüllt werden kann. Vielleicht fragen Sie sich, warum ich die bekannten Sprachen nicht einfach »fest verdrahte«. Ganz einfach: Sollten irgendwann weitere Sprachen hinzukommen, erkennt mein Programm (und Ihre App, sollten Sie auch so vorgehen) diese automatisch.

Tipp

Treffen Sie niemals Annahmen über die Beschaffenheit eines Systems, wenn es stattdessen Auskunftsfunktionen gibt.

Sie können mit `isLanguageAvailable()` prüfen, ob eine bestimmte Sprache der Synthesekomponente zur Verfügung steht.

11.3.2 Texte vorlesen und Sprachausgaben speichern

Um einen Text vorlesen zu lassen, rufen Sie die Methode `speak()` eines `TextToSpeech`-Objekts auf. Ihr wird unter anderem ein `Bundle` übergeben, das Daten für die Anfrage enthält. Dieses `Bundle` kann auf `null` gesetzt werden. Die Utterance-ID ist eine eindeutige Kennung, mit der der vorzulesende Text identifiziert wird.

Ist Ihnen in der Implementierung der Methode `onInit()` der Aufruf der Methode `setOnUtteranceProgressListener()` aufgefallen? Die abstrakte Klasse `UtteranceProgressListener` enthält die Methoden `onStart()`, `onDone()` und `onError()`, die im Verlauf einer Sprachausgabe angesprungen werden können. Beispielsweise signalisiert der

Aufruf von onDone(), dass eine Textausgabe vollständig durchgeführt wurde. Welche das war, können Sie anhand der Utterance-ID erkennen. Die Implementierung in der Klasse TextToSpeechDemo macht die Schaltfläche TEXT VORLESEN wieder anwählbar.

Wenn Sie in onDone() den Status von Bedienelementen verändern möchten, sollten Sie sicherstellen, dass Ihre Anweisungen auf dem UI-Thread ausgeführt werden. Instanziieren Sie hierzu mit

```
new Handler(Looper.getMainLooper())
```

ein Objekt des Typs android.os.Handler, und rufen Sie dessen post()-Methode auf. Ausführliche Informationen hierzu finden Sie in Kapitel 6, »Multitasking«.

Sie können TextToSpeech-Objekte nicht nur für die unmittelbare Ausgabe von Sprache verwenden. Die Klasse enthält die Methode synthesizeToFile(), die das akustische Signal als *.wav*-Datei speichert. Meine Implementierung nutzt hierfür den anwendungsspezifischen Zweig auf dem primären externen Speichermedium. Das hat den Vorteil, dass bei der Deinstallation der App die erzeugten Dateien automatisch entfernt werden. Um das Speichern auszuprobieren, geben Sie nach dem Start von *TextToSpeechDemo* einen beliebigen Text ein, und wählen Sie die gewünschte Sprache. Klicken Sie anschließend auf TEXT VORLESEN. Sobald Android die Sprachausgabe beendet, erscheint die Datei im Werkzeugfenster DEVICE FILE EXPLORER (siehe Abbildung 11.5). In welches Verzeichnis Sie navigieren müssen, wird in LOGCAT ausgegeben. Bitte beachten Sie aber, dass dies nur im Emulator und mit gerooteter Hardware funktioniert. Auf anwendungsspezifische Verzeichnisse externer Medien mit »normaler« Hardware kann der DEVICE FILE EXPLORER nicht zugreifen.

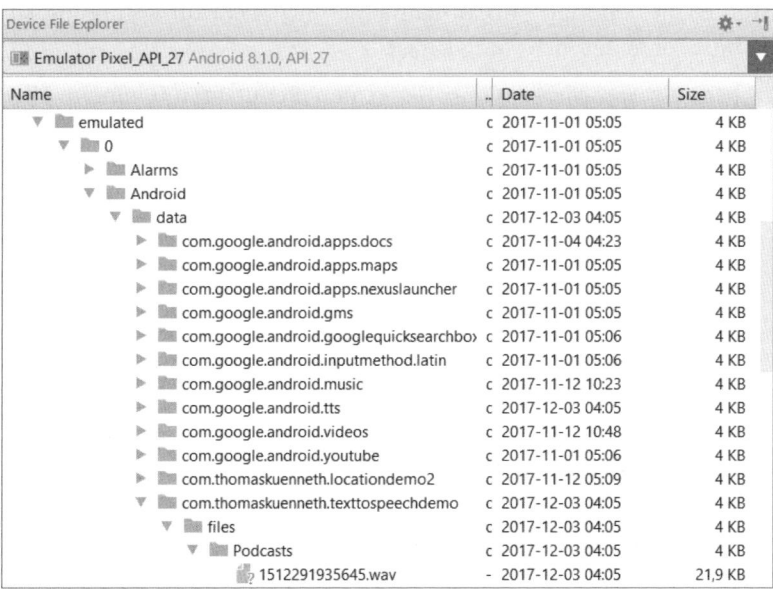

Abbildung 11.5 Mit »synthesizeToFile()« erzeugte Dateien

Im folgenden Abschnitt möchte ich Sie mit einigen weiteren, äußerst spannenden Audiofunktionen von Android vertraut machen.

11.4 Weitere Audiofunktionen

Die Plattform kann Sprache nicht nur synthetisieren, sondern auch erkennen. Ihre App könnte also ausschließlich in gesprochener Sprache mit dem Anwender kommunizieren. Nutzer von entsprechend ausgerüsteten Navigationssystemen haben diese Form der Bedienung schnell schätzen gelernt, und auch in vielen anderen Bereichen ist Spracherkennung äußerst praktisch. Denken Sie an das automatische Wählen nach Nennung eines Kontakts oder an die Steuerung des Telefons durch einfache mündliche Anweisungen. Im Folgenden zeige ich Ihnen daher, wie Sie die in Android integrierte Spracherkennungsfunktion in Ihren Apps nutzen. Außerdem lernen Sie eine sehr interessante Funktion der kabelgebundenen Headsets kennen, die vielen Android-Geräten beiliegen. Diese senden nämlich Tastendrücke, auf die Sie in Ihren Programmen reagieren können.

11.4.1 Spracherkennung

Meine Beispiel-App *SpracherkennungsDemo* zeigt, wie einfach sich eine Spracherkennung in eigenen Programmen einsetzen lässt. Um sie ausprobieren zu können, benötigen Sie allerdings ein entsprechend ausgerüstetes Android-Smartphone oder -Tablet. Die virtuellen Geräte, die zum Zeitpunkt der Drucklegung dieses Buches vorhanden waren, stellten die benötigte Funktionalität nämlich nicht zur Verfügung, sodass ein Test im Emulator leider nicht möglich ist.

Nach dem Start begrüßt *SpracherkennungsDemo* den Benutzer mit einem Bildschirm, der bis auf die Schaltfläche SPRACHERKENNUNG STARTEN leer ist. Falls die benötigte Komponente nicht zur Verfügung steht, lautet die Beschriftung SPRACH-ERKENNUNG NICHT VERFÜGBAR, und die Schaltfläche kann in diesem Fall nicht angeklickt werden. Ein Klick auf die Schaltfläche startet die Spracheingabe, deren Benutzeroberfläche in Abbildung 11.6 dargestellt ist.

Im Anschluss daran wird der Audiostrom analysiert und in geschriebene Sprache umgeformt. Sofern Sie Offline-Sprachpakete heruntergeladen und installiert haben, ist hierfür keine aktive Netzwerkverbindung erforderlich. Andernfalls müssen die Daten an einen Google-Server geschickt und dort ausgewertet werden. Nach der Umwandlung zeigt die App die erkannten Wörter an (siehe Abbildung 11.7).

Abbildung 11.6 Der Aufnahmevorgang

Abbildung 11.7 Die App zeigt den erkannten Text an.

Verfügbarkeit prüfen

Die Klasse SpracherkennungsDemo leitet von android.app.Activity ab und überschreibt deren zwei Methoden onCreate() und onActivityResult(). Nachdem die Benutzeroberfläche gesetzt wurde, wird mit der Methode queryIntentActivities() der Klasse PackageManager eine Liste von Activities ermittelt, die das Intent RecognizerIntent.ACTION_RECOGNIZE_SPEECH verarbeiten können. Ist diese Liste leer, steht die Spracherkennung nicht zur Verfügung.

```
package com.thomaskuenneth.spracherkennungsdemo;

import android.app.Activity;
import android.content.Intent;
import android.content.pm.PackageManager;
import android.content.pm.ResolveInfo;
import android.os.Bundle;
import android.speech.RecognizerIntent;
```

```
import android.widget.Button;
import android.widget.TextView;
import java.util.ArrayList;
import java.util.List;

public class SpracherkennungsDemo extends Activity {

  private static final int RQ_VOICE_RECOGNITION = 1;

  private TextView textview;

  @Override
  public void onCreate(Bundle savedInstanceState) {
    super.onCreate(savedInstanceState);
    // Benutzeroberfläche anzeigen
    setContentView(R.layout.main);
    Button button = findViewById(R.id.button);
    button.setOnClickListener((v) ->
        startVoiceRecognitionActivity());
    textview = findViewById(R.id.textview);
    // Verfügbarkeit der Spracherkennung prüfen
    PackageManager pm = getPackageManager();
    List<ResolveInfo> activities =
        pm.queryIntentActivities(new Intent(
            RecognizerIntent.ACTION_RECOGNIZE_SPEECH), 0);
    if (activities.size() == 0) {
      button.setEnabled(false);
      button.setText(getString(R.string.not_present));
    }
  }

  @Override
  protected void onActivityResult(int requestCode,
                  int resultCode,
                  Intent data) {
    if (requestCode == RQ_VOICE_RECOGNITION
        && resultCode == RESULT_OK) {
      ArrayList<String> matches = data
          .getStringArrayListExtra(
              RecognizerIntent.EXTRA_RESULTS);
      if (matches.size() > 0) {
        textview.setText(matches.get(0));
```

```
    }
  }
  super.onActivityResult(requestCode, resultCode, data);
}

private void startVoiceRecognitionActivity() {
  Intent intent = new Intent(
      RecognizerIntent.ACTION_RECOGNIZE_SPEECH);
  intent.putExtra(RecognizerIntent.EXTRA_LANGUAGE_MODEL,
      RecognizerIntent.LANGUAGE_MODEL_FREE_FORM);
  intent.putExtra(RecognizerIntent.EXTRA_PROMPT,
      getString(R.string.prompt));
  intent.putExtra(RecognizerIntent.EXTRA_LANGUAGE, "de-DE");
  intent.putExtra(RecognizerIntent.EXTRA_MAX_RESULTS, 1);
  startActivityForResult(intent, RQ_VOICE_RECOGNITION);
}
}
```

Listing 11.6 Die Klasse »SpracherkennungsDemo«

Googles Suche-App enthält eine Activity, die auf das Intent `RecognizerIntent.ACTION_`
`RECOGNIZE_SPEECH` reagiert. Grundsätzlich kann aber jedes andere Programm ebenfalls darauf reagieren. Es bleibt abzuwarten, ob sich Alternativen zu Googles Sprachsuche etablieren. Die Klasse `android.speech.RecognizerIntent` enthält zahlreiche weitere Konstanten, auf die ich gleich noch ausführlicher eingehen werde. Die Spracherkennung wird in der privaten Methode `startVoiceRecognitionActivity()` gestartet, die nach dem Anklicken der Schaltfläche SPRACHERKENNUNG STARTEN aufgerufen wird.

Spracherkennung starten

Wie Sie aus dem vorherigen Abschnitt wissen, wird die Spracherkennung durch eine (aus der Sicht Ihrer App beliebige) Activity ausgeführt, die in der Lage ist, das Intent `RecognizerIntent.ACTION_RECOGNIZE_SPEECH` zu verarbeiten. Da die Activity ein Ergebnis (nämlich die hoffentlich erkannten Wörter) an Sie übermitteln muss, starten Sie sie mit `startActivityForResult()`. Mit `putExtra()` können Sie deren Funktionsweise beeinflussen. Beispielsweise legen Sie mit `RecognizerIntent.EXTRA_LANGUAGE` die Sprache fest, zum Beispiel `de-DE` oder `en-US`. Anstatt den String hart zu kodieren, bietet es sich an, auf die Methode `toLanguageTag()` der Klasse `Locale` zuzugreifen: `Locale.US.toLanguageTag()`.

Mit `RecognizerIntent.EXTRA_MAX_RESULTS` steuern Sie die maximale Anzahl an Ergebnissen. Besonders wichtig ist `RecognizerIntent.EXTRA_LANGUAGE_MODEL`, denn hiermit charakterisieren Sie die bevorstehende Eingabe. `LANGUAGE_MODEL_FREE_FORM` bedeutet, dass der Anwender eher ganze Sätze formulieren wird. Denken Sie an einen Texteditor, mit dem Sie E-Mails oder Kurznachrichten erfassen. `LANGUAGE_MODEL_WEB_SEARCH` hingegen verwenden Sie bei Suchanfragen oder grammatisch unvollständigen Verb-Substantiv-Phrasen. Mit `RecognizerIntent.EXTRA_PROMPT` können Sie eine kurze Beschreibung festlegen, die während der Eingabe angezeigt wird.

Wenn die Spracherkennungs-Activity ihre Arbeit beendet hat, ruft Android die Methode `onActivityResult()` auf. Wie üblich müssen Sie zunächst die beiden Werte `requestCode` und `resultCode` prüfen. `getStringArrayListExtra()` ermittelt dann eine Liste mit Ergebnissen.

Die Kombination von Sprachsynthese und Spracherkennung kann die Bedienung von mobilen Geräten enorm vereinfachen. Haben Sie Ideen? Ich freue mich schon auf Ihre Umsetzungen.

Sie haben in diesem Kapitel schon zahlreiche Facetten der Audioverarbeitung unter Android kennengelernt. Mit einem weiteren spannenden Beispiel möchte ich diesen Bereich beschließen.

11.4.2 Tastendrücke von Headsets verarbeiten

Viele Hersteller liefern ihre Geräte mit einem kabelgebundenen Headset aus. Üblicherweise wird dieses auch zur Steuerung des Musikabspielprogramms verwendet. Wie Sie gleich sehen werden, nutzt Android hierfür ein anwendungsübergreifendes Protokoll, sodass sich auch Ihre eigene Audio-App damit bedienen lässt. Wie das geht, zeige ich Ihnen anhand der Beispiel-App *AudioManagerDemo*. Unglücklicherweise lässt sich dies derzeit nicht mit dem Emulator simulieren, Sie benötigen für den Test echte Hardware. Nach dem Start der App sehen Sie einen leeren Bildschirm. Sobald Sie ein Headset anschließen, den Stecker wieder abziehen, oder Tasten am Kopfhörer drücken, werden entsprechende Meldungen ausgegeben. Dies ist in Abbildung 11.8 zu sehen.

`AudioManagerDemoActivity` überschreibt wie üblich `onCreate()`. In dieser Methode wird aber nur die Benutzeroberfläche geladen und angezeigt, die Hauptarbeit findet in `onResume()` statt. Meine Implementierung instanziiert ein Objekt des Typs `MediaSession` und setzt durch Aufruf der Methode `setCallback()` ein Objekt des Typs `MediaSession.Callback`, um Kommandos zu empfangen. Wichtig ist, die Session mit `setActive()` zu aktivieren und nach Gebrauch mit `release()` freizugeben. `MediaSession` ist eine zentrale Klasse für die Interaktion mit Lautstärkereglern und Schaltflächen zur Steuerung der Wiedergabe.

Abbildung 11.8 Ausgaben der App »AudioManagerDemo«

```java
package com.thomaskuenneth.audiomanagerdemo;

import android.app.Activity;
import android.content.BroadcastReceiver;
import android.content.Context;
import android.content.Intent;
import android.content.IntentFilter;
import android.media.AudioManager;
import android.media.session.MediaSession;
import android.os.Bundle;
import android.view.KeyEvent;
import android.widget.TextView;

public class AudioManagerDemoActivity extends Activity {

  private TextView tv;
```

```java
private BroadcastReceiver mReceiver;
private MediaSession session;

@Override
public void onCreate(Bundle savedInstanceState) {
  super.onCreate(savedInstanceState);
  setContentView(R.layout.main);
  tv = findViewById(R.id.tv);
}

@Override
protected void onResume() {
  super.onResume();
  // Intent-Filter konfigurieren
  IntentFilter intentFilter = new IntentFilter();
  intentFilter.addAction(AudioManager.ACTION_HEADSET_PLUG);
  intentFilter.addAction(AudioManager.ACTION_AUDIO_BECOMING_NOISY);
  // Broadcast Receiver erzeugen
  mReceiver = new BroadcastReceiver() {

    @Override
    public void onReceive(Context context,
                  Intent intent) {
      handleIntent(intent);
    }
  };
  // Broadcast Receiver registrieren
  registerReceiver(mReceiver, intentFilter);
  // MediaSession konfigurieren
  session = new MediaSession(this,
      getClass().getSimpleName());
  session.setCallback(new MediaSession.Callback() {

    @Override
    public boolean onMediaButtonEvent(Intent mediaButtonIntent) {
      handleIntent(mediaButtonIntent);
      return super.onMediaButtonEvent(mediaButtonIntent);
    }
  });
  session.setActive(true);
}
```

```
@Override
protected void onPause() {
  super.onPause();
  unregisterReceiver(mReceiver);
  session.release();
}
private void handleIntent(Intent intent) {
  if (intent != null) {
    String action = intent.getAction();
    if (Intent.ACTION_MEDIA_BUTTON.equals(action)) {
      KeyEvent keyEvent = intent
          .getParcelableExtra(Intent.EXTRA_KEY_EVENT);
      if (KeyEvent.ACTION_UP == keyEvent.getAction()) {
        tv.append("getKeyCode(): "
            + keyEvent.getKeyCode() + "\n");
      }
      if (keyEvent.isLongPress()) {
        tv.append("laaange gedrückt\n");
      }
    } else if (AudioManager.ACTION_AUDIO_BECOMING_NOISY
        .equals(action)) {
      tv.append("ACTION_AUDIO_BECOMING_NOISY\n");
    } else if (AudioManager.ACTION_HEADSET_PLUG.equals(action)) {
      tv.append("ACTION_HEADSET_PLUG\n");
    }
  }
}
}
```

Listing 11.7 Die Klasse »AudioManagerDemoActivity«

Broadcast Receiver werden üblicherweise in der Manifestdatei eingetragen. Aus bestimmten Gründen kann es aber sinnvoll sein, den Receiver stattdessen programmatisch zu erzeugen und zu registrieren. In meinem Beispiel möchte der Receiver nämlich in das Textfeld einer Activity schreiben. Wenn er innerhalb des Activity-Codes erzeugt wird, kann er ganz einfach auf die Variablen der Aktivität zugreifen. Das Vorgehen ist einfach: einen BroadcastReceiver instanziieren und die Methode onReceive() überschreiben. registerReceiver() registriert den Receiver. unregister-Receiver() hebt die Registrierung wieder auf.

Meine private Methode handleIntent() wird sowohl von meinem MediaSession.Callback als auch von meiner BroadcastReceiver-Implementierung aufgerufen. Mit getKeyCode() können Sie den Code der auslösenden Taste erfragen. Selbst wenn ein

Headset nur eine Taste hat, können Sie durch die Verwendung von isLongPress() zwei Funktionen auslösen, sofern das Gerät dies unterstützt.

Wenn Sie den Stecker des Headsets aus der Buchse ziehen (oder beispielsweise die Verbindung zu einem Bluetooth-Kopfhörer trennen), wird die Meldung ACTION_AUDIO_BECOMING_NOISY ausgegeben. Android signalisiert interessierten Programmen auf diese Weise, dass der Audiostrom in Kürze über den Lautsprecher ausgegeben wird. In diesem Fall ist es möglicherweise eine gute Idee, die Wiedergabe zu pausieren. Um entsprechende Broadcast-Events zu empfangen, tragen Sie in der Manifestdatei den gewünschten Receiver ein oder registrieren Sie ihn programmatisch wie in meinem Beispiel. Der *Intent-Filter* lauscht auf die Aktion android.media.AUDIO_BECOMING_NOISY.

Auch ACTION_HEADSET_PLUG wird beim Einstecken oder Abziehen eines kabelgebundenen Headsets ausgelöst. Dabei werden in den Intent-Extras ein paar zusätzliche Informationen übergeben, zum Beispiel der Name des Geräts. Probieren Sie das Auslesen doch als kleine Übung aus. Weitere Infos entnehmen Sie der Dokumentation.

11.5 Zusammenfassung

Kabelgebundene Headsets lassen sich also sehr einfach in eigene Apps integrieren. Versuchen Sie doch, den *Rasenden Reporter* entsprechend zu erweitern. Oder starten Sie nach einem Druck auf die Taste eine Spracherkennungssitzung. Android bietet unzählige Möglichkeiten. Nutzen Sie Ihre Kreativität, und kombinieren Sie die in diesem Kapitel angesprochenen Aspekte zu etwas ganz Neuem.

Kapitel 12
Fotos und Video

Die Fähigkeit, Fotos und Videos aufzunehmen, ist für moderne Smartphones und Tablets selbstverständlich. Wie Sie die Kamerahardware in Ihren eigenen Apps nutzen, zeige ich Ihnen in diesem Kapitel.

Die Zeiten, in denen die Kameras in Mobiltelefonen gerade einmal zu Spaßfotos taugten, sind glücklicherweise längst vorbei. Aktuelle Android-Geräte machen durchweg gute Bilder und Videos.

Dabei sind die Möglichkeiten, die sich aus dem Einsatz der Kamerahardware ergeben, praktisch grenzenlos. Denken Sie an die Überlagerung von Live-Daten mit computergenerierten Grafiken oder mit Informationen aus dem Netz (*Augmented Reality*) oder an die Erkennung von Sehenswürdigkeiten, Texten, Bildern sowie allerlei anderer Informationen mit der *Google Lens*.

12.1 Vorhandene Activities nutzen

Mit *Intents* können Komponenten unterschiedlicher Apps kombiniert werden. Die Nutzung vorhandener Bausteine hat für Sie als Entwickler den Vorteil, das Rad nicht neu erfinden zu müssen. Und der Anwender findet sich schneller zurecht, weil er die Bedienung einer wiederverwendeten Komponente bereits kennt.

12.1.1 Kamera-Activity starten

Wie leicht Sie die in Android eingebaute Kamera-App nutzen können, möchte ich Ihnen anhand des Programms *KameraDemo1* zeigen. Nach dem Start sehen Sie die Benutzeroberfläche aus Abbildung 12.1.

Abbildung 12.1 Die Benutzeroberfläche von »KameraDemo1«

Klicken Sie auf FOTO AUFNEHMEN, um die Kamera-App im Still-Image-Modus zu betreiben. Diesen sehen Sie in Abbildung 12.2.

Abbildung 12.2 Die Kamera-App im Still-Image-Modus

Mit VIDEO AUFNEHMEN drehen Sie Filme. Zwischen dem Videomodus, der in Abbildung 12.3 dargestellt ist, und dem Fotomodus kann der Anwender jederzeit umschalten. Beachten Sie in diesem Zusammenhang, dass die Benutzeroberfläche auf unterschiedlichen Geräten zum Teil stark variiert.

Abbildung 12.3 Die Kamera-App im Videomodus

Die Klasse KameraDemo1 leitet von android.app.Activity ab und überschreibt nur on-Create(). In dieser Methode wird die Benutzeroberfläche gesetzt. Das Starten der Kamera-App findet in zwei Implementierungen von onClick() statt (der Methodenname ist durch die Verwendung eines Lambdas nicht zu sehen). Wie Sie aus vielen anderen Beispielen in diesem Buch bereits wissen, werden Instanzen des Typs android.view.View.OnClickListener verwendet, um auf das Anklicken von Schaltflächen zu reagieren. Die Klasse android.provider.MediaStore gestattet den Zugriff auf die Mediendatenbank von Android-Geräten. Für uns sind im Moment vor allem die beiden Konstanten MediaStore.INTENT_ACTION_STILL_IMAGE_CAMERA und MediaStore.INTENT_ACTION_VIDEO_CAMERA interessant, denn sie werden als Actions für Intents verwendet, um die Kamera-App durch Aufruf von startActivity() zu starten. Ausführliche Informationen bezüglich der Verwendung von Intents finden Sie in Kapitel 4, »Activities und Broadcast Receiver«.

```
package com.thomaskuenneth.kcamerademo1;

import android.app.Activity;
import android.content.Intent;
import android.os.Bundle;
import android.provider.MediaStore;
import android.widget.Button;
```

```
public class KameraDemo1 extends Activity {

  @Override
  public void onCreate(Bundle savedInstanceState) {
    super.onCreate(savedInstanceState);
    // Benutzeroberfläche anzeigen
    setContentView(R.layout.main);
    Button foto = findViewById(R.id.foto);
    foto.setOnClickListener((v) -> {
      // Intent instanziieren
      Intent intent = new Intent(
          MediaStore.INTENT_ACTION_STILL_IMAGE_CAMERA);
      // Activity starten
      startActivity(intent);
    });
    Button video = findViewById(R.id.video);
    video.setOnClickListener((v) -> {
      Intent intent = new Intent(
          MediaStore.INTENT_ACTION_VIDEO_CAMERA);
      startActivity(intent);
    });
  }
}
```

Listing 12.1 Die Klasse »KameraDemo1«

Eine auf diese Weise gestartete Kamera-App sendet allerdings keine Daten an den Aufrufer. Die beiden Intents INTENT_ACTION_STILL_IMAGE_CAMERA und INTENT_ACTION_VIDEO_CAMERA eignen sich deshalb vor allem für *Fire-and-forget-Szenarien*. Damit ist gemeint, dass Sie dem Anwender Ihrer App zwar den Komfort bieten, ein Foto oder Video aufzunehmen, aber die auf diese Weise entstandenen Dateien nicht unmittelbar integrieren oder weiterverarbeiten. Wie Sie dies bewerkstelligen, möchte ich Ihnen nun zeigen.

[»]   **Hinweis**

Sie können in den Einstellungen für virtuelle Geräte festlegen, ob Front- oder Rückkameras simuliert werden sollen. Dabei kann der Emulator auf vorhandene Webcams Ihres Entwicklungsrechners zugreifen oder stattdessen Animationen anzeigen. Im Vergleich zu frühen Versionen des *Android SDK* ist die Kamerasimulation stabiler geworden. Ich rate Ihnen dennoch, bei Ihren Tests auf echte Hardware zurückzugreifen.

12.1.2 Aufgenommene Fotos weiterverarbeiten

Um Daten von der Kamera-App in Ihrem Programm zu verwenden, rufen Sie start-ActivityForResult() auf. Das daraufhin gesendete Intent enthält die Action Media-Store.ACTION_IMAGE_CAPTURE. Außerdem müssen Sie einen *Uniform Resource Identifier* (URI) übergeben, der das aufgenommene Foto in der Mediendatenbank repräsentiert. Wie das funktioniert, zeigt das Projekt *KameraDemo2*. Nach dem Auslösen erscheinen die Schaltflächen OK und ERNEUT AUFNEHMEN. Dies ist in Abbildung 12.4 dargestellt.

Abbildung 12.4 Die Kamera-App nach dem Auslösen

> **Hinweis**
>
> Beachten Sie, dass die Ausgestaltung der Benutzeroberfläche zwischen den verschiedenen Herstellern und dem Emulator unter Umständen stark variiert.

Mit OK gelangen Sie zu *KameraDemo2* zurück. Dort wird das aufgenommene Foto angezeigt. Wie das aussehen kann, sehen Sie in Abbildung 12.5.

KameraDemo2 leitet von android.app.Activity ab und überschreibt die vier Methoden onCreate(), onStart(), onRequestPermissionsResult() und onActivityResult(). In onCreate() wird mit setRequestedOrientation() der Quermodus fest eingestellt und im Anschluss daran die Benutzeroberfläche angezeigt. Klickt der Anwender auf die Schaltfläche FOTO AUFNEHMEN, so wird die private Methode startCamera() aufgerufen.

Diese erzeugt mit getContentResolver().insert() einen neuen Eintrag in der systemweiten Mediendatenbank und feuert anschließend ein Intent mit der Action Media-

Store.`ACTION_IMAGE_CAPTURE`. Titel, Beschreibung und der MIME-Type werden als ContentValues-Objekt übergeben. Dieses wird durch entsprechende put()-Aufrufe gefüllt. Den URI des angelegten Datensatzes erhält das Intent mittels putExtra().

Abbildung 12.5 Das aufgenommene Foto in »KameraDemo2«

Damit *KameraDemo2* nicht zur Laufzeit beendet wird, muss mit android.permission.WRITE_EXTERNAL_STORAGE der Zugriff auf externe Medien angefordert werden. Da es sich hierbei um eine gefährliche Berechtigung handelt, ist neben dem obligatorischen Eintrag in der Manifestdatei auch die Behandlung zur Laufzeit nötig. In onStart() wird mit checkSelfPermission() geprüft, ob die App auf externe Medien schreiben darf. Falls nicht, wird die entsprechende Berechtigung (Manifest.permission.WRITE_EXTERNAL_STORAGE) durch den Aufruf von requestPermissions() angefordert. Die Entscheidung des Nutzers teilt Android der App mittels onRequestPermissionsResult() mit.

Nach einer Aufnahme wird die Methode onActivityResult() aufgerufen, die zunächst den requestCode prüft. Er muss dem bei startActivityForResult() übergebenen Wert entsprechen. Hat die Kamera-App als resultCode den Wert RESULT_OK gemeldet (der Benutzer hat ein Foto geschossen), ist alles in Ordnung und das Foto kann angezeigt werden. Andernfalls muss der Eintrag mit delete() wieder aus der Mediendatenbank entfernt werden, weil der Anwender die Aufnahme abgebrochen hat.

```
package com.thomaskuenneth.kamerademo2;

import android.Manifest;
import android.app.Activity;
```

```java
import android.content.ContentValues;
import android.content.Intent;
import android.content.pm.ActivityInfo;
import android.content.pm.PackageManager;
import android.graphics.Bitmap;
import android.net.Uri;
import android.os.Bundle;
import android.provider.MediaStore;
import android.util.Log;
import android.widget.Button;
import android.widget.ImageView;
import java.io.IOException;

public class KameraDemo2 extends Activity {

  private static final String TAG =
      KameraDemo2.class.getSimpleName();

  private static final int
      PERMISSIONS_REQUEST_WRITE_EXTERNAL_STORAGE = 123;

  private static final int IMAGE_CAPTURE = 1;

  // Views
  private ImageView imageView;
  private Button button;

  // über diesen URI ist die Aufnahme erreichbar
  private Uri imageUri;

  @Override
  public void onCreate(Bundle savedInstanceState) {
    super.onCreate(savedInstanceState);
    // Quermodus fest einstellen
    setRequestedOrientation(
        ActivityInfo.SCREEN_ORIENTATION_LANDSCAPE);
    // Benutzeroberfläche anzeigen
    setContentView(R.layout.main);
    imageView = findViewById(R.id.view);
    button = findViewById(R.id.shoot);
    button.setOnClickListener((v) ->
        startCamera()
    );
```

```
  }

  @Override
  protected void onStart() {
    super.onStart();
    if (checkSelfPermission(
        Manifest.permission.WRITE_EXTERNAL_STORAGE)
        != PackageManager.PERMISSION_GRANTED) {
      requestPermissions(new String[]{
            Manifest.permission.WRITE_EXTERNAL_STORAGE},
          PERMISSIONS_REQUEST_WRITE_EXTERNAL_STORAGE);
      button.setEnabled(false);
    } else {
      button.setEnabled(true);
    }
  }

  @Override
  public void onRequestPermissionsResult(int requestCode,
                    String permissions[],
                    int[] grantResults) {
    if ((requestCode ==
        PERMISSIONS_REQUEST_WRITE_EXTERNAL_STORAGE) &&
        (grantResults.length > 0 && grantResults[0] ==
            PackageManager.PERMISSION_GRANTED)) {
      button.setEnabled(true);
    }
  }

  @Override
  protected void onActivityResult(int requestCode,
                  int resultCode,
                  Intent data) {
    super.onActivityResult(requestCode, resultCode, data);
    if (requestCode == IMAGE_CAPTURE) {
      if (resultCode == RESULT_OK) {
        try {
          Bitmap b1 = MediaStore.Images.Media
            .getBitmap(
                getContentResolver(), imageUri);
          // Größe des aufgenommenen Bildes
          float w1 = b1.getWidth();
          float h1 = b1.getHeight();
```

```
    // auf eine Höhe von maximal 300 Pixel skalieren
    int h2 = (int) h1 > 300 ? 300 : (int) h1;
    int w2 = (int) (w1 / h1 * (float) h2);
    Bitmap b2 = Bitmap.createScaledBitmap(b1,
        w2, h2, false);
    imageView.setImageBitmap(b2);
  } catch (IOException e) {
    Log.e(TAG, "setBitmap()", e);
  }
  } else {
  int rowsDeleted =
      getContentResolver().delete(imageUri,
          null, null);
  Log.d(TAG, rowsDeleted + " rows deleted");
  }   }
}

private void startCamera() {
  ContentValues values = new ContentValues();
  values.put(MediaStore.Images.Media.TITLE,
      getString(R.string.app_name));
  values.put(MediaStore.Images.Media.DESCRIPTION,
      getString(R.string.descr));
  values.put(MediaStore.Images.Media.MIME_TYPE,
      "image/jpeg");
  imageUri = getContentResolver().insert(
      MediaStore.Images.Media.EXTERNAL_CONTENT_URI,
      values);
  Intent intent = new Intent(MediaStore.ACTION_IMAGE_CAPTURE);
  intent.putExtra(MediaStore.EXTRA_OUTPUT, imageUri);
  startActivityForResult(intent, IMAGE_CAPTURE);
  }
}
```

Listing 12.2 Die Klasse »KameraDemo2«

Die Methode MediaStore.Images.Media.getBitmap(), die ich in onActivityResult() aufrufe, ist äußerst praktisch, um ein Bild, das in der Mediendatenbank gespeichert wurde, als Bitmap zur Verfügung zu stellen. Sie können Objekte des Typs android.graphics.Bitmap nämlich sehr einfach mit einer ImageView darstellen. Rufen Sie einfach die Methode setImageBitmap() einer android.widget.ImageView-Instanz auf. Allerdings können die von der Kamera gelieferten Fotos zu groß sein. Um eine Ausnahme zur Laufzeit zu vermeiden, sollten Sie das Bild, wie im Beispiel gezeigt, skalieren.

12.1.3   Mit der Galerie arbeiten

Die App *Galerie* (oder *Fotos*) zeigt alle Fotos und Videos der systemweiten Mediendatenbank an; sie ist integraler Bestandteil der Plattform. Wie Sie sie in Ihre eigenen Programme integrieren, zeige ich Ihnen anhand des Projekts *GalleryDemo*. Unmittelbar nach dem Start ruft die App die Auswahlseite der Galerie auf, die Sie in Abbildung 12.6 sehen. Tippt der Benutzer ein Bild an, startet *GalleryDemo* abermals die Galerie. Diese zeigt die ausgewählte Datei in einer Art Detailansicht an, die in Abbildung 12.7 dargestellt ist.

Abbildung 12.6 Die Auswahlseite der App »Galerie«

Abbildung 12.7 Anzeige einer Datei in der »Galerie«

Die Klasse `GalleryDemo` erzeugt ein Intent mit der Aktion `Intent.ACTION_PICK` und dem URI `MediaStore.Images.Media.EXTERNAL_CONTENT_URI` und übergibt das Intent an startActivityForResult(). Nachdem der Benutzer ein Bild ausgewählt hat, wird es in einer Detailansicht dargestellt.

```
package com.thomaskuenneth.gallerydemo;

import android.app.Activity;
import android.content.Intent;
import android.net.Uri;
import android.os.Bundle;
import android.provider.MediaStore;

public class GalleryDemo extends Activity {

  private static final int RQ_GALLERY_PICK = 1;

  @Override
  public void onCreate(Bundle savedInstanceState) {
    super.onCreate(savedInstanceState);
    Intent intent = new Intent(Intent.ACTION_PICK,
        MediaStore.Images.Media.EXTERNAL_CONTENT_URI);
    startActivityForResult(intent, RQ_GALLERY_PICK);  }

  @Override
  protected void onActivityResult(int requestCode, int resultCode,
                Intent data) {
    super.onActivityResult(requestCode, resultCode, data);
    if (requestCode == RQ_GALLERY_PICK) {
      if (resultCode == RESULT_OK) {
        if (data != null) {
          Uri uri = data.getData();
          Intent i2 = new Intent(Intent.ACTION_VIEW, uri);
          startActivity(i2);
        }
      } else {
        finish();
      }
    }
  }
}
```

Listing 12.3 Die Klasse »GalleryDemo«

Der URI der Datei, die der Benutzer auf der Auswahlseite angeklickt hat, wird in den Extras eines Intents an onActivityResult() übermittelt. Er kann mit getData() abgefragt werden. Um keine Fehler zur Laufzeit zu riskieren, sollten Sie auf jeden Fall durch eine entsprechende if-Abfrage sicherstellen, dass nicht anstelle eines Intents null übergeben wurde. Um ein Bild anzuzeigen, packen Sie einfach dessen URI in ein Intent mit der Action Intent.ACTION_VIEW und rufen anschließend start-Activity() auf.

Hinweis

Das Aussehen der *Galerie*-App variiert auf diversen Android-Geräten und dem Emulator. Oft ist stattdessen *Fotos* installiert.

In meinen bisherigen Beispielen habe ich Ihnen gezeigt, wie Sie von Ihrem Programm aus Activities zum Aufnehmen und Anzeigen von Fotos und Videos starten können. Wäre es nicht eine tolle Sache, wenn Ihre App im Gegenzug Bilder oder Grafiken von anderen empfangen und weiterverarbeiten könnte? Wie das geht, zeige ich Ihnen im folgenden Abschnitt.

12.1.4   Inhalte teilen

Viele Android-Apps (unter anderem *Fotos* und *Galerie*) bieten ein TEILEN-Menü an. Die Idee dahinter ist, die Daten des Programms anderen Apps oder entfernten Diensten zur Verfügung zu stellen, also zum Beispiel Fotos per Bluetooth, MMS oder E-Mail versenden oder auf eine Website wie Twitter oder Facebook hochladen zu können. Aber wer sagt denn, dass man Fotos »nur« über drahtlose oder kabelgebundene Netzwerke verschicken kann? Wie wäre es mit einer App, die unterschiedliche Filter anbietet, um ein Foto beispielsweise in Graustufen umzuwandeln, zu schärfen oder weichzuzeichnen? Das Projekt *ShareViaDemo* zeigt Ihnen, wie Sie hierzu vorgehen.

Nach dem Start erscheint eine mit Ausnahme der Schaltfläche GALERIE ODER FOTOS-APP STARTEN leere Activity. Sie dient nur dazu, die *Galerie* bzw. *Fotos* aufzurufen und darin ein Bild auszuwählen, hat also mit dem eigentlichen Teilen und Empfangen nichts zu tun. Wie das im Emulator aussehen kann, ist in Abbildung 12.8 dargestellt. Echte Hardware zeigt das Ganze zwar optisch reizvoller an, die Funktionalität bleibt aber gleich. Klicken Sie auf IN GRAUSTUFEN UMWANDELN. Das von Ihnen ausgewählte Foto wird nun in Graustufen angezeigt.

Die Activity DemoSender prüft in ihrer Methode onCreate() als Erstes, ob ihr ein Intent übergeben wurde und ob dieses die Action Intent.ACTION_SEND enthält. Ist dies nicht der Fall, beendet sie sich. Ansonsten wird die Benutzeroberfläche angezeigt, das als URI übergebene Bild geladen (hierfür verwende ich die Ihnen bereits bekannte Methode MediaStore.Images.Media.getBitmap()) und in Graustufen umgewandelt. Dies ist in Abbildung 12.9 zu sehen.

Hinweis

Leider führt der Aufruf der Methode getBitmap() bei großen Dateien gelegentlich zum OutOfMemoryError. Um den Speicherhaushalt der Laufzeitumgebung nicht ins Wanken zu bringen, können Sie Referenzen auf nicht mehr benötigte Bitmaps durch Zuweisen von null als ungültig markieren. Vorher sollten Sie aber auf jeden Fall die Methode recycle() aufrufen.

Abbildung 12.8 Das Menü »Weitergeben«

Abbildung 12.9 Die Benutzeroberfläche von »ShareViaDemo«

Das Umwandeln in Graustufen findet in der privaten Methode toGrayscale() statt. Als Erstes ermittle ich die Breite und Höhe des Quellbildes und erzeuge anschließend ein Objekt des Typs android.graphics.Bitmap, das die Pixeldaten der Graustufenversion enthalten wird. Das Canvas-Objekt wird für den Kopiervorgang benötigt. Vereinfacht ausgedrückt »malt« drawBitmap() die alte Bitmap in die neue. Dass aus Farben Graustufen werden, ermöglicht die durch Aufruf von setSaturation() entsprechend konfigurierte ColorMatrix.

```
package com.thomaskuenneth.shareviademo;

import android.Manifest;
import android.app.Activity;
import android.content.Intent;
import android.content.pm.PackageManager;
import android.graphics.Bitmap;
import android.graphics.Canvas;
import android.graphics.ColorMatrix;
import android.graphics.ColorMatrixColorFilter;
import android.graphics.Paint;
import android.net.Uri;
import android.os.Bundle;
import android.provider.MediaStore;
import android.util.Log;
import android.widget.Button;
import android.widget.ImageView;
import java.io.IOException;

public class DemoSender extends Activity {

  private static final String TAG =      DemoSender.class.getSimpleName();
  private static final int PERMISSIONS_REQUEST_WRITE_EXTERNAL_STORAGE =
      123;

  private Bitmap greyscaleBitmap;

  @Override
  public void onCreate(Bundle state) {
    super.onCreate(state);
    Intent intent = getIntent();
    if ((intent != null) &&
        (Intent.ACTION_SEND.equals(intent.getAction()))) {
      setContentView(R.layout.demosender);
      ImageView imageView = findViewById(R.id.image);
      // URI des erhaltenen Bildes
      Bundle b = intent.getExtras();
      if (b != null) {
        Uri imageUri = (Uri) b.get(
            Intent.EXTRA_STREAM);
        try {
          // Bitmap erzeugen
          Bitmap bm1 = MediaStore.Images.Media.getBitmap(
```

```
          getContentResolver(), imageUri);
        // in Graustufen umwandeln und anzeigen
        greyscaleBitmap = toGrayscale(bm1);
        bm1.recycle();
        imageView.setImageBitmap(greyscaleBitmap);
      } catch (IOException e) {
        Log.e(TAG, e.getClass().getSimpleName(), e);
      }
      // Button
      final Button button = findViewById(R.id.button);
      button.setOnClickListener((v) -> {
        if (checkSelfPermission(
            Manifest.permission.WRITE_EXTERNAL_STORAGE)
            != PackageManager.PERMISSION_GRANTED) {
          requestPermissions(new String[]
                {Manifest.permission.WRITE_EXTERNAL_STORAGE},
              PERMISSIONS_REQUEST_WRITE_EXTERNAL_STORAGE);
        } else {
          share();
        }
      });
    } else {
      finish();
    }
  }
}
@Override
public void onRequestPermissionsResult(int requestCode,
                  String permissions[],
                  int[] grantResults) {
  if ((requestCode ==
      PERMISSIONS_REQUEST_WRITE_EXTERNAL_STORAGE) &&
      (grantResults.length > 0 && grantResults[0] ==
          PackageManager.PERMISSION_GRANTED)) {
    share();
  } else {
    finish();
  }
}
```

```
private Bitmap toGrayscale(Bitmap src) {
  // Breite und Höhe
  int width = src.getWidth();
```

```
    int height = src.getHeight();
    // neue Bitmap erzeugen
    Bitmap desti = Bitmap
        .createBitmap(width, height, Bitmap.Config.RGB_565);
    Canvas c = new Canvas(desti);
    Paint paint = new Paint();
    // Umwandlung in Graustufen
    ColorMatrix cm = new ColorMatrix();
    cm.setSaturation(0);
    ColorMatrixColorFilter f = new ColorMatrixColorFilter(cm);
    paint.setColorFilter(f);
    // mit Filter kopieren
    c.drawBitmap(src, 0, 0, paint);
    return desti;
  }


  private void share() {
    String uri = MediaStore.Images.Media.insertImage(
        getContentResolver(),
        greyscaleBitmap, "Titel", "Beschreibung");
    Uri _uri = Uri.parse(uri);
    Intent intent = new Intent(Intent.ACTION_VIEW, _uri);
    intent.setType("image/?");
    startActivity(intent);
  }
}
```

Listing 12.4 Die Klasse »DemoSender«

Nach dem Anwenden des Graustufenfilters und dem Anzeigen des Bildes wartet *ShareViaDemo* auf das Anklicken der Schaltfläche FERTIG. Dies führt zum Aufruf der Methode share(). Dort wird mit MediaStore.Images.Media.insertImage() das Graustufenbild der zentralen Mediendatenbank hinzugefügt, ein Intent mit der Aktion ACTION_VIEW zusammengebaut und mit startActivity() gefeuert.

Damit andere Apps die Klasse DemoSender als möglichen Empfänger von Bildern erkennen, muss in der Manifestdatei ein Intent-Filter für die Action android. intent.action.SEND konfiguriert werden. Dessen <data />-Element schränkt den MIME-Type auf Bilder ein.

```
<?xml version="1.0" encoding="utf-8"?>
<manifest xmlns:android="http://schemas.android.com/apk/res/android"
  xmlns:tools="http://schemas.android.com/tools"
  package="com.thomaskuenneth.shareviademo">
```

```
  <uses-permission android:name="android.permission.WRITE_EXTERNAL_STORAGE" />
  <application
    android:allowBackup="false"
    android:icon="@drawable/ic_launcher"
    android:label="@string/app_name"
    tools:ignore="GoogleAppIndexingWarning">
    <activity
      android:name=".DemoSender"
      android:label="@string/menu">
      <intent-filter>
        <action android:name="android.intent.action.SEND" />
        <category android:name="android.intent.category.DEFAULT" />
        <data android:mimeType="image/*" />
      </intent-filter>
    </activity>
    <activity
      android:name=".ShareViaDemoActivity"
      android:label="@string/app_name">
      <intent-filter>
        <action android:name="android.intent.action.MAIN" />
        <category android:name="android.intent.category.LAUNCHER" />
      </intent-filter>
    </activity>
  </application>
</manifest>
```

Listing 12.5 Die Manifestdatei des Projekts »ShareViaDemo«

Damit `insertImage()` in die zentrale Mediendatenbank schreiben kann, muss die App die gefährliche Berechtigung `android.permission.WRITE_EXTERNAL_STORAGE` anfordern. Zur Laufzeit werden wieder die »üblichen Verdächtigen« `checkSelfPermission()` und `requestPermissions()` aufgerufen.

ShareActionProvider

Vielleicht möchten Sie in Ihrer App auch eine schicke TEILEN- Schaltfläche haben. Das ist mit wenigen Zeilen Code möglich. Sehen Sie sich hierzu bitte die Klasse `ShareActionProviderDemoActivity` (siehe Listing 12.6) an. Sie gehört zu dem in Abbildung 12.10 dargestellten Projekt *ShareActionProviderDemo*.

```
package com.thomaskuenneth.shareactionproviderdemo;

import android.app.Activity;
import android.content.Intent;
```

```
import android.os.Bundle;
import android.text.Editable;
import android.text.TextWatcher;
import android.view.Menu;
import android.view.MenuItem;
import android.widget.EditText;
import android.widget.ShareActionProvider;

public class ShareActionProviderDemoActivity extends Activity {

  private EditText input;

  @Override
  public void onCreate(Bundle savedInstanceState) {
    super.onCreate(savedInstanceState);
    setContentView(R.layout.main);
    input = findViewById(R.id.input);
    input.addTextChangedListener(new TextWatcher() {

      @Override
      public void beforeTextChanged(CharSequence s,
                     int start,
                     int count,
                     int after) {
      }

      @Override
      public void onTextChanged(CharSequence s,
                     int start,
                     int before,
                     int count) {
      }

      @Override
      public void afterTextChanged(Editable s) {
        invalidateOptionsMenu();
      }
    });
  }

  @Override
  public boolean onCreateOptionsMenu(Menu menu) {
```

```
    String txt = input.getText().toString();
    getMenuInflater().inflate(R.menu.menu, menu);
    MenuItem menuItem = menu.findItem(R.id.menu_item_share);
    ShareActionProvider mShareActionProvider =
        (ShareActionProvider) menuItem.getActionProvider();
    Intent shareIntent = new Intent();
    shareIntent.setAction(Intent.ACTION_SEND);
    shareIntent.putExtra(Intent.EXTRA_TEXT, txt);
    shareIntent.setType("text/plain");
    mShareActionProvider.setShareIntent(shareIntent);
    menuItem.setVisible(txt.length() > 0);
    return super.onCreateOptionsMenu(menu);
  }
}
```

Listing 12.6 Die Klasse »ShareActionProviderDemoActivity«

Abbildung 12.10 Die App »ShareActionProviderDemo«

In onCreate() wird, wie üblich, die Benutzeroberfläche geladen und angezeigt. Sie besteht aus einem Textfeld sowie einem Menü in der *Action Bar*. Mit addTextChanged-Listener() registriere ich einen TextWatcher. Nach dem Tippen eines Zeichens wird dessen Methode afterTextChanged() aufgerufen. Meine Implementierung sorgt mit invalidateOptionsMenu() dafür, dass das Menü aktualisiert wird. Warum das nötig ist, erkläre ich Ihnen gleich. Lassen Sie uns vorher noch einen Blick auf das Erzeugen des Menüs werfen. Eine App, die ein Menü anzeigen möchte, muss die Methode onCreateOptionsMenu() überschreiben. Mit inflate() wird das Menü aus der Datei *menu.xml* (siehe Listing 12.7) entfaltet. Es enthält nur einen Eintrag.

```xml
<?xml version="1.0" encoding="utf-8"?>
<menu xmlns:android="http://schemas.android.com/apk/res/android">
  <item
    android:id="@+id/menu_item_share"
    android:actionProviderClass="android.widget.ShareActionProvider"
    android:showAsAction="ifRoom"
    android:title="@string/share" />
</menu>
```

Listing 12.7 Das Menü der App »ShareActionProviderDemo«

android:actionProviderClass="android.widget.ShareActionProvider" kennzeichnet den Menüeintrag als sogenannten *Action Provider* und gibt gleichzeitig die für die Implementierung verantwortliche Klasse an. Er sorgt dafür, dass alle Apps, mit denen der Inhalt Ihrer App geteilt werden kann, angezeigt werden. Zur Laufzeit wird mit find-Item() der Menüeintrag und aus diesem mit getActionProvider() ein Objekt des Typs ShareActionProvider ermittelt. Der Cast an dieser Stelle ist übrigens unproblematisch, denn wir wissen ja, dass wir in der XML-Datei den vollqualifizierten Klassennamen android.widget.ShareActionProvider eingetragen haben.

Jetzt kommt der spannende Teil: Der ShareActionProvider-Instanz wird mit setShare-Intent() das Intent übergeben, das die zu teilenden Daten repräsentiert. In meinem Beispiel ist dies ein Text, den der Benutzer vorher ins Textfeld eingetippt hat. Das Intent hat die Aktion ACTION_SEND und den MIME-Type text/plain. Der Text wird mit putExtra() gesetzt.

Der Menüeintrag ist durch die Anweisung setVisible(txt.length() > 0) nur dann sichtbar, wenn das Textfeld nicht leer ist. Das ist zu dem Zeitpunkt, an dem das Menü erstellt wird, aber üblicherweise der Fall, es sei denn, die App hätte beim Verlassen der Activity den Zustand gespeichert und beim erneuten Öffnen wiederhergestellt. Um also das Menü und den Shared Action Provider auf den aktuellen Stand zu bringen, wird jedes Mal, wenn der Anwender ein Zeichen eintippt oder löscht, die Methode invalidateOptionsMenu() aufgerufen.

Wenn Sie in Ihrer App die TEILEN-Schaltfläche immer anzeigen möchten, brauchen Sie nicht bei jeder Änderung an den zu versendenden Daten `invalidateOptions-Menu()` aufzurufen. Dann genügt es, mit `setShareIntent()` das Intent zu aktualisieren. Damit beenden wir unseren Exkurs in die spannende Welt des Teilens und wenden uns im nächsten Abschnitt wieder der Kamera zu.

12.2   Die eigene Kamera-App

Sie haben gesehen, dass Android eine ganze Reihe von Bausteinen zur Verfügung stellt, um Apps mit einer Aufnahmefunktion für Bilder und Videos auszustatten. Bislang haben wir hierfür Teile der mitgelieferten Kamera-App verwendet. Wie Sie diese in einer vereinfachten Version nachbauen, zeige ich Ihnen in diesem Abschnitt. Schritt für Schritt lernen Sie anhand des in Abbildung 12.11 dargestellten Beispiels *KameraDemo3*, wie eine Live-Vorschau programmiert wird, wie Sie zwischen den unterschiedlichen Kameras eines Android-Geräts wählen und wie die eigentliche Aufnahme funktioniert.

Abbildung 12.11 Die App »KameraDemo3« im Emulator

Wir beginnen mit der Live-Vorschau. Das Display soll also kontinuierlich anzeigen, was das Objektiv gerade erfasst.

12.2.1   Kameraauswahl und Live-Vorschau

Die Benutzeroberfläche von *KameraDemo3* ist sehr einfach aufgebaut. Sie besteht aus einem `LinearLayout`, das eine View des Typs `android.view.SurfaceView` als einziges Kind enthält.

```xml
<?xml version="1.0" encoding="utf-8"?>
<LinearLayout xmlns:android="http://schemas.android.com/apk/res/android"
  android:layout_width="match_parent"
  android:layout_height="match_parent"
  android:orientation="vertical">
  <SurfaceView
    android:id="@+id/view"
    android:layout_width="wrap_content"
    android:layout_height="wrap_content"
    android:layout_gravity="center" />
</LinearLayout>
```

Listing 12.8 Die Layoutdatei des Projekts »KameraDemo3«

Eine `SurfaceView` stellt einen dedizierten Zeichenbereich zur Verfügung, der zwar innerhalb einer View-Hierarchie angeordnet, aber von einem anderen Thread gezeichnet wird. Das hat den Vorteil, dass der Zeichen-Thread nicht auf die App warten muss, wenn diese mit anderen Aktionen beschäftigt ist. Der Zugriff auf die Oberfläche (engl. *Surface*) geschieht mithilfe von Instanzen des Typs `android.view.SurfaceHolder`. Diese Klasse enthält unter anderem die beiden Methoden `addCallback()` und `removeCallback()`, mit denen Sie ein Objekt des Typs `SurfaceHolder.Callback` registrieren oder entfernen. Dessen Methoden werden bei Änderungen an der Oberfläche (zum Beispiel nach dem Setzen von Breite und Höhe) aufgerufen.

Die Klasse »android.view.SurfaceView«

Die in Listing 12.9 abgedruckte Klasse `KameraDemo3` leitet von `android.app.Activity` ab und überschreibt `onCreate()`, `onPause()`, `onResume()` sowie `onRequestPermissionsResult()`. In `onCreate()` wird nur die Benutzeroberfläche geladen und angezeigt. Damit eine App auf die Kameras eines Android-Geräts zugreifen darf, muss sie in der Manifestdatei die gefährliche Berechtigung `android.permission.CAMERA` anfordern und im Code entsprechend behandeln. Die Prüfung findet in `onResume()` statt. Hierzu werden wieder einmal `checkSelfPermission()` und `requestPermissions()` aufgerufen.

Hat der Anwender zugestimmt, springt die App in die private Methode configureHol-
der(). Dort findet die eigentliche Arbeit statt. Ich ermittle mit getSystemService(Ca-
meraManager.class) ein Objekt des Typs CameraManager und mit getHolder() einen
SurfaceHolder. Letzterer wird verwendet, um mit addCallback() eine Instanz der
Klasse SurfaceHolder.Callback zu registrieren bzw. in onPause() mit removeCallback()
zu entfernen. Schließlich wird durch Aufruf meiner privaten Methode findCamera-
FacingBack() nach einer geeigneten Kamera gesucht.

Das Interface SurfaceHolder.Callback definiert drei Methoden: surfaceCreated()
wird unmittelbar nach dem Erzeugen der Oberfläche aufgerufen. surfaceChanged()
informiert über strukturelle Änderungen. In meinem Beispiel rufe ich die Methode
setFixedSize() auf, um die Größe des Surface einzustellen. surfaceDestroyed() kündigt die unmittelbar bevorstehende Zerstörung einer Oberfläche an. Bitte beachten
Sie, dass ich in onPause() mit surfaceView.setVisibility() die SurfaceView unsichtbar mache, und sie in configureHolder() wieder einblende. Das ist erforderlich, damit
die Methoden meiner SurfaceHolder.Callback-Implementierung zuverlässig aufgerufen werden.

```
package com.thomaskuenneth.kcamerademo3;

import android.Manifest;
import android.app.Activity;
import android.content.pm.PackageManager;
import android.hardware.camera2.CameraAccessException;
import android.hardware.camera2.CameraCaptureSession;
import android.hardware.camera2.CameraCharacteristics;
import android.hardware.camera2.CameraDevice;
import android.hardware.camera2.CameraManager;
import android.hardware.camera2.CaptureRequest;
import android.hardware.camera2.params.StreamConfigurationMap;
import android.os.Bundle;
import android.os.Handler;
import android.util.DisplayMetrics;
import android.util.Log;
import android.util.Size;
import android.view.Surface;
import android.view.SurfaceHolder;
import android.view.SurfaceView;
import android.view.View;
import java.util.ArrayList;
import java.util.List;
```

12

```java
public class KameraDemo3 extends Activity {

  private static final String TAG =
      KameraDemo3.class.getSimpleName();
  private static final int PERMISSIONS_REQUEST_CAMERA
      = 123;

  private CameraManager manager;
  private SurfaceHolder holder;
  private CameraDevice camera;
  private String cameraId;
  private CameraCaptureSession activeSession;
  private CaptureRequest.Builder builderPreview;
  private SurfaceView surfaceView;

  private final CameraCaptureSession.CaptureCallback
      captureCallback = null;

  private final CameraCaptureSession.StateCallback captureSessionCallback =
      new CameraCaptureSession.StateCallback() {

        @Override
        public void onConfigured(CameraCaptureSession session) {
          try {
            session.setRepeatingRequest(
                builderPreview.build(),
                captureCallback, null);
            KameraDemo3.this.activeSession = session;
          } catch (CameraAccessException e) {
            Log.e(TAG, "onConfigured()", e);
          }
        }

        @Override
        public void onConfigureFailed(CameraCaptureSession session) {
          Log.e(TAG, "onConfigureFailed()");
        }
      };

  private final SurfaceHolder.Callback surfaceHolderCallback
      = new SurfaceHolder.Callback() {

    @Override
```

```
  public void surfaceDestroyed(SurfaceHolder holder) {
    Log.d(TAG, "surfaceDestroyed()");
  }

  @Override
  public void surfaceCreated(SurfaceHolder holder) {
    Log.d(TAG, "surfaceCreated()");
    try {
      openCamera();
    } catch (SecurityException |
        CameraAccessException e) {
      Log.e(TAG, "openCamera()", e);
    }
  }

  @Override
  public void surfaceChanged(SurfaceHolder holder,
                 int format, int width,
                 int height) {
    Log.d(TAG, "surfaceChanged()");
  }
};

@Override
protected void onCreate(Bundle savedInstanceState) {
  super.onCreate(savedInstanceState);
  setContentView(R.layout.main);
  surfaceView = findViewById(R.id.view);
  holder = null;
  camera = null;
  cameraId = null;
}

@Override
protected void onPause() {
  super.onPause();
  surfaceView.setVisibility(View.GONE);
  if (camera != null) {
    if (activeSession != null) {
      activeSession.close();
      activeSession = null;
    }
    camera.close();
```

12

```
      camera = null;
    }
    if (holder != null) {
      holder.removeCallback(surfaceHolderCallback);
    }
    Log.d(TAG, "onPause()");
  }

  @Override
  protected void onResume() {
    super.onResume();
    if (checkSelfPermission(Manifest.permission.CAMERA)
        != PackageManager.PERMISSION_GRANTED) {
      requestPermissions(new String[]
            {Manifest.permission.CAMERA},
          PERMISSIONS_REQUEST_CAMERA);
    } else {
      configureHolder();
    }
    Log.d(TAG, "onResume()");
  }

  @Override
  public void onRequestPermissionsResult(int requestCode,
                    String permissions[],
                    int[] grantResults) {
    if ((requestCode == PERMISSIONS_REQUEST_CAMERA) &&
        (grantResults.length > 0 && grantResults[0] ==
            PackageManager.PERMISSION_GRANTED)) {
      configureHolder();
    }
  }
}

  private void configureHolder() {
    holder = surfaceView.getHolder();
    holder.addCallback(surfaceHolderCallback);
    // CameraManager-Instanz ermitteln
    manager = getSystemService(CameraManager.class);
    Size[] sizes = findCameraFacingBack();
    if ((cameraId == null) || (sizes == null)) {
      Log.d(TAG, "keine passende Kamera gefunden");
      finish();
    } else {
```

```
DisplayMetrics metrics =
    getResources().getDisplayMetrics();
int _w = metrics.widthPixels;
int _h = metrics.heightPixels;
boolean found = false;
for (Size size : sizes) {
  int width = size.getWidth();
  int height = size.getHeight();
  if (width > _w || height > _h) {
    continue;
  }
  holder.setFixedSize(width, height);
  found = true;
  break;
}
if (!found) {
  Log.d(TAG, "Zu groß");
  finish();
}
}
surfaceView.setVisibility(View.VISIBLE);
}

private Size[] findCameraFacingBack() {
  Size[] sizes = null;
  try {
    boolean found = false;
    // vorhandene Kameras ermitteln und auswählen
    String[] ids = manager.getCameraIdList();
    for (String id : ids) {
      CameraCharacteristics cc =
          manager.getCameraCharacteristics(id);
      Log.d(TAG, id + ": " + cc.toString());
      Integer lensFacing =
          cc.get(CameraCharacteristics.LENS_FACING);
      if ((lensFacing != null) &&
          (lensFacing ==
              CameraCharacteristics.LENS_FACING_BACK)) {
        if (found) {
          continue;
        }
        found = true;
        cameraId = id;
```

```
            StreamConfigurationMap configs = cc.get(
                CameraCharacteristics.
                    SCALER_STREAM_CONFIGURATION_MAP);
            if (configs != null) {
              sizes =
                  configs.getOutputSizes(SurfaceHolder.class);
            }
          }
        }
      } catch (CameraAccessException |
          NullPointerException e) {
        Log.e(TAG, "findCameraFacingBack()", e);
      }
      return sizes;
  }

  private void openCamera() throws
      SecurityException,
      CameraAccessException {     manager.openCamera(cameraId,
        new CameraDevice.StateCallback() {

          @Override
          public void onOpened(CameraDevice camera) {
            Log.d(TAG, "onOpened()");
            KameraDemo3.this.camera = camera;
            createPreviewCaptureSession();
          }

          @Override
          public void onDisconnected(CameraDevice camera) {
            Log.d(TAG, "onDisconnected()");
          }

          @Override
          public void onError(CameraDevice camera,
                  int error) {
            Log.d(TAG, "onError()");
          }
        }, null);
  }

  private void createPreviewCaptureSession() {
    List<Surface> outputs = new ArrayList<>();
```

```
    outputs.add(holder.getSurface());
    try {
      builderPreview = camera.createCaptureRequest(
          CameraDevice.TEMPLATE_PREVIEW);
      builderPreview.addTarget(holder.getSurface());
      camera.createCaptureSession(outputs,
          captureSessionCallback,
          new Handler());
    } catch (Exception e) {
      Log.e(TAG, "createPreviewCaptureSession()", e);
    }
  }
}
```

Listing 12.9 Die Klasse »KameraDemo3«

Bestimmt fragen Sie sich, wann ich endlich etwas über Kameras schreibe. Bislang haben Sie zwar einiges über SurfaceView gelernt, aber das Ziel dieses Abschnitts ist doch die Implementierung einer Live-Vorschau, oder?

Kameras auswählen und verwenden

Der Zugriff auf eine Kamera erfolgt über Instanzen des Typs CameraDevice. In meiner privaten Methode findCameraFacingBack() wird mit getCameraIdList() eine Liste der zur Verfügung stehenden Kameras ermittelt. Die Methode getCameraCharacteristics() hilft Ihnen bei der Auswahl. Hierzu fragen Sie mit get() gewünschte Eigenschaften ab. Liefert beispielsweise get(CameraCharacteristics.LENS_FACING) den Wert LENS_FACING_BACK, haben Sie die Kamera an der Rückseite des Geräts gefunden. Wichtig ist, als Nächstes mithilfe einer StreamConfigurationMap die möglichen Ausgabegrößen des Geräts zu ermitteln. Die Klasse stellt hierfür die Methode getOutputSizes() zur Verfügung. Um eine StreamConfigurationMap zu ermitteln, rufen Sie cc.get(CameraCharacteristics.SCALER_STREAM_CONFIGURATION_MAP) auf.

Meine Implementierung in configureHolder() sucht das Element, dessen Breite und Höhe am besten zur Größe des einer Activity zur Verfügung stehenden Bereichs passt, und übergibt die Werte an setFixedSize(). Das muss vor der Inbetriebnahme der Kamera erfolgen. Eigentlich müssen Sie nur die Methode openCamera() der Klasse CameraManager aufrufen, allerdings ist eine ganze Reihe von Callback-Objekten beteiligt. Diese sehen wir uns nun etwas genauer an.

Die abstrakte Klasse CameraDevice.StateCallback erfordert die Implementierung von drei Methoden. onOpened() wird aufgerufen, nachdem das Öffnen (Hochfahren) der Kamera abgeschlossen ist. Ich verwende sie, um die nachfolgenden Schritte der Kamerakonfiguration zu beginnen. Die Methode onDisconnected() signalisiert, dass die

Kamera nicht mehr verfügbar ist. Es bietet sich an, in dieser Methode Aufräumarbeiten durchzuführen. onError() wird bei schwerwiegenden Fehlern aufgerufen. Sie finden die Implementierung in meiner privaten Methode openCamera().

Darüber hinaus müssen Sie zwei weitere Aktionen durchführen, damit eine Kamera verwendet werden kann. In einer weiteren privaten Methode, createPreviewCaptureSession(), erzeuge ich ein Objekt des Typs CaptureRequest.Builder und weise es der Instanzvariablen builderPreview zu. Dieser Builder erhält mit addTarget() eine Referenz auf das Surface, das die Vorschau repräsentiert. Nun folgt das letzte Puzzleteil: Ich erzeuge eine CameraCaptureSession, indem ich die Methode createCaptureSession() eines CameraDevice-Objekts aufrufe. Dabei wird ein – Sie ahnen es wahrscheinlich – Callback-Objekt übergeben. In meiner Beispielimplementierung ist dies die Instanzvariable captureSessionCallback.

Die abstrakte Klasse CameraCaptureSession.StateCallback erwartet die Implementierung der beiden Methoden onConfigured() und onConfigureFailed(). Letztere wird aufgerufen, wenn die Session aufgrund eines Fehlers nicht genutzt werden kann. onConfigured() signalisiert, dass die Konfiguration der Session erfolgreich war und diese nun verwendet werden kann. In meiner Beispielimplementierung sorgt session.setRepeatingRequest() dafür, dass die Live-Vorschau aktiviert wird. Hierfür wird ein CaptureRequest-Objekt benötigt, das mit builderPreview.build() erzeugt wird.

Da sich mehrere Anwendungen eine Kamera teilen, ist es beim Verlassen der App wichtig, belegte Ressourcen wieder freizugeben. Dies geschieht in onPause() durch Aufruf von zwei close()-Methoden.

> **[+] Tipp**
>
> Wenn Sie Ihre App nicht nur für den Eigengebrauch entwickeln, sondern über *Google Play* vertreiben möchten, ist es wichtig, in der Manifestdatei zu vermerken, wenn Ihr Programm zwingend eine Kamera voraussetzt. Fügen Sie einfach die Zeile
>
> ```
> <uses-feature android:name="android.hardware.camera"
>     android:required="true" />
> ```
>
> hinzu. Ihre App wird dann nur auf Geräten mit eingebauter Kamera zum Download angeboten. Dies bewahrt Anwender vor Frust und schützt Sie vor unnötigen schlechten Kommentaren. Wenn Ihre App auch ohne Kamera funktioniert, brauchen Sie den Eintrag natürlich nicht. In diesem Fall ist es aber wichtig, sauber auf das nicht Vorhandensein der Hardware zu reagieren, also beispielsweise einen entsprechenden Hinweis anzuzeigen.

Sicherlich fragen Sie sich, wie man eigentlich ein Foto aufnimmt. Eine Live-Vorschau ist zweifellos eine feine Sache, aber irgendwann möchte man schließlich den Auslöser drücken. Was Sie dazu tun müssen, zeige ich Ihnen im folgenden Abschnitt. Sie finden die hier besprochenen Erweiterungen fertig zum Ausprobieren im Projekt *KameraDemo3_full*.

12.2.2   Fotos aufnehmen

Um eine Aufnahme auszulösen, soll der Anwender die Live-Vorschau antippen. Dazu registrieren wir als letzte Anweisung im else-Zweig in der privaten Methode configureHolder() mit setOnClickListener() einen entsprechenden Lambda-Ausdruck.

> **Hinweis**
>
> Wenn Sie die folgenden Quelltextfragmente direkt in das Projekt *KameraDemo3* einfügen möchten, denken Sie bitte daran, die fehlenden import-Anweisungen einzufügen. Das fertige Projekt *KameraDemo3_full* enthält diese natürlich bereits.

```
surfaceView.setOnClickListener((v) -> takePicture());
…
private void takePicture() {
  try {
    activeSession.capture(builderPicture.build(),
        captureCallback,
        new Handler());
  } catch (CameraAccessException e) {
    Log.e(TAG, "takePicture()", e);
  }
}
```

Listing 12.10 Auf das Antippen der Live-Vorschau reagieren

activeSession verweist auf ein CameraCaptureSession-Objekt. Wir haben es in der Methode onConfigured() des CameraCaptureSession.StateCallback verwendet, um mit setRepeatingRequest() die Live-Vorschau zu aktivieren. Nun rufen wir die Methode capture() auf, um das Foto zu schießen. Dafür ist ein CaptureRequest.Builder nötig, den wir über die Instanzvariable builderPicture referenzieren. Da es die Variable noch nicht gibt, müssen Sie sie (am besten nach der Zeile private SurfaceView surfaceView;) einfügen:

```
private CaptureRequest.Builder builderPicture;
```

Um den Builder zu initialisieren, ist im try-Block der privaten Methode createPreviewCaptureSession() nur wenig zusätzlicher Code nötig. Wie bei der Live-Vorschau erzeugen wir durch den Aufruf von createCaptureRequest() ein Objekt des Typs CaptureRequest.Builder. Fügen Sie die folgenden Zeilen unmittelbar nach der öffnenden geschweiften Klammer des try-Blocks ein:

```
Surface surface = imageReader.getSurface();
outputs.add(surface);
builderPicture =
    camera.createCaptureRequest(
        CameraDevice.TEMPLATE_STILL_CAPTURE);
builderPicture.addTarget(surface);
```

Listing 12.11 Die Aufnahme vorbereiten

Das Ziel der Aufnahme (addTarget()) ist aber nicht der SurfaceHolder der Live-Vorschau, sondern ein Objekt, das ich über eine Instanzvariable namens imageReader referenziere (imageReader.getSurface()). Es sollte in der Methode configureHolder() nach dem Aufruf von setFixedSize() unmittelbar vor dem break erzeugt werden. Damit das folgende Quelltextfragment funktioniert, müssen wir die Instanzvariable imageReader vom Typ ImageReader deklarieren. Die Variablen width und height entsprechen der Größe der Live-Vorschau. In einer »richtigen« Foto-App möchten Sie wahrscheinlich eine höhere Auflösung verwenden.

```
imageReader = ImageReader.newInstance(width, height,
                ImageFormat.JPEG, 2);
imageReader.setOnImageAvailableListener(
    reader -> {
        Log.d(TAG, "setOnImageAvailableListener()");
        Image image = imageReader.acquireLatestImage();
        final Image.Plane[] planes = image.getPlanes();
        ByteBuffer buffer = planes[0].getBuffer();
        saveJPG(buffer);
        image.close();
    }, null);
```

Listing 12.12 Einen ImageReader erzeugen

Nachdem der ImageReader mit newInstance() erzeugt wurde, muss mit setOnImage-AvailableListener() ein OnImageAvailableListener gesetzt werden. Dessen Methode onImageAvailable() ermittelt mit acquireLatestImage() das zuletzt aufgenommene Foto. Objekte des Typs android.media.Image können im Prinzip mehrere Farbebenen haben. Bei ImageReader-Objekten mit dem Format ImageFormat.JPEG liefert get-Planes() aber immer ein Feld der Länge 1. Das Speichern der Bilddaten in eine Datei findet in meiner privaten Methode saveJPG() statt. Ihr wird als einziges Argument ein ByteBuffer übergeben. Diesen liefert die Methode getBuffer() des Objekts Image.Plane (planes[0]).

```
private void saveJPG(ByteBuffer data) {
  File dir = getExternalFilesDir(
      Environment.DIRECTORY_PICTURES);
  if (dir != null) {
    if (dir.mkdirs()) {
      Log.d(TAG, "dirs created");
    }
    File f = new File(dir, TAG + "_"
        + Long.toString(System.currentTimeMillis())
        + ".jpg");
    Log.d(TAG, "Dateiname: " + f.getAbsolutePath());
    try (
        FileOutputStream fos = new FileOutputStream(f);
        BufferedOutputStream bos = new BufferedOutputStream(fos)
    ) {
      while (data.hasRemaining()) {
        bos.write(data.get());
      }
      Toast.makeText(this, R.string.click,
          Toast.LENGTH_SHORT).show();
      addToMediaProvider(f);
    } catch (IOException e) {
      Log.e(TAG, "saveJPG()", e);
    }
  }
}
```

Listing 12.13 Die Methode »saveJPG()«

saveJPG() speichert Fotos im anwendungsspezifischen Verzeichnis für Bilder auf dem primären externen Medium. Dies geschieht byteweise, solange die ByteBuffer-Methode hasRemaining() den Wert true liefert. Dies ist dennoch effizient, da der Filterstrom BufferedOutputStream vor dem Schreiben genügend große Häppchen ansammelt. Die zum Schluss aufgerufene private Methode addToMediaProvider() in Listing 12.14 fügt die Datei der systemweiten Mediendatenbank hinzu und zeigt das Bild an.

```
private void addToMediaProvider(File f) {
  MediaScannerConnection.scanFile(this,
      new String[]{f.toString()},
      new String[]{"image/jpeg"},
      (path, uri) -> {
        Intent i = new Intent(
```

```
        Intent.ACTION_VIEW,
        uri);
    startActivity(i);
  });
}
```

Listing 12.14 Bild in der zentralen Mediendatenbank speichern

Mit zugegebenermaßen nicht ganz wenig Programmcode haben Sie eine einfache Kamera-App erhalten, die Bilder im JPEG-Format speichert. Zu tun gäbe es aber noch eine ganze Menge. Zum Beispiel ist es schade, dass das Foto keine Informationen bezüglich der Ausrichtung des Sensors speichert. Für Aufnahmen bei ungünstigen Lichtverhältnissen wäre die Ansteuerbarkeit des Blitzes sehr wichtig. Und wie stellt die Kamera eigentlich scharf?

Der Weg zu diesen weiter fortgeschrittenen Techniken führt über `CameraCapture-Session.CaptureCallback`-Objekte. Mein Beispiel enthält die Instanzvariable `capture-Callback`, die an zwei Stellen im Code verwendet wird, nämlich beim Aufruf von `setRepeatingRequest()` und `capture()`. Allerdings ist die Variable bei mir `null`. Ein `CaptureCallback` implementiert unter anderem die Methoden `onCaptureStarted()`, `onCapturePartial()`, `onCaptureProgressed()`, `onCaptureCompleted()` sowie `onCapture-Failed()`. Mit ihnen wird ein komplexer Lebenszyklus beschrieben, der verschiedene Phasen eines *Capture Requests* repräsentiert. In den Methodenimplementierungen wird der aktuelle Zustand des Capture Requests geprüft und durch Umkonfigurieren des korrespondierenden Builders und Absetzen eines **neuen** Capture Requests modifiziert.

12.3   Videos drehen

In diesem Abschnitt zeige ich Ihnen am Beispiel des Projekts *KameraDemo4*, wie Sie Videoclips aufzeichnen können. Einige der hier beschriebenen Vorgehensweisen werden Ihnen sicher bekannt vorkommen. Sie haben sie gerade eben im Zusammenhang mit dem Bau einer eigenen Fotokamera-App kennengelernt.

12.3.1   Die App »KameraDemo4«

Bitte beachten Sie, dass das in Abbildung 12.12 gezeigte Projekt *KameraDemo4* das Profil `CamcorderProfile.QUALITY_720P` verwendet. Zum Zeitpunkt der Drucklegung führt dies im Emulator zu einer `RuntimeException` (»Error retrieving camcorder profile params«). Ich rate Ihnen deshalb, Ihre Experimente mit echter Hardware durchzuführen.

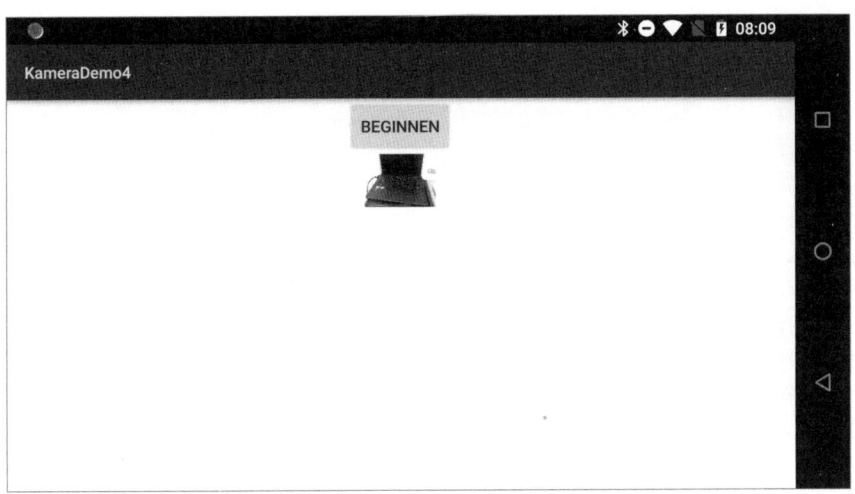

Abbildung 12.12 Die App »KameraDemo4«

Um Videos mit Audioinformationen aufzeichnen zu können, müssen Apps zusätzlich zu `android.permission.CAMERA` die gefährliche Berechtigung `android.permission.RECORD_AUDIO` anfordern und zur Laufzeit prüfen. Je nachdem, wo Ihre App ihre Dateien ablegen möchte, benötigen Sie möglicherweise zusätzlich die ebenfalls gefährliche Berechtigung `android.permission.WRITE_EXTERNAL_STORAGE`. In meinem Beispiel ist dies nicht nötig, weil *KameraDemo4* in das von `getExternalFilesDir(Environment.DIRECTORY_MOVIES)` gelieferte Verzeichnis schreibt. Damit eine App nur auf geeignete Geräte heruntergeladen werden kann, sollten Sie durch den folgenden Manifesteintrag das Vorhandensein einer Kamera voraussetzen:

```
<uses-feature android:name="android.hardware.camera"
              android:required="true" />
```

Die Klasse `KameraDemo4` leitet von `android.app.Activity` ab. In `onCreate()` wird wie gewohnt die Benutzeroberfläche geladen und angezeigt. Das Prüfen und Anfordern der Berechtigungen in `onStart()` und `onRequestPermissionsResult()` beschreibe ich ausführlich in Kapitel 4, »Activities und Broadcast Receiver«. Sehen Sie gegebenenfalls dort bitte kurz nach. Tippt der Benutzer eine Schaltfläche an, wird die Aufnahme gestartet oder gestoppt. Der aktuelle Modus findet sich in der Instanzvariablen `recording`. Die private Methode `updateStartStop()` setzt den Text der Schaltfläche entsprechend.

Spannend wird es in der privaten Methode `prepare()`. Dort wird nach dem Suchen nach einer geeigneten Kamera ein Objekt des Typs `android.media.MediaRecorder` erzeugt. Ersteres erfolgt auf die Ihnen aus den vorherigen Abschnitten bereits vertraute Weise: `getCameraIdList()` liefert eine Liste von IDs. Anschließend wird für jedes Element dieser Liste mit `getCameraCharacteristics()` ein Objekt des Typs `Camera-`

523

Characteristics ermittelt. Ein kleiner Unterschied findet sich beim Aufruf von get-
OutputSizes(). Hier wird als einziger Parameter MediaRecorder.class übergeben, um
geeignete Dimensionen für die Ausgabe in einen MediaRecorder zu erhalten.

```
package com.thomaskuenneth.kamerademo4;

import android.Manifest;
import android.app.Activity;
import android.content.ActivityNotFoundException;
import android.content.Intent;
import android.content.pm.PackageManager;
import android.hardware.camera2.CameraAccessException;
import android.hardware.camera2.CameraCaptureSession;
import android.hardware.camera2.CameraCharacteristics;
import android.hardware.camera2.CameraDevice;
import android.hardware.camera2.CameraManager;
import android.hardware.camera2.CaptureRequest;
import android.hardware.camera2.params.StreamConfigurationMap;
import android.media.CamcorderProfile;
import android.media.MediaRecorder;
import android.media.MediaScannerConnection;
import android.os.Bundle;
import android.os.Environment;
import android.os.Handler;
import android.os.HandlerThread;
import android.util.Log;
import android.util.Size;
import android.view.Surface;
import android.view.SurfaceHolder;
import android.view.SurfaceView;
import android.widget.Button;
import android.widget.Toast;
import java.io.File;
import java.io.IOException;
import java.util.ArrayList;
import java.util.List;

public class KameraDemo4 extends Activity {
  private static final String TAG =
      KameraDemo4.class.getSimpleName();
  private static final int RQ_RECORD = 123;

  private HandlerThread backgroundThread;
```

```
private Handler backgroundHandler;
private CameraDevice camera;
private CameraCaptureSession activeSession;
private MediaRecorder recorder;
private boolean recording;
private Button startStop;

@Override
protected void onCreate(Bundle savedInstanceState) {
  super.onCreate(savedInstanceState);
  setContentView(R.layout.main);
  startStop = findViewById(R.id.button);
  startStop.setOnClickListener((v) -> {
      if (!recording) {
        recorder.start();
        recording = true;
      } else {
        startStop.setEnabled(false);
        Thread t = new Thread(() -> {
          stopAndReleaseResources();
          runOnUiThread(this::showMovie);
        });
        t.start();
      }
      updateStartStop();
    }
  );
  startStop.setEnabled(false);
}

@Override
protected void onStart() {
  super.onStart();
  startBackgroundThread();
  recorder = null;
  if ((checkSelfPermission(Manifest.permission.CAMERA)
      != PackageManager.PERMISSION_GRANTED) ||
      (checkSelfPermission(Manifest.permission.RECORD_AUDIO)
          != PackageManager.PERMISSION_GRANTED)) {
    updateStartStop();
    requestPermissions(new String[]
            {Manifest.permission.CAMERA,
                Manifest.permission.RECORD_AUDIO},
```

12

```
          RQ_RECORD);
    } else {
      prepare();
    }
  }

  @Override
  public void onRequestPermissionsResult(int requestCode,
                      String permissions[],
                      int[] grantResults) {
    if ((requestCode == RQ_RECORD) &&
        (grantResults.length == 2
            && grantResults[0] ==
            PackageManager.PERMISSION_GRANTED
            && grantResults[1] ==
            PackageManager.PERMISSION_GRANTED)) {
      prepare();
    }
  }

  @Override
  protected void onPause() {
    super.onPause();
    Log.d(TAG, "onPause()");
    stopAndReleaseResources();
    stopBackgroundThread();
  }

  private void prepare() throws SecurityException {
    CameraManager manager = getSystemService(CameraManager.class);
    String cameraId = null;
    Size[] sizes = null;
    try {
      if (manager == null) {
        return;
      }
      String[] ids = manager.getCameraIdList();
      for (String id : ids) {
        CameraCharacteristics cc =
            manager.getCameraCharacteristics(id);
        Integer lensFacing =
            cc.get(CameraCharacteristics.LENS_FACING);
        if ((lensFacing != null) && (lensFacing
```

```
            == CameraCharacteristics.LENS_FACING_BACK)) {
        cameraId = id;
        StreamConfigurationMap configs = cc.get(
            CameraCharacteristics.SCALER_STREAM_CONFIGURATION_MAP);
        if (configs != null) {
          sizes =
              configs.getOutputSizes(MediaRecorder.class);
        }
        break;
      }
    }
  } catch (CameraAccessException e) {
    Log.e(TAG, "prepare()", e);
  }
  if ((cameraId == null) || (sizes == null)) {
    Log.d(TAG, "keine passende Kamera gefunden");
    finish();
  } else {
    Size size = sizes[sizes.length - 1];
    final int width = size.getWidth();
    final int height = size.getHeight();
    try {
      // Recorder vorbereiten
      recorder = new MediaRecorder();
      recorder.setAudioSource(
          MediaRecorder.AudioSource.CAMCORDER);
      recorder.setVideoSource(
          MediaRecorder.VideoSource.SURFACE);
      recorder.setProfile(
          CamcorderProfile.get(CamcorderProfile.QUALITY_720P));
      recorder.setOutputFile(getFilename());
      recorder.setVideoSize(width, height);
      recorder.prepare();
      recording = false;
      // Kamera öffnen
      manager.openCamera(cameraId,
          new CameraDevice.StateCallback() {

            @Override
            public void onOpened(CameraDevice camera) {
              Log.d(TAG, "onOpened()");
              KameraDemo4.this.camera = camera;
              createCaptureSession(width, height);
```

```
            }

            @Override
            public void onDisconnected(
                CameraDevice camera) {
              Log.d(TAG, "onDisconnected()");
            }

            @Override
            public void onError(CameraDevice camera,
                     int error) {
              Log.d(TAG, "onError(): " + error);
            }
          }, null);
      } catch (CameraAccessException | IOException e) {
        Log.e(TAG, "prepare()", e);
      }
    }
    updateStartStop();
  }

  private void createCaptureSession(int width, int height) {
    List<Surface> outputs = new ArrayList<>();
    final Surface recorderSurface = recorder.getSurface();
    outputs.add(recorderSurface);
    SurfaceView preview = findViewById(R.id.preview);
    SurfaceHolder holder = preview.getHolder();
    holder.setFixedSize(width, height);
    Surface previewSurface = holder.getSurface();
    outputs.add(previewSurface);
    try {
      CaptureRequest.Builder builder = camera.createCaptureRequest(
          CameraDevice.TEMPLATE_RECORD);
      builder.addTarget(previewSurface);
      builder.addTarget(recorderSurface);
      camera.createCaptureSession(outputs,
          new CameraCaptureSession.StateCallback() {

            @Override
            public void onConfigured(CameraCaptureSession session) {
              KameraDemo4.this.activeSession = session;
              try {
                activeSession.setRepeatingRequest(
```

```
            builder.build(),
            null,
            backgroundHandler);
      } catch (CameraAccessException e) {
        Log.e(TAG, "setRepeatingRequest()", e);
      }
      runOnUiThread(() -> startStop.setEnabled(true));
    }

    @Override
    public void onConfigureFailed(
        CameraCaptureSession session) {
      Log.e(TAG, "onConfigureFailed()");
    }
  }, backgroundHandler);
  } catch (CameraAccessException e) {
    Log.e(TAG, "createCaptureSession()", e);
  }
}

private String getFilename() {
  File dir = getExternalFilesDir(Environment.DIRECTORY_MOVIES);
  if (dir != null) {
    if (dir.mkdirs()) {
      Log.d(TAG, "Verzeichnisse wurden angelegt");
    }
    File f = new File(dir, "KameraDemo4.mpg");
    return f.getAbsolutePath();
  }
  return null;
}

private void updateStartStop() {
  startStop.setText(getString(recording
      ? R.string.end : R.string.start
  ));  }

private void stopAndReleaseResources() {
  if (camera != null) {
    if (activeSession != null) {
      activeSession.close();
      activeSession = null;
    }
```

```
      camera.close();
      camera = null;
    }
    if (recorder != null) {
      if (recording) {
        recorder.stop();
        recording = false;
      }
      recorder.release();
      recorder = null;
    }
  }

  private void showMovie() {
    MediaScannerConnection.scanFile(this,
        new String[]{getFilename()},
        new String[]{"video/mpeg"},
        (path, uri) -> runOnUiThread(() -> {
          Log.d(TAG, path);
          Intent i = new Intent(Intent.ACTION_VIEW,
              uri);
          try {
            startActivity(i);
          } catch (ActivityNotFoundException e) {
            Toast.makeText(this,
                R.string.no_app,
                Toast.LENGTH_LONG).show();
          }
        }));
  }

  private void startBackgroundThread() {
    backgroundThread = new HandlerThread("CameraBackground");
    backgroundThread.start();
    backgroundHandler = new Handler(backgroundThread.getLooper());
  }

  private void stopBackgroundThread() {
    if (backgroundThread != null) {
      backgroundThread.quitSafely();
      try {
        backgroundThread.join();
        backgroundThread = null;
```

```
      backgroundHandler = null;
    } catch (InterruptedException e) {
      Log.e(TAG, "stopBackgroundThread()", e);
    }
  }
}
}
```

Listing 12.15 Die Klasse »KameraDemo4«

Die private Methode createCaptureSession() erzeugt mit createCaptureRequest(Ca-
meraDevice.TEMPLATE_RECORD) einen CaptureRequest.Builder und konfiguriert diesen
für die Aufnahme von Videos. Die Oberfläche, die an addTarget() sowie an createCap-
tureSession() übergeben werden muss, kann mit getSurface() vom MediaRecorder
ermittelt werden. Android verwendet also für das Erzeugen von Fotos und Videos
dieselben Klassen. Was aufgenommen wird, ergibt sich im Wesentlichen aus der
Konfiguration von CameraCaptureSession und CaptureRequest.

Für die Aufnahme verwendet *KameraDemo4* immer dieselbe Datei. Die App ermittelt
den korrespondierenden Pfad in der privaten Methode getFilename(). Sie wird beispielsweise in showMovie() verwendet, um das gedrehte Video anzuzeigen. Die Datei
wird hierzu mit MediaScannerConnection.scanFile() der systemweiten Mediendatenbank, dem *Media Store*, hinzugefügt. Anschließend wird ein Intent mit der Aktion
ACTION_VIEW erzeugt und mit startActivity() gefeuert.

12.3.2   Die Klasse »MediaRecorder« konfigurieren

Die Klasse MediaRecorder bietet zahlreiche Konfigurationsmöglichkeiten. Diese beeinflussen unter anderem die Qualität des Audio- und Videosignals, aber auch den
Aufnahmeverlauf.

```
recorder.setAudioSource(
    MediaRecorder.AudioSource.CAMCORDER);
recorder.setVideoSource(
    MediaRecorder.VideoSource.SURFACE);
recorder.setProfile(CamcorderProfile.get(CamcorderProfile.QUALITY_720P));
recorder.setOutputFile(getFilename());
recorder.setVideoSize(width, height);
```

Listing 12.16 Auszug aus der Methode »prepare()« der Klasse »KameraDemo4«

MediaRecorder.VideoSource.SURFACE sorgt dafür, dass die Videodatei aus einer Oberfläche befüllt wird. Hierzu wird in createCaptureSession() die Methode getSurface()
aufgerufen. Wenn Sie möchten, können Sie durch Aufruf der Methode setMaxDura-

tion() die maximale Länge einer Aufnahme-Session in Millisekunden festlegen und damit indirekt die maximale Dateigröße beschränken. Letzteres ist aber auch unmittelbar möglich: Die Methode setMaxFileSize() limitiert die erzeugte Datei auf eine bestimmte Größe in Byte. In beiden Fällen sollten Sie eine Instanz des Typs android.media.MediaRecorder.OnInfoListener registrieren. Dessen Methode onInfo() wird aufgerufen, wenn eine der eben genannten Bedingungen eintritt.

```
recorder.setMaxDuration(60000);
recorder.setOnInfoListener(new OnInfoListener() {
    @Override
    public void onInfo(MediaRecorder mr, int what, int extra) {
        // auszuführende Aktion...
    }
});
```

Listing 12.17 Auf das Erreichen einer Aufnahmedauer reagieren

Damit ein MediaRecorder wie gewünscht funktioniert, müssen Sie ein paar Dinge beachten, beispielsweise spielt die Reihenfolge, in der Sie Konfigurationsmethoden aufrufen müssen, eine wichtige Rolle. Am besten orientieren Sie sich in diesem Zusammenhang an meinem Beispiel. Ferner sollten Sie sich vergegenwärtigen, dass solche Objekte einen Zustandsautomaten repräsentieren. Dieser ist in der Entwicklerdokumentation dargestellt. Sie dürfen die Methode start() erst nach prepare() aufrufen. stop() wiederum ist nur nach start() erlaubt. release() gibt Ressourcen frei, die nach der Benutzung nicht mehr benötigt werden.

Diese einfache App zum Aufzeichnen von Videos mit Ton ist natürlich alles andere als perfekt – die Live-Vorschau hat die Größe einer Briefmarke, aufgenommene Clips stehen möglicherweise auf dem Kopf, auch bietet sie keinerlei Einstellungsmöglichkeiten. Aber vielleicht haben Sie Lust bekommen, diese Punkte zu verbessern. Ich freue mich über neue, spannende Apps in Google Play.

12.4   Zusammenfassung

Android stellt Ihnen als Entwickler mächtige Werkzeuge zur Verfügung, um leistungsfähige und innovative Multimedia-Apps zu entwickeln. Leider limitiert der Emulator aufgrund seiner alles andere als optimalen Unterstützung der entsprechenden Hardwarekomponenten die Testmöglichkeiten.

Kapitel 13
Kontakte und Organizer

Mit Smartphone und Tablet haben Sie jederzeit Zugriff auf Ihre Termine und Kontakte. In diesem Kapitel zeige ich Ihnen, wie Sie diese wertvollen Datenquellen mit Ihren eigenen Apps »anzapfen«.

Die hohe Kunst der App-Entwicklung besteht in der kreativen Kombination von vorhandener Hard- und Software zu etwas Neuem. Denken Sie an Apps, die Sensordaten mit Audio- und Videosignalen kombinieren und mit zusätzlichen Informationen aus dem Netz anreichern (Stichwort *Augmented Reality*). Für Sie als Entwickler gilt deshalb: Je mehr »Datentöpfe« Ihnen zur Verfügung stehen, desto größer sind Ihre Kombinationsmöglichkeiten. Verglichen mit der Auswertung und Visualisierung von Ortsinformationen mag der Zugriff auf das Adressbuch oder den Kalender zunächst unspektakulär, vielleicht sogar langweilig wirken. Aber wäre es nicht toll, wenn Ihr Handy Sie bei einem eingehenden Anruf über anstehende Termine mit dem Gesprächspartner informieren oder an dessen Geburtstag erinnern würde? Oder stellen Sie sich eine App vor, die nach dem Anklicken der Notiz »Max Mustermann anrufen« eine Liste seiner Rufnummern einblendet und anbietet, automatisch zu wählen.

13.1 Kontakte

Android verteilt Kontaktdaten auf eine ganze Reihe von Tabellen, die Ihnen über *Content Provider* zur Verfügung stehen. Wie Sie diese Puzzleteile zusammensetzen müssen, ist in Googles Entwicklerdokumentationen leider nur recht oberflächlich beschrieben. Deshalb möchte ich Ihnen in den folgenden Abschnitten einige wichtige Zugriffstechniken vorstellen.

13.1.1 Eine einfache Kontaktliste ausgeben

Das Projekt *KontakteDemo1* gibt in einem Textfeld eine Liste der im Adressbuch gespeicherten Kontakte aus. Es greift hierzu auf einen Content Provider zu, dessen *Uniform Resource Identifier* (URI) in der Konstante `ContactsContract.Contacts.CONTENT_URI` definiert ist. Die Klasse `android.provider.ContactsContract` fungiert als Schnittstelle oder *Vertrag* zwischen Apps und dem Datenbestand. Letzterer besteht aus drei

Schichten, die sich in den Tabellen bzw. Klassen ContactsContract.Data, Contacts-Contract.RawContacts und ContactsContract.Contacts manifestieren. Data speichert beliebige persönliche Informationen wie Telefonnummer oder E-Mail-Adresse. Raw-Contacts bündelt alle Informationen, die zu einer Person und einem Konto (zum Beispiel Twitter, Facebook oder Gmail) gehören. Contacts schließlich fasst einen Raw-Contact oder mehrere zu einem Gesamtkontakt zusammen.

In Kapitel 10, »Datenbanken«, zeige ich, dass der Zugriff auf einen Content Provider über ein Objekt des Typs android.content.ContentResolver erfolgt. Die Klasse Kontak-teDemo1 ruft in der privaten Methode listContacts() dessen Methode query() auf und iteriert über den zurückgelieferten Cursor. Damit das funktioniert, muss die Berechtigung android.permission.READ_CONTACTS in der Manifestdatei und zur Laufzeit der App angefordert werden. Dies geschieht wie gewohnt in der Methode onStart() durch Aufruf von checkSelfPermission() und requestPermissions(). onCreate() ist nur für das Laden und Anzeigen der Benutzeroberfläche zuständig.

```
package com.thomaskuenneth.kontaktedemo1;

import android.Manifest;
import android.app.Activity;
import android.content.ContentResolver;
import android.content.pm.PackageManager;
import android.database.Cursor;
import android.os.Bundle;
import android.provider.ContactsContract;
import android.widget.TextView;

public class KontakteDemo1 extends Activity {

    private static final int
            PERMISSIONS_REQUEST_READ_CONTACTS = 123;

    private TextView tv;

    @Override
    protected void onCreate(Bundle savedInstanceState) {
        super.onCreate(savedInstanceState);
        setContentView(R.layout.main);
        tv = findViewById(R.id.tv);
    }

    @Override
    protected void onStart() {
```

```
    super.onStart();
    if (checkSelfPermission(Manifest.permission.READ_CONTACTS)
            != PackageManager.PERMISSION_GRANTED) {
        requestPermissions(new String[]
                    {Manifest.permission.READ_CONTACTS},
                PERMISSIONS_REQUEST_READ_CONTACTS);
    } else {
        listContacts();
    }
}

@Override
public void onRequestPermissionsResult(int requestCode,
                                        String permissions[],
                                        int[] grantResults) {
    if ((requestCode == PERMISSIONS_REQUEST_READ_CONTACTS) &&
            (grantResults.length > 0 && grantResults[0] ==
                    PackageManager.PERMISSION_GRANTED)) {
        listContacts();
    }
}

private void listContacts() {
    ContentResolver contentResolver = getContentResolver();
    // IDs und Namen aller sichtbaren Kontakte ermitteln
    String[] mainQueryProjection = {
            ContactsContract.Contacts._ID,
            ContactsContract.Contacts.DISPLAY_NAME};
    String mainQuerySelection =
            ContactsContract.Contacts.IN_VISIBLE_GROUP
                    + " = ?";
    String[] mainQuerySelectionArgs = new String[]{"1"};
    Cursor mainQueryCursor = contentResolver.query(
            ContactsContract.Contacts.CONTENT_URI,
            mainQueryProjection,
            mainQuerySelection,
            mainQuerySelectionArgs, null);
    // Trefferliste abarbeiten...
    if (mainQueryCursor != null) {
        while (mainQueryCursor.moveToNext()) {
            String contactId = mainQueryCursor.getString(0);
            String displayName = mainQueryCursor.getString(1);
            tv.append("===> " + displayName
```

```
                              + " (" + contactId + ")\n");
            }
            mainQueryCursor.close();
        }
    }
}
```

Listing 13.1 Die Klasse »KontakteDemo1«

Nachdem der Benutzer dem Zugriff auf Kontakte zugestimmt hat, werden die Namen und IDs aller Kontakte angezeigt. Wie das aussehen kann, sehen Sie in Abbildung 13.1.

Abbildung 13.1 Die App »KontakteDemo1«

Ist Ihnen aufgefallen, dass ich in der Methode listContacts() eine Auswahlbedingung definiert habe, die nur Einträge liefert, deren Tabellenspalte IN_VISIBLE_GROUP den Wert 1 enthält? Auf diese Weise erhalten Sie ausschließlich »richtige« Kontakte. Android merkt sich nämlich auch Absender von E-Mails. Diese würden ohne Verwendung der Bedingung ebenfalls geliefert, was in der Regel nicht wünschenswert ist. Im

Emulator fällt dieses Verhalten sehr wahrscheinlich nicht auf, wohl aber auf echter Hardware. IN_VISIBLE_GROUP wird in der Klasse ContactsContract.Contacts definiert. Viele weitere Konstanten sind dort nicht vorhanden. Interessante Daten wie Geburtsdatum, E-Mail-Adresse oder Telefonnummer müssen anderweitig ermittelt werden. Wie Sie hierzu vorgehen, zeige ich Ihnen anhand des Geburtsdatums.

13.1.2   Weitere Kontaktdaten ausgeben

Lassen Sie uns die Klasse KontakteDemo1 erweitern, indem wir unmittelbar unterhalb der Anweisung

```
tv.append("===> " + displayName + " (" + contactId + ")");
```

die folgende Zeile hinzufügen:

```
infosAuslesen(contentResolver, contactId);
```

Die Implementierung der neuen privaten Methode infosAuslesen() sehen Sie im folgenden Quelltextfragment in Listing 13.2. Sie finden die vollständige App als Projekt *KontakteDemo2*. Dort heißt die Klasse KontakteDemo2.

```
private void infosAuslesen(ContentResolver contentResolver,
            String contactId) {
  String[] dataQueryProjection = new String[]{
      ContactsContract.CommonDataKinds.Event.TYPE,
      ContactsContract.CommonDataKinds.Event.START_DATE,
      ContactsContract.CommonDataKinds.Event.LABEL};
  String dataQuerySelection = ContactsContract.Data.CONTACT_ID
      + " = ? AND " + ContactsContract.Data.MIMETYPE + " = ?";
  String[] dataQuerySelectionArgs = new String[]{contactId,
      ContactsContract.CommonDataKinds.Event.CONTENT_ITEM_TYPE};
  Cursor dataQueryCursor = contentResolver.query(
      ContactsContract.Data.CONTENT_URI, dataQueryProjection,
      dataQuerySelection, dataQuerySelectionArgs, null);
  if (dataQueryCursor != null) {
    while (dataQueryCursor.moveToNext()) {
      int type = dataQueryCursor.getInt(0);
      String label = dataQueryCursor.getString(2);
      if (ContactsContract.CommonDataKinds.Event.TYPE_BIRTHDAY
          == type) {
        String stringBirthday = dataQueryCursor.getString(1);
        tv.append("   birthday: " + stringBirthday + "\n");
      } else {
        String stringAnniversary = dataQueryCursor.getString(1);
        tv.append("   event: " + stringAnniversary + " (type="
```

```
                    + type + ", label=" + label + ")\n");
            if (ContactsContract.CommonDataKinds
                .Event.TYPE_ANNIVERSARY == type) {
                tv.append("    TYPE_ANNIVERSARY\n");
            } else if (ContactsContract.CommonDataKinds
                .Event.TYPE_CUSTOM == type) {
                tv.append("    TYPE_CUSTOM\n");
            } else {
                tv.append("    TYPE_OTHER\n");
            }
        }
    }
    dataQueryCursor.close();
  }
}
```

Listing 13.2 Geburtstage und Jahrestage auslesen

Der Kern ist auch hier der Aufruf der Methode query(), wobei diesmal als URI ContactsContract.Data.CONTENT_URI übergeben wird. Diese Tabelle enthält beliebige einzelne Daten, unter anderem Jahres- und Geburtstage. Die Zuordnung zu einem Kontakt geschieht über die Spalte CONTACT_ID. Da wir eine solche ID als Parameter übergeben haben, können wir sehr einfach eine entsprechende Auswahlbedingung (dataQuerySelection) formulieren. Mit dem Ausdruck nach AND wird die Treffermenge auf einen bestimmten MIME-Type eingeschränkt:

```
String dataQuerySelection = ContactsContract.Data.CONTACT_ID
    + " = ? AND " + ContactsContract.Data.MIMETYPE + " = ?";
```

Wir übergeben hierfür in der Variablen dataQuerySelectionArgs den Wert ContactsContract.CommonDataKinds.Event.CONTENT_ITEM_TYPE, der Ereignisse kennzeichnet. Die Abfrage liefert entsprechend der Definition der Variablen dataQueryProjection die drei Spalten Event.TYPE (Ereignistyp), Event.START_DATE (Startdatum des Ereignisses) und Event.LABEL (eine Beschreibung). Leider ist das Format des Startdatums nicht fest vorgegeben. Das folgende Quelltextfragment liefert meiner Erfahrung nach aber sehr oft das gewünschte Ergebnis. Die Methode getDateFromString1() parst den ihr übergebenen String als Datum im Format 19700829. Zwischen Jahr und Monat sowie zwischen Monat und Tag können beliebige Zeichen stehen.

```
/**
 * Datum im Format jjjjmmtt, also 19700829
 */
private static final SimpleDateFormat FORMAT_YYYYMMDD
    = new SimpleDateFormat("yyyyMMdd");
```

```
public static Date getDateFromString1(String string) {
  Date result = null;
  if (string != null) {
    Pattern p = Pattern.compile(
        "(\\d\\d\\d\\d).*(\\d\\d).*(\\d\\d)",
        Pattern.DOTALL);
    Matcher m = p.matcher(string.subSequence(0,
        string.length()));
    if (m.matches()) {
      String date = m.group(1) + m.group(2) + m.group(3);
      try {
        result = FORMAT_YYYYMMDD.parse(date);
      } catch (Throwable tr) {
        Log.e(TAG, "getDateFromString1()", tr);
      }
    }
  }
  return result;
}
```

Listing 13.3 Datum von »String« nach »Date« umwandeln

Tipp [+]

Versuchen Sie als kleine Übung, die Methode getDateFromString1() an den richtigen Stellen aufzurufen. Damit Sie das zurückgelieferte Date-Objekt in lesbarer Form ausgeben können, sollten Sie ein weiteres SimpleDateFormat-Objekt erzeugen und dessen Methode format() aufrufen.

Haben Sie schon einmal versucht, im Emulator einem Kontakt ein Geburtsdatum oder einen Jahrestag zuzuweisen? Leider ist dies derzeit nicht möglich – zumindest, wenn Sie die Android-eigene *Kontakte*-App verwenden. Mit eigenen Programmen können Sie jedoch sehr wohl schreibend auf Kontaktdaten zugreifen. Wie das funktioniert, zeige ich Ihnen im folgenden Abschnitt.

13.1.3   Geburtstage hinzufügen und aktualisieren

Das Projekt *KontakteDemo3* sucht nach einem Kontakt, dessen angezeigter Name »Testperson« lautet. Wird ein solcher Datensatz gefunden, setzt das Programm den Geburtstag der Person auf das aktuelle Datum. War schon ein Eintrag vorhanden, wird das Geburtsjahr um 1 herabgesetzt – der Kontakt wird also mit jedem Programmstart ein Jahr älter. Wenn Sie die App das erste Mal ausführen, wird in LOGCAT die Meldung ausgegeben, dass die Testperson nicht gefunden wurde. Um dies zu kor-rigieren, legen Sie, wie in Abbildung 13.2 dargestellt, einen neuen Kontakt mit dem Namen »Testperson« an.

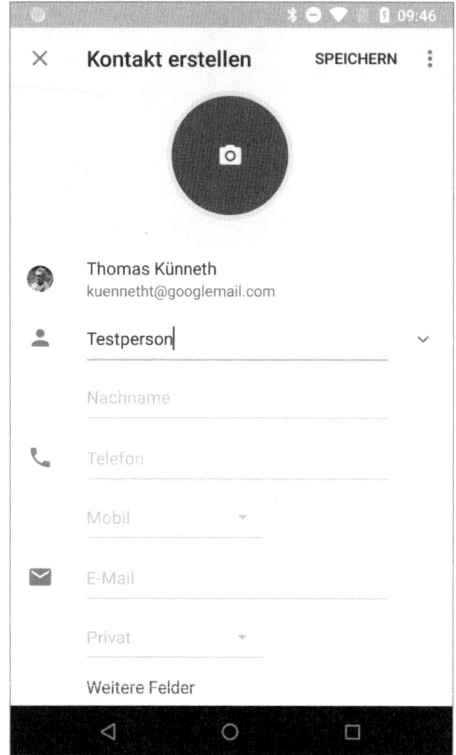

Abbildung 13.2 Einen Kontakt hinzufügen

Ist die Testperson vorhanden, ermittelt das Programm die ID dieses Datensatzes. Wie Sie bereits wissen, wird diese für eine Suche in der Tabelle Data benötigt. Wurde dort schon ein Geburtstag eingetragen, so aktualisieren wir diesen, andernfalls wird ein neuer Datensatz hinzugefügt. Das können Sie in der Methode updateOrInsertBirth-day() einfach nachvollziehen. Ein Geburtstag wurde schon eingetragen, wenn es in der Tabelle Data eine Zeile gibt, deren Spalte CONTACT_ID der übergebenen Kontakt-ID entspricht, MIMETYPE den Wert Event.CONTENT_ITEM_TYPE und TYPE den Wert Event. TYPE_BIRTHDAY hat. In diesem Fall muss nur das aktuelle Geburtsdatum ausgelesen und das Jahr um 1 verringert werden. update() schreibt das geänderte Attribut zurück in die Tabelle.

```
package com.thomaskuenneth.kontaktedemo3;

import android.content.pm.PackageManager;
import android.Manifest;
```

```
import android.app.Activity;
import android.content.ContentResolver;
import android.content.ContentValues;
import android.database.Cursor;
import android.net.Uri;
import android.provider.ContactsContract;
import android.provider.ContactsContract.RawContacts;
import android.util.Log;
import java.text.ParseException;
import java.text.SimpleDateFormat;
import java.util.Calendar;
import java.util.Date;
import java.util.Locale;

public class KontakteDemo3 extends Activity {

  private static final String TAG =
      KontakteDemo3.class.getSimpleName();
  private static final SimpleDateFormat DATE_FORMAT =
      new SimpleDateFormat("yyyy-MM-dd", Locale.US);
  private static final int
      PERMISSIONS_REQUEST_READ_CONTACTS = 123;

  @Override
  protected void onStart() {
    super.onStart();
    if (checkSelfPermission(Manifest.permission.READ_CONTACTS)
        != PackageManager.PERMISSION_GRANTED) {
      requestPermissions(new String[]
              {Manifest.permission.READ_CONTACTS,
                  Manifest.permission.WRITE_CONTACTS},
          PERMISSIONS_REQUEST_READ_CONTACTS);
    } else {
      doIt();
    }
  }

  @Override
  public void onRequestPermissionsResult(int requestCode,
                      String permissions[],
                      int[] grantResults) {
    if ((requestCode == PERMISSIONS_REQUEST_READ_CONTACTS) &&
        (grantResults.length == 2
```

13

541

```
            && grantResults[0] ==
            PackageManager.PERMISSION_GRANTED
            && grantResults[1] ==
            PackageManager.PERMISSION_GRANTED
       )) {
     doIt();
   }
 }

  private void doIt() {
    // Content Resolver
    ContentResolver contentResolver = getContentResolver();
    // nach "Testperson" suchen
    String[] mainQueryProjection = {ContactsContract.Contacts._ID};
    String mainQuerySelection =
        ContactsContract.Contacts.IN_VISIBLE_GROUP
            + " = ?" + " AND "
            + ContactsContract.Contacts.DISPLAY_NAME
            + " is ?";
    String[] mainQuerySelectionArgs = new String[]
        {"1", "Testperson"};
    Cursor mainQueryCursor = contentResolver.query(
        ContactsContract.Contacts.CONTENT_URI,
        mainQueryProjection,
        mainQuerySelection, mainQuerySelectionArgs, null);
    if (mainQueryCursor != null) {
      if (mainQueryCursor.moveToNext()) {
        String contactId = mainQueryCursor.getString(0);
        Log.d(TAG, "===> Testperson gefunden"
            + " (" + contactId + ")");
        updateOrInsertBirthday(contentResolver, contactId);
      } else {
        Log.d(TAG, "Testperson nicht gefunden");
      }
      mainQueryCursor.close();
    }
    // Activity beenden
    finish();
  }

  private void updateOrInsertBirthday(ContentResolver contentResolver,
                   String contactId) {
    String[] dataQueryProjection = new String[]{
```

```
        ContactsContract.CommonDataKinds.Event._ID,
        ContactsContract.CommonDataKinds.Event.START_DATE};
String dataQuerySelection = ContactsContract.Data.CONTACT_ID
        + " = ? AND " + ContactsContract.Data.MIMETYPE + " = ?"
        + " AND " + ContactsContract.CommonDataKinds.Event.TYPE
        + " = ?";
String[] dataQuerySelectionArgs = new String[]{
        contactId,
        ContactsContract.CommonDataKinds.Event.CONTENT_ITEM_TYPE,
        Integer.toString(ContactsContract.CommonDataKinds
            .Event.TYPE_BIRTHDAY)};
// Gibt es einen Geburtstag zu Kontakt #contactId?
Cursor dataQueryCursor = contentResolver.query(
        ContactsContract.Data.CONTENT_URI, dataQueryProjection,
        dataQuerySelection, dataQuerySelectionArgs, null);
if (dataQueryCursor != null) {
  if (dataQueryCursor.moveToNext()) {
    // ja, Eintrag gefunden
    String dataId = dataQueryCursor.getString(0);
    String date = dataQueryCursor.getString(1);
    Log.d(TAG, "Geburtstag (_id=" + dataId + "): " + date);
    // Jahr um 1 verringern
    try {
      Date d = DATE_FORMAT.parse(date);
      Calendar cal = Calendar.getInstance();
      cal.setTime(d);
      cal.add(Calendar.YEAR, -1);
      d = cal.getTime();
      date = DATE_FORMAT.format(d);
      Log.d(TAG, "neues Geburtsdatum: " + date);
      // Tabelle aktualisieren
      String updateWhere =
          ContactsContract.CommonDataKinds.Event._ID
              + " = ?"
              + " AND "
              + ContactsContract.Data.MIMETYPE
              + " = ?"
              + " AND "
              + ContactsContract.CommonDataKinds.Event.TYPE
              + " = ?";
      String[] updateSelectionArgs = new String[]{
          dataId,
          ContactsContract.CommonDataKinds.Event.CONTENT_ITEM_TYPE,
```

```
        Integer.toString(
            ContactsContract.CommonDataKinds
                .Event.TYPE_BIRTHDAY)};
    ContentValues values = new ContentValues();
    values.put(
        ContactsContract.CommonDataKinds.Event.START_DATE,
        date);
    int numRows = contentResolver.update(
        ContactsContract.Data.CONTENT_URI, values,
        updateWhere, updateSelectionArgs);
    Log.d(TAG, "update() war "
        + ((numRows == 0) ? "nicht " : "")
        + "erfolgreich");
  } catch (ParseException e) {
    Log.e(TAG, date, e);
  }
} else {
  Log.d(TAG, "keinen Geburtstag gefunden");
  // Strings für die Suche nach RawContacts
  String[] rawProjection = new String[]{RawContacts._ID};
  String rawSelection = RawContacts.CONTACT_ID + " = ?";
  String[] rawSelectionArgs = new String[]{contactId};
  // Werte für Tabellenzeile vorbereiten
  ContentValues values = new ContentValues();
  values.put(ContactsContract.CommonDataKinds
          .Event.START_DATE,
      DATE_FORMAT.format(new Date())));
  values.put(
      ContactsContract.Data.MIMETYPE,
      ContactsContract.CommonDataKinds
          .Event.CONTENT_ITEM_TYPE);
  values.put(ContactsContract.CommonDataKinds.Event.TYPE,
      ContactsContract.CommonDataKinds.Event.TYPE_BIRTHDAY);
  // alle RawContacts befüllen
  Cursor c = contentResolver.query(RawContacts.CONTENT_URI,
      rawProjection, rawSelection,
      rawSelectionArgs, null);
  if (c != null) {
    while (c.moveToNext()) {
      String rawContactId = c.getString(0);
      values.put(
          ContactsContract.CommonDataKinds.Event.RAW_CONTACT_ID,
          rawContactId);
```

```
        Uri uri = contentResolver.insert(
            ContactsContract.Data.CONTENT_URI,
            values);
        Log.d(TAG,
            "  ---> Hinzufügen des Geburtstags "
                + "für RawContacts-Id "
                + rawContactId
                + " war"
                + ((uri == null)
                ? " nicht erfolgreich"
                : " erfolgreich"));
      }
      c.close();
    }
  }
  dataQueryCursor.close();
  }
 }
}
```

Listing 13.4 Die Klasse »KontakteDemo3«

Das Anlegen einer neuen Tabellenzeile folgt dem Schema, das ich in Kapitel 10, »Datenbanken«, ausführlich vorstelle. Die Methode insert() erhält ein ContentValues-Objekt, das mit Spalte-Wert-Paaren gefüllt wurde. Zu beachten ist allerdings, dass Sie im Gegensatz zu einem Update in der Tabelle RawContacts nach einer Zeile suchen müssen, die in der Spalte CONTACT_ID die übergebene Kontakt-ID enthält. Den Inhalt der Spalte RawContacts._ID müssen Sie mit der Anweisung

```
values.put(ContactsContract.CommonDataKinds.Event.RAW_CONTACT_ID,
        rawContactId);
```

in das ContentValues-Objekt übernehmen, sonst bricht insert() zur Laufzeit mit einer Ausnahme ab. Beachten Sie, dass Sie für das Ändern oder Hinzufügen von Kontaktdaten die gefährliche Berechtigung android.permission.WRITE_CONTACTS in der Manifestdatei sowie zur Laufzeit Ihrer App anfordern müssen.

Hinweis

Die Beziehungen zwischen den Tabellen der Kontaktdatenbank sind recht komplex, deshalb sollten Sie Schreiboperationen sehr ausführlich im Emulator testen. Machen Sie vor Experimenten auf echter Hardware auf jeden Fall ein Backup Ihrer Kontakte. Eine kleine Unachtsamkeit bei der Entwicklung kann sonst zu ernsthaften Problemen führen.

Derzeit können mit der Android-eigenen *Kontakte*-App im Emulator keine Geburtstage erfasst werden. Im Gegensatz zu früheren Versionen zeigt sie einen programmatisch (beispielsweise mit *KontakteDemo3*) hinzugefügten Geburtstag auch nicht
mehr an. In Abbildung 13.3 sehen Sie deshalb die Detailseite eines Kontakts auf echter
Hardware. Alle für den Zugriff auf Kontaktdaten benötigten Programmierschnittstellen sind aber zum Glück in der Plattform enthalten und deshalb auch im Emulator
nutzbar.

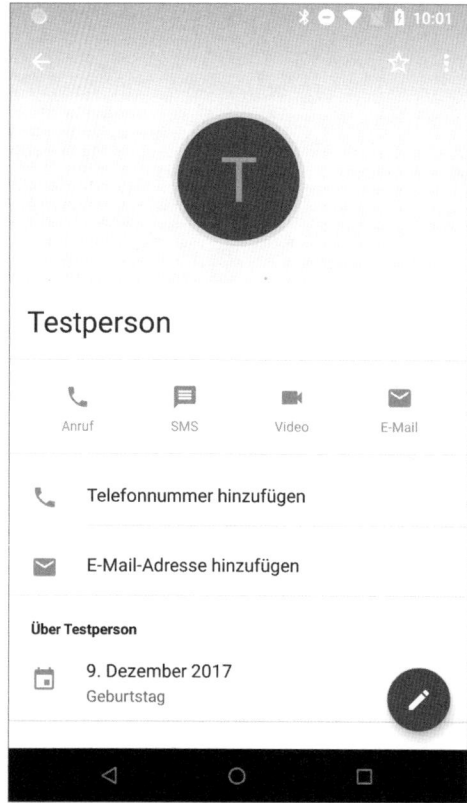

Abbildung 13.3 Die App »Kontakte« zeigt den hinzugefügten Geburtstag an.

13.2   Auf Google-Konten zugreifen

Android kennt eine ganze Reihe von Content Providern. Mit der Anrufhistorie und
Kontakten haben wir uns schon ausführlich beschäftigt. Woher diese ihre Daten beziehen, ist für Sie als Entwickler zweitrangig, da Sie über eine einheitliche Schnittstelle (einen *Content Resolver*) auf die tabellenartigen Daten zugreifen. Etwaige An-
meldevorgänge, Passwortabfragen und Synchronisierungen werden automatisch
abgewickelt.

Auch wenn dies schon sehr lange nicht mehr zwingend notwendig ist, haben die meisten Benutzer von Android-Geräten ein Google-Konto. Es bietet Zugriff auf zahlreiche Dienste, beispielsweise Gmail und Google Calendar. Aber nicht alle Dienste stehen unmittelbar über Content Provider zur Verfügung. In diesem Abschnitt möchte ich Ihnen deshalb zeigen, wie Sie auf Google-Konten und damit verbundene Dienste zugreifen können.

13.2.1   Emulator konfigurieren

Über einen langen Zeitraum hat Google Emulator-Images in zwei Varianten zum Download angeboten: mit und ohne *Google APIs*. Die folgenden Beispiele setzen einen Emulator **mit** Google APIs voraus. Sofern Sie Ihren Emulator eingerichtet haben, wie in Kapitel 1, »Android – eine offene, mobile Plattform«, beschrieben, ist diese Voraussetzung bereits erfüllt. Andernfalls lesen Sie dort bitte nach, wie Sie ein virtuelles Gerät auf Grundlage der Google APIs anlegen und konfigurieren. Auch auf echter Hardware sind die Google-Dienste üblicherweise installiert.

Neue Konten werden über SETTINGS · USERS & ACCOUNTS · ADD ACCOUNT bzw. – auf deutschsprachigen Geräten – über EINSTELLUNGEN · NUTZER & KONTEN · KONTO HINZUFÜGEN eingerichtet. Die Seite ist in Abbildung 13.4 zu sehen.

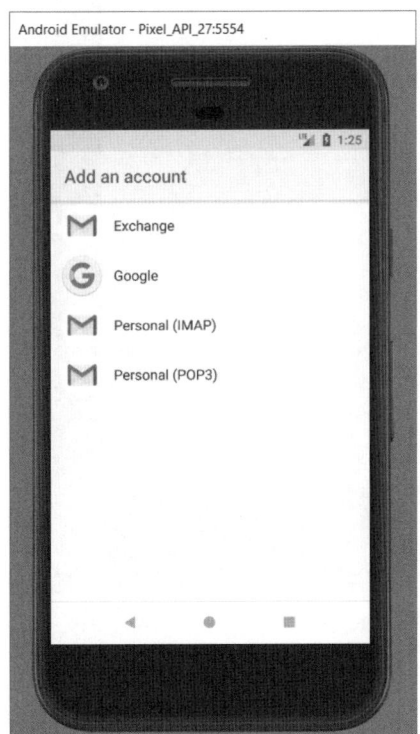

Abbildung 13.4 Seite zum Hinzufügen von Konten

Klicken Sie auf GOOGLE. Daraufhin wird ein Assistent zum Hinzufügen eines Google-Kontos gestartet. Sie müssen, wie in Abbildung 13.5 zu sehen ist, auswählen, ob Sie ein neues Konto anlegen oder sich mit einem bestehenden anmelden möchten. Falls Sie ein vorhandenes Konto verwenden, müssen Sie Ihren Benutzernamen und Ihr Passwort eingeben. Um ein neues anzulegen, klicken Sie auf MORE OPTIONS.

Nach dem Beenden des Assistenten gelangen Sie wieder zu der Hauptseite der Kontoeinstellungen. Ihr frisch hinzugefügtes Google-Konto wird in der Liste angezeigt (siehe Abbildung 13.6). Wie Sie darauf zugreifen, zeige ich Ihnen anhand des Beispielprojekts *AccountDemo1*. Die gleichnamige Klasse `AccountDemo1` leitet von `android.app.Activity` ab. Sie überschreibt `onCreate()` und `onActivityResult()`. Durch Aufruf der statischen Methode `newChooseAccountIntent()` der Klasse `android.accounts.AccountManager` wird ein `Intent` erzeugt, das anschließend an `startActivityForResult()` übergeben wird. Android zeigt daraufhin die in Abbildung 13.7 dargestellte Kontoauswahl an.

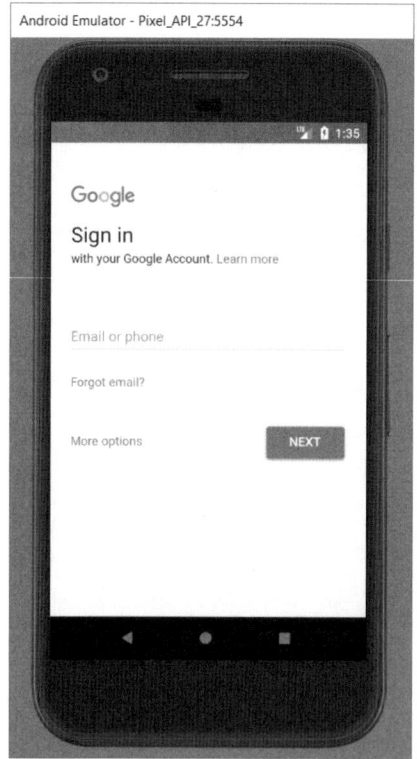

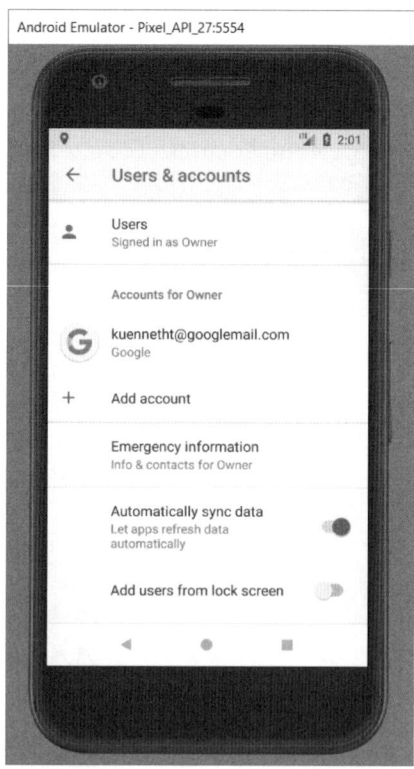

Abbildung 13.5 Anmeldung an einem Google-Konto

Abbildung 13.6 Das neu hinzugefügte Konto in den Systemeinstellungen

Nach dem Auswählen eines Kontos oder dem Abbrechen über CANCEL wird die Methode `onActivityResult()` aufgerufen. Sofern ein Konto ausgewählt wurde, erscheint

ein Toast, das dessen Namen und Typ anzeigt. Die Methode newChooseAccountIn-
tent() erhält eine ganze Reihe von Parametern, mit denen Sie die Kontoauswahl Ihren Anforderungen anpassen können. Beispielsweise lässt sich der Dialogtitel überschreiben, und Sie können die Art der anzuzeigenden Konten einschränken.

```
package com.thomaskuenneth.accountdemo1;

import android.accounts.AccountManager;
import android.app.Activity;
import android.content.Intent;
import android.os.Bundle;
import android.widget.Toast;
import static android.accounts.AccountManager.KEY_ACCOUNT_NAME;
import static android.accounts.AccountManager.KEY_ACCOUNT_TYPE;

public class AccountDemo1 extends Activity {

  private static final int RQ_ACCOUNT_INTENT = 123;

  @Override
  protected void onCreate(Bundle savedInstanceState) {
    super.onCreate(savedInstanceState);
    Intent i = AccountManager.newChooseAccountIntent(null,
        null,
        null,
        null,
        null,
        null,
        null);
    startActivityForResult(i, RQ_ACCOUNT_INTENT);
  }

  @Override
  protected void onActivityResult(int requestCode,
                int resultCode,
                Intent data) {
    super.onActivityResult(requestCode, resultCode, data);
    if ((RESULT_OK == resultCode)
        && (RQ_ACCOUNT_INTENT == requestCode)) {
      if (data != null) {
        String accountName = data.getStringExtra(KEY_ACCOUNT_NAME);
        String accountType = data.getStringExtra(KEY_ACCOUNT_TYPE);
        Toast.makeText(this, getString(R.string.template,
```

```
            accountName, accountType),
            Toast.LENGTH_LONG).show();
      }
    }
    finish();
  }
}
```

Listing 13.5 Die Klasse »AccountDemo1«

Vielleicht fragen Sie sich, warum Sie vor dem Zugriff auf ein Konto einen Systemdialog anzeigen müssen. Vor Android 8 mussten Apps die gefährliche Berechtigung android.permission.GET_ACCOUNTS anfordern und konnten dann mit der AccountManager-Methode getAccounts() eine Liste der (für den Aufrufer) sichtbaren Konten ermitteln. Dies ist seit *Oreo* nicht mehr möglich. Stattdessen muss der Benutzer die Sichtbarkeit eines Kontos für eine fremde App explizit bestätigen.

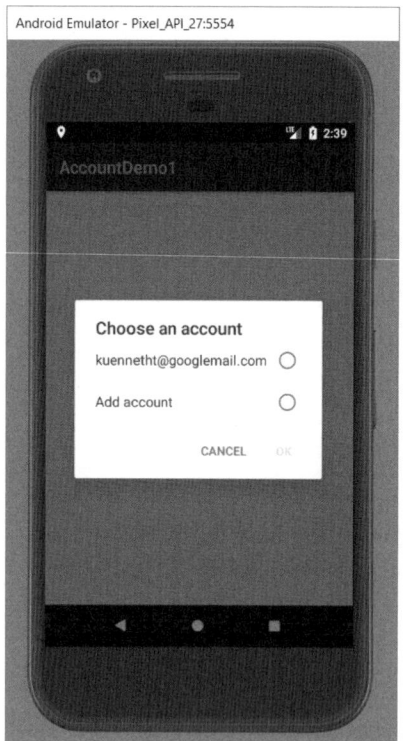

Abbildung 13.7 Auswählen eines Kontos

Sie wissen nun, wie Sie grundsätzlich auf Konten zugreifen können. Aber was kann man damit alles tun? Im folgenden Abschnitt zeige ich Ihnen, wie Sie die zu *Google Calendar* gehörende Aufgabenliste auslesen.

13.2.2 Aufgabenliste auslesen

Die Klasse `android.accounts.AccountManager`, mit der Sie im vorherigen Abschnitt kurz Bekanntschaft gemacht haben, bildet die Schnittstelle zu einem systemweiten Repository von Online-Konten, zum Beispiel Facebook, Twitter, Exchange oder eben Google. Der Vorteil für Sie als Entwickler ist, dass Sie sich nicht um das Abfragen von Benutzernamen oder Passwörtern kümmern müssen, denn das regelt Android für Sie. Möchte eine App auf ein bereits eingerichtetes Konto zugreifen, kann der Benutzer dies mit einem Klick zulassen oder ablehnen. `AccountManager` nutzt ein Plug-in-Konzept, um die unterschiedlichen Kontotypen zu unterstützen. Solche Module können auch von Drittanbietern implementiert werden. Wie Sie auf diese Weise auf ein Google-Konto zugreifen und eine Liste von Aufgaben anzeigen, die Sie in Gmail abgelegt haben, demonstriere ich Ihnen anhand des Projekts *AccountDemo2*.

Die Klasse `AccountDemo2` leitet von `android.app.Activity` ab, überschreibt die Methoden `onCreate()` sowie `onActivityResult()` und implementiert das Interface `android.accounts.AccountManagerCallback`. Wie in *AccountDemo1* wird mit `AccountManager.newChooseAccountIntent()` der Zugriff auf ein Konto angefordert. Sofern der Anwender ihn gewährt, wird die private Methode `accessAccount()` aufgerufen. In ihr beginnt die eigentliche Arbeit. Als Erstes ermitteln wir eine `AccountManager`-Instanz und holen mit `getAccountsByType()` ein Feld des Typs `android.accounts.Account`. Der Typ eines Kontos wird über eine Zeichenkette identifiziert, die für Google-Konten `com.google` lautet. Wenn kein Konto vom gewünschten Typ eingerichtet wurde, sollten Sie den Anwender informieren und anschließend die Activity beenden oder ihn durch Aufruf der Methode `addAccount()` zum Anlegen eines neuen Kontos auffordern. Wurden mehrere Konten gefunden, bitten Sie den Benutzer, das gewünschte auszuwählen. Um die Klasse `AccountDemo2` übersichtlich zu halten, tut meine Beispielimplementierung dies allerdings nicht.

```
package com.thomaskuenneth.accountdemo2;

import android.accounts.Account;
import android.accounts.AccountManager;
import android.accounts.AccountManagerCallback;
import android.accounts.AccountManagerFuture;
import android.accounts.AuthenticatorException;
import android.accounts.OperationCanceledException;
import android.app.Activity;
import android.content.Intent;
import android.os.Bundle;
import android.os.StrictMode;
import android.util.Log;
import java.io.BufferedReader;
```

```java
import java.io.IOException;
import java.io.InputStreamReader;
import java.net.HttpURLConnection;
import java.net.URL;

public class AccountDemo2 extends Activity implements
    AccountManagerCallback<Bundle> {

  private static final int RQ_ACCOUNT_INTENT = 123;
  private static final String TYPE = "com.google";
  private static final String AUTH_TOKEN_TYPE = "cl";

  // Schlüssel unter https://console.developers.google.com/ anlegen
  private static final String
      API_KEY = "<Ihr API-Schlüssel>";

  private static final String TAG =
      AccountDemo2.class.getSimpleName();
  @Override
  protected void onCreate(Bundle savedInstanceState) {
    super.onCreate(savedInstanceState);
    Intent i = AccountManager.newChooseAccountIntent(null,
        null,
        new String[]{TYPE},
        null,
        AUTH_TOKEN_TYPE,
        null,
        null);
    startActivityForResult(i, RQ_ACCOUNT_INTENT);
  }

  @Override
  protected void onActivityResult(int requestCode,
                  int resultCode,
                  Intent data) {
    super.onActivityResult(requestCode, resultCode, data);
    if ((RESULT_OK == resultCode)
        && (RQ_ACCOUNT_INTENT == requestCode)) {
      if (data != null) {
        accessAccount();
      }
```

```
    }
}

private void accessAccount() {
  StrictMode.setThreadPolicy(StrictMode.ThreadPolicy.LAX);
  AccountManager accountManager = AccountManager.get(this);
  try {
    Account[] accounts =
        accountManager.getAccountsByType(TYPE);
    if (accounts.length >= 1) {
      Bundle options = new Bundle();
      accountManager.getAuthToken(accounts[0],
          AUTH_TOKEN_TYPE, options,
          this, this, null);
    } else {
      finish();
    }
  } catch (SecurityException e) {
    Log.e(TAG, "getAccountsByType()", e);
  }
}

@Override
public void run(AccountManagerFuture<Bundle> future) {
  Bundle result;
  try {
    result = future.getResult();
    String token =
        result.getString(AccountManager.KEY_AUTHTOKEN);
    String tasks = getFromServer("https://www.googleapis.com/"
        + "tasks/v1/lists/@default/tasks?pp=1&key="
        + API_KEY, token);
    Log.d(TAG, tasks);
  } catch (OperationCanceledException |
      AuthenticatorException |
      IOException e) {
    Log.e(TAG, "run()", e);
  }
}

private String getFromServer(String _url,
              String token) {
  StringBuilder sb = new StringBuilder();
```

```
      HttpURLConnection httpURLConnection = null;
      try {
        URL url = new URL(_url);
        httpURLConnection =
            (HttpURLConnection) url.openConnection();
        httpURLConnection.
            setRequestProperty("Authorization",
                "GoogleLogin auth=" + token);
        int responseCode =
            httpURLConnection.getResponseCode();
        if (responseCode ==
            HttpURLConnection.HTTP_OK) {
          InputStreamReader inputStreamReader =
              new InputStreamReader(
                  httpURLConnection.getInputStream());
          BufferedReader bufferedReader =
              new BufferedReader(
                  inputStreamReader);
          int i;
          while ((i = bufferedReader.read()) != -1) {
            sb.append((char) i);
          }
          try {
            bufferedReader.close();
          } catch (IOException e) {
            Log.e(TAG, "close()", e);
          }
        } else {
          Log.d(TAG, "responseCode: " + responseCode);
        }
      } catch (IOException tr) {
        Log.e(TAG, "Fehler beim Zugriff auf " + _url, tr);
      } finally {
        if (httpURLConnection != null) {
          httpURLConnection.disconnect();
        }
      }
      return sb.toString();
    }
}
```

Listing 13.6 Die Klasse »AccountDemo2«

[«]

Hinweis

Eigentlich möchte Android nicht, dass Netzwerkoperationen auf dem Mainthread stattfinden. Aus Gründen der Einfachheit verzichtet `AccountDemo2` auf die Auslagerung in einen eigenen Thread. Dies gelingt mit der folgenden Anweisung:

`StrictMode.setThreadPolicy(StrictMode.ThreadPolicy.LAX)`

In produktivem Code hat `setThreadPolicy()` aber nichts zu suchen.

`AccountManager` verwaltet zu jedem Online-Konto die *User Credentials*, also Benutzernamen und Passwort. Damit sich eine App bei einem Dienst anmelden und seine Funktionen nutzen kann, muss sie die User Credentials natürlich kennen. Deshalb ruft `AccountDemo2` die Methode `getAuthToken()` auf. Viele Services unterstützen das Konzept von *Auth Tokens*. Damit ein Dienstaufruf authentifiziert ablaufen kann, ohne jedes Mal Benutzernamen und Passwort übertragen zu müssen, wird stattdessen das Auth Token transportiert, das einen einmal angemeldeten Benutzer repräsentiert. Um es zu erzeugen, kann sehr wohl die Eingabe von User Credentials notwendig sein, darum kümmert sich aber Android. Der entsprechende Anmeldedialog ist in Abbildung 13.8 zu sehen. Ihre App muss also keinen eigenen zur Verfügung stellen.

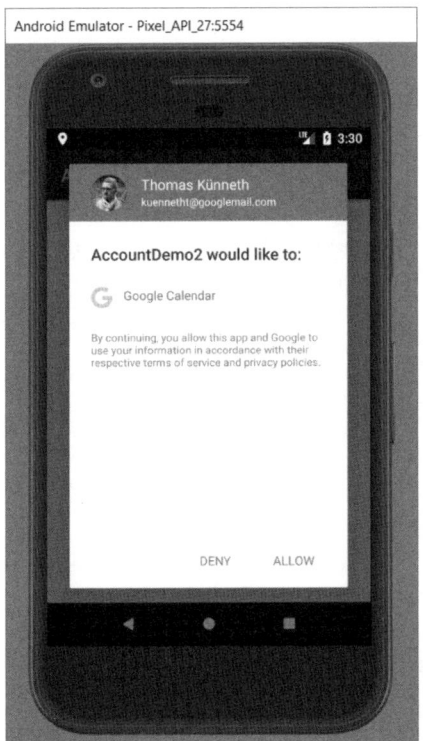

Abbildung 13.8 Abfrage, ob eine App auf ein Konto zugreifen darf

Die Bedeutung des Auth-Token-Typs ist vom verwendeten Kontotyp (beispielsweise com.google) abhängig, und Sie müssen diesen gegebenenfalls in der Entwicklerdokumentation des Dienstanbieters nachlesen. Im Fall eines Google-Kontos spezifiziert der Auth-Token-Typ den zu nutzenden Service. cl repräsentiert den Google Calendar. Um das Ergebnis von getAuthToken() auszuwerten, rate ich Ihnen zur Nutzung von AccountManagerCallback. Das mag auf den ersten Blick überraschen, da die Methode ja einen Rückgabewert hat. Bedenken Sie aber, dass dieser unter Umständen zunächst unvollständig sein kann, weil Android auf die Eingabe eines Passwortes wartet. Bei der Verwendung eines Callbacks spielt die Frage nach dem Zeitpunkt der Fertigstellung keine Rolle.

In der Methode run() wird durch Aufruf von getResult() ein Objekt des Typs android.os.Bundle ermittelt. Das für die Kommunikation mit dem Server benötigte Auth Token erhalten wir mit result.getString(AccountManager.KEY_AUTHTOKEN). Es wird neben der URL der herunterzuladenden Daten an die private Methode getFromServer() übergeben. Beachten Sie ferner das URL-Anhängsel "&key=" + API_KEY. Damit Ihre App auf *Google Tasks* zugreifen darf, müssen Sie auf der Seite *https://console.developers.google.com/* die Nutzung dieser API freischalten und einen Schlüssel für sie erzeugen. Sie können unter APIs & Dienste • Zugangsdaten den benötigten Schlüssel generieren. Klicken Sie auf der Registerkarte Anmeldedaten zuerst auf Anmeldedaten erstellen, und wählen Sie dann API-Schlüssel. Der Schlüssel wird daraufhin erstellt und in einem Dialog angezeigt. Weitere Hinweise hierzu finden Sie in Abschnitt 8.2.2, Positionen auf einer Karte anzeigen«.

In der Methode getFromServer() in meiner Klasse AccountDemo2 wird das Auth Token einem HttpURLConnection-Objekt durch Aufruf der Methode setRequestProperty() übergeben. Beachten Sie, dass Sie die in Listing 13.6 gezeigte Laderoutine für einen produktiven Einsatz unter anderem durch eine ausgefeiltere Fehlerbehandlung absichern sollten. Für einfache Tests ist sie freilich ausreichend.

Hinweis

Damit der Zugriff auf die Aufgabenliste klappt, wie hier beschrieben, muss die App die normale Berechtigung android.permission.INTERNET anfordern.

13.3   Kalender und Termine

Vor *Ice Cream Sandwich* bot Android erstaunlich wenige öffentliche und dokumentierte Schnittstellen für Apps, um Termine auszulesen und zu bearbeiten. Glücklicherweise hat die Plattform seitdem deutlich dazugelernt. Wenn Sie die folgenden Beispiele ausprobieren möchten, müssen Sie ein Google-Konto eingerichtet haben.

Andernfalls erscheint der in Abbildung 13.9 dargestellte Hinweis. Wie Sie in dem Fall vorgehen, habe ich im vorherigen Abschnitt beschrieben.

Abbildung 13.9 Hinweis, dass noch keine Kalender synchronisiert wurden

13.3.1   Termine anlegen und auslesen

Das Projekt *KalenderDemo1* demonstriert, wie Sie durch das Versenden eines *Intents* mit der Standardkalender-App einen Termin anlegen können. Deren Eingabeseite für Termine ist in Abbildung 13.10 zu sehen.

Die Klasse `KalenderDemo1` leitet von `android.app.Activity` ab. In `onCreate()` werden zunächst zwei `java.util.Date`-Objekte mit dem Beginn und dem Ende des anzulegenden Termins initialisiert. Hierbei hilft eine `java.util.Calendar`-Instanz. Anschließend ruft die App die private Methode `createEntry()` auf. Diese erzeugt ein Intent mit der Action `Intent.ACTION_INSERT` und setzt mit `putExtra()` die Terminattribute *Beginn*, *Ende*, *Titel* und *Beschreibung*. `allDay` kennzeichnet einen Termin als ganztägig. In meinem Beispiel ist der Wert vom Ende des Termins abhängig. Die Stunde wird durch `cal.get(Calendar.HOUR_OF_DAY)` ermittelt.

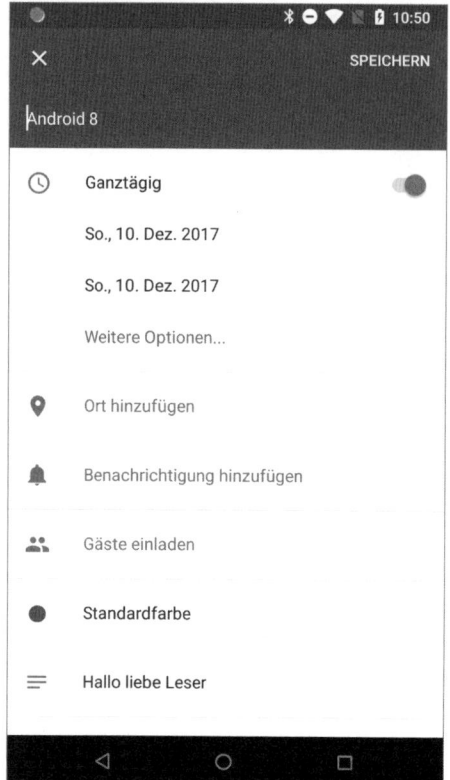

Abbildung 13.10 Eingabeseite für Termine

```
package com.thomaskuenneth.kalenderdemo1;

import android.app.Activity;
import android.content.ActivityNotFoundException;
import android.content.Intent;
import android.os.Bundle;
import android.provider.CalendarContract;
import android.provider.CalendarContract.Events;
import android.util.Log;
import java.util.Calendar;
import java.util.Date;

public class KalenderDemo1 extends Activity {

    private static final String TAG =
        KalenderDemo1.class.getSimpleName();
```

```
@Override
public void onCreate(Bundle savedInstanceState) {
  super.onCreate(savedInstanceState);
  // Beginn und Ende eines Termins
  Calendar cal = Calendar.getInstance();
  Date from = cal.getTime();
  cal.add(Calendar.HOUR_OF_DAY, 1);
  Date to = cal.getTime();
  // Termin anlegen
  createEntry(getString(R.string.title),
      getString(R.string.hello), from, to,
      cal.get(Calendar.HOUR_OF_DAY) < 12);
  finish();
}


private void createEntry(String title, String description, Date from,
          Date to, boolean allDay) {
  Intent intent = new Intent(Intent.ACTION_INSERT,
      Events.CONTENT_URI);
  intent.putExtra(Events.TITLE, title);
  intent.putExtra(Events.DESCRIPTION, description);
  intent.putExtra(CalendarContract.EXTRA_EVENT_BEGIN_TIME, from.getTime());
  intent.putExtra(CalendarContract.EXTRA_EVENT_END_TIME, to.getTime());
  intent.putExtra(Events.ALL_DAY, allDay);
  try {
    startActivity(intent);
  } catch (ActivityNotFoundException e) {
    Log.e(TAG, "keine passende Activity", e);
  }
}
}
```

Listing 13.7 Die Klasse »KalenderDemo1«

Tipp

Sie sollten den Aufruf von startActivity() stets in einem try-catch-Block kapseln wie in meinem Beispiel und die Ausnahme ActivityNotFoundException fangen. Es ist nämlich nicht garantiert, dass jede Android-Hardware eine Kalender-App hat, die das Intent verarbeiten könnte.

Würden Sie Ihre App gern um eine Alarmfunktion erweitern? Auch das ist möglich. Wie Sie hierzu vorgehen, zeige ich Ihnen im folgenden Abschnitt.

13.3.2   Alarme und Timer

Die Klasse `android.provider.AlarmClock` beinhaltet unter anderem die Konstanten `ACTION_SET_TIMER`, `ACTION_SET_ALARM`, `EXTRA_MESSAGE`, `EXTRA_HOUR` und `EXTRA_MINUTES`, mit denen Sie eine Activity zum Stellen eines Alarms oder Timers starten können. Wie das funktioniert, zeige ich Ihnen mit meiner Beispiel-App *AlarmClockDemo1*. Sie ist in Abbildung 13.11 zu sehen.

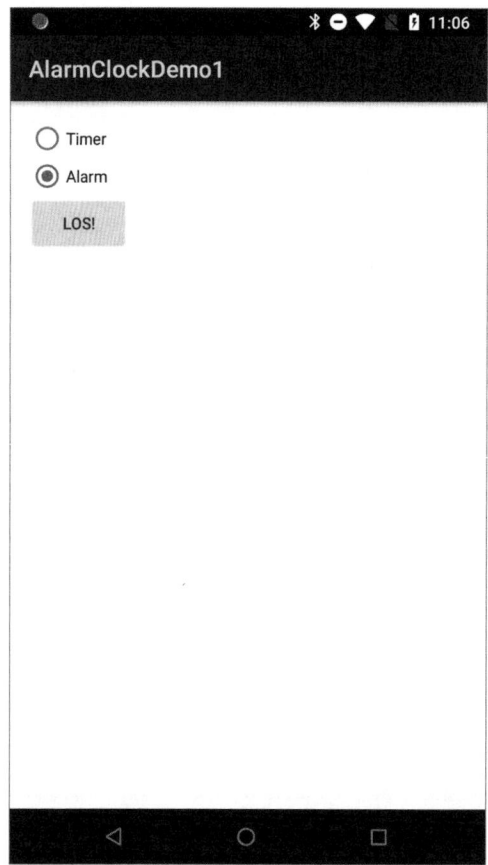

Abbildung 13.11 Die App »AlarmClockDemo1«

In der gleichnamigen Klasse kann ein Alarm für 20 Uhr gesetzt werden. Wird er aktiviert, erscheint der Hinweis »Ein Alarm«. Alternativ ist das Starten eines 90-Sekunden-Timers mit der Nachricht »Ein Timer« möglich. Welche der beiden Aktionen ausgeführt wird, steuern Sie über zwei *Radiobuttons*. Ich habe sie in einer `RadioGroup` zusammengefasst. Mithilfe dieser Klasse kann sehr bequem der aktuell ausgewählte Knopf abgefragt (getCheckedRadioButtonId()) und gesetzt (check()) werden. Aber das ist nicht die Hauptfunktion einer RadioGroup. Sie erweisen sich als besonders nützlich, wenn Sie mehrere unabhängige Gruppen von RadioButton in einer Activity benötigen. Stellen Sie sich ein Programm zum Umrechnen von Einheiten vor, in dem Sie zwischen Millimeter, Zentimeter und Meter sowie zwischen Radius, Umfang und Flächeninhalt wählen können. In jedem der beiden Bereiche ist stets ein Element aktiv.

Die eigentlichen Funktionen, nämlich das Setzen eines Alarms bzw. das Starten eines Timers, stecken in den beiden privaten Methoden fireAlarm() und fireTimer(). Ihr Aufbau ist sehr ähnlich. Es wird ein Intent zusammengesetzt und mittels startActivity() gefeuert. Um das Programm möglichst kurz zu halten, habe ich den Aufruf diesmal nicht in einen try-catch-Block gekapselt. Ich rate Ihnen aber, die Ausnahme ActivityNotFoundException zu fangen. Es ist nämlich nicht garantiert, dass sich »jemand« für ein Intent »zuständig fühlt«. In so einem Fall sollten Sie den Anwender darüber informieren.

```
package com.thomaskuenneth.alarmclockdemo1;

import android.app.Activity;
import android.content.Intent;
import android.os.Bundle;
import android.provider.AlarmClock;
import android.widget.Button;
import android.widget.RadioGroup;

public class AlarmClockDemo1 extends Activity {

  @Override
  public void onCreate(Bundle savedInstanceState) {
    super.onCreate(savedInstanceState);
    setContentView(R.layout.main);
    RadioGroup group = findViewById(R.id.group);
    group.check(R.id.alarm);
    Button go = findViewById(R.id.go);
    go.setOnClickListener((v) -> {
      switch (group.getCheckedRadioButtonId()) {
        case R.id.alarm:
          fireAlarm();
          break;
        case R.id.timer:
          fireTimer();
```

```
            break;
        }
    });
}

private void fireAlarm() {
    Intent alarm = new Intent(AlarmClock.ACTION_SET_ALARM);
    alarm.putExtra(AlarmClock.EXTRA_MESSAGE, "Ein Alarm");
    alarm.putExtra(AlarmClock.EXTRA_HOUR, 20);
    alarm.putExtra(AlarmClock.EXTRA_MINUTES, 0);
    alarm.putExtra(AlarmClock.EXTRA_SKIP_UI, false);
    startActivity(alarm);
}

private void fireTimer() {
    Intent timer = new Intent(AlarmClock.ACTION_SET_TIMER);
    timer.putExtra(AlarmClock.EXTRA_MESSAGE, "Ein Timer");
    timer.putExtra(AlarmClock.EXTRA_LENGTH, 90);
    timer.putExtra(AlarmClock.EXTRA_SKIP_UI, false);
    startActivity(timer);
}
}
```

Listing 13.8 Die Klasse »AlarmClockDemo1«

Die meisten übergebenen Werte sind sprechend. EXTRA_SKIP_UI legt fest, ob Apps, die das Intent auswerten, eine Benutzeroberfläche (zum Beispiel Activities oder Dialoge) darstellen dürfen (false) oder nicht (true). Damit das Setzen von Timern und Alarmen funktioniert, müssen Sie die normale Berechtigung com.android.alarm.permission.SET_ALARM anfordern.

Welche App sich um Alarme und Timer kümmert, ist Android-typisch nicht festgelegt. Es kann sich um die standardmäßig mitgelieferte *Uhr*-App handeln oder um eine selbst geschriebene. Lassen Sie mich das näher erläutern.

Auf das Setzen von Alarmen und Timern reagieren

Mein Beispiel *AlarmClockDemo2* zeigt Ihnen, wie Sie in Ihren Apps auf das Setzen von Alarmen und Timern reagieren können. Lassen Sie uns zunächst einen Blick auf die Manifestdatei werfen. Sie definiert eine Activity, die drei *Intent-Filter* enthält. Der erste (mit der Aktion MAIN und der Kategorie LAUNCHER) sorgt dafür, dass die Activity mit dem *Android-Programmstarter* ausgeführt werden kann. Die folgenden beiden Intent-Filter haben die Kategorie DEFAULT und die Aktionen SET_TIMER bzw. SET_ALARM.

Sie sorgen dafür, dass sich die App für das Setzen von Alarmen und Timern »zuständig fühlt«.

```xml
<?xml version="1.0" encoding="utf-8"?>
<manifest xmlns:android="http://schemas.android.com/apk/res/android"
  xmlns:tools="http://schemas.android.com/tools"
  package="com.thomaskuenneth.alarmclockdemo2">

  <application
    android:allowBackup="false"
    android:icon="@drawable/ic_launcher"
    android:label="@string/app_name"
    tools:ignore="GoogleAppIndexingWarning">
    <activity
      android:name=".AlarmClockDemo2"
      android:label="@string/app_name">
      <intent-filter>
        <action android:name="android.intent.action.MAIN" />
        <category android:name="android.intent.category.LAUNCHER" />
      </intent-filter>
      <intent-filter>
        <action android:name="android.intent.action.SET_ALARM" />
        <category android:name="android.intent.category.DEFAULT" />
      </intent-filter>
      <intent-filter>
        <action android:name="android.intent.action.SET_TIMER" />
        <category android:name="android.intent.category.DEFAULT" />
      </intent-filter>
    </activity>
  </application>
</manifest>
```

Listing 13.9 Manifestdatei des Projekts »AlarmClockDemo2«

Wenn Sie nach der Installation von *AlarmClockDemo2* die App *AlarmClockDemo1* aufrufen und einen Alarm oder Timer starten, erscheint die in Abbildung 13.12 dargestellte Rückfrage, welche App für die Aktion verwendet werden soll.

Tippen Sie zunächst auf ALARMCLOCKDEMO2 und danach auf NUR DIESMAL oder IMMER, um die gleichnamige App auszuwählen. Sie wird daraufhin von Android gestartet (siehe Abbildung 13.13). Activities können mit `getIntent()` abfragen, welches Intent ihnen beim Aufruf übergeben wurde. Wie das funktioniert, ist in Listing 13.10 zu sehen.

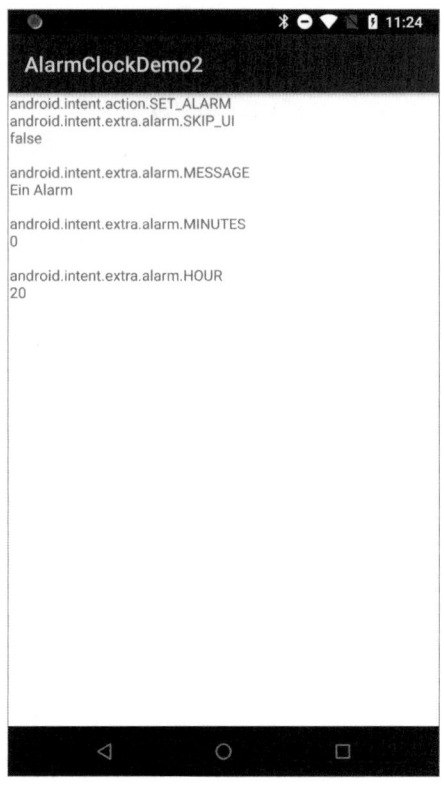

Abbildung 13.12 Rückfrage, welche App sich um den Timer kümmern soll

Abbildung 13.13 Die App »AlarmClock-Demo2«

Die Klasse `AlarmClockDemo2` lädt in `onCreate()` die Benutzeroberfläche und zeigt sie an, `onStart()` übernimmt die Ausgabe der Daten des übergebenen Intents. Nach einer Prüfung auf `null` ermittle ich mit `getExtras()` ein Objekt des Typs `android.os.Bundle`. Ein solches Bündel ist ein Schlüssel-Wert-Speicher. Alle Schlüssel erhalten Sie mit der Methode `keySet()`. Der Zugriff auf einzelne Werte erfolgt mit `get...()`-Aufrufen. Wissen Sie beispielsweise, dass sich hinter einem Schlüssel eine Fließkommazahl verbirgt, erhalten Sie diese direkt mit `getFloat()`. Meine Implementierung ermittelt in einer Schleife mit `get()` den Wert jedes Schlüssels, wandelt diesen in einen String um und gibt ihn aus. Wenn Sie das Programm ausführen lassen, können Sie sehr schön die Werte sehen, die Sie schon aus *AlarmClockDemo1* kennen.

[+]   **Tipp**

Sie können mit `getAction()` die Aktion des Intents abfragen. Vor einer Auswertung der übergebenen Parameter sollten Sie die gelieferte mit der erwarteten Aktion vergleichen. Da ich nur alle übergebenen Daten ausgebe, ist eine solche Prüfung natürlich nicht nötig.

```
package com.thomaskuenneth.alarmclockdemo2;

import android.app.Activity;
import android.content.Intent;
import android.os.Bundle;
import android.widget.TextView;

public class AlarmClockDemo2 extends Activity {

  private TextView tv;

  @Override
  public void onCreate(Bundle savedInstanceState) {
    super.onCreate(savedInstanceState);
    setContentView(R.layout.main);
    tv = findViewById(R.id.tv);
  }

  @Override
  protected void onStart() {
    super.onStart();
    Intent i = getIntent();
    if (i == null) {
      tv.setText(getString(R.string.no_intent));
    } else {
      tv.setText(String.format("%s\n", i.getAction()));
      Bundle b = i.getExtras();
      if (b != null) {
        for (String s : b.keySet()) {
          tv.append(s + "\n");
          Object o = b.get(s);
          if (o != null) {
            tv.append(o.toString()
                + "\n\n");
          }
        }
      }
    }
  }
}
```

Listing 13.10 Die Klasse »AlarmClockDemo2«

Vielleicht fragen Sie sich, warum Sie einen eigenen Dialog zur Eingabe von Alarmen anzeigen sollten. Dies bietet sich in erster Linie für Apps an, die den eingebauten Wecker vollständig ersetzen sollen. In diesem Fall müssen Sie Weckzeiten und Nachrichten in einer eigenen Datenbank verwalten. Ausführliche Informationen zu SQLite-Datenbanken finden Sie in Kapitel 10, »Datenbanken«.

Auch das Setzen der Alarme selbst liegt dann in Ihrer Verantwortung. Die Klasse android.app.AlarmManager stellt die Methode set() zur Verfügung, die zu einem bestimmten Zeitpunkt ein PendingIntent feuert. Mit ihm können Sie weitere Aktionen auslösen, zum Beispiel einen Text ausgeben oder einen Sound abspielen. Hierbei handelt es sich allerdings um fortgeschrittene Themen, die an dieser Stelle nicht weiter behandelt werden können.

13.3.3   Die Klasse »CalendarContract«

Wie ich Ihnen in den vorangegangenen Kapiteln zeige, spielen *Content Provider* eine äußerst wichtige Rolle in Android. Insofern liegt es nahe, dass die Plattform auch für Termine und Ereignisse auf dieses mächtige Instrument baut. Tatsächlich können Sie über einen *Content Resolver* Kalenderdaten ausgeben.

Die Klasse KalenderDemo2 leitet von android.app.Activity ab. In der privaten Methode logEvents() iteriert eine Schleife mit moveToNext() über einen von query() gelieferten Cursor. In meinem Beispiel ist die Abfrage sehr einfach: Sie wählt alle vorhandenen Spalten und Zeilen aus, es gibt keine Einschränkung des Suchraumes. Deshalb sind mit Ausnahme des *Uniform Resource Identifiers* (Events.CONTENT_URI) alle übergebenen Werte null. Die Spalten _ID und TITLE der gefundenen Tabellenzeilen werden in LOGCAT ausgegeben. Das Auslesen der Werte erfolgt mittels getString(). Der Methode wird ein Spaltenindex übergeben. Da dieser abhängig von dem Parameter projection des query()-Aufrufes ist, ist es am sichersten, den Index mittels getColumnIndex() zu erfragen.

Tipp

query()-Aufrufe können null liefern. Um nicht zur Laufzeit in eine NullPointer-Exception zu laufen, sollten Sie den Zugriff auf den Cursor (zum Beispiel die moveToNext()-Schleife oder getColumnIndex()-Aufrufe) mit einer if-Abfrage absichern. Denken Sie auch daran, den Cursor nach Gebrauch mit close() zu schließen.

```
package com.thomaskuenneth.kalenderdemo2;

import android.Manifest;
import android.app.Activity;
import android.content.pm.PackageManager;
```

```java
import android.database.Cursor;
import android.provider.CalendarContract.Events;
import android.util.Log;

public class KalenderDemo2 extends Activity {

  private static final String TAG =
      KalenderDemo2.class.getSimpleName();
  private static final int PERMISSIONS_REQUEST_READ_CALENDAR
      = 123;

  @Override
  protected void onStart() {
    super.onStart();
    if (checkSelfPermission(Manifest.permission.READ_CALENDAR)
        != PackageManager.PERMISSION_GRANTED) {
      requestPermissions(new String[]
              {Manifest.permission.READ_CALENDAR},
          PERMISSIONS_REQUEST_READ_CALENDAR);
    } else {
      logEvents();
    }
  }

  @Override
  public void onRequestPermissionsResult(int requestCode,
                     String permissions[],
                     int[] grantResults) {
    if ((requestCode == PERMISSIONS_REQUEST_READ_CALENDAR) &&
        (grantResults.length > 0 && grantResults[0] ==
            PackageManager.PERMISSION_GRANTED)) {
      logEvents();
    } else {
      finish();
    }
  }

  private void logEvents() throws SecurityException {
    Cursor c = getContentResolver().
        query(Events.CONTENT_URI,
            null, null, null, null);
    if (c != null) {
      int indexId =
```

```
        c.getColumnIndex(Events._ID);
      int indexTitle =
        c.getColumnIndex(Events.TITLE);
    while (c.moveToNext()) {
      Log.d(TAG, "_ID: "
          + c.getString(indexId));
      Log.d(TAG, "TITLE: "
          + c.getString(indexTitle));
    }
    c.close();
  }
 }
}
```

Listing 13.11 Die Klasse »KalenderDemo2«

Um auf den Kalender zugreifen zu können, müssen Sie in der Manifestdatei sowie zur Laufzeit die gefährliche Berechtigung android.permission.READ_CALENDAR anfordern. Nach bewährtem Muster habe ich hierzu die beiden Methoden onStart() und onRequestPermissionsResult() überschrieben. Für schreibende Zugriffe ist zusätzlich android.permission.WRITE_CALENDAR erforderlich.

13.4   Zusammenfassung

Android bietet mächtige Kalender- und Organizer-Funktionen. Noch sind längst nicht alle Google-Dienste über Content Provider in die Plattform integriert. Glücklicherweise erlauben die Netzwerkfähigkeiten der Java-Standardklassenbibliothek den einfachen und komfortablen Zugriff auf beliebige Webservices. Ich bin schon sehr gespannt darauf, auf welche innovative Weise Sie die vorhandenen Puzzleteile zu etwas ganz Neuem zusammenfügen werden.

Kapitel 14
Android Wear

Android ist auf vielen Geräteklassen zu Hause, auch auf Smartwatches. In diesem Kapitel zeige ich Ihnen, wie Sie an die schicken Begleiter mit Ihrer App Nachrichten senden und tolle Zifferblätter gestalten.

Armbanduhren sind seit vielen Generationen unsere ständigen Begleiter. Im Laufe der Jahre haben die Zeitmesser immer wieder nützliche Zusatzfunktionen erlernt. Denken Sie an die ersten Mini-Taschenrechner in Digitaluhren. Auch das Speichern von ein paar Telefonnummern oder Geburtstagen wurde irgendwann möglich. Vieles haben die Hersteller ausprobiert – das integrierte UKW-Radio gehört wahrscheinlich zu den eher exotischen Zusatzfunktionen. Und doch war lange Zeit die mangelnde Leistungsfähigkeit der verwendeten integrierten Schaltkreise der alles limitierende Faktor.

Seit einigen Jahren sind die Chip-Produzenten in der Lage, leistungsfähige Universalrechner in Gehäuse der Größe einer Armbanduhr zu packen. Die ersten Generationen solcher *Smartwatches* haben zumeist versucht, die Kernfunktionen von Smartphones auf noch kleinerem Raum anzubieten, aber wirklich durchsetzen konnten sie sich nicht. Ob dies daran lag, dass die Konsumenten nicht »mit ihrem Handgelenk telefonieren« wollten, oder daran, dass die Anzeigen solcher Uhren für eine Smartphone-ähnliche Bedienung einfach zu klein sind, ist letztlich Spekulation.

Tatsache ist, dass Hersteller wie Google und Apple ihre Smartwatches als Ergänzung zu Smartphone und Tablet vermarkten, nicht als Ersatz. In den folgenden Abschnitten stelle ich Ihnen *Android Wear* ausführlicher vor. Als Erstes werfen wir einen Blick auf dessen Bedienphilosophie. Anschließend zeige ich Ihnen, wie Sie eigene Erweiterungen für Googles Armbanduhren entwickeln.

14.1   Rundgang durch Android Wear

Die Softwareentwicklung für Android-Wear-Gadgets unterscheidet sich von der App-Entwicklung für Tablets und Smartphones. Smartwatches haben andere Anwendungsgebiete. Daraus resultiert eine komplett andere Handhabung, verbunden mit einer neuen Bedienphilosophie. Um Apps entwickeln zu können, die sich nahtlos in ein Android-Wear-Gerät einfügen, müssen Sie die zugrunde liegenden Ideen und Konzepte verstehen.

14.1.1   Bedienphilosophie

Die Bedienphilosophie von Android Wear basiert auf den folgenden vier zentralen Eigenschaften:

▶ **Genau zum richtigen Zeitpunkt (timely)**
Sie haben um 17 Uhr einen Termin und möchten sich 15 Minuten vorher daran erinnern lassen. Die Erinnerung wird um 16:45 angezeigt – nicht früher, nicht später. Sie haben in Google Fit als Tagesziel 15.000 Schritte eingetragen. Sobald Sie diesen Wert erreicht haben, möchten Sie sicher darauf aufmerksam gemacht (und entsprechend gelobt) werden. Schließlich: Es ist Sommer, die Temperatur erreicht 30 Grad. Ein Hinweis erscheint und rät Ihnen, Feierabend zu machen und das tolle Wetter zu genießen.

▶ **Spontan begreifbar (glanceable)**
Informationen müssen eine klare, intuitiv erfassbare Struktur haben. Die Benutzeroberfläche darf nicht kompliziert oder verschnörkelt wirken, sondern soll auf den Punkt gebracht sein. Der Benutzer muss auf einen Blick erkennen, was die App von ihm erwartet.

▶ **Einfach antippbar (easy to tap)**
Jedes Bedienelement sollte groß und leicht zu verwenden sein. Auch sollten Apps möglichst wenige Eingaben vom Benutzer verlangen. Werden beispielsweise viele Icons nebeneinander angeordnet, fällt es unnötig schwer, das richtige zu treffen. Viel besser sind Listen, die jeweils ein Element groß anzeigen, und durch die man bequem wischen kann.

▶ **Zeitsparend (time-saving)**
Vielleicht die größte Herausforderung bei der Umsetzung von Benutzeroberflächen ist es, komplexe Abläufe so zu strukturieren, dass der Anwender sie in kleinen, handhabbaren Schritten durchführen kann. Google möchte aber komplexe Abläufe möglichst nicht auf Smartwatches sehen. Apps sollten sich hier auf eine Funktion konzentrieren. Und diese muss in möglichst wenigen Schritten durchführbar sein.

Interaktionsarten

Diese vier zentralen Eigenschaften werden durch vier Interaktionsarten umgesetzt:

▶ **Benachrichtigungen**
Sie zeigen kontextabhängige Informationen an und bilden oft den Einstieg in eine App. Benachrichtigungen sind keine reinen Anzeigetäfelchen, sondern können

Schaltflächen zum Auslösen von Aktionen enthalten. Falls mehr Informationen angezeigt werden müssen, als sinnvoll auf ein Smartwatch-Display passen, können sie auf mehrere Seiten verteilt werden.

▶ **Zifferblätter**
Zifferblätter zeigen nicht nur die Zeit an. Sie können mit kontextabhängigen Daten angereichert werden. Hierzu können Apps sogenannte Komplikationen zur Verfügung stellen. Dies sind Elemente, die innerhalb eines Zifferblattes angezeigt werden. Durch das Antippen des Zifferblattes können Benutzer die App, die die Komplikation enthält, öffnen oder das Aussehen des Zifferblattes anpassen, zum Beispiel die Hintergrundfarbe ändern.

▶ **Native Apps**
Native Apps haben vollen Zugriff auf die Uhrhardware. Sie können Benutzeroberflächen im Material Design anzeigen und bei Bedarf mit dem gekoppelten Smartphone Verbindung aufnehmen.

▶ **Sprachkommandos**
Sprachbefehle ermöglichen die freihändige Kommunikation mit einem Android-Wear-Gerät. Sie integrieren sich in die Google-Suche und können Aktionen in installierten Apps auslösen. Technisch betrachtet repräsentiert jedes Sprachkommando einen spezifischen *Intent-Typ*. Sofern sich mehrere Apps für ein Intent registrieren, entscheidet der Benutzer, welches Programm die Anfrage verarbeiten soll. Wir werden später darauf zurückkommen.

Homescreen

Der *Homescreen* repräsentiert den Standardzustand eines Android-Wear-Geräts. Er zeigt ein vom Benutzer auswählbares Zifferblatt an. Außerdem kann er Statusindikatoren darstellen, die Auskunft über den Zustand des Wearables geben, zum Beispiel beim Verlust der Verbindung zum Smartphone bzw. Tablet oder nach Aktivieren des Flugmodus. Abbildung 14.1 zeigt den Homescreen einer simulierter Smartwatch. Wir werden ein solches virtuelles Gerät im weiteren Verlauf dieses Kapitels einrichten.

Abbildung 14.1 Homescreen einer Smartwatch

Sie können das anzuzeigende Zifferblatt auswählen, indem Sie auf dem Homescreen nach links oder rechts wischen. Abbildung 14.2 zeigt die daraufhin erscheinende Auswahl. Ein kleines Zahnrad signalisiert, dass sich das Zifferblatt konfigurieren lässt.

Abbildung 14.2 Zifferblattauswahl

Manche Geräte wechseln nach einer bestimmten Zeit in den sogenannten *Ambient Mode*. Er verbraucht wenig Energie, da üblicherweise der Bildschirm gedimmt wird und die Zifferblätter nur noch wenige Farben und keine Animationen mehr darstellen. Der Ambient Mode wird verlassen, indem man einen Knopf an der Uhr drückt – sofern das Gerät einen solchen besitzt –, indem man zum Ablesen der Zeit die Uhr neigt oder indem man das Zifferblatt antippt.

Wischt man vom oberen Bildschirmrand nach unten, während der Homescreen ein Zifferblatt anzeigt, erscheint eine Datums- und Batterieanzeige. Hier können Sie die Uhr stummschalten – keine Vibrationen und keine Aktivierung der Hintergrundbeleuchtung –, die Helligkeit erhöhen, den Flugmodus steuern und zu den Systemeinstellungen wechseln. Diese können auch über einen Hardwareknopf aufgerufen werden.

14.1.2   Die Android-Wear-Companion-App

Android-Wear-Geräte sind nicht vollständig autark, sondern werden in Verbindung mit einem Smartphone oder Tablet betrieben, auf dem zum Zeitpunkt der Drucklegung dieses Buches als Systemsoftware Android 4.3 oder neuer installiert sein musste. Die Kommunikation zwischen Telefon und Wearable erfolgt über Bluetooth oder WLAN. Das in Abbildung 14.3 gezeigte Programm *Android Wear* führt Sie durch den *Pairing*-Vorgang. Es wird im *Play Store* zum Download angeboten. Sie brauchen die App nicht nur für die Einrichtung Ihrer Uhr, sondern auch, um beispielsweise App-Benachrichtigungen zu konfigurieren. Dies ist in Abbildung 14.4 zu sehen.

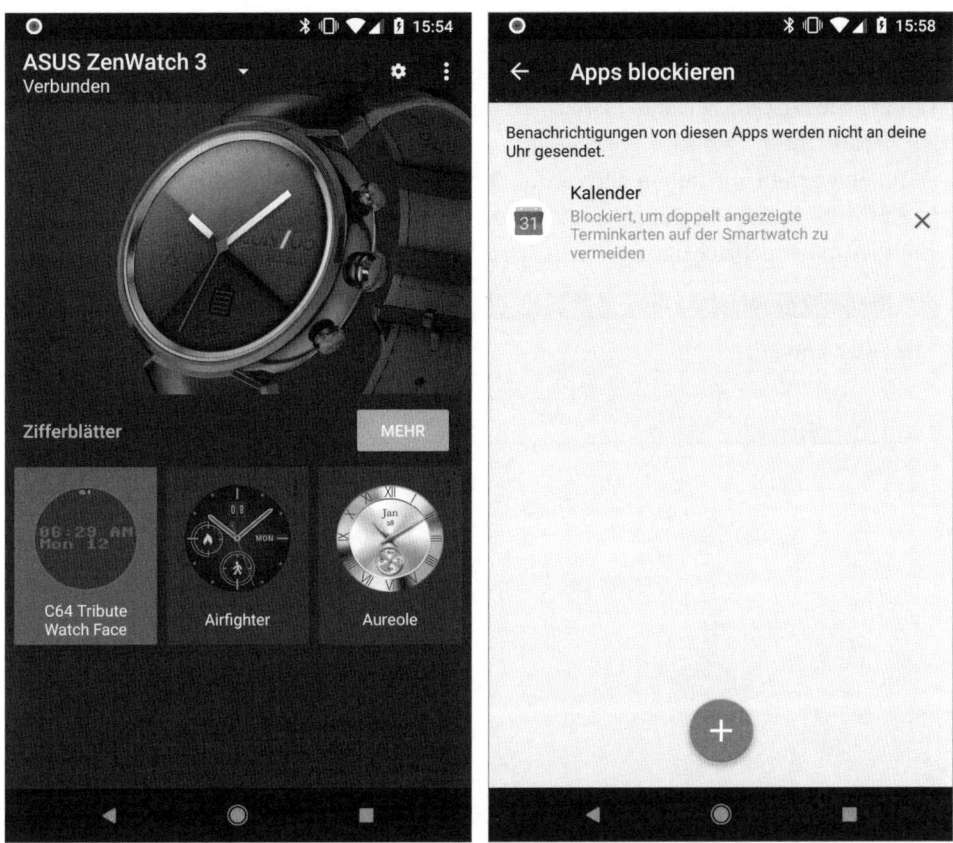

Abbildung 14.3 Die App »Android Wear«   **Abbildung 14.4** Welche Apps sollen Benachrichtigungen an die Uhr senden?

Auch Zifferblätter können Sie mit der Companion-App bequem vom Smartphone aus wechseln. Im nächsten Abschnitt werden wir uns mit Benachrichtigungen beschäftigen. Ich zeige Ihnen, wie Sie die praktischen kleinen Infotäfelchen auf ein Android-Wear-Gerät bringen. In diesem Zusammenhang richten wir auch den Emulator ein, und Sie erfahren, wie Sie Ihr Smartphone oder Tablet mit ihm koppeln.

14.2   Benachrichtigungen

Benachrichtigungen gehörten von Anfang an zu den wichtigsten Funktionen in Android. Google hat die kleinen Infohäppchen im Laufe der Jahre konsequent erweitert. Mit ihrer Fähigkeit, Aktionen auszulösen, passen sie ideal zu der Bedienphilosophie von Android Wear. Selbst Sprachantworten sind möglich.

14.2.1   Benachrichtigungen anzeigen

Mein Projekt *NotificationDemo* ist eine klassische Android-App für Smartphones und Tablets. Sie besteht, wie alle bisherigen Beispiele in diesem Buch, aus **einem** Modul. Ich betone diese Tatsache, weil Sie im weiteren Verlauf dieses Kapitels Programme erstellen werden, die neben dem »mobilen« Teil ein weiteres Modul besitzen, das explizit für Wearables vorhanden ist. Trotzdem bereichert die in Abbildung 14.5 dargestellte App Benachrichtigungen mit speziellen Funktionen für Smartwatches.

Abbildung 14.5 Die App »NotificationDemo«

Die Benutzeroberfläche ist einfach gehalten: Sie besteht aus einer Schaltfläche, einem Eingabefeld und drei Ankreuzfeldern. Sie müssen einen Text eingeben, um LOS! antippen zu können. LAUFEND steuert, ob Sie eine Benachrichtigung durch Wischen nach links oder rechts verwerfen können. Ist das Häkchen gesetzt, ist dies nicht möglich, und das Infotäfelchen bleibt an seinem Platz. Das ist praktisch, um den Status länger andauernder Tätigkeiten zu visualisieren. Beispielsweise nutzen Programme zum Abspielen von Musik oder Hörbüchern sie sehr gern. Solche Benachrichtigungen werden allerdings nicht an ein Wearable übermittelt.

Das gilt auch, wenn Sie LOKAL mit einem Häkchen versehen. Sie sollten diese Funktion sehr bewusst einsetzen, denn wenn eine Benachrichtigung grundsätzlich sinnvoll ist, möchte der Anwender sie sehr wahrscheinlich auch auf seiner Smartwatch vorfinden. Das Mobilgerät befindet sich möglicherweise nicht immer in unmittelbarer Reichweite, die Uhr am Handgelenk aber schon.

ZUSÄTZLICHE SEITE ANZEIGEN schließlich versieht die Benachrichtigung auf der Smartwatch mit einer zweiten Seite. Diese wird angezeigt, wenn Sie die Benachrichtigung auf der Smartwatch antippen. Beide Benachrichtigungsseiten sind in Abbildung 14.6 zu sehen.

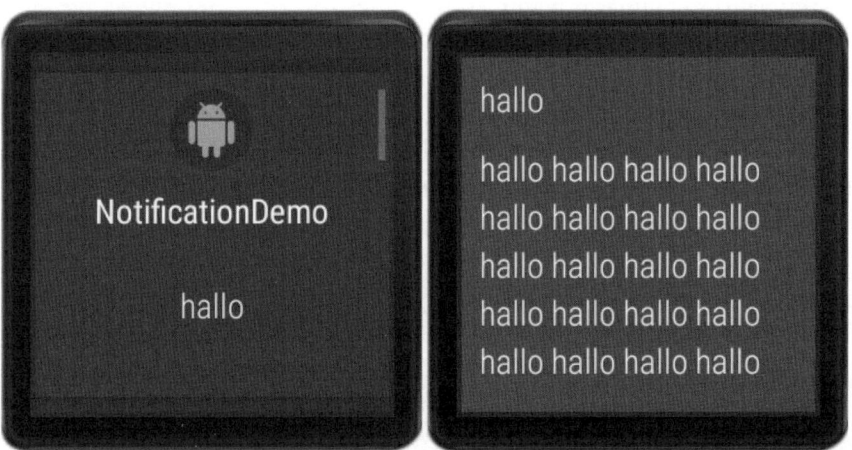

Abbildung 14.6 Zwei Seiten einer Benachrichtigung

Sicherlich sind Sie schon neugierig, wie der Quelltext der App *NotificationDemo* aussieht. Die Klasse `NotificationDemoActivity` ist in Listing 14.1 abgedruckt. Sie leitet wie gewohnt von `android.app.Activity` ab und baut in der Methode `onCreate()` die Benutzeroberfläche auf. Das Aktivieren bzw. Deaktivieren der Schaltfläche LOS! findet in `updateButton()` statt. Hierzu wird (in `onCreate()`) für das Eingabefeld mittels `addTextChangedListener()` ein Lambda-Ausdruck gesetzt, der das Interface `TextWatcher` implementiert.

Bein Antippen der Schaltfläche wird die private Methode `createAndSendNotification()` aufgerufen. Deren Code sehen wir uns später genauer an. Vorher möchte ich Ihre Aufmerksamkeit noch auf den Aufruf der Methode `createNotificationChannel()` lenken. Seit *Oreo* müssen Benachrichtigungen Kanälen zugeordnet werden. Das Anlegen eines solchen Kanals geschieht üblicherweise in `onCreate()`. Hierbei wird mit `new NotificationChannel(...)` ein entsprechendes Objekt erzeugt und an `createNotificationChannel()` übergeben. Diese Methode gehört zur Klasse `android.app.NotificationManager`. Der Ausdruck `getSystemService(NotificationManager.class)` liefert ein Objekt dieses Typs.

NotificationCompat.WearableExtender-Objekte werden verwendet, um einer Benachrichtigung wearable-spezifische Erweiterungen hinzuzufügen, beispielsweise können Sie mit addPage() zusätzliche Seiten anzeigen lassen, wie in Abbildung 14.6 zu sehen. Die zweite Seite meiner Beispielnachricht wird in der privaten Methode createSecondPage() erzeugt und konfiguriert. Die Klasse NotificationCompat.BigTextStyle sorgt dafür, dass eine größere Schrift verwendet werden kann. setBigContentTitle() setzt den Titel der Seite. Ihr Inhalt wird der Methode bigText() übergeben.

Mit der NotificationCompat.WearableExtender-Methode addAction() können Sie eine Benachrichtigung dazu befähigen, auf (Sprach-)Eingaben zu reagieren. Die entsprechende Aktion wird in meiner privaten Methode createVoiceReplyAction() erzeugt und konfiguriert. Ihr wird ein PendingIntent übergeben, das festlegt, welche Activity die Antwort erhalten soll. Grundlage für die Eingabe ist ein Objekt des Typs RemoteInput. Es wird mit der Methode build() eines RemoteInput.Builder-Objekts erzeugt. Der Benutzer kann einen individuellen Text sprechen bzw. eingeben, aus einer Liste von Antworten auswählen oder ein Emoji senden. Dem Builder wird mit setChoices() die Liste mit den vorgefertigten Texten übergeben. In meinem Beispiel sind die Texte in der Datei *res/choices.xml* gespeichert. Der Zugriff erfolgt mit getResources().getStringArray(). Abbildung 14.7 und Abbildung 14.8 zeigen, wie auf der Smartwatch eine Antwort eingegeben werden kann.

Abbildung 14.7 Eine Antwort sprechen/eingeben oder ein Emoji auswählen

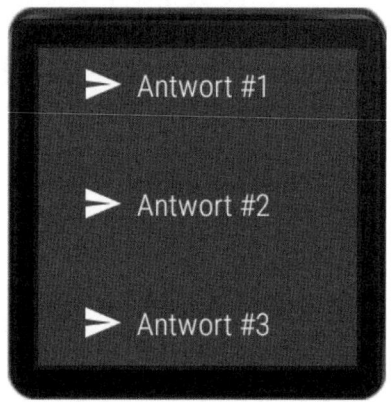

Abbildung 14.8 Aus einer Liste von Antworten auswählen

```
package com.thomaskuenneth.notificationdemo;

import android.app.Activity;
import android.app.Notification;
import android.app.NotificationChannel;
import android.app.NotificationManager;
import android.app.PendingIntent;
```

```
import android.content.Intent;
import android.os.Bundle;
import android.support.v4.app.NotificationCompat;
import android.support.v4.app.NotificationManagerCompat;
import android.support.v4.app.RemoteInput;
import android.text.Editable;
import android.text.TextWatcher;
import android.widget.Button;
import android.widget.CheckBox;
import android.widget.EditText;

public class NotificationDemoActivity extends Activity {

  private static final int NOTIFICATION_ID = 42;
  private static final String EXTRA_VOICE_REPLY = "sprachantwort";
  private static final String CHANNEL_ID = "myChannel";

  private EditText edittext;
  private Button button;

  @Override
  protected void onCreate(Bundle savedInstanceState) {
    super.onCreate(savedInstanceState);
    setContentView(R.layout.main);
    final CheckBox local = findViewById(R.id.local);
    final CheckBox ongoing = findViewById(R.id.ongoing);
    final CheckBox page = findViewById(R.id.page);
    edittext = findViewById(R.id.edittext);
    edittext.addTextChangedListener(new TextWatcher() {

      @Override
      public void beforeTextChanged(CharSequence s,
                    int start, int count,
                    int after) {
      }

      @Override
      public void onTextChanged(CharSequence s,
                    int start, int before, int count) {
      }

      @Override
      public void afterTextChanged(Editable s) {
```

```
      updateButton();
    }
  });
  button = findViewById(R.id.button);
  button.setOnClickListener(v -> createAndSendNotification(
      edittext.getText().toString(),
      ongoing.isChecked(),
      local.isChecked(),
      page.isChecked()));
  // Kanal erzeugen
  NotificationChannel channel = new NotificationChannel(CHANNEL_ID,
      getString(R.string.channel_name),
      NotificationManager.IMPORTANCE_DEFAULT);
  NotificationManager nm = getSystemService(NotificationManager.class);
  if (nm != null) {
    nm.createNotificationChannel(channel);
  }
  // Wurde ein Intent empfangen? Dann verarbeiten
  Intent intent = getIntent();
  if (intent != null) {
    CharSequence text = getMessageText(intent);
    if (text != null) {
      edittext.setText(text);
    }
  }
  // Status des Buttons aktualisieren
  updateButton();
}

private void createAndSendNotification(String txt,
                    boolean ongoing,
                    boolean local,
                    boolean secondPage) {
  // wird für Reaktion auf die Nachricht benötigt
  PendingIntent reply = PendingIntent.getActivity(this, 0,
      new Intent(this, NotificationDemoActivity.class),
      PendingIntent.FLAG_UPDATE_CURRENT);
  // Builder für die Nachricht
  NotificationCompat.Builder notificationBuilder =
      new NotificationCompat.Builder(this, CHANNEL_ID)
          .setPriority(NotificationCompat.PRIORITY_HIGH)
          .setContentTitle(getString(R.string.app_name))
          .setContentText(txt)
```

```
        .setOngoing(ongoing)
        .setLocalOnly(local)
        .setWhen(System.currentTimeMillis())
        .setSmallIcon(R.drawable.ic_launcher)
        .setContentIntent(reply);
  // mit dem Extender Wearable-Spezialitäten hinzufügen
  NotificationCompat.WearableExtender extender =
      new NotificationCompat.WearableExtender();
  // Der Nachricht eine zweite Seite hinzufügen?
  if (secondPage) {
    extender.addPage(createSecondPage(txt));
  }
  // Aktion für Sprachantwort hinzufügen
  extender.addAction(createVoiceReplyAction(reply));
  // Nachricht fertigstellen und anzeigen
  notificationBuilder.extend(extender);
  NotificationManagerCompat notificationManager =
      NotificationManagerCompat.from(
          NotificationDemoActivity.this);
  notificationManager.notify(NOTIFICATION_ID,
      notificationBuilder.build());
}

private Notification createSecondPage(String txt) {
  // einen großen, langen Text erzeugen
  StringBuilder sb = new StringBuilder();
  for (int i = 0; i < 20; i++) {
    if (sb.length() > 0) {
      sb.append(' ');
    }
    sb.append(txt);
  }
  NotificationCompat.BigTextStyle secondPageStyle =
      new NotificationCompat.BigTextStyle();
  secondPageStyle.setBigContentTitle(getString(R.string.page2))
      .bigText(sb.toString());
  return new NotificationCompat.Builder(this, CHANNEL_ID)
      .setStyle(secondPageStyle)
      .build();
}

private NotificationCompat.Action createVoiceReplyAction(
    PendingIntent pendingIntent) {
```

```
String replyLabel = getString(R.string.reply);
String[] choices =
    getResources().getStringArray(R.array.choices);
RemoteInput remoteInput =
    new RemoteInput.Builder(EXTRA_VOICE_REPLY)
        .setLabel(replyLabel)
        .setChoices(choices)
        .build();
return new NotificationCompat.Action.Builder(
    R.drawable.ic_launcher,
    getString(R.string.app_name), pendingIntent)
    .addRemoteInput(remoteInput)
    .build();
}


private CharSequence getMessageText(Intent intent) {
    Bundle remoteInput = RemoteInput.getResultsFromIntent(intent);
    if (remoteInput != null) {
        return remoteInput.getCharSequence(EXTRA_VOICE_REPLY);
    }
    return null;
}


private void updateButton() {
    button.setEnabled(edittext.getText().length() > 0);
}
}
```

Listing 14.1 Die Klasse »NotificationDemoActivity«

Die private Methode createAndSendNotification() ruft createSecondPage() und createVoiceReplyAction() auf. Zentrales Element ist ein Objekt des Typs NotificationCompat.Builder. Es stellt zahlreiche set...()-Methoden zur Verfügung, um die Benachrichtigung zu konfigurieren. Bestimmt sind Ihnen setLocalOnly() und setOngoing() aufgefallen. Welche Werte zu setzen sind, ergibt sich aus dem Status der korrespondierenden Checkboxen.

Die wearable-spezifischen Zusatzfunktionen werden einem Objekt des Typs NotificationCompat.WearableExtender hinzugefügt (addPage() und addAction()). Der fertig konfigurierte Extender wird der NotificationCompat.Builder-Instanz mit extend() übergeben. Anschließend müssen wir mit NotificationManagerCompat.from() die Referenz auf ein Objekt des Typs NotificationManagerCompat ermitteln und durch Aufruf der Methode `notify()` die Benachrichtigung versenden, die zuvor mittels `notificationBuilder.build()` erzeugt wird.

Was passiert eigentlich, wenn der Benutzer auf die Benachrichtigung mit einer Spracheingabe oder Auswahl aus der vorbereiteten Liste antwortet? Wie Sie wissen, können Activities mit `getIntent()` abfragen, ob ihnen ein Intent übergeben wurde. In meinem Beispiel rufe ich in so einem Fall die private Methode `getMessageText()` auf. Sofern diese einen Wert ungleich `null` liefert, übertrage ich den Text in das Eingabefeld. `getMessageText()` ruft die `RemoteInput`-Methode `getResultsFromIntent()` auf und wertet das gelieferte Bundle aus. Hierzu greift sie mit `getCharSequence()` auf einen Eintrag zu, der über den Schlüssel `EXTRA_VOICE_REPLY` identifiziert wird. Diesen Schlüssel haben wir beim Erzeugen des `RemoteInput.Builder`-Objekts in der Methode `createVoiceReplyAction()` übergeben.

Damit ist das Erstellen und Versenden von Benachrichtigungen mit smartwatch-spezifischen Erweiterungen abgeschlossen. Möglicherweise ist Ihnen beim Durcharbeiten dieses Abschnitts aufgefallen, dass ich häufig Klassen verwendet habe, die zu dem Paket `android.support.v4.app` gehören. Tatsächlich rät Google ausdrücklich dazu, für erweiterte Benachrichtigungen die Support-Bibliothek `com.android.support:support-v4` zu verwenden. Sie müssen hierzu mit dem *SDK Manager* das Paket *Android Support Repository* herunterladen und installieren. Außerdem ist es erforderlich, in der modulspezifischen *build.gradle*-Datei im Bereich `dependencies {` die Zeile

```
compile "com.android.support:support-v4:27.0.2"
```

einzufügen. Die erste Zahl nach `-4:` muss dem bei `targetSdkVersion` eingetragenen Wert entsprechen (27).

Sofern Sie im Besitz eines Android-Wear-Geräts sind, das mit Ihrem Smartphone oder Tablet gekoppelt ist, können Sie *NotificationDemo* direkt ausprobieren. Steht Ihnen keine Smartwatch zur Verfügung, nutzen Sie einfach den Emulator. Wie Sie ihn einrichten und konfigurieren, zeige ich Ihnen im folgenden Abschnitt.

14.2.2 Android-Wear-Emulator einrichten

Öffnen Sie mit Tools • Android • AVD Manager den Assistenten Android Virtual Device Manager, und klicken Sie auf Create Virtual Device. Sie sehen die in Abbildung 14.9 dargestellte Seite Select Hardware. In der Kategorie Wear fanden sich zum Zeitpunkt der Drucklegung die drei Einträge Android Wear Square, Android Wear Round Chin und Android Wear Round. Wählen Sie Android Wear Square, und klicken Sie dann auf Next.

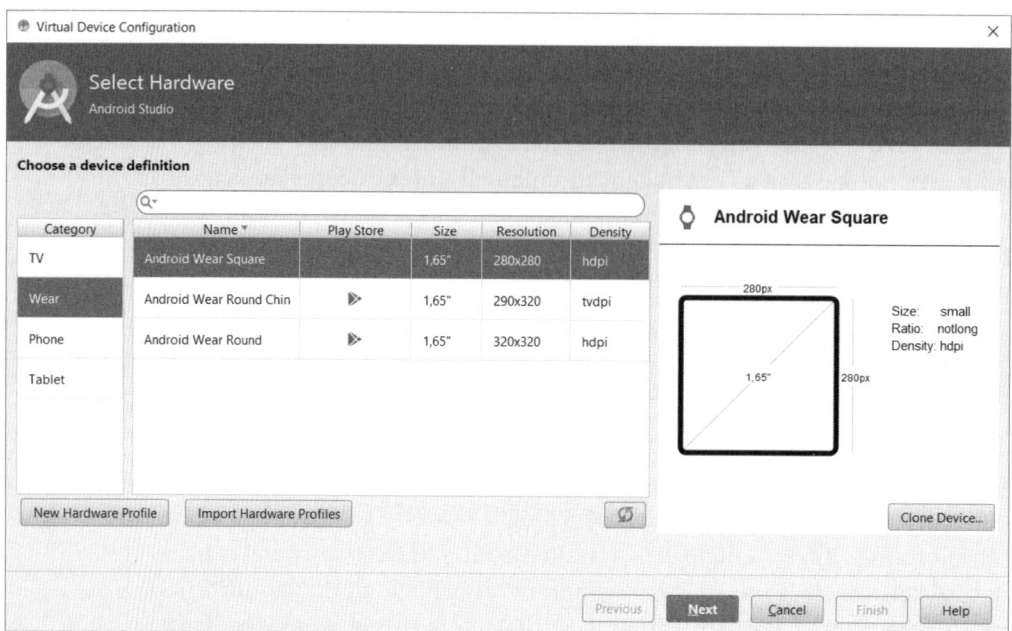

Abbildung 14.9 Die Seite »Select Hardware«

Auf der Seite SYSTEM IMAGE wählen Sie ein Systemabbild aus, das vom Emulator ausgeführt werden soll, zum Beispiel ANDROID 8.0 (ANDROID WEAR). Denken Sie bitte daran, dass Intel-Systemabbilder eine installierte Virtualisierungskomponente (*Intel Hardware Accelerated Execution Manager* oder *Kernel Based Virtual Machine*) benötigen. Klicken Sie gegebenenfalls auf DOWNLOAD, um das Image herunterzuladen. Nachdem der Download abgeschlossen wurde, markieren Sie das zu verwendende Abbild, und klicken Sie auf NEXT.

> **[»] Hinweis**
>
> Zum Zeitpunkt der Bucherstellung stand Android 8.1 für Android Wear (API-Level 27) noch nicht zur Verfügung. Wenn dieses Release mittlerweile verfügbar ist, können Sie gerne auch dieses verwenden.

Sie befinden sich nun auf der Seite ANDROID VIRTUAL DEVICE (AVD), die in Abbildung 14.10 zu sehen ist. Auf dieser Seite können Sie das virtuelle Android-Gerät konfigurieren, beispielsweise legen Sie mit STARTUP ORIENTATION die Bildschirmausrichtung nach dem Start fest. Ist ein Häkchen vor ENABLE DEVICE FRAME gesetzt, sollten Sie die Schaltfläche SHOW ADVANCED SETTINGS anklicken und prüfen, ob bei CUSTOM SKIN DEFINITION ein passender Rahmen – zum Beispiel ANDROIDWEAR-SQUARE – voreingestellt ist.

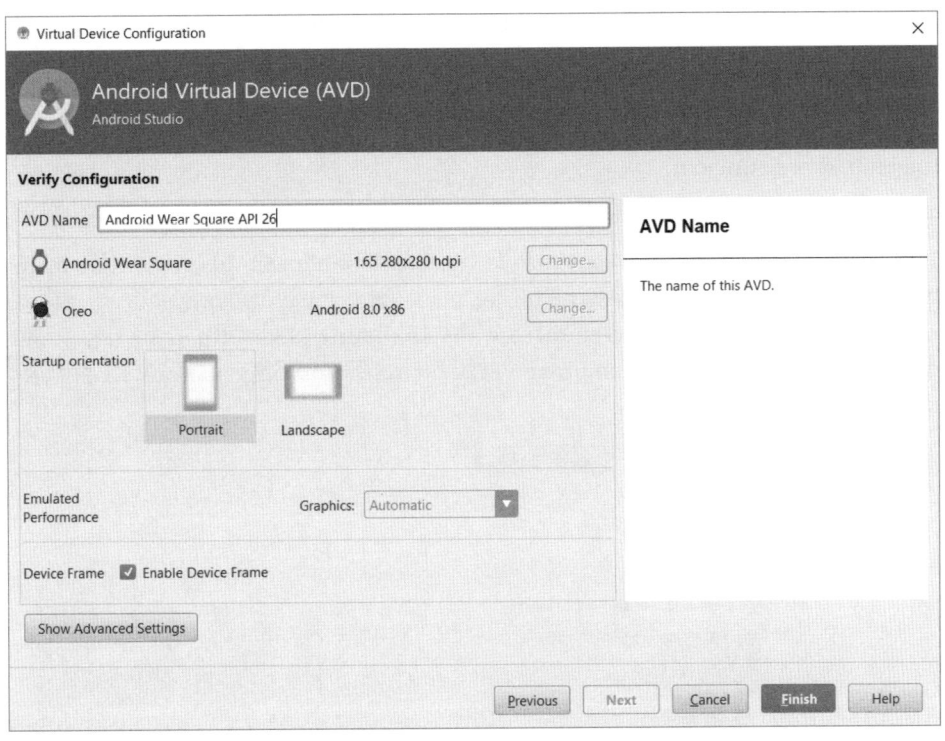

Abbildung 14.10 Die Seite »Android Virtual Device (AVD)«

Mit FINISH schließen Sie das Anlegen des neuen virtuellen Geräts ab. Sie sehen nun die in Abbildung 14.11 gezeigte Liste der von Ihnen angelegten AVDs.

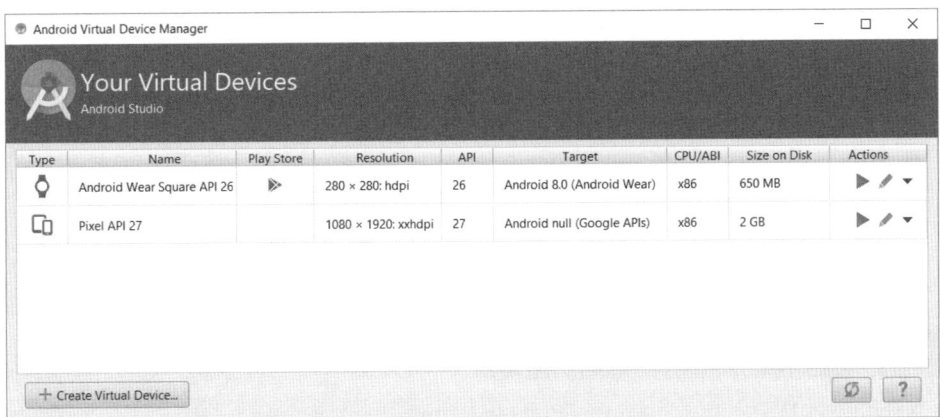

Abbildung 14.11 Liste der vorhandenen virtuellen Geräte

Starten Sie den gewünschten Emulator, indem Sie seinen nach rechts weisenden grünen Pfeil (LAUNCH THIS AVD IN THE EMULATOR) anklicken. Das virtuelle Gerät fährt hoch und initialisiert sich. Dies kann insbesondere beim ersten Start eine geraume Zeit dauern. Wenn der Homescreen zu sehen ist, können Sie den Emulator mit Ihrem Smartphone oder Tablet koppeln. Hierfür muss das Gerät über USB an Ihrem Entwicklungsrechner angeschlossen sein. Geben Sie im Werkzeugfenster TERMINAL die folgende Anweisung ein:

```
adb -d forward tcp:5601 tcp:5601
```

Starten Sie anschließend die App *Android Wear*, und wählen Sie aus dem Menü in der linken oberen Bildschirmecke den Eintrag NEUE SMARTWATCH HINZUFÜGEN. Sie sehen die Seite SMARTWATCH VERBINDEN aus Abbildung 14.12. Öffnen Sie das Menü, das sich diesmal in der rechten oberen Ecke befindet, und tippen Sie auf KOPPLUNG MIT EMULATOR.

Abbildung 14.12 Das zu koppelnde Gerät auswählen

Wenn Sie nun die App *NotificationDemo* starten und Benachrichtigungen mit LOS! abschicken, erscheinen diese auf Ihrem simulierten Wearable. Wie das aussehen kann, ist in Abbildung 14.13 dargestellt.

Abbildung 14.13 Eine Benachrichtigung im Emulator

Im nächsten Abschnitt werfen wir einen Blick auf echte Wearable Apps. Wie Sie sehen werden, erhalten Sie so nicht nur Zugriff auf hardwarenahe Funktionen einer Smartwatch, sondern können auch individuelle Benutzeroberflächen gestalten.

14.3   Wearable Apps

Wearable Apps werden direkt auf einer Smartwatch ausgeführt. Grundsätzlich ähneln sie Apps für andere Android-Geräteklassen, unterscheiden sich aber deutlich in Design, Bedienung und Funktionalität. Beispielsweise werden Activities normalerweise nach einer bestimmten Zeit automatisch beendet, und die Uhr wechselt in den Stand-by-Modus, wenn der Benutzer nicht mit der App interagiert. Nach dem Aufwachen wird üblicherweise wieder der Homescreen angezeigt.

Auch bieten Wearable Apps nur einen Bruchteil der Funktionen eines typischen Smartphone- oder Tablet-Programms, sind dafür aber wesentlich kleiner und damit sehr speichersparend. Sie können viele Klassen des Android-Frameworks nutzen. Die Pakete `android.webkit`, `android.print`, `android.appwidget` und einige weitere stehen aber nicht zur Verfügung. Ob Sie eine Funktion nutzen können, lässt sich mit der `PackageManager`-Methode `hasSystemFeature()` abfragen.

Wearable Apps kommen bis Android Wear 2.0 nicht direkt auf Android-Wear-Geräte, sondern werden »huckepack« mit regulären Android-Programmen von Google Play heruntergeladen. Während der Installation auf einem Smartphone oder Tablet wandert die eingebettete Wearable App auf die Smartwatch. Während der Entwicklung ist aber eine direkte Installation auf dem Wearable möglich.

Android Wear 2.0 bringt einen eigenen *Store* mit, der den unmittelbaren Download auf das Wearable ermöglicht. Das bietet sich an, wenn Ihre App nicht mit Smartphone oder Tablet kommuniziert, sondern ausschließlich auf dem Wearable läuft.

14

Sofern Sie Funktionen auch für das Smartphone planen (zum Beispiel Einstellungsseiten), sollten Sie die im folgenden Abschnitt beschriebene Projektstruktur nutzen.

14.3.1   Projektstruktur

Der Android-Studio-Projektassistent macht Ihnen das Einrichten eines Hybdrid-Projekts für Smartphones und Wearables sehr einfach. Geben Sie auf der in Abbildung 14.14 dargestellten Seite CREATE ANDROID PROJECT einen Projekt- und Paketnamen ein, und klicken Sie anschließend auf NEXT.

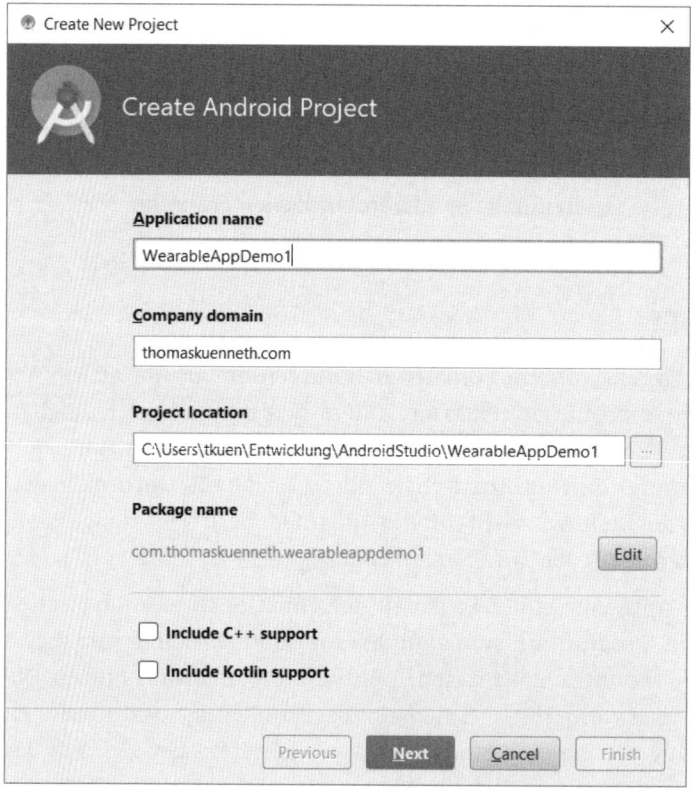

Abbildung 14.14 Die Seite »Create Android Project«

Nun müssen Sie auswählen, auf welchen Geräteklassen Ihre App zur Verfügung stehen soll. Anders als bisher setzen Sie nicht nur ein Häkchen vor PHONE AND TABLET, sondern auch vor WEAR. In beiden Fällen sollten Sie bei MINIMUM SDK die Auswahl API 26: ANDROID 8.0 (OREO) (oder neuer, sofern verfügbar) treffen. NEXT bringt Sie zu der Seite ADD AN ACTIVITY TO MOBILE. Klicken Sie zuerst auf EMPTY ACTIVITY, dann auf NEXT. Die nun erscheinende Seite CONFIGURE ACTIVITY können Sie ohne

Änderungen mit NEXT verlassen, sofern sie in etwa Abbildung 14.15 entspricht. Andernfalls übernehmen Sie bitte die Werte aus dem Buch.

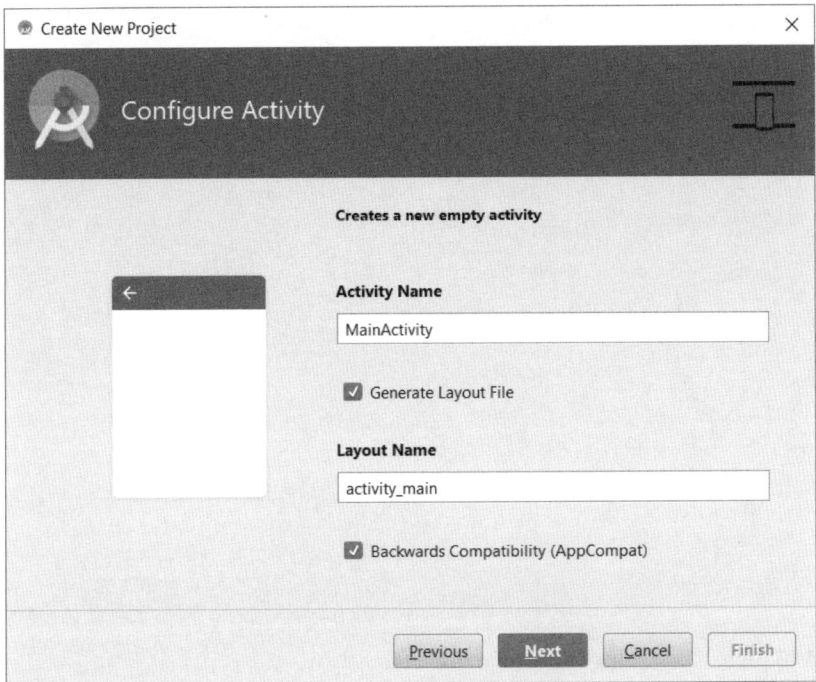

Abbildung 14.15 Seite zum Konfigurieren der Mobile-Activity

Wählen Sie auf der darauffolgenden Seite ADD AN ACTIVITY TO WEAR das Element BLANK WEAR ACTIVITY, und klicken Sie abermals auf NEXT. Sie haben es gleich geschafft. Sie sehen noch einmal die Seite CONFIGURE ACTIVITY, diesmal aber für die Activity des Wearables. Bitte stellen Sie sicher, dass Ihre Eingaben den Werten aus Abbildung 14.16 entsprechen, und schließen Sie danach den Assistenten mit FINISH.

Bitte werfen Sie nun einen Blick auf das Werkzeugfenster PROJECT. Es zeigt zwei *Module*: MOBILE und WEAR. Ersteres enthält alle Bestandteile, die Sie von einer normalen Android-App her kennen. Hierzu gehören die Manifestdatei, das Verzeichnis *src* sowie eine modulspezifische *build.gradle*-Datei. Das Modul WEAR ist recht ähnlich aufgebaut. Auch hier finden Sie eine Manifestdatei sowie *build.gradle*. Das Verzeichnis *res* enthält die »üblichen Verdächtigen« *drawable*, *mipmap*, *layout* und *values*. Der Quelltext der Activity befindet sich wie gewohnt unter *java*. Denken Sie daran, dass das Werkzeugfenster PROJECT mehrere Sichten kennt, die steuern, welche Verzeichnisse und Dateien sichtbar sind und in welcher Reihenfolge sie dargestellt werden.

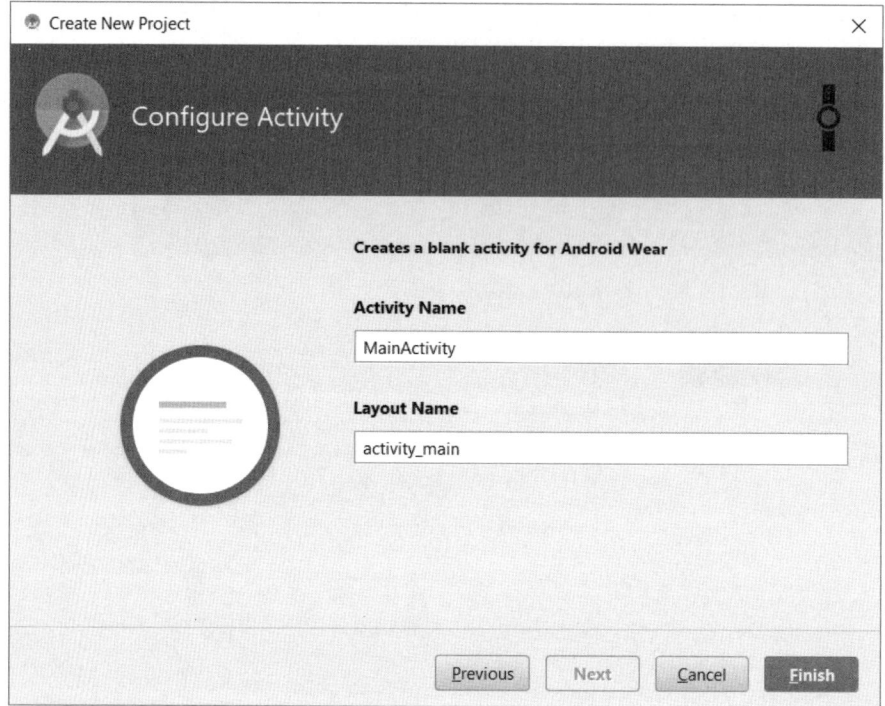

Abbildung 14.16 Seite zum Konfigurieren der Wear-Activity

Lassen Sie uns nun die Wearable App im Emulator ausführen. In der Android-Studio-Toolbar finden Sie links neben dem grünen, nach rechts weisenden Pfeil ▶ eine Schaltfläche, die einen Modulnamen trägt, also entweder WEAR oder MOBILE. Sofern MOBILE ausgewählt ist, klicken Sie die Schaltfläche bitte an. In dem Pop-up-Menü, das sich nun öffnet, wählen Sie WEAR aus. Das Menü ist in Abbildung 14.17 zu sehen.

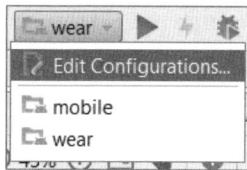

Abbildung 14.17 Konfiguration auswählen

Jetzt können Sie mit RUN WEAR (▶) die App starten. Hierzu wählen Sie im Dialog SELECT DEPLOYMENT TARGET den von Ihnen angelegten Wearable-Emulator aus. Dies ist in Abbildung 14.18 dargestellt. Nachdem der Emulator hochgefahren ist, wird die App gestartet.

Im nächsten Abschnitt sehen wir uns die vom Projektassistenten erzeugten Quelltexte und Dateien etwas genauer an.

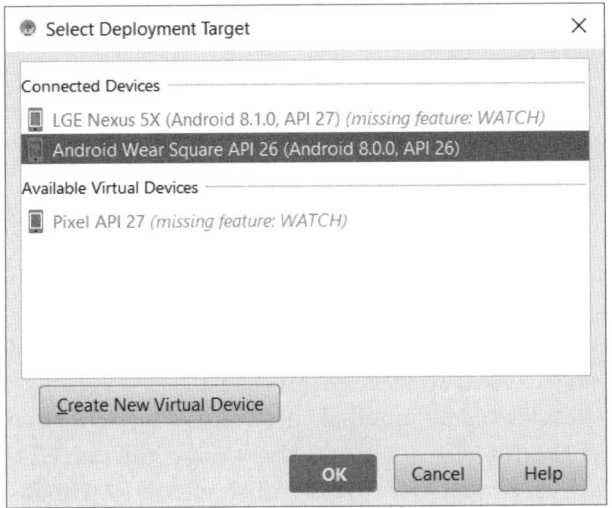

Abbildung 14.18 Der Dialog »Select Deployment Target«

14.3.2 Anatomie einer rudimentären Wearable App

Bitte sehen Sie sich im Modul *wear* zunächst die von android.support.wearable.acti-vity.WearableActivity abgeleitete Klasse MainActivity an. In der Methode onCreate() wird wie gewohnt mit setContentView() die Benutzeroberfläche geladen und angezeigt. Anschließend wird mit findViewById() die Referenz auf ein Objekt des Typs TextView ermittelt, allerdings nicht weiter verwendet.

An dieser Stelle könnten weitere Bedienelemente ermittelt und für die Verwendung vorbereitet werden. Ein Beispiel hierfür ist das Setzen eines Listeners für Schaltflächen oder Checkboxen.

```
package com.thomaskuenneth.wearableappdemo1;

import android.os.Bundle;
import android.support.wearable.activity.WearableActivity;
import android.widget.TextView;

public class MainActivity extends WearableActivity {

    private TextView mTextView;

    @Override
    protected void onCreate(Bundle savedInstanceState) {
        super.onCreate(savedInstanceState);
        setContentView(R.layout.activity_main);
```

```
    mTextView = (TextView) findViewById(R.id.text);

    // Enables Always-on
    setAmbientEnabled();
  }
}
```

Listing 14.2 Die vom Projektassistenten erzeugte Klasse »MainActivity«

Listing 14.3 zeigt die mit setContentView() entfaltete Layoutdatei. Ihr Wurzelelement ist ein Objekt des Typs android.support.wear.widget.BoxInsetLayout. Diese ViewGroup kann auf runden Anzeigen ihre Kindelemente innerhalb des vollständig sichtbaren Quadrats in der Mitte anordnen. Hierfür wird das Attribut boxedEdges mit den Werten left, top, right, bottom und all verwendet. Das Layout enthält mehrere Attribute, die vom visuellen Designer in Android Studio ausgewertet werden, zum Beispiel tools:context und tools:deviceIds. Sie sind für die eigentliche Benutzeroberfläche unerheblich.

```xml
<?xml version="1.0" encoding="utf-8"?>

<android.support.wear.widget.BoxInsetLayout xmlns:android="http://
schemas.android.com/apk/res/android"
  xmlns:app="http://schemas.android.com/apk/res-auto"
  xmlns:tools="http://schemas.android.com/tools"
  android:layout_width="match_parent"
  android:layout_height="match_parent"
  android:background="@color/dark_grey"
  android:padding="@dimen/box_inset_layout_padding"
  tools:context="com.thomaskuenneth.wearableappdemo1.MainActivity"
  tools:deviceIds="wear">

  <FrameLayout
    android:layout_width="match_parent"
    android:layout_height="match_parent"
    android:padding="@dimen/inner_frame_layout_padding"
    app:boxedEdges="all">

  <TextView
    android:id="@+id/text"
    android:layout_width="wrap_content"
    android:layout_height="wrap_content"
    android:text="@string/hello_world" />
```

```
   </FrameLayout>
</android.support.wear.widget.BoxInsetLayout>
```

Listing 14.3 Die vom Projektassistenten erzeugte Layoutdatei

Der anzuzeigende Text wird mit `@string/hello_world` referenziert. Ist Ihnen aufgefallen, dass die korrespondierende Datei *strings.xml* zweimal vorhanden ist, nämlich unter *res/values* sowie unter *res/values-round*? Listing 14.4 zeigt die an runde Anzeigen angepasste Version. Sie enthält nur den geänderten Text.

```
<resources>
  <string name="hello_world">Hello Round World!</string>
</resources>
```

Listing 14.4 Auf Geräten mit runden Anzeigen verwendete »strings.xml«

Auch Wearable Apps enthalten eine Manifestdatei. Sie ist praktisch identisch mit Versionen für Smartphone- und Tablet-Apps, nur das Element `<uses-feature>` weist darauf hin, dass die App auf einer Uhr laufen soll. Ist diese Hardwareeigenschaft nicht gegeben, kann die App nicht installiert werden.

```
<?xml version="1.0" encoding="utf-8"?>
<manifest xmlns:android="http://schemas.android.com/apk/res/android"
  package="com.thomaskuenneth.wearableappdemo1">
  <uses-feature android:name="android.hardware.type.watch" />
  <uses-permission android:name="android.permission.WAKE_LOCK" />

  <application
    android:allowBackup="true"
    android:icon="@mipmap/ic_launcher"
    android:label="@string/app_name"
    android:supportsRtl="true"
    android:theme="@android:style/Theme.DeviceDefault">
    <uses-library
      android:name="com.google.android.wearable"
      android:required="true" />
    <!--
        Set to true if your app is Standalone, that is,
        it does not require the handheld app to run.
    -->
    <meta-data
      android:name="com.google.android.wearable.standalone"
      android:value="true" />
```

14

591

```
      <activity
        android:name=".MainActivity"
        android:label="@string/app_name">
        <intent-filter>
          <action android:name="android.intent.action.MAIN" />
          <category android:name="android.intent.category.LAUNCHER" />
        </intent-filter>
      </activity>
    </application>
</manifest>
```

Listing 14.5 Vom Projektassistenten erzeugte Manifestdatei

Hinweis

Letztlich bilden die beiden Module *wear* und *mobile* eine Einheit, auch wenn sie auf unterschiedlichen Geräten – Smartphone bzw. Tablet einerseits und Smartwatch andererseits – ausgeführt werden. Aus diesem Grund müssen beide denselben *Package Name* verwenden. Der Android-Studio-Projektassistent erledigt dies automatisch. Beim Signieren der Module müssen Sie zudem dasselbe Zertifikat verwenden.

Auch im folgenden Abschnitt beschäftigen wir uns mit Wearable Apps. Ich zeige Ihnen, wie Sie individuelle Zifferblätter für Smartwatches gestalten.

14.4   Animierte Zifferblätter

Uhren waren schon immer ein Ausdruck von Individualität. Soll es ein Lederarmband sein, eines aus Metall oder aus peppig gestaltetem Kunststoff? Bevorzugen Sie eine schlichte Zeigeruhr, vielleicht mit Datumsanzeige, oder ein wuchtiges Chronometer? Android Wear trägt dem Wunsch Rechnung, persönliche Dinge dem eigenen Geschmack entsprechend zu gestalten. Hersteller bieten Armbänder in unterschiedlichen Farben und Formen an, und mit Wearable Apps können Sie eigene Zifferblätter realisieren.

Wie das geht, zeige ich Ihnen anhand meines Open-Source-Projekts *C64 Tribute Watch Face*. Es realisiert ein Zifferblatt in den Farben und der Schrift des legendären Homecomputers Commodore C64. Die App zeigt die Uhrzeit und auf Wunsch das aktuelle Datum an. Als kleines Gimmick blinkt ein Cursor etwa dreimal pro Sekunde. Sie finden das vollständige Android-Studio-Projekt unter dem Namen *C64WatchFace* in den Begleitmaterialien zum Buch unter *www.rheinwerk-verlag.de/4564*.

14.4.1 Aufbau von animierten Zifferblättern

Animierte Zifferblätter sind Wearable Apps. Deshalb bestehen solche Projekte oft aus zwei Modulen: *mobile* und *wear*. Das Zifferblatt selbst wird in *wear* implementiert, da es auf der Smartwatch ausgeführt wird. Das Modul *mobile* ist erforderlich, wenn Wearable Apps auch unter Android Wear 1.x lauffähig sein sollen. Dann gelangen sie via Smartphone oder Tablet auf die Uhr. Ab Android Wear 2.0 ist das nicht mehr so, die Wearables enthalten eine Store-App.

Das Modul *mobile* muss keine Activities enthalten. In diesem Fall erscheint die App nicht im Programmstarter. Damit sie ganz normal über die Einstellungen deinstalliert werden kann, muss aber eine gültige Manifestdatei vorhanden sein. Diese ist in Listing 14.6 abgedruckt:

```xml
<?xml version="1.0" encoding="utf-8"?>
<manifest xmlns:android="http://schemas.android.com/apk/res/android"
  xmlns:tools="http://schemas.android.com/tools"
  package="com.thomaskuenneth.c64watchface">
  <uses-permission android:name="android.permission.WAKE_LOCK" />
  <application
    android:allowBackup="false"
    android:icon="@drawable/ic_launcher"
    android:label="@string/app_name"
    tools:ignore="GoogleAppIndexingWarning" />
</manifest>
```

Listing 14.6 Manifestdatei des Projekts »C64 Tribute Watch Face«

Sofern im Manifest Ressourcen wie Strings oder Drawables referenziert werden, müssen sich diese in den gewohnten Verzeichnissen *res/values* und *res/drawable* befinden.

> **Hinweis**
>
> Vielleicht fragen Sie sich, warum das Listing ein `<uses-permission>`-Element enthält, obwohl das Modul *mobile* gar keine Klassen beinhaltet. Diese Berechtigung wird vom animierten Zifferblatt angefordert. Wie Sie später noch sehen werden, ist sie auch im Manifest des Moduls *wear* enthalten. Berechtigungen für die Smartwatch müssen auch durch die Smartphone- oder Tablet-App angefordert werden.

In der modulspezifischen *build.gradle*-Datei werden Abhängigkeiten zu den *Google Play Services* und dem Modul *wear* definiert. Ferner ist hier die Versionsnummer der App sowie der mindestens nötige und bevorzugte API-Level zu finden. Während des Builds werden sie in das Manifest übernommen. Die Datei ist in Listing 14.7 zu sehen:

```
apply plugin: 'com.android.application'
android {
  compileSdkVersion 27
  buildToolsVersion "27.0.0"
  defaultConfig {
    applicationId "com.thomaskuenneth.c64watchface"
    minSdkVersion 19
    targetSdkVersion 27
    versionCode 13202
    versionName "1.3.2"
  }
  buildTypes {
    release {
      minifyEnabled false
      multiDexEnabled true
      proguardFiles getDefaultProguardFile('proguard-android.txt'),
          'proguard-rules.pro'
    }
  }
}
dependencies {
  compile fileTree(dir: 'libs', include: ['*.jar'])
  wearApp project(':wear')
}
```

Listing 14.7 Die Datei »build.gradle« des Moduls »mobile«

Das Modul *wear* enthält weitaus mehr interessante Artefakte. Ich werde sie Ihnen im Folgenden vorstellen. Wie Sie bereits wissen, enthält die Wearable-Manifestdatei die vom Zifferblatt benötigte Berechtigung. Mit <uses-feature> wird zudem der Hardwaretyp *Uhr* vorausgesetzt. Darüber hinaus werden ein Service und eine Activity definiert. Letztere dient der Konfiguration des Zifferblattes. Sie muss nicht zwingend vorhanden sein. Damit Android Wear die Einstellungsseite darstellen kann, wird ein Intent-Filter definiert. Auf seine Aktion wird gegebenenfalls im <service />-Element Bezug genommen.

Zifferblätter werden als Service implementiert. Aufrufer müssen die Berechtigung android.permission.BIND_WALLPAPER besitzen. Android Wear und die Companion-App auf Smartphones oder Tablets zeigen in der Zifferblattauswahl eine Vorschau. Für rechteckige und runde Displays können mit <meta-data>-Elementen unterschiedliche Grafiken gesetzt werden. com.google.android.wearable.watchface.preview muss vorhanden sein, com.google.android.wearable.watchface.preview_circular ist optional.

```xml
<manifest xmlns:android="http://schemas.android.com/apk/res/android"
  xmlns:tools="http://schemas.android.com/tools"
  package="com.thomaskuenneth.c64watchface">
  <uses-feature android:name="android.hardware.type.watch" />
  <uses-permission android:name="android.permission.WAKE_LOCK" />
  <application
    android:allowBackup="false"
    android:icon="@drawable/preview"
    android:label="@string/app_name"
    android:theme="@android:style/Theme.DeviceDefault"
    tools:ignore="GoogleAppIndexingWarning">
    <service
      android:name=".C64WatchFaceService"
      android:allowEmbedded="true"
      android:label="@string/app_name"
      android:permission="android.permission.BIND_WALLPAPER"
      android:taskAffinity="">
      <!-- wearable configuration activity -->
      <meta-data
        android:name=
          "com.google.android.wearable.watchface.wearableConfigurationAction"
        android:value="com.thomaskuenneth.c64watchface.CONFIG" />
      <meta-data
        android:name="android.service.wallpaper"
        android:resource="@xml/watch_face" />
      <meta-data
        android:name="com.google.android.wearable.watchface.preview"
        android:resource="@drawable/preview" />
      <meta-data
        android:name="com.google.android.wearable.watchface.preview_circular"
        android:resource="@drawable/preview_circular" />
      <intent-filter>
        <action android:name="android.service.wallpaper.WallpaperService" />
        <category android:name=
          "com.google.android.wearable.watchface.category.WATCH_FACE" />
      </intent-filter>
    </service>
    <activity
      android:name=".C64WatchFaceWearableConfigActivity"
      android:label="@string/config_name">
      <intent-filter>
        <action android:name="com.thomaskuenneth.c64watchface.CONFIG" />
        <category android:name=
```

```
      "com.google.android.wearable.watchface.category.
      WEARABLE_CONFIGURATION" />
        <category android:name="android.intent.category.DEFAULT" />
      </intent-filter>
    </activity>
    <meta-data
      android:name="com.google.android.gms.version"
      android:value="@integer/google_play_services_version" />
    <meta-data
      android:name="com.google.android.wearable.standalone"
      android:value="true" />
  </application>
</manifest>
```

Listing 14.8 Die Manifestdatei des Moduls »wear«

Das `<meta-data>`-Element `android.service.wallpaper` verweist auf eine XML-Datei.
Sie hat immer den folgenden Inhalt:

```
<?xml version="1.0" encoding="UTF-8"?>
<wallpaper xmlns:android="http://schemas.android.com/apk/res/android" />
```

Listing 14.9 Die Datei »res/xml/watch_face.xml«

Der Service definiert einen Intent-Filter. Er erwartet die Kategorie `com.google.`
`android.wearable.watchface.category.WATCH_FACE` und die Aktion `android.service.`
`wallpaper.WallpaperService`.

Implementierung eines Zifferblattservice

Zifferblätter leiten üblicherweise von der Klasse `CanvasWatchFaceService` ab. Sie überschreiben die Methode `onCreateEngine()` und liefern ein Objekt des Typs `Canvas-`
`WatchFaceService.Engine`. In dieser Klasse implementieren Sie üblicherweise die Methoden `onCreate()`, `onPropertiesChanged()`, `onTimeTick()`, `onAmbientModeChanged()`,
`onDraw()` und `onVisibilityChanged()`.

Zifferblätter können in zwei Modi betrieben werden, die das System steuert. Interagiert der Benutzer mit seiner Uhr, ist der Service selbst für seine eigene Aktualisierung zuständig. Ich nutze hierfür einen Handler, dessen Methode `handleMessage()` in
etwa dreimal pro Sekunde aufgerufen wird. Sie sorgt dafür, dass der ansonsten funk-
tionslose Cursor auf dem Zifferblatt ein- oder ausgeschaltet wird und dass durch Aufrufen der Methode `invalidate()` ein Neuzeichnen erzwungen wird.

Die Steuerung erfolgt in der privaten Methode `updateTimer()`. Sie wird als letzte Anweisung in `onVisibilityChanged()` aufgerufen. Vorher wird je nach Sichtbarkeit ein

Receiver registriert oder entfernt, der das Zifferblatt bei Wechseln der Zeitzone informiert. Das kann dazu genutzt werden, um die Bildschirmausgabe je nach Zeitzone zu verändern oder die aktuelle Zeitzone anzuzeigen.

onCreate() bereitet das Zifferblatt für die Benutzung vor. Zum Beispiel wird mit Typeface.createFromAsset() aus dem Verzeichnis *assets* ein Zeichensatz geladen, der die Schrift des legendären Heimcomputers C64 nachbildet. Außerdem werden mehrere Paint-Objekte erzeugt und in der privaten Methode setupPaint() konfiguriert. Der ihr übergebene boolean-Parameter steuert, ob die Commodore-typischen Farben oder nur Schwarz und Weiß verwendet werden. Googles Designrichtlinien legen nämlich fest, dass Zifferblätter im *Ambient Mode* nur schwarzweiß dargestellt werden dürfen. Schließlich wird ein Objekt des Typs WatchFaceStyle.Builder erzeugt, um das Zifferblatt zu konfigurieren. setStatusBarGravity() legt fest, wo Statusindikatoren angezeigt werden sollen.

Die Methode onPropertiesChanged() wird aufgerufen, wenn das System die Eigenschaften des Gerätedisplays ermittelt. Diese betreffen den Ambient Mode sowie einen unter Umständen notwendigen Einbrennschutz. Sie können diese Werte für das Zeichnen des Zifferblattes verwenden. Mein Beispiel ruft nur die Implementierung der Elternklasse auf. Dies ist ausreichend, weil ich den Ambient Mode an anderer Stelle berücksichtige und die Zeichenroutine Maßnahmen gegen das Einbrennen trifft.

```
package com.thomaskuenneth.c64watchface;

import android.content.BroadcastReceiver;
import android.content.Context;
import android.content.Intent;
import android.content.IntentFilter;
import android.content.SharedPreferences;
import android.graphics.Canvas;
import android.graphics.Paint;
import android.graphics.Rect;
import android.graphics.Typeface;
import android.os.Bundle;
import android.support.wearable.watchface.CanvasWatchFaceService;
import android.support.wearable.watchface.WatchFaceStyle;
import android.text.format.DateFormat;
import android.view.Gravity;
import android.view.SurfaceHolder;
import android.view.WindowInsets;
import java.text.SimpleDateFormat;
import java.util.Calendar;
import java.util.Date;
```

```
import java.util.Locale;
import java.util.TimeZone;
import java.util.Timer;
import java.util.TimerTask;

public class C64WatchFaceService extends CanvasWatchFaceService {

  public static final String PREFS_NAME =
      C64WatchFaceService.class.getSimpleName();
  public static final String PREFS_DATE = "date";
  public static final String PREFS_SECONDS = "seconds";
  public static final String PREFS_UPPERCASE = "uppercase";

  private SharedPreferences prefs;

  @Override
  public Engine onCreateEngine() {
    prefs = getSharedPreferences(PREFS_NAME, MODE_PRIVATE);
    return new Engine();
  }
  private class Engine extends CanvasWatchFaceService.Engine {

    private static final int INTERACTIVE_UPDATE_RATE_MS = 333;
    private static final int LIGHT_BLUE = 0xff6C5EB5;
    private static final int BLUE = 0xff352879;
    private static final int BLACK = 0xff000000;
    private static final int WHITE = 0xffffffff;
    private float last;
    private boolean c64CursorVisible;

    final Calendar cal = Calendar.getInstance();

    final BroadcastReceiver mTimeZoneReceiver =
        new BroadcastReceiver() {
          @Override
          public void onReceive(Context context, Intent intent) {
            cal.setTimeZone(TimeZone.getTimeZone(
                    intent.getStringExtra("time-zone")));
            setCalToNow();
          }
        };
    boolean mRegisteredTimeZoneReceiver;
```

```java
Paint borderPaint;
Paint backgroundPaint;
Paint textPaint;
boolean isRound = false;

@Override
public void onCreate(SurfaceHolder holder) {
  super.onCreate(holder);
  setCalToNow();
  mRegisteredTimeZoneReceiver = false;
  last = -1;
  textPaint = new Paint();
  Typeface typface = Typeface.createFromAsset(getAssets(),
      "C64_Pro_Mono-STYLE.ttf");
  textPaint.setTypeface(typface);
  borderPaint = new Paint();
  backgroundPaint = new Paint();
  setupPaint(false);
  setWatchFaceStyle(
      new WatchFaceStyle.Builder(C64WatchFaceService.this)
          .setStatusBarGravity(Gravity.START | Gravity.TOP)
          .build());
  c64CursorVisible = false;
}

@Override
public void onApplyWindowInsets(WindowInsets insets) {
  super.onApplyWindowInsets(insets);
  isRound = insets.isRound();
}

@Override
public void onPropertiesChanged(Bundle properties) {
  super.onPropertiesChanged(properties);
}

@Override
public void onTimeTick() {
  super.onTimeTick();
  invalidate();
}
```

14

```
@Override
public void onAmbientModeChanged(boolean inAmbientMode) {
  super.onAmbientModeChanged(inAmbientMode);
  setupPaint(inAmbientMode);
  onVisibilityChanged(isVisible());
  invalidate();
}


@Override
public void onDraw(Canvas canvas, Rect bounds) {
  boolean dateVisible = prefs.getBoolean(PREFS_DATE, false);
  boolean seconds = prefs.getBoolean(PREFS_SECONDS, false);
  setCalToNow();
  String strDate;
  if (dateVisible) {
    String strWeekday = new SimpleDateFormat("EE",
        Locale.getDefault()).format(cal.getTime());
    if (strWeekday.endsWith(".")) {
      strWeekday = strWeekday.substring(0,
          strWeekday.length() - 1);
    }
    strDate = strWeekday + " " + cal.get(Calendar.DAY_OF_MONTH);
  } else {
    strDate = "";
  }
  String patternTime;
  if (DateFormat.is24HourFormat(getBaseContext())) {
    patternTime = "HH:mm";
  } else {
    patternTime = "KK:mm";
  }
  if (seconds) {
    patternTime += ":ss";
  }
  if (!DateFormat.is24HourFormat(getBaseContext())) {
    patternTime += " a";
  }
  StringBuilder sb = new StringBuilder(new SimpleDateFormat(patternTime,
      Locale.getDefault()).format(cal.getTime()));
  while (strDate.length() > sb.length()) {
    sb.append(" ");
  }
  String strTime = sb.toString();
```

```
int w = bounds.width();
int h = bounds.height();
int borderHeight = (int) (((float) h / 100f) * 5f);
int borderWidth = (int) (((float) w / 100f) * 5f);
canvas.drawPaint(borderPaint);
Rect r = new Rect(borderWidth,
    borderHeight, w - 1 - borderWidth,
    h - borderHeight - 1);

if (isRound) {
  canvas.drawCircle(bounds.width() / 2,
      bounds.height() / 2,
      (bounds.width() - borderWidth) / 2,
      backgroundPaint);
} else {
  canvas.drawRect(r, backgroundPaint);
}

if (prefs.getBoolean(PREFS_UPPERCASE, false)) {
  strTime = strTime.toUpperCase();
  strDate = strDate.toUpperCase();
}

if (last == -1) {
  int maxWidth = r.width();
  float size = 12f;
  last = size;
  while (true) {
    textPaint.setTextSize(size);
    float current = textPaint.measureText(strTime);
    if (current < maxWidth) {
      last = size;
      size += 4;
    } else {
      break;
    }
  }
  textPaint.setTextSize(last);
}
int x = (w - (int) textPaint.measureText(strTime)) / 2;
int th = dateVisible ? 2 * (int) last : (int) last;
int y = ((h - th) / 2) - (int) textPaint.ascent();
canvas.drawText(strTime, x, y, textPaint);
```

14

```
    if (dateVisible) {
      y += last;
      canvas.drawText(strDate, x, y, textPaint);
    }
    if (!isInAmbientMode()) {
      y += last;
      String a = c64CursorVisible ? "\u2588" : " ";
      canvas.drawText(a, x, y, textPaint);
    }
}

@Override
public void onVisibilityChanged(boolean visible) {
  super.onVisibilityChanged(visible);
  if (visible) {
    registerReceiver();
    // Update time zone in case it changed while we weren't visible.
    cal.setTimeZone(TimeZone.getDefault());
    setCalToNow();
    last = -1;
  } else {
    unregisterReceiver();
  }
  updateTimer();
}

private void updateTimer() {
  if (shouldTimerBeRunning()) {
    pulse();
  }
}

private boolean shouldTimerBeRunning() {
  return isVisible() && !isInAmbientMode();
}

private void registerReceiver() {
  if (mRegisteredTimeZoneReceiver) {
    return;
  }
  mRegisteredTimeZoneReceiver = true;
  IntentFilter filter =
      new IntentFilter(Intent.ACTION_TIMEZONE_CHANGED);
```

```
        C64WatchFaceService.this.registerReceiver(mTimeZoneReceiver,
            filter);
    }

    private void unregisterReceiver() {
      if (!mRegisteredTimeZoneReceiver) {
        return;
      }
      mRegisteredTimeZoneReceiver = false;
      C64WatchFaceService.this.unregisterReceiver(
          mTimeZoneReceiver);
    }

    private void setupPaint(boolean inAmbientMode) {
      textPaint.setColor(inAmbientMode ? WHITE : LIGHT_BLUE);
      borderPaint.setColor(inAmbientMode ? BLACK : LIGHT_BLUE);
      backgroundPaint.setColor(inAmbientMode ? BLACK : BLUE);
      textPaint.setAntiAlias(!inAmbientMode);      }

    private void setCalToNow() {
      cal.setTime(new Date());
    }

    private void pulse() {
      new Timer().schedule(new TimerTask() {
        @Override
        public void run() {
          c64CursorVisible = !c64CursorVisible;
          invalidate();
          if (shouldTimerBeRunning()) {
            pulse();
          }
        }
      }, INTERACTIVE_UPDATE_RATE_MS);
    }
  }
}
```

Listing 14.10 Die Klasse »C64WatchFaceService«

Die Methode onTimeTick() wird von Android Wear nur im Ambient Mode aufgerufen. Meine Implementierung sorgt durch Aufruf von invalidate() für das Neuzeichnen des Zifferblattes. onAmbientModeChanged() informiert über die Aktivierung bzw.

Deaktivierung des Ambient Mode. Ich konfiguriere mit setupPaint() die von der Zeichenroutine verwendeten Paint-Objekte und löse danach ein Neuzeichnen aus.

Die eigentliche Zeichenroutine ist onDraw(). Sie ermittelt Datum und Uhrzeit, formatiert die Ausgabe den Benutzereinstellungen entsprechend, gibt die Texte aus, setzt Rahmen- und Hintergrundfarbe und lässt den für Homecomputer typischen Blockcursor erscheinen oder verschwinden. Hierfür werden die Ihnen bereits vertrauten Zeichenbefehle verwendet.

14.4.2   Benutzereinstellungen

In der Manifestdatei der Wearable App kann mit einem <meta-data />-Element eine Activity als Einstellungsseite definiert werden. Das Attribut android:name erhält stets den Wert com.google.android.wearable.watchface.wearableConfigurationAction. Dem Attribut android:value wird derselbe String zugewiesen, der im Intent-Filter des <activity />-Elements als <action /> gesetzt wurde.

Die Klasse C64WatchFaceWearableConfigActivity nutzt *Shared Preferences*, um drei Einstellungen an das animierte Zifferblatt zu übermitteln. Der Benutzer kann auswählen, ob die Uhrzeit einschließlich Sekunden angezeigt werden soll, ob ausschließlich Großbuchstaben verwendet werden und ob in einer zweiten Zeile das Datum ausgegeben wird (siehe Abbildung 14.19).

Abbildung 14.19 Einstellungsseite des animierten Zifferblattes

Die Ankreuzfelder werden Android-typisch mit CheckBox-Objekten realisiert. Ihnen wird durch Aufruf von setOnCheckedChangeListener() ein Objekt des Typs OnCheckedChangeListener übergeben. Es ermittelt den Zustand der drei Ankreuzfelder und schreibt ihn in die Shared Preferences.

```
package com.thomaskuenneth.c64watchface;

import android.app.Activity;
```

```java
import android.content.SharedPreferences;
import android.os.Bundle;
import android.widget.CheckBox;
import android.widget.CompoundButton;

public class C64WatchFaceWearableConfigActivity extends Activity {

  private SharedPreferences prefs;
  private CheckBox cbSecondsVisible;
  private CheckBox cbDateVisible;
  private CheckBox cbUpperCase;

  @Override
  protected void onCreate(Bundle savedInstanceState) {
    super.onCreate(savedInstanceState);
    setContentView(R.layout.wearable_config);
    prefs = getSharedPreferences(C64WatchFaceService.PREFS_NAME,
                          MODE_PRIVATE);
    cbSecondsVisible = findViewById(R.id.checkbox_seconds);
    cbSecondsVisible.setChecked(
        prefs.getBoolean(C64WatchFaceService.PREFS_SECONDS, false));
    cbDateVisible = findViewById(R.id.checkbox_date);
    cbDateVisible.setChecked(
        prefs.getBoolean(C64WatchFaceService.PREFS_DATE, false));
    cbUpperCase = findViewById(R.id.checkbox_uppercase);
    cbUpperCase.setChecked(
        prefs.getBoolean(C64WatchFaceService.PREFS_UPPERCASE, false));
    CompoundButton.OnCheckedChangeListener l =
        new CompoundButton.OnCheckedChangeListener() {

          @Override
          public void onCheckedChanged(CompoundButton buttonView,
                      boolean isChecked) {
            SharedPreferences.Editor e = prefs.edit();
            e.putBoolean(C64WatchFaceService.PREFS_SECONDS,
                      cbSecondsVisible.isChecked());
            e.putBoolean(C64WatchFaceService.PREFS_DATE,
                      cbDateVisible.isChecked());
            e.putBoolean(C64WatchFaceService.PREFS_UPPERCASE,
                      cbUpperCase.isChecked());
            e.apply();
          }
        };
```

14

```
    cbSecondsVisible.setOnCheckedChangeListener(l);
    cbDateVisible.setOnCheckedChangeListener(l);
    cbUpperCase.setOnCheckedChangeListener(l);
  }
}
```

Listing 14.11 Die Klasse »C64WatchFaceWearableConfigActivity«

In onCreate() wird wie üblich die Benutzeroberfläche geladen und angezeigt. Die Layoutdatei ist in Listing 14.12 zu sehen. Sie verwendet das in Abschnitt 14.3.2, »Anatomie einer rudimentären Wearable App«, vorgestellte BoxInsetLayout.

```xml
<?xml version="1.0" encoding="utf-8"?>
<android.support.wear.widget.BoxInsetLayout xmlns:android="http://
schemas.android.com/apk/res/android"
  xmlns:app="http://schemas.android.com/apk/res-auto"
  android:layout_width="match_parent"
  android:layout_height="match_parent"
  android:padding="15dp">
  <RelativeLayout xmlns:android="http://schemas.android.com/apk/res/android"
    android:layout_width="match_parent"
    android:layout_height="match_parent"
    android:padding="5dp"
    app:layout_box="all">
    <CheckBox
      android:id="@+id/checkbox_seconds"
      android:layout_width="wrap_content"
      android:layout_height="wrap_content"
      android:layout_alignParentStart="true"
      android:layout_alignParentTop="true"
      android:text="@string/config_seconds" />
    <CheckBox
      android:id="@+id/checkbox_date"
      android:layout_width="wrap_content"
      android:layout_height="wrap_content"
      android:layout_below="@id/checkbox_seconds"
      android:text="@string/config_date" />
    <CheckBox
      android:id="@+id/checkbox_uppercase"
      android:layout_width="wrap_content"
      android:layout_height="wrap_content"
      android:layout_below="@id/checkbox_date"
```

```
        android:text="@string/config_uppercase" />
    </RelativeLayout>
</android.support.wear.widget.BoxInsetLayout>
```

Listing 14.12 Die Datei »wearable_config.xml«

14.5   Zusammenfassung

Ohne Frage liegen Smartwatches und Wearables nach wie vor voll im Trend. Sie haben in diesem Kapitel die Bedienphilosophie von Android Wear kennengelernt und sich mit dem Bau von Wearable Apps und animierten Zifferblättern beschäftigt. Benachrichtigungen sind ideal, um den Wirkungsbereich Ihrer Smartphone- oder Tablet-App zu erweitern. Mit geringem Aufwand gelangen wichtige Informationen auch dann zum Benutzer, wenn das mobile Gerät nicht in unmittelbarer Reichweite ist. Ganz sicher haben Sie viele Ideen, wie Sie den Nutzen von Smartphone und Smartwatch noch weiter steigern können. Ich bin sehr auf Ihre Apps gespannt.

14

Anhang

Anhang A
Literaturverzeichnis

Beighley, Lynn: *SQL von Kopf bis Fuß*. 1. Auflage. O'Reilly, 2008.

Günster, Kai: *Einführung in Java*. 2. Auflage. Rheinwerk Verlag, 2017.

Jemerov, Dmitry; Isakova, Svetlana: *Kotlin in Action*. 1. Auflage. Manning, 2016.

Kreibich, Jay A.: *Using SQLite*. 1. Auflage. O'Reilly, 2010.

Lutz, Michael; Märtin, Christian; Oechsle, Rainer: *Parallele und verteilte Anwendungen in Java*. 4. Auflage. Hanser, 2014.

Martin, Robert C.: *Clean Code. Refactoring, Patterns, Testen und Techniken für sauberen Code*. 1. Auflage. mitp, 2009.

Staudemeyer, Jörg: *Android mit Kotlin – kurz & gut*. 1. Auflage. O'Reilly, 2018.

Tamm, Michael: *JUnit-Profiwissen: Effizientes Arbeiten mit der Standardbibliothek für automatische Tests in Java*. 1. Auflage. dpunkt.verlag, 2013.

Ullenboom, Christian: *Java ist auch eine Insel: Programmieren lernen mit dem Standardwerk für Java-Entwickler*. 13. Auflage. Rheinwerk Verlag, 2017.

Anhang B
Die Begleitmaterialien

Zu diesem Buch gehört eine Sammlung von über 70 Beispielen, die jeweils genau einen Aspekt der Android-Entwicklung beleuchten. Wenn Sie wissen möchten, wie man Anrufe initiiert, sehen Sie sich *AnrufDemo* an. Den Umgang mit Berechtigungen zeigt *PermissionDemo*. Und *WebserviceDemo1* demonstriert die Nutzung von Webdiensten. Auf diese Weise konzentrieren Sie sich stets auf die Fragestellung, die Sie aktuell interessiert.

Sie können alle Projekte von der Seite *www.rheinwerk-verlag.de/4564* herunterladen. In welchem Verzeichnis Sie das Archiv entpacken, spielt eigentlich keine Rolle. Es bietet sich aber an, den entstandenen Ordner in Ihrem Heimatverzeichnis abzulegen. Auf diese Weise haben Sie leichten Zugriff auf alle Beispiele meines Buches. Um ein Projekt zu öffnen, klicken Sie in dem Willkommensbildschirm aus Abbildung B.1 auf OPEN AN EXISTING ANDROID STUDIO PROJECT und wählen in der daraufhin erscheinenden Ordnerauswahl das gewünschte Beispiel aus.

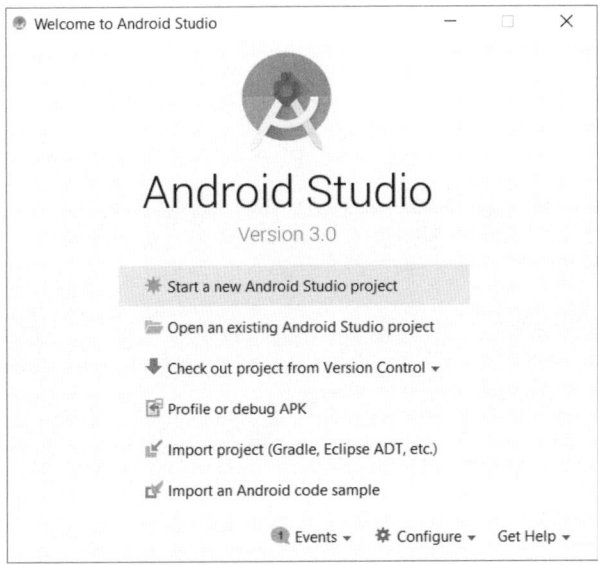

Abbildung B.1 Der Willkommensbildschirm

Haben Sie schon ein Projekt geöffnet, ist also das Hauptfenster der IDE zu sehen, so erreichen Sie den Dialog über den Menübefehl FILE • OPEN.

Die von Android Studio erzeugten Projektstrukturen sind recht komplex und können an verschiedenen Stellen Abhängigkeiten zum zuletzt verwendeten Entwicklungsrechner enthalten, beispielsweise in Form von absoluten Pfaden. Projekte lassen sich deshalb unter Umständen erst übersetzen und starten, nachdem Sie ein paar einfache Handgriffe vorgenommen haben. Im Folgenden zeige ich Ihnen die am häufigsten auftretenden Probleme sowie ihre Behebung.

Erhalten Sie die in Abbildung B.2 dargestellte Meldung, dass sich ein Pfad nicht auf ein Android SDK bezieht, korrigiert Android Studio dies automatisch.

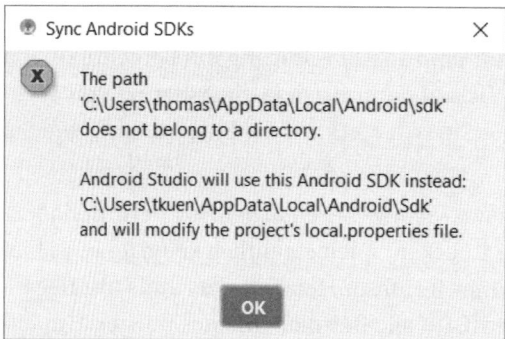

Abbildung B.2 Das Android SDK konnte nicht gefunden werden.

Sie können überprüfen, welche Version des Java Development Kits und des Android SDKs verwendet wird, indem Sie über FILE • PROJECT STRUCTURE den gleichnamigen Dialog öffnen. Er ist in Abbildung B.3 zu sehen.

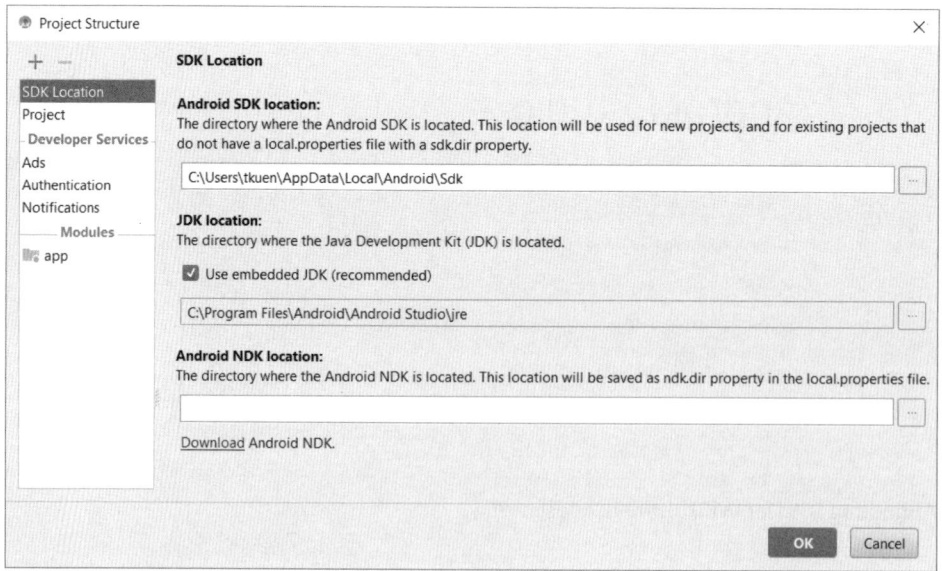

Abbildung B.3 Der Dialog »Project Structure«

Falls der Bau eines Projekts fehlschlägt, weil eine oder mehrere benötigte Komponenten noch nicht mit dem SDK Manager heruntergeladen wurden oder nicht in der von dem Projekt benötigten Version vorliegen, können Sie mit einem Klick den Download starten. Dies ist in Abbildung B.4 dargestellt.

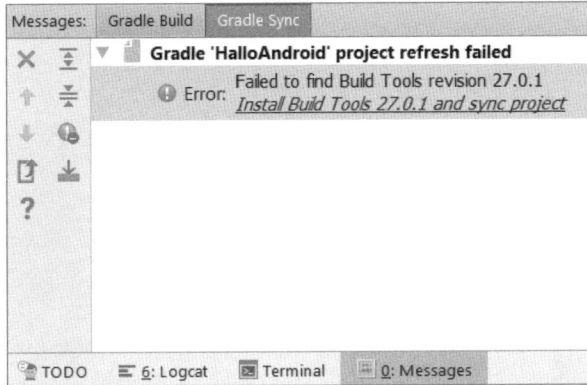

Abbildung B.4 Build Tools liegen nicht in der benötigten Version vor.

Scheinbar unerklärliche Probleme lassen sich überraschend oft beheben, indem Sie im Werkzeugfenster GRADLE die Funktion REFRESH ALL GRADLE PROJECTS auslösen. Dies ist in Abbildung B.5 zu sehen.

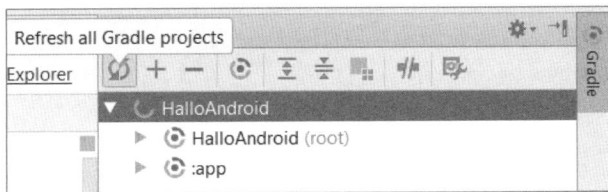

Abbildung B.5 Das Werkzeugfenster »Gradle«

> **Hinweis**
>
> Beim Anlegen eines neuen Projekts fügt Android Studio diesem automatisch eine Datei *.gitignore* hinzu. Sie enthält Dateien und Verzeichnisse, die nicht versioniert werden sollen. Ich habe mich bei der Bereitstellung der Begleitmaterialien an diesen Voreinstellungen orientiert. Falls Google die Datei überarbeitet, bemühe ich mich, dies zeitnah zu berücksichtigen.

Anhang C
Häufig benötigte Codebausteine

C.1   Manifestdatei

Rumpf

```xml
<?xml version="1.0" encoding="utf-8"?>
<manifest
     xmlns:android="http://schemas.android.com/apk/res/android"
     package="paket.name.der.app">
  <!-- angeforderte Berechtigungen -->
  <uses-permission android:name="..." />
  <application
     android:icon="@drawable/ic_launcher"
     android:label="@string/app_name">
  <activity
     android:name=".Name_der_Activity_Klasse"
     android:label="@string/app_name">
       <!-- Hauptaktivität kennzeichnen -->
       <intent-filter>
          <action
             android:name="android.intent.action.MAIN" />
          <category
             android:name="android.intent.category.LAUNCHER" />
       </intent-filter>
    </activity>
  </application>
</manifest>
```

Broadcast Receiver

```xml
<receiver
     android:name=".Name_der_Broadcast_Receiver_Klasse">
  <intent-filter>
    <action
       android:name="..." />
  </intent-filter>
</receiver>
```

Service

```
<service
    android:label="@string/..."
    android:name=".Name_der_Service_Klasse"
    <!-- gegebenenfalls Berechtigungen voraussetzen -->
    android:permission="...">
    <!-- gegebenenfalls Metadaten setzen -->
    <meta-data
        android:name="..."
        android:resource="@xml/..." />
</service>
```

Unterschiedliche Bildschirme unterstützen

```
<supports-screens
    android:smallScreens="..."
    android:normalScreens="..."
    android:largeScreens="..."
    android:xlargeScreens="..." />
```

Content Provider

```
<provider
    android:name=".Name_der_Content_Provider_Klasse"
    android:authorities="..." />
```

Benötigte Features

```
<uses-feature
    android:name="..."
    android:required="..." />
```

C.2   build.gradle

C.2.1   Struktur

Projektübergreifend

```
buildscript {
  repositories {
    jcenter()
    maven {
      url 'https://maven.google.com/'
      name 'Google'
    }
```

```
  }
  dependencies {
    classpath 'com.android.tools.build:gradle:3.0.0'
  }
}

allprojects {
  repositories {
    jcenter()
    maven {
      url 'https://maven.google.com/'
      name 'Google'
    }
  }
}
```

Modulspezifische Datei

```
apply plugin: 'com.android.application'

android {
  compileSdkVersion 27
  buildToolsVersion "27.0.0"

  defaultConfig {
    applicationId "paket.name.der.app"
    minSdkVersion 27
    targetSdkVersion 27
  }

  buildTypes {
    release {
      minifyEnabled false
      proguardFiles getDefaultProguardFile('proguard-android.txt'),
          'proguard-rules.txt'
    }
  }
  compileOptions {
    targetCompatibility 1.8
    sourceCompatibility 1.8
  }
}
```

C.2.2   Erweiterungen

Java 8 nutzen

```
android {
  ...
  compileOptions {
    targetCompatibility 1.8
    sourceCompatibility 1.8
  }
}
```

Bibliotheken verwenden

Verwendung einer Bibliothek aus einem lokalen Verzeichnis *libs*:

```
dependencies {
    ...
    compile fileTree(dir: 'libs', include: ['*.jar'])
    ...
}
```

Verwendung einer Bibliothek aus einem Repository:

```
dependencies {
    ...
    compile 'com.google.android.support:wearable:1.1.0'
    ...
}
```

C.3   Berechtigungen

Die Kennzeichnung *gefährlich* bedeutet, dass die Berechtigung in der Manifestdatei und im Programmcode angefordert werden muss. *Normale Berechtigungen* werden vom System implizit gewährt. In diesem Fall reicht die Deklaration im Manifest.

Prüfen und Anfordern einer Berechtigung

```
if (checkSelfPermission(
  Manifest.permission.READ_PHONE_STATE) !=
  PackageManager.PERMISSION_GRANTED) {
  requestPermissions(new String []
    {Manifest.permission.READ_PHONE_STATE},
    PERMISSIONS_REQUEST_READ_PHONE_STATE);
```

```
} else {
  // do it
}
```

Auf Gewähren oder Verweigern einer Berechtigung reagieren

```
@Override
public void onRequestPermissionsResult(int requestCode,
                                       String permissions[],
                                       int [] grantResults) {
  if ((requestCode == PERMISSIONS_REQUEST_READ_PHONE_STATE) &&
    (grantResults.length > 0 &&
    grantResults[0] == PackageManager.PERMISSION_GRANTED)) {
    // do it
  }
}
```

C.3.1   Hardware, Telefonie und Netzwerk

Anrufe tätigen

android.permission.CALL_PHONE (gefährlich)

Telefonstatus auslesen

android.permission.READ_PHONE_STATE (gefährlich)

Netzwerkstatus abrufen

android.permission.ACCESS_NETWORK_STATE (normal)

Zugriff auf Location Provider

android.permission.ACCESS_COARSE_LOCATION (gefährlich)

android.permission.ACCESS_FINE_LOCATION (gefährlich)

Auf externes Medium zugreifen

android.permission.READ_EXTERNAL_STORAGE (gefährlich)

android.permission.WRITE_EXTERNAL_STORAGE (gefährlich)

> **Hinweis**   [«]
>
> Die Berechtigungen sind nicht erforderlich, wenn auf Dateien in den von getExternalFilesDir() und getExternalCacheDir() gelieferten Verzeichnissen zugegriffen wird.

Bluetooth

android.permission.BLUETOOTH (normal)

android.permission.BLUETOOTH_ADMIN (normal)

[»] **Hinweis**

Zusätzlich ist entweder android.permission.ACCESS_COARSE_LOCATION oder android.permission.ACCESS_FINE_LOCATION erforderlich.

C.3.2   Internet

Zugriff auf Internet

android.permission.INTERNET (normal)

C.3.3   Audio und Video

Audioeinstellungen ändern

android.permission.MODIFY_AUDIO_SETTINGS (normal)

Audio aufnehmen

android.permission.RECORD_AUDIO (gefährlich)

Auf Kamera zugreifen

android.permission.CAMERA (gefährlich)

[»] **Hinweis**

Wird diese Berechtigung angefordert, muss ein entsprechendes <uses-feature />-Element in der Manifestdatei vorhanden sein.

C.3.4   Kontakte und Kalender

Auf Kalender zugreifen

android.permission.READ_CALENDAR (gefährlich)

android.permission.WRITE_CALENDAR (gefährlich)

Alarm setzen

com.android.alarm.permission.SET_ALARM (normal)

Auf Kontakte zugreifen

android.permission.READ_CONTACTS (gefährlich)

android.permission.WRITE_CONTACTS (gefährlich)

Auf die Anrufhistorie zugreifen

android.permission.READ_CALL_LOG (gefährlich)

android.permission.WRITE_CALL_LOG (gefährlich)

Index

T